KB152822

한국 엔지니어의 형성과 발전

"이 저서는 2010년도 대한민국 교육부와 한국학중앙연구원(한국학진흥사업단)을 통해
한국학 특정분야 기획연구(한국과학문명사) 사업의 지원을 받아 수행된 연구임."(AKS-2010-AMZ-2101)

한국 엔지니어의 형성과 발전

ⓒ 전북대학교 한국과학문명학연구소 2021

초판 1쇄	2021년 10월 20일		
지은이	한경희		
출판책임	박성규	펴낸이	이정원
편집주간	선우미정	펴낸곳	도서출판 들녘
편집	이동하·이수연·김혜민	등록일자	1987년 12월 12일
디자인	한채린·김정호	등록번호	10-156
마케팅	전병우	주소	경기도 파주시 회동길 198
경영지원	김은주·장경선	전화	031-955-7374 (대표)
제작관리	구법모		031-955-7376 (편집)
물류관리	엄철용	팩스	031-955-7393
		이메일	dulnyouk@dulnyouk.co.kr
		홈페이지	www.dulnyouk.co.kr

ISBN   979-11-5925-666-0 (94910)
        979-11-5925-113-9 (세트)

한국의 과학과 문명 022

한국 엔지니어의 형성과 발전

한경희 지음

들녘

지은이 **한경희** 韓景晞

이화여자대학교 물리학과를 졸업하고 연세대학교 사회학과에서 석사, 박사학위를 받았다. 과학기술사회학 이론을 주제로 석사논문을 썼고 대덕연구단지 기술혁신 연결망 사례를 연구하여 박사학위를 받았다. 미국 캘리포니아 주립대학(데이비스) 박사후 연구원, 이화여자대학교 전임연구원을 거쳐 현재 연세대 공학교육혁신센터 교수와 고등교육혁신원 사회참여센터장을 맡고 있다. 분과 학문 체계, 두 문화, 젠더의 경계에서 연구하고 교육하는 것을 운명으로 받아들이고, 구별짓기보다 관계맺기의 덕목을 확장할 수 있는 재미있는 일을 기획하는 데 관심이 있다. 연구 논문으로는 "이공계 위기의 재해석과 엔지니어의 자기성찰", "기술과 정치 사이에서 엔지니어의 사회적 역할과 책임성의 변화"(공저), "A Crisis of Identity: the *Kwa-hak-ki-sul-ja* (scientist-engineer) in Contemporary Korea" 등이 있고 저서로『엔지니어들의 한국사』(휴머니스트, 2016 공저), 22명의 공과대학 교수들과 함께 공학 전공에 대한 대중적 글쓰기를 실천한 교양서『공학의 눈으로 미래를 설계하라』(해냄, 2019)를 자랑스럽게 생각한다.

〈한국의 과학과 문명〉 총서

기획편집위원회

연구책임자_ 신동원

전근대팀장_ 전용훈

근현대팀장_ 김근배

전 임 교 수_ 문만용

　　　　　　김태호

　　　　　　전종욱

전임연구원_ 신미영

〈한국의 과학과 문명〉 총서를 펴내며

우리나라는 현재 세계 최고 수준의 메모리 반도체, 스마트폰, 디스플레이, 철강, 선박, 자동차 생산국으로서 과학기술 분야의 경이적인 발전으로 세계의 주목을 받고 있다. 그것을 가능케 한 요인의 하나가 한국이 오랜 기간 견지해온 우수한 과학기술 문화와 역사 속에 있다고 우리는 생각한다.

문명이 시작된 이래 한국은 항상 높은 수준을 굳건히 지켜온 동아시아 문명권의 일원으로서 그 위치를 잃은 적이 없었다. 우리는 한국이 이룩한 과학기술 문화와 역사의 총체를 '한국의 과학문명'이라 부르려 한다. 금속활자·고려청자 등으로 대표되는 한국 과학문명의 창조성은 천문학·기상학·수학·지리학·의학·양생술·농학·박물학 등 과학 분야를 비롯하여 금속제련·방직·염색·도자·활자·인쇄·종이·기계·화약·선박·건축 등 기술 분야에서도 다양하게 분명히 드러난다.

우리는 이런 내용을 종합하는 〈한국의 과학과 문명〉 총서를 발간하고자 한다. 이 총서의 제목은 중국의 과학문명에 대한 새로운 인식의 지평을 연 조지프 니덤(Joseph Needham)의 『중국의 과학과 문명』을 염두에 두고 만들었다. 그러나 니덤이 전근대에 국한한 반면 우리는 전근대와 근현대를 망라하여 한국 과학문명의 총체적 가치와 의미를 온전히 담은 총서의 발간을 목표로 한다. 나아가 한국의 과학과 문명이 지닌 보편적 가치를 세계에 발신하고자 한다. 지금까지 한국은 세계 과학문명의 일원으로 정당한 가치를 인정받지 못한 채, 중국의 아류로 인식되어왔다. 이 총서에서는 한국 과학문명이 지닌 보편성과 독자성을 함께 추적하여 그것이 독자적인 과학문명이자 세계 과학문명의 당당한 일원임을 입증하고자 한다. 우리는 이 총서에서 근현대 한국 과학기술 발전의 역사와 구조를 밝힐 것이며, 이로써 인류의 과학기술 발전사를 새로이 해명하는 데에 기여할 것이다.

이 총서에서는 한국의 과학문명이 역사적으로 독자적인 가치와 의미를 상실하지 않았던 생명력에 주목한다. 이를 위해 전근대 시기에는 중국 중심의 세계 질서 아래서도 한국의 과학문명이 독자성을 유지하면서 발전을 지속한 동력을 탐구한다. 근현대 시기에는 강대국 중심 세계체제의 강력한 흡인력 아래서도 한국의 과학기술이 놀라운 발전과 성장을 이룩한 요인을 탐구한다.

우리는 이 총서에서 국수적인 민족주의나 근대 지상주의를 동시에 경계하며, 과거와 현재가 대화하고 내부와 외부가 부단히 교류하는 가운데 형성되고 발전되어온 열린 과학문명사를 기술하고자 한다. 이 총서를 계기로 한국 과학문명에 대한 관심과 이해가 더욱 깊어지기를 기대한다.

마지막으로 〈한국의 과학과 문명〉 총서의 발간은 교육부와 한국학중앙연구원 한국학진흥사업단의 지원에 크게 힘입었음을 밝히며 이에 감사를 표한다.

〈한국의 과학과 문명〉 총서 기획편집위원회

전체 원고에 대한 최종 검토를 마치면서 못내 아쉬운 마음이 들었다. 부족한 부분들이 눈에 띄었기 때문이다. 하지만 이제 마침표를 찍어야 할 시간이다. 자료를 찾아보니 이 책의 첫 목차를 구성한 시기가 2013년 가을이었다. 당시 만 해도 5년 정도면 한국 엔지니어에 대한 연구에 진정한 마침표를 찍을 수 있으리라고 야심차게 기대했었다. 하지만 계획은 계획일 뿐이었고 난 여전히 책상을 떠나는 데 주저하고 있다.

나는 1967년 서울에서 태어나 서울에서 여중, 여고, 여대(이화여대 물리학과) 를 졸업했다. 동질적 집단과 흉금을 터놓고 지낸 시간은 여기까지였다. 우연 히 알게 된 사회학을 공부하겠다고 무작정 연세대 사회학과 연구실에 찾아가 한 모퉁이에 터를 잡은 그때부터 공과대학에서 일하는 지금까지 온전한 소속 감을 느껴본 적이 거의 없다. 어디서든 이방인의 요소를 많게는 99퍼센트에서 작게는 10퍼센트까지 가지고 있다고 느꼈다. 긴장감을 놓을 수가 없었다.

그런데 돌이켜보니 놀랍게도 그 덕분에 여기까지 왔다. 기존의 루틴과 당위 를 당연한 것으로 여기지 않으니 연구할 재료가 도처에 존재했다. 연구에 대 한 호기심과 열정이 식을 수 없었다. 그래서인지 내가 해왔던 모든 연구의 중 심에는 정체성(identity) 이슈가 있다. 나도 모르는 사이에 낯선 것들을 받아들 이고 익숙한 것을 낯설게 보는 학문적 태도가 몸에 밴 듯하다.

2003년 연세대 공과대학에 왔을 때, 이렇게 오래 공대에 있으리라고는 생각하지 못했다. 주변에는 온통 남자투성이였고 경직되고 위계적인 남성 중심의 조직 문화가 종종 불편했다. 그렇지만 나와 우리를 둘러싼 일상의 삶과 환경에 엔지니어의 생각과 손을 거치지 않은 것이 없다는 것을 깨닫고는 전과 다른 관점에서 그들을 바라볼 수 있었다. 함께 부대끼고 살아가야 할 파트너로서 말이다.

어느 순간 학문적 호기심, 엔지니어의 수고와 능력에 대한 존중, 앞으로 살아갈 세상의 변화에 대한 관심이 함께 버무려지자 이들을 연구해야겠다는 생각이 들었다. 그 후 과학기술학 연구의 흐름을 따라 엔지니어를 연구하는 다양한 연구 성과, 특히 공학학(engineering studies) 분야를 알게 되었다. 학부에서 공학을 전공하고 인류학, 사회학, 역사학, 철학을 공부한 이들의 다양한 연구를 접할 수 있었다. 당시에 느낀 짜릿함을 지금도 잊을 수가 없다. 세계 여러 나라에서 이미 많은 학자들이 비슷한 주제를 연구하고 있다는 사실만으로도 위안이 되고 안심이 되었다. 공과대학 수업을 하면서 처음 접했던 공학교육과 공학윤리 분야의 연구도 엔지니어링에 대한 좁은 시야를 벗어나는 데 크게 도움이 되었다.

그렇지만 국내에서 엔지니어 연구의 의미와 성과를 함께 논의할 자리가 많지 않은 것은 항상 아쉬웠고 그런 자리가 그리웠다. 그래서 한국과학문명학 연구에 참여하게 되었을 때 많이 기뻤다. 한편으로는 개인적인 부족함을 잘 알기에 제대로 할 수 있을지 부담이 되었지만 훌륭한 연구자들과 서로 생각을 나눌 수 있는 기회를 갖는 것과 연구해야 할 외부 압박이 생기는 것이 나쁘지 않았다. 현실은 기대 그 이상이었다.

전북대 한국과학문명학연구소의 신동원 소장님과 김근배 팀장님은 존재 자체가 압박이었다. 두 분은 가야 할 방향을 제시하면서도 연구자가 놓치지 말아야 할 중요한 지점들을 돌아보게 해주셨다. 사회학자의 어설픈 역사 '썰' 풀기도 진지하고 유쾌하게 들어주셔서 기죽지 않고 연구에 임할 수 있었다. 겸

손한 박윤재 선생님은 본인이 뒤처진 듯 이야기하셨지만 언제나 조용히 숙제를 끝내셨다. 제일 늦은 사람은 나였다. 같은 근현대팀으로 연구자의 본을 보여주시고 좋은 의견을 나눠주신 소순열, 안창모, 송성수, 이은경 선생님께 감사드린다. 신향숙, 신미영 선생님의 세심하고도 명확한 집필 가이드, 문만용, 김태호 선생님의 따뜻하고도 든든한 지원에 진심으로 감사드린다. 채 완성도 되지 않은 글을 읽고 귀중한 의견 주신 박희제 선생님, 긴 문장들의 오류를 짚어주신 양승요 작가님 덕분에 글이 더 나아졌다. 이 외에도 국내외 자료를 수집하는 데 많은 분들의 도움이 있었다. 모두께 감사드린다.

초고를 완성한 후 과연 책으로 출판할 수 있을지 두려운 순간이 있었다. 익숙하면서도 익숙하지 않은 이 주제를 과연 독자와 공유할 수 있을지 확신이 서지 않았기 때문이다. 그때 초고를 검토해주신 이름 모르는 심사자들의 격려와 코멘트 덕분에 책을 낼 수 있겠다는 자신감을 회복했다. 진심으로 감사드린다. 아무때나 연락해 새 아이디어와 진전 내용을 이야기해도 눈을 반짝이며 들어준 최문희, 고동현 선생님, 사회학자로서 생각을 나누는 기쁨을 준 김효민 선생님, 공과대학을 우수한 성적으로 졸업하고 이제는 과학기술학과 공학교육, 도시를 연구하고 있는 제자이자 동료가 된 박서현, 김다영, 김정환, 구체적인 내 연구에 대해 잘 모르면서도 항상 신뢰하고 지금까지 함께 걸어온 공과대학의 친구 같은 선생님들. 진심으로 감사드린다.

2006년 INES 워크숍에서 버지니아텍 게리 다우니 교수를 만났다. 그는 기계공학을 전공한 인류학자이고 공학학 연구자다. 경이로울 정도의 지적 통찰력과 실력, 너그러움, 더 나은 사회를 만들려는 의지와 열정을 지닌 그를 만나지 못했다면, 이 연구에 도전하지 못했을 것이다. 그가 만약 한국어를 할 줄안다면, 가장 먼저 이 책을 읽어줄 사람이었을 것이라고 확신한다. 깊이 존경하고 감사드린다.

이 연구를 시작할 때 나는 한국 엔지니어에 접근하는 일종의 지도를 상상했었다. 처음 항해를 떠날 때는 목적지에 제대로 도착할 수 있을지가 걱정이었다. 도착해야 한다는 의지만 확고했을 뿐이다. 길을 떠난 후, 잘 알고 있는 항로를 지날 때는 신이 났다. 가보지 못한 길일지라도 앞서 항해한 이들이 친절하게 남겨둔 이정표를 보고 계속해서 여정을 이어갈 수 있었다. 폭풍우도 만나고 앞을 분간할 수 없어 막막할 때도 있었다. 드디어 도착!

지금은 일단 계획한 곳에 도달했지만 어쩌면 나는 왔던 길을 되짚어가며 새로운 경로를 개척하게 될지도 모르겠다. 그렇지만 지금은 이 여행에서 얻은 의미를 독자들과 나누고 싶다. 첫째, 한국 엔지니어가 근대화, 산업화 과정에서 걸어온 역사적 경로는 우리 자신에 관한 이야기를 담고 있다. 그래서 엔지니어가 아니어도 충분히 이들의 이야기에 몰입할 수 있다. 나도 그렇게 느꼈다. 이 이야기가 내 가족과 이웃, 그리고 그 누군가의 삶과 직접 연결되어 있었기 때문이다. 엔지니어가 성장해온 역사를 통해 우리 조부모와 부모, 우리 자신과 청년 세대가 겪어온 시대의 궤적, 그곳에 존재하는 공유된 경험의 연속성과 차이를 분별할 수 있다. 둘째, 외래어인 엔지니어가 한국 사회 곳곳에 여러 이름으로 정착되기까지, 겉으로는 단순해 보이는 이 용어의 이면에는 근대화와 산업화에 참여한 수많은 주체들의 열망과 전략이 치열하게 부딪혀왔음을 보게 될 것이다. 기술자, 기능공, 공돌이, 공학인, 과학기술자 등의 용어를 살아 움직이게 만든 역사적 배경과 사회적 관계들, 이를 둘러싼 갈등과 경합의 과정과 결과를 살펴볼 수 있다. 셋째, 한국 사회에서 전문직이 갖는 의미를 음미하고 향후 엔지니어 전문직주의가 나아가야 할 방향을 구별짓기와 관계맺기라는 전략 안에서 새롭게 상상할 수 있는 계기가 될 수 있다.

이 책을 집필할 때, 전체 구성에 관해 많이 고민했다. 한국 엔지니어에 대한 선행 연구가 많지 않았기 때문에 이 연구가 어느 곳에 위치하는지, 어떤 방향으로 어떻게 가려고 하는지를 설명할 필요가 있었다. 만약 그럴 필요성이 없었다면, 이 책은 3장에서 시작했을 것이다. 이 책의 1장과 2장은 선행 연구의 공백을 채울 가이드 역할을 한다. 따라서 한국 엔지니어에게로 직행하고 싶은 독자들은 3장부터 읽어도 괜찮다. 하지만 이 연구가 어디에 위치하는지, 어떤 방법으로 한국 엔지니어에게 다가가는 항해를 시작할 것인지를 알고 싶다면 1장을 읽기를 추천 드린다. 1장의 마지막 파트인 4절에는 각 장이 다루는 주요 내용을 간략히 소개하였다.

한국의 엔지니어를 알고자 할 때 우리에게 익숙한 내부로부터의 관점을 뛰어넘어 비교의 관점을 갖는 것이 중요하다고 생각한다. 그래서 2장은 유사한 문화권에 있던 동아시아 국가들이 맞이한 근대의 시간 속에 전통적 공(工)의 세계가 어떻게 다르게 변화되어갔는지를 추적하였다. 엔지니어와 엔지니어링 개념의 역사성이 궁금한 독자들은 이 장을 꼭 읽어보기를 권한다. 2장의 3절에는 이 책에서 다룰 한국 엔지니어 유형들의 시기별 등장과 특징을 정리했다. 책의 전체 내용을 조망할 수 있는 기회가 될 것이다.

이 책을 집필하기 시작한 순간부터 지금까지 하루도 이 내용을 머리에서 떠나보내지 못했다. 그래서 이 작업은 기쁜 날에도 슬픈 날에도 함께했던 소중한 추억이다. 하지만 덕분에 가족들은 많은 날들을 인내해야 했다. 부족한 엄마, 아내, 딸임에도 변함없는 사랑과 격려를 보내준 사랑하는 화수, 은수, 신강호, 김기숙 여사께 두고두고 은혜를 갚겠다.

2021. 8.

한경희

차례

1장 연구방법론의 구성

2장 동아시아 국가의 근대적 공(工) 개념과
　　　엔지니어의 등장

3장 근대국가로의 전환과 기술(자) 인식

4장 주권 상실의 시대, 조선인 기술자의 형성

5장 해방 이후 테크노크라트 프로젝트의 추진과 좌절

6장 기술-국가 대한민국의 재건과 산업역군들

7장 산업화 이후 엔지니어의 변화와 도전

8장 엔지니어 집단의 분화와 전문직의 재구성

연구 방법론의 구성

문제 제기:
한국에서 엔지니어란 누구인가?

한국의 엔지니어에 대해 관심을 갖고 연구를 시작하게 된 것은 이공계 위기 관련 논의가 한창이던 2004년 무렵이었다. 그로부터 십 년이 지난 2014년에 한국 엔지니어의 성장 과정을 조망하는 첫 작업[1]을 마무리했다. 하지만 처음 지녔던 호기심과 질문들에 대한 목마름이 해소되지는 않았다. 오히려 처음에는 생각지도 못한 수많은 질문들에 부딪혔다.

본격적으로 연구를 시작할 때 처음 만난 곤경은 엔지니어를 어떻게 정의할 것인가에 있었다. 세계적으로 널리 사용되는 용어는 엔지니어다. 이 외래어가 우리 사회에서 불편하지 않을 정도로 사용되기까지 어떤 일이 있었는지 궁금했다. 엔지니어를 가리키는 우리말 용어로는 기술자, 기술인, 기사, 공학인, 과학기술자 등 다양하다. 이들 사이의 차이가 무엇인지, 엔지니어가 되기 위해 어떤 자격 조건이 필요한지, 반드시 4년제 공과대학을 졸업해야 하는지, 아니면 현장과 연결된 일정한 직업 경력과 노하우가 필요한 것인지 명확하지 않았다.

이 같은 곤경은 우리와 비슷한 환경에 있을 것으로 예상한 일본과 중국의 용례를 보면서 더욱 증폭되었다. 동일한 한자 문화권에 속하지만 엔지니어라는 외래어는 서로 다르게 번역되거나 해석되고 있었다. 한국에서는 공학인(工學人)이나 공학자(工學者)라는 호칭을 선호하는 데 비해 일본은 기술자(技術者, gijtu-sha), 중국은 공정사(工程師, gong-cheng-shi)라는 용어를 널리 사용하고 있었다. 이들 용어는 각 국가의 기술 인력 중 전문 지식과 자격, 일정한 경험을 지닌 상위의 직업군을 뜻한다. 하지만 한국의 번역어는 學을, 일본은 技術을, 중국은 師를 강조한다. 미묘하지만 간과해서는 안 될 차이다. 각 사회에서 이 같은 용어가 수용되고 정착된 과정은 겉으로 보이는 차이보다 더 깊은 의미를 담고 있을 가능성이 크다.

한편, 지금의 엔지니어 개념은 인류사의 그 어떤 시기보다 큰 공통분모를 갖고 있다. 엔지니어링 혹은 공학[2]의 기본 구성 요소를 가르치고 평가하는 제도적 기반이 보편화되고 널리 확산되었기 때문이다. 예를 들어, 미국에서 구축된 공학교육인증시스템[3]은 한국을 비롯해 여러 나라의 공과대학에 도입되어, 4년제 공학교육을 대상으로 하는 워싱턴 어코드, 전문대학 공학교육을 대상으로 하는 시드니/더블린 어코드 등으로 확장되었다. 이를 통해 각국의 공학교육은 등가성을 확보하고 엔지니어 자격을 상호 인정할 수 있는 토대를 마련할 수 있었다. 관련 국제협약이 증가한 것은 엔지니어 교육의 보편성과 일관성, 질을 일정 수준으로 보증함으로써 엔지니어의 국제적 이동을 촉진하려고 했기 때문이다. 교육의 등가성을 확보하려는 이러한 노력은 엔지니어의 역사에서 볼 때 극히 최근의 일이다.

근대화와 산업화의 결과로서 엔지니어라는 직업 범주와 정체성이 형성된 것이 아니라는 점을 먼저 밝혀둔다. 엔지니어는 근대국가와 산업, 기업, 전문직이라는 새로운 현상의 중심부에서 변화를 이끌어왔다. 그렇기 때문에 엔지니어 연구는 각 나라와 개인이 경험한 근대화와 산업화 과정에 대한 분석을 포함한다. 엔지니어 집단의 형성은 각 사회가 처한 구체적인 역사적, 문화적, 정치적, 지역적 특징과 맥락에 따라 상이하게 진행되었다. 따라서 엔지니어가 언제, 왜, 어떻게 등장하고 발전되었는지를 조사하려면, 불가피하게 엔지니어가 누구인지, 엔지니어링(우리나라에서는 공학)을 무엇으로 볼 것인지에 관해 먼저 답해야 한다.

엔지니어의 개념화

이념형(ideal type)이란 이런 종류의 문제를 해결하기 위해 사회과학 분야에서 발전된 연구방법 가운데 하나다. 독일의 사회이론가인 막스 베버(Max Weber)가 제시한 방법론적 장치인 이념형은 '현실'을 비교하고 측정하기 위해 만들어졌다. 이념형이라는 개념 모델을 통해 역사적이고 경험된 현실과 조우함으로써 그에 관한 지식을 만들어낸다. 예를 들어, 토크빌(Alexis de Tocqueville)의 귀족정과 민주정, 뒤르켐(Emile Durkheim)의 기계적 연대성과 유기적 연대성 개념이 이념형적 모델에 속한다. 엔지니어 연구에서도 이 방법은 오랫동안 활용되어왔다.

이념형적 개념화의 첫 번째 방식은 현실에서 경험한 엔지니어들의 활동과 성과에 주목하면서 그로부터 공통된 이미지나 주요 특징을 개념화하는 것이다. 이 경우, 엔지니어의 정체성은 만들고 창조하는 행위, 즉 무엇인가 유용한 목적을 실현하기 위해 편리한 도구를 디자인하고 개발하는 존재로 표상된다. 이로써 엔지니어의 역사는 인류의 역사와 궤를 같이하게 된다. 엔지니어라는 사회적, 직업적 정체성의 역사적 연속성을 세계 보편의 특성으로 유추할 수 있게 되었음을 의미한다.

하지만 이 논리로는 새로운 사회 집단으로서 엔지니어가 근대사회에 들어와서야 등장하게 된 역사적 국면과 동학을 설명할 수 없다. 또한 국가마다 차이가 있는 공학과 엔지니어 집단의 위상과 역할을 해명하는 데도 도움이 되지 않는다. 도구 제작과 활용의 창의성 증대와 같은 선형적 설명으로는 공학 특유의 정체성이 기술이나 과학과 차별화되어 어떻게 만들어졌는지를 파악하는 데 한계가 있다.

그럼에도 불구하고 이 같은 이해 방식은 오랫동안 대중들뿐 아니라 엔지니어 자신들에게도 영향을 미쳐왔다. 기술의 역사를 단순히 엔지니어의 역사로 환원하여 이해함으로써 자연의 조작이나 변형, 개발과 관련된 모든 행위를 큰 문제의식 없이 엔지니어의 본질적 활동으로 상상하고 전제해온 것이다.

다음으로 주목해야 할 이념형적 개념화의 또 다른 방식은 현대사회의 특징을 반영하여 각국의 엔지니어를 분류하고 조사하는 접근법이다. 예를 들어, 미국국립연구회의(NRC)가 정의하는 엔지니어의 자격 기준은 다음과 같다. 공학교육인증을 받은 대학에서 학사 이상의 학위를 받았거나 전문공학학회의 정회원 자격을 지닌 경우, 혹은 정부기관에서 인정하는 기술자격증을 가졌거나 직업 분류상 공학과 관련된 전문직에서 활동하고 있는 사람을 의미한다. 이 정의는 공학 분야의 고등교육과 기술교육 시스템이 잘 정비되어 있는 현 시대의 직업 범주를 설정하는 데 확실히 효과적이다. 공식화되고 제도화된 교육과 훈련, 전문 조직에 의한 인정을 강조하기 때문에 한국을 비롯해 많은 국가에서 이 기준을 참조하고 활용하였다. 특히 엔지니어를 정책 대상으로 삼을 때 누구를 엔지니어로 분류하고 지원할지에 관한 기본적인 가이드를 제공한다는 점에서 매우 유용하다. 현대 엔지니어들 사이에 존재하는 국가별 차이를 비교하는 수단으로도 활용될 수 있다.

하지만 선진국 중심의 제도화된 정의를 강조하는 이러한 접근법은 한국처럼 뒤늦게 엔지니어 양성을 시작한 사회의 특징과 역동성을 분석하는 데는 한계가 있다. 그처럼 엄격한 기준을 충족하는 엔지니어 집단이 등장한 것은 비교적 최근의 일이기 때문이다. 우리나라 대학에서 정식으로 공학 학위를 수여하고 전문학회가 출현한 시기는 다른 선진 국가에 비해 늦은 편이다.[4] 그렇다면 그 이전의 한국과 다른 국가들에서는 엔지니어가 존재하지 않았다고 단순히 받아들여도 될 것인지의 문제가 남는다. 이 정의를 따르면, 엔지니어의 역사는 오롯이 현대사로 국한될 수밖에 없다. 또한 현대적 의미를 중심으로 엔지니어를 개념화할 경우, 한국 등 후발 국가들의 엔지니어 역사를 서구에 뒤진 저발전, 후진성의 증거로 일반화할 우려가 있다.

사회적, 문화적 구성물로서의 개념과 정체성

기술 관련 직종이나 행위자를 부르는 다양한 호칭과 개념, 그들의 정체성은 당연하거나 고정된 것이 아니라 생동(生動)하는 사회적, 문화적 구성물이다. 근대화와 산업화를 거치는 동안 기술과 관련된 다양한 행위자들 사이의 치열한 경합과 갈등, 투쟁과 협상을 거쳐 만들어지고 획득되었다는 점에서 그렇다. 프랑스와 일본에서 테크노크라트(technocrat), 혹은 혁신 관료라는 개념과 용어가 만들어지고 재해석되며 사용된 맥락, 독일에서 과학적 기술(scientific technology)이라는 개념이 만들어졌는데, 왜 한국과 일본에서는 과학기술(科學技術)이나 과학기술자라는 용어가 사용되었는지, 공학(工學)을 구성하는 工과 學의 관계에 대해 한국과 중국의 인식이 어떻게 다른지, 자율적 중간 집단으로 자리매김한 미국의 엔지니어 집단과 자수성가한 산업가 모델을 구축한 영국 엔지니어 집단의 차이는 무엇인지, 이러한 질문들은 엔지니어 연구에서 매우 중요한 부분을 차지한다. 하지만 그에 관한 국내 연구는 충분하지 않다.

역사학, 사회학, 철학 등 개별 학문의 분야들은 나름대로의 문제계(問題系)와 그 안에서 발전된 개념과 분석틀을 기반으로 연구를 진행해왔다. 하지만 아쉽게도 미시 연구와 거시 연구, 구조와 행위 연구, 역사 연구와 사회 연구, 산업 연구와 문화 연구 사이의 간극을 좁히는 일은 여전히 도전적이고 쉽지 않다. 때문에 우리는 한국 엔지니어의 형성과 발전을 설명하는 이 연구에서 서로 다른 문제계를 지닌 연구들의 개념적, 이론적 자원을 어떻게 연계할 수 있을지 고심하지 않을 수 없었다.

다행스럽게도 이런 문제를 해결하는 데 우호적인 환경이 조성되고 있다. 프랑스 사회사 연구방법론의 발전, 역사학과 철학 분야에서 시도된 문화적, 경험적 전환과 그에 따른 지적 도전, 공학과 엔지니어에 대한 학제적 경험 연구를 이끌고 있는 과학기술학과 공학학(engineering studies)의 성장 덕분에 우리는 보다 풍부하게 연구를 수행할 수 있게 되었다.

엔지니어는 역사적, 사회적 이미지이자 실천으로, 그리고 집단적, 직업적, 제도적 실체로도 존재한다. 따라서 엔지니어 연구는 이들을 구성하는 사회적, 물질적, 문화적 요소들의 특징과 짜임을 함께 들여다봐야 한다. 하지만 우리는 이 연구 대상을 다루기 위한 학문 간 토론과 분야 간 접촉면을 만들고 확장하는 데 아직 충분한 노력을 기울이지 못했다. 이 장은 한국 엔지니어의 구성 과정을 조사하고 분석하는 데 필요한 다양한 학문 영역의 이론적, 방법론적 특징과 성과를 검토하려고 한다. 문제계가 다른 개념들의 결합은 이론적으로 쉽지 않다. 하지만 사회과학 분야의 연구 성과를 바탕으로 어떻게 하면 엔지니어 연구의 독자적인 영역을 확보할 수 있을지, 한국 엔지니어의 형성 과정을 분석하는 데 적합한 방법론이 무엇일지를 논의하는 것은 충분히 도전할 만하다.[5]

기존 연구 검토

1. 국내 연구 현황

국내에서 엔지니어 혹은 기술자 집단을 본격적으로 연구한 문헌을 찾아
보기란 쉽지 않다. 엔지니어가 사회적 집단으로서 직접적인 연구 대상
이 된 사례 자체가 드물다. 대개는 학문 분야의 관심사에 따라 보조적으
로, 혹은 특정한 측면만 부각되어 다루어졌다. 사회과학 연구가 활발했
던 1980년대에는 계층을 기반으로 사회 변동과 이행을 해명하려는 연구
가 주된 흐름을 형성하고 있었다. 때문에 기술자 집단은 자본주의 경제
와 사회를 구성하는 기술노동이나 지식노동, 혹은 신중간계층의 논의 속
에 종종 등장했다.[6] 즉, 기술자 집단은 근대사회를 구성하는 노동력으로
서, 혹은 계층적 위치와 관련된 활동 안에서 가시화되었다. 그렇지만 역
사적, 정치적, 문화적 주체로서 이들의 역할과 특징은 상대적으로 해명되
지 않았다.

흥미롭게도 1990년대부터 활성화된 문화 연구에서도 엔지니어는 그다

지 주목받지 못했다. 그 이유는 근대사회의 균열과 탈식민주의적, 탈근대적 주체를 탐색하는 새로운 관점에서 볼 때, 엔지니어 집단은 기존의 강고한 근대적 발전 패러다임과 결합되어 있는 가장 대표적인 집단으로 인식되었기 때문이다. 기업 문화에 대한 관심이 한창일 때도 엔지니어는 주로 기업 전략의 관점에서 분석되었을 뿐이다.

다른 한편, 규모 집약적 산업에서 대기업이 성장하고 국내 연구개발 능력에 대한 관심이 높아지자 산업 연구와 기술 혁신 연구가 활성화되었다. 이들의 관심은 엔지니어 집단 그 자체가 아니라 산업화와 기술 혁신 과정에서 '혁신적 주체'가 성장할 수 있는 구조와 환경을 탐색하는 데 있었다. 또한 창의적이고 혁신적인 주체가 담당할 역할과 기능을 시스템 차원에서 조직화하는 방식에 관심을 두었다.[7] 이 논의에서 엔지니어는 혁신적 주체 중 하나에 속했다.

1990년대에 들어와 연구개발 인력에 대한 국가적, 산업적 관심이 커지면서 특정 자격과 조건을 갖춘 '이공계 인력' 혹은 '과학기술자' 집단에 대한 조사와 분석이 정기적으로 이루어졌다.[8] 그 결과 엔지니어의 양적 성장이나 이동 추이에 관해 어느 정도 파악할 수 있게 되었다. 하지만 엔지니어들이 직업인으로서 어떤 준비를 하고 있는지, 이들이 갖추어야 할 역량은 무엇인지, 미래에 지향하는 경력 개발의 목표와 가치는 무엇인지, 이들이 추구하는 직업 정체성이 무엇인지에 관해서는 크게 관심이 없었다. 이에 관한 연구는 이공계 위기가 가시화된 2000년대 이후 주로 정부출연연구기관의 정책 연구를 통해 이루어졌다.[9]

엔지니어 혹은 기술 인력에 대한 학문적, 정책적 관심이 이처럼 부분적이거나 특정한 영역에 제한되었던 것은 엔지니어를 지칭하는 용어 사용에도 드러난다. 예를 들어, 학문과 정책 연구에서 과학기술이나 과학기술자라는 표현이 별다른 저항 없이 받아들여지고 사용되었다.

통상 과학기술자란 대학 학력 이상의 이공계열 졸업생을 가리킨다. 이 정의는 논쟁의 여지 없이 객관적 사실인 것 같다. 하지만 과학과 기술을 서로 다른 것으로 이해하는 서구적 관점에서 이 용어는 매우 낯설고 이 상해 보인다.[10] 과학자와 기술자(엔지니어)를 한데 묶어 표현하는 이 독특한 관행은 과학자와 엔지니어의 역할이 국가 발전 전략과 정책적 지향 속에서 구별되지 않았기 때문일 수도 있다. 혹은 스스로를 과학자나 엔지니어로 구별하려는 정체성 전략이 이들 행위 주체에게 큰 의미가 없었기 때문일 수도 있다. 확인이 필요하다. 이 연구는 엔지니어를 지칭하는 다양한 개념과 용어가 각 시대별로 어떻게 변천되어왔는지를 살펴보려고 한다. 우리나라에서 전문직 직업 정체성에 관한 연구는 의료나 법률, 교육 전문직 이외의 분야에서 크게 진전되지 않았다. 따라서 전문직으로서 엔지니어가 걸어온 경로를 추적하는 것은 이 연구에서 중요한 부분을 차지한다.

한국에서 엔지니어는 근대화와 산업화의 임무를 성실하게 수행해온 충성스러운 국민으로 전제되거나 인식되어왔다. 하지만 이들이 어떻게 국가 발전과 경제성장, 기술 혁신을 이끈 주체라고 자처하거나 그렇게 인식된 과정은 잘 알려져 있지 않다. 엔지니어들이 과연 우리 사회의 발전을 이끈 충분한 도덕적, 정치적 역량을 지닌 주체였는지에 관해서도 의견이 분분하다. 이에 대한 연구는 부분적으로 위험과 책임의 이슈를 다루는 과학기술학 분야에서 다루어졌다.

1960년대 이후 발전국가 전략이 지배적 담론을 형성함에 따라 산업 생산시스템에서 수행하는 엔지니어의 역할과 성과 자체가 도덕적 행위로 여겨지기도 했다.[11] 그렇지만 발전주의 담론에 대한 비판과 성찰적 논의가 이어지면서, 산업화의 한가운데 위치한 엔지니어들의 사회적, 윤리적 역할과 책임에 대해서도 관심이 생겼다. 과학기술과 산업 발전이 미치는 사회적 영향이 다각도로 조명되고 전문직으로서 과학기술자 혹은 엔지니어의 책임에 대한 실증적, 분석적 연구가 진행되었다.[12] 이들 연구는 위험사회의 위기를 심화시키는 과학기술 발전의 부작용과 메커니즘에 주목하면서 과학기술을 담당하는 연구개발 집단을 조사했다.[13]

다른 한편으로 엔지니어 연구의 빈 구석을 채워준 것은 과학기술학 연구였다. 덕분에 한국의 과학과 기술, 과학기술자에 대한 연구가 축적되었다. 하지만 국내 과학기술학계에서 지적하고 있듯이, 현대 과학과 기술에 대한 학문적 탐구를 수행하는 사람의 수, 특히 해방 이후를 다루는 연구자의 규모가 여전히 제한적이다.[14] 1979년 이후 한국과학사학회지에 실린 논문들을 보면, 대부분의 연구가 근대 이전의 사회나 서구의 과학과 과학자를 대상으로 이루어졌다. 그렇지만 한국의 현대 과학 도입과 근대화에 관한 연구[15]가 시작된 이후 1990년대에 들어오면서, 개항 이후의 과학과 기술,[16] 산업 및 관련 제도의 발전,[17] 과학자와 기술자에 대한 연구들[18]이 활발하게 진행되었다. 이 외에도 서양의 연구 동향과 주요 성과를 소개하거나[19] 한국 과학기술사의 새로운 변화 필요성을 촉구하는 논의들이 나타났다. 최근 전북대를 중심으로 진행된 과학문명사 연구는 관련 실증 연구가 매우 부족한 상태에서 기초 자료를 발굴하고 학문 간 소통을 활성화시키는 문제 제기와 심도 깊은 성과를 제시하고 있다는 점에서 크게 주목할 만하다.[20]

1990년대 중반 이후 국내에서 개념사 연구가 철학, 국제정치학, 문학, 역사 분야에서 꾸준히 성과를 내고 있는 것도 엔지니어 연구에 큰 의미를 갖는다. 개념사는 개념 자체를 사회 분석의 한 방법론으로 삼는 것으로, 언어나 명칭이 갖고 있는 고유의 의미론적 역사를 추적하는 것과 그 대상이 만들어져 실제로 진행된 역사를 탐구하는 일에 관심을 갖는다.[21] 1990년대에 국제정치학 분야에서 개념사 연구가 도입되고 당시 문화사,

일상사, 사회사, 번역사 등의 연구가 활발해진 것을 계기로 유럽의 지식과 개념이 동아시아 각 지역에 수용되는 과정을 비교사적 관점에서 다루는 연구들이 다양해졌다.

개념사 연구는 개념의 도입과 변용, 그 의미를 탐색함으로써 한국의 근대성을 탐색하는 데 목적을 두고 있다. 근대화기에 새로운 신어(新語)들이 어떻게 도입되고 인식되었는지에 관해 중요한 자료와 통찰력을 제공해 준다. 예컨대, 한국보다 앞서 서양 문명을 받아들인 일본과 중국으로부터 번역어가 수용된 과정을 분석함으로써 개념의 번역 과정에서 발생하는 문화의 교섭과 전이, 지적 권위와 권력의 작동을 이해할 수 있다.[22] 이를테면, 전통적 공(工) 개념이 근대적 개념으로 해석되고 변형되는 과정을 분석하는 것은 한국의 기술과 엔지니어의 형성을 인식하는 데 중요한 열쇠가 될 것이다. 특히, 한국학 분야 토대 연구의 일환으로 만들어진 한국 근대 신어 데이터베이스[23]는 주목할 만하다.

지금까지 살펴본 것처럼, 엔지니어 연구와 관련해 한국에서 적잖은 진전이 있었지만 아직까지 방법론이나 경험 연구 성과가 뚜렷한 것은 아니다. 다만, 최근에는 학제적 협력과 소통에 기반을 둔 다양한 연구들이 진행되고 있어 의미 있는 성과를 기대할 수 있는 조건이 마련되고 있어 고무적이다.

2. 해외 연구 현황

해외의 엔지니어 연구는 20세기 과학기술과 산업 발전의 맥락과 배경을 탐구하려는 관심과 함께 비교적 일찍부터 나타났다. 여러 갈래에서 연구가 진행되었는데, 여기에서는 엔지니어에 대한 관심의 종류에 따라 정체성 연구, 전문 직업 집단으로서의 특징을 살핀 연구, 그리고 방법론적으로 새로운 방향성을 제시한 통합적 사회사 연구에 관해 검토한다.

엔지니어 정체성 연구

미국과 유럽에서 엔지니어 연구가 본격화된 것은 엔지니어라는 사회적 집단의 등장이 근대성을 이루는 중요한 변화와 직접 연결되어 있다는 인식으로부터 시작되었다. 전통사회와 결별하고 새로운 시대를 만드는 근대로의 여정은 결코 순조롭지 않았다. 익숙했던 기존의 이념과 제도, 관습을 극복하는 것뿐 아니라 더 나은 사회적, 경제적, 정치적 전망을 제시할 필요가 있었다. 그것은 단순히 물질적 진보를 통한 변화만이 아니라 도덕적, 정치적 정당성을 확보할 새로운 시대정신을 요구했다. 바로 그 한가운데에서 엔지니어라는 사회 집단이 근대사회의 한 주역으로 등장한다.

그래서 엔지니어 연구는 전통과 근대의 틈바구니에서 그들만의 고유한 공간과 역할을 확보하고자 했던 엔지니어들의 전략과 투쟁에 관심을 갖는다. 엔지니어 집단이 차지한 사회적 공간과 위상은 단순히 개인적 차원에서 우연히 확보된 것이 아니다. 오히려 그들이 추구한 사회적, 경제적, 윤리적 가치와 역할을 새로운 제도와 실천에 구현하려는 조직화된 활동 가운데 만들어졌다. 즉, 엔지니어의 정체성은 그들 존재의 가치와 의미를 설득하고 인정받는 과정을 수반했다는 점에서 일종의 문화적 구성물이자 인정 투쟁의 산물이었다.

이와 관련하여 중요한 연구 성과들이 있다. 빈센티(Walter Vincenti)는 엔지니어 정체성 연구를 통해 공학과 엔지니어의 활동이 그들의 사회적 상상과 어떻게 연결되어 있는지, 그것이 사회 발전에 미친 영향에 관해 탐색했다.[24] 공학을 지식의 차원에서 재조명한 레이턴은 공학이 자연과학의 응용이라는 기존의 통념에 반대하며, 기술의 역사는 과학의 역사와 독립해 존재한다고 주장했다.[25] 근대화 초기에 장인과 엔지니어들이 그들만의 독특한 경험과 노하우를 기초로 공학의 영역을 구축했다는 것이다. 한편, 실리(Bruce Seely)와 레이놀즈(Terry Reynolds)는 엔지니어들이 자연과학 방법론을 활용하고자 했음을 밝혔다.[26] 자연과학 방법론을 활용한 이유는 그것이 실제로 유용해서라기보다 과학의 성공을 모방하기 위해서였다는 분석이다. 여기에서 성공은 엔지니어의 사회적 지위를 높이는 것을 의미한다. 당시 엔지니어들은 저급한 기술노동자 집단과 구별되기를 원했고, 그것을 위해 과학을 모방하는 전략을 선택했다.[27]

이렇듯 엔지니어들이 자신들의 사회적 위치와 역할을 설득하고 사회 안으로 자리매김하는 일련의 과정을 정체성의 형성 과정이라고 부를 수 있다. 관련 연구자들은 엔지니어 정체성이 흥미롭게도 중간적이거나 경계적 위치에서 발견된다는 점을 지적하였다. 게리 다우니(Gary Downey)의 경계 위치(boundary location), 피터 윌리(Peter Walley)의 중간적 위치(intermediary position), 중간 집단(intermediate associations), 매개자(mediators) 등의 개념이 바로 그것이다. 윌리는 엔지니어의 주된 특징이 자본과 노동 사이의 중간적 위치에 있다고 판단하고 이들 위치의 특징에 관해 국가 간 비교 연구를 수행했다.[28] 이 연구를 통해, 엔지니어의 위상은 단지 기술 능력에 의해서가 아니라 정치적 성취에 의해 결정되었다고 강조했다. 테크노크라트 생시몽주의 운동에 참여했던 19세기의 프랑스 엔지니어들이 자신들의 임무를 자본과 노동의 중개자로 보았다는 것도 이러한 맥락에서 이해할 수 있다. 마이크신스(Peter Meiksins)와 스미스(Chris Smith), 노블(David Noble)은 엔지니어의 계급적 성격에 집중하여 중간 계급으로서 이들이 갖는 성격을 해명하였다.[29]

다른 한편으로 엔지니어들에게 나타나는 고유한 속성을 연구한 문헌들은 엔지니어 집단이 지닌 독특한 열망과 태도를 탐색했다. 예컨대, 정확성이나 효율성, 시각적 표현에 대한 선호, 요소와 작동, 통제에 대한 관심, 생산적인 것에 대한 추구, 이론이나 지식으로 해결되지 않는 것을 실천과 경험으로 해결할 수 있다고 보는 태도, 이런 것들이야말로 엔지니어 자신과 사회에 중요한 영향을 미쳤다는 것이다.

일단 공학과 엔지니어의 직업적 정체성이 성공적으로 구축되고 나면 그것은 일정한 관성과 지속성을 가진 지배적 이미지(dominant image)와 지배적 실천(dominant practice)[30]을 형성하게 된다. 이 이미지와 실천은 단순히 개인적 차원의 속성이 아니며 그것이 속한 사회와 국가의 특징과 영향을 주고받는다. 이 때문에 연구자들은 공학과 엔지니어 집단에 독특하게 나타나는 국가적 유형이 존재하는지에 관해 관심을 가졌다. 예를 들어, 크라나키스(Eda Kranakis)는 프랑스와 미국의 공학 문화를 상세히 비교 분석했다. 그녀는 공학 문화가 국가 문화에 단순히 조응하는 산물이기보다 오히려 독특한 양식의 사회적, 제도적 요인이 작동하면서 그 결과로서 공유된 것임을 주장했다.[31] 역사학자 브라운(John Brown)도 영국과 미국 엔지니어들의 설계 방식 차이를 국가 문화와 연결하여 분석한 바 있다.[32] 미국 엔지니어들은 작업장 설계라는 새로운 영역을 개발하여 공학적 선택과 사업적 결정이 현장에서 함께 결합될 수 있도록 생산 과정을 변형시켰다. 반면 장인의 통제력이 강했던 영국에서는 설계 그 자체를 최종 목적으로 중요하게 고려했다. 설계의 독창성과 제품의 질이야말로 엔지니어의 자격과 수준을 결정짓는 요소라고 여겼기 때문이다.

다우니와 루시나(Juan Lucena)는 프랑스, 영국, 독일, 미국의 역사 속에서 형성된 가치 지향과 문화, 규범 등이 진보(progress)라는 근대적 이념에 미친 영향을 고찰했다.[33] 이들은 진보 이념의 특징이 국가별 공학 활동의 내용과 엔지니어의 전문가 정체성에 깊이 연관되어 있다고 주장했다.

다만, 이러한 유형들은 고정된 것이 아니라 역사적, 사회적으로 언제든지 변할 수 있다고 한다.

전문 직업 집단으로서 엔지니어 연구

전문직의 관점에서 진행된 엔지니어 연구는 전문직의 제도화, 전문가의 정체성 전략, 전문직 윤리라는 세 축을 중심으로 이루어졌다. 그렇지만 이 연구들은 서로 연결되어 있고 단지 강조하는 초점과 방향에 따라 구별될 뿐이다. 엔지니어 직업의 성장 과정 자체가 전문직으로의 조직화, 전문가의 정체성 전략과 연결되어 있고 책임 있는 사회적 역할 수행이라는 도덕적 정당성 확보에 기반을 두고 있기 때문이다.

과학기술 분야의 새로운 지식과 기술 역량을 보유했다는 것만으로 전문직의 지위를 확보하기는 어렵다. 왜냐하면 전문직은 내적 요건 외에 외부로부터의 동의와 인정을 요구하기 때문이다. 전문직으로서의 사회적 인정을 호소하는 이들은 해당 전문직이 다른 직업과 달리 공공의 복지와 서비스를 지향하고, 공평하고 합리적인 권위를 내재하고 있다는 점을 강조한다. 전문직이 지향하는 리더십은 다른 이해당사자들의 경우와 달리, 도덕적으로 정치적으로 더 올바를 수 있고, 사회를 더 나은 방향으로 이끌 수 있다고 강조해왔다.[34]

근대사회 초기에 등장한 엔지니어들은 기존 사회에 속하지 않는 새로운 인물형이었다. 계급, 계층적으로 상위에 위치하면서도 끊임없는 지적 호기심을 바탕으로 실용적인 지식과 목적을 지향하고, 사회의 근본적 변화와 개혁을 추구하는 가치와 이념을 중시했다. 엔지니어들이 활동하는 공간은 군대에서 대학, 그리고 국토 개발과 정책 수립의 현장, 기업, 연구소 등으로 점차 확장되어갔다.

처음 엔지니어로 불린 집단은 군인이었다. 최초의 공학교육기관도 정부나 군대에 의해 설립되었다.[35] 하지만 엔지니어 집단이 성장함에 따라 다양한 종류의 전문가 조직으로 발전하고 분화되었다. 프랑스의 정치철학자인 토크빌(Alexis de Tocqueville)은 1800년대 초중반 설립되어 활동하고 있던 미국의 전문공학협회들을 관찰한 후, 이들을 중간 집단이라고 불렀다. 이렇게 부른 이유는 미국처럼 탈집중화되고 개인주의적인 사회에서 이들이야말로 사회와 국가를 연결하면서 스스로 결속할 수 있는 자율성을 지닌 집단이라고 인식했기 때문이다. 토크빌은 엔지니어들의 조직 운영 방식과 자율성이야말로 민주주의의 실현과 잘 부합한다고 보았다.

하지만 지금의 현실에서 엔지니어가 한 사회의 전문가 집단으로 자리 잡을 수 있을지는 불확실하다. 기업과 정부에 의해 고용되는 비율이 높고 복잡한 시스템의 일부를 담당하는 데서 오는 책임성과 자율성 문제가 논란이 되고 있다. 엔지니어 집단 내부의 다양성과 편차 역시 여전히 크다. 전문직은 대개 전문성과 공공의 이익에 대한 기여를 명분으로 단체를 구성하고 국가의 인정과 지원을 이끌어내며 협상력을 키우는 방향으로 성장해왔다. 하지만 이러한 전략이 항상 성공하는 것은 아니다.

엔지니어들이 전문직으로서 그들의 이해관계와 전문 영역을 지키기 위해 어떤 노력을 기울였는지를 연구한 대표적 저작들은 다음과 같다. 미국의 엔지니어를 연구한 레이턴(Edwin Layton)의 *The Revolt of the Engineers* (1986), 독일의 공학 전문직을 연구한 기스펜(Kees Gispen)의 *New Profession, Old Order* (1989), 그리고 프랑스 사례를 연구한 앨더(Ken Alder)의 *Engineering the Revolution* (1997) 등이 있다.[36] 맥코믹(Kevin McComick)은 19세기 이후 일본과 영국의 엔지니어 양성과 고용의 특징을 비교하였다. 공학교육기관 설립과 관련 제도의 성립, 엔지니어들이 전문가로 양성되는 공식적, 비공식적 과정, 전문성이 기업 조직과 제도 안에서 인정되는 방식 등을 연구했다.[37] 이들의 연구는 공학 전문직(engineering profession)[38]에 대한 사회적 인정과 제도화가 사회에 따라 다르게 전개되었다는 것과 어떻게 그런 일이 일어났는지를 보여주었다.

전문직의 정의와 자격 조건, 엔지니어의 사회적 책임과 역할을 둘러싼 연구는 현장의 엔지니어들뿐 아니라 공학윤리학자와 공학교육자들을 중심으로 활발히 논의되었다(Michael Davis, Edwin Layton, Joseph Herkert, Stephen Unger). 이들은 전문직으로서 엔지니어가 갖추어야 할 요건이 단지 기술과 지식에 국한되지 않는다는 것을 효과적으로 설명했다. 엔지니어는 기술이 사회에 긍정적 영향을 미치고 공공의 이익을 확보할 수 있도록 사회적, 윤리적 책임성과 역량을 갖추어야 한다는 것이다. 그렇게 하려면 기술이 사회에 미치는 영향을 다양한 각도에서 상상하고 예측하며 실제 공학 설계에 반영하는 일이 중요하다. 도덕적 상상(moral imagination)[39], 사회기술적 상상(socio-technical imaginaries)[40] 등의 개념이 이런 논의의 맥락에서 등장했고 공학교육과 연구 현장에 적용하려는 노력이 나타나고 있다.[41]

끝으로 기술과 정치의 관계 속에서 공학 전문직의 형성과 활동을 탐구한 헥트의 연구에 주목할 필요가 있다.[42] 헥트(Gabriella Hecht)는 원자력 발전을 둘러싼 전문가들 사이의 갈등과 의사결정 과정을 분석하면서 프랑스 사회의 기술과 정치, 국가 정체성이 서로 어떻게 연관되었는지를 흥미로운 방식으로 보여주었다. 프랑스 국가가 제시한 텔로스와 정당성이 특정한 방향으로의 기술 개발과 변화를 지시했다는 것이다. 이때 형성된 행위자들의 관념과 믿음이 이후의 행위와 의사결정에 큰 영향을 미쳤다. 여기에서 헥트가 사용한 기술정치(technopolitics) 개념은 "정치적 목적을 수립하고 구현하기 위해 기술을 설계하거나 사용하는 전략적 실천"을 의미한다.[43] 헥트의 연구는 엔지니어들이 주어진 역사적 국면에서 어떻게 자신들의 역할을 확보하고 확장시켰는지를 통해 전문직의 발달 과정을 탐색했다는 점에서 매우 의미 있는 사례이다.

통합적 사회사로서 엔지니어 연구

다양한 이론적, 역사적 뿌리를 가진 사회과학 방법론을 연결하려는 노력과 성과들은 한국 엔지니어의 역사를 연구할 때 크게 도움이 된다. 이 점에서 통합적 연구방법론의 새 길을 개척한 프랑스 사회사에 주목하려고 한다. 아날학파 3세대로 불리는 퓌레(Francois Furet)와 오주프(Mona Ozouf) 등은 프랑스 혁명 과정을 분석하면서 언어, 이미지, 상징의 해석과 재해석을 둘러싼 정치적 동원을 탐색했다. 사회적 행위자들의 의식을 일정한 방향으로 이끌어 동원하는 새로운 정치적, 문화적 과정에 대해 조명한, 소위 언어학적 전환, 문화적 전환 이후의 프랑스 사회사는 역사의 외부에서 역사를 조망하고 역사 내부에서 역사 외부를 끌어들인다는 점에서 상당한 성과를 거두었다. 이것은 곧 미시사, 문화사, 구조사로의 대전환을 가져왔다.[44]

이러한 전환은 프랑스의 엔지니어 연구에도 영향을 미쳤다. 대표적인 엔지니어 연구자인 앙트완 피콩(Antoine Picon)은 엔지니어를 연구하는 것과 엔지니어가 하는 일, 혹은 그들이 만들어낸 생산물을 연구하는 것이 과연 동일한 것인지를 진지하게 물었다.[45] 그는 기술의 역사와 엔지니어의 역사가 적어도 프랑스 역사를 통해서는 일치하지 않는다는 결론에 도달한다. 이것은 곧 기술의 역사를 통해 엔지니어의 사회적, 역사적 특성을 도출해낼 수 없고, 그 역도 가능하지 않다는 것을 의미했다. 엔지니어들이 동일한 종류의 활동을 수행하는 경우에도 이들 활동과 성과는 그들이 처한 특정한 맥락에 따라 달리 해석되고 완전히 새로운 의미를 가질 수도 있다.

사실 이러한 주장은 영국의 역사가인 톰슨(E. P. Thompson)의 핵심 주제와도 일맥상통한다. 영국의 노동자계급 형성을 연구한 톰슨은 노동자계급의 객관적 위치나 구조가 그대로 의식에 반영되는 것이 아니라고 주장했다. 예를 들어, 증기력과 면직공장이 있다고 해서 새로운 노동계급이 등장했다고 볼 수 없다. 계급이란 오히려 경험을 공유한 결과로서 사람들 사이에서 이해의 동일성과 차이를 인식한 결과 발생한다. 같은 직업을 가지고 있어서 동일한 계급이 되는 것이 아니다. 일상적인 경험의 공유를 통해 자신과 동료들 사이의 정체감을 인식하거나 이해가 다른 사람들에 대해 반감을 느끼고 드러낼 때 드디어 계급이 존재하게 된다는 것이다. 그렇기 때문에 계급 경험에는 전통과 가치체계, 이념과 제도적 형식 등이 개입되며 그렇게 만들어진 경험은 현실에서 물질적 실체로 전환된다.[46]

아날학파 이후 발전된 신역사주의 방법론 역시 역사 연구의 전환에 큰 영향을 미쳤다. 푸코(Michel Foucault)와 데리다(Jacques Derrida), 부르디외(Pierre Bourdieu), 엘리아스(Nobert Elias), 아리에스(Philippe Aries) 등으로 대표되는 신역사주의는 텍스트와 컨텍스트의 분리와 경계를 부정하면서 국가, 신체, 사회, 성 등이 권력에 의해 역사적으로 구성되고 재구성되는 담론에 불과하다고 주장했다.[47] 피콩은 공학과 엔지니어에 대한 역사적 연구를 순수하게 과학적, 기술적 이슈와 연결하느니 차라리 정치적, 사회적 이슈와 연결시키는 것이 더 쉽다고 이야기한다. 그는 기술의 역사와 엔지니어의 역사, 혹은 공학의 역사가 서로 자연스럽게 연결되리라는 기존의 통념에 정면으로 도전했다.

피콩은 18, 19세기 프랑스 엔지니어의 역사가 프랑스라는 근대국가와 행정의 발달과 밀접하게 연관되어 있다고 본다. 18세기 프랑스 사회에 두드러진 전문화의 경향이 단순히 새로운 기술 변화에 대응한 것이 아니었음도 주장한다. 피콩은 그의 연구를 통해 합리성과 효율성 개념을 역사화하고자 했다. 예를 들어, 18세기부터 나타난 정량화와 계산에 대한 열정과 지향은 엔지니어뿐 아니라 과학자와 행정가에게 중요한 의미를 갖는 거대한 사회운동의 일부였다는 것이다. 합리성과 효율성의 추구는 인간을 환상과 편견으로부터 해방시키는 윤리적, 사회적 가치를 지닌 것으로 이해되었다.[48] 이것은 구체제(Old Regime)로부터의 탈출을 정당화하는 가치였다. 18세기 프랑스의 국가 엔지니어들(state engineers)은 과학의 이름으로 자신들의 이야기를 풀어가려 하지 않았다. 오히려 인간과 자연 사이의 합리적 관계를 공명정대하게 증진시킬 촉진자(promoter)로 자리매김되기를 원했다.

프랑스 사회사 연구는 한국 엔지니어를 연구하는 데 의미 있는 개념과 통찰력을 제공해준다. 이를테면, 국가와 산업 부문에서 요구되는 사명과 역할을 한국 엔지니어들이 어떤 방식으로 내면화하여 대응했는지의 과정을 그들이 관여한 기술적 성과와 결합하여 분석할 수 있다. 기존의 연구들 중에는 한국 기술 발전의 역사와 산업사에 엔지니어의 활동과 특성을 그대로 대응시키는 방식의 연구가 많았다. 하지만 이런 방식의 접근은 독특한 역사적, 사회적 환경에서 성장한 한국 엔지니어의 특징과 역동성을 온전히 설명할 수 없다. 기존의 기술사와 사회사를 새롭게 연결할 방법론적 전략이 필요한 이유다.

한국 엔지니어 연구방법

지금까지 검토한 국내외 연구는 한국 엔지니어의 특징과 형성 과정을 탐색하는 데 유용한 개념과 사례를 제공한다. 기존의 연구 성과를 활용하되, 한국 엔지니어를 연구하는 데 필요한 방법론적 자원을 좀 더 구체적으로 논의해보자. 엔지니어 형성 과정을 분석할 때 주목할 점은 다음과 같다. 첫째, 전통사회가 남긴 유산과 급격한 산업화의 속도, 둘째, 식민지, 전쟁, 이념 대립, 민주화의 지난한 여정, 셋째, 동아시아에서 서구 사회로 이어지는 국제 정치 동학과 경제 질서의 재편, 이들은 단순히 배경 요인이 아니라 분석되어야 할 핵심 요인이다. 이러한 점들을 고려하여 개념사 연구, 담론 주도 집단 중심의 행위자-연결망, 그리고 기술-국가 구성체 관점을 한국 엔지니어 연구의 주요 방법론으로 삼고자 한다. 각 관점의 문제의식과 방법론은 서로 다른 이론적 기원과 관심에서 나왔다. 하지만 이들 방법론은 역사적, 사회적 구성물로서 한국 엔지니어의 실제를 연구하기 위한 질문을 날카롭게 다듬고 그에 대한 해답을 다각도로 탐색해나가는 과정에 서로 보완적 관계에 있다.

1. 개념사를 통한 동아시아 비교 관점

한국 엔지니어에 대한 탐색은 불가피하게 개념사의 성격을 포함하게 된다. 엔지니어링, 엔지니어, 과학, 기술이라는 개념적 구성물이 단지 근대사회의 지식이나 인공물, 직업으로만 존재하지 않기 때문이다. 이들과 연결된 언어, 개념, 의미들의 체계가 엔지니어의 활동 공간과 경험 세계를 구축하고 확장하는 과정과 병행되기 마련이다.

개념사는 해석학에 기반한 이념사의 전통에 속한다. 개념사는 언어나 개념이 지니고 있는 고유의 의미론적 역사를 추적하고, 그 가운데 작동하는 인간의 해석적 의미 생산 활동을 중시한다. 개념은 역사적 현실과 지속적으로 관계를 맺고 인간의 인식을 매개로 형성되며 변화한다. 이런 관점에서 보면, 엔지니어링과 기술의 개념은 한국에서 진행된 근대화의 맥락에서 분석되어야 한다. 그것은 다른 사회들과 상이한 방식으로 구성되고 인식되었을 가능성이 크다. 이 과정을 이해하려면, 마치 파도처럼 밀려드는 변화의 물결 속에서 낯선 것들에 맞닥뜨리고 대응해야 했던 당대 사람들의 사고와 실천에 시선을 맞추어야 할 것이다.

개념사 연구는 오토 브룬너(Otto Brunner), 베르너 콘쩨(Werner Conze), 라인하르트 코젤렉(Reinhart Koselleck), 그 밖의 하이델베르크 대학 역사학부의 근대사회사 연구 모임에서 시작되었다. 이들은 근대 이전 세계의 소멸과 근대세계의 성립을 개념의 역사를 통해 이해하려고 했다. 본래 개념사는 독일 개념철학에서 나왔지만 역사가인 코젤렉이 개념철학의 방법을 사회사에 접목하면서 발전되었다. 해석학 전통이 강한 독일에서는 개념사 연구가 지속적으로 확장되었지만, 구조주의 전통이 강하고 실증주의 담론 분석이 지배적이던 프랑스에서는 받아들여지지 않았다. 프랑스에서는 1980년대 후반에 들어와서야 정치사상 연구자들을 중심으로 개념사

연구를 진전시킬 수 있었다.[49]

개념사 연구방법이 한국 엔지니어 연구에 갖는 의미는 다음과 같다. 첫째, 개념사는 각 시대를 대표할 표제어를 찾고 이를 바탕으로 역사의 변화를 추적하고 이해하는 데 도움이 된다. 코젤렉은 단어의 의미와 그와 연결된 사회적, 정치적 내용, 또 그 이면의 의미를 묻고, 한 표제어 안에 있는 단어, 개념, 사실을 구분하는 방식을 활용하였다.[50] 그는 진보, 역사, 발전과 같은 표제어에 관한 경험 연구를 통해 사회적, 정치적 변화를 추적했다. 언어는 경험을 가공하고 역사적 실재를 구성하는 중요한 요인이며, 특히 역사적 기본 개념들은 역사적 운동을 이끄는 선도 개념이 된다고 보았다. 코젤렉은 사회정치적 단어들이 점차 범위를 넓혀가는 과정에 주목했다. 이것은 특정 개념에 대한 지배적 이미지와 실천이 확산되는 과정을 강조하기 위해 게리 다우니가 사용한 확장성(scalability) 개념과도 일맥상통한다. 한국의 근대화와 산업화 과정을 포착하는 표제어를 탐색하고 그 의미가 변해가는 과정을 분석하는 것은 엔지니어 연구에도 유용하게 활용될 수 있다. 예를 들어, 국가, 주권, 기술, 발전, 민족, 경쟁력, 전문직 등이 유력한 표제어 후보군이 될 수 있다.

둘째, 과학과 기술과 관련된 새롭고 낯선 개념들이 근대 한국에 어떻게 수용되고 해석되었는지를 해명하는 데 개념사 연구가 기여하는 바가 크다. 서양의 언어와 개념을 직접 번역하는 데 오랜 시간과 노력을 기울인 일본과 달리, 한국에서는 한문 텍스트로 구성된 중국의 학술과 사상이 전래되었기 때문에 번역이라는 문화적 과정이 필요하지 않았다. 근대화 시기에 일본과 중국에서 이루어진 번역 작업은 서양과 그들 나라 사이에 이해의 공간을 구축하는 데 도움이 되었지만, 한국에 도입된 근대 개념들은 일본과 중국에서 이미 해석된 서양을 다시 한국의 맥락에서 독해하는 과정에서 구축되었다. 이 중역이 가져온 결과에 대해서는 다양한

논의가 있다.[51]

따라서 청일전쟁(1894-1895) 이후 중국이나 일본에서 건너온 신어(新語)가 한국의 근대를 형성하는 데 미친 영향은 당시 조선인들의 경험과 새로운 시대에 대한 기대 가운데 그것이 어떻게 해석되고 어떤 의미를 가졌는지를 탐구하는 과정 속에서 조명되어야 한다.[52] 과학, 기술, 공업, 공학과 같은 개념의 수용이 누구에 의해, 어떤 맥락에서, 어떤 과정을 거쳐 정착되었는지를 살펴볼 필요가 있다.

셋째, 개념사의 연구 성과를 바탕으로 한중일 삼국 간 비교 분석이 가능하다는 것은 큰 혜택이 아닐 수 없다. 근대화 과정에서 치열하게 전개된, 개념을 둘러싼 의미론적 투쟁을 살피면서 근대적 개념이 유교와 한자 문화라는 공통의 유산을 가진 한중일 내에서 어떻게 다르게 수용되었는지를 분석할 수 있다. 또한 개념을 통해 각 역사적 시기의 사회를 비교 분석하는 것이 가능하다. 개념에는 한 시대의 경험과 입장이 녹아 있기 때문이다.[53] 예를 들어, 국가 개념은 중국에서 천하 세계로부터 유추되었다. 반면 일본에서는 메이지유신 이후 쇼군 중심 봉건체제의 붕괴, 천황 지배체제의 성립 속에서 만들어졌다. 한국에서 국가는 청과 일본의 속박으로부터의 해방과 독립의 과제로서 강조되었다. 국가 발전과 진보라는 근대적 임무를 담당했던 각국 엔지니어의 역할과 활동을 고려할 때, 국가 개념의 인식은 엔지니어 연구에 중요한 의미를 가질 수밖에 없다.

동아시아의 세 국가들이 근대화와 산업화 초기에 어떻게 연결되어 있었는지, 서구 문명과 새로운 개념들을 어떤 방식으로 받아들였는지, 엔지니어 집단이 어떻게 등장했는지를 비교 분석하는 것은 한국 엔지니어의 형성을 이해하는 데 의미 있는 단서를 제공해줄 것이다. 과학, 기술과 관련된 개념들이 도입, 수용되는 국제적 정치경제의 맥락을 파악하고 한국의 근대 초기를 역동적으로 분석할 수 있는 비교의 관점을 확보할 수 있기 때문이다.

2. 담론 주도 집단 중심의 행위자 연결망 관점

개념을 둘러싼 의미론적 투쟁의 영역에서 누가, 어떤 집단이, 무엇을 근거로 주도적인 역할을 수행해왔을까? 근대 엔지니어와 엔지니어링의 형성을 추적하는 데서 중요한 논점이 아닐 수 없다.

지식이자 실천인 과학과 기술을 연결망 구축의 산물로 보는 행위자 연결망 이론(ANT, Actor Network Theory)은 이 같은 문제의식을 다루는 데 매우 유용하다. ANT는 전통 사회학과 달리 사물에도 행위성을 부여한다는 특징이 있다. 인간과 사물(비인간)의 구분을 근대주의(modernism)의 산물로 비판하면서, 인간과 사물을 대칭적으로 다룰 것을 주장한다.[54]

행위자 연결망은 인간 행위자와 비인간 행위자(생물, 기계, 돈, 건물 등)로 구성되는 관계들의 집합이다. 이때 모든 행위자들은 연결망 구축자가 충족시키고 관리해야 할 이해관계를 지니고 있다고 전제된다.[55] ANT에 입각한 경험 연구들은 연결망을 구성하고 있는 행위자들의 전략과 실천, 상호관계, 그리고 연결망의 구성과 그 구조의 변동에 주목한다. 행위자 또한 연결망으로 간주된다. 행위자 자체가 매개, 기입, 번역 등을 통해 만들어진 성공적인 연결망 구축의 산물이기 때문이다. 행위자 연결망 자체는 이질적 요소들을 연결하고 있는 또 하나의 행위자이다. 연결망의 힘은 그 결합 정도를 통해 파악될 수 있다. 권력은 연결망의 원인이 아니라 효과로서 설명된다.[56]

우리는 ANT 개념과 방법론을 활용하여 한국 사회에서 공(工), 엄밀히 말해 공(工)과 연관된 행위자 연결망이 변화된 과정을 다룰 것이다. 서술의 편의상 전통적 공(工), 혹은 근대적 공(工)이라는 표현을 사용할 것인데, 이것은 곧 전통적 공, 근대적 공을 둘러싼 행위자 연결망을 의미한다. 다시 말해, 여기에서 기술하는 '전통적 공'이란 사농공상의 직업적 위계, 장인, 고공(雇工), 신분제도, 도제 시스템, 수공업, 문을 숭상하는 문화 등이 연결되고 각 행위자가 서로를 필요로 하는 관계로 구성된 행위자-연결망이다. 따라서 전통적 공(工)이 근대적 공(工)으로 전환되었다는 것은 그것을 구성하고 있는 각 행위자의 구성과 그들 간 관계가 변화된 것을 뜻한다.

ANT가 제시하는 가장 중요한 방법론적 원칙은 행위자를 추적하라는 것이다. 관점과 방법론의 출발점은 다르지만, 행위자를 기술사 연구의 중요한 요소로 도입하여 분석한 토마스 휴즈(Thomas Hughes)의 연구도 이러한 맥락에 위치해 있다. 엔지니어를 '시스템 구축자'로서 분석한 휴즈는 "기술이란 물리적 인공물, 기업, 은행, 연구소 등의 조직, 법, 대학 연구, 자연자원과 같이 다양한 요소로 이루어진 기술시스템 안에서 작동"[57]되며 "기술자, 기계 전문가, 엔지니어, 설계자, 과학자들은 각종 도구와 기계, 지식을 사용해 세상을 재창조하고 통제"[58]한다고 보았다.

한국 사회에 근대 과학과 기술이 도입된 이후 근 백여 년에 이르는 동안 과학과 기술의 연결망을 구축해온 행위자가 누구였는가를 묻는 것은 이 연구에서 매우 중요하다. 우리는 각 시기의 주요 행위자를 파악하고 이들이 만들어낸 연결망의 특성을 살필 것이다. 그 연결망은 기술-국가 구성체의 성격을 갖게 된다. 이렇게 형성된 기술-국가 연결망이 어떤 유형의 행위자를 동원하거나 배제해왔는지도 주요한 관심사가 될 것이다. 또한 한국 사회의 주요 행위자들이 연결망을 통해 엔지니어링 혹은 엔지니어의 사회적 위치와 역할을 설득할 수 있었던 정치적, 사회적, 문화적 맥락에 대해 집중한다. 각 시기에 따라 관료, 엘리트 지식인, 테크노크라트, 산업역군, 직장인 엔지니어, 벤처 창업가 등 다양한 유형의 엔지니어들이 주요 행위자로 등장하였다.

근대성의 도래를 연구한 찰스 테일러(Charles Taylor)는 아이디어의 확장이 어떤 전문화된 영역에서, 누구에 의해 시작되고 주도되었는지에 관심을 가져야 한다고 강조하였다.[59] 이 연구도 이 점에 주목하였다. 예를 들어, 일본의 경우에는 서양 문명과 직접 조우할 수 있었던 지식인 번역가 그룹이 근대화 초기 과학기술 담론을 주도했다. 중국의 지식인 집단은 서구로부터의 경제적 침탈이 심화되고 내부의 사회주의 이념 투쟁이 전개되자, 일본과 다른 방식의 발전 전략을 추구했다. 마찬가지로 근대 한국에서 기술한국, 발전, 과학기술, 산업역군, 인적 자본 등의 개념과 아이디어가 어떤 집단에서, 무엇 때문에 시작되고 확장되었는지를 탐색해야 한다.

일본과 중국을 통해 도입한 과학, 기술, 엔지니어 등의 개념을 처음 접하고 그것을 재번역하여 확산시킨 이들은 누구인가, 과학기술 혹은 과학기술자라는 용어를 널리 사용한 집단은 누구인가, 경쟁력 혹은 수요 맞춤형 역량을 개인 엔지니어가 갖추어야 할 최고의 덕목으로 설득한 이들은 누구인가?

테일러에 따르면, 어떤 이념과 주장이 전문 영역의 소수 집단으로부터 사회 전반으로 확장되려면 세 단계를 거쳐야 한다. 첫째, 더 많은 영역에 영향을 미쳐야 하고, 둘째, 동시대인들이 함께 상상하는 내용을 담아야 하며, 셋째, 구성원들에게 무엇인가를 요구할 수 있는, 즉 처방적 역할을 수행할 수 있어야 한다는 것이다. 여기에서 '처방적'이라는 것은 무엇이 올바른지, 무엇을 열망해도 되는지를 알려주는 일종의 지침으로서, 사회와 삶의 질서에 대한 깊은 내면화의 상태를 요구한다.

이러한 담론 확장의 계기가 언제, 어떻게 마련되었는지를 파악하는 것이 중요할 것이다. 소수에서 시작되어 사회 전반에 요구되거나 널리 받아들여진 사회적 상상, 혹은 기술적 상상은 무엇이었을까? 그것을 이끈 이들뿐 아니라 그에 저항하거나 다른 방식의 대안을 제시한 이들까지 포함하여 검토할 필요가 있다.

3. '기술–국가'와 엔지니어의 사회적 구성

직업 집단으로서 엔지니어의 등장과 발전은 기술-국가의 근대적 구성과 밀접하게 관련되어 있다. 과학기술의 세기를 맞이하여 국가를 위한, 국가에 의한 엔지니어 집단의 형성은 선진국과 후발국 모두에게 중요한 과제였다. 기술-국가가 만들어내는 행위자 연결망, 제도적 장치와 문화적 실천은 엔지니어의 역할과 정체성, 위상을 형성하는 주요 원리가 되는데, 우리는 이것을 **기술-국가 구성체**(techno-national formation)라고 부를 것이다. 일단 기술-국가 구성체가 형성되면, 기술과 국가의 관계를 인식하는 프레임이 확고해진다.[60] 기술은 국가를 반영하고 국가는 기술을 형성한다. 그리고 기술과 국가를 연결하고 밀착시키는 일종의 제도적, 문화적, 윤리적 접착제들이 함께 만들어진다.

　기술-국가 구성체 개념이 한국 엔지니어의 형성 과정을 분석하는 데 유용한 이유는 다음과 같다. 첫째, 이 개념은 과학기술 부문의 지식과 실천이 생성되고 구현되는 과정을 조망하는 하나의 렌즈가 될 수 있다. 과학기술이 국가 발전 전략을 통해 정당성을 획득한 다음, 특정 방향으로 발전되고 일정한 궤적을 그리는 전체의 과정을 단순한 개념 속에 포착할 수 있다. 전통적 지식체계로부터 탈피하여 새로운 시대를 주도할 과학적 지식 시스템을 구축하는 과정과 국민주권에 바탕을 둔 정당한 권력체계로서 근대국가를 설계하는 과정은 서로 밀접히 관련된다. 이때 기술과 국가는 서로를 자신의 구성 요소로 만들어 분리할 수 없게 만든다.

전통사회를 구성했던 요소들은 새로운 기술-국가 구성체가 만들어지는 과정에서 변형되거나 사라졌다. 세상을 구성하는 자연과 인생의 원리이자 유용한 활동에 속했던 전통적 공(工) 개념은 밀려드는 변화의 흐름 속에 이리저리 흩어졌다. 다만, 주권국가 회복, 민족국가 부흥, 산업 발전이라는 새로운 역할 안에서 그 모습이 드러났고 곧 전문화, 제도화, 조직화의 대상이 되었다. 근대적으로 전환된 '공(工)'을 담당하게 된 엔지니어의 역할과 책임도 이러한 맥락에서 인식되고 정의된다. 즉, 엔지니어의 역할과 도덕적 책임은 민족의 이익, 산업 발전에 대한 헌신과 동일시되고 정당화되었다.

둘째, 기술-국가 프레임은 근대 한국 건설이라는 역사적 과정에서 엔지니어 정체성이 형성된 과정을 이해하는 데 도움이 된다. 근대국가를 구성하는 주체로 국민, 민족, 시민 등이 있는데, 이들은 동일하지 않고 그 등장 배경과 성장 과정도 다르다. 국민으로서 엔지니어, 민족 구성원으로서 엔지니어, 시민으로서 엔지니어는 비록 겹칠 수 있지만 서로 다른 주체이다.

국가는 주권 개념이 등장한 16세기 이후의 현상으로 한편으로는 개인의 자유와 권리를 보존하기 위한 중재인이자 심판관으로 나타난다. 하지만 이와 동시에 사회를 조직하는 통합된 힘으로서 법적으로도 존재한다. 반면 민족은 만들어진 정체성에 가깝다. 즉, 민족은 역사적 영토와 기억, 신화, 공통의 경제와 같은 일정한 동질성을 바탕으로 '우리'라는 연대의식, 민족 성원이라는 능동적 의식을 갖게 된 상태를 의미한다. 이 때문에 민족은 감정적 고안물이나 상상공동체, 혹은 민족주의자들에 의해 만들어진 신화로 설명되기도 한다.[61] 민족에 관한 신화는 대부분 근대에 새롭게 재해석된 것이며 결코 오래된 것이 아니다.

그렇기 때문에 국민으로서, 혹은 민족의 구성원이나 시민으로서의 정체성은 결코 순탄하게 결합되지 않는다. 오히려 충돌하기도 하고, 나라에 따라 상이하게 나타난다. 예컨대, 프랑스의 민족 정체성은 혁명과 전쟁을 거치는 과정에서 시민사회에 기초를 둔 계약적 공동체의 구성원이라는 의식으로 자리잡았다. 하지만 한국의 민족 정체성은 일제강점기, 즉국가를 상실한 상태에서 민족과 민족주의를 통해 국권 회복을 도모하는 정치의식으로 작동했다. 이 때문에 식민지기 민족주의는 근대적 개인주의에 근거를 둔 집단의식이기보다 혈연적이며 운명적 속성을 갖는 1차적 집단 정체감에 기인하였다.[62] 근대 초기에 형성된 저항적 민족주의는 해방 이후 반미 혹은 반공이라는 체제 이데올로기와 결합되어 남한에서는 한국적 민주주의, 북한에선 우리식 사회주의라는 이름으로 변모되었다.[63]

시민으로서 한국 엔지니어의 정체성이 언제, 어떻게 형성되었는지도 풀어야 할 중요한 과제이다. 조국 근대화, 국가 건설의 사명을 강조한 산업화 시기의 엔지니어 활동은 국가에 맞서 개인, 시민, 공동체로서의 권리와 정체성을 지키려는 열망과 갈등했다. 2차 세계대전 이후 시민으로서의 책임과 정체성을 지향하고 제도화를 추진한 독일 엔지니어들도 이러한 문제에 부딪혔다.

셋째, 구체적으로 기술과 국가가 어떻게 서로를 반영하는지, 기술-국가 구성체 안에서 어떤 기술, 어떤 엔지니어 모델이 만들어져왔는지도 중요하다. 예를 들어, 한국 기술은 건설, 조선, 자동차, 반도체, 철강 산업 분야에서 값싸고 질이 좋다는 평판을 받았다. 이런 이미지가 형성된 것은 국제적 분업 구조에서 한국이 공략했던 규모 집약적, 기술 집약적 산업에 맞게 엔지니어를 양성해왔기 때문이다. 기술뿐 아니라 엔지니어의 가격도 값싸고 질이 높았던 것이다. 2000년 이후 널리 확산되고 있는 한국

ICT 엔지니어에 대한 호평은 점점 더 세계시장에서 높은 비중을 차지하고 있는 ICT 산업의 위상과 정부의 정책 지원, 기술 트렌드에 민감하게 반응하는 문화와도 연결된다.

다른 나라에서도 이와 유사한 패턴을 발견할 수 있다. 1961년 일본 오사카의 한 백화점은 사람들로 발 디딜 틈이 없었다. 쇼핑이 아니라 백화점에서 열린 전시회 때문이었다. 그 전시회의 제목은 "원자력 에너지와 일상생활"이었다. 이 무렵 일본에서는 만화 아톰이 선풍적인 인기를 모으고 있었다. 우리나라에도 잘 알려진 아톰(본래 제목은 Mighty Atom)은 원자력을 에너지로 삼아 활동하는 소년 로봇 아톰이 지구를 지키기 위해 활약하는 이야기다.

1960년대에 일본은 패전에도 불구하고 전기전자제품을 바탕으로 놀라운 경제성장을 이루어 많은 연구자들의 관심을 받았다. 원자폭탄에 대해 아픈 기억을 가지고 있을 일본인들이 원자력에 대해 보인 열정적 태도는 놀라운 것이었다. 로우(Morris Low)는 그 이유를 탐색하면서 많은 일본인들이 태평양전쟁을 과학과 기술의 발전을 촉진한 '유용한 전쟁'으로 기억하고 있는 현상에 주목했다. 많은 일본인들이 자신들의 전쟁 패배 원인을 비과학적 전쟁 수행에서 찾으려 했다. 즉, 연합국의 승리를 '미국 기술의 승리'로 인식했다는 것이다. 따라서 일본인들은 최첨단 분야의 기술 경쟁력 확보를 위해 분투했다. 이 과정에서 원자력은 패배의 상징이 아니라 평화로운 방식으로 추구해야 할 목표로 전환되었다. 텔레비전, 세탁기, 냉장고 등 1960년대와 1970년대를 대표하는 일본의 가전제품은 일본인다움(Japaneseness)의 지향과 이미지와 연결되었다. 이에 일본 엔지니어의 기술 역량은 근대국가 일본의 자랑이 되었다.[64]

기술-국가 구성체는 국가별로 다른 양상을 띤다. 한국과 일본은 모두 기술-국가 구성체를 관통하는 중요한 개념으로 기술입국(技術立國)이라는 구호를 사용했지만, 실제의 내용과 맥락에선 차이가 있다. 일본에서 기술은 그 자체가 전쟁 패배를 극복하고 새로운 일본의 정체성을 구성할 지향점이 되었다. 반면 한국에서 기술은 주권을 지키고 체제의 안정을 도모하며 생존의 문제를 해결할 도구로서의 성격이 강했다. 그렇지만 기술-국가 구성체는 고정되지 않고 변화한다. 한국의 엔지니어가 산업화 시기에 공고화된 기술-국가 구성체를 뛰어넘어 새로운 사회적 상상으로 나아갈 수 있을지는 앞으로도 흥미로운 토론 주제가 될 것이다.

4. 이 책의 구성

이 장은 국내외에서 이루어진 엔지니어 연구를 소개하면서 한국 엔지니어 연구가 다루어야 할 질문들을 제시했다. 그동안 엔지니어 연구는 우리나라 학계에서 크게 주목받지 못했다. 엔지니어들의 연구는 좀처럼 전공의 벽을 넘지 못했고, 엔지니어에 관한 연구는 대개 정책적, 산업적 관심의 언저리에서 이루어졌다. 이 같은 부재에서 출발한 작업이었기에 먼저 연구의 위치를 어디에, 어떻게 위치시켜야 할지 결정해야 했다. 특정 학문들과 방법론의 틀 안에 머무르는 것은 이 연구의 의도와 맞지 않았다. 그렇기 때문에 이론과 경험, 역사와 구조, 주체와 객체를 분리하는 이분법을 극복할 수 있는 그 어딘가에서, 그 위치에서 오는 긴장감을 놓치지 않으려 노력했다.

　엔지니어 연구가 단지 특정 직업 집단에 관한 연구가 아니라는 점을 강조하고 싶다. 그것은 근대화, 산업화, 민주화 이후 한국 사회가 나아갈 방향을 설명하고 예측하는 데 중요한 잣대가 될 수 있다. 엔지니어 정체성을 구성하는 기술-국가 구성체는 한국 사회 전반을 구성하는 하나의 원리로 작동하기 때문이다.

이 책은 엔지니어에 관한 것이다. 또한 엔지니어를 가족이나 친구, 고객, 동료, 지인으로 둔 우리들에 관한 것이기도 하다. 우리에 관한 이야기임에도 우리 사회에서 엔지니어가 누구였는지, 지금은 무엇을 하는 사람들인지를 밝히는 일이 그리 간단하지는 않다. 엔지니어에 대한 역사적, 사회적 시선들은 서로 엇갈리고 교차한다. 엔지니어라는 표현이 외래어라는 점은 우리를 더 불편하게 만든다. 기술자와 과학기술자, 공학인 등의 표현과 어떤 관계가 있는지 궁금한 것은 당연하다. 이 연구는 바로 그런 질문과 혼란에 관한 것이기도 하다.

독자들에게는 현대적 의미의 엔지니어가 누구인지에 관해 먼저 밝히겠지만, 그렇다고 해서 이 정의에 매달리지는 않을 것이다. 현대 엔지니어에 대해 이 책이 제시하는 다음의 정의는 한편으로는 이념형이며, 다른 한편으로는 움직일 수 있는 목표이기 때문이다.

엔지니어란 기술과 전문지식을 바탕으로 산업, 국가, 세계의 발전에 유익한 목적을 실현하고자 하며, 집합적으로 뚜렷한 직업적 위치와 책임, 자율성을 추구하는 근대적 행위자를 뜻한다. 전문직업적 범주로서 엔지니어는 첫째, 전문적 기술 지식 및 역량을 학습하는 교육체계, 둘째, 엔지니어로서의 능력을 인증하고 보증하는 자격제도, 셋째, 엔지니어의 전문성과 역할을 유지하고 발전시키려는 자발적인 조직화, 넷째, 산업, 국가, 인류 발전에 기여하는 것에 대한 사회적 인정을 필요로 한다.

이와 같은 엔지니어의 구성 요소는 국가와 지역에 따라 다소 차이가 있을 수 있다. 하지만 최소한 엔지니어의 세계적 이동이 보편화된 어느 시점부터는 확실히 동형화되고 수렴되는 모습을 보인다. 다시 말해, 위에서 제시한 현대 엔지니어의 정의는 세계화의 결과이기도 하다.

이 책에서 여러분들은 이렇게 정돈된 엔지니어 모델을 만나기 어려울 것이다. 혼돈에 빠진 한국 역사의 각 국면에서 다양한 모습으로 활동한 수많은 엔지니어들을 만나겠지만 여러분이 생각하는 그런 현대적 의미의 엔지니어는 아닐 수 있다. 우리는 각 국면에서 특징적인 역할을 수행한 엔지니어들의 모습을 추적하려고 한다.

본격적인 출발에 앞서 각 장의 내용을 간략히 살펴보자. 2장은 동아시아 관점에서 전통적 공이 근대적 문명을 맞아 변화되고 전환되는 과정을 조망한다. 전통적 공(工)의 공통된 기반 위에 서 있던 한중일 삼국이 서구 문명의 도래에 맞서 어떻게 대응하고 변화해갔는지, 그 과정에서 공(工)을 둘러싼 연결망이 어떻게 변모되고 엔지니어라는 근대적 주체 형성을 이끌었는지를 검토한다. 이를 통해 동아시아의 맥락에서 한국 엔지니어 형성의 특징과 차이를 숙고해볼 수 있을 것이다.

3장은 엔지니어의 기원을 전통과 근대의 연속과 불연속이라는 문제의식에서 다룬다. 소위 '기술직 중인'이라는 용어에 담긴 현대적 관점의 투영이 무엇을 의미하는지, 대한제국 시기에 근대적 공(工)을 수용하고 제도화하려 했던 위로부터의 움직임과 한계를 되돌아볼 기회가 될 것이다. 4장은 일제강점기 엔지니어 양성이 갖는 근본적 특징과 총력전의 영향에 관해 다룬다. 사실상 식민지 기술자라는 틀을 만들어 조선인을 하급 기능인으로 제한하려 했던 일본의 일관된 정책에도 불구하고 이에 맞서 조선인 기술자의 공간과 미래를 만들고자 했던 이들을 만나게 된다.

5장은 해방된 조국에서 국가 건설의 주체로 자리매김하고자 했던 엘리트 엔지니어들의 꿈과 좌절을 다룬다. 해방에도 불구하고 한국인들이 겪어내야 했던 시간은 결코 순탄하지도, 풍요롭지도 않았다. 미군정기, 한국전쟁, 원조경제를 거치는 동안 심화된 이념 투쟁의 극한상황과 이때 나타난 엔지니어의 탈정치화의 흐름도 읽어낼 수 있을 것이다. 제국주의 전쟁을 치르는 동안 일본에서 만들어진 과학기술 개념과 그것이 한국에서 다른 방식으로 수용된 과정도 함께 살펴본다. 6장은 기술-국가 구성체를 구축하는 데 결정적인 영향을 미친 박정희 정권의 발전주의 전략과 그에 따른 제도적, 산업적 변화를 탐색한다. 이 시기에 산업역군이자 조국 근대화의 기수로 호명된 다양한 엔지니어 집단을 만나게 된다. 기술-국가 구성체가 구축되는 과정에서 마음과 문화의 개량, 국적 있는 교육과 산업이 강조되었는데, 이것은 총칼 없는 전쟁, 즉 한국형 총력전체제의 재소환을 통해 이루어졌다.

7장은 대학을 나온 고학력 엔지니어 시대가 열린 1980년대 이후의 특징과 변화를 다룬다. 민간 주도의 산업 발전이 이루어지면서 엔지니어에 대한 기업의 요구가 구체화되고 이것이 인적 자본으로서, 경쟁력을 갖춘 글로벌 엔지니어에 대한 요구로 나아간 과정을 볼 수 있다. 엔지니어들이 계층적 정체성을 고민하게 된 역사적 국면과 엔지니어 정체성을 둘러싼 논의의 지평이 시장인간에서 정치적 주체, 문화적 주체로 확장된 역동적 시간들을 마주하게 된다.

8장은 근대적 직업 분화와 전문직 형성의 차원에서 엔지니어 직업의 변화를 재조명한다. 1990년대 후반부터 전문직주의를 둘러싼 도전과 논의가 등장했음을 밝힌다. 엔지니어 전문직주의(professionalism)를 둘러싼 진지한 토론이 시작된 계기와 그 의미를 밝히는 것도 중요한 의제이다. 기존의 기술-국가 구성체의 틀과 상상을 벗어나는 새로운 도전이 등장하고 있음을 여성 엔지니어, 창업 엔지니어, 시민 엔지니어에 대한 고찰을 통해 살펴본다.

2장

동아시아 국가의 근대적 공(工) 개념과 엔지니어의 등장

국내총생산(GDP) 순위로 살펴본 동아시아 한중일의 경제력은 괄목할 만한 수준이다. 일본은 1960년 세계 5위로 출발한 이래 2000년대까지 2위 자리를 지키며 명실상부한 기술 선진국의 입지를 다져왔다. 최근 중국은 일본의 자리를 차지한 데 이어 2050년까지 세계 최강국으로 올라서겠다는 포스트 덩샤오핑(鄧小平) 시대를 예고한 바 있고 한국은 1970년까지만 해도 30위권 내외에 머물렀으나 2000년 이후 세계 10위권까지 성장했다. 불과 150년 전까지도 서세동점(西勢東漸)의 환경에서 생존의 길을 모색해야 했던 동아시아의 상황을 생각해볼 때, 놀라운 변화가 아닐 수 없다.

제조업 부문은 한국을 포함한 동아시아 국가들의 발전과 생산성 향상에 크게 기여했다. 이 때문에 한동안은 동아시아 산업 경쟁력의 원인을 분석하려는 연구가 세계적으로 붐을 이루기도 했다. 근대화와 산업화의 흐름에 뒤늦게 진입한 동아시아 국가들은 서구 사회와 다른 경로를 따라 발전해왔다.[1] 서구 국가들의 근대화는 적어도 200년 이상의 기간에 걸쳐 진행되었다. 전통적 계급과 계층이 붕괴되고 자본주의 체제와 새로운 산업 생산방식이 전면화되었으며, 국민국가와 민족주의가 등장하는 다층적 과정이 전개되었다. 19세기 말 미국과 유럽 국가들의 제도와 문화에는 근대적 이념과 새로운 산업 체계가 확고하게 자리를 잡았다. 반면 동아시아 국가들은 이미 만들어진 혹은 만들어지고 있는 서구의 근대 경험과 성취를 수용하는 과정에서 '실물의 근대',[2] 소위 원본과 경쟁하면서 그들 나름의 근대 이념과 시스템을 구축해야 했다. 이런 상황에 놓인 동아시아인들에게 서구 문명은 두려움과 욕망의 이중적 감정을 불러일으켰다.

한중일은 이른바 판이 흔들리는 변동의 세기를 맞았다. 하지만 제대로 준비할 겨를 없이 몇 번이고 중대한 기로에 맞닥트려야 했다. 자본주의 대 사회주의, 왕권과 소수 엘리트 지배체제 대 민주주의, 제국주의 확대에 따른 국민국가 형성과 민족주의의 강화, 산업주의, 국가 간 경쟁과 전쟁이 쉴 새 없이 밀려들었다. 이런 전환의 국면은 단순히 정치의 교체로 마무리될 수 없었다. 자아와 타자, 사회, 국가와 세계, 앞으로 나아갈 방향에 대한 새로운 관점과 지식, 그것을 조직하고 관리할 권력의 재편을 요구하는 거대한 흐름의 일부였기 때문이다.

동아시아 국가들은 서구 열강이 가진 힘의 우위를 인정하면서 생존의 공간과 전략을 모색해야 했다. 서구 문명의 우위는 그들의 군사력과 산업 생산성에서 먼저 가시화되었다. 이에 서구의 발전된 과학과 기술을 학습하고 도입, 활용하는 일은 한중일 세 나라의 사활이 걸린 중대한 문제로 떠올랐다. 자연히 이들 국가는 오래된 사농공상 체계를 개혁하여 공(工)과 상(商)을 중심으로 새로운 대응 방안을 마련하고자 했다. 하지만 이미 문명의 추가 기울어진 상태에서 그 여정은 지난할 수밖에 없었다.

서구 문명을 직접 경험한 동아시아 국가들은 과학과 기술을 그들 자신의 실패 원인이자 미래 성공의 열쇠[3]로 바라보게 됐다. 이 때문에 한중일이 각각 추진한 근대화와 산업화는, 비록 드러나지 않았더라도 아주 묵직한 전제를 기반으로 진행되었다. '다시는 과거의 실패를 되풀이할 수 없다.' 이 관점은 전통적 공(工)⁴의 극복과 재구성이라는 과제와 함께 전개되었고 이때의 경험은 과학과 기술, 공학의 이해와 실천에 대한 독특한 관점을 구성하는 데 영향을 미쳤다.

우리는 이 장에서 다음과 같은 질문을 다루려 한다. 동아시아 전통의 장인 생산체제는 각 나라들이 서구의 발전 모델에 맞서거나 수용하는 과정에서 어떻게 변화했는가? 부드럽게 '계승'되는 연속적 발전의 경로를 밟았는가, 아니면 새롭게 등장한 근대 엔지니어 집단의 사회적 역할과 지위에 밀려나 오래되고 낡은 세계와 결별했는가? 이 과정에서 누가 어떤 역할을 했는지, 거부된 것과 극복된 것은 무엇이었는지 살펴야 한다.

어떤 시스템에서건, 초기에 일어난 변화는 이후의 발전 경로에 깊은 영향을 주기 쉽다. 동아시아 국가들이 경험한 근대화 초기의 변화는 국가와 기술이 맺는 관계의 경로 의존성을 형성하는 데 영향을 미쳤다. 근대 세계의 풍경이 지금은 당연한 듯 보이지만 당시에는 온통 낯설고 불확실한 것들로 가득 차 있었다. 새로운 사회 질서가 등장하고 그 어떤 것도 명확하지 않은 가운데 정치, 산업, 제도, 신기술 등의 요소들이 서로 관계를 맺으며 이음새 없는 그물(seamless web)⁵이 직조되고 있었다. 질서와 규칙, 규범은 새로 만들어져야 했고, 이제 막 만들어진 것들도 자기 존재의 근거와 정당성을 확보하기 위해 치열하게 경쟁해야 했다. 이 과정을 간과하고 동아시아 국가들의 엔지니어와 엔지니어링을 이해하기는 어렵다.

이 장은 크게 두 개의 주제를 중심으로 전개된다. 하나는 한국을 비롯한 동아시아 국가들에서 공(工)의 전통적 의미가 근대적 의미로 변형되고 구성된 주요 계기와 사건들을 분석하는 것이다. 다른 하나는 동아시아 국가들에서 진행된 엔지니어의 형성 과정이 사실상 '엔지니어 프로젝트'의 성격을 지녔음을 밝히면서, 세 국가 사이의 차이와 유사성을 비교 분석하는 것이다. 이를 위해 19세기 중반 이후의 역사적 변동을 특히, 과학, 기술, 근대국가의 등장과 발전을 중심으로 검토한다. 이들 국가가 경험한 근대화 초기의 역동성에 주목하면서 서구의 엔지니어에 대응하는 동아시아의 기술 주체가 누구를 통해, 이떻게 등장했는지를 살펴보도록 하자.

동아시아 전통사회의 공(工) 개념

동아시아의 전통 문헌과 자료에서 공학, 기술, 과학에 관해 탐색하는 일은 결코 쉽지 않다. 그 이유는 첫째, 동아시아권에서는 그런 용어를 사용하지 않았기 때문이다. 공학, 기술, 과학이라는 용어는 19세기 말 이후 동아시아에 처음 소개되고 번역된 이후 서서히 받아들여진 개념이다. 번역어의 수용을 두고도 적지 않은 이견과 논쟁이 있었고 결과적으로 국가마다 쓰는 개념이나 용법이 달라졌다. 용어의 직접적인 기원까지는 아니어도, 그 기원으로 삼을 법한 전통의 용례를 찾으려는 노력이 이루어지고 있지만 아직은 가야 할 길이 멀다.[6] 그 이유는 더 중요하고 근본적인 두 번째 원인과 관련되어 있다.

공학이나 기술, 과학은 사전적으로 정의할 수 있는 개별적 현상이거나 탈맥락적 개념이 아니다. 이들은 현대사회를 구성하는 가치와 시스템을 담고 있으며, 동시에 그런 가치와 시스템을 만들고 확장하는 활동의 중심부에 위치한다. 즉, 이들 개념은 수행적 성격[7]을 지니고 있다. 과학과 기술은 관련 제도, 기술 혁신 활동, 연구개발 시스템을 통해, 공학은 분과 학문 체계와 직업, 산업구조, 그리고 그 안에서 활동하는 행위자들의 믿음과 실천을 통해 실행되고 재생산된다. 따라서 오늘날 우리에게 익숙한 현대 자본주의와 산업주의 체제 바깥에 존재하는 공학, 기술, 과학의 흔적과 궤적을 추적하고 이해해야 히는 문제가 남는다.

셋째, 과학과 기술, 엔지니어링을 바라보는 관점에서 서구와 동아시아 사이에는 상당한 차이가 있었다. 서구에서 진행된 과학 논의는 모더니티라는 거대한 인식론적 전환의 핵심에 위치했다. 기술과 엔지니어링은 인간이 자신의 존재론적 우위를 기반으로 세계와 자연에 새롭게 질서를 부여하고 통제하는 주체적 활동 가운데 자리잡았다. 반면 서구의 과학과 기술에 대응하는 동아시아권의 논의는 주로 철학적 범주로서 도(道)와 기(器)에 의해, 그리고 물(物)을 어떻게 해석하고 인식할 것인가를 중심으로 전개됐다. 공(工)에 관한 논의는 대체로 행정적, 관리적 차원에서 진행되었다. 격물치지(格物致知)의 인식론과 그 해석을 둘러싼 논의[8]는 서구 문명과 과학의 본질을 이해하려는 차원에서 이루어졌다. 이에 비해 기술과 공(工)에 관한 실제적 논의는 학문적 관심보다는 산업 생산과 발전 담론을 통해 전개되었다. 이러한 경향이 지금까지 이어져 공(工)과 기술에 대한 연구는 본격적인 역사적, 사회적, 문화적 연구 대상으로 부각되지 못했다.

동서양의 공(工)·기술·과학 관련 용어의 공백이나 불일치, 사회 역사적 경험의 차이, 그 논의 구조의 차이를 간과하거나 가볍게 여겨서는 안 된다. 만약 그랬다가는 동아시아의 과학과 기술 문명이 서양에 비해 후진적이라고 단순하게 받아들일 우려가 있다. 개념, 그중에서도 한 사회의 표제어(標題語)에 해당하는 개념은 매우 신중하게 분석할 필요가 있다. 현재 시점의 고정되고 정착된 의미를 통해 과거의 사회를 분석하는 것은 더욱 주의해야 한다. 개념, 그리고 개념에 생명을 불어넣은 시스템을 잣대삼아 서로 다른 국가를 비교·분석하는 것은 나름대로 의미 있는 접근이다. 하지만 각각의 사회가 발전시켜온 역동성과 상황의 맥락성을 상실할 위험도 충분히 고려해야 한다.

중국계 기술철학자 헉위(許煜)는 하이데거의 기술철학을 검토하면서 유럽 철학자들이 구상한 그런 의미의 테크닉(technic) 개념은 중국에 존재하지 않았다고 역설했다.[9] 기술을 서구 사회에서 수용된 하나의 보편적 관념으로 인식하지 않도록 유의해야 한다는 것이다. 자연과 문화를 분리하는 이분법은 중국 전통사회에 존재하지 않았고 오히려 도(道)와 기(器)를 연결하는 연속적, 상관적 사고 속에서 기술이 이해되어왔다고 헉위는 주장했다. 이런 지적은 충분히 공감할 만하다. 쉽지 않겠지만 우리는 지나간 역사적 현실과 담론들 속에서 공(工)과 기술이 지녔던 의미와 그 변화 과정을 시공간의 교차를 통해 들여다봐야 한다.

지역적으로 가까울 뿐 아니라 역사와 문화를 공유해왔던 동아시아 전통사회는 공(工)에 관해 유사한 관점을 발전시켜왔다. 그 결과 공의 의미와 쓰임새도 거의 동일했다. 工은 상형자에서 비롯되었다. 그것의 갑골문(甲骨文)과 금문(金文)의 자형 모두 자루 달린 날카로운 도끼의 형상, 즉 도구를 의미했다.[10] 하지만 공(工)의 의미는 단지 도구에 그치지 않고 여러 의미로 변화되고 파생되어갔다. 중국의 연구자인 천웨(陳悅)와 쑨례(孫烈)는 전통적 공(工)의 주된 의미를 다음과 같이 제시하였다.[11] 첫째, 도구를 사용하여 만들어낸 결과를 의미한다. 예를 들어, 평행한 것을 '工'이라고 한다면 평행하지 않은 것은 '工'하지 않다고 하고, 수직인 것을 '工'이라고 한다면 수직하지 않은 것을 '工'하지 않다고 보았다는 것이다. 일본에서도 '工'은 '땅(土)'을 평평하게 만드는 것, 즉 경작을 의미한다고 보았다.

工의 두 번째 용법은 도구를 사용하는 기교나 능력을 의미했다. 과거 문헌에서 나타나는 工伎(백공의 기예), 做工(기량, 솜씨) 등의 표현이 이런 의미로 사용되었다. 1895년 『서유견문(西遊見聞)』에는 "런던은 각지의 천생물을 수입하여 제작 개정한 工을 가하여 수출하는 주의를 가지고"[12]라는 문구가 나오는데, 역시 이러한 용법으로 사용된 것이다. 셋째, 工於書畵(글과 그림에 재주가 있다)에서처럼 동사로 쓰일 경우에는 '뛰어나다' 혹은 '재주가 있다'는 의미를 갖는다.

넷째, 조선과 일본의 사농공상(士農工商), 중국 고대의 여러 분공(分工)에서처럼 계층화되어 신분과 대응되는 사회 분업체계 중 하나를 일컫는 표현으로 사용되었다. 이를테면, 百工(각종 장인, 기술자)을 가리키거나 신분 혹은 직함을 표현해 "工匠", "匠工", "匠人"과 같이 일정한 기술을 가진 사람, 혹은 직업을 나타내기도 했다. 중국에서 가장 이른 기록은 『서경』[13]에 나온 것으로 "允厘百工, 庶績熙成(백공의 일을 바로 세우니, 많은 일들이 모두 이루어지네)"과 같은 문장에서 등장했다.[14] 공사할 때 쓰는 施工(시공하다), 工役(토목건축의 공사), 竣工(공사를 마침) 등의 표현은 지금도 널리 사용되고 있다.

동아시아권은 이처럼 전통적 농업사회를 기반으로 공(工) 개념을 공유해왔는데, 문서에 등장하는 '공(工)'이 대개 행정관리의 관점에서 논의된 것이 특징이다. 공(工)에 속한 일을 실제로 수행하는 사람들이 문서를 직접 작성하거나 자신의 일을 계획하는 데 참여할 수 없었기 때문일 것이다. 즉, 공(工)은 그것을 행하는 주체가 아닌 통제하는 지위에 있는 관리의 관점에서 기술되었다. 조선의 지방관들은 물품의 제작 과정을 살피고 장인의 능력을 향상시키기 위해 직접 현장에서 지도하거나 감독했다.[15] 정약용은 자신의 글에서 사리에 밝고 물정에 통달한 군자라면, 백성을 가르치고 훈도하여 토양에 알맞은 곡식을 분별하고 농기구의 사용을 편리하게 함으로써 그들을 도와주어야 한다고 주장했다.

진실로 기예(技藝)가 정교한 자에게 름록(廩祿)을 더해주면, 사방의 기교(機巧)한 사람들이 장차 풍문을 듣고서 모여올 것이다. 농기구가 편리하면 힘을 적게 들여도 곡식은 많아지고 직기(織機)가 편리하면 힘을 적게 들여도 포백(布帛)은 족하게 된다. 배와 수레의 제도가 편리하면 힘을 적게 들여도 먼 지방 물화가 정체되지 않으며 인중(引重)·기중(起重)의 법이 편리하면 힘을 적게 들여도 대사(臺榭)·제방(堤防)이 튼튼하게 될 것이다. 모든 농기(農器), 직기(織機), 병기(兵器), 화기(火器), 풍선(風扇) 물총으로부터 천문(天文) 역법(曆法)에 소용되는 의기(儀器)·측기(測器) 따위 모든 실용(實用)에 관계되는 기구는 전습(傳習)하지 않음이 없도록 돌아와 본감(本監)에 바친다. 본감(本監)에서는 솜씨 있는 공장(工匠)들을 모아다 그 법을 상고하여 시험 삼아 제조토록 한다. 그래서 성과가 있는 경우, 제조(提調)와 공조판서(工曹判書)가 그 기술과 제조물을 고찰하여 혹 감독관(監督官)이나 찰방(察訪)을 제수하고 혹은 현령(縣令)이나 군수(郡守)로 제수한다. (『경세유표』 2-28~29 동관공조 이용감[冬官工曹 利用監]).[16]

이 점은 일본 전통사회의 관점과도 일치한다. 유교 사상을 바탕으로 무사도를 주창한 야마가 소코(山鹿素行, 1622-1685)가 강조한 무사의 역할은 지방관의 마땅한 도리를 강조한 정약용과 크게 다르지 않다. 농공상(農工商)의 삼민이 각각의 일이 바빠 분주히 움직이므로 그러한 일로부터 해방되어 있는 무사(武士)가 농공상을 대신하여 오로지 실천적 도덕을 추구하고 사회에 올바른 도(道)를 행하는 일에 전념하지 않으면 안 된다는 것이다.[17]

지금까지 살펴본 바와 같이 동아시아 전통사회에서 공(工)이란 생산과 사회 인프라 건설의 임무를 실행하는 구체적 활동이자 귀족이나 양반층이 아닌 하층에 속한 사람들의 전형적 직(職)의 형태로 존재해왔다. 하지만 강력한 군사력과 기술력으로 무장한 서구 문명의 위세 앞에 동아시아 각국은 전통적 사회 시스템 전반의 붕괴와 개혁이라는 대격동기에 접어들었고 사회 전반의 변화가 불가피했다. 과학과 기술이라는 새로운 사상과 도구, 시스템이 도입되자 전통적 공(工)의 양식과 내용은 새롭게 재편되지 않을 수 없었다. 이것은 곧 전통적 공(工)을 둘러싼 행위자 연결망의 전환을 의미했다. 이때 한중일이 맞닥뜨린 정세와 환경은 서로 상이했는데, 이에 따른 대응에 따라 근대적 공(工)으로의 발전은 각 국가에서 서로 다른 모습과 방향으로 전개되었다.

이 과정에서 전통적 공(工)은 해체의 수순을 밟았을까, 아니면 과학과 기술에 의해 연계되어 새로운 세계로 인도되었을까? 다음 절은 사농공상의 전통적 시스템이 해체되는 과정에서 공(工)의 변형과 재구성을 주도한 계층이 누구였는지, 근대적 공(工)의 재구성에 영향을 미친 제도적, 조직적 과정은 무엇이었는지, 그 결과가 어떠했는지에 주의를 기울이면서 동아시아 세 국가들 사이의 차이와 유사성에 초점을 맞추고자 한다.

동아시아 공(工) 개념의 근대적 변모와 재구성

먼 곳으로부터 낯선 사람들이 배를 타고 나타났다. 그들이 가져온 새로운 무기와 기계, 지식은 동아시아 사회에 경이로움과 두려움을 함께 몰고 왔다. 서양인들의 출몰은 19세기 중반 이후 점점 빈번해지고 집요해져 더 이상 회피할 수도, 무시할 수도 없는 현실이 되었다. 이들의 방문은 동아시아 전통사회의 오래된 일상은 물론이고 사회 전체 시스템을 근본부터 뒤흔드는 기폭제 역할을 했다. 이들 문명에 가장 신속하고 적극적으로 대응했던 일본의 사례를 살펴보도록 하자.

1. 일본의 공(工): 식산흥업(殖産興業)과 제국 일본의 구성 요소

1853년 미국의 페리호가 도착했을 때 일본에는 해군 전함이라곤 없었다. 하지만 불과 15년이 지난 1868년 메이지유신 시기에 쇼군은 45척의 전함을, 영지들은 94척의 전함을 소유하게 되었다.[18] 그동안 큰 변화가 있었던 것이 틀림없다. 메이지시대 초기에 일본에 머물던 외국인 규모를 정확히 파악하기는 어렵다. 하지만 최소한 250개 이상의 서구 무역회사가 활동하고 있었다는 기록이 있는 것을 보면,[19] 상당한 수의 외국인들이 일본에 머물고 있었던 것으로 보인다. 막부는 과거와 전혀 다른 인재가 필요하다는 것을 깨달았다. 개항 이후 처리해야 할 외교 문서가 쌓이고 있었다. 이에 개항 후 얼마 지나지 않은 1857년, 번역관청이자 교육기관인 반쇼시라베쇼(蕃書調所)를 개교하여 서양 문명을 이해하고 통역할 수 있는 인력을 양성하고자 했다. 당시 지원자 수는 천 명가량이었다고 알려져 있다.[20] 번역관청의 지원 자격이 사무라이 계층에 제한되었던 점을 고려하면, 서구 문명에 대한 지식층의 호감과 새로운 교육에 대한 참여 의지가 상당했음을 알 수 있다. 산업 측면에서 보면, 메이지시대(1868-1912) 말기까지 32,000여 개의 공장이 설립되었고 5,400여 대의 증기기관과 2,700여 대의 전기 기계가 사용되고 있었다고 한다.[21]

19세기 일본 사회의 역동성

이처럼 몇 가지 지표만 보아도 19세기 일본 사회가 얼마나 열정적으로 서구 문명을 받아들이고 변화를 도모하려 했는지 짐작할 수 있다. 무엇 때문에 일본인들은 오랫동안 지켜온 가치와 관습의 저항과 관성을 극복하고 익숙한 일상의 안정감을 포기하면서까지 서구 문명을 적극적으로 받아들이려고 했을까? 그 이유를 이해하려면, 일본 사회의 내적 특성과 더불어 19세기 사회가 맞이한 세계적 전환이라는 외부 환경 변화에 주목하면서 일본이 과학기술 기반의 근대적 산업국가, 또한 제국으로서의 정체성을 구축해간 배경을 살펴볼 필요가 있다.

첫째, 많은 연구자들이 주목한 것처럼 일본 전통사회의 정치 지배 구조는 근대적 기술과 산업 시스템을 도입하는 데 긍정적으로 작동한 요인들 가운데 하나였다.[22] 일본은 군현제(郡縣制)를 택한 한국이나 중국과 달리 오랫동안 소규모의 봉건영주국으로 갈라져 있었다.[23] 가장 부유하고 전략적인 핵심 지역은 쇼군이 직접 다스리고 있었지만 나머지 지역은 다이묘라는 영주의 지배하에 있었고 도쿠가와 시대에는 260여 개 이상의 영지가 존재했다. 영주들은 서로 경쟁적 관계에 있었다. 서구 문명의 도래로 기술 학습의 기회가 생겼을 때, 이들은 표준적이거나 보편적인 접근방식을 선호하기보다 각 지역의 독특한 문화와 여건에 적합하도록 기술과 상품을 개발하는 데 관심을 가졌다. 영지들 사이의 경제적 경쟁으로 인해 다이묘와 같은 지배 엘리트들은 끊임없이 새로운 변화를 탐색하고 수용하지 않을 수 없었다.[24]

둘째, 사무라이(武士) 계급[25]의 존재를 들 수 있다. 그들은 영지 간 경쟁 관계가 지속되는 가운데 새로운 사회 네트워크를 구축하며 근대 지식과 이념, 시스템의 구축자로 역할을 했다. 근대로의 전환 시기, 일본의 무사 계급은 땅으로부터 해방되어 상인으로서 경제의 중추적 역할을 담당할 수 있었고 새로운 과학과 기술 문명을 가장 열렬히 받아들였다.

무사 계급이 이런 역할을 할 수 있었던 원동력은 그들의 물적 토대에서 찾을 수 있다. 에도 시대(1603-1868)의 무사들은 대부분 농촌이 아닌 조카마치(城下町)라는 도시에 살며 쌀을 받아 생활하는 일종의 봉급생활자였다.[26] 이들 중 일부는 정치가로서, 행정 관료로서 권력을 가지고 있었지만 대부분은 경제적으로 곤궁했다. 에도시대 무사들이 경제적으로 어려웠던 이유는 권력을 가진 자에게는 재산이 적게, 재산이 있는 자에게는 권력이 가지 않게 한다는 막부의 강한 원칙 때문이기도 했다.[27] 이처럼 오랜 기간 동안 만성 적자에 시달리고 상급 무사로의 출세도 보장받지 못하며 살았던 하급 무사 집단에게, 서구 열강의 진출은 위기가 아닌 새로운 기회로 인식되었다.

그렇다면 가난한 봉급쟁이 군인이나 서리에 불과했던 이들이 어떻게 일본의 근대화를 이끈 새로운 지식 집단이자 주체 세력으로 탈바꿈할 수 있었을까? 그것은 소위 '독서하는 사무라이', '칼 찬 사대부'들을 대량으로 출현시킨 19세기 초의 사회적, 문화적 변화 때문이었다.[28] 한국이나 중국과 달리 일본에는 유학(儒學)의 영향이 미미했고, 18세기 중반 이후에야 비로소 유학을 가르치는 학교가 설립되었다. 일본의 무사 계급이 이처럼 뒤늦게 유학 공부를 시작한 것은 나라 안팎으로 오랫동안 전쟁이 없었기 때문이다. 즉, 길고 긴 평화의 시기 속에 군인으로서의 존재감을 상실한 무사 계급에게는 유학이 강조하는 행정과 정치적 능력이 중요해질 수밖에 없었던 것이다.

흥미롭게도 일본에서는 이처럼 뒤늦게 확산된 유학이 오히려 새로운 사상으로 인식되었다. 유학이 체제 유지 이데올로기로서 근대화의 장애물로 인식되었던 한국, 중국과는 전혀 상황이 달랐다. 일본의 근대 지식인들이 서양의 **근대 지식**을 번역하는 데 오히려 중국의 **고대 한자어**를 충실히 활용하려 했던 것도 이러한 상황과 무관하지 않다. 공부하는 무사 계급은 일본의 근대화를 안내하는 역할을 맡아 한편으로는 네덜란드, 영국 등지의 외국인들과 접촉하며 새로운 상업적 기회를 적극 활용해 사업가로 변신했다. 또 다른 한편으로는 메이지 정부가 활발히 추진한 해외 유학생으로서 경험을 쌓은 후, 이를 바탕으로 새로운 근대 일본을 건설하는 시스템 구축자(system builder)로서의 역할을 담당하게 되었다.

니시 아마네(西周, 1829-1897)는 그 대표적인 인물이었다. 그는 네덜란드 유학 후 서구의 문명을 일본에 소개하고 근대 교육에 앞장서면서, 특히 과학 및 기술 관련 용어를 번역한 것으로 유명하다. 1870년에 출판한 『백학연환(百學連環)』(Encyclopedia의 번역어)[29]에서 그는 학술기예(Science and Art)의 본질에 관해 이야기하며 최초로 사이언스(science)와 테크놀로지(technology)를 학(學)과 기술(技術)로 번역하였으며, 이를 학문의 차원으로 간주하였다.[30]

셋째, 서구 문명을 이해하고 활용하기 위해 일본은 적극적인 동서 교류와 해외 유학을 추진했다. 사실, 일본은 역사적으로 꽤 오래전부터 서구 문명과 교류해왔다. 이미 16세기에 개방과 무역을 시작했고, 다이묘들은 일본 열도에서 대량으로 채굴되기 시작한 은을 기반으로 중국뿐 아니라 포르투갈, 스페인, 네덜란드 등 유럽 상인들과 무역에 나섰고 동남아시아로도 진출했다. 17세기 중반 이후, 도쿠가와 막부가 기독교 확산 저지와 은 유출 방지를 목적으로 쇄국정책을 결정하면서 이러한 교류는 중단되었지만 수입된 지식들은 오래도록 남아 일본 전역의 가내 공장에서 조용히 이용되었다. 그러다가 19세기에 들어 막부체제를 둘러싼 내부 갈등이 본격화되고 서구 열강의 우월한 힘에 대한 위기의식이 커지면서 쇄국정책은 신속히 중단됐다. 일본은 서구의 침입을 막지 못하고 맥없이 무너진 당시 중국의 처량한 모습을 반드시 피해야 할 선례로 인식했다. 1853년 7월 페리 제독이 들이닥쳤을 때, 에도 막부는 네덜란드 선박의 소식통을 통해 이미 아편전쟁과 청나라의 패배에 대해 잘 알고 있었다.[31] 서구 문명의 우위를 인정한 일본은 외국 엔지니어 초빙, 국내 교육기관 설립, 해외 방문 및 유학을 통해 적극적으로 추진하였다.

일본에 근대적 공학교육기관을 설립하는 데는 외국인 엔지니어들의 역할이 컸다. 가령 일본 기술교육의 효시라고 불리는 공학료(工學療)[32]는 1871년에 메이지 정부가 영국인 엔지니어 모렐(Edmund Morel, 1840-1871)의 건의를 받아들여 공부성(工部省) 산하에 설립한 것이다. 당시 공부성의 요직은 일찍이 영국에서 공부한 유학파로 채워져 있었다. 모렐은 일본 정부가 최초의 철도 건설 기사장(技師長)으로 고용한 사람이었다. 1873년에는 또 다른 영국인 엔지니어인 헨리 다이어(Henry Dyer, 1848-1918)가 학교 교감으로 부임하였다. 이후 여섯 명의 외국인들이 더 들어오면서 일본인 엔지니어를 양성하기 위한 고등교육의 밑그림이 그려졌다.[33]

기술교육뿐 아니라 산업 발전에도 외국인 엔지니어들의 역할이 컸다. 1876년 철도 건설이 한창일 때 공부성은 100명 이상의 외국인 엔지니어와 기능공을 고용하고 있었다. 하지만 공부성은 일본의 기술교육이 서구에 종속될 위험성을 우려하고 있었다. 이 때문에 외국인 엔지니어들이 가능한 한 빠르게 그들의 지식을 일본인들에게 전수하고 고국에 돌아가도록 압박했다.[34]

유학을 포함한 외국 방문 활동 역시 활발하게 이루어졌다. 해외에 사람을 보내는 첫 번째 방식은 외교관 파견이었다. 1862년과 1864년에는 미국과 유럽 방문이 이루어졌고, 1871년에는 50명 규모의 견외사절단이 1년 10개월 동안 미국과 유럽 12개국을 방문하였다.[35] 두 번째 방식인 해외 유학은 메이지유신 이전까지는 막부와 번에 의해 각각 추진되었다. 기록에 따르면, 1861년부터 1867년까지 해외로 유학 간 약 92명의 학생 중 47명은 막부가, 45명은 번이 후원했다.[36] 이들 대부분은 무사 출신이었고 유학 동기 또한 국가주의적 성향이 강했다. 즉, 서양과의 대결에서 이기려면 서양으로부터 새로운 지식을 배워 군사력을 키워야 한다는 것이었다. 메이지 시기에는 더 우수한 학생들을 선발하여 파견하려는 정책이 전개되었고, 다른 한편으로 사비 유학생의 규모도 크게 증가했다.[37]

전쟁하는 국가, 제국 일본의 등장과 엘리트 엔지니어의 성장

일본은 19세기 후반 국민국가로서, 제국으로서 새로운 정체성을 추구하기 시작했다. 이 같은 상상이 많은 일본인들을 사로잡았다는 사실은 일본 근대화의 독특한 성격을 이해하는 데 매우 중요하다. 식산흥업을 국시로 정한 메이지 정부는 유신 후 첫 십 년 동안 개혁을 통해 근대적 국민국가의 기초를 닦았다.

이후 1870년대 말에서 1880년대에 이르는 시기에는 근대 일본의 국가 정체성을 가름하는 치열한 사상 투쟁이 전개되었다. 신분제와 영토적 할거체제의 해체, 사적 소유권과 경제적 자유의 확립이라는 근대국가의 기본 구조가 대부분 이때 구현되었다.[38] 여기에서 주의 깊게 들여다봐야 할 것은 이 시기에 일본이 입헌정치라는 서양의 형식을 취하되 천황주권 제국헌법이라는 현실 권력의 신격화를 선택하여 동양의 전근대적 황제상과 그에 의해 전일적으로 지배되는 제국(帝國)의 상을 정립했다는 것이다.[39]

1880년대에 초에 전개된 정치적 상황은 제국의 개념이 근대 일본의 정치, 외교, 언론, 학문 각 분야에서 급속도로 일반화되고 일상화되는 전기를 이루었다. 1886년 '제국대학령'이 법제화되어 일본의 고등교육 핵심 기관들이 제국대학의 이름을 갖게 되었다.[40] 1889년에는 제국헌법이 공포되었다. 내부적으로 제국의 모습이 정립되었지만 국제사회로부터 인정을 받게 된 것은 그로부터 몇 년이 지난 후였다.

청일전쟁(1894-1895)에서의 승리가 그것이었다. 이 승리를 통해 일본은 비로소 식민지를 가진 제국으로서의 자기 정체성을 확립하게 된다. 중화주의, 곧 중원의 중심으로 자타가 인정했던 청의 패배는 일본뿐 아니라 조선 사회에도 큰 충격을 안겨주었다. 이제 고유명사로서의 황국 일본이 아니라 식민지와의 관계 속에서 자신을 보편적 의미의 제국의 일원으로 확인하는 제국 일본의 자의식이 가능해진 것이다.[41]

이제 전쟁은 제국 일본의 발전을 견인하는 메커니즘으로, 그리고 기술혁신의 원동력으로 작동하기 시작했다. 청일전쟁 이후 러일전쟁, 1차 세계대전, 중일전쟁, 2차 세계대전, 그리고 더 이상 전쟁을 할 수 없게 된 패전 이후까지도 '전쟁'은 일본의 기술과 엔지니어 정체성을 규정하는 필수 요소가 되었다.

> 대동아공영권의 자원을 가장 효과적으로 이용할 새로운 기술을 창조하여야 한다. 자원이 값어치를 인정받는 것은 이때이다. 새로운 기술을 창조하는 과학 연구가 존재함으로써 대동아공영권 확립의 굳건한 기초가 마련될 것이다. 이러한 이유 때문에 과학 연구를 긴급히 육성할 필요가 있다.[42]

홉스봄이 '제국의 시대(the Age of Empire)'[43]라고 불렀던 1875년부터 1914년까지의 시기 동안 일본은 동아시아에서 유일하게 제국이라는 근대국가의 형태로 전환되었다. 그리고 이 시기에 일본의 전통적 공(工)을 근대적 교육과 산업 체제와 결합시킨 근본적인 변화가 발생한다. 그 특징을 세 가지 측면에서 분석해본다.

첫째, 에도시대에서 메이지시대로 넘어가는 과정에서 체제 모순을 민감하게 의식하고 새로운 시대의 흐름을 간파한 하급 무사들이 근대 개혁의 주도 집단으로 변모되었다는 것이다. 사무라이들이 발전시킨 새로운 근대 지식과 전문 조직, 제도화 역량은 전통적 공(工)의 영역과 활동을 일본의 근대 산업 활동으로 전환시키는 데 핵심 역할을 수행했다. 특히, 거물급 상인들이 그들을 재정적으로 후원하면서 서양의 발전된 기술을 활용한 공업 발전과 기업 성장이 가능해졌다. 예를 들어, 메이지유신 이후 2대 재벌을 형성한 미쓰이(三井)와 미쓰비시(三菱)가 이렇게 성장한 기업이다.[44] 즉, 전통적 '공(工)'의 행위자 연결망이 근대적 '공업(工業)'의 그것으로 인도되었다.

둘째, 전통적 공(工)이 사회적, 문화적 연계를 통해 근대적 산업 영역으로 연결되었기 때문에 '전통'은 버려지기보다 오히려 환영받았다. 전통적 공(工)과 근대적 산업 간 연결은 그것을 담당했던 각 봉건 영지의 장인들의 능력과 솜씨가 해체되지 않고 지역을 통해, 그리고 도제 기반의 기술 전수 과정을 통해, 공업가 혹은 산업가로의 변신을 통해 연결되었다는 것을 의미한다.

근대화 초기에 일본은 외국과 활발히 교류하며 기술 능력을 키울 수 있었다. 하지만 여러 전쟁을 치르는 과정에서 자국의 기술 능력에 의존하려고 했기 때문에 기존의 생산 네트워크와 대부분 무사 계급에서 배출된 기술 엘리트의 양성과 활용에 집중했다. 특히, 자국의 경제구조에 맞는 중간 기술을 개발하려는 정책을 폈기 때문에 산업화 이전부터 활동했던 기술 장인들의 지지를 받았다.[45] 교육제도에도 주목할 만한 변화가 있었다. 1881년에 도쿄직공학교(東京職工學校)가 설립되었는데, 이 학교는 장차 교사 또는 직공장, 제조소장이 될 수 있는 사람을 양성하기 위해 그에 필요한 여러 공예(지금의 기술)를 가르치는 것을 목적으로 하였다. 뿐만 아니라 기사와 직공 사이에 개입하여 "기사의 계획을 흠잡을 데 없이 수행하도록 지원하는 공수(工手)"가 필요하다는 인식 하에 1888년에는 공수학교(工手學校)가 설립되었다.[46]

근대화를 주도한 일본의 엘리트들은 동아시아 전통에서 근대적 기원을 추출하고 그것을 일본의 근대와 연결하려고 했다. 예를 들어, 메이지 시대의 표어인 부국강병(富國强兵)은 중국 고전에 기초한 것이었고 공부성(工部省)이란 이름도 영국의 산업성, 소위 인더스트리에서 따오지 않고 고대 중국의 관청 이름을 인용했다. 이와 같은 번역과 이름 짓기는 대부분 해외 유학파들에 의해 이루어졌다. 그들 나름대로 동서양의 요소들을 연결하려는 접근방식은 서구 열강의 우위를 극복하는 동시에 동아시아를 대표하는 맹주가 되겠다는 일본의 독자적 국가 전략을 반영한 것이다.

셋째, 아시아 국가를 동맹이 아닌 발판으로 삼아 서구화를 추구하겠다는 탈아입구(脫亞入歐)의 기획 속에서, 공(工)은 제국주의 일본의 발전을 위한 전략적, 기술적 도구로 전환되었다. 일본 최초의 고등 기술교육기관이 메이지 정부 조직의 산하에 설립되었다가 1886년에 제국공과대학으로 발전한 것은 결코 우연한 일이 아니다. 제국대학 공과대학이 설립된이후 일본의 과학기술 교육과 연구는 제국대학 이공의농(理工醫農) 각 분과에 속한 지식인 엘리트들에 의해 주도되었다. 즉, 일본의 혁신 관료, 혹은 기술 관료의 등장과 역할은 제국주의 전쟁 수행과 밀접히 연관되었다.

앞에서 강조했듯이, 전쟁을 빼놓고는 일본의 기술교육을 이해할 수 없다. 1938년 제정된 국가동원법에 의해 일본 정부는 자본과 노동력의 배치까지 통제할 수 있는 막강한 권한, 거기에 더해 기술 연구를 지도하고육성하는 권한까지 갖게 된다. 정부가 발표한 공장기술자교육령에 따라모든 대기업은 사내기술훈련제도를 마련해야 했다. 기업연구소의 숫자는전쟁이 본격화된 1935년과 1942년 사이에만 약 1,150여 개로 배 이상 증가했으며, 과학자와 기술연구원 규모도 크게 늘었다. 과학 전공자에 대한징집이 전쟁 막바지까지도 면제되었기 때문에 이공학 분야 학생 수 또한급증하였다.

1945년 이전까지 일본에서는, 고등공업학교 또는 대학의 공학부를 졸업해서 근대적 공업교육을 받았다고 인정된 이들이 기술자로 대우받았다.[47] 이들 중에서도 1920년대 이전에 근대적 공업교육을 받은 기술자들은 전전의 식민지 개발, 그리고 일본 기업과 아시아 국가들의 경제 협력을 주도하였다. 일본의 신생재벌 경영자들 중 많은 이들이 기술자나 과학자 출신이었고 이들은 정부와 협력했다. 혁신 관료나 군부의 기획가들은조직에서 승진하여 범부처 조직인 기획 부서에서 근무하며 해외 유학을

하거나 본토 혹은 식민지에서 기술 프로젝트를 관리하며 전문지식을 익혔다.[48]

즉, 일본의 많은 기술자들은 제국주의적 국가 기획에 참여하여 기술 개발과 경영, 과학기술정책을 조율하고 추진하는 경험을 쌓았다. 이들에게 전쟁의 실패란 곧 기술의 실패로 해석되었다. 따라서 기술 혁신과 기술 발전은 세계적 차원에서 일본의 위상과 정체성을 측정하는 중요한 잣대가 되었고 그 인식은 지금까지 이어지고 있다.

2. 중국의 공(工): 공정사치국(工程師治國)과 사회주의 중국의 건설

2002년에 선출된 중국공산당 16기 중앙정치국의 구성은 국제사회의 이목을 끌기에 충분했다. 과거와 달리 차세대의 젊은 지도자들이 대거 등장한 것도 눈에 띄었지만 당 정치국 상무위원들 대부분이 이공계 전공 일색으로 엔지니어가 주도하는 3세대 지도부를 등장시켰다는 점에서 뜻밖이었던 것이다. 마침 학생들의 이공계 기피가 심각한 사회 문제로 대두되고 있던 한국에서 이 현상은 큰 관심을 불러일으켰다.

공정사치국(工程師治國)[49]이란 엔지니어 출신의 엘리트 집단(工程師)이 지배하는 중국을 의미한다. 공정사치국의 기치가 언제, 어떻게 등장한 것인지, 그것이 갖는 역사적, 사회적 의미는 무엇인지, 한국과 일본의 사례와 비교할 때 이 현상이 갖는 특징이 무엇인지 궁금하다. 1980년대 이래 중국 사회에 나타난 기술 관료 우위 정책의 의미를 이해하려면, 19세기 이래 중국이 경험한 근대화의 지난한 여정과 맥락을 들여다볼 필요가 있다. 중국의 근대화 과정에서 나타난 주요한 역사적 사건의 경과와 성격을 살펴봄으로써, 우리는 중국의 전통적 정치 지배 구조의 변혁과 새로운 사회 건설을 둘러싼 경쟁이 서양의 과학과 기술을 받아들이는 데 어떤 영향을 미쳤는지 알 수 있을 것이다. 이를 통해 전통적 공의 근대적 변용 과정에 대해, 그리고 중국 특유의 기술-국가 구성체 형성에 대해서도 이해할 수 있다.

중체서용 개혁의 실패와 중국 전통사회의 몰락

영국 산업자본의 공격적인 세계시장 확보 전략과 청조의 폐쇄적 무역 정책이 부딪히며 발발한 아편전쟁(1839-1842)은 거칠고 격한 방식으로 중국 근대의 서막을 알렸다. 이후의 중국 근대사는 청조가 무너지고 중화민국(1912)이 성립되었다가 다시 사회주의 체제인 중화인민공화국(1949)이 수립될 때까지 크게 두 개의 흐름을 따라 형성되었다. 하나는 양무운동(1860-1894)과 무술변법(1898)으로 대표되는 위로부터의 혁명이고, 다른 하나는 태평천국(1851-1864), 의화단(1899-1901), 5·4운동(1919)으로 이어지는 아래로부터의 혁명이다.[50] 이런 두 줄기의 흐름은 중국인들이 서양 문명을 도입하고 활용하는 태도에 영향을 미쳤다. 중국 근대사에서 과학과 기술에 관한 관점과 태도는 이들 혁명의 흐름을 따라 크게 네 단계의 역사적 국면을 거치며 변화된 것으로 보인다.

첫 단계는 아편전쟁 패배 후 양무운동(洋務運動)을 통해 중체서용(中體西用)이 추진되고 확립된 시기이다. 중체서용이란 자국의 문화를 근본이자 진리인 체(體)로 보고 서양의 과학기술 문명을 실용적 응용이자 도구로 한정 짓는 태도를 의미한다.

아편전쟁이 일어날 무렵 청과 서양의 군사력 차이는 사실 비교할 만한 수준이 아니었다. 한 일화를 통해 그 차이를 실감할 수 있다. 영국 동

동은 사실상 파탄지경에 이르렀다. 무엇보다 천하질서의 변방에 속했던 일본에 패한 것은 서구 열강에 진 것과 비할 수 없을 정도의 큰 충격을 안겨주었다. 이것은 전통적 천하질서가 실질적으로 와해된 것은 물론이고 중국 자체의 존망까지도 위태로워졌음을 의미했다.[55] 더 이상 청조에 기댈 것이 없고 근본적인 변혁이 필요하다는 주장이 설득력을 지니며 확산되기 시작했다.

새로운 중국 건설을 위한 투쟁과 근대적 가치의 등장

두 번째 국면은 이렇게 시작되었다. 구체제가 붕괴되고 1911년 신해혁명(辛亥革命)을 통해 새로운 공화국이 건설되기까지의 기간이다. 청일전쟁에서 패배한 후 중국의 젊은 지식인들은 위기 극복을 위한 개혁정치를 주장하고 나섰다. 1898년 무술년에는 캉유웨이(康有爲), 량치차오(梁啓超), 단쓰퉁(譚嗣同) 등이 변법자강(變法自疆)을 앞세워 광서제(光緖帝)와 연합하여 전면적인 제도 개혁을 추진했다. 하지만 구체적인 성과 없이 곧 진압되고 만다. 연이어 반외세운동의 성격을 띠었던 의화단운동(義和團運動, 1899-1901)마저 실패하자 기존 지배 질서의 혁파와 새로운 국가 건설에 대한 기층으로부터의 열망이 더욱 커져만 갔다.

이 시기는 중국 근내사에서 그리 길지 않지만 중체서용 관점을 극복하는 단초를 마련했다는 점에서 매우 중요하다. 절대불변의 가치라고 여겼던 중체(中體)나 동도(東道)에 대한 근본적 성찰이 일어나고 설득력을 갖게 되었기 때문이다. 영국 유학파였던 옌푸(嚴復)는 서양 근대문명의 바탕에 과학이 자리잡고 있다고 확신했다. 과학을 함포나 기계 기술과 동일시하는 인식에 반대하고 기(器)와 용(用)이 결코 체(體)와 분리되지 않는다는 점을 강조하였다. 진정한 근대화를 이루려면 과학 정신을 수용하고 중국의 전통 사상과 낡은 관념을 근본적으로 개혁해야 한다는 것이다.[56] 캉유웨이와 량치차오 역시 중국이 부강해지려면 단순히 기술의 도입이 아닌 변법, 즉 정치, 경제, 사회 제도의 근본 개혁이 필요하다고 확신했다. 캉유웨이의 제자였던 단쓰퉁은 형이상학의 도(道)와 형이하학의 기(器)에 대하여 도는 곧 용(用)이요, 기가 곧 체(體)라며, 체가 확립되어야 용이 운행되고 기가 존재해야 도가 소멸하지 않는다는 도기일원론을 주장하며 주자학적 이원론을 정면으로 반박하였다.[57]

이러한 변법론의 등장은 정치적으로는 청조의 극복을, 사회적으로는 새로운 지식인 집단의 성장과 결집을, 문화적으로는 새로운 국가 건설을 향한 이념적 모색이 이루어지고 있었음을 보여준다. 특히, 전통적 사대부와 관료 집단이 쇠퇴하고 근대적 이념과 사상에 동조하는 새로운 지식인 집단이 성장했다는 것은 중국 근대사에서 매우 중요한 의미를 갖는다. 이들은 고위 관료 계층이 아니었으며 하급 관리, 유생, 지방의 신사층이 주축이 되어 청조에 근본적 제도 개혁을 요구하고 전향적인 정치 질서의 변동에 집중했다. 비록 이들 다수의 요구가 입헌군주제를 전제로 민권(民權)의 신장과 민지(民智)의 개발을 도모하는 국가주의적 성격을 띤 것이었지만 국민교육을 강조한 첫 지식인 집단이기도 했다.

신해혁명을 통해 공화국이라는 근대국가로서의 정체(政體)가 수립되었지만 그럼에도 불구하고 중국인들의 염원은 쉽게 실현되지 않았다. 1913년 위안스카이(袁世凱)가 공화국의 국회를 해산하고 군사독재 정권을 세워 제정(帝政)으로의 복귀를 꾀한 것이다. 또다시 정치투쟁의 시간이 시작되었는데, 이번에는 과거와 다른 양상으로 전개되었다. 신해혁명까지의 국면이 기존 지배 질서와의 경쟁이었다면 이후의 양상은 새로운 질서를 둘러싼 사회적 상상들의 경쟁으로 나타났다.[58] 이들을 대표하는 새로운 사조로는 반전통(反傳統)을 주장하고 과학과 민주를 외친 신문화운동, 학생운동의 형태로 나타난 공학주의(工學主義), 그리고 마르크스주의의 중국화를 가져온 일련의 사건들을 들 수 있다. 이 세 번째 국면을 통해 우리는 중국의 근대적 공(工) 개념이 어떻게 독특한 특징을 갖게 됐는지를 엿볼 수 있다.

천두슈(陳獨秀)를 위시하여 지식인들이 이끈 신문화운동은 서구의 근대적 가치를 대변하는 민주주의와 과학주의를 앞세워 유교적 전통문화를 맹렬히 공격하였다. 이들은 정치 개혁을 통한 공공질서의 확립이 당시 상황에서 요원하다고 판단했다. 이에 정치와는 일정한 거리를 두는 대신 낙후된 중국을 일으켜 세울 원동력을 문화에서 찾으려고 했다. 이들은 교육과 사상 측면에서 개인주의와 자유주의에 입각한 공적 문화를 세움으로써 정치 질서의 초석을 다질 수 있다고 보았다.[59] 천두슈는 지식인(士)이 과학과 과학 정신을 갖지 못했기 때문에 중국이 몽매함을 벗어날 수 없다고 인식했다. 소수 귀족들의 문학, 현학적이고 이해하기 힘든 은자(隱者)의 문학을 추방하고 단순하고 대중적인 문학이 필요하다고 주장했다. 그것은 곧 보통 사람을 위한 문학 창조, 곧 문학 혁명이었다.

한편, 1919년 5·4운동 이후 학생들이 주도한 공학주의(工學主義)는 신문화운동과 다소 차이가 있지만 당시 젊은 지식인층이 주장한 사상의 특징을 이해하는 데 도움이 된다. 북경고등사범학교의 공학회(工學會)는 1919년 말에 창간한 잡지 『工學』을 통해 자신들이 추구하는 가치와 지향, 실천 방안을 제시하였다. 여기에서 이들이 내건 공학주의란 공(工)과 학(學)을 병립시키려는 것이며, 수천 년간 중국에서 내려온 귀학천공(貴學賤工)의 잘못된 견해를 일소하는 것을 목적으로 삼았다.[60] 정치인이자 철학자였던 우쯔후이(吳稚暉: 1865-1953)는 노심(勞心)과 노력(努力)을 구분하는 당시의 전통적 접근을 이렇게 비판하였다.

勞心과 勞工을 어찌 工과 學을 구분하는 것이라고 볼 수 있겠는가. 工學은 서로 연속된 것이어서 과학을 익히는 자도 그림을 그리고 工匠도 계산을 하는 것이니 學은 工의 예비일 뿐이고 工은 學의 실시일 뿐이다. 工者도 또한 마땅히 學해야 한다. 어찌 治人 治于人의 구분이 있겠는가.… 나는 治人의 學은 學이 아니고 民을 해치는 기술이라고 단언한다.[61]

이 글에서 알 수 있듯이, 공학주의에서 의미하는 '공학'이란 현재 우리가 알고 있는 엔지니어링 사이언스(engineering science)의 의미가 아니라 삶의 근본 원리이자 생활의 요소로 천명되고 있다. 이들은 공학을 육체노동과 정신노동으로 나누어 보는 이분법적 견해를 비판하고 공과 학을 서로 분리할 수 없는 것이라고 주장한다. 즉, 공과 학은 서로를 필요로 하며 서로를 촉진하는 관계라는 것이다. 따라서 관료나 무인(武人)의 유해한 행위, 영리를 목적으로 하는 자본가의 활동, 시간 낭비적 행위는 공학에 속하지 않는 행위로 분류하였다.

중국 사회의 '공(工)' 개념은 이처럼 변화하고 있었다. 전통사회의 위계적 질서 가운데 미천한 육체적 범주로 여겨지던 공(工)이 이제는 학(學)과 대등한 관계에서 논의되고, 나아가 새로운 사회를 주도할 근대적, 도덕적 주체의 핵심 구성 요소로 자리잡게 되었다. 신사조(新思潮)를 주도한 지식인층은 기존의 관료, 정객, 군인을 극히 부정적으로 보았기에, 정치적 방법을 통한 개혁보다는 공상계(工商界) 대중에 대한 교육과 작은 규모의 조직화를 통한 계몽운동과 개인의 도덕적 실천을 중시했다.

중국 마르크스주의의 지배와 공정사치국의 등장

5·4운동 이후 북벌운동(1926-1928), 십년내전(1927-1937), 항일전쟁 등 전쟁과 극렬한 갈등이 계속되자 중국의 변혁 운동은 처음과 다른 방향으로 전개되었다. 기울어가는 나라를 구한다는 구망(求亡)이 계몽을 압도하는 상황에 이른 것이다.[62] 그동안 강조되었던 자유, 평등, 민주, 인권 등의 가치는 점차 흐릿해지고 거꾸로 봉건 의식과 소생산적 경제 논의가 부활되었다.

1921년 공산당 창당과 함께 중국은 새로운 혁명, 즉 계급혁명의 노도에 직면하였다. 리다자오(李大釗, 1888-1927)는 러시아 혁명이라는 성공적인 모델에 비춰볼 때, 중국의 후진성이 오히려 강점이 될 수 있다는 점에 주목하였다. 그는 천두슈와 더불어 마르크스주의를 중국에 소개하고 전파했으며, 중국 사회주의에 특수한 성격을 부여했다. 농민과 농촌의 중시, 도덕주의에 의한 소생산자를 위한 사회주의 혁명, 계급투쟁에 대한 윤리적 강조가 실용에 대한 전통적 태도와 적절히 융합되면서 중국적 마르크스주의의 특징을 형성해갔다.[63] 농민 해방에 대한 리다자오의 문제의식은 한참 후에 마오쩌둥(毛澤東, 1893-1976)에 의해 소환되어 중국 혁명의 토착적 힘으로 새롭게 조직되었다. 중국의 철학자이자 역사학자인 리쩌허우(李澤厚)는 그의 저서에서 중국적 마르크스주의가 가진 정치 우위를 지적한 바 있다. 실제로 중국은 경제 발전이라는 기초 위에 공산주의를 세우기보다 도덕적으로 고상하고 정치적 자각이 뛰어난 인간상을 요구하고 집단을 위한 자기희생과 끊임없는 노력을 미덕으로 제시했다.

왜 중국은 근대화 과정에서 중국적인 것과 전통적인 것에 대해 그토록 탐닉해왔을까? 중국인들은 개항 과정에서 서구의 제국주의 세력이 저지른 수많은 행동과 장면들에 분개했다. 그들은 중국을 약탈하고 자존심을 짓밟고 전통을 말살했다. 이 때문에 근대화 초기에 시도했던 야심 찬 도전들, 즉 중국적 가치를 근간으로 서양의 과학과 기술을 접목하려는 실용주의적, 지식인 중심의 접근방식들은 양무운동과 신해혁명의 경험을 통해 실패로 받아들여졌다. 서구식 근대화와 제국주의는 동일한 것으로 여겨졌고, 따라서 부정과 극복의 대상이 되었다.[64] 이러한 인식을 기반으로 중국의 유교적 전통을 지키고 농민과 노동자 중심의 계급혁명을 완수하는 중국만의 고유한 모델이 추진되었다. 이제 중국의 공(工) 개념은 새로운 중국의 도덕적 주체이자 계급적 주체를 구성하는 근본 가치로 전환되었고 1949년 중화인민공화국 건설과 함께 근대화된 중국 사회의 중심부로 이동하게 되었다.[65]

중화인민공화국 건설 초기에는 혁명 간부가 지도부의 주축을 이루었지만 1976년 개혁개방 이후에는 기술 관료가 우위를 차지하였다. 이공계 인력이 다수 양성된 것은 사회주의 국가 건설 초기부터 나타난 현상이다. 그 이유는 첫째, 대규모 경제건설 추진으로 이공계 인력 수요가 급증했기 때문이다. 두 번째 이유가 더 중요한데, 즉 마르크스주의가 교조화되어 학술적 토론 자체가 이단시되면서 인문사회계열 지식인들이 쉽게 공격의 대상이 되었다. 이로 인해 수리(數理)를 잘 배워두면 두려울 것이 없다는, 지금의 상식과는 맞지 않는 이야기가 중국 사회에 널리 회자될 정도였다.[66] 1949년 중국 대학의 문과, 재정경제과, 정치법률과의 학생 수는 각각 총 모집 정원의 10.2퍼센트, 16.6퍼센트, 6.3퍼센트를 차지했을 뿐이다. 1957년에는 그 비중이 더 줄어 4.4퍼센트, 2.7퍼센트, 1.9퍼센트에 불과했다.[67] 중국의 이공계 기술 관료 주도, 소위 공정사치국 현상은 정치의 우위, 생산투쟁, 권위주의적 통치 시대를 살아간 개인과 국가의 전략적 선택의 결과로 나타난 것이다.

요컨대, 중국 근대사 전반에 걸쳐 과학과 기술은 획득하고 발전시켜야 할 자산이자 문화로 받아들여졌지만 그것은 언제나 경제 발전의 논리보다 정치 이념과 정치 이슈의 우위 속에서 논의되었다. 그 결과, 중국의 사회 변혁과 혁명의 중심 세력은 사대부에서 공농병력(工農兵力), 공정사(工程師)로 이동해갔다.[68] 중국과 한국의 오랜 인재 발굴 제도였던 과거제를 통해서는 기술 인력이 지도부에 진입한다는 것 자체가 어려웠다. 이 점을 고려할 때, 중국 근대사에서 현대 엔지니어의 원형인 공정사의 사회적 지위 변화가 갖는 의미는 결코 가볍지 않다. 새로운 사회주의 국가 건설의 도덕적, 계급적 기초로 재해석되어 구축된 중국의 '공(工)' 개념은 개혁개방과 시장사회주의 발전을 이끈 엘리트 집단의 교육적, 정치적 기반으로 발전되었다.

중국 공정사(工程師)의 의미와 사회적 위상

그렇다면 근대 중국을 이끈 지도자로서 공정사(工程師)는 어떤 과정을 거쳐 등장하고 어떻게 그런 지위와 역할을 맡게 되었을까? 공정사 개념은 중국에서 엔지니어에 대응하는 실제적 용어이다. 또한 자신들의 오랜 전통 위에 새로운 것을 결합시켜온 중국 고유의 특징을 잘 보여주는 상징적 키워드이다. 앞서 살펴보았듯이, 공(工) 개념은 동아시아 국가 모두에 공통된 개념이지만 정(程)은 중국 고유의 뉘앙스를 담고 있기에 좀 더 상세히 살펴볼 필요가 있다.[69]

　중국에서 정(程)은 '도량', '표준으로 삼다', '규칙을 제정하다', '헤아린다(考量評定)'는 네 가지 의미를 지니고 있었다. 그렇기 때문에 고대 중국어에서 공정(工程)이란 주로 대형 공사, 그중에서도 난이도가 높고 인력이 많이 필요하며 측정할 것이 많은 토목건축 사업을 가리켰다. 물론 공정이라는 용어만 쓰인 것은 아니고 工功, 工事, 功, 功程, 工作, 匠作, 工役 등의 개념도 빈번히 사용되었다. 하지만 청나라 말기에 이르면 다른 용어들은 점차 사라지고 공정이 주로 쓰이게 되었다.[70] 공정(工程)은 과학과 기술 용어와는 엄연히 구별되었다. 공정(工程)이 설계와 제작, 기획과 관리를 포함하는 통합적 특징을 가진 반면 기술이나 발명은 비교적 미시적인 개념으로 사용되었다.[71] 또한 공정(工程)은 'Engineering' 단어를 단순히 직역한 것이 아니다. 자강운동 시기에 서양의 엔지니어링 용어에 대응하는 개념을 모색하는 과정에서 부각되었다.[72]

그런데 여기에서 더 주목할 것은 공정사(工程師)란 과연 어떤 사람을 뜻하느냐이다. 중국의 전통 문헌에는 공정사와 흡사한 공사(工師)라는 지위가 등장하는데, 이는 공정 업무에 능통한 자의 관명(官名)이었다. 공사는 백공(百工)의 우두머리가 되어 공장(工匠)들의 수공업을 살피고, 때에 맞는 생산 업무를 살피며 생산품의 질이 좋고 나쁨을 판별하는 역할을 수행했다. 그런데 자강운동 시기를 기점으로 산업화가 급속히 진행되고, 공정 사업이 점차 체계화되고 제도화되는 과정에서 중국의 공정 전문가와 서양 엔지니어들의 만남이 잦아졌다. 자연히 호칭에 대한 고민이 생겼다. 이때 '공정사(工程司)'라는 용어가 등장한다. 다만 공정사(工程司)는 엔지니어의 본래 의미와 달리 전문 기술자보다 공정 업무를 수행하는 행정 담당자를 뜻했다. 실제로 '司'는 고대 공부(工部)의 사량(司量, 궁정 건설 담당), 사준(司准, 표준 담당)과 같은 전문 관리의 직책에서 따온 것이었다.

공정사(工程師)라는 명칭은 바로 이런 점들 때문에 더 선호되었다. 즉, '工程師'는 단순히 행정 담당자도 아니고 '工師'와 같은 전통적 직책도 아니었다. 당시의 신문이나 문서에서 관련 문헌의 사용 맥락을 조사한 연구에 따르면, '工程師'가 '工程司'보다 높은 관직이나 전문가를 의미하는 흔적이 강했다고 한다. 서양의 기술을 배우자고 주장한 양무파가 의도적으로 '司'가 아닌 '師'를 선택했다는 분석이다. 또 다른 사례로는 교육기관에서 사용된 공식 명칭을 들 수 있다. 1895년 설립된 천진북양서학학당(天

津北洋西學學堂)에서 공정을 학교 교육의 한 분야로 받아들이면서 그 이름을 '공정학(工程學)'이라고 칭했다. 이것은 공정을 단순히 현장의 활동만으로 보지 않고 하나의 지식체, 곧 학문으로 수용했다는 것을 의미한다. 중국의 공정 사업이 흥하면서 1913년에는 중화공정사학회(中華工程師學會)가 창립되었다. 이에 따라 공정사(工程師)는 근대적 직업의 정식 명칭으로 자리잡게 되었다. 이상에서 살펴보았듯이, 중국의 공정사(工程師) 개념은 전통적 의미와 근대적 의미를 동시에 함축하고 있다.[73]

다음은 중국에서 엘리트 엔지니어가 갖는 사회적 위치를 짚어보자. 공정사치국(工程師治國)이라는 용어가 일반화될 정도로 중국에서 엘리트로서 엔지니어의 지위와 역할은 상당히 높다. 하지만 이것을 교조적 마르크스주의 하에서 모색된 전략적 선택의 결과로만 평가할 수는 없다. 중국 근대사에는 자국 발전에 깊이 관여한 존경받는 엘리트 엔지니어들의 역사가 존재하기 때문이다. 팡쩡(房正)에 따르면, 중국 최초의 엔지니어는 만청 시기에 미국으로 유학 간 어린 소년들이었다고 한다. 1872년 외무부는 중국 전역에서 선발된 30명의 어린 소년들을 미국에 보냈다. 비록 이 사업이 오래 지속된 것은 아니지만 공부를 마치고 귀국한 일부 소년들은 중국 공정학과 공정 산업의 선구자가 되었다. 다음의 〈표 2-1〉은 당시 알려진 유학생들 106명의 귀국 후 활동을 정리한 것이다.[74]

중국 유학생들 중 우양정(吳仰曾)은 콜롬비아 대학에 입학하였으나 학업을 중단하고 귀국한 다음 리홍장(李鴻章)에게 발탁되어 은광산을 담당하는 총괄 엔지니어로 활동했다. 그는 광공업 분야에서 선구적인 역할을 수행하였다. 쾅징양(鄺景揚)은 귀국 후 철로 분야의 최고 엔지니어가 되었고, 중미 엔지니어협회 회장, 중화 엔지니어학회 회장을 지냈다. 이 외에 천융구이(陈荣贵), 루시구이(陆锡贵), 량푸자오(梁普照) 또한 채광·야금 산업 발전에 중대한 역할을 수행하였다. 중국을 대표하는 엔지니어 잔티엔

〈표 2-1〉 만청 시기 중국 유학생의 귀국 후 활동

직업	인원수	직업	인원수
국무총리	1	철로국장	3
외교부장	2	철로직원	5
公使(외교사절)	2	철로 엔지니어	6
외교직원	12	채광 기사	9
해군원사	2	전보국 직원	16
해군군관	14	사업	8
군의관	4	정치	3
세무사	1	의사	3
해관직원	2	변호사	1
교사	3	언론인	2
병사(사망)	3	미상	4

여우(詹天佑, 1861-1919)는 철로 건설과 관련 연구에 크게 기여하였고 중국 최초의 토목 엔지니어 사전인 『华英工学字汇』를 편찬 교정하였다. 그는 중국 최초의 엔지니어학술단체(中华工程师学会)를 조직해[75] 중국에서 '근대 공정의 아버지'로 불리고 있다.

이렇듯 공정사(工程師)로 불린 중국의 엔지니어는 공(工)과 학(學) 사이에 대등하고 보완적 관계를 상상한 새로운 사회적 이념의 등장 속에 미래 시대를 이끌 도덕적 주체로 부각되었다. 나아가 1949년 사회주의 체제로 진입한 이후로는 계급적, 정치적 주체로서, 마오쩌둥 시기까지는 사회주의 혁명을 완수할 집단으로, 그 이후에는 시장사회주의를 성공으로 이끌 핵심 지도층으로 성장한다.

3. 한국의 공(工): 주권 회복과 국가 발전을 위한 수단

동아시아 국가들은 거의 같은 시기에 근대적 시스템으로 변화해야 한다
는 압박에 노출되었다. 하지만 그들이 경험한 근대는 서로 달랐다. 사회
내부로부터의 변화 요구와 외부로부터의 영향이 결코 균질하지 않았던
것이다. 19세기 말 한국은 서양 문명에의 대응이라는 낯선 과제에 봉착했
고, 동아시아 질서의 대전환이라는 역사적 국면에 휩쓸리다, 근대적 국민
국가로 나아가려는 순간에 주권을 상실하는 등 격동의 세월을 감내해야
했다. '공(工)'의 근대적 변용은 바로 이런 과정 속에서 이루어졌다.

변용의 과정에 대한 자세한 내용은 다른 장에서 다룰 것이므로, 여기
에서는 한국에서 근대적 공(工) 개념이 발전해간 중요 지점들만 간략히
짚어보려 한다. 특히 동아시아 국가들이 근대사회의 모습을 갖추어가던
시기에 한국에서 기술과 국가의 관계 설정이 어떻게 이루어졌는지에 주
목할 것이다. 편의상 시기를 구분하여 한국 엔지니어의 등장과 발전 과정
을 살펴본다. 특정 사건이 발생한 연도를 중심으로 시기를 구분하는 것
은 언제나 무리가 따르지만 시대적 특징을 음미할 수 있다는 점에서는
유용하다.

최초의 국가 간 통상조약이 체결된 1876년, 식민지배가 공식화된 1910
년, 발전국가 전략을 본격적으로 추진한 1961년 박정희 정권의 등장, 민
간 주도의 산업 발전과 민주화 담론이 압도했던 1980년대 전두환 정권,
그리고 세계화 논의가 등장하고 금융위기를 경험한 1990년대 문민정부
의 등장과 1997년 금융위기를 주요 기점으로 삼고자 한다. 먼저 19세기
후반 조선의 상황을 들여다보자.

19세기 조선의 서양 문명 인식

믿었던 청이 서구와의 전쟁에서 고전을 면치 못하고 일본에 입헌군주제가 도입되는 등 천지개벽이 진행되는 동안 조선에서는 어떤 일이 일어나고 있었을까? 조선의 학자와 관료들 중에는 청과 일본을 통해 간간이 들려오는 서양의 소식과 서적, 종교 등을 접하며 그들을 둘러싸고 벌어지는 세상의 변화에 관심을 가진 이들이 있었다. 예를 들어, 조선의 실학자 하백원(河百源, 1781-1844)은 농공상고(農工商賈) 역시 학문이라고 주장했다. 그는 말로만 그치지 않고 스스로 기존 수차를 개선하여 자승차를 제작했다.[76] 새로운 지식을 받아들이는 데 적극적이었던 최한기(崔漢綺, 1803-1879)는 공업의 원리를 모르는 공장(工匠)들을 깨치고 지도할 기술 교원(工師)을 확보하여 선비 가운데 근대적 과학 연구자를 양성해야 할 필요성을 강조하였다.[77]

하지만 이러한 주장들이 당대를 대표하지는 않았다. 무엇보다 새로운 생각을 접할 수 있는 가장 확실한 통로인 외부 세계와의 소통이 원활하지 않았다. 청과의 관계가 불편했던 17세기에는 청을 통한 서학의 도입이 제한되었다. 19세기 초반의 청과 일본처럼 서구 제국주의 국가들의 관심 대상이 된 것도 아니었다. 서구 문명을 도입하기 시작한 일본의 변화를 과소평가하고 있었기 때문에 이를 지렛대로 조선 내부의 근본적인 개혁을 도모할 동기가 생겨나기도 어려웠다.

19세기 중반까지 조선의 경제에는 큰 변화가 없었다. 관수용(官需用) 제조 위주의 관부에 예속된 관장수공업(官匠手工業) 중심의 공장제도(工匠制度)나 장인들의 열악한 지위에도 근본적 변화는 없었다. 생산성과 효율성을 도모하기 위한 산업적 이니셔티브는 아직 등장하지 못했다. 실학파를 필두로 일부 지식층에서 이런 상황을 문제로 인식하고는 있었지만 사회 전반의 태도를 바꾸는 데는 역부족이었다.

하지만 19세기 후반에 이르러 일본의 압박 하에 불평등한 국가 간 조약을 맺게 되자 새롭게 변화된 국제 관계와 서양 문명의 쇄도를 더는 막을 수도, 모른 체할 수도 없음을 실감하게 된다. 강화도조약을 체결한 1876년부터 대한제국(1897-1910)이라는 근대적 주권국가를 선언하고 운영하기까지 거의 30여 년에 걸쳐 한국은 근대사회로 가는 불확실하고 험난한 길로 접어들었다. 이 시기를 공(工)의 근대적 재구성이라는 관점에서 보면, 상당히 의미 있는 변화들을 발견하게 된다. 첫째, 공(工)이 근대적 교육의 주된 대상으로 인식되기 시작했다. 고종 황제는 1899년 4월 27일에 관립으로 상공학교 관제를 마련하라는 조칙을 내렸다.[78]

> 조서(詔書)하여 말하기를 국가에서 학교를 개설하고 인재를 양성하는 것은 장차 지견(知見)은 넓히고 진익(進益)을 구하여서 개물성무(開物成務)하고 이용후생(利用厚生)하는 기본이 되게 함이라. 지금 세계 각국 중 날마다 향상하여 부강한 적이 없는 나라는 다른 것이 있는 게 아니라 격치(格致)하는 학문에 종사하여 사물의 이치의 심오함을 구해(究解)하여 아는 바가 정(精)하되 더욱 그 정(精)함을 구하고 기계가 이미 공교하여도 더욱 새로운 것을 내어놓는 데 불과한 지라. 국가의 요무(要務)가 어찌 이보다 앞서는 것이 있겠는가.[79]

1890년대에는 이미 사농(士農)보다 공상(工商)이 더 시급한 과제라는 인식이 지식층 사이에 널리 확산되고 신문 지면 등을 통해서도 지속적으로 언급되었다. 독립협회의 설립과 《독립신문(獨立新聞)》의 창간과 발행을 주도한 서재필은 1896년 신문에서 정부가 가장 시급히 해야 할 일은 권공장(勸工場)이라며 학교를 세우고 인민을 모집하여 공업을 가르쳐야 한다고 강조했다. 실제로 광무학교 같은 기술학교와 실업학교가 다수 설립되

었고, 외국인 기술자를 영입하여 기술교육의 질을 높이려는 노력이 이루어졌다.[80]

둘째, 교육뿐 아니라 산업 측면에서도 새로운 방안들이 실행되었다. 정부는 지주제와 관 주도의 식산흥업 체제를 강화하고 이를 통한 개혁을 추진했다. 청에서 시도한 관독상판형(官督商辦形)[81] 구조를 기반으로 근대적 제조업과 회사 설립에 관심을 기울였다. 예를 들어, 1898년을 전후하여 자력으로 철도 건설을 추진하였다. 1898년부터 1904년까지 서울과 각지에서 15개 이상의 철도 관련 회사를 설립했는데,[82] 대부분이 반관반민(半官半民)의 민수회사(民需會社) 형태를 취했다. 이처럼 정부가 직접 회사를 운영하는 방식은 일본과 청 모두에서 발견된다. 대규모 초기 투자와 자원이 필요한 인프라 구축 사업이 많은 데다 해외 자본을 견제하고 정부의 부를 축적하려는 이해관계가 서로 일치했기 때문이다. 다만, 일본은 특정 시점에 정부 소유의 기업을 민간에 넘겨 결과적으로 민간 시장과 기업을 활성화하는 데 기여한 반면 중국은 좀 더 후에 사회주의 시장경제로 재편하는 방향으로 나아갔다. 하지만 전통적 생산방식을 근대적 공업 생산으로 전환시키려던 대한제국의 노력은 식민지배라는 타율적 개입으로 단절되면서, 청이나 일본과 다른 길을 걷게 되었다.

셋째, 새로운 근대 지식과 기술을 익힌 인재를 충원하고 자강의 기틀을 마련할 제도적 개혁 조치들이 함께 추진되었다. 청나라 톈진 병기창 유학생 파견, 1881년 신사유람단(紳士遊覽團)과 영선사(領選使) 파견, 동문관 설치, 1883년 보빙사절단 파견 등이 대표적 사례이다. 당시 영선사 인솔 하에 파견된 인원은 중인과 양반 계층을 망라했는데, 학도(學徒)와 공장(工匠)을 포함하여 84명에 이르렀다.[83] 비록 재정 문제로 조기에 귀국해야 했지만 새로운 기술에 대한 관심이 높아지고, 근대 교육을 받은 새로운 집단이 등장하는 계기를 마련했다는 점에서 그 의의가 크다.

대한제국 정부는 근대적 상공업을 진흥하고 육성하기 위해 1899년 5월 칙령으로 상무사장정(商務社章程)을 만들고 상무사를 설립했다. 상무사가 설립된 1899년 5월 12일에 내각과 학부에서 상공학교 설립 자금에 대해 논의했는데, 이를 단순히 우연으로만 볼 수 있을까? 정부는 근대적 상공업 활성화와 근대적 교육 시스템을 연계하려는 나름의 정책을 기획했고 그 중요성을 인식하고 있었다.

1884년의 갑신정변으로 이미 타격을 입은 정부로서는 사실 선택의 여지가 없었다. 일본이 1889년 제국헌법을 선포한 데 이어 1894년 청일전쟁에서 승리했다. 근대화의 길을 모색하지 않을 수 없었다. 이 시기에 동아시아를 넘어선 세계라는 관점에서 자신의 위치를 조망하고 앞으로의 발전 방향을 탐색하려 한 것은 비록 어렴풋해도 의미 있는 진전이었다.[84]

안타깝게도 이러한 노력은 일본의 식민화 정책이 노골화되며 더 이상 진전되지 못했다. 의학교는 1899년 개교와 함께 신입생을 모집했지만 상공학교는 개교조차 못 한 상태에서 1904년(광무 8년) 농상공학교로 개칭되었다. 상공학교는 문 한 번 못 열고 폐지된 것이다.[85] 1907년에는 농상공학교 공업과마저 격을 낮춘 공업전습소로 개편되었다. 엔지니어를 지칭하는 새로운 근대 용어는 이 무렵부터 사용되기 시작했다. 예를 들어, 공업전습소의 교원으로 고용된 일본인들을 기사(技師), 기수(技手)로 지칭했는데, 이것은 과거부터 사용되던 공사(工師)라는 명칭이 아닌 일본의 용어 사용 관례를 따른 것이었다.[86] 20세기 중반 한국의 근대화와 산업화 과정에서 널리 사용된 기술공(技術工), 기능공(技能工)과 같은 용어는 기(技)와 공(工)의 결합, 즉 전통적 용례와 근대적 용례가 함께 연결되었음을 상징한다.

일제강점기 이후 한국 엔지니어의 성장과 그 의미

일제강점기에 들어와서도 기술교육에 대한 수요는 줄지 않고 증가했다.[87] 하지만 일본에 의해 추진된 기술교육은 중견 기술자 양성이나 학문적 연구의 심화가 아니라 최소한의 기술적 수요에 대응하기 위한 하급 기술자 양성으로 제한되었다.[88] 교육, 산업, 제도 각 영역에서 근대적인 모습으로 전환되어가던 전통적 공(工)의 여정은 일제 식민 치하에서 고등교육의 대상에서 제외되어 낮은 단계의 실습 교육 수준으로 하락했다. 이것은 단순히 교육 수준의 문제로 끝나지 않았다. 근대 엔지니어링이 지니고 있는 가장 핵심적 특징인 과학 연구와의 연결, 시스템적 사고, 산업적 활용, 국부 창출, 개인적 성취와의 관련성이 멀어지고 오히려 파편적이고 세분화된 기능 실행과 단순노동 분야와 가까워진 것이다. 제대로 보상받지 못하고 직업적 위세가 미약했던 전통적 공(工)의 이미지와 실천은 식민지 사회의 대우받지 못하는 하급 기술자 이미지와 연결되어 중첩되는 결과를 가져왔다.

1945년의 해방으로 주권국가와 개인의 발전이 같은 방향을 바라볼 수 있는 새로운 기회가 열렸다. 하지만 임시적인 형태일 수밖에 없는 미군정의 지배가 이어지고 극심한 이념 갈등 속에 이루어진 정부수립, 전쟁 등의 여파로 산업 발전과 기술 개발의 실행이라는 이슈는 국제 정세가 주도하는 정치 담론의 우위 속에서 힘을 받기 어려웠다. 독자적인 과학기술 거버넌스를 구축함으로써 국가 재건과 발전을 도모하려던 테크노크라트들의 시도 역시 점차 위축되었다.

다른 한편으로 국민들의 삶은 경제적 곤란과 정치적 혼돈, 소위 "무정형의 파노라마"[89]와 같은 문화적 카오스 속에서 좀처럼 나아질 기미를 보이지 않았다. 평범한 사람들이 더 나은 삶을 위해 기댈 수 있는 믿을 만한 통로는 오직 교육이었다. 이에 고등교육에 대한 아래로부터의 수요가 폭발적으로 증가했다. 그러나 원조 기반의 소비재 중심 산업구조가 갖는 본질적 한계로 인해, 고등교육을 받은 이들이 진출할 수 있는 직업 분야는 매우 협소했다. 이때부터 본격화된 교육과 직업 간 불일치는 해방 이후 한국 사회를 특징짓는 중요한 사회적 문제가 된다. 다만, 해방 이후 대학이라는 고등교육 시스템 안에서 엔지니어링이 학문 영역, 즉 공학으로 자리를 잡고 국가적 차원에서 공업 발전 계획을 설계할 기반이 마련된 것은 의미 있는 진전이었다.

기술이 근대 민족국가 구축이라는 과제와 밀접하게 연결된 시기는 박정희 정부가 들어선 1961년 이후이다. 박정희 정부는 발전국가 모델을 바탕으로 기술을 철저히 국가 발전의 수단이자 핵심 구성 요소로 삼고자 했다. 정부는 기술 인력에 대한 제도적 분류 체계를 마련하고 이를 통해 이들의 직업적 역할과 위상을 정의했다. 예컨대, 1962년 경제기획원은 국내 기술 인력을 역사상 최초로 기술자(技術者), 기술공(技術工), 기능공(技能工)으로 범주화하였다. 이 분류 체계는 1973년 과학기술처에 의해 다시 과학기술자, 현장기술자, 기능자의 범주로 바뀌었다. 같은 해에 국가기술자격법이 제정되자, 이와는 별도로 기술사(技術士), 기능장(技能長), 기사(技士) 등의 자격 체계가 도입되었다. 그리고 1980년에는 과학기술자 범주가 다시 과학자와 기술자로 분화된다.[90] 1962년의 기술 인력 분류는 기술 인력의 실행 역량이 아닌 교육 수준으로 구별되는 방식이었던 반면 1973년의 분류에서는 전통적 용어인 공(工)이 사라지고 교육과 역량을 중심으로 기술 인력의 직업적 지위가 새롭게 구성되었다는 특징이 있다.

기술 인력 분류 체계의 도입은 국가가 기술 인력 양성을 중요한 정책 과제로 인식하여 산업 발전 전략에 따라 체계화된 역할 범주를 만들고 그에 따른 제도적 지위와 자격을 부여하려 했음을 보여준다. 하지만 엔지니어를 자율적 전문가 집단으로 상상하지는 않았다. 기술 인력의 자격

인정과 이들의 직업적 지위는 정책적 통제와 조정의 대상으로 정착되어 갔다. 이것은 국가 주도의 인력 양성 체계에 변화가 발생하는 1990년대 이후 엔지니어 집단 내부에서 자신들의 직업적 위상과 정체성에 문제를 제기하는 배경이 된다.

한편, 박정희 정부 시기에 자주 사용된 산업역군(産業役軍)이라는 용어는 한국의 기술-국가 관계가 어떤 특징을 갖게 되었는지를 잘 보여준다.[91] 산업역군은 해방 이후 국가와 민족의 발전을 위해, 마치 전쟁을 치르는 군인처럼 헌신하고 일하는 기술 인력을 아우르고 그것을 격려하기 위해 사용된 용어이자 개념이다. 이 표현의 기원은 멀리는 조선 초기의 역군 개념에서, 가까이는 일제 식민지 시기 북한 지역의 건설 현장에서 발견된 산업전사(産業戰士) 개념과 연결되어 있다. 1938년부터 '조선직업소개소령'에 따라 합법적 형태로 부국과 근로 봉사 명목의 노동력 동원이 이루어졌는데, 당시 수풍댐 건설처럼 중요 산업의 종사자들이 '산업전사'로 불렸다. 이들은 자의로 직장을 변경할 수도, 퇴직할 수도 없었다.[92] 역설적으로 산업전사는 식민지배의 상황에서, 산업역군은 조국 근대화의 일선에서 사용되었는데, 이 두 용어 모두 국가에 의한 동원 대상으로 소환되었다는 공통점이 있다.

공(工) 개념은 박정희 정부 시기에 중대한 변화를 겪었다. 직업적 지위와 역할을 가리키는 용어로서 공(工)의 시대는 저물고 있었다. 그에 반해 엔지니어가 무엇을, 어떻게 하는 사람들인지에 대한 지배적 이미지 (dominant image)[93]가 새롭게 형성되기 시작했다. 무엇이든 열심히 하고, 주어진 목표는 달성하려고 하며, 가급적 문제를 단순화하여 신속히 해결하려 한다는 이미지가 안정적으로 자리를 잡았다. 산업역군인 엔지니어들에게 정량화와 우선순위의 결정, 결과에 대한 승복, 불가능해 보이는 것에 대한 도전은 공통된 규범이자 실천인 것처럼 보였다. 다시 말해, 박정희 시대는 근대적 공(工)이 지향해야 할 내용을 구성하고 이념과 가치, 규범, 제도 안에 체계화되는 데 결정적인 영향을 미쳤다. 이에 대한 현대적 평가는 극명히 갈린다.

1980년대에 대기업 중심으로 규모 집약적 산업이 성장하면서 그 어느 때보다 이공계 인력에 대한 수요가 급증했다. 그에 따라 1970년대에 구축된 기술-국가 관계는 더욱 공고해졌다. 왜냐하면 1980년대 중반 이후 한국 산업 발전 성과에 대한 긍정적 메시지가 이어지면서 한국을 대표하는 기술을 통해 개인과 민족의 고유한 장점과 특성을 살려 지속적인 발전을 추구해야 한다는 담론이 당연하게 받아들여졌기 때문이다. 재벌 기업의 발언권이 세지며 기존의 정부-기업 관계에 변화가 발생했지만 기술-국가 프레임은 흔들리지 않고 오히려 새로운 방식으로 강화되었다.

1990년대 이후에는 엔지니어를 나타내는 명칭 중 공학인, 공학자, 혹은 공학도라는 표현이 빈번히 등장했는데, 이것은 앞서 살펴보았던 용어들과 다른 특성을 갖는다. 국가 주도의 호명이 아니라 엔지니어들 스스로가 적극적으로 자신들에게 직업 정체성을 부여하는 방식이기 때문이다.[94] 이 용어는 학문적 교육과 훈련을 강조하지만 위로부터의 제도화나 공식적 절차와는 관계가 없다. '과학기술자'라는 용어가 이공계 위기 담론이 한창이던 2000년대 초반에 이공계 인력 지원을 위한 공식적인 법적 정의로 도입되었던 것과 비교될 수 있다.

공학인, 공학자 등의 용어는 무엇을 의미하는가? 이것은 엔지니어 정체성의 표현이다.[95] 한국의 엔지니어들이 더 이상 위로부터 호명되고 주어지는 정체성에 머물지 않고 어떤 방식으로든 기술-국가의 프레임을 벗어나 이와 다른 가치를 지향하려 했음을 드러낸다. 어떤 면에서 공학인, 공학도, 공학자에 나타나는 '공(工)'의 용법은 마치 여의사, 여교수, 여배우에서 '여(女)'가 의미하는 것과 유사해 보인다. 이러한 종류의 표현 방식은 본래 존재하던 분야에 이질적 집단이 뒤늦게 합류하거나 혹은 오랫동안 익숙했던 지배적 실천과 일치하지 않을 때 발생한다.

한편 공돌이나 공학인이라는 용어는 생산직과 기술직 직업군에 대한 우리의 인식을 반영한다. 기술교육이 고등교육의 대상으로 가시화된 1950년대 이후 '공돌이'와 '공순이'는 제대로 교육받지 못한 집단에 대한 이름 붙이기였고, '공학인'은 고등교육을 받은 기술자 집단이 스스로를 가시화하기 위해 사용한 이름이었다. 어느 때부터인가 한국에서 '엔지니어링'을 '공학(工學)'으로 인식하게 된 순간, 전통적 공(工)은 이미 독자적으로 자신을 표현할 방법을 상실한 것인지 모른다. 학문이든, 산업이든 특정한 근대적 분야와 결합되어야만 의미를 지닐 수 있게 되었다. 인더스트리(industry) 역시 점차 '공업(工業)'에서 '산업(産業)'으로 인식되어갔다.

한국 엔지니어의 시기별 유형과 특징

지금까지 우리는 한국에서 공 개념의 변천과 관련된 역사적, 사회적 맥락들을 간략히 검토하였다. 앞으로 살펴볼 장들은 근대화와 산업화의 중요한 국면들 속에서 엔지니어의 다양한 유형들이 어떻게 등장하고 발전해갔는지를 다루게 될 것이다. 본격적인 논의에 앞서 〈그림 2-1〉를 통해, 1920년 이후 1999년까지 한국 엔지니어 유형의 시기별 등장과 활동을 파악할 수 있는 큰 흐름을 제시하고자 한다. 우리 사회에서 엔지니어를 표현하는 데 사용된 용어들을 몇 가지 분류할 수 있다. 첫째, 공업가, 공업인, 둘째, 기술자, 기술인, 셋째, 기술공, 기능공, 넷째, 과학기술자, 과학기술인, 다섯째, 엔지니어 등이 그것이다. 이들 용어를 범주화하여 네이버 라이브러리를 통해 신문 기사 수를 검색하였다.[96] 이를 원 자료로 활용하여 각 용어들의 연도별 사용 비중을 〈그림 2-1〉에 표시하였다.

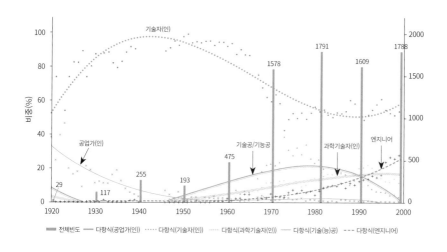

〈그림 2-1〉 다양한 엔지니어 명칭의 시기별 사용 비중 추이[97]

용어별 빈도가 아니라 연도별 비중 데이터를 사용한 이유는 첫째, 어떤 범주의 용어가 어떤 시기에 빈번하게 회자되었는지, 여기에 특정한 유형이 나타나는지를 확인하고 싶었기 때문이다. 두 번째 이유는 데이터가 갖는 한계 때문이다. 신문 기사 자료가 다섯 개 언론사에 국한된 데다 검색 과정에서 발생하는 오류가 있기에 기사 수라는 개별 데이터보다 전체적 경향성을 파악하는 것이 더 낫다고 판단했다. 데이터가 다소 거칠고 한계도 있지만, 앞으로 살펴볼 한국 엔지니어 탐색의 여정을 이해하는 데 어느 정도 유용하다고 판단했다.

〈그림 2-1〉에 각 항목의 비중 데이터를 점으로 표시했다. 하지만 각 항목의 가시성을 확보하는 데 한계가 있어 전체 흐름을 파악할 수 있도록 3차 다항식 추세선을 추가하였다. 또한 비중만 보게 되면, 자칫 전체적으로 사용된 용어의 빈도 추이를 놓칠 수 있기 때문에 각 시기별로 언급된

전체 기사 수를 막대그래프로 표시하였다. 예를 들어, 이 데이터에 따르면 1960년 이전까지 기술자(인)의 비중이 매우 높아 보인다. 하지만 전체적으로 언급된 빈도는 매우 낮다. 이것은 기술자나 기술인에 대한 사회적 관심이나 활용은 많지 않았지만 그럼에도 기술자(인) 용어가 엔지니어를 대표하여 사용되었다는 것을 보여준다.

이 그림을 통해, 엔지니어 용어 변천의 몇 가지 특징을 확인할 수 있다. 첫째, 엔지니어와 관련된 용어가 널리 사용되기 시작한 것은 1960년대와 1970년대 사이다. 이 시기에 산업화가 급격히 진행되었고 기술-국가 프레임이 제도화되고 체계화되었다. 둘째, 공업가나 공업인의 명칭은 1950년대 이후 차츰 사라졌다. 이후로는 공업이 아닌 산업의 이름으로 탈바꿈되기 시작했다. 셋째, 기술공이나 기능공의 명칭은 1950년대 이후 서서히 증가하다가 1970년대 중반 정점을 찍은 후 점차 사라지고 있다. 1990년대 이후 언급되는 기술공, 기능공은 산업화 시대를 회고하거나 반성할 때 주로 나타났다. 넷째, 1990년대 이후 과학기술자(인)와 엔지니어 명칭의 비중 모두 증가했는데, 특히 엔지니어 용어의 사용 빈도가 높아졌다. 연구개발과 산업 활동이 세계적 수준에서 이루어지면서 엔지니어에 대한 언급이 많아진 것으로 보인다. 다섯째, 기술자(인)의 비중이 지속적으로 50퍼센트를 상회하고 있다. 토목 기술자, 외국인 기술자, 중기 기술자, 엔진 전문 기술자에서 볼 수 있듯이, 기술과 산업 분야의 분화와 전문화가 확대됨에 따라 각 분야에서 기술자, 기술인과 연결된 다양한 용어가 사용되고 있는 것을 확인할 수 있다.

4. 소결: 동아시아 국가들의 엔지니어 프로젝트

비록 서구보다 출발은 늦었지만, 동아시아 국가들은 엔지니어 양성과 과학기술을 통한 산업 발전에서 상당한 성과를 거두었다. 일반적으로 후발국이 누리는 이점도 작용했지만, 한중일 세 국가는 각자 독자적인 발전 경로를 구축하는 데 성공했다. 지리적 근접성과 전통적 유사성에도 불구하고 세 국가는 결코 하나의 유형으로 수렴되지 않는 저마다의 길을 걸었다. 전통적 공(工)의 진화와 발전 과정도 마찬가지였다.

이 장을 시작할 때 던진 몇 가지 질문에 관한 탐색의 결과를 간략히 요약해보도록 하자. 첫째, 동아시아 국가들이 각자의 전통적 장인 생산 체제와 어떤 관계를 맺으며 서구 문명에 대응했는지를 살펴보았다. 일본의 경우, 정치 지배 구조와 지역 간 경쟁 관계가 근대화의 촉진에 매우 유리한 조건을 제공했다. 지역에 존재하던 장인적 생산과 노하우는 해체되지 않고 공업적 생산으로 전환되었으며 산업가의 등장을 가져왔다. 중국의 경우에도 사회체제의 향방을 둘러싸고 오랜 갈등을 겪는 과정에서 전통적인 농민과 노동자 중심의 생산 시스템이 유지되었다. 다시 말해, 장인적 생산 체제는 거부되지 않았고 근대적 생산 체제와 천천히 결합했다.

반면 가장 늦게 근대화의 물결을 맞이한 한국은 서구 열강이 아니라 오히려 일본과 중국과의 관계에서 어려움을 겪었다. 식민화되기 이전까지는 교육, 산업, 제도 각 영역에서 전통적 공(工)을 근대 산업과 새로운 교육의 장으로 전환시키려고 노력했지만 일제강점기가 도래하자 공(工)은 고등교육의 대상에서 배제되었고 낮은 단계의 실습 수준으로 전락했다. 식민지 산업구조로의 재편 속에 장인적 생산방식은 급격히 해체되었고 기술교육은 하급 기능 인력 양성으로 축소되었다.

둘째, 새롭게 등장한 엔지니어 집단의 사회적 역할과 지위는 오래되고 낡은 세계와의 결별이었나, 아니면 계승에 가까웠는가? 이 점에 관한 한, 세 국가 모두 정도의 차이는 있지만 결국 결별을 택했다. 일본의 하급 사무라이 계급은 오래된 집단이었지만 새로운 근대적 변화를 받아들이는 데 적극적이었다. 그런 면에서 형식적으로는 계승처럼 보이지만 실질적으로는 결별이었다. 왜냐하면 전통사회의 사무라이 계급처럼 군인으로서 쇼군을 보위하는 것이 아니라 테크노크라트, 경영자, 혹은 엔지니어의 역할을 수행했기 때문이다.

중국의 공정사(工程師)는 처음부터 전문지식과 노하우를 갖춘 엘리트들이었다. 여기서 중요한 것은, 중국이 서구 열강과 대립하는 과정에서 서구의 것을 불신하고 소위 중국적인 것을 고수하려고 했다는 점이다. 이 점에서, 중국의 엘리트 엔지니어들은 기존의 전통을 지키려고 한 것처럼 보이기도 한다. 그런데 실상은 그렇지 않다. 이들은 근대화 시기에 처음 등장한 직업군에 속했고 이들에게 정치적, 도덕적 우위를 부여한 것은 근대화된 중국 그 자체였다. 중국이 사회주의 체제를 채택함으로써 공(工)은 한국, 일본에서와 달리 정치적, 도덕적 우위를 확보하게 된다. 공(工)은 계급적 주체를 구성하는 근본 가치에 해당했기 때문이다.

한국에서 낡은 세계와의 결별은 언제나 생존의 문제로 인식되었다. 처음에는 주권을 지키고 빼앗기지 않으려는 이유였지만 그 후에는 주권을 되찾기 위해, 전쟁에서 승리하기 위해, 그리고 국가 발전을 위해 낡은 세계와 결별하고 새로운 세계와 역량에 집중해야 했다. 발전을 향해 끊임없이 나아갈 것을 촉구하는 '개발도상국(開發途上國, developing country)', 이른바 추격형 발전의 정체성은 발전주의 담론을 형성했다. 엔지니어 개인뿐 아니라 기업, 국가 모든 수준에서 오래된 것보다 새롭고 더 나은 것을 향해 분투하는 것을 당연하고도 올바른 것으로 여기는 태도가 확산되었다.

셋째, 공(工)을 둘러싼 전통사회의 연결망이 근대적 연결망으로 전환되는 과정에서 누가 주도적인 역할을 수행했을까? 일본은 사무라이 계급이었다. 이들은 자신들의 물적 토대 때문에 상인으로서 경제적 활동을 담당하거나 새로운 과학기술을 배우고 활용하는 데 적극적이었다. 공부하는 사무라이로 불린 이들은 신정국가이자 제국주의 근대국가인 일본의 핵심 주체였다. 중국의 개혁은 근대화 초기에는 양무파와 같은 지식인 계층이 이끌었지만 변법론이 대두되자 차츰 하급 관리, 유생, 지방의 신사층이 주축이 되었다. 그리고 사회주의 혁명이 성공한 이후에는 사회 변혁과 혁명의 중심 세력이 공농병력(工農兵力)에서 공정사(工程師)로 이동해 갔다.

한국의 산업화 과정에서 근대적 공(工)으로의 전환을 이끈 이들은 정부 관료, 지식층이었고 대부분 국가가 주도적 역할을 맡았다. 테크노크라트의 역할이 잠시 부각된 적은 있지만 실제로 영향을 미친 시기는 매우 짧았고 오히려 국가의 후원이나 통제 가운데 산업역군으로, 혹은 국가 발전을 위한 인력으로 호명된 이들의 역할이 컸다.

이렇듯 동아시아 국가들에서 공(工)의 변천사는 결코 균질하지 않다. 이들 국가는 성공적인 근대사회로 전환하기 위해 공(工)을 산업과 교육 발전의 핵심에 놓고 우수한 엔지니어의 양성에 매진했다. 이런 측면에서, 동아시아 국가에서 엔지니어의 발전은 국가적인 프로젝트의 일환이었다. 즉, 엔지니어의 사회적 위치와 역할을 국가 발전의 핵심 요소로 설정하고 이들을 조직적으로 양성하고 활용해왔다.

그 결과 한중일은 저마다의 독특한 엔지니어 모델을 갖게 되었다. 하지만 20세기 후반에 이르러 세계화가 온 지역과 일상으로 확장되고 영향을 미치면서, 엔지니어링은 교육, 산업 분야에서 미래의 희망이자 원동력으로서 사실상 세계의 공용어가 되었다. 그렇다고 해서 각국이 가진 엔지니어링과 엔지니어의 고유한 특성이 의미를 잃은 것은 아니다. 지식이자 실천이기도 한 엔지니어링은 결국 그것이 만들어진 환경과 맥락의 영향을 받기 때문이다. 동아시아 국가들마다 고유했던 공(工)의 발전 경로가 지금의 세계화와 보편성의 압박 속에서 어떻게 변해갈지는 아직 미지수다. 하지만 한중일의 이러한 유사성과 차이를 이해하는 것은 향후 한국 엔지니어링과 엔지니어의 향방을 전망하는 데에도 도움이 될 것이다.

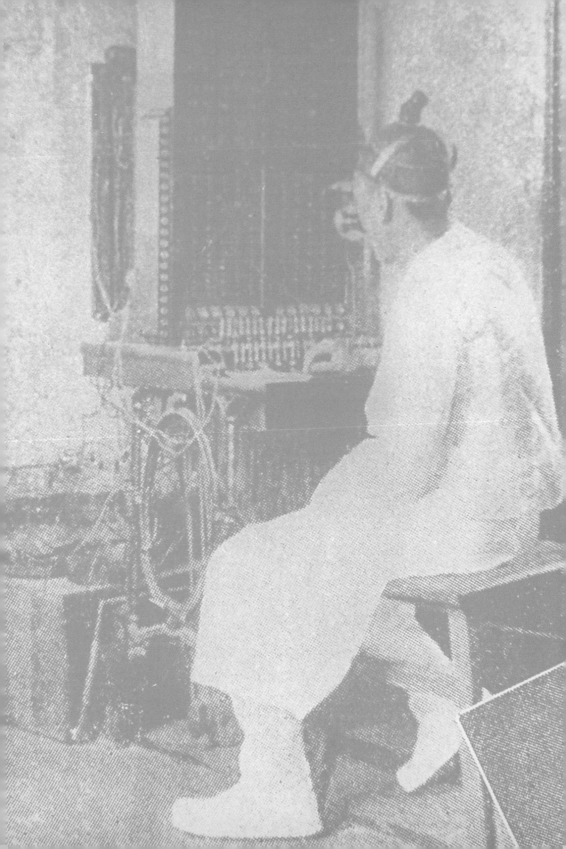

3장

근대국가로의 전환과 기술(자) 인식

사상이자 이념이기도 했던 과학 지식과 방법론은 인류 문명에 커다란 전환점을 제공했다. 근대로 불린 역사적 국면은 익숙했던 사회에 전면적이고도 근본적인 변화를 가져왔다. 그 선두에 선 계층은 부르주아, 테크노크라트, 지식인, 산업가 등 다양했고 이들은 새로운 세계를 맞이하려는 열망과 지식, 도구로 무장되어 있었다. 이때 과학과 기술, 공학은 새로운 세상을 열어갈 믿을 만한 열쇠로 등장했다. 과학과 기술의 성취는 근대화 진척의 척도로 여겨지기 시작했다.

과학과 기술이 발전하려면 그와 관련된 제도적, 경제적, 문화적 요소들이 서로 유기적으로 연결되어야 한다. 과학과 기술 분야의 고등교육이 번성할 학문적 장소와 지원, 신분이 아닌 능력 기반의 교육 시스템에 대한 존중과 환영, 교육을 통해 학습하고 연구한 지식과 노하우를 실제 현장에서 직업적으로 실천할 능력 있는 행위자, 즉 과학자와 엔지니어의 존재, 개인과 공동체적 삶의 다양한 측면에서 합리성과 예측 가능성의 작동을 자연스럽게 받아들이는 태도 등이 요구되었다.

이러한 방식의 사회구조적 전환은 대개 누군가에 의해, 혹은 특정 집단에 의해 주도된다. 익숙한 것에 머물려는 관성의 법칙을 이겨낼 정도의 강렬한 열망과 동기, 실력, 자원, 협력할 집단을 조직할 능력을 가진 이들이 필요하다. 이를테면, 세계 어느 나라든 근대사회로의 변화를 이끈 중심부에는 지식인 집단이 있었다. 지식인들은 어떤 계층에서 성장했든, 새로운 지식과 기술을 다루고 활용하는 능력을 지닌다. 이 연구는 그 대표적 집단인 엔지니어를 탐구한다. 엔지니어는 한국의 근대를 이끈 주도적 세력이었을까, 만약 그렇다면 그들은 어디에서 왔고 어떻게 근대적 주체로 성장했을까, 이들이 상상한 사회와 국가는 어떤 것이었을까?

근대 과학기술 인력의 출현에 관해서는 김근배의 연구를 중심으로 중요한 저작들이 축적되고 있다.[1] 하지만 여전히 충분하지는 않다. 특히, 조선 후기부터 1910년까지의 시기를 근대 엔지니어 형성의 관점에서 어떻게 이해할 것인지의 주제는 거의 다루어지지 않았다. 서양에서 도래한 낯선 과학과 기술을, 그것을 처음 접한 조선인들이 어떻게 받아들였을지를 이해하기란 쉽지 않다. 게다가 지금 우리가 당연하게 받아들이는 과학기술, 과학기술자라는 인식 프레임으로 근대 이행기 조선의 과학과 기술 관련 행위자를 분석하는 데도 한계가 있다. 이것은 역사적, 사회적 과정의 산물이지, 본래부터 그랬던 것이 아니기 때문이다.

과학과 기술, 엔지니어링과 같은 개념들은 일본 근대 지식인들의 치열한 논쟁을 거쳐 지금의 용어로 번역, 정착된 후 한국과 중국으로 전파되었다.[2] 이렇게 국경을 넘는 과정에서 과학(科學)과 기술(技術)이라는 신어가 가진 사전적 정의가 그대로 전달되었을 것으로 볼 수는 없다. 이들 개념의 보편적 의미가 확산된 것은 지식의 세계적 이동이 전면화하는 20세기 후반의 일이다. 이 점에 주목하면서 우리는 다음의 질문들을 바탕으로 한국 엔지니어의 기원을 추적하는 첫 작업을 시작하려고 한다. 1900

년 전후의 근대화기에 엔지니어의 원형이라고 할 수 있는 의미 있는 근대적 행위자가 우리 사회에 등장했는가, 엔지니어의 역할을 필요로 하고 가능케 만드는 구체적인 제도적, 구조적, 사회적 환경과 요구가 존재했는가, 청과 일본을 통해 접한 서양 문명을 당시 지식인들은 어떻게 이해하려고 했을까, 기존의 전통적 공(工) 체계를 대체하는 기술 인식과 새로운 기술 주체의 형성은 가능했는가, 이에 영향을 미친 가장 중요한 근대적 변화는 무엇인가?

기술직 중인과 근대 엔지니어의 원형

1. 기술직 중인의 사회적 역할과 의미

1853년 4월, 23세의 역관 오경석(吳慶錫, 1831-1879)은 처음으로 북경을 방문한다. 그리고 1874년 10월까지 열두 차례나 왕래하면서 중국을 통해 서양 문명을 접하고 또한 무너지는 중국을 직접 목도하였다. 당시 조선은 세도정치의 마감을 계기로 새로운 변화를 도모하고 있었다. 하지만 대원군의 복고적 왕권 강화 정치는 밀려드는 국내외의 문제를 제대로 해결하지 못했다. 나라 안으로는 전국적으로 민란이 터지고, 밖에서는 미국 상선 제너럴셔먼호 사건(1866), 병인양요(1866) 등 서양 세력의 도발이 잇따랐지만 마땅한 대응책을 내놓지 못했다. 이런 상황 속에서 오경석은 자신이 할 수 있고 해야 할 일을 궁리하고 찾아내서 실행에 옮겼다. 즉, 역관으로서의 능력을 살려 청나라에서 구한 각종 신서(新書)를 조선에 소개하고 다양한 지식인들과 교유하며 새로운 사회의 모습과 나아갈 방향에 관해 토론했던 것이다.[3]

오경석과 그의 절친한 친구인 중인(中人) 유홍기(劉鴻基, 1831-1884) 두 사람은 시대의 변화를 직시하고 그에 대응할 개혁적 사상을 갖춘 진취적인 주도 집단이 필요하다고 판단했다. 당시 지배층으로는 가망이 없었다. 구태의연한 기존의 사상에 아직 물들지 않은 세대, 하지만 곧 미래의 양반 관료가 될 젊은 사대부들에게 새로운 사상을 교육할 필요가 있었다. 두 사람에게 그 통로를 열어준 것은 당대의 대학자로 존경받던 연암 박지원의 손자, 박규수(朴珪壽, 1807-1877)였다. 그의 사랑방에서 오경석과 유홍기는 김옥균, 박영효, 박영교, 김윤식, 유길준, 홍영식, 서광범 등에게 새로운 사상을 교육하고 이들과 교유하기 시작했다.[4] 역관 오경석이 구해온 바깥세상의 서적들이 새로운 안내자가 된 것은 물론이다.

오경석은 잘 알려진 조선 후기의 '기술직 중인'으로, 시대를 이끈 새로운 지식인의 상을 대표한다. 이 글을 오경석에서 시작한 이유도 그 때문이다. 중인에 관한 평가는 여전히 문제적이지만 중인의 자격 요건과 역할로 범위를 좁히면 논쟁의 여지는 줄고 논점도 보다 명확해질 것이다.[5] 이 연구에서 지칭하는 '중인'은 잡과에 입격하여 활동한 인물들 외에 취재(取才)에 선발되어 각종 기관에서 경험을 쌓고 활동한 이들까지 포함한다.

이와 같은 범주의 조선 후기 중인을 서구 유럽의 근대화를 이끈 지식인이자 부르주아와 같은 범주의 계층으로 볼 수 있을까, 중인 계층은 조선 사회의 구조적 전환을 지향하고 그것을 실제로 구현할 지식과 견문을 갖추었었는가, 이들을 프랑스의 근대화를 이끈 테크노크라트, 일본의 혁신 관료, 산업사회의 원형을 구축한 미국의 엔지니어와 유사한 존재로 볼 수 있을까?

조선 후기 중인에 대한 지금까지의 연구를 살펴보면, 중인을 현대 엔지니어의 원형이라고 추론할 만한 몇 가지 근거가 있다. 첫째, 대부분의 연구자들이 중인을 기술직(技術職) 중인, 기술관원(技術官員), 테크노크라트,

고급기술관원 등으로 묘사하며 이들의 역할에 주목하고 있다. 두 번째 이유는 조선의 중인들이 근대 한국 사회를 이끌며 실제로 수행했던 역할과 그 의미 때문이다.

기술직 중인은 누구인가

조선이 처음부터 사농공상의 직업적 위계질서를 바탕으로 세워진 계층 사회였던 것은 아니다. 양천제(良賤制)를 골간으로 한 초기의 신분제 질서가 17세기 이후 뿌리째 흔들리면서 사농공상의 위계로 대체되었다. 중인은 이 과정에서 지배계급인 양반(兩班)과 피지배계급인 상한(常漢) 사이에 위치하는 중간 계급으로 자리잡았다.[6] 이들의 지위는 어디까지나 사회 관습상으로 형성된 것이지 법률로 규정된 것이 아니었고, 전체 인구에서 차지하는 비중도 크지 않았다. 하지만 차별화된 지식과 역할 덕분에 중인은 점차 조선 사회의 운영에 없어서는 안 될 필수 집단으로 안착하게 된다.

1970년대에 접어들면서 학계는 잡과나 취재를 거친 후 전문성을 기반으로 활동한 중인을 특정한 용어로 지칭하기 시작했다. 1971년 이성무는 그의 논문[7]에서 기술관(技術官)이라는 표현을, 정옥자는 1978년 논문[8]에서 '기술직 중인'이라는 용어를 사용했는데, 이후 여러 연구자들이 기술직 중인이라는 용어를 사용하기 시작했다.[9]

중인의 사회적 신분과 지위에 관해서는 다소 견해가 엇갈린다. 정옥자는 『비변사등록(備邊司謄錄)』을 검토하면서, 웬만큼 관료로 자리잡은 조선 양반층이 유교적 관념과 거리가 있는 분야의 직을 양반 신분으로부터 차츰 배제해나가는 과정에서 중인이 등장했다고 본다. 즉, 일종의 '격하'였다는 것이다.[10] 반면 조선시대 중인의 신분과 계급적 성격을 연구한 한영우는 조선 전기의 정책이 기술학을 장려하는 것이었고 이것이 중인의 성장과 연관되어 있다고 본다. 그 근거로 기술학을 중시했던 왕들의 교육방침을 제시한다.[11] 정약용(丁若鏞, 1762-1836) 또한 그의 저서 『통색의(通塞議)』에서 "의(醫)·역(譯)·율(律)·역(曆)·서(書)·화(畵)·산수자(算數者)를 중인"이라 설명하고, 양반 관료는 나그네요 그들이 주인이라고까지 언급했다. 이를 보면, 중인은 특정한 분야의 지식과 경험, 역량을 가진 안정적인 직업적 지위로 인식되었을 가능성이 크다.[12] 조성윤은 그간의 연구들을 바탕으로 중인이 신분 구성상 양반은 아니었지만 양반이 지니는 소양을 다 가지고 있으면서 확실한 직책과 직업을 가지고 있었다는 점에서 일종의 테크노크라트였다고 주장하였다.[13]

전반적으로 연구자들은 잡과 합격자로서 사료에 등장하는 이들을 좁은 의미에서의 중인, 즉 기술직 중인이라고 부르고 있다. 요컨대, '기술직 중인'은 선발된 기술관원(醫員·譯官·日官·律官)이거나 잡학취재(雜學取才)를 거쳐 뽑힌 기술관원들이며, 모두가 동반정직(東班正職)인 문반에 소속되어 정기적으로 녹봉을 받는 관직에 속했다.

지금까지의 기술직 중인 연구에서 일관되게 나타나는 특징이 있다. 즉, 정부가 잡과를 두어 자질을 평가할 만큼 기술직 중인의 주요 역할이 국가적으로 중요하게 인식되었다는 것이다. 관이 눈여겨본 것은 의료, 통역, 법률, 재정처럼 국가 관리에 필수적인 전문성과 실무 역량이었다. 그렇다면 이들 기술직 중인을 근대 엔지니어의 기원으로 봐도 될까?

기술직 중인에서 '전문직 중인'으로

역사학계의 중인 연구를 검토하는 과정에서 '기술직 중인'이라는 용어에 질문을 던질 수밖에 없었다. 기술직 중인으로 소개된 醫·譯·律·算 등 분야의 역량과 자격 요건이 기술직보다 전문직에 더 적합했기 때문이다.[14] 기술직이라 하면, 자연환경과 물질을 개선하여 삶의 편리와 부의 창출을 지향하는 등 조직화된 활동과 직접 관련될 필요가 있다. 이미 몇몇 연구자들은 이 점을 문제로 인식하고 있었다. 김양수는 자신이 전문직 중인이라는 용어를 사용한 이유를 다음과 같이 설명했다.

> 이성무 선생도 기술직 중인이나 기술관이란 말을 쓰면서 좀 불만을 표시한 일이 있고 사실 우리들이 지금 기술관이다 하는 용어는 역관에도 해당할지 의문이지만 요새 현대적인 의미로 볼 때 이들이 각 분야의 전문가라는 점은 사실입니다. 정말 조선시대에 과학사를 비롯하여 학문이다, 실무다 이런 것을 우리가 간파하려면, 그런 전문가들의 활동을 파악해야 되지 않겠는가? 그런 의미에서 전문직 중인이라는 용어를 사용해 보았습니다.[15]

그렇다면 왜 많은 연구자들이 계속해서 기술직 중인이라는 표현을 사용했을까? 아마도 기술직을 광의의 의미로서, '전문지식과 실용 분야를 다루는 집단'으로 전제했기 때문일 수 있다. 하지만 이와 같은 용어 사용은 그 의도가 무엇이든, 근대 엔지니어를 둘러싼 학문 분야 간의 오래된 인식의 차이를 드러낸다. 인문사회계는 문학, 역사, 철학에 속하지 않는 분야를 기술직 분야로 통칭하곤 한다. 그러나 현대 엔지니어들은 과학 이론의 실제 적용이나 자연, 사물의 변형과 직접 관련된 실천적 분야를 기술직으로 생각한다. 기술직이 곧 전문직을 뜻하지도 않는다. 전문직이란 특정 분야의 지식과 경험에 대한 사회의 공식적 인정과 직업적 위신이 관련되기 때문이다.

2000년대 초반 전문직 이슈가 이공계 위기 담론의 모습으로 급부상한

적이 있다. 엔지니어들은 의료, 경영, 법 분야의 전문 직종과 달리 기술 직종이 낮은 대우를 받는다고 문제를 제기했다. 다시 말해, 엔지니어들에게 전문직이란 처음부터 당연하게 주어진 직업 정체성이 아니라 여전히 성취해야 할 미완의 프로젝트였다.[16] 한국의 엔지니어들은 근대화와 산업화 기간 내내, 기술직의 위상을 전문직 레벨로 높여서 인정받는 문제에 깊은 관심을 기울여왔다. 이러한 이유 때문에 우리는 지금부터 기술직 중인 대신 '전문직 중인'이라는 용어를 사용할 것이다.

엔지니어의 시작: 전통적 장인인가 전문직 중인인가?

세계의 많은 나라에서 엔지니어는 전쟁이나 그에 준하는 사회적 위기 상황에서 새로운 군사 조직과 무기를 발전시키며 성장했다. 일본과 중국의 경우도 크게 다르지 않았다. 일본에서는 문무를 겸비한 사무라이 계급이 근대 엔지니어 집단으로 전환되었고, 중국에서는 엔지니어 교육을 받았거나 무장 훈련을 했던 신진 관료들이 기술 관료로 성장했다. 이 점에 착안하여 조선 후기의 전문직 중인들이 군사 부문에서 어떤 역할을 수행했는지를 살펴보도록 한다.

조선 후기에 관직을 가진 양반들은 거의 군역을 면제받았다. 그렇다면 군사 관련 업무는 누가, 어디에서 담당했을까? 우선 무과 출신을 생각해 볼 수 있다. 과거제를 거쳐 배출된 무과 합격자들은 어떤 이들이었을까? 결론적으로 조선 사회의 무과는 고위 무관을 선발한다는 당초 의도와 달리 변질되어 운영되었다.

과거는 보통 3년마다 한 차례씩 시행되는 식년시(式年試)를 통해 문과 33인, 무과 28인을 선발하는 것이 원칙이었다. 하지만 무과는 만과(萬科)라는 이름의 각종 부정기 시험을 통해 훨씬 많은 인원을 선발했다. 이때

만과란 1만 명에 가까운 인원을 선발하는 과거를 일컫는 표현이었다. 문과의 선발 인원은 매해 50명을 거의 넘지 않았지만 무과는 16세기 말을 기점으로 급격하게 증가하여 조선 시대 내내 대략 14만에서 15만 명의 무관을 배출했다.[17] 만과는 양반 이하의 하층민들에게 신분 상승을 위한 좋은 진출로가 되었다.

만과를 시행한 이유는 위무적(慰撫的), 부방적(赴防的), 재정적 의미 등 다양했다.[18] 하지만 문과(文科)와 달리 무과는 별도의 교육기관 없이 운영되었다. 선발된 이들도 대부분 관직을 얻지 못하여 하층민의 신분 상승 수단 이상의 역할을 하지 못했다. 다시 말해, 무관들은 집단 내부의 결속력과 정체성을 바탕으로 집합적 차원에서 새로운 비전을 공유하고 도모할 정치적, 경제적, 사회적 기반이 취약했다.

조선 사회에서 군사 관련 업무의 일부는 주로 '유외잡직(流外雜職)'이라 불리는 천직(賤職) 관원이 맡고 있었다. '공·상·천례(工·商·賤隷)'들이 주로 진출했던 유외잡직의 신분은 소위 "고급기술관원"과는 엄격하게 구별되었다. 이들은 중인에 속하지 않았다.[19] 『경국대전』의 유외잡직은 종9품에서 정6품에 이르는 별도의 산계(散階)를 가지고 있었고, 工曹(工造, 工作), 校書館(司准, 司勘, 工造, 工作), 造紙署(工造, 工作), 尙衣院(工製, 工造, 工作), 軍器寺(工製, 工造, 工作)와 같은 직종들이 속해 있었다. 군사 장비를 만드는 군기사가 중인이 아닌 천직에 속했다는 점이 눈에 띈다. 서울과 지방의 인프라를 건축하거나 도기와 같은 물건을 제작하는 공장(工匠)과 장인 역시 중인 범주에 포함되지 않았다. 이런 상황을 고려할 때, 유외잡직의 장인이 곧바로 근대 엔지니어로 변신하거나 전문직 중인이 군사 관련 업무 분야에서 조직적으로 양성되어 엔지니어로 성장하기는 어려웠을 것이다.

하지만 1880년대부터는 변화가 생기기 시작했다. 관비 유학생으로 일본에 파견된 청년들이 일본 육사와 같은 군사교육기관으로 진학한 것이다. 1883년에는 서재필을 비롯하여 14명이 일본 육군호산학교(陸軍戶山學校)에 들어가 7개월 혹은 1년 동안 군사교육을 받았다. 군사학교의 교육과정에는 수학, 외국어, 군사학 등이 있었고 병기학, 사격학, 항공학, 축성학, 교통학 등이 포함되어 있었다.[20] 당시 개화파 다수가 양반 혹은 중인 출신이었던 점을 고려하면, 이들의 군사학교 진학은 일상적 관행을 벗어난 것으로 보인다. 이것은, 민씨 척족과 신진 관료를 요직에 발탁해 단단한 친정 체제를 구축했던 고종이 외국 사정에 밝고 패기에 찬 젊은 개화당을 앞세워 각종 개혁안을 추진하고자 했기에 가능했다.

개화파는 열강의 침략에 대응하고 자주적인 독립 국가를 유지하려면 군사제도의 개혁이 필요함을 깨달았다. 이에 영민한 청년들을 외국의 신식 사관학교에 입학시키려고 했다. 이들을 교관 삼아 대규모 육군을 양성하려 했던 것이다.[21] 하지만 갑신정변의 실패와 함께 모든 계획이 흐지부지되었다. 그로부터 십 년이 지난 1896년에 이르러서야 육군무관학교가 설치되었다. 물론 기술교육과 기술 인력의 양성이 사관학교의 핵심 역할은 아니었다. 하지만 군사학교의 교육 시스템은 독립된 국가의 방어를 전제로 한 이론 학습 말고도 기술 역량 및 실제적 활용 능력 모두를 포괄하는 조직화된 리더십 교육을 지향했다. 이런 점에서 전통적인 중인 교육 시스템과는 확연히 구별된다고 할 수 있다.[22]

조선 후기에 활동한 유외잡직과 중인으로부터 직접 엔지니어의 기원을 도출하기는 어렵다. 하지만 새로운 지식과 역량에 대한 접근이 가능해지고 그 기회를 활용할 수 있는 이들이 존재했다는 것이 매우 중요하다.

그런 점에서 전문직 중인은 차츰 엔지니어로 성장할 수 있는 유리한 조건을 갖추고 있었다. 이들이 활동해온 영역이 공(工)과 직접 연관된 기술 분야는 아니지만 그들 나름의 전문적 지식과 노하우를 바탕으로 교육과정과 자격, 조직, 사회적 인정이라는 요소를 갖추고 있었다. 따라서 이들이 만약 서구 문명과의 접촉을 통해 과학과 기술이라는 새로운 지식과 방법론을 간파했다면, 근대적 과학기술 주체로 전환될 수 있는 충분한 잠재력을 지니고 있었을 것이다. 이런 점에서 볼 때, 전문직 중인이 개화파의 중요한 일부로서, 그리고 근대 이행의 주체로서 활약하게 된 것은 결코 우연한 일이 아니다.

실제로 그런 일이 일어났다. 어떻게 해야 할지 아직 갈피를 잡기 어려웠지만 전문직 중인들은 변동하는 시대의 새로운 질서와 흐름에 대응하여 그들 스스로 변화를 모색했다. 서양으로부터 새 지식과 기술, 문화를 접하고 습득한 이들은 기존 시스템과 충돌하면서도 그 안에서 자신의 지위와 역할을 찾고 정착시키기 위해, 새로운 변화를 받아들이기 위해 분투했다. 오래된 질서와 분화하는 새로운 역할들의 충돌은 갑오개혁 시기를 전후하여 매우 역동적이고 치열하게 전개되었다. 근대적 의미의 엔지니어는 바로 이 과정에서 일부는 전문직 중인들을 통해, 그리고 적극적으로 변화를 받아들이고자 했던 근대적 주체들을 통해 모습을 드러내기 시작했다.

2. 근대 이행의 주체로서 전문직 중인의 성장과 한계

전문직 중인은 조선 후기 사회 변동의 한 복판에 있었다. 비록 양반과 동일한 사회적 지위를 누린 것은 아니지만 그들은 상당한 수준의 명성과 지식, 부를 축적할 수 있었다. 일의 특성상 중인들이 갖게 된 새로운 지식과 경험은 그들을 변화의 물결을 가장 먼저 이해하고 받아들일 수 있는 집단으로 만들었다. 조선 후기의 전문직 중인 집단은 새로운 사회적 상상을 바탕으로 그것을 구현할 경제적, 정치적, 문화적 잠재력과 에너지를 가진 집단이었음에 틀림없다.

한 연구에 따르면, 임진왜란 이후 1910년까지 전문직 중인, 즉 잡과 입격자 수는 총 6,303명에 이르렀다고 한다.[23] 중인의 관직 진출도 활발했다. 중인 출신으로 수령에 임명된 이들이 280명 이상이었는데, 그중 의과 출신이 가장 많고 다음은 역관, 산원, 율관의 순서로 나타났다.[24] 종9품 이상의 관직에 진출한 중인의 수가 4,851명이었는데, 정책 결정에 참여하고 정치적 책임을 지는 정3품 이상의 당상관 관직에 제수된 이들도 442명이었다. 이 중 역과가 299명으로 가장 많았고 다음은 의과, 산과 순으로 나타났다. 역과와 의과 입격자가 당상관의 관직에 많이 제수되었다는 것은 역관과 의관의 역할이 국가 통치에 그만큼 중요했다는 것을 증명한다.[25] 이들은 이미 정부 관료로서의 역할과 영향력을 경험하고 그에 관한 상당한 노하우를 쌓아왔던 것이다.

조선 후기 중인의 사회적 지위와 역할은 경직된 신분제 사회의 한계에도 불구하고 안정적이고 유연한 특성을 지니고 있어 가업으로 물려줄 정도의 가치를 지니게 되었다. 중인들은 자식의 합격을 위해 일찍이 가숙을 지어 시험공부를 시켰고 신분 유지를 위해 혼인도 같은 중인 집안 내에서 맺으려는 경향이 강했다. 일례로 오경석 가문 역시 직계 8세대에 걸쳐 남자 22명 중 17명이 역관으로 진출했고 그 자신도 역관 가문과 혼인했다. 잡과 입격자의 아버지가 동일하게 잡과에 합격한 비율을 조사한 결과, 의과가 51.2퍼센트, 산과가 49.8퍼센트, 역과가 42.4퍼센트에 이르렀다.[26] 이렇게 중인 가계는 조선 말기에 이르러 일부 명문 씨족에 편중되어 문벌을 형성하고 세습되었다.

갑오개혁을 기점으로 신분제와 과거제가 폐지되자 중인들에게 남아 있던 오랜 숙원, 즉 사(士) 집단으로의 신분 상승을 꾀할 수 있는 기회가 열렸다. 근대 고등교육에의 접근이 가능해진 것이다. 근대 교육에 대한 중인 집안의 관심과 열망은 신분 상승에 대한 강렬한 기대와 관련되어 있었다. 중인 계층의 신분 상승은 이들의 정치적 영향력 확대에도 기여했다.

전문직 중인의 경제적 지위와 상황도 크게 개선되고 있었다. 역관 중인은 중국을 왕래하면서 인삼 등 특산품을 교역하여 막대한 부를 축적했고 의관 중인은 약재 무역, 약재 공납, 퇴직 후 의료 활동을 통해 경제성장을 도모하며 이를 통해 신분 상승을 꾀했다. 즉, 사회적 지위와 경제적 능력이 서로 상승곡선을 그리고 있었다. 역관을 비롯하여 일부 관리들은 자신들의 직위를 이용하여 막대한 부를 축적하면서 조선 후기 상업자본의 맹아를 형성하기도 했다.

새로운 학문과 사상, 문물을 가장 적극적으로 받아들인 중인 계층은 그들의 삶뿐 아니라 주변 지역과 공동체 문화에도 영향을 미쳤다. 이들의 활동 무대인 서울을 중심으로 소설, 판소리 등 예술 활동이 도시 문화의 기반을 형성하고[27] 천주교와 실학사상이 중인 세력을 기반으로 확산되었다. 게다가 갑오개혁 이후 공적 문서에까지 국문 사용이 공식화되면서 지금까지 양반 사대부의 독점물이었던 지식의 대중적 확산이 이루어지고 합리적 에토스가 부각될 수 있는 토대가 만들어졌다.

중인층은 개항 이후 개화파를 이끄는 중요한 축으로 발돋움했다. 이들은 자신들의 활동과 그동안 키워온 실력을 바탕으로 상당한 경제력과 명성을 쌓고 이를 배경으로 한말 이후 근대화에 앞장선 개화 관료가 되기도 했다.[28] 일례로 1880년대의 통리기무아문의 관료 중 13.4퍼센트, 갑오개혁 직후 출범한 새 내각의 21.6퍼센트가 잡직 출신이었다.[29] 잡과 중에서도 역관 집안 출신의 역할이 두드러졌다.

1876년 역과에 합격한 백철용(白喆庸)은 1883년 일본의 전보학교(電報學校)에서 공부한 뒤 귀국하여 전보사(電報司)에 근무하였고 주임관인 한성

전보사 기사(技師)를 역임하였다. 1885년 역과에 입격한 현정(玄楨)은 청에서 영문학을 공부하고 뉴욕대와 보스턴대에서 유학한 후 내부서기랑(內部書記郎)으로 일했다. 1891년 역과에 입격한 안형중(安衡中)과 현귀(玄櫃)는 일본의 게이오(慶應)의숙과 도쿄고등공업학교를 졸업한 후 1년 간 일본 공장에서 실무를 익히다가 귀국하여 농상공학교 교관과 공업전습소 기사가 되었다.[30] 또한 초기 독립협회의 간부 21명 중 중인 신분의 잡과 출신이 3명이었다고 하니 당시 독립협회와 관료의 위상을 고려할 때, 중인의 역할이 근대화 담론을 주도하는 데서 중요한 역할을 했을 것임을 충분히 짐작할 수 있다. 구문명과 신문명 모두에 접속하여 두 세계를 연결한 매개자로서 중인 집단이 갖는 이점과 무게감 모두에 주목할 필요가 있다.

하지만 중인 계층이 새 시대를 주도할 세력으로 나서기엔 한계가 뚜렷했다. 그들이 가진 기득권 때문이었다. 당시 전문직 중인들은 잡과와 주학 입격을 독점하고 있었다. 중인들이 직업 영역과 그 진출입을 거의 완벽하게 독점한 결과, 이들의 입격자 점유율은 양반의 문과 급제 점유율과 비교할 수 없을 정도로 높았다.[31] 사회경제적 지위가 이처럼 안정적이다 보니 집단 전체로 보면, 기존 체제에서 탈피하려는 의지가 강할 수 없었다.[32]

자신들의 영역을 독점하고 외부에 개방하지 않으려는 태도는 새 시대의 이념을 널리 확산하고 새로운 사회로 지평을 넓히려는 근대화 전략과 충돌했다. 중인들이 쌓은 부와 권력이 당시 사람들에게 도덕적으로 정당하다고 인정받지 못했다는 점도 중요하다. 가령 조선 후기에 발생한 저항 운동 중 가장 강력했던 1882년의 임오군란에서 중인 부호들은 고위 관료들 못지않게 공격 대상이 되었다. 반군들은 기존 관료뿐 아니라 개화파 인사들을 찾아내어 보이는 대로 공격했으며 중인 부호의 집 70여 채를

파괴하기도 했다.[33]

조선 후기 중인들의 이런 한계는 이들이 서구의 부르주아계급처럼 근대화 과정을 이끌 새로운 주도층으로 성장하는 데 걸림돌이 되었다. 현 체제의 부정이나 극복을 주도하기엔 기존의 이해관계가 명확했으며 도덕적 리더십 차원에서 사회 전반의 인정과 동의를 이끌어내기도 어려웠다. 그럼에도 불구하고 조선 후기의 중인들은 경제적 성장과 지적 기반의 확대를 통해 여러 분야에서 사회적 지위를 획득했고 이후 양반 신분에 버금가는 사회 세력으로 성장하게 되었다.

이들의 존재를 어떻게 이해해야 할까? 단순히 양적 규모라는 잣대를 통해 전문직 중인 중 개혁적 성향을 가진 인물이 어느 정도 비중을 차지했는가를 측정하는 것은 큰 의미가 없다. 비록 일부일지라도 전문직 중인들이 조선 사회에 새로운 사회적 변화와 도전이 필요하다고 깨달았을 때, 그들의 판단과 행동을 지지하고 함께할 동료 집단이 존재했다는 것, 그리고 그것을 추진할 지속 가능한 물질적, 문화적 토대가 존재했다는 점이 중요하다. 특히, 1880년대 이후 개인적 차원에서 시도하던 변화가 조직화되어 집단적인 차원에서 추진될 수 있는 동력을 얻게 된 것은 매우 중요하다. 기존의 기득권과 관행으로부터 벗어날 제도적, 교육적, 문화적 개혁에 참여하는 과정에서 전문직 중인 집단은 비로소 근대화를 이끌 새로운 주체로 거듭날 수 있었다.

오래된 사회의 붕괴와
근대 엔지니어 출현의 서막

경석현은 그의 논문에서 "전통 사회의 과학기술자"를 크게 세 범주로 분류했다. 첫째, 이론적 측면에 해박한 지식을 갖고 역대의 과학기술 이론을 종합·정리하는 일에 종사했던 문과 출신의 문신, 둘째, 이들이 정리한 이론을 토대로 개별 분야의 실무를 담당했던 중인 기술관, 끝으로 신분적으로는 미천하지만 중요한 노동력을 제공했던 공장(工匠)이 그것이다.[34] 물론 편의상 분류라는 단서를 달았지만 이와 같은 범주화는 현대의 과학기술 연구자들에게는 꽤 익숙한 방식으로, 앞서 기술직 중인의 용어 문제에서 지적한 것처럼 현대사회의 시선을 반영한 것으로 볼 수 있다. 기초 지식이자 이론인 과학이 생겨나고 이를 기반으로 기술이 개발되며 그것을 구현하는 생산 분야의 노동이 연속적, 위계적으로 조직될 것이라는 전제가 깊이 내재해 있다. 그렇지만 이러한 현대적 관점이 전통사회의 실제를 제대로 반영했다고 보기 어렵다.

다른 대안의 모색이 필요하다. 우리는 전통사회에서 근대사회로 이어지는 특정한 단면들에 집중하기보다 급격한 사회 변동과 함께 수반된 구조적 변화에 주목해야 한다. 문과 출신 문신, 중인, 장인 계층이 지금의 과학기술자와 엔지니어로 발전된 횡적, 시간적 연결성보다 이들의 역할과 지위, 직업적 책임성과 정당성이 어떻게 구조화되고 제도화되었는지, 이들이 사회에서 반드시 필요한 존재로 인정된 과정을 탐색하자는 것이다. 누가 엔지니어가 되었는지도 중요하지만 그 못지않게 엔지니어가 된다는 것이 새로 등장하고 있는 사회에서 무엇을 의미했는지를 탐색하는 일도 중요하다. 서양의 과학과 기술에 대한 태도와 인식이 전통사회의 어떤 요소들을 배제하고 또 어떤 요소들과 결합되어 근대사회로의 이행과 진전을 이끌었는지도 살펴볼 것이다.

이 절은 근대의 서막이 펼쳐지던 조선 후기를 배경으로 이때 등장한 새로운 지식인과 기술자, 부유한 중인층과 도시로 유입된 인구, 상공업자들이 소위 '산업가'[35]로서 토크빌이 예측한 바 있는, 새로운 근대적 행위자로서 발전되고 있었는지, 이들이 엔지니어 집단으로 성장할 환경이 조성되었는지를 검토한다. 전통적 구조가 해체되고 근대적 시스템이 형성되는 와중에 과학과 기술에 대한 태도가 어떻게 형성되었는지도 함께 들여다보도록 하자.

1. 낯선 세계에 대한 대응과 담론 주도 집단

청이나 조선이나 서양 문명을 접하게 된 원천은 결국 17세기 무렵에 중국을 찾아온 예수회 선교사들이었다. 하지만 도입의 주체와 방식은 전혀 달랐다. 중국에 도착한 선교사들은 거의 200년 가까이 사대부 지식인들과 직접 교류하면서 서양 문헌들을 번역하여 소개하고 토론했다. 이때 조선은 청을 방문한 조선의 지식인들이 새로운 문물과 번역된 서적을 독서하는 등의 간접적인 방식을 통해 서양 문명과 접했다. 19세기 말에 이르기까지 조선에는 과학 선교의 목적을 가진 선교사가 한 명도 들어오지 않았다. 이런 차이는 서양 과학기술의 도입 속도와 규모, 효과에 큰 영향을 미쳤다.[36] 외부 충격에 의해 근대로의 이행이 촉발된 일본이나 청과 달리, 조선은 세상의 변화를 이해하고 소개할 내부 전달자들의 역할이 그만큼 중요했다.

조선 지식인들의 근대 과학 탐색과 신진 지식인 관료의 성장

청을 통해 다양한 외부 세계의 문물을 알게 된 조선의 지식인들은 일찍부터 서양의 과학 지식과 기기에 대해 호기심을 보였다. 하지만 그것을 진지한 탐구의 대상으로 여기지는 않았다. 이러한 태도는 청에 대한 반감과도 관련되어 있었다. 그렇지만 18세기에 들어 청과의 긴장 관계가 다소 누그러들자 서양 문물에 대한 접촉이 늘고 천문, 농정, 수리에 관한 토론이 활발히 이루어졌다.

그 결과, 홍대용(洪大容, 1731-1783), 황윤석(黃胤錫, 1729-1791), 서명응(徐命膺, 1716-1787), 서호수(徐浩修, 1736-1799)와 같이 서구의 과학기술 주제에 관해 나름의 식견과 독창적 생각을 가진 유학자들이 등장했다. 특히, 실학 백과사전인 이규경(李圭景, 1788-미상)의 『오주연문장전산고(五洲衍文長箋散稿)』, 농업 백과사전인 서유구(徐有榘, 1764-1845)의 『임원경제지(林園經濟志)』와 같은 저술이 명물도수지학(名物度數之學)이라는 명칭으로 학문의 새로운 지평을 열었다.

혜강 최한기(崔漢綺, 1803-1879)는 그의 독특한 기철학(氣哲學)을 바탕으로 서양 과학을 독해한 저서들을 다양하게 선보였다.[37] 특히, 이(理)와 문예가 별개라는 최한기의 일설은 조선 중세의 도문일치(道文一致) 명제를 전면 부정했다는 점에서, 서양 정신을 뒤흔든 근대 과학과 비슷한 혁명적 위상을 갖는다고 할 수 있다.[38] 하지만 이런 움직임만으로는 조선의 변화를 가져올 수 없었다. 이들의 지적 탐색이 아직은 주류가 되지 못한 데다 조선의 정치와 사회에 미친 영향도 크지 않았다.

한편, 19세기 중엽부터 본격화된 전국적 민란과 서세동점의 징후들, 서울을 중심으로 가시화된 상공업 종사자들의 생활방식 변화는 500여 년 동안 견고하게 유지되어온 조선 사회의 근간에 균열을 내기 시작했다. 종교, 문예, 정치가 분리되고 유교적 질서를 넘어서는 새로운 사회적 상상들이 곳곳에서 등장했다. 왕실의 엘리트들은 일본이 흥하고 청이 쇠퇴하는, 과거에는 상상조차 할 수 없던 광경을 목격하고 있었다. 다른 한편에선 서양 여러 나라의 놀라운 물건과 사람들이 거침없이 밀려들었다. 이전에는 경험하지 못한 새로운 이슈들이 조정에 몰려들었다.

조정은 전통적 화이론(華夷論)을 훼손하지 않으면서 서양의 위협에 대처할 방안을 모색해야만 했다. 그러나 유림의 합의에 따른 공론 정치의 관행은 완전히 붕괴된 상태였다. 19세기 전반기에 세도정치를 거치면서 지방 유림과 중앙 정치의 연결고리가 약화된 탓이다. 그 결과로 정책 결정의 권한은, 고종을 위시하여 외국 사정과 국제사회의 흐름에 관해 약간이나마 지식을 가지고 있던 소수의 개화파 관료들에게 주어질 수밖에 없었다.[39]

1880년대의 젊은 개화파 중 일부는 급진적인 개혁을 주장했지만 조정이 주도한 담론은 대체로 동도서기론(東道西器論)에 기반을 두고 있었다.[40] 그에 대한 평가는 비판과 긍정 양 측면에서 다양하지만[41] 성리학 기반의 정치와 사회 원리를 폐기할 수 없는 상황에서는 동도서기가 현실적인 타협 방안이 될 수 있었다. 조정은 동도서기의 관념에 입각하여 내수자강과 자주론을 추진하려고 했다. 자연히 새로운 인재의 확충과 제도 개혁이 필요해졌다.

1880년 2차 수신사 김홍집(金弘集, 1842-1896)의 보고를 받은 고종은 전국 유림들의 반대와 재정 고갈의 우려에도 불구하고 어윤중(魚允中, 1848-1896)과 홍영식(洪英植, 1856-1884)을 단장으로 신사유람단(紳士遊覽團)을 비밀리에 일본에 파견하고 곧이어 김윤식(金允植, 1835-1922)을 영선사(領選使) 단장으로 청에 파견했다. 1880년대에 일본에 파견한 유학생 규모는 총 219명에 이르렀다.[42]

신사유람단에는 일본의 분야별 개혁 사정을 관찰할 특별 임무를 맡은 젊은 신진 관료들이 포함되었고 영선사에는 청의 군기창에서 무기 생산 기술을 익힐 유학생들이 대거 참여했다. 1883년에는 미국에 보빙사(報聘使)를 파견했다. 이들 프로그램에 참여한 유능한 젊은 지식인들은 귀국 후 서양 기술을 전파하는 데 기여했다. 예를 들어, 수신사로 참여했던 지석영(池錫永, 1855-1935)은 일본의 우두법을 배워 천연두 예방접종을 위한 우두국을 열었고 보빙사 사절단이었던 최경석(崔景錫, 미상-1886)은 농무목축시험장을 열어 외래 종자를 기르고 가축 개량을 시도했다.[43]

고종은 두 개의 실무단을 파견하기 직전인 1880년 12월에 조정대신회의를 통리기무아문(統理機務衙門)으로 개편하는 조직 개혁을 단행했다. 조선의 봉건 통치를 담당하던 종래의 6개 부서를 12개로 세분하고 조운, 광산 개발, 화폐 주조, 재정을 담당하는 부서들을 배치했다. 새로운 개혁 조치를 관철하기 위한 설득 노력도 계속되었다. 1882년 8월에 내린 교지에서 고종은 천하의 대세가 예전과 판이하게 달라졌다며 서구의 여러 국가들이 서로 기술을 개발해 국가의 부강을 추구하고 있고, 자부심이 강한 청과 서양을 배척했던 일본도 조약을 맺고 서로 평등하게 교류하는데 무슨 걱정할 것이 있겠느냐며 유림들을 설득했다.[44]

요컨대, 조선 후기의 개혁 조치와 자강 정책은 조선을 근대사회로 이끌 주도 세력을 양성하는 데 영향을 미쳤다. 일본과 청에 파견되었던 청년 지식인들, 선교사가 설립한 학교와 관립외국어학교, 군사학교인 연무공원 등에서 수학한 학생들은 기존의 신분 질서에 얽매이지 않고 새로운 교육의 세례를 받은 근대적 시민의 원형이 되었다. 이들을 타고난 신분이나 계급이 아닌 자신의 의지와 역량을 바탕으로 국가 관료가 될 수 있었던 1세대였다고 평가해도 지나치지 않을 것이다.

1882년 12월 고종이 내린 「서얼 차별 금지 윤음」은 이런 차원에서 매우 중요하다. 고종은 통리기무아문 설치 후 그동안 관직 등용에서 배제된 서북인, 송도인, 서얼, 의관, 역관, 서리, 군오 등에게도 관직으로 나갈 수 있는 길을 열어주고 양반과 천민 구별 없이 상업 행위에 종사하여 부를 일굴 수 있도록 하는 내용의 교지를 내렸다. 중인 계층이 비록 조선의 전문가 집단이었다고 하더라도 고유한 신분과 계층 구조에서 벗어날 수 없었던 점을 고려하면, 고종의 윤음(綸音)은 이들이 전문지식을 지닌 자유로운 근대적 직업인이 될 수 있는 출구를 공식적으로 열어주었다는 의미를 갖는다. 1880년대와 1890년대에 고종이 발탁한 관료 중에는 실제로 중인 및 서얼 출신 전문가들이 다수 발견된다.[45]

갑오개혁 이후 대한제국은 기존의 전형적 관료나 유림이 아닌 개화파, 변법파에게 길을 터주고 그들이 활동하고 성장할 새로운 공간을 구축했다.[46] 갑신정변 이후 도미했다가 귀국한 서재필(徐載弼, 1864-1951)은 1896년 《독립신문》 창간과 독립협회 창설을 주도했고 토론회와 계몽운동 바탕의 정치 개혁을 추진했다. 독립협회를 통해 민족운동을 이끈 이상재(李商在, 1850-1927)는 동도서기파와 변법개화파를 아우르며 의회 설립과 만민공동회와 같은 근대적 개혁을 이끌었다.[47]

동도서기 기반 개혁 정책의 의미와 한계

고종은 결국 군주제 관료 국가로의 길을 걸었다. 그에 따라 관직에 임명된 개화파는 이전에는 접근하거나 활용할 수 없었던 권력을 기반으로 새로운 개혁을 추진할 수 있는 정치적, 제도적 자원을 갖게 되었다.[48] 동도서기를 바탕으로 근대로의 점진적 이행을 추진한 조정과 보다 근본적인 개혁을 추진한 개화파의 활동은 과학기술 및 산업과 관련된 인재 양성과 제도 구축 등의 근대적 시스템을 형성하는 데 영향을 미쳤다. 그것이 갖는 의미와 한계를 짚어보도록 하자.

조선 후기의 조정과 개화파는 주권을 지닌 근대국가 건설의 의미와 중요성을 인식하기 시작했다. 자강, 부국강병, 자주론의 목표는 주권 인식에 바탕을 둔 것이었다. 주권국가를 상상했다는 것은 그것과 관련된 능력 있는 관료 조직의 구축, 나라 안팎의 질서를 유지하고 관리할 정치적, 군사적 장악력, 세금을 낼 의지와 능력을 지닌 국가 구성원의 창출, 국민의 살림과 자발성을 이끌어낼 공동체 의식의 형성과 동원, 국가와 국민의 부를 창출하고 관리할 시스템의 운영, 이권을 노리고 달려드는 주변 및 서구 국가들과 맞설 외교적 역량의 확보 등을 인식한 것을 의미한다. 다시 말해, 근대국가의 상정은 한편으로 그것을 쟁취하고 발전시키고 유지할 새로운 행위 주체의 존재를, 다른 한편으로는 규범과 조직, 제도의 구축을 요구한다. 그것을 기꺼이 담당할 역량을 가진 이들이 근대사회의 주체 세력이 되기 마련이다.

온건개화파와 변법개화파가 그와 같은 임무를 담당한 대표적인 주체 세력이었다. 하지만 조정이 택한 동도서기와 개화파가 추진한 변법 사이에는 타협하기 어려운 갈등의 소지가 있었다.[49] 위정척사와 연속성을 가진 동도서기 관점은 청의 양무파가 그랬던 것처럼 조선의 지배 질서를 온존시키면서 부국강병의 전략과 수단을 개혁하는 데 집중했다. 반면 변법개화파는 동도와 서기의 분리 가능성을 부정적으로 인식하며 사실상 동도 자체를 극복의 대상으로 보았다.[50]

당시 동도서기 관점이 비교적 쉽게 받아들여질 수 있었던 데는 중체서용(中體西用)의 영향이 있었다. 하지만 중체서용의 논리와 개혁안은 1894년 청일전쟁 이후 치명상을 입었다. 중국에서 변법자강운동과 반제민족주의운동이 치열하게 전개되면서, 중체서용의 관점과 그것을 주도한 세력들은 결국 역사에서 퇴장하는 수순을 거쳤다. 반면 1889년에 제국헌법을 공포한 일본은 자신을 서구 제국주의 국가의 동양 모델로 치환, 동일시함으로서 화혼양재(和魂洋才)를 극복하고 후에 대동아공영권의 이상으로 구현될 새로운 질서를 추구하고 있었다.[51] 이와 달리, 대한제국 정부의 주류 담론으로 등장한 동도서기는 당시 상황의 급박함 속에서 비판적으로 논의되거나 극복할 기회를 충분히 갖지 못했다.

조선의 동도서기는 일본이나 중국과는 다른 궤적을 그렸다. 동도와 서기를 분리하여 기존 유림과 백성들의 반발을 무마하고 서구 세력과의 협력을 통해 기계 도입과 산업 발전의 기틀을 마련하려는 조정의 시도는 1904년 러일전쟁 이후 본격화된 일본의 방해와 물질적, 제도적 자원 부족으로 좀처럼 성과를 거둘 수 없었다. 동도와 서기의 관계를 근대 조선 프로젝트에 어떻게 접목하고 구현할 것인지를 제대로 토론하고 논쟁하기도 전에 일본의 제국주의 전략과 기획이 실행되었다. 조선인의 힘으로 과학기술 발전의 토대와 근대적 제도를 구축하려는 노력과 시도는 물거품이 되었다.

조선의 개화파 지식인들은 사상적인 진보성을 가졌음에도 불구하고 제도적 개혁의 측면에서는 크게 나아가지 못했다. 이들은 예를 들어, 토지의 소유 관계나 임대차 관계를 포함한 생산관계의 변화를 도모하는 근본적 개혁보다 농업기술의 개량을 통한 생산력 발전을 우선시했다. 개화와 미개의 대립적 문화 의식 속에서 대외적으로 '개화된 제국주의'의 침입에 대해서는 안이한 태도로, 대내적으로 백성에 대해서는 부정적 태도를 가짐으로써, 조선의 내적 통합을 소홀히 했다는 비판을 받았다.

실제로 개화파들은 청의 사대 주권을 부정하고 러시아의 침략을 경계한 반면 일본의 근대적 선진성에 관해서는 모방해야 할 대상으로 인식했다. 또한 1894년의 동학농민군에게는 매우 부정적인 태도로 일관했다.[52] 결국 도와 기의 동시 개혁을 주장한 변법개화파들은 그들이 지닌 친일적 성격으로 인해 조선인들의 동의를 이끌어내는 데 실패했다. 도덕적 정당성의 상실은 그들이 추진했던 일련의 개혁 조치들을 받아들이기 어려운 것으로 만들었다.

타협의 산물로 나타난 동도서기 프레임은 극복되지 못함으로써 한국 근대의 형성에 깊은 흔적을 남겼다. 동도서기를 현실에 적용하는 과정에서 나타난 이질적이고 불완전한 결합이 제대로 봉합되지 않은 채 굳어졌기 때문이다. 분리와 분화를 본질적 특성으로 하는 근대화의 과정에서 도(道)와 기(器)의 이분법적, 위계적 구도가 형성되고 고착되자 근대적 분화의 산물들이 그 구도를 중심으로 배치되기 시작했다. 이에 문과 무에 관한 전통적인 위계적 인식이 해체되지 않고 유지되었을 뿐 아니라 정신과 육체, 이론과 실용, 보편과 특수와 같은 근대적 개념들이 도와 기로 표상되는 위계적 이분법의 구조로 범주화되고 분류되는 상황을 초래했다. 그리고 이러한 경향성은 일제 식민지배의 과정에서 더욱 고착화되었다.

2. 기술교육과 근대 엔지니어의 등장

1896년 창립된 독립협회는 본래의 설립 목표 가운데 하나인 독립문을 건립하고자 서재필을 모금 책임자로 선정했다. 독립문은 사대 외교의 상징이었던 영은문(迎恩門)을 헐고 그 자리에 건립할 계획이어서 그 의미가 깊었다. 서재필(徐載弼, 1864-1951)은 전형적인 조선의 양반가에서 태어났다. 어려서 한학을 익힌 후 문과에 급제했고 일본과 미국에서 근대 교육을 받았다. 한편, 프랑스 파리의 개선문을 본떠 설계된 독립문의 시공을 맡은 이는 조선인 기수(技手) 심의석(沈宜碩, 1854-1924)이었다. 서울에서 태어난 그는 한 번도 근대식 교육을 받지 못했지만 정동구락부[53] 활동과 미국 선교사들과의 만남을 통해 서구 건축술을 접할 수 있었다. 심의석은 34세 때 배재학당의 교사를 벽돌로 짓는 작업에 처음 참여한 이후 정동교회, 삼문출판사, 이화학당 본관, 상동교회, 궁내부 내 건물들, 조선호텔 내 원구단과 같은 다양한 서양식 건축물의 건립을 맡았다.[54] 그 공로를 인정받아 종2품의 가선대부(嘉善大夫) 직위를 받았으며, 조선의 강제 병합 이후인 1919년까지 내부아문(內部衙門)의 기사직(技師職)으로 일했다.[55]

근대화 초기 엔지니어의 등장

상운(尙澐)은 조선 최초의 전기기술자로 불린다. 상운의 생몰년도(生沒年度)는 알려져 있지 않지만 그가 1881년에 파견된 영선사의 일행이었던 것과 다른 기록을 고려할 때, 1860년 이후 출생했을 가능성이 커 보인다. 상운은 중국 톈진에 있는 기기국에 배속되어 기술을 배운 후 축전지와 코일을 비롯해 전기 기구들과 관련 서적들을 가지고 귀국했다.[56] 그는 1885년 국내 최초의 전신선인 서로(서울-인천)전선을 개설할 때 전무위원(電務委員)에 임명되었고 1887년 남로(서울-부산)전선을 개설할 때는 전보국위원(電報局委員)이 되어 국내 전신 사업의 초기 발전에 크게 기여했다.

1900년대에 접어들면서 조선인 제국대학 졸업생도 배출됐다. 대구에서 태어난 상호(尙灝, 1879-1948)는 관립영어학교를 수료한 후 일본으로 건너가 사립공수학교(工手學校)와 제1고등학교를 거쳐 1906년에 도쿄제국대학 공학부 조선학과를 졸업했다.[57] 처음에는 사비 유학생으로 시작했지만 곧 관비 유학생의 혜택을 받을 수 있었다. 귀국 후에는 농상공부의 고등 관리로 임용되어 공무과장으로서 공업 관련 사무를 관장하는 일을 맡았다. 그가 제국대학을 졸업하고 귀국할 당시 신문과 잡지들은 그의 졸업을 축하하며 큰 기대를 나타냈다. 정부 역시 그를 통해 과학기술 진흥의 새로운 전기를 마련하고자 했으나 일제의 반대와 재원 부족 등으로 인해 구체적인 성과를 내지는 못했다.[58]

지금까지 살펴본 몇몇 인물들의 교육적, 직업적 경로는 단편적이나마 조선 후기 근대 기술교육의 새로운 특징을 보여준다. 도제 방식의 교육으로부터 학교를 통한 체계적 교육으로의 전환, 외국인 혹은 해외 교육기관을 통한 기술 학습, 기술교육에 대한 국가적 관심과 조치들, 현장에서 실제로 활용할 수 있는 교육의 중요성이 인식되었다는 점에서 그렇다. 이렇듯 1880년대 초부터 가시화된 근대 기술교육의 양식과 컨텐츠는 대한제국 시기에 이르는 거의 삼십여 년에 걸쳐 서서히 자리잡아갔다. 속도가 빠르지 않고 다양한 지역과 계층으로의 확산 또한 불균등하고 차별적으로 이루어졌으나 이미 심어진 근대 교육의 비전과 체계는 결코 되돌릴 수 없었다.

1882년 조미수호통상조약 이후 조정은 전문가 육성의 필요성을 절감하고 법관 양성소와 영어학교인 육영공원(育英公院)[59]을 건립했다. 외국과 잇달아 조약이 체결되고[60] 해결해야 할 현안들이 증가함에 따라 시찰단이나 유학생 파견을 통한 전문 인력 양성이 긴급한 과제로 인식되었기 때문이다. 하지만 국내 전문 교육 시스템이 부재한 상황에서 초기의 기술교육은 해외 파견을 통한 기술 연수와 외국인 기술자 초빙이 주를 이룰 수밖에 없었다.

새로운 기술교육은 이론뿐 아니라 실습을 강조했다. 1881년 영선사와 조사시찰단 파견을 통해 추진된 기술 학습과 해외 연수는 이론과 더불어 실험과 꼼꼼한 조사 활동을 포함하고 있었다. 학도(學徒) 20명, 공장(工匠) 18명이 영선사에 참여했다. 학도들이 주로 화학, 전기, 제도, 화학제조법 및 외국어 등의 분야를 학습하는 동안 공장들은 제련, 기계조작법 및 기계모형 등 실험 분야를 학습했다. 이 점에서 보면, 학도와 공장에 대한 전통적 역할 인식이 여전히 기술교육에 영향을 미친 것으로 보이지만 전반적으로는 실용적 교육이 진행되었다.[61]

다른 한편으로 정부는 새로운 문물 도입에도 박차를 가했다. 1885년에는 서로전선 운영을 위해 한성전보총국이 설치되었다. 비록 청나라 측이 운영을 담당했지만 전선 기술 및 기타 실무를 담당하는 공장(工匠), 사사(司事), 견습생 등 전문기술 인력 양성은 도제식 훈련을 통해 국내에서 이루어졌다.[62]

19세기 후반 무렵 조선의 지식인들은 이미 신학문의 중요성을 널리 인식하고 있었다. 최한기는 서양 학문의 수용을 통해 개국통상과 부국강병을 펼칠 것을 설파했다.[63] 일본에 망명 중이었던 박영효는 1888년 고종에게 올린 '건백서'에서 새로운 학문의 중요성을 이렇게 강조했다.

근세에 이르러 교화(敎化)가 무너지고 양속이 쇠미해져서 [사람들은] 격물치지(格物致知)의 본뜻을 모르고 단지 글의 번지르르함을 완상(玩賞)하고, 옛글을 뒤적여 그 문구를 취하는 것만을 중요시하게 되었습니다. 가령 사서삼경과 제자백가서를 읽고, 암송하고 글을 지을 수만 있다면, 멍청하고 어리석은 썩어 빠진 유자(儒者)라 할지라도, 대학사라 불리고 상대부(上大夫)의 반열에 들게 되어 백성과 나라를 그르치게 됩니다. 이것이 바로 아시아의 여러 나라가 쇠퇴하게 된 근본적 이유인 것입니다. 만약 말단을 버리고 근본을 취하여, 사물에 나아가 이치를 궁구하는 학문(格物窮理之學)으로부터 천하를 다스리는 방법론(平天下之術)에 이르게 되면, 이것은 지금 구미에서 바야흐로 융성하고 있는 학문과 한가지입니다.[64]

서양 학문의 영향을 받아 기존 지식을 평가하고 재분류하는 작업도 진행되었다. 서구 제도의 모방과 개화 계몽이 필요하다는 신념에 가득 찬 유길준은 1889년 탈고한 『서유견문(西遊見聞)』에서 그가 관찰한 서구의 모습과 그것을 적용할 실제적인 방법론을 제시했다. 여기에서 그는 신학문을 농학, 의학, 산학, 법률학, 격물학, 화학, 철학, 광물학, 식물학, 천문학, 지리학, 병학, 언어학, 기계학, 종교학 등과 같이 세분화하여 소개했다.[65] 이처럼 새로운 학문 분류 체계의 도입은 전통적인 종합지(綜合知)에서 전문지(專門知)로의 전환을 의미했다.[66]

전문지 시대의 도래는 지금까지 교양 있는 지식인과 지배 엘리트를 양성해왔던 전통 지식의 권위와 교육 시스템이 힘을 잃기 시작했음을 뜻했다. 수려한 문장을 만들어내던 사장지학(詞章之學)은 문학의 영역으로 축소되었다. 종합지를 바탕으로 한 기존 엘리트 지식인의 위상과 권위가 예전 같지 않았다. 반면 과거에는 지식으로 분류되지 않던 영역이 새롭게 부각되었다. 예를 들어, 전통사회에서는 천민의 영역에 속했던 음악, 회화, 노래가 1900년대에는 예술이라는 장르와 개념, 특화된 지적 영역으로 인식되기 시작했다.

근대 기술교육의 출발

전문지는 기술 분야의 교육체계를 구축하는 데 큰 영향을 미쳤다. 관립상공학교(1899), 한성직조학교(1899), 광무학교(1900), 관립우무학당(1900), 관립전무학당(1900), 철도리원양성소(1905)의 명칭에서 알 수 있듯이, 특정한 전문지식을 교육하겠다는 의지가 근대적인 학교의 설립으로까지 이어졌다. 분과 학문을 바탕으로 한 지적 탐색도 활발해져 『수리학잡지』(1905), 『공업계』(1909)와 같은 잡지와 학회지가 등장했다.[67] 전문지식을 교육받거나 전문 분야에서 일하게 된 사람은 그의 가문과 배경이 어떻든지, 새로운 시대를 주도할 지식인 계층으로 지위가 상승될 가능성이 열렸다.

비록 외세 의존적이었지만 갑오정권이 추진한 개혁은 국문위본(國文爲本)의 천명, 근대식 학제 도입과 지식 보급, 관보 발행, 교육입국조서 반포(1894) 등을 위시로 정치사뿐 아니라 학문사에도 큰 전환의 계기를 제공했다. 무엇보다 근대식 학제의 도입은 학문 발달과 지식 보급에서 중요한 의미를 지닌다. 아직 학교도, 학생도, 교재도 부족했지만 이미 시동을 걸고 출발한 근대로의 질주를 멈출 수는 없었다. 곧 근대 지식의 유통이 활발해졌다. 근대 지식의 직수입 현상이 나타나 1897년부터 1905년 사이에 24종 34책의 일문 교과서가 수입되었다.[68] 일본은 당시 교과서 저술이 활발하고 번역 문화가 발달되어 있었다. 일본의 번역서들이 유입되면서 과학, 기술과 관련된 신어들이 활발히 소개되었다. 갑오개혁을 계기로 근대 신어들이 국문, 언문의 세계와 결합되어 대중들의 세계에 진입하기 시작했고, 자연히 근대 기술교육의 대중화에도 영향을 미쳤다.

기술교육을 제도화하고 확산하기 위한 노력은 위로부터 시작되었다. 1881년 이후 다소 주춤하던 유학은 1895년에서 1896년에 걸쳐 200명의 일본 관비 유학생 파견으로 새로운 국면을 맞았다. 조정은 관비 유학생들이 가급적 부국강병에 기여할 수 있는 분야의 지식을 배우도록 유도했다.

유학생들은 군사 분야 혹은 기술 분야에서 교육 받거나 연수하는 경우가 많았다. 한편, 기술학교를 설립하기 위한 정부의 노력은 근대 교육에 대한 사회적인 붐을 일으켰다. 사비 유학생으로 일본에서 교육 받은 이들의 규모가 점차 늘어나 1900년 148명, 1903년 185명, 1904년 260명에 이르렀다.[69] 관비 유학생으로 파견된 이들은 대부분 몰락한 양반이거나 하급 관리의 자제들로 양반에 속했지만 그다지 신분이 높지 않았다. 해외에서 새로운 분야의 교육을 받기로 결정한 근대 변혁기 개인들의 선택과 결단을 눈여겨볼 만하다. 또한 당시 조정이 성균관을 위시하여 서울의 사부 학당이나 지방 향교와 같은 기존 엘리트 교육기관이 아닌 새로운 틀에서 기술교육을 시도했다는 점도 중요하다.

관립상공학교 건립의 목적은 대한제국 정부가 추구한 나름의 국가 비전과 관련되어있을 가능성이 크다. 산업국가인 서구 나라들이 추진한 자본주의 이념과 제도로부터도 영향을 받았다.[70] 이미 갑오개혁을 통해 정부는 신분제 폐지, 사민평등, 능력에 따른 인재 등용, 개인 권리의 보호를 천명하였고 부국강병의 시대적 과업을 위해 양반 계급도 상공업에 종사해야 한다는 사상론(士商論)을 강조한 바 있다. 이와 같은 변화의 모색이 비록 조선 사회 전반에 걸쳐 확산된 것은 아니지만 지역적으로는 서울, 그리고 외국의 문물을 접하고 배운 엘리트 지식인들을 중심으로 공감대를 형성했다.

즉, 기술학교를 설립하기 위한 조정의 노력은 처음부터 의도된 것이라고 봐야 한다. 대한제국 정부는 1899년 관립상공학교를 근대적 고등교육 기관으로 설립하려는 계획을 세웠다. 지금까지는 상공(商工) 분야가 엘리트 교육의 대상이 아니었다는 점에서 이것은 매우 중요한 의미를 갖는다. 비록 예산 부족 등으로 1904년 관립농상공학교로 개편되어 출범했지만 본래 계획은 예과 1년, 본과 3년의 수업 연한을 가진 근대적 공업 및 상업 교육의 중심축으로 삼고자 했던 것이다.[71] 많은 어려움이 있었지만 정부의 기술계 학교 설립 의지는 사립교육기관 설립에도 영향을 미쳤다.

다른 한편, 근대적 기술 시스템을 운영할 전문 인력 양성에 대한 제도적 조치도 이루어졌다. 대한제국 정부가 통신 사업을 독점하게 되면서 전신기술자의 양성과 활용도 함께 모색되어야 했다. 1890년대까지 지방마다 열악한 환경에서 전신기술자를 도제식으로 양성하는 데 문제가 있다고 인식한 정부는 1900년 창설된 통신원을 기반으로 전무학도규칙을 반포하고 교육의 수준과 내용을 제시했다. 전무학도는 엄격한 세 단계의 시험을 거쳐 선발되었다. 비록 선발된 인원이 통신원의 말단 관원으로 임용되는 등 지위가 높지는 않았지만 잡과 출신 중인과 유사한 서열의 관원으로 대우받았고 직업 안정성도 우수한 편이었다.[72] 정부 관료로서의 위상이 높지 않았어도 사적 이익보다 공적 인프라의 구축과 운영에서 전문성을 쌓았다는 점에서 현대 엔지니어의 사회적 역할 및 위상과 유사했다고 볼 만하다.

관립기술학교에서 시작해 사립학교 설립으로 이어져 활성화되던 기술교육 및 훈련의 흐름은 러일전쟁을 계기로 일제의 재정고문부가 들어선 이후 위축되고 분절되는 과정을 거쳤다. 대한제국 정부가 추진한 기술교육정책은 일본에 의해 번번이 좌절되었다. 그동안 운영되던 광무학교, 우무학당, 전무학당, 철도학교 등도 1904년 이후 점차 사라져갔다.

그럼에도 불구하고 이미 시작된 근대 교육의 힘과 문명적 전환의 흐름을 인식하고 경험한 이들의 열망을 꺾을 수는 없었다. 일본은 유학생 규정을 마련하여 조선 청년의 유학을 막으려 했지만 국가가 위기에 처하자 오히려 새로운 학문과 선진 문물에 대한 관심이 커져 사비 유학생 규모는 더욱 증가했다. 을사조약 이후에는 일본에 대항하여 초중등 공업기술, 수리학교를 설립하려는 움직임이 활발해졌다.[73]

기술교육에 대한 관심도 점점 커져 1907년에서 1915년까지 관립공업 전습소에서 양성된 인력 규모가 본과 344명, 전공과 61명, 실과 251명 등 총 656명에 이르렀다. 전습소 학생들은 공업 발전을 통해 위기에 처한 나라를 일으킨다는 목적 하에 1908년 9월 공업연구회를 창립하기도 했다. 1906년 이후 신문에는 경성, 평양 등지에 산재한 국내 각 서점의 서적 광고가 자주 등장했다. 예를 들어,《대한매일신보》1906년 6월 10일과 13일의 광고에 게시된 '평양 종로 대동 서관'에서 판매한 도서 목록에는 55종의 역사서, 8종의 지리서, 49종의 정치·법률서, 12종의 사회학서, 19종의 철학서, 18종의 경제학서, 14종의 농학서, 11종의 상업서, 10종의 공업서, 35종의 의학서, 18종의 병학 발명서, 22종의 전기(傳記)가 등장할 정도였다.[74]

조선이 근대국가로의 여정을 시작한 1880년대 이후 대한제국 시기에 이르는 동안 근대적 엔지니어가 등장했다고 말할 수 있을까? 만약 산업화를 전제로 진행되는 체계적 교육과 자격, 직업 구조가 제도화된 현대 사회의 잣대를 들이댄다면, 그렇다고 답하기 어려울 것이다. 하지만 자본주의와 산업화에 대한 엄격한 정의나 양적 규모 측면에서의 평가가 아니라 근대 엔지니어의 등장을 가능하게 하는 중요한 정치적, 경제적, 제도적, 문화적 요인의 형성에 초점을 맞춘다면, 다르게 볼 수 있다.

첫째, 근대적 기술 체계는 전문지식의 분화를 기반으로 형성되는데, 이 시기에 기술은 전문지식이자 새로운 활동으로 분류되고 인식되었다. 둘째, 외세의 위협과 일본의 주권 박탈 시도에 대응하는 과정에서 국가에 대한 인식, 즉 신민이 아닌 능동적 주체인 국민으로 구성된 근대국가에 대한 인식이 1905년에서 1910년 사이에 정착되었다.[75] 즉, 국권 회복과 부국강병의 목표를 실현하기 위한 기술인 양성, 기술력 증진 등의 이념이 등장했다. 셋째, 기술 지식 및 역량을 교육하는 전문 기관이 설립되었고 지원 자격과 입학 기준이 신분이나 배경과 무관하게 제시되었다. 넷째, 엔지니어 집단의 역할과 기능에 대한 대한제국 정부로부터의 인식과 인정이 있었다. 이런 측면에서 우리는 근대 엔지니어링과 엔지니어의 지배적 패러다임이 만들어진 것은 아니지만 근대 엔지니어의 새싹이 이 시기에 등장했다고 말할 수 있다.

3. 상공업의 태동과 공업가의 등장

비록 순탄치는 않았어도 교육을 통한 엔지니어 양성의 경로는 대한제국 시기에 거스를 수 없는 근대 교육의 한 영역으로 자리잡았다. 그러는 동안 기술을 통한 산업 발전과 산업인 양성 역시 조금씩 진전되었다. 여기에서 산업인(industrialist)이란 농업자본가, 도시민, 유통업자, 임노동자, 전문인으로서 자유로운 시장 질서에서 활동하는 이들을 지칭한다. 이들 중 자본과 기술을 바탕으로 산업 분야의 기업을 운영하고 이윤을 확보하려는 근대적 행위자가 형성되었는지에 대해 초점을 맞추어보려고 한다. 그 이유는 첫째, 근대적 기업가로 성장할 수 있었던 이들의 배경을 분석하고, 과연 기술교육을 받은 이들이 산업을 주도할 기회를 가졌는지 살펴보기 위함이다. 둘째, 이 과정에서 오래된 공(工)의 세계와 새로운 기술의 세계가 어떤 관계를 맺었는지를 들여다보려고 한다. 셋째, 기술과 산업 발전의 동기와 구조가 근대국가 건설의 임무와 어떻게 관련되었는지 검토할 것이다.

1880년대 이후 조선은 새로운 시대로 접어들었다. 도시의 생성과 활발한 인구 이동, 새로운 직업의 등장과 문화의 형성에서 그런 변화의 특징이 드러난다. 향촌 질서를 유지하던 계 조직이 느슨해지거나 해체되었고

천민과 노비는 도시로 몰려가 행상인이 되거나 상공업에 종사했다. 도시
는 이들에게 새로운 삶의 방식을 제공했다. 서울 지역의 호적을 분석한
한 연구에 따르면, 가내 노비와 관속 노비가 75퍼센트를 차지하던 17세기
에 비해 1900년대 초에는 상인, 수공업자, 잡역 노동자, 고공(雇工), 부랑
자 등이 절반 이상으로 증가했다. 이런 현상은 계약적 질서와 자유가 확
산되고 있었음을 보여준다.[76]

서구 문명을 적극적으로 도입하려 했던 개화파는 일찍부터 회사 제도
에 주목했다. 1882년에 유길준이 저술한 『상회규칙(商會規則)』에서 회사에
대한 기록이 처음 나타났는데, 그다음 해에는 회사 제도에 대한 소개와
논의가 본격화되었다. 개화파 지식인들은 조사시찰단과 영선사의 경험에
근거해 회사가 산업 육성을 통한 부국강병을 달성하는 데 핵심적인 제도
적, 조직적 틀이라고 인식했다. 그 결과, 정부 주도로 설치된 기기국(機器
局), 직조국(織造局), 조지국(造紙局), 광무국(礦務局), 박문국(博文局), 연무국
(烟務局) 등의 관설 제조장은 대개 회사 형태를 취했다.

회사 형태의 관영 제조장 설치는 민간 상공업자들에게도 영향을 미쳐
같은 시기에 대동상회(大同商會, 1883), 의신회사(義信會社, 1884)와 같이 상
회, 회사의 명칭을 내건 민간기업 조직들이 출현했다.[77] 이 시기에 설립
된 제조장이나 회사는 대개 관영 또는 관독상판형(管督商辦型)으로 운영
되었다. 관영 제조장은 정부가 재원을 모두 조달하고 외국 기술자와 내국
인 직공을 고용하여 직영한 것이며, 관독상판형 기업은 상인들에게 일부
자본을 분담시키되 경영은 정부가 직접 감독하는 방식이다.[78] 다음의 〈표
3-1〉은 1883년부터 1894년까지 관영, 혹은 관민이 함께 운영한 산업 시
설을 보여준다. 정부는 개항 후 10년이 지날 무렵, 거의 모든 산업 부문에
관영 공장을 설치할 만큼 산업 근대화에 적극적이었다.

<표 3-1> 관영·관민합영의 산업시설 (1883-1894)[79]

연도	명칭	업종	자금원
1883	잠상공사(蠶桑公司)	양잠, 생사 제조	해관세(海關稅)
	기기창(機器廠)	무기 제조	청차관(淸借款)
	삼호파리국(三湖玻璃局)	유리 제조	불명(不明)
	연화연무국(蓮花烟務局)	연초 제조	민자(民資)
	박문국(博文局)	인쇄, 출판	신세창설(新稅創設)
	광인사(廣印社)	인쇄, 출판	불명(不明)
	혜상공국(惠商工局)	상업	내탕전(內帑錢)
	전운국(轉運局)	운수업	신세창설(新稅創設)
	전환국(典圜局)	화폐 주조	청차관(淸借款)
1884	농무목축시험장	농업, 축산업	불명(不明)
	광무국(礦務局)	광업	청차관(淸借款)
	기선회사(汽船會社)	운수업	외자(外資)
1885	교하농상사(交河農桑社)	농업	민자(民資)
	직조국(織造局)	직조업	해관세(海關稅)
	조지국(造紙局)	제지업	불명(不明)
1886	전보국(電報局)	전보통신	청차관, 신세(新稅)
1888	제약소(製藥所)	화약	불명(不明)
1889	제분소(製粉所)	제분업	불명(不明)
1893	리운사(利運社)	운수업	민자(民資)
1894	경성농상회사	농업	민자(民資)
	포삼공사(包蔘公司)	인삼무역업	불명(不明)

　　하지만 막상 근대 산업의 핵심인 제조업 부문의 회사는 많지 않았다. 가장 큰 원인은 개화파 정권이 근대 제조업 발전에 대한 확신과 전망이 부족했기 때문이다. 당초 정부는 공무아문(工務衙門)을 설치하여 근대 산업을 육성할 계획을 가지고 있었지만 식산흥업정책이 당장 시급하지 않다는 일본의 의견에 굴복하여 이를 농상공부에 통합해버렸다.[80] 또한 민간 부문의 자본 축적 규모가 낮은 데다 기술이 부족하고 해외로부터 기술을 도입하는 것조차 곤란했던 상황이 제조업 발전을 더디게 한 요인이

되었다.

근대 제조업을 새롭게 추진한 것은 역설적으로 개화파 정권이 무너진 이후에 등장한 대한제국 정부였다. 황제가 추진한 광무개혁은 전제군주제의 기반 위에서 지주제와 특권 상인 체제를 강화하여 물적 토대를 확보하는 한편, 관료 자본의 주도로 근대적 개혁 사업을 마무리하려는 것이었다. 국내 자본을 동원하기 위해 정부는 양전(量田)·지계(地契) 사업을 펼쳐 세수를 확대했다. 1899년에는 민간 상공업 진흥을 위해 육의전, 상리국을 폐지하고 모든 인민이 자유롭게 영리 활동을 펼 수 있도록『상무회의소규례』를 반포했다.[81] 이와 같은 조치들은 대한제국 정부가 상공업의 중요성과 시장 질서에 대해 충분히 인지하고 있었음을 보여준다.

황실과 관료들은 이 과정에서 어느 정도 부를 축적할 수 있었다. 정부는 또한 식산흥업정책을 통해 열강에 빼앗긴 이권을 회수하고 추가적인 이권 피탈을 방지하여 국내의 생산 기반을 보호하려 했다. 예를 들어, 1898년 1월에는 국내 철도 및 광산을 외국인에게 허가하지 않겠다는 방침을 내외에 천명하고 자력에 의한 철도 건설을 적극 추진했다. 그 결과 1898년부터 1904년까지 서울과 각지에서 15개 이상의 철도 관련 회사가 설립되었다.[82] 마찬가지로 광산의 외국인 합동을 허용하지 않는다는 내용의 방침을 선포하고 황실이 직접 광산을 직영하는 방안을 추진하였다.

〈표 3-2〉에서 확인할 수 있듯이, 이와 같은 정책이 추진되자 1899년에는 제조업, 해운업, 광업 등을 중심으로 근대적 기업의 설립이 최고조에 달했다. 이를 주도한 것은 관료들이었다.[83] 1899년 출현한 최초의 광업회사인 경성매광회사와 매광합자회사, 1896년 설립된 국내 최초의 조선은행, 1897년 설립된 대한제국인공양잠합자회사, 최초의 민영 제조업 회사인 저마제사 회사와 관독상판형 기업인 대한직조공장, 마차회사 등은 모두 현직 관료들이 주도하거나 참여하는 가운데 설립되고 운영되었다.

1883년부터 출현한 상회사 규모는 1883년에서 1893년 간 73개, 1894년에서 1904년 간 217개, 1905년에서 1910년 간에는 425개에 달했다.[84]

〈표 3-2〉 1895–1904년간 회사 설립 상황[85]

	금융업	농림업	제조업	광업	상업	운수업	수산업	토건업	기타	계
1895			2		2		8			12
1896	2		3		6	3			1	15
1897	1	1	1		2	3			2	10
1898	2					3		1	8	14
1899	4	2	5	2	13	8		2	4	40
1900		3	2	3	15	3	1	3	4	32
1901	1	2	3		4	1	1	4	8	24
1902		3		1	16	2		3	6	31
1903	1	1	1	1	10	3	1		2	20
1904		4	3	2	3	1		1	5	19
계	11	16	20	9	69	27	11	14	40	217

그렇지만 이들 회사는 대부분 성공하지 못했다. 회사 자체의 자본과 기술 부족이라는 원인 외에도 정부 지원이 어려웠고 거액의 설비 투자를 뒷받침할 금융 체계가 마련되지 않아서였다. 더 중요한 요인은 일본의 영향력 강화였다. 러일전쟁이 일어난 1904년 이후 한인 회사에 대한 일본의 억압이 본격화되면서 토착 한인 기업의 성장 경로가 사실상 차단되었던 것이다.

일본은 한국을 이주 식민지로 설정하여 농업, 임업, 광업, 어업 등 원료 채취 부문의 개발에만 집중했지, 근대적 산업 발전의 장소로 고려하지 않았다.[86] 이 정책은 조선의 강제 병합 이후 식민지 초반까지 그대로 유지되었다. 1907년 공포된 조선회사령에 따라 관의 인허가권이 일본 통감부로 넘어가자 관료와 상인의 합작회사들이 일본 자본과 통감부 정책에 예속되었다. 민간기업인들은 친일 인사와 친일 정상배를 앞세우지 않고서는 회사 존립 자체가 불가능했다. 한인 회사의 기득권을 탈취하고 이미 인가를 받은 회사를 해산하는 일이 빈번히 발생했다.[87] 근대적 기업가를 키워 부국강병의 길을 도모하고자 했던 조선의 꿈은 일제의 강압적 통제로 무산된 것이다.

이제 처음에 했던 질문들로 돌아가 보자. 첫 번째는 누가 한국의 근대적 기업가로 성장할 수 있었는가에 관한 것이다. 기술교육을 받은 이들이 근대적 기업가로 성장할 수 있었는지가 궁금했다. 지금까지 검토한 바에 따르면, 기술교육을 받은 이들이 자신의 전문성을 기반으로 기업을 설립한 사례는 많지 않았고 오히려 자신들의 관직이나 관련 경험을 연결고리로 회사 설립을 추진한 사례를 발견할 수 있었다. 예를 들어, 목수 출신으로 정부와 황실의 각종 토목 사업을 주관한 심의석은 내장원 기사, 내부 기사 등을 지내면서 토목건축주식회사를 설립했다. 탁지부 인쇄국 기사였던 오태환은 박문사, 보문관 등 출판업 회사에 참여했다.[88]

1895년부터 1904년까지 회사에 참여한 이들의 신분을 보면, 고위 관료 16.4퍼센트(67명), 중하위 관료 23.5퍼센트(96명)로 관료가 전체 회사 참여자의 39.9퍼센트를 차지하고 있고, 나머지는 허직관료(虛職官僚) 21.0퍼센트(86명), 상인 및 기타 39.1퍼센트(160명)로 전체의 60.1퍼센트를 차지하였다. 안용식은 『대한제국 관료사 연구』에서 개항 이후 1919년까지 기업 활동 관련 경력자를 3,125명으로 확인했는데, 1895년에서 1904년 사이에 관직 보유자가 409명에 달했다고 한다.[89] 당시 인구에서 관료가 차지하는 비중이 높지 않았던 점을 고려할 때, 회사 참여자 중 관료 출신 비중이 얼마나 높았는지를 알 수 있다.

다시 말해, 대한제국 시기에 근대적 기업가로 성장하고 활동한 이들 중 상당수가 관료 출신이었다. 정부의 지원으로 해외에서 기술을 접하거나 교육받은 후 관료로서 일하게 된 경우를 포함하여 당시 중앙 관료들은 외국인과 접하면서 새로운 문물과 제도에 대한 이해도가 높아졌고, 정부 주도의 산업정책이 전개되는 가운데 관독상판, 민수회사의 형태로 기업 경영에 참여할 기회를 가질 수 있었다. 거상들 역시 회사 설립이 시작된 1890년대부터 고위 관료들과 합작하는 형태로 근대적 기업을 창출했다. 일제강점기의 대표적 거부들 중 상당수가 대한제국 전기의 고위 관료나 지방관, 또는 봉세관(封稅官)의 경력을 지닌 것은 이러한 역사적 배경과 관련되어 있다.[90]

그렇다면 아래로부터 형성된 상공업층에겐 근대적 기업가로 성장할 토대와 기회가 주어졌을까? 유럽에서 상공업자들은 자유를 실현하고 확산하는 핵심 주체였지만 한국의 상공업자들은 여전히 국가 종속적 지위에 놓여 있었다. 광무 연간에 추진된 도시 근대화 사업과 광산 개발 사업 등을 통해 새로운 직업군들이 등장하고 관련 업종에서 새로운 사업들이 시작되었지만, 영세성을 면치 못한 상공업자들은 유럽처럼 상업자본의 주역으로 성장하지 못했다. 이들은 상업에 대한 국가의 독점 규제력과 전횡에 대항할 힘을 충분히 길러내지 못했고 자유 수공업자들은 여전히 관 주변에 머물러 있거나 상인층에 종속된 생산자 지위를 벗어나지 못하고 있었다.

둘째, 오래된 공(工)의 세계와 새로운 기술의 세계는 어떤 관계를 맺게 되었을까? 1900년을 전후하여 기술은 그 용어조차도 낯설 정도로 새로운 세계에 속한 것이었다. 그것은 해외 경험과 근대 교육을 통해야만 접근할 수 있는 특화된 지식이자 기예였다. 처음에 기술은 서구 학문을 접한 계층이나 젊은이들의 전유물이었다. 하지만 전통적 공(工)을 둘러싼 영역이 점차 오래된 관습에서 벗어나 산업과 자유로운 직업의 영역으로 진입하기 시작했다. 공(工)과 기술은 교육, 산업, 직업이라는 근대 영역과 공간에서 만날 참이었다. 하지만 1904년 이후 일본의 식민지 구상과 정책에 의해 한인 자본가와 기업가가 몰락하고 관료 자본이 해체되며 기술 분야의 고등교육 계획이 무산되었다. 이 과정에서 공(工)과 기술의 위상은 위계상 서열이 낮은 영역으로 내몰리게 된다.

4. 소결: 근대 이행기 공(工)을 둘러싼 패러다임 전환과 한계

갑오개혁 이후 한국은 전통과 근대가 교차하고 각 영역에서 개혁과 저항이 충돌하는 거대한 변환의 시대를 맞이했다. 이 전환의 시대에 공(工)을 둘러싼 전통적 행위자와 오래된 제도, 문화는 어떤 방식으로 근대세계로 안내되고 연결되었을까?

다른 국가들의 사례를 볼 때, 전통적 공(工)의 영역은 크게 세 개의 경로를 통해 근대 엔지니어링 영역으로 전환된다. 첫 번째는 사람을 통해서이다. 이 경우, 전통적 공(工) 연결망의 주요 행위자가 근대 엔지니어링의 주체인 엔지니어, 테크노크라트, 기업가 등으로 연결되었는지 확인하면 된다. 이런 관점에서 보면, 조선에서 공(工)을 담당한 계층과 직업인들 대부분이 생산직 임금노동자와 영세한 상공업자가 되었지, 기술교육을 통해 전문가가 되거나 산업을 주도할 기업가로 성장할 기회를 갖지 못했다. 오히려 새로운 지식을 접하고 다양한 경험을 쌓을 수 있었던 도시의 전문직 중인들과 일부 관료들이 근대 이행의 주체로, 한편으로는 엔지니어, 교육자, 기업가로 성장했다. 단, 기술교육을 통한 엔지니어 양성의 토대는 일본의 개입에 따라 점차 위축되었다.

두 번째 경로는 전통사회에서 공(工) 영역이 담당한 역할 자체가 근대적 활동으로 변형되거나 확장되면서 만들어진다. 이를테면, 지역 곳곳에서 활동하던 일본 수공업자들의 경우, 이들의 일과 가업이 근대적 시장과 무역 체제의 도입과 맞물려 기업 설립과 산업 활동으로 연결된 사례가 많다. 이에 비해 조선의 장인들과 수공업자들은 상인층에 종속되는 경우가 흔했고 자본과 기술 부족으로 제조업 기업으로 성장하는 데 한계가 있었다. 이런 측면에서 보면, 전통적 공(工)의 영역이 자연스럽게 근대 엔지니어링의 영역으로 인도된 것이 아니라 도시화와 산업화 속에서 분절되고 파편화되었으며, 근대 시스템에 의해 재편되었다고 보아야 할 것이다.

세 번째 경로는 제도적, 정책적 전환으로서 국가 정책에 의해 전통적 공(工)의 활동과 역할이 근대적 양식으로 변환되는 경우이다. 갑오개혁 이후 정부가 취한 많은 조치들은 확실히 전제군주제의 물적 토대를 확보하고 관료 자본 주도로 근대적 개혁 사업을 마무리하려는 것이었다. 근대적 기술교육을 공고히 하려는 노력도 조직적으로 이루어졌다. 하지만 이같은 시도들은 러일전쟁 이후 급격히 동력을 잃었다. 일제의 침략이 심화되고 강화되는 과정에서 새로운 근대 주체인 엔지니어가 근대적 주권 국가의 시스템 건설자(system builder) 역할을 수행할 기회는 주어지지 않았다.

공(工)을 중심으로 강고하게 결합되어 있던 전통적 행위자 연결망은 이미 붕괴되고 있었다. 신분제는 공식적으로 해체되었고 근대 교육체계가 분명한 흐름으로 자리잡기 시작했다. 도시와 상공업을 중심으로 운영되는 경제 활동과 그에 따른 문화적 변화가 일상의 삶에 변화를 가져왔다. 사회 분화에 따라 새로운 직업들과 전에 없던 기회가 만들어졌다. 하지만 1900년대 초반부터 일본의 강압적 통치 구조가 구축되어가자 조선인 내부의 개혁 움직임은 좌초될 위기에 처했다.

식민지 경제와 산업의 틀을 짜고 이를 주도하려는 일제의 정책이 펼쳐지는 가운데 새로운 근대적 공(工)의 연결망을 구성할 행위자들이 등장했고, 이어 엔지니어링과 엔지니어를 어떻게 인식하고 자리매김할 것인가를 두고 본격적인 사회적 상상들의 충돌이 발생했다. 식민 통치자들에게 새로운 사회란 제국 중심의 질서 있는 세계를 의미했지만 조선인들에게 그것은 주권을 회복한 독립된 국가를 의미했다. 다음 장은 그 역동적 과정을 살펴본다.

4장

주권
상실의 시대,
조선인
기술자의 형성

식민지기 과학기술 인력 양성을 어떻게 볼 것인가?

우리는 김근배를 대표로 하는 과학기술학, 그리고 역사학, 교육학, 사회학, 경제학 등 인문사회과학 분야 학자들의 지속적인 연구 성과에 힘입어 일제강점기의 과학기술교육과 공업교육의 수준과 규모, 인력 배출에 관해 더 깊이 이해하게 됐다. 선행 연구들이 제시하는 메시지는 비교적 명쾌하다. 식민지기를 통틀어 과학기술 분야의 고등교육이 억제되었고, 그 때문에 당대의 다른 국가들에 비해 우수한 과학, 공학 분야 전문가 집단이 제대로 양성되기 힘들었다는 것이다.

우리는 이 논의에서 더 나아가려고 한다. 조선이 1900년을 전후로 모색했던 근대적 변형과 기술교육, 산업 발전이 식민지배 구조로의 전환 속에서 어떤 변화를 겪었을까? 사실상 40여 년에 이르는 일제강점기 동안, '조선인 기술자'는 어떤 이미지로 그려졌고 실제는 어떠했을까? 조선인 기술자의 이미지와 실제는 해방 후 한국의 기술 및 엔지니어 정체성 형성에 어떤 영향을 미쳤을까?

한국 역사에서 일제강점기의 의미와 흔적을 둘러싼 해석은 여전히 불편함을 수반한다. 이 시기를 역사의 일부로 수용하는 방식에 관해서도 아직 논의가 진행 중이다. 격렬한 논쟁과 충돌로 귀결되곤 하는 식민지 성격 논쟁도 이와 무관하지 않다. 우리는 이 연구에서 일제강점기를 한국의 기술교육과 산업 발전을 억압하고 왜곡한 일종의 특이점으로 바라보지는 않을 것이다. 오히려 조선 후기와 근대 한국을 연결하는 역사적·사회적 고리로서, 그리고 여전히 재해석되며 지속되고 있는 구조이자 문화로서 분석한다.

일제강점기의 기술, 산업, 교육 지표들 속에 감춰진 조선 사람들의 마음과 태도를 이해하려는 노력이 필요하다. 식민지 조선에 대한 제국 일본의 기획과 구상이 현실화되고 근대화가 진행되는 과정에서 조선인들은 좌절감 속에서도 개인과 공동체, 국가의 미래에 대한 모색을 멈추지 않았다. 그것은 조선인과 일본인 사이의 보이지 않는 사회적 상상의 투쟁이기도 했다. 식민지 조선인의 사회적 상상과 대응은 그들의 열망과 가치, 규범, 정체성 구성에 깊이 투영되었다. 마찬가지로 조선인 엔지니어의 성장에도 큰 영향을 미쳤다. 우리는 역사적 전환 속에서도 끊어지지 않은 이런 연결성에 주목하며 식민지기를 들여다볼 것이다.

다음으로 일제 식민지 기간의 과학기술교육과 인력 양성 체제를 크게 두 단계로 나누어 살펴볼 것이다. 1단계는 1937년 중일전쟁 이전까지 제국 일본의 식민지 정책이 수립되고 정착된 전반기이고, 2단계는 총력전 시스템이 본격적으로 실행되고 강화된 전시체제(1937-1945) 기간이다. 전반기는 내지-식민지 담론이 형성되고 제도적으로 실행되는 과정에 중점을 두어 분석할 것이며, 후반기는 일종의 사회체제이자 문화체제인 총력전의 관점에서 조망하고자 한다.

총력전체제가 일제강점기를 살아온 근대 조선인들의 심성에 어떤 영향을 미쳤는지, 학교와 일터의 규범과 실천으로 남겨진 것이 무엇이었는지를 파악하는 것이 중요하다. 이 체제는 해방 이후 한국 사회를 주도한 지배 엘리트들에게 상당한 영향력을 발휘했다. 예컨대, 총력전체제의 규율과 문화는 만주와 일본 본토에서 엘리트 교육을 받은 조선인들에게 전달되었다. 이들은 전후 혼란기에 성공적으로 생존한 다음 박정희 정부 내내, 그들이 일제강점기에 배웠고 몸에 뱄으며 청년 시절에 추구한 목표와 습관을 자신들의 임무와 활동에 적용하기 시작했다. 이것은 후에 엔지니어 집단의 사회적 역할과 직업 정체성을 형성하는 한 축이 되었다. 그런 측면에서 일제강점기란 단순히 정치적, 법적 지배체제가 아니라 사회적, 문화적 체제이자 설명되어야 할 역사이다.

근대적 기술 시스템 및 엔지니어 형성과 관련하여 일제강점기를 전후하여 나타난 사회적, 역사적 요소들의 연결성 또한 중요하다. 우리는 다음의 네 가지 질문을 탐색할 것이다. 대한제국 시기에 전통적 공(工)의 연결망과 근대적 기술 영역의 만남이 이루어졌는데, 이들의 관계는 식민지기에 어떻게 재편되었는가, 주권을 상실한 수십 년 동안 당장의 생존 혹은 더 나은 미래를 모색한 조선 지식인과 개인들의 대응과 전략이 식민지 기술 인식과 엔지니어 양성에 어떤 영향을 미쳤을까, 해방 후 한국의 산업화를 주도한 박정희와 그의 지배 엘리트 집단, 즉 테크노크라트들은 이 시기에 어떤 과정을 거쳐 어떤 주체들로 성장했는가, 일제의 총력전체제는 전후 한국 사회의 기술 시스템에 어떤 흔적을 남겼는가? 요컨대, 이 장은 '조선인 기술자'의 등장이 한국 엔지니어 형성에 갖는 사회적, 역사적 함의에 대한 탐색이 될 것이다.

제국 일본의 식민지 정책과 조선 기술교육체계 구축

식민지배가 시작된 이후 조선에 대한 일본의 인식과 그들의 제국주의 전략은 한국의 근대적 기술 주체 형성에 깊은 영향을 미쳤다. 어떤 분야에서 어느 정도 수준의 기술 인력을 어떤 규모로 양성할 것인가의 양적 문제뿐 아니라 근대적 전문 직업인으로서 어떤 태도와 전망을 지닌 기술 주체를 양성할 것인가와 같은 질적인 이슈와도 직결되었다. 이 절은 식민지 조선에 대한 일본인들의 인식과 우생학적 관점, 그로 인한 논리적 귀결이자 일관된 정책 과제였던 조선인 엘리트 양성의 엄격한 통제, 농업국가에서 시작해 전시국가로의 전환 가운데 이루어진 공업교육의 양상을 살펴본다.

1. 내지–식민지 담론과 조선 공업교육의 형성

김근배는 그의 저서에서 한국 근대 과학기술 인력의 출현이 근본적으로 일본인이 주축을 이룬 식민지 과학기술체제를 통해 이루어졌음을 밝히고 있다.[1] 과학기술 인력 양성을 위해 추진된 입학시험, 교육과정, 배출 인원 등의 교육체제로부터 취업에 이르는 직업적 경력 개발의 경로 모두가 식민지 체제의 영향을 받았다. 식민지 시기 과학기술교육의 양상과 그 영향을 일본의 조선 식민지 정책과 제국주의 구상이라는 보다 거시적인 맥락에서 분석해야 할 이유가 여기에 있다.

아시아에서 최초로 제국 국가로서의 위상을 갖게 된 일본은 자신들의 고유한 식민지 정책을 수립하고 실행하기 위해 일찍부터 서구 제국주의 국가들의 사례를 조사하고 조선에 대한 연구도 축적했다.[2] 본국뿐 아니라 조선 내에서 자신들의 식민지 정책을 정당화하고 설득할 명분을 찾는 일이 중요했고 그런 만큼 조선에 대한 이해 수준을 높일 필요가 있었기 때문이다. 그들이 발견한 이론적 기반은 진화론과 우생학이라는 '과학적' 지식이었다. 우생학은 영국에서 탄생한 이래 19세기 중반부터 20세기 전반 사이에 급속히 확산된 관점으로, 처음에는 생물학 지식이었지만 곧 통치 도구로서 널리 애용되었다.[3] 일제는 우생학의 원리를 조선 식민지 정책을 구축하고 정당화하는 데 활용했다. 조선은 야만과 미개의 땅으로 거의 가망이 없는 민족이다. 하지만 일본을 통해 문명의 빛을 받는다면 그나마 희망이 있으리라는 주장, 이것이 권위 있는 과학 지식의 이름으로 선포되었다.[4]

1910년 한일병합 직후 조선총독부는 농상공부 밑에 상공국(商工局)과 식산국(殖産局)을 설치했다. 산업 행정기구에 식산흥업의 약자인 식산이라는 명칭을 붙인 것이 눈에 뜨인다. 당시 일본인들에게 '식산'이란 메이지 초기(1860-70년대), 즉 오래전의 산업 육성 정책을 떠올리게 하는 이미지였다.[5] 조선보다 이른 1895년에 설립된 대만총독부 역시 식산국을 설치했던 사실을 상기해보면, 어쩌면 일본인 식민주의자들은 그들이 경험했던 방식대로 조선과 대만에서 낙후된 식민지 개발과 산업 진흥을 구상했을 수도 있겠다. 하지만 일본의 식민지 정책과 교육정책은 어디까지나 우생학적 관점에서 내지인(內地人)과 반도인(半島人)을 엄격하게 구별하고 차별하는 데서 출발했고 그 기조는 식민지배 내내 변한 적이 없었다. 민족 간에 위계적으로 계층화된 차별은 정치, 산업, 교육 등 전 분야에 걸쳐 깊이 스며들어 제도화되고 이념화되었다. 조선인 엔지니어 양성을 둘러싼 교육제도와 경력 개발 구조 역시 이 같은 내지-식민지 담론의 작동 안에서 형성되었다.

다카하시 도루(高橋亨, 1877-1967)가 1919년 3·1운동 직후 조선 교육제도의 문제점을 지적한 부분을 보면, 당시 조선과 일본의 교육제도 사이에 얼마나 큰 격차가 있었는지를 알 수 있다. 도루는 조선인에 대한 일본인들의 인식에 깊은 영향을 미친 『조선인』[6]의 저자이기도 하다.

> 조선과 가까운 이웃인 후쿠오카만 해도 제국대학이 있고 야마구치 현에도 고등학교가 있다. 그러나 조선에는 겨우 보통학교 4년, 고등보통학교 4년, 전문학교 3년 모두 합해 11년에, 만 8세에 입학하여 19세에 수료하는 학제를 시행하고 있을 뿐이다. 게다가 조선의 제도와 내지의 제도 사이에는 어떤 관련도 없다. 대학이라는 간판을 내건 학교는 모두 미국 선교사가 경영하는 곳뿐이다.[7]

일본과 한국의 교육제도 차이는 조선인의 자질과 능력이 근본적으로 일본인의 그것보다 생물학적으로 현저히 뒤떨어질 것이라는 우생학적 전제에서 비롯되었다. 이 기조를 그대로 담고 있던 『교화의견서(敎化意見書)』[8]는 조선인 교육이 낮은 수준의 초등교육과 직업교육에 한정되어야 한다고 강조했다. 결국 이 주장은 1910년대 조선총독부의 교육정책을 결정하는 데 중요한 근거가 되었다.[9] 이로 인해 조선인의 고등교육은 전문학교 수준으로 제한되었고 교육 대상도 오직 제한된 규모로만 추진되었다. 그러니 기술교육이나 공업교육이 제대로 자리잡을 리 없었다.

고등 공업교육의 등장과 한계

경성공업전문학교(京城工業專門學校)는 1916년에 설립되었다.[10] 공업 분야의 고등교육을 도입하려는 시도가 그보다 훨씬 앞섰던 것을 생각하면 늦은 출발이었다. 이미 17년 전인 1899년, 대한제국 정부가 관립상공학교 설립을 추진했었다. 하지만 이 계획은 낮은 수준의 실업교육을 강화하려는 일본의 식민지 교육정책에 따라 1904년 농상공학교 설립으로 변경되었다가 그마저도 폐지되고 결국 농림학교, 선린상업학교, 공업전습소 설립으로 분리, 개편되었다. 1906년에 설립된 공업전습소는 수공 기술을 익힌 직공이나 하급 기능공을 양성하려 했기 때문에 낮은 수준의 공업교육이 이루어졌을 뿐이다. 1910년대 중반 이후로는 식민지 안정화 정책이 추진됨에 따라 공업전습소 특별과를 근간으로 경성공업전문학교가 설립되었다. 경성공전의 명칭은 1922년 경성고등공업학교로 변경되었고 부속 공업전습소는 경성공업학교로 분리되었다.

경성공전은 경성제대에 이공학부가 설치된 1938년 이전까지 조선을 대표하는 유일한 관립 고등공업교육기관이었다. 경성공전의 학생 규모와 민족별 구성, 교육과정, 졸업생 진로 등을 통해 일제의 조선 공업교육 정책이 가진 특징을 어느 정도 파악할 수 있다.

외부로 표명된 경성공전의 교육목표는 "고등의 학술기예(學術技藝)를 가르치고 조선의 공업 발전에 필요한 기술자"를 양성하는 것이었다. 경성공전은 이런 점에서 공업에 필요한 도제 양성을 목표로 했던 기존의 공업전습소와 확연히 구별된다. 하지만 실제 교육과정은 심화된 전공 교육이 아니라 실무 인력을 양성하는 데 용이한 실용적인 기초 공업교육과 실기로 구성되었다. 당시 일본에 설립된 고등공업학교 교육과정과 비교해보면, 그 차이가 명확하게 드러난다.[11]

우선 개설 학과에서 차이가 났다. 경성공전에는 염직과, 요업과, 응용화학과, 토목과, 건축과 등 5개 학과만이 개설되었고 근대 기술교육에서 중요한 부분을 차지하고 있던 기계와 전기 분야의 학과는 설치되지 않았다. 이에 비해 일본의 고등공업학교들은 대부분 새로운 산업 분야의 학과를 보유하고 있었다. 뛰어난 산업 기술자 양성이라는 목표를 위해 지속적으로 교육과정을 개선하고, 일부는 공업대학으로 승격되는 등 점차 기술교육을 전문화하는 방향으로 나아갔다. 하지만 경성공전에겐 그런 기회가 돌아오지 않았다. 처음부터 조선에 거주하는 일본인 학생의 공업교육을 위한 학교였기에, 교수진이나 교육 내용은 일본 학교와 큰 차이가 없었지만 교육과정은 좀처럼 개선되지 않았고 연구비와 시설, 장학금 등의 지원도 부실했다.[12]

배출 인력의 규모 또한 적었다. 경성공전은 1918년에 18명의 첫 졸업생을 배출한 이래 1940년까지 매년 40명 정도를 졸업시켰고, 전시체제로 전환된 1941년이 되서야 비로소 100여 명 정도의 학생을 배출하였다. 그나마도 조선인의 비중은 전체 졸업생의 30퍼센트 정도에 불과했다. 본래 규정에 따르면, 일본인 학생이 전체 정원의 3분의 1을 넘지 않아야 했으나 현실은 오히려 조선인 학생의 입학이 제한당하는 실정이었다. 당시 조선 공업교육에서 경성공전이 차지했던 위상을 고려할 때, 식민지배하 우수한 조선인 기술자 양성 실적은 초라하기 그지없다.[13]

그렇다면 조선인들은 공업학교에 대해 어떻게 생각했을까? 한국 화학계의 대표적 지도자인 안동혁(1906-2004)[14]의 회고는 공업교육에 대한 일제강점기 초기의 사회적 분위기를 이해하는 데 도움이 된다.

> 공업전습소 설립시만 해도 공업기술은 쟁이 노릇하기 위한 것쯤으로
> 인식하고 있었습니다. 사기그릇, 가죽 만드는 일을 누가 하려고 하겠어
> 요. 입학하려는 사람이 없어 수업료를 안 받는 것은 물론 학생들도 사
> 정사정해서 겨우 모집할 수밖에 없었죠.… 우리 때에는 그 정도는 아
> 니었고 경쟁이 있었지만 그래도 우수한 학생이 오려고 하지 않았습니
> 다. 그래서 중학교(당시 고등보통학교) 성적이 좋은 사람은 원서만 가지
> 고 오면 입학이 허용됐어요. 나도 성적이 괜찮은 편이었으니까 그렇게
> 들어가게 된 거죠. 일본인들도 어디 성적 좋은 사람들은 경성까지 오
> 려고 하겠어요. 시험 치르지 않으니 오라고 선전하니까 몰려왔지. 조선
> 인에 대한 차별은 노골적이지는 않았더라도 대개 3:7 정도로 적게 뽑
> 았습니다.[15]

안동혁은 1923년 경성고공(경성공전의 개칭)에 입학했다. 시간이 지나면
서 공업과 기술, 공업전문학교에 대한 세간의 인식이 초기보다는 한결 개
선되었다. 하지만 여전히 공업고등학교의 인지도와 평판이 그리 높았던
것은 아니다.

> 그 당시는 가장 똑똑한 사람은 문학을 해야 한다고 생각되던 시기였어
> 요. 글을 쓴다든지 말이죠. 좋은 문장가는 대단한 존경을 받던 시대였
> 으니까 모든 학문의 목적이 문학에 집중될 수밖에 없었습니다. 왜 그
> 런고 하니 그 전까지는 글이나 시를 잘 써야 과거에 급제해 관리로 등
> 용될 수 있었거든요. 그 당시에 가장 부러움을 샀던 일이라면 관리가
> 되어 높은 지위에 올라 안정된 생활을 누리는 거였으니까요. 갑오경장

이후부터는 과거제도가 폐지되어 문학을 한다는 것이 별 소용이 없게 되자 법률 쪽으로 사람들이 몰려들긴 했지만요. 그러한 시대였지만 우리 집안은 밥 먹는 데 어려운 정도는 아니었고 집안에서도 둘째라 뭘 하라고 강요하는 분위기도 아니었습니다.… 이리저리 생각해보니 장사도 못하겠고 법률도 못하겠고 갈 곳이 공과밖에 더 있었겠어요. 당시는 3·1운동이 실패한 후 국력, 민중력이 없으면 안 되겠다는 생각이 널리 퍼져가기 시작한 때였습니다. 국력의 기초는 기술이니 우리 민족이 살아가려면 기술의 발전이 꼭 필요하다고 인식하게 된 거죠. 그래서 사람들이 이제는 공과나 기술과 쪽으로도 들어가게 된 겁니다.[16]

1940년대가 되면, 공업전문학교 졸업생의 사회적 위신이 더 나아졌다. 전시체제에 접어들자 공업교육이 강조되었고 경성공립공업[17]에서 경성공전, 경성제국대학 이공학부로 이어지는 엔지니어 교육의 엘리트 코스가 형성되었다. 언론인이자 사회운동가였던 리영희(1929-2010)는 그가 보통학교를 졸업하고 1942년 경성공업학교에 합격했을 때 당시 주변 분위기에 대해 이렇게 소개하였다.

아버지의 결정으로 경성공업을 택하기로 했다. 경성공립공업학교는 일본인 위주의 중등학교로, 일제 말기 공업계통학교로서는 경성제국대학 이공학부─경성공립고등공업학교(참고: 경성공전의 당시 명칭) ─경성공업(京工)의 서열에 위치하는, 실업중등학교로서는 최고의 시설을 갖춘 학교였다.… 인문 중학교를 나와 전문학교, 대학으로 진학시킬 만한 경제적 여유가 없었던 아버지로서는 인문 중학교만을 나와 하찮은 월급쟁이가 될 바에야 차라리 기술자가 되어서 독립된 직업적 생애를 살게 하는 것이 좋다고 판단했던 것 같다.… 나의 국민학교 졸업반에서 그해에 갑종 공립 중등학교에 합격한 것은 나와 늘 1, 2등을 다투어온 김순사의 아들 김기헌 군과 나밖에 없었다. 김군은 평안북도의 명문인 신의주의 동중학교에 갔지만 고향에서의 찬사는 나에게 집중되었다. 그도 그럴 것이, 압록강변의 시골학교에서 경성의 1급 중등학교에 들어간다는 것은 한 해에 한 사람 정도밖에 없는 일이었기 때문이다.[18]

경성공전 졸업생은 졸업과 동시에 중등 교원 자격을 취득할 수 있었고 공업 지식을 갖춘 전문인으로 인식되었다. 당시 공업교육기관 출신자들에게는 학력과 경력, 기능에 따라 기사(技師), 기수(技手), 공수(工手), 직공(職工) 등의 칭호가 부여되었는데, 경성공전 졸업생은 졸업과 동시에 기수 자격을 얻을 수 있었다. 아직은 초보적인 형태지만 개인의 기술 능력을 평가하는 기준에서 학력과 학벌이 중요한 요인으로 고려되기 시작한 것을 보여주는 사례이다.

그렇더라도 조선인 졸업생이 다양한 분야로 진출할 수 있었던 것은 아니다. 일본인 졸업생들은 총독부와 도청, 경성부청 등의 관청과 일본인 소유 대기업에 취업할 수 있었다. 하지만 조선인 졸업생들은 토목, 건축 등의 예외적 분야를 제외하고 대개 사립학교 교원, 지방 공업전습소 기술지도원이나 지방의 산업 기수로 취업했다.[19] 경성공전 졸업생 중 관청 취업률이 높았던 것은 산업 발전이 충분치 않았던 조선의 상황을 반영한 것이기도 하다. 조선인 졸업생들은 산업체에 취업하려 해도 상황이 여의치 않았다. "관청에서는 조선인 기사(技師)는 절대 불허할 뿐 아니라 환영치 않음"[20]을 밝혔고 일본인 소유 대기업도 조선인 채용을 거부했기 때문이다. 안동혁 역시 경성공전을 거쳐 규슈제대를 졸업한 후 회사에 취업하려고 했지만, 평양 시멘트공장, 흥남 질소공장 등 갈 만한 곳에서는 일본인들이 받아주지 않아 곤란을 겪었다. 동창의 도움으로 겨우 경성공업학교 교원으로 일할 수 있었다.[21] 조선인을 고위 관리직이나 전문 기술직에 채용하지 않으려는 경향은 전시체제로 전환된 1930년대 후반까지도 지속되었다.

다시 말해, 공업 및 기술 분야의 고등교육을 거쳐 엔지니어가 된다는 것은 조선의 지식층에게 그리 매력적인 선택이 될 수 없었다. 공업교육을 선택할 경우, 사회적 인정이 주어지는 입신양명(立身揚名)의 길과 멀어지는 것은 물론이고, 조선인으로서는 근대 산업화를 이끄는 새로운 지식과 기술의 주도 집단이 될 수 없었다. 일본인 기술자와 직업적 정체성과 전망이 구별되는 '조선인 기술자'가 되어야 했기 때문이다. 당시 이공계열 진학에 대한 조선인 중산층의 인식을 잘 보여주는 일화가 있다. 정신과 전문의인 이동식은 1937년 경성고등공업학교 진학을 진지하게 고민하고 있었다. 하지만 자신의 아버지가 "이공계통은 한국 사람이 통과해도 소용이 없고 미래가 없다."며 말려서 의학을 선택했다고 회고했다.[22] 공업 분야 엘리트 교육에서 조선인을 가능한 한 소규모로 유지하거나 배제하려고 했던 일본의 식민지 정책은 조선인 엔지니어 양성의 위축을 가져왔다.

중등 실업교육의 확대 속에 정체된 공업교육

이제 막 근대적 교육체계가 정립되기 시작한 사회에서 공업교육과 기술교육이 갖는 의미를 파악하려면, 고등교육뿐 아니라 전체 교육의 틀 안에서 이를 검토할 필요가 있다. 초기의 공업교육과 기술교육은 유교 경전 중심의 전통적 교육을 대체하며, 실업교육의 한 유형으로 등장했다.[23] 개화기에 시작된 실업교육은 직업적 준비를 목표로 했다기보다 실사구시(實事求是)의 교육적 구현이라는 의미가 컸다.[24] 갑오개혁 이후 추진된 새로운 학제들, 특히 상공학교 관제의 공포(1899)와 우무학당(1900), 전무학

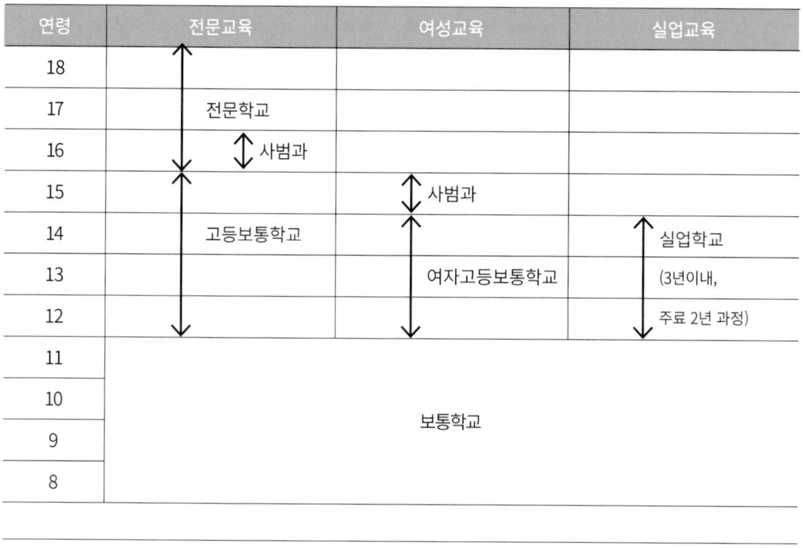

연령	전문교육	여성교육	실업교육
18	↕		
17	전문학교		
16	↕ 사범과		
15		↕ 사범과	
14	고등보통학교		↑ 실업학교
13		여자고등보통학교	(3년이내,
12	↕	↕	주료 2년 과정)
11			
10		보통학교	
9			
8			

〈그림 4-1〉 제1차 조선교육령의 학교제도

당(1900)의 설립도 이러한 맥락에 위치했다.

하지만 1900년대 중반부터 일본이 조선의 교육제도에 본격적으로 개입하면서 실업교육의 의미와 위상이 변화하게 된다. 조선총독부가 1911년 공포한 조선교육령의 특징은 다음과 같다. 첫째, 교육의 종류를 보통교육, 전문교육, 실업교육으로 구성하면서 사범교육과 고등교육의 학제상 지위를 인정하지 않았다. 즉, 고등사범교육과 대학 학제가 없었다. 둘째, 중학교였던 중등교육기관의 명칭을 고등보통학교로 변경함으로써 중등교육기관의 의미를 변경했다. 중(中)학교라는 용어는 그것이 여러 교육 단계 중 하나라는 것을 암시하지만 고등보통학교라는 명칭은 그 자체로 완결된 교육이라는 의미를 내비치게 된다. 독자적인 교육 유형으로 설계된 실업학교는 고등교육으로 이어지는 교육체계 안에서 고려되지 않았다. 셋째, 종교계 학교를 비롯하여 사립학교가 학교 제도에 부합한다는 인가를 받으려면, 일제의 교육 통제 권한을 수용해야 했다. 따라서 인가받지 않은 사립학교는 식민지 교육체제에서 부차적이고 주변적인 지위로 밀려났다. 넷째, 상급 학교 진학과 정규 학제가 정착됨으로써 학교의 위신이 높아지고 각 학교는 갑종, 을종 등을 포함하는 인가 여부와 순서에 따라 위계화, 서열화되었다.[25]

〈그림 4-1〉에서 볼 수 있듯이, 일본은 조선을 병합한 직후 소위 시세(時勢)와 민도(民度)에 적합하게 해야 한다는 실용주의를 내세워 조선의 학제를 매우 짧고 간소한 형태로 설계하였다. 일본의 학제가 소학교(6년)-중학교(5년)-고등교육기관으로 설계된 것에 비해, 조선의 학제는 보통학교(4년)-고등보통학교(4년) 체제로 만들어졌고 실업학교는 수업 연한이 더욱 짧아 대부분 2년제로 운영되었다. 이와 같은 차별적 학제는 1919년 3·1운동을 계기로 개선되어 1922년 조선교육령 개정과 함께 형식적으로는 일본의 교육제도와 동등해졌다. 하지만 교육의 질은 전혀 향상되지 않았다.[26]

일제강점기 초반에 설계된 실업교육의 사회적 위상과 의미는 무엇이었을까? 오랫동안 실업계 교육보다 인문계 교육을 선호해온 한국 사회의 경험을 고려할 때, 이 질문은 중요한 의미를 갖는다. 영국, 독일, 프랑스와 같은 선진 국가들에서 중등교육과 고등교육은 계급적 성격이 강한 복선형 체제를 특징으로 했다. 비록 서구와는 다른 이유에서 비롯된 것이지만 일본의 경우에도 실업학교의 사회적 위신이 일반학교에 비해 낮게 형성되어 있었다.[27] 조선교육령에 따른 교육체제 역시 일반교육과 실업교육을 복선화하는 구조였기 때문에 실업학교의 위신이 낮았을 것으로 추측할 수 있다.

하지만 흥미롭게도 일제 식민지 중등교육에서 일반교육과 실업교육 사이의 위계적 차별화는 크게 두드러지지 않았다. 아래 〈표 4-1〉은 중등학교에 대한 지원자 수와 입학자 수를 표시한 것이다. 중등학교 전체의 합격률에 비해 실업학교의 합격률이 더 낮았다. 실업학교 입학이 쉽지 않았다는 뜻이다. 합격률이 학교의 사회적 위신을 직접 표시하는 것은 아니지만 선호도를 나타내는 지표로서는 의미가 있다.

〈표 4–1〉 중등학교 수험자 합격률 (1927–1937)[28]

연도	중등학교 전체 (%)			고등보통학교 (%)			실업학교 (%)			실업보습학교 (%)		
	지원자	입학자	합격률	지원자	입학자	합격률	지원자	입학자	합격률	지원자	입학자	합격률
1927	25,123	7,860	31.1	11,858	4,310	36.3	11,350	2,384	21.0	1,915	1,166	60.9
1930	27,877	9,172	32.9	13,359	4,752	35.6	11,066	2,330	21.1	3,452	2,092	60.5
1937	57,074	12,849	22.5	24,841	5,566	22.4	26,883	4,297	16.0	5,350	2,986	55.8

다음 〈그림 4-2〉에 나타나 있듯이, 1927년부터 1937년까지 중등 단계 일반계와 실업계 학교의 연도별 지원자 수와 실제 입학자 추이를 볼 때, 두 유형 간 선호도 차이는 거의 나타나지 않고 오히려 일정한 패턴을 유

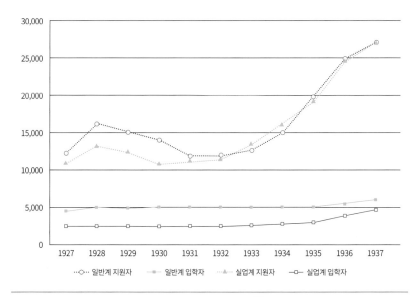

〈그림 4-2〉 일반계와 실업계 학교의 입학 지원자 수와 입학자 수 변화[29]

지하고 있는 것으로 보인다. 1935년 이후 일반계 학교의 입학 경쟁률이 4:1을 넘었지만, 실업계 학교는 오히려 6:1을 넘을 정도였다.

실업계와 일반계 진학 선호도가 유사하게 나타난 이유는 무엇일까? 여기에는 크게 세 가지 이유가 있다. 첫째, 일본의 교육정책 때문에 당시 중등교육을 받을 수 있는 인구 자체가 대단히 제한되어 있었다. 보통학교 졸업생의 약 10퍼센트만이 중등학교에 진학할 수 있었다. 일례로 1937년에 보통학교를 졸업한 12만3000명 가운데 중등학교 입학자는 1만1000명에 불과했다.[30] 일반계든 실업계든 중등학교 입학은 많은 사람들이 선망하는 일이었다. 둘째, 중등학교에 입학하기 위해서는 비싼 학자금과 치열한 입학시험이라는 두 가지 관문을 통과해야 했다. 고등보통학교 학생 중 대다수는 상급 학교 진학을 기대했을 것이므로 가족의 경제적 여건을 고려해야 했다. 중등실업학교 진학과 졸업 역시 경제적 기반과 학업 능력이 겸비되었음을 보여주는 증명이었다. 셋째, 졸업 후에 상대적으로 취업이 수월하다는 점도 실업학교 진학이 갖는 이점이었다.[31] 중등학교만 이수해도 개인들은 근대적인 산업 부문으로 진출하고 계층 이동을 기대할 수 있었다. 실업계와 일반계 중등학교 재학생 규모도 거의 비슷해, 1940년 기준으로 일반계 재학생은 3만2000명, 실업계 3만1000명, 사범계 4000명 정도였다.[32]

그렇다면, 중등 공업교육의 위상은 어땠을까? 중등 실업교육 속에서 공업교육이 차지하는 위상과 규모를 살펴보면, 우리는 놀라운 사실을 발견하게 된다. 1937년 기준으로 전국에 설립된 공립실업학교로는 농업학교 34개, 상업학교 17개, 수산학교 3개, 직업학교 5개인데, 공업학교는 여자실업학교와 마찬가지로 두 개에 불과했다. 다시 말해, 1937년에 조선인이 입학할 수 있는 총 61개의 공립실업학교 가운데 공업계 학교는 경성공업학교와 진남포상공학교가 유일했다. 게다가 경성공업학교는 3년제 갑종학교였기 때문에 고등보통학교 2년 수료의 학력이 요구되는 학교였다.[33] 이 같은 상황은 고등교육뿐 아니라 중등교육에서도 공업교육을 받은 조선인이 소수에 불과할 수밖에 없는 상황을 보여준다. 그렇다면 일제강점기에 필요한 기술 인력을 어떻게 확보하여 활용했던 것일까?

그 해답은 첫째, 일제가 공업 분야의 수준 높은 인력을 조선에서 양성하지 않고 가급적 일본 본토에서 충원하려고 했다는 데 있다. 1938년 조선에서 활동 중인 일본인 과학기술자 규모가 약 3천여 명이었다고 하는데, 이것은 1913년의 150여 명에 비해 크게 증가한 것이다. 이들은 대부분 의학과 농학이 아닌 공학계열 전공자들로서 최소한 전문학교 이상의 학력을 가진 고등 인력이었다.[34]

두 번째 해답은 낮은 수준의 공업 인력을 쉽게 양성하고 활용할 수 있는 실습 중심의 교육을 실시했다는 데 있다. 초등 수준의 공업보습학교 설립이 그것이다. 공업보습학교는 하급 수공 인력을 양성하려는 목적으로 운영되었다. 그래서 모집은 학력과 상관없이 이루어졌고, 교육 또한 즉각적인 필요와 실용적인 목적에 부응할 수 있는 실습 중심으로 이루어졌다. 수업 연한도 대부분 2년 이내로 짧았다.[35] 무엇보다 보습학교는 학력이 인정되지 않아 상급 학교로의 진학과 편입이 불가능했다. 교과과정 또한 실습 위주로 편성되어 있어 학생들의 학습 의욕을 만족시키는 데 한계가 있었다. 그 결과 공업보습학교는 학생 모집에 어려움을 겪었고, 학교의 사회적 위신이 낮았다. 일본의 의도와 달리, 조선인들은 더 나은 공업교육을 받고 실력을 쌓을 수 있는 기회와 방법을 갈구했고 모색했다. 그래서 일부는 일본으로 건너가 제대로 공부할 기회를 찾기도 했다.

조선을 식민지로 삼은 일본은 조선의 교육체제에 대한 통제권을 놓지 않으려 했다. 이들의 관심은 조선을 '공업국가'가 아닌 적당한 산업 수준의 농업국가로 묶어두어 지속 가능한 식민지 시스템을 유지하는 것, 그리고 대동아 질서를 구축하려는 일제의 구상에 필요한 역할을 수행하도록 하는 것이었다. 조선에서 수준 높은 공업교육을 실시하고 구현하려는 의지를 찾아볼 수는 없었다. 실시된 공업교육 역시 조선인 산업가와 기술 엘리트를 양성하고 배출하는 것과 전혀 관계가 없었다. 일본은 을종 수준의 공업교육기관조차 일본인 중심의 학교를 만들고자 했다.

내선공학(內鮮共學) 실업교육과 차별 경험

일제는 조선의 공업교육에 관한 한 고등교육에서도, 중등교육에서도 제대로 된 시스템을 구축하지 않았다. 전문학교와 대학을 통한 이공계열 교육을 구색 맞추기 정도로만 유지하려 했고, 중등 실업교육의 확대라는 흐름 속에서도 공업계열 학교 설립만은 최소한으로 억제했다. 그 이유는 내지-식민지 관계 설정과 제국주의 구상에 따른 식민지 역할 분담에 있었다. 조선을 공업과 기술 발전의 장소로 바라보지 않았고 조선인을 식민지 주민 이외의 정체성으로 상상하지 않았던 것이다.

식민지 초기인 1910년대의 구상에는 내지와 식민지를 구분하고 위계적으로 차별화하는 이분법적 관점이 명확하게 드러난다. 조선에서 추진된 동화 정책의 본질은 조선인을 일본인으로 만드는 것이 아니라 일본인 밑에 있는 제국 신민을 만들려는 것이었다.[36] 조선인은 천자(天子)의 은택을 받아 문명의 민(民)으로 변화되어야 할 존재일망정[37] 일본인과는 근본적으로 다르다고 여겨졌다. 기술이란 근대세계에 속하는 새로운 지식이자 능력이기 때문에 조선인들이 감당하기 어려운 것으로 간주되었고, 또한 조선인이 감당하도록 내버려두어서도 안 되는 것이었다. 이에 조선의 기술교육 혹은 공업교육은 언제나 소규모로, 낮은 수준으로만 허용되었다.

그런데 1922년 공포된 조선교육령에서는 새로운 변화가 시도되었다.

즉, 실업학교, 사범학교, 전문학교 및 대학 교육에 대해 민족 간 공학(共學)을 적용하겠다는 원칙을 천명한 것이다. 민족 공학제는 민족이 혼합된 학급을 편성하여 조선인과 일본인이 동일한 공간에서 동일한 교육과정을 이수하도록 하겠다는 구상이다. 원칙적으로는 노골적인 민족 간 차별을 없애 형식적 차별 제도를 폐지하고 소위 일시동인(一視同仁)을 표방하는 식민지 교육의 이상적 실험이었다.

민족 공학제는 십 년 이상 지속해온 조선인 차별 정책의 한계, 3·1운동을 계기로 분출된 조선인들의 분노와 저항에 대응하기 위한 방안이었는데, 미국이나 영국 등 서구의 식민지 정책에선 유례를 찾을 수 없는 것이었다. 일본인뿐 아니라 조선인들도 민족 공학제 도입에 적극 반대하는 입장을 표명했다.[38] 그럼에도 민족 공학제는 실업학교와 전문학교에서 우선 시범적으로 적용되었다. 이것이 교육 현장에 미친 영향을 살펴보자.

결론부터 이야기하자면, 민족 공학제의 도입은 현장에서 민족 차별을 해소하지 못했다. 그 이유는 첫째, 실업학교에 입학하는 단계에서조차 민족 차별이 유지되었기 때문이다. 학교 측은 시험을 통해 공정하게 입학생을 선발했다고 주장했다. 하지만 일본인과 조선인의 지원자 대비 합격률은 큰 차이를 보였다. 일례로 관립경성공업학교의 경우, 1915년도 입학생부터 공학제가 실시되었는데, 조선인은 111명 지원에 57명이 합격했지만 일본인은 응시자 39명 전원이 합격하였다.[39] 실업학교 대부분에서 공식적으로는 무차별 원칙이 표방되었으나 실제 현실은 민족별 동수 선발이라는 비공식적 원칙이 관철되고 있었기 때문에 입시 불공정은 개선될 수 없었다.

	공립고등보통	공립고등여자	공립농업학교	공립상업학교	사립상업학교
조선인 합격률	28.5%	42.1%	21.1%	16.5%	14.5%
일본인 합격률	78.1%	80.5%	44.7%	51.5%	60.4%

둘째, 더욱 눈여겨볼 것은 실업학교의 조선인 비율이 분야에 따라 일정하게 차이가 나는 데다, 그 비율이 해마다 유지되었다는 점이다. 〈표 4-3〉에서 볼 수 있듯이, 농업학교의 경우, 조선인 학생의 비율이 높아 90퍼센트, 상업학교는 50퍼센트 전후를 유지했다. 하지만 공업학교는 전시체제가 본격화되기 전까지 30퍼센트 이하로 매우 낮은 수준으로 억제됐다.

〈표 4-3〉 실업계 및 일반계 학교 재학생의 조선인 비율[41]

연도	실업계 학교					일반계 학교
	농 업	상 업	공 업	수 산	직 업	
1922	95%	51%	30%	100%		55%
1927	88%	45%	15%	95%		54%
1932	89%	47%	25%	99%	86%	56%
1937	89%	50%	31%	97%	82%	56%
1942	92%	54%	50%	84%	94%	60%

소수에 불과한 공업학교에서도 조선인 비율을 낮게 유지한 것은 조선에서 일본의 공업교육 정책의 기조가 무엇이었는지를 다시금 확인해준다. 학업 성적을 산출할 때에도 실습 점수를 통해 일본인 학생의 점수를 높여주는 행위가 있어 조선인 학생들의 불만이 컸다.[42] 취업에서도 조선인 학생들은 불리했다. 실업학교의 경우, 같은 학교 동급생과 동일한 채용

절차에 지원했지만 학업 성적이 우수함에도 단지 조선인이라는 이유로 좌절해야 하는 부당한 차별에 늘 직면해 있었다.

일제강점기의 중등 실업교육은 보통학교 졸업생의 단 10퍼센트만이 경험할 수 있었다. 수적인 면에서 보면, 중등 실업교육이 소위 엘리트 교육의 성격을 지녔을 것이라고 추측할 수도 있다. 하지만 내용면에서는 결코 엘리트 교육이 될 수 없었다. 왜냐하면 함께 학교를 다닌 재조 일본인들의 수준 때문이었다. 조선에 건너온 일본인들은 농업, 상업, 공업계 실업학교를 선호하지 않았다. 조선에 거주하는 일본인 인구에 비해 학교 수가 많아 교육 기회가 훨씬 많은 만큼 공업계보다는 일반 중학교를 우선 선택했다.[43] 그 결과, 경성공업학교의 조선인 입학생은 가장 우수한 레벨이었던 반면 일본인 입학생은 조선인에 비해 수준이 떨어졌다. 학교를 운영한 이들도 우수한 엘리트 엔지니어를 양성하는 것이 아니라 자영업 분야의 인력을 키우는 데 관심을 두었다.

식민지 전반기에 이루어진 일본의 조선인 공업교육 정책은 한마디로 억제 정책이었다고 평가할 수 있다. 중등교육 및 고등교육에서 공업교육은 중요한 비중을 차지하지 않았고 배출된 인력도 매우 적었다. 낮은 숙련도와 기능을 요하는 단순 교육실습 및 훈련 분야에서나 필요 인력을 양성하고자 했다. 하지만 1937년 이후 전시체제가 본격화되자, 식민지 공업교육에도 변화는 불가피해졌다.

2. 전시국가 공업교육으로의 전환

산업의 발전이 없는데도 엔지니어 직업 집단이 성장할 수 있을까? 간단해 보이는 이 질문에 답하려면, 산업 연구와 교육사, 과학기술학의 연구를 함께 검토할 필요가 있다. 이 절은 일제강점기 산업 발전의 양상과 특징이 조선인 기술자 양성에 미친 영향을 바탕으로, 식민 치하 엔지니어 양성의 보다 거시적이고 구조적인 배경을 이해하고자 한다. 그리고 일본의 식민지 정책에 근본적 변화를 가져온 전시체제 공업화의 와중에, 조선인 기술자 양성 정책에 어떤 변화가 있었는지를 살펴보고자 한다.

일제강점기 산업구조의 변동

근대사회로의 진전은 식민지기를 맞아 새로운 양상으로 전개되었다. 사람들의 가장 큰 관심사가 된 것은 경제 활동의 변화였다. 농업 기반의 사회에 제기된 새로운 산업사회의 모습이 더 나은 미래의 삶으로 인식될 수 있었을까?

직업별 인구 구성 자료로 평가해보자면, 일제강점기의 한국 사회는 한 번도 농업국가의 외연을 벗어난 적이 없다. 일제가 조선을 병탄한 직후 채택한 산업정책은 조선을 순수 농업 지대로 묶어두는 것이었다.[44] 일례로 1910년 제정한 회사령(1911-1920)은 조선인의 회사 설립과 활동 전반에 일일이 개입하여 사실상 공업 발전을 조선총독부의 의도대로 통제하고자 했다.[45] 앞서 살펴본 대로 조선인의 공업교육을 활성화하기 위한 제도적 조치도 거의 실행되지 않았다. 1920년대의 산업정책 역시 산미증식계획을 중심으로 농업 부문에 초점을 맞추고 있었다.

그렇다면 식민지 기간에 이루어진 발전을 무엇으로 이해할 수 있을까, 산업화가 전혀 진행되지 않았다는 것인가? 그렇지 않다. 일제강점기에 공업 생산이 급증한 것은 명백한 사실이다. 특히, 1930년대 후반에 급속히 증가했다.[46] 〈표 4-4〉에서 볼 수 있듯이, 1920년대 중반 이후 조선인이 운영하는 공장 수와 공장 규모가 점차 확대되기 시작했다. 1927년부터는 조선인이 설립한 공장 수가 일본인 공장 수를 상회하였다. 공장 규모의 영세화 역시 1930년대에 들어서면서 반전되는 모습을 보였다.

〈표 4-4〉 민족별 공장 수와 생산액[47]

연도	공장 수 (개, %)			생산액 (천 엔, %)		
	일본인	조선인	합 계	일본인	조선인	합 계
1911	185 (73.7)	66 (26.3)	251 (100.0)	16,920 (89.6)	1,969 (10.4)	18,889 (100.0)
1916	650 (61.0)	416 (39.0)	1,066 (100.0)	47,173 (89.7)	5,439 (10.3)	52,612 (100.0)
1921	1,276 (54.0)	1,088 (46.0)	2,364 (100.0)	137,874 (85.2)	23,898 (14.8)	161,772 (100.0)
1926	2,138 (51.5)	2,013 (48.5)	4,151 (100.0)	229,278 (73.4)	83,197 (26.6)	312,475 (100.0)
1928	2,425 (46.9)	2,751 (53.1)	5,176 (100.0)	244,496 (73.1)	90,051 (26.9)	334,547 (100.0)
1930	2,092 (49.0)	2,179 (51.0)	4,271 (100.0)			
1934	2,233 (44.0)	2,846 (56.0)	5,079 (100.0)			
1936	2,454 (41.8)	3,415 (58.2)	5,869 (100.0)			

1930년대 이후에는 중화학공업이 급속히 발전하여 공업구조가 고도화되었다. 중화학공업의 성장은 특히 전력 자원의 확대와 관련되어 있다. 1911년 조사된 조선의 수력 자원은 57,000kW에 불과했으나 1922년에는 2,203,000kW로 40배 가까이 증가했다. 1920년대부터 조선의 수력 자원에 주목한 일본질소비료(주)는 북한 지역 부전강에 이어 장진강, 허천강, 수풍에 거대한 댐과 발전소를 건설하였고 뒤이어 다른 일본 자본들도 전력 개발에 나섰다. 대용량 전원(電源)이 개발됨에 따라 전기 사용이 많은 공업이 집적될 수 있는 기반이 마련되었다. 일본의 산업자본이 직접 조선에 진출하면서 공장 수가 급증했는데, 이들 공장의 대부분은 종업원 수가 200명 이상인 대공장들이었다.[48] 이 지표는 본격적인 전시체제가 시작되기 전에도 일본 자본이 진출한 것과 그로 인해 조선 내 공업 발전이 활발해졌음을 보여준다.

이에 따라 1930년대에는 임금 노동자 수가 급증했다. 1935년부터는 중화학공업 부문의 노동자 수가 경공업 부문의 그것을 능가했으며, 특히 근대적 대공장에 종사하는 노동자 수가 크게 증가했다. 1939년이 되면 1915년에 비해 공장 노동자 수가 9배 증가하여 전체 노동자의 거의 75퍼센트가 종업원 수 30명 이상의 공장에 고용되는 상황에 이르렀다.[49] 1930년대에는 광공업이 급속하게 발전하면서 각종 건설 공사장과 공장 및 광산에서 노동력에 대한 대규모 수요가 발생하였다. 이에 1930년대에는 실업률이 급격히 줄어들었다. 1940년경이 되면 마찰적 실업을 제외하면 거의 완전 고용에 가까운 상태가 되었다.

다시 말해, 일제강점기 동안 조선의 공업은 성장했다. 하지만 이 같은 지표만으로는 식민지 공업 발전의 양상과 본질을 충분히 파악할 수 없다. 조금 더 들여다보자. 첫째, 조선의 공업 자산 중 조선인 공업이 차지하는 비율이 채 10퍼센트를 넘지 않았다. 다시 말해, 일제 말 조선에 투하된 공업 회사 자본 대부분이 사실상 일본인 회사 자본이었던 것이다.[50] 둘째, 1930년대 이후 공업화의 대부분은 광공업에 의해 설명되는데, 이것은 곧 일본인 거대 자본의 성장 시기와 일치한다. 일본인 대자본은 1920년대 후반부터 조선에 진출하였고 조선의 전력과 값싼 노동력을 활용하여 기업 활동을 도모했다. 이와 반대로 조선인 자본은 대부분 근대적 공업 분야가 아니라 자급적, 부업 차원의 가내공업과 영세 중소공업으로 구성되어 있었다.

셋째, 중일전쟁 이후의 공업화는 군수공업화의 성격을 갖는다.[51] 다만, 조선의 군수공업화는 병기, 항공기, 차량과 같은 주요 군수품을 생산하기에 역부족이었기 때문에 그 원료나 소재 생산에 치중될 수밖에 없었다. 따라서 1930년대 말부터는 제철업, 경금속공업, 인조석유제조업 및 무수주정(無水酒精)공업, 기계기구공업 등을 확충하려는 노력이 한층 강화되었고, 이로써 공업구조가 급속히 고도화되었던 것이다.

조선에 대한 일본의 투자액 중 48퍼센트가 1940년과 1945년 사이에 집중된 것을 보면, 조선의 공업화에서 군수공업이 얼마나 큰 비중을 차지했는지를 짐작할 수 있다. 조선의 공업이 군수공업 체제로 재편되자, 모든 생산 역량을 군수품 생산에 집중하는 과정에서 비군수품 생산 부문은 노동력, 원료와 자재, 자금 등 모든 면에서 심한 제한을 받았다.[52] 평화 산업 관련 기업은 대부분 통폐합되거나 강제로 정비되었다. 이렇게 해서 획득된 생산 역량은 군수회사에 집중되었다. 결국 군수 목적 이외의 생산은 전체적으로 괴멸 상태에 놓이게 되었다.

지금까지 살펴본 일제강점기 공업화의 특성과 그 결과는 허수열이 그의 연구에서 소개한 메디슨 추계에 명쾌하게 요약되어 있다. 메디슨 추계에 따르면, 1911년 조선의 1인당 국내총생산액이 815달러였다가 점차 증가하여 최고로 높을 때는 1,619달러(1938년)까지 오르지만 해방 후인 1949년에는 불과 819달러로, 즉 식민지 초기의 지표로 돌아갔다.[53] 무려 36년간의 상승이 마치 물거품처럼 사라진 것이다. 이것은 무엇을 의미하는가? 허수열은 이를 근거로 일제강점기의 발전을 "개발 없는 개발"이라고 부른다. 일본인의, 일본인에 의한, 일본인을 위한 발전이었기에 그들이 사라지자 그동안 식민지 발전을 구성했던 각종 지표들이 곤두박질친 것이다.

요약해보면, 병합 초기부터 한국을 통제 가능한 식민지 농업국으로 구상한 조선총독부의 산업정책, 식민지에서 더 나은 시장 기회를 모색하려고 했던 일본 대자본의 진출, 1937년 이후 대동아전쟁을 통해 제국주의의 야망을 실현하고자 했던 일본 전시체제, 이것이 일제강점기 조선 공업화의 맥락이자 조선인 기술자의 성장 배경이 되었다.

조선인 엘리트 기술자의 양성은 따라서 기대를 받은 적도, 관심을 받은 적도 없다. 식민지 인프라를 구축하기 위한 병합 초기의 하급 기술자 양성, 1920년대 후반부터 본격화된 중화학, 광공업 부문의 기술 노동력 수요[54], 1930년대 후반 전시체제에 따라 시급히 요구되었던 기능자 양성이 조선인 기술자를 양성해야 할 대표적인 수요였다. 그렇기 때문에 일제 강점기에 양성된 조선인 기술자의 대다수는 1930년대 이후 등장한 낮은 수준의 학력과 기능을 가진 인력이었다. 식민기간 내내 교육을 통한 조선인 기술자 양성은 위축되거나 소극적으로만 유지되었고, 폭발적으로 증대한 조선인들의 교육열에 마지못해 대응하는 방식으로 이루어졌다.

전시체제의 기술교육

만주사변과 중일전쟁 이후 일본은 전쟁을 향한 총력전체제 안으로 모든 인적, 기술적, 제도적 자원을 동원하기 시작했다. 그 가운데 전문성을 갖춘 과학자와 엔지니어를 양성해 활용하는 일은 전쟁의 승패를 가를 중요한 요인으로 간주되었다. 하지만 전쟁이 절정으로 치닫자, 일본 본토의 인원을 동원하는 데도 한계가 있었다. 어쩔 수 없이 식민지에서도 필요 인력을 양성해야 할 상황에 몰렸다. 조선의 공업교육에 대한 억제를 완화한 결과는 극적이었다. 1940년대에 중등 공업학교를 졸업한 조선인 학생이 1,487명으로 전체 졸업생 3,109명의 거의 절반을 차지했다. 대표적인 갑종공업학교인 경성공업학교가 15년간 배출한 졸업생이 206명에 불과했다는 점을 감안하면 얼마나 극적인 변화가 발생했는가를 실감할 수 있다.[55]

전시체제 동안 드러난 조선인 기술교육의 특성은 다음과 같다. 첫째, 공업 분야의 배출 인력이 현저하게 증가했다. 1930년대 말부터 본격화된 공업 인력 양성은 주로 학교의 신규 설립, 기존 학교의 승격, 사내 교육 및 훈련 시스템 도입을 통해 이루어졌다. 1943년 말에 내려진 '교육에 관한 비상조치방책'에 따라 1944년에는 조선 전역에 23개의 공업학교가 생겼다. 전년도의 12개에 비해 무려 2배가 증가한 것이다. 다만, 학교가 신설된 것이 아니라 기존 상업학교나 각종 학교를 공업학교로 전환하거나 학과와 정원을 신설, 증설한 결과였다. 마찬가지로 직업학교도 1940년까지는 새로 신설되었지만 이후에는 공업보습학교에서 승격되는 방식으로 설립되고 1944년부터는 공업학교로 다시 전환되었다.[56] 이렇게 기존 학교의 전환이나 승격 방식을 활용한 이유는 비용을 절약하면서 신속하게 필요한 기술 인력을 양성할 수 있었기 때문이다. 그 결과, 교육 수준이 형편없이 낮아졌다. 학생들은 정규 교육을 받기보다 갖가지 근로 작업과 군사훈련에 동원되었다.

둘째, 군수공업을 중심으로 산업구조가 재편되자, 일제는 학교 교육과는 별도로 기술 인력을 양성하고자 했다. 일본 본토에서 추진한 숙련공 양성 정책으로는 충분한 기술 인력을 공급할 수 없었다. 일제는 '국민직업능력신고령'을 통해 인력의 소재를 정확하게 파악하는 한편, 실업교육의 확충과 '기능자양성령'을 통해 기능자 공급을 확대하려는 정책을 실시했다. 이에 1939년부터 직업학교에서 단기 과정을 운영했고, 이후에는 기능자 양성소를 급속히 확대해나갔다.[57] 이로 인해 조선인 기능자 수가 크게 증가하여 1939년 18만7천 명에서 1944년에는 40만5천 명 규모에 이르게 된다.[58] 그렇지만 조선인 기능자 규모의 증가가 순전히 일제의 정책에 의해서만 이루어진 것은 아니다. 아래 〈표 4-5〉를 보면, 조선인 현직 기술자와 기능자 수가 26만여 명으로 당시 교육기관이나 기능자 양성 시설에서 배출될 수 있는 규모에 비해 훨씬 많다. 이것은 곧 현장에서의 학습과 경험을 통해 기능자가 된 인력이 매우 많았다는 것을 보여준다.

<표 4-5> 기술자·기능자 종류별 등록수 (1944년 5월 현재)[59]

	일본인	조선인	계
현직자	46,192	260,745	306,937
전력자	31,896	140,677	172,573
학교 졸업자	634	234	868
기능자양성시설 수료자	614	221	835
검정시험 면허자	817	3,330	4,147
계	80,153	405,207	485,360

하지만 기능자 양성에서 허용된 것은 대부분 현장 실습 위주의 교육이었고 훈련 기간도 점차 축소되었다. 때문에 현장에서 교육을 받았더라도 이들 기능인들은 안정된 자리를 보장받지 못한 채 값싼 예비 인력으로 취급되었다.[60]

셋째, 전시체제 기술 인력의 수급이 대단히 어려운 상황에서도 일제는 내지인-조선인의 차별 원칙을 고수했다. 예를 들어, 초급 기술 인력을 양성하는 기능자 양성소만 해도 일본에서는 기술 수준을 높이기 위해 그 안에 중등과와 고등과를 개설했지만 조선에서는 이 같은 예를 찾아볼 수 없었다. 그로 인해 전쟁이 한창이던 1943년에도 조선인 기술자 수는 일본인의 절반인 6천여 명에 불과했다. 그나마도 공업 기술자가 차지하는 비중은 매우 낮고 사무소·상점 기술자 비중이 높았다. 즉, 핵심 기술자는 일본인으로 채우고 조선인 기술자는 그들을 보조하는 차별적 방식의 식민지 기술 인력 구조가 일제 말기까지도 관철되었던 것이다.[61]

식민지 조선 내 최대 규모의 기업이었던 일본질소 흥남 비료공장에서도 조선인 노동자는 일본인 노동자의 유입과 유출을 보완하는 위치에 머물렀고 업무에서 차별을 받았다. '조선인의 일'이라는 표현은 번거로운 잡일을 뜻하는 고유명사처럼 사용됐다. 1928년 일본의 미나마타 공장에서 흥남 비료공장으로 전근한 어떤 일본인 노동자는 다음과 같이 회고하였다.

<표 4–6> 산업별 기술자 수와 민족별 비중

	1942년			1943년			조선인 비중 (%)	
	합계	조선인	일본인	합계	조선인	일본인	1942년	1943년
공업	6,695	1,215	5,480	8,037	1,381	6,656	18.1	17.2
토건업	2,402	559	1,843	2,055	547	1,508	23.3	26.6
광업	4,177	1,553	2,624	3,526	1,349	2,177	37.2	38.3
운수업	1,249	180	1,069	1,162	132	1,030	14.4	11.4
사무소	1,799	642	1,157	4,181	2,721	1,460	35.7	65.1
합계	16,322	4,149	12,173	18,961	6,130	12,831	25.4	32.3

미나마타 공장에 있었을 때도 신경이 쓰이는 일은 3교대에게 맡겼어요. 그래도 같은 지방 사람이니까 3교대든 일근 잡역이든 어느 쪽이 위라는 인식 같은 건 별로 없었죠. "좋겠다. 일근이니! 폭발을 만날 일도 없고 말이야." 이렇게 이야기를 했어요. 조선에서는 그게 달랐죠. 조선인이 들어오게 되니까 어느 부서에 있든지 상하의식이 생겨났거든요. "뭐야, 넌 일근 잡역이야. 아이고, 조선인 같은 일이네." 이런 식이죠. 일본인밖에 쓰지 않는 일이랑 조선인을 써도 좋은 일로 나눠지니까, 일본인이라도 업무에 따라 서열이 생겼어요. 촉매제 제조는 절대 비밀이니까 급이 높고 합성탑 조작은 실력이 필요한 데다 암모니아 제조의 포인트니까 급이 높다는 식입니다.[62]

이러한 경향은 전시체제 내내 변하지 않았다. 1940년 전화교환수로 일한 한 여성에 따르면, 가입자 관리자는 일본인이, 교환수는 조선인이 주로 담당하는 구조로 전환되고 있던 와중에도 채용에서는 "정규모집=일본인, 결원보충=조선인이라는 선후 관계"가 존재했다고 말했다.[63] 일제가 패망하는 1945년까지 "관리기술자·숙련공=일본인, 자유노동자·비숙련공=조선인"이라는 식민지 고용 구조는 붕괴되지 않았다.

전시체제가 끝날 무렵 일본인 기술자들이 본국으로 징집되기 시작했다. 조선인 기술자 중 일부는 그 자리를 대신할 기회를 잡았다. 덕분에 해방 무렵에는 현장 경험과 기술을 축적한 조선인 중견 관리자와 기술자의 숫자가 제법 늘어났다. 하지만 이와 같은 방식의 기술 학습과 훈련은 전시체제의 심화라는 외부적 환경과 우연적 요소에 의해 만들어진 것이며, 일제강점기를 대표하는 조선 기술자 양성 방식이었다고 볼 수 없다.

총력전체제하 조선인 기술자의 형성과 저항

1. 총력전체제 근대 규율의 내면화와 기술−정신의 분리

식민지 조선은 1930년대 후반부터 제국주의 일본이 상상한 대동아공영권 프로젝트 안에서 정치적, 경제적 차원을 넘어 문화적, 정신적 차원까지 긴밀히 통합될 것을 요구받았다. 이 시점의 식민지기를 잘 설명할 수 있는 개념이 있다면, 그것은 총력전이다.

총력전(總力戰, total war)의 특징은 전장과 생활 현장, 전투원과 비전투원의 구분이 모호해지고 군사, 정치, 경제, 사회, 문화 등 사회체제 혹은 국가체제의 모든 영역이 전쟁 수행이라는 목적의 달성을 위해 총체적으로 변화하고 재조직된다는 데 있다.[64] 1938년 4월 일본에서 공포된 국가총동원법은 오랫동안의 사전 기획과 준비를 거쳐 마련된 것으로, 관련 법령의 정비뿐 아니라 국민정신총동원 운동을 통해 구현되었다. 국민 생활의 계도와 정신의 교화를 추진한 이 관제 운동은 일본판 전체주의인 황도주의(皇道主義)를 중심으로 국민들의 정신적 결속과 일체화를 도모하였다.

하지만 여기에서 강조된 일본 정신의 발현을 조선인들에게 기대할 수는 없었다.[65] 식민지 조선에서 진행된 총력전 양상은 다른 특성을 지닐 수밖에 없었다.

일본은 총력전체제 구상을 통해 본격적으로 한국 사회를 재편하고자 했다. 일제의 이데올로그들은 총력전을 전선과 후방의 구분 없이 국민 모두가 참가해야 하는 전쟁, 즉 경제전·외교전·사상전이 동시에 전개되는 전쟁이라고 설명하였다. 이들은 국민의 일상생활을 전쟁 체제로 바꾸었다. 전쟁이 평시의 일상세계로 진입한 것이다. 총력전체제는 문화적, 규범적 실천과 결합되며 한국인의 근대적 에토스 형성에 깊은 영향을 미쳤다. 이 체제는 식민지배의 종료에도 불구하고 사라지지 않고 1960년대에 확산된 다른 유형의 총력전에 의해 되살아나게 된다.

총력전체제 학교 규율의 형성

학교는 위계질서와 규칙 순종이라는 식민지 규율을 가장 효과적으로 내면화하는 장소로 활용되었다. 교훈, 급훈에 이르는 훈육 체계, 집단적 규율을 유지하기 위한 단체 훈련으로서의 의례, 신체검사와 복장검사처럼 주기적인 학생 행동 관리와 학적부 관리, 학교장-교사-급장-부급장 등으로 이어지는 수직적 위계화의 양식들이 획일화되고 관료적인 교육과정과 교육 방법을 통해 전달되었다.

물론 규율 지식과 실천의 전달을 단지 식민지 교육만의 특성이라고 볼 수는 없다. 인간의 신체에 작용하여 시간을 엄수하고 질서를 지키는 습관을 형성하는 것은 현대사회에서도 강조되는 교육의 특징이기 때문이다. 하지만 이러한 규율 지식과 훈련의 양식이 지배-피지배의 차별적 사회 원리, 전쟁 체제와 연결되는 순간, 상황은 전혀 다르게 전개된다.

일제의 총력전체제 학교 교육은 근대적 규율 훈련을 넘어 군국주의 교육으로 재편되었다. 집단의 규칙과 상급자에 대한 복종을 연습하는 다양한 교육, 조회와 주회 때 진행되는 집단 훈련, 학과 시험의 비중을 줄이고 신체검사와 면접검사의 비중을 크게 늘린 중등학교 입학사정, 군국주의와 관련된 학교의 각종 전시물, 천황제 관련 상징물에 대한 우상 숭배 의식 등이 지속적으로 실시되었다. 이를테면, 1937년 10월 이후로는 총독부가 제시한 황국신민서사(皇國臣民誓詞)를 기도문처럼 암송해야 했다.[66] 체력 훈련도 1939년 이후 강화되어 중등학교 입학시험에서 30퍼센트의 비중을 차지하게 되었고, 달리기와 멀리뛰기는 물론이고 모의 수류탄 던지기까지 포함되었다.

이와 같은 식민지 교육의 내용과 형식은 광복 이후 대부분 폐기되었지만 학교의 일상적인 관행이나 규율은 한국 사회에 깊은 영향을 미쳤다. 획일화되고 위계적인 규율과 훈련 양식이 식민지배 이후 한국 사회의 긴급한 정치적, 경제적 목표를 달성하는 데 여전히 효율적인 수단으로 활용되었다. 일제강점기에 장교로 훈련받은 박정희는 그가 정권을 장악했을 때 총력전체제의 그것과 유사한 방식으로, 국민교육헌장 반포와 학교 규율 강화와 같은 식민지 교육의 양식과 문화를 확산시켰다.

산업 현장 노동 규율의 형성

전시체제에 돌입하자 산업 현장을 마치 전장(戰場)처럼 설계하는 노동 규율이 일상화되었다. 전시의 산업 생산을 위해 조선인 인력을 황국신민으로 만들 필요성이 제기되자, '황국근로관(皇國勤勞觀)'이 강조되기 시작했다. 현장의 노동자와 기술자들은 생산력 증강을 위해 오랫동안 익숙했던 생활 습관을 바꾸어 광공업 직무에 맞는 새로운 노동 습관을 익혀야 했다. 1943년에 조선노무협회는 중견 노무자 양성을 위해 노무지도원 훈련소를 설치하고 입소자를 선발하여 1주일 간 엄격한 훈련을 받도록 했다.[67] 전체 프로그램의 구성과 내용은 노동자에게 필요한 기능 훈련보다 오히려 황국신민 양성 교육과 군사 훈련에 초점이 맞추어졌다. 현장의 교육은 일차적으로 '황국신민의 자각과 견실한 국가 관념을 공고히 하고 산업전사(産業戰士)로서의 자질을 갖추게 할 목적으로'[68] 이루어졌다.

바야흐로 노동 현장은 군사 조직처럼 변했다. 공장 사업장 내에는 군대 조직을 본떠 사봉대(仕奉隊)가 만들어졌다. 사봉대란 직장이 곧 '사봉의 장소', '섬김의 장소'라는 것을 의미했다.[69] 사봉대는 국방 의식과 규율 관념을 강조하면서 노무관리를 했다. 그 일환으로 작업장 내에서 강도 높은 정신 훈련이 실시되었다. 예를 들어, 시간별로 특정한 의식과 동작을 반복하게 함으로써 신체적 반복을 통한 복종의 습관을 체화하도록 유도했다. 이와 같은 훈련을 통해 조선인 노동자는 산업전사로서 호명되었다.[70] 전쟁터로 상상된 산업 현장의 군사적 노동 규율은 해방 후 한국의 산업 현장 곳곳에서 다시 등장하게 된다.

전쟁과 식민지 조선의 과학기술: 기술과 정신의 분리

어느 나라든 전쟁은 근대국가 건설과 산업 발전, 과학기술력 향상과 깊이 관련되어있다. 일본은 일찍이 서구의 과학기술이 갖는 위력과 중요성을 인식했다. 어떻게든 서구 과학기술을 적극적으로 모방하여 발전시키려고 했다. 서구로부터 배운 지식과 기계를 바탕으로 전쟁을 준비하고 치르는 과정에서 이들은 과학기술에 대해 독특한 태도를 갖게 되었다. 전쟁을 주도한 일본의 지배집단은 자국민들에게 전쟁의 성격을 '과학'과 연결하여 이해할 것을 촉구했다.

근대전은 실로 과학전이라고 한다.… 과학의 진보는 근대 문화를 높은 속도로 비약시켰다. 따라서 최신 병기는 근대 과학의 정수를 모아 계속하여 출현하고 있다. 바야흐로 황군은 땅에서 하늘에서 바다에서 정의의 깃발을 높이 나부끼며 세계에 성전의 대사명을 발양하고 있는 때, 비상시국 하의 소년 제군뿐만 아니라 일반인들도 근대전의 모습을 명확하게 파악하기를 갈망한다.[71]

이에 따라 모든 과학기술은 총력전체제로 재정비되어야 했다. "과학의 획기적인 진흥과 기술의 약진적인 발달을 도모함과 동시에 그 기초가 되는 국민의 과학 정신을 작흥함으로써 대동아공영권 자원에 의거한 과학기술의 일본적 성격을 확립"[72]하겠다는 다짐이 이어졌다. 이런 과정을 고려할 때, 일본인들이 패전 후 전쟁 패배의 원인을 첨단 과학기술 경쟁에서의 실패에서 찾은 것은 결코 우연한 일이 아니다.

그렇다면 식민지 조선의 보통 사람들에게 과학과 기술, 과학자와 기술자는 무엇을 의미했을까? 평범한 식민지 조선 사람들은 일본인들처럼 과학의 정수를 '최신 병기'에서 찾지 않았다. 교육과 노동은 일상의 영역에서 매일매일 부딪히고 경험하는 삶의 한 요소였지만, 과학과 기술은 낯설고 비일상적인 세계였다. 사람들의 생각과 인식에 영향을 미칠 과학 잡지마저도 대부분 일 년을 못 넘기고 폐간되기 일쑤였다.[73]

하지만 식민지 조선의 지식인들은 과학자와 기술자의 중요성을 깨닫고 있었다. 특히 해외 상황에 밝은 유학생들이 그랬다. 일본 동경의 유학생 통합 단체인 대한흥학회가 1909년에 조직되었다. 이들이 발간한 『대한흥학보(大韓興學報)』에 실린 글들은 의학, 공업, 상업을 강조하며 물질 생산 능력이 증가해야 국력이 강해진다는 점을 강조하였다.[74] 1917년 이광수는 특출한 재능을 지닌 천재가 조선에 적어도 열 명은 필요하다며, 경제, 종교, 교육, 문학, 예술, 철학, 공업, 상업, 정치 등을 열거하였다.[75] 그중에서 도 "영웅은 인력으로 못한다 하드라도 기사(技師)나 기수(技手) 같은 인물 은 양성만 하면 천우(天佑)라도 얻을 수 있습니다. 우리의 결핍한 인물, 따라서 요구하는 인물은 영웅이 아니요, 실로 기사와 기수"라며 기술자 양성의 중요성을 역설했다.[76]

과학과 기술을 익혀 장래 민족의 가능성을 열 수 있으리라는 낙관적 기대와 전망은 한동안 조선의 지식인들과 민족 지도자들의 마음을 사로잡았다. 애국계몽운동을 주도한 지식인들을 중심으로 과학교육에 대한 관심이 커지고 사립학교를 통해 과학과 기술을 교육하려는 움직임들이 연이어 나타났다. 1920년대 전반기에 제기된 '신교육진흥론'과 이광수의 '민족개조론' 등은 서구 과학기술의 수용과 과학교육 담론을 확장하는 계기를 마련하였다. 이와 같은 흐름은 1934년 과학지식보급회의 창립, 과학데이 개최와 같은 과학 대중화 운동으로도 연결되었다.

하지만 과학과 기술에 대한 지식인들의 생각은 1930년대 이후 학문 분야에 따라 개별화된 전문성과 중립적 과학 담론 속에서 점차 변화되어갔다. 즉, '가치중립성'과 '관점 없음'을 표방하는 실증적 과학 담론이 지배적 위치를 점하기 시작한 것이다. 연희전문학교 한인석 교수의 글은 1940년 무렵 식민지 조선의 과학 담론을 잘 보여준다. 그는 과학이란 "감각을 배제하고 수량적인 개념으로 자연 현상을 정리하는 것"이며, 과학 정신이란 "막연한 개념을 배제하고 실험과 관측을 통해 얻은 지식만을 추구하는 것"[77]이라고 주장했다. 한인석 교수를 비롯하여 당대의 많은 지식인들이 주관적 감각을 배제하고 예측 가능성을 지닌 계량화된 논리적 사고를 강조했다. 이는 1940년대에 이르러 과학기술이라는 새로운 용어를 일본 사회에 정착시켜 과학기술의 목적을 제국 일본의 산업 발전과 전쟁 승리에 기여하는 것으로 정당화했던 일본 과학자와 테크노크라트들의

담론과 비교된다.[78]

관련 연구자들은 일제강점기의 과학 담론이 실용적 기술 중심이었고 이 때문에 과학이 위축되고 도구적 성격의 기술이 강조되었다고 본다.[79] 일제강점기 내내 연구는커녕 제대로 된 과학, 공학 분야의 고등교육조차 이루어지지 않았고 총력전을 위한 활동만이 요구된 상황에서 이러한 평가는 설득력이 있다. 다만, 이 같은 상황이 과학과 기술 영역에 각기 다르게 적용되었다고 보기는 어렵다. 당장의 목표와 필요에 부응하도록 요구하는 도구적 관점은 과학과 기술 모두에 적용되었다.

그런 점에서 우리는 기술 중심의 과학 담론이라고 평가되는 이 현상의 이면을 보다 세밀히 살펴볼 필요가 있다. 기술 중심 담론이란 첫째, 기술이 담론과 정책 모든 면에서 과학보다 우위를 차지했다는 것이고, 둘째, 중립적이고 도구적 관점의 기술 인식이 지배적이었음을 의미한다. 이 중 과학에 대한 기술의 우위는 식민지 정책과 총력전체제의 작동 속에서 특정한 목표를 가진 산업, 기술, 교육, 연구 영역만이 지원 대상이 되었다는 점에서 이해할 수 있다. 하지만 중립적이고 도구적 관점의 기술 인식에 관해서는 좀 더 생각할 여지가 있다. 과학이든, 기술이든 일제강점기에 강조된 것은 식민지에 부여한 임무와 특정한 목적을 중심으로 요구된 것인데, 단지 위로부터의 식민지 정책에 의해서만 형성된 것은 아니다. 소위 '기술 중심 담론', '과학과 기술의 중립성 담론'은 식민지 지식인들의 자체적인 전략과 활동에 의해 형성되기도 했다.

1930년대 중반부터 일본의 과학계와 교육계는 '일본 정신과 과학의 통일'이라는 명제를 제시했다. 이어 '과학의 사회화', '국민성의 과학화'라는 구호 아래 자국민뿐 아니라 식민지인들을 동원했다. 총력전이 본격화되자 일본에서 과학기술이란 전력 증강과 직결되는 문제로 인식되었다. 이에 대한 조선인 기술자와 지식인들의 태도는 크게 둘로 나누어졌다. 하나는 과학을 비이데올로기적 보편으로 인식함으로써, 개인과 사회의 전망을 과학과 구별하여 설계하는 것이다. 이 경우, 과학에 대한 전망을 식민지 현실로부터 분리해낼 수 있었다. 비이데올로기의 관점은 과학과 기술의 중립성, 나아가 과학자와 기술자의 탈정치성을 옹호하며 과학과 기술의 경계를 지키는 데 효과가 있었다. 이로써 일본 정신으로부터 자신들을 방어할 수 있는 논리적 방어벽이 생기는 것이다.

다른 하나는 회피라는 소극적 태도였다. 가령 몰아치는 총력전의 파도에 맞서 과학자와 기술자로서의 역할과 책임을 진지하게 파고들기보다 오직 '일'에만 집중하는 태도를 들 수 있다. 1942년 이북명의 소설 『빙원(氷原)』에 나오는 한 구절에는 그와 같은 상황에 처한 조선인 토목기술자의 심경이 잘 드러나 있다.

> 아니다. 내가 지금 무슨 망상을 하고 있는 건가. 우리나라(인용자 각주: 일본) 기술의 결정인 S 저수지야말로 건설의 저수지다. 나는 내일부터 이 저수지의 빙원을 정복하고 위대한 건설 공사를 시작할 사명을 짊어지고 온 기술자다. 어디든지 좋다. 내게는 오직 일이 있을 뿐이다.[80]

적극적이든 소극적이든 조선인 기술자의 대응은 일본 정신과 과학, 기술을 통합하려는 총력전체제의 담론에 대해 저항의 성격을 띠었다. 일본의 식민지 과학기술정책을 단순히 수용하는 것이 아니라 과학자 혹은 기술자로서 자신의 정체성을 지키는 방법이기도 했다. 이때 조선인의 정체성을 지킬 수 있는 가장 효과적인 방법은 정신과 기술을 분리하는 방법을 익히고 받아들이는 것이었다. 사회정치적 맥락으로부터 자유로운, 소위 가치판단으로부터 자유로운 기계적 중립지대를 구축하고 그곳에 거하는 것이다.

의도한 것은 아니었지만 과학은 보편적 가치와 중립성을 지닌, 현실과 별도로 존재하고 또 그렇게 추구되어야 할 가치로서, 이미지와 일루전(illusion)으로 남겨졌다. 과학자와 기술자는 탈정치적일 때 가장 도덕적일 수 있고 생존 가능하다는 강렬한 역사적 경험과 기억 또한 축적되었다. 정치와 사회에 대한 과학기술의 역할과 책임을 도구적이고 기능적으로 설정한 이 같은 태도를 유지하려면, 과학기술과 사회의 상호관계에 대한 지적 호기심과 성찰을 멈추어야 하는 대가를 치러야 했다. 즉, 다른 이들의 전쟁에 휘말린 식민지 조선의 과학기술은 그 주체들을 사회적 맥락으로부터 분리시켰다.

2. 교육과 기술로 저항한 조선인의 주권 투쟁

주권 상실이라는 식민지 현실은 나름대로 새로운 삶의 방식을 모색하던 개인과 집단들에게 타격을 주었다. 1926년 《동아일보》에 실린 한 청년과의 인터뷰 기사에는 식민지 공업교육을 받은 젊은 지식인의 소회가 잘 담겨 있다.

> …속눈썹에는 눈물어린 눈으로 물끄러미 바라보며 말없이 한참 있더니 "나도 조선을 위하여 세상에 나왔건마는 세상은 왜 나에게 힘을 주지 않습니까," 이것이 그가 기자를 대한 첫 인사였다. 한숨 끝에 이야기를 계속하는 그는 얼굴에 말 못할 괴로운 기색을 보이니 이것은 아마 할 말이 많건마는 마음대로 말할 수가 없다는 표정인 듯싶다. 지금은 내가 이 주제로 낙산 밑 길거리에서 이날저날을 보냅니다마는 한 동안은 爲國學府로 이름이 있었답니다. (중략) 그 당시 모든 것으로 퇴

패되어가는 우리나라를 위하여 공업지식을 전국 총준 자제들에게 가르치어 공업을 개발시키려고 하였던 것이 나의 목적이었지요.[81]

일본 정부는, 아무리 노력해도 '조선인 기술자'로서는 최고가 될 수 없는 현실을 제도적으로, 문화적으로 공고히 하여 조선인을 근대 산업을 이끌 혁신적 기업가로도, 고등의 연구자로도, 엘리트 기술 관료로도 키우지 않으려 했다. 하지만 이러한 시도는 계속 저항에 부딪혔다. 조선인들의 저항은 크게 두 갈래로 진행되었다. 하나는 직접 학교를 설립함으로써 교육받은 조선인 기술자, 조선인 기업가를 양성하려는 움직임이었다. 다른 하나는 조선인의 발명과 공업 활동을 독려하여 민족의 독립과 국부민강을 이루려는 조직화된 운동이었다. 이 같은 저항은 일제강점기 내내 끊이지 않고 지속되었다.

한일병합이 이루어지기 불과 일 년 전, 공업연구회의 젊은이들은 급격히 기울어만 가는 나라의 형세를 바라보며 착잡한 마음을 금할 수 없었다. 하지만 그런 가운데에도 이들은 흥학흥업(興學興業)의 기치를 내걸었다.[82] 자신들을 이류 혹은 하급 인력으로 제한하고 규정하려는 일본의 집요한 간섭을 피해 그들 나름의 조선인 공업가, 조선인 기술자 모델을 구축하려고 애썼다. 다시 말해, '조선인 기술자'의 정체성을 둘러싸고 한일 간 각축이 벌어진 것이다. 당시 조선인들은 어떻게 대응했을까? 1920년대에 들어와 조선인 지식인과 기술자들은 일본의 프레임에 맞서 나름대로의 전략과 대안을 개발하고 구현했다. 이 과정에서 중요한 소수, 즉 크리티컬 매스(critical mass)가 형성되고 조직되었다.

조선인의, 조선인을 위한 기술자 교육

일제강점기의 조선인들에게 교육이란 무엇을 의미했을까? 언론인인 리영희는 경성공업학교에 다니는 동안 지배민족으로서의 우월적 심리로 자신을 대하는 일본인에 대해 적어도 학교와 관련된 생활에서는 "머리와 성적의 우월성으로 그들을 멸시"[83]하는 것으로 상쇄했다고 말했다. 내선공학 시스템 하에서 교육을 받은 많은 조선인들은 그들이 할 수 있는 거의 유일한 것, 즉 합법적인 데다 누구에게나 인정받을 수 있는 공부에 열중했다. 공부란 그런 의미를 지니고 있었다.

그러나 조선인에게 주어진 교육 기회는 제한적이었다. 앞에서 살펴보았듯이, 중등학교 수가 부족해 치열한 입학 경쟁을 치러야 했고 상급학교 진학 비율은 매우 낮았다. 결국 일제의 교육 기회 봉쇄 정책은 조선인들의 강한 반발을 야기했고, 1920년대에는 본격적인 정치 쟁점으로 등장했다. 조선총독부와 식민지 정책을 비판하는 집단적 행위가 확산되자, 일제는 오직 초등교육에 한해 그 요구를 제한적으로 허용했다.[84]

개인 유학으로 새로운 교육 기회를 모색하려는 시도 역시 번번이 좌절되었다. 조선인의 유학을 억제하려는 정책으로 인해 1920년대 중반까지 이공계 대학을 졸업한 유학생이 한 명도 배출되지 않을 정도였다.[85] 교육 기회는 물론이고 상급학교 진학, 졸업 후 진로에 이르기까지 일본인 위주의 시스템이 작동되는 상황에서 우수한 조선인 기술자 양성은 쉽지 않았다. 조선에서 요구되는 중등 및 고등 기술 인력 수요에 대해 일본은 본토 대학 및 전문학교에서 배출되는 일본인 기술자들에게 철저히 의존하고자 했다.[86]

따라서 다른 방법이 필요했다. 조선총독부의 정책이 변하기만을 기다릴 수는 없었다. 3·1운동 이후 교육 운동의 열기가 퍼지자 조선인 스스로 조선인을 위해 교육기관을 설립하려는 움직임이 나타났다. 민립대학 설립 논의가 시작된 것이다. 비록 목적과 이유는 달랐지만 민족의 실력을 양성하자는 취지 아래 민족주의 세력과 사회주의 그룹, 지방 유력자들이 참여하여 학교 설립을 추진했다. 1922년에 추진된 민립대학 기성준비회 발기인 모집에 232개 부·군·도 중 80퍼센트에 해당하는 186개 군부 1,170명이 참여한 것만 보아도 당시의 열기를 짐작할 수 있다. 하지만 민립대학 설립 운동은 관변 유력자 집단의 유입, 운동 참여 세력의 이탈, 불투명한 회계로 인한 운동 내부의 불신, 경성제대 설립으로 인한 수요 감소 등이 원인이 되어 1924년경 결국 실패로 끝났다.[87]

하지만 사립학교를 설립하여 근대적 기술 인력과 조선인 인재를 키우려는 노력은 계속해서 이어졌다. 선교사들과 민족주의자인 조선인 재력가, 이렇게 두 개의 축이 사립학교 설립을 이끌었다. 선교사들은 일찍부터 학교 설립에 적극적이었는데, 예컨대 그들이 설립한 평양의 숭실대학(1906)과 연희전문(1915) 등은 종교 교과목 외에 과학 교과목을 개설하고 있어 당시로서는 과학, 기술 분야의 근대 교육을 받을 수 있는 드문 곳이었다. 이 학교의 졸업생들이 미국이나 일본 등으로 유학을 떠나 이·공학을 전공한 전문인으로 성장할 수 있었던 점에 주목해야 한다.[88]

1920년대에 들어와 사립 공업학교 설립이 추진된 것은 당시 활발하게 진행되고 있던 실력양성운동과 관련되어 있다. 소공업가로 활동할 자영 기술자를 양성할 필요가 있다는 인식이 특히 민족주의 성향을 지닌 조직과 개인들에게 확산되고 있었다. 1927년 기존 학교를 인수해 협성실업학교 공업과를 설립한 김여식(金麗植, 1989-1950)은 비록 학생 모집과 졸업생 배출 등 학교 운영에 어려움을 겪었지만 공업 지식과 기능을 가르쳐 졸업 후 실지 업무에 종사할 자영기술인을 양성하려는 목적을 결코 포기하지 않았다. 또한 이와 같은 취지에 공감하는 각계 조선인들의 후원을 이끌어냈다.[89]

1930년대에는 공업화가 활발히 진행되며 조선인 재력가들이 등장하기 시작했다. 이들의 후원이 조선인 교육기관 설립에 큰 역할을 한 것은 물론이다. 예를 들어, 광산왕이라는 별칭으로 유명한 이종만(李鍾萬, 1885-1977)은 1938년 조선인으로서는 처음으로 과학기술 고등교육기관인 대동공업전문학교를 설립했다.[90] 애초에 그는 농과와 광산과를 염두에 두고 있었지만 전시체제에 돌입한 일제의 방침에 따라 공과 전문학교를 세워야 했던 것으로 보인다. 졸업생은 1941년부터 1944년까지 총 368명이었는데, 이 중 조선인이 332명에 이르렀다. 경성고공이 31년간 불과 421명의 졸업생을 배출한 것과 비교하면, 그 규모가 상당했음을 알 수 있다.[91]

우여곡절 속에서도 교육을 통해 조선인 인재를 양성하려는 개인적, 민족적 차원의 노력이 이어졌다. 그 결과, 사립교육 부문에서 상당한 성과가 나타났다. 다음의 〈표 4-7〉에서 볼 수 있듯이, 1943년 고등교육기관 수와 배출 학생 수에서 사립이 차지하는 비중이 각각 64.3퍼센트, 75.7퍼센트에 이른다. 사립학교는 여학생 고등교육을 담당한 유일한 기관이기도 했다. 이런 점에서 보면, 일제강점기의 학교는 단순히 식민 교육의 장이 아니라 식민 교육과 민족 교육이 충돌하고 경합하는 장으로 존재했다.

조선인을 위한 조선인의 기술교육을 추진하고 조직하는 과정에서 지식인들 사이에 네트워크가 형성되었다는 점이 중요하다. 이들 대부분은 유학파이거나 전문학교 교육을 받은 사람들이었다. 1938년경 조사된 조선 기술가명부를 보면, 당시 조선에서 활약하고 있는 조선인 기술자의 약 59퍼센트가 조선 내에서 공부한 사람이고, 40퍼센트는 주로 일본에서 공부한 사람들이었다.[93] 이들에겐 학연을 기반으로 엘리트 네트워크를 형성할 기회가 있었다.

일제강점기에 기술교육과 관련된 직업을 이어간다는 것은 결코 쉬운 일이 아니었다. 항상 일본의 방해와 견제를 받았다. 오랜 시간을 들이고 귀중한 자원을 투자할 지라도 사회적 지위를 얻거나 경제적 성공을 이룰

학교명칭	설립별	학교 수	일본인 교사	한국인 교사	한국인 학생 수	남학생 수	여학생 수
전문학교	관립	7	183	78	596	596	0
전문학교	공립	2	25	16	206	206	0
전문학교	사립	11	88	125	3,252	2,213	1,039
대학본과	관립	1	221	14	335	331	4
대학예과	관립		37	1	200	200	0
전문각종	사립	7	39	40	915	703	212
고등교육 합계		28	593	274	5,504	4,249	1,255

수 있을지 불투명했다. 이 같은 환경에서 조선인 엔지니어의 길을 택한 이들 사이에 연대 의식이 형성된 것은 이상한 일이 아니다. 그 길을 함께 개척한 이들의 이야기를 조명해보자.

조선인 기술자의 대항 담론으로서 발명과 과학

1909년 『공업계』 발간을 준비하는 공업전습소 학생들의 마음은 분주하기만 했다. 분위기가 심상치 않았다. 이들은 공업연구회 취지서를 통해 나라의 주권이 상실될 처지에 놓인 안타까움을 토로함과 동시에 그들 나름대로 그 원인을 진단하였다.

> 슬프도다. 우리 한 동포여 생각하라. 지금 우리에게 공업이 있는가? 없
> 는가? (중략) 수공업을 배우지 못해 인부(隣婦)의 정교함에 미치지 못
> 한 바라. 오직 우리 대한이 옛날에 공조(工曹)의 직이 있었고 오늘날
> 농상공부의 관직이 있어 우리 국민으로서 이용후생을 얻게 할 뿐이니
> 이에 실업(實業)을 진작시키는 자 몇 명이나 있는가? 어찌 이 퇴풍(頹
> 風) 오속(汚俗)에 상업은 말기(末技)에 들어가고 공업은 천기(賤技)에 돌

아가 장야(長夜) 몽중(夢中)에 쇄문독거(鎖門獨居)하다가 생존경쟁의 이 때를 만나니 등산항해에 낯선 면목도 많고 신물화(新物華)도 많은지라 취안(醉眼)이 몽롱하여 주문(注文) 무역에 금융이 메마르니 이것이 어찌 우리나라에 천연자원이 없어서이겠는가? 다만 인공(人工)을 가하지 못하여 이웃나라의 정미(精微)함에 미치지 못하는 소치로다. 국민이 부(富)하여야 국가가 부하니 지금 대한이 부유한가, 가난한가? 공업 없이 어찌 민이 부할 수 있을까?[94]

아직 배우는 학생이었지만 이들은 이미 기술, 공업 발전, 시장 경쟁의 원리가 작동하는 근대 시스템이 도래했음을 체득하고 있었다. 상업을 변변치 못한 재주로, 공업을 천한 재주로 바라보는 전통적 사고의 시대착오적 고루함을 비판하며 자신들의 지식과 공업 연구로 새 시대를 열겠다는 각오를 다짐했다.

지금 일반 생도는 특별히 공업연구회를 조직하고 공과(工科)를 강연하며 공술(工術)도 토론하여 월보를 발행하노니 이는 우리 생도의 지식을 교환할 뿐 아니라 곧 일반 동포의 공업을 연구함에 조금이라도 보탬이 있을진저. 옛 책에 백공(百工)을 바로 다스려 많은 공적을 화합하여 모두 흥성하리라고 하니 배우고 또 배울지어다. 우리 대한동포여![95]

그로부터 15년이 지난 1924년 10월 1일, 기업가 김덕창(金德昌)의 동양염직회사[96]에 삼삼오오 사람들이 모여들기 시작했다. 발명학회 총회가 열릴 예정이었던 것이다. 학회를 주도한 김용관(金容觀, 1897-1967)은 당시 27세의 청년이었다. 공업전습소를 졸업하고 각자 자신의 길을 걷고 있던 그의 동기와 후배들이 주요 구성원이 되어 발명학회에 참여하기로 결정을 내렸다.[97] 사실 김용관은 2년 전인 1922년부터 학회 설립을 추진했지만 목표를 달성하는 데까지 꽤 오랜 시간이 걸렸다. 이 과정에서 그는 많은 것을 배웠다. 의지만으로는 부족하다는 것, 즉 안정적인 자금 조달, 실력과 경륜, 명성을 갖춘 조력자, 목적을 공유하는 동료 집단이 필요하다는 것을 실감했다. 다행히 어린 시절 함께 공부했던 공업전습소와 경성공전 출신들이 힘을 보태주었다. 근대적 공업교육을 받은 조선의 젊은이들이 1909년 취지서에서 그들이 인용했던 구절, 즉 "백공을 바로 다스려 많은 공적을 합하여 모두 흥성하리라고 하니 배우고 또 배우라"는 그 말을 그들 스스로 실천하기 시작한 것이다.

일제의 식민지 산업정책과 과학기술정책에 맞선 조선인 기술자와 지식인들의 대응은 두 개의 핵심 개념, 즉 '발명'과 '과학'을 중심으로 전개되었다. 발명 개념이 가시화된 과정은 김용관을 비롯하여 발명학회 발기인들의 면면과 그들의 활동을 통해 엿볼 수 있다. 중세 한국에서 사용되던 발명의 개념은 본래 '설명'을 의미했지만 1920년대가 되면 인벤션(invention)이라는 영어 단어와 결합하여, 세상에 존재하지 않던 것을 만들어내는 놀라운 지적 활동으로 인식되었다. 즉, 세상에 빛을 가져온 에디슨의 천재적 재능과 유레카를 외치는 위대한 깨달음의 순간이 발명 개념에 연결된 것이다.[98] 하지만 발명학회를 설립한 조선인 기술자들의 비전은 그런 천재적 순간이나 깨달음과는 가는 길이 달랐다. 발명학회의 목적은 회원의 공업 지식 보급과 발명 정신의 함양에 있었다. 현실적 필요에 부합하지 않는 이론적, 학문적 관점에 집중하기보다 스스로 전문 기술인의 자부심을 바탕으로 구체적인 사회적 역할을 다하는 기술자를 원했다.

발명학회를 주도한 지식인과 기술자들은 전문가 중심, 소위 하향식 개혁 전략을 택했는데, 그 이유는 1910년대에 전개된 조선 공업 발전 양상에 대한 평가에서 비롯된 것이다. 예컨대, 1912년에 설립된 조선총독부 중앙시험소는 민족 공업 발전에 거의 도움이 되지 않았고 조선인은 그 운영에 관여할 수도 없었다. 민간의 상황도 좋지 않았다. 1920년대 중반까지 조선인의 연구나 발명 활동은 미미한 수준에 머물렀다. 여전히 물건을 만들거나 장사하는 일을 천하게 여기고, 심지어 부자가 되더라도 무시당하는 등 발명을 멀리하는 분위기가 팽배했다. 이러한 분위기를 개선할 필요가 있었다.[99] 이에 조선인의 손으로 연구기관을 설립하고 조선인 스스로 공업을 일으킬 환경을 조성할 필요가 있다고 판단했다.[100]

김용관 등 발명학회 주도자들이 선택한 방법은 현실적으로 실행 가능한 영역에 집중하는 것이었다. 일상생활의 필수품을 제작해 공급하는 소규모 공업 진흥이 그러한 사례에 속했다. 하지만 이들이 소규모 공업 활성화를 추구한 본래 목적은 단순히 기업 활동을 통해 개인의 부를 증대시키는 데 있지 않았고, 궁극적으로는 지속적인 발명과 기술 경쟁력 확보를 통해 민족의 산업적 자립을 이루려는 것이었다.

마침 1920년대 중반부터 비록 소수였지만 자수성가한 발명가들이 나타난 것은 매우 고무적인 신호가 되었다. 1926년 한 해 동안 18건의 특허 등록이 이루어졌는데, 이를 신문들이 기사화하면서 세간의 관심이 집중되었다. 당시 소개된 발명품들은 과학적 원리를 이용한 높은 품질의 기계가 아니라 원용일(元容馹)의 정미기처럼 조선인 사용자의 수요에 맞춰 고안된 실용적 제품들이 다수였다.[101] 조선인 발명가들의 의도와 동기는 사실 복합적이었다. 개인적인 삶의 여건을 향상시키려는 동기가 일본에 맞서 조선인의 힘을 키우겠다는 민족주의적 감성과 떼려야 뗄 수 없이 결합되어 있었던 것이다.

이들 중 일부는 자영업자로서 부자가 되었다.[102] 자영업 기반의 성공 사례는 발명에 대한 사회의 인식을 변화시키는 데 확실히 기여했다. 천재가 아닌 평범한 누구라도 가능하다는 것을 주변에 입증했기 때문이다. 이를 통해 발명이란 오래되고 익숙한 것들을 개선함으로써도 가능하고, 발명하는 데 꼭 첨단 기술이 필요한 것은 아니라는 것, 과학에 의존하지 않더라도 구체적인 해결책을 찾아낼 수 있다는 것을 깨닫게 했다. 이러한 생각은 발명을 민족운동 및 국권회복의 수단으로 삼았던 김용관 등에게 깊은 영향을 미쳤다.

발명과 과학에 대한 사회적 상상과 그것을 둘러싼 경합

근대 기술교육의 한 중심에 있던 김용관은 처음에는 과학 이론과 지식을 갖춘 기술자 양성을 상상하고 있었다. 발명학회 초기에 현장 발명가들의 참여가 없었던 것만 보아도 어느 정도 짐작할 수 있다. 하지만 그의 생각은 변하기 시작했다. 특히, 물산장려운동에 참여한 발명가들과의 만남이 영향을 주었다. 그 자신도 공장을 운영하며 소공업 운영의 여러 문제를 경험하고 있었다. 물산운동은 국산 제품의 소비를 강조했지만 제품의 품질 이슈가 빈번히 불거졌다. 유용한 발명품이 있더라도 그것을 생산하기까지는 여러 종류의 난관을 헤쳐 나가야 했다. 이러한 현실은 김용관이 산업의 3대 요소로서 자원, 자본, 기술을 강조한 배경이 되었다.

그는 1928년 유일한 조선인 발명가 단체인 고려발명학회에 창립 이사로 참여하여 발명가들을 직접 지원하는 데 전념하였다.[103] 이때 시작된 지원 서비스가 크게 인기를 끌자, 더 체계적으로 활동을 이어가기 위해 1932년 발명학회를 정비하여 재건하는 등 새로운 변화를 시도했다.[104] 하지만 이것만으로는 부족했다. 발명학회의 활동이 활발해지자 한편으로는 활동을 지탱할 인적, 물적 자원의 부족이 드러났다. 다른 한편으로는 이를 계기로 조직과 운동의 전국적 확산을 도모해야 할 필요성이 제기되었다. 이 과정에서 운동의 키워드는 발명에서 과학으로 옮겨갔다.

1933년 6월 창간된 발명학회 기관지의 명칭은 '과학조선'으로 정해졌다. 박길룡(朴吉龍, 1898-1943)은 창간사를 통해 그동안 소수의 인사들이 고군분투하며 조선 사회를 변화시키기 위해 노력했지만 이것만으로는 역부족이라고 역설하였다. 막 등장하기 시작한 조선의 발명가들을 적극 도와야 하는데, 그러려면 더 많은 이들의 각성이 필요하다는 것이다.

> 빈궁한 우리의 새 발명가들의 고심 역투하던 경험담을 연일 듣는 본회는 이 기관을 좀 더 확충하여 우리 새 발명가를 지도하고 원조할 시설을 하는 것이 급선무인 것을 깨달았으나 이 문제를 해결할 도리가 막연하여 심사숙고한 결과 이러한 의향과 욕망을 몇몇 간부만 감추어 두고 있을 것이 아니라 적어도 이 기관이 조선 사회의 복리행운을 목표로 삼아 활약하고자 하는 것인 이상 만천하 형제자매와 함께 이 문제를 해결하는 것이 당연한 일이므로 여기에 본회의 기관지인 이 잡지의 출생을 보게 된 것이니…[105]

발명학회 활동을 이어왔던 이들에게 과학이란 발명을 촉진하고 광범위한 지지 기반을 구축할 효과적인 전략으로 인식되었다. 발명학회 회원들은 사회 명사들을 찾아다니며 동참할 것을 호소하였다. 이때 영입된 인사들은 교육자, 학자, 문인, 언론인, 기독교 운동가, 기업가 등 다양한 배경을 지니고 있었다. 그러다 보니 현안 인식이나 판단에서 내부의 의견 차이가 드러날 수밖에 없었다.[106]

발명학회가 재건된 이후에는 과학 대중화의 과제가 학회의 주요 노선으로 확정되었는데, 그 무렵 김용관은 과학의 민중화를 강조하였다. 생활에 밀착된 사용자 중심의 발명과 구체적인 성과를 원했던 그에게 '과학의 민중화'는 필연적인 귀결이었다. 그 결과, 발명학회의 사업 방향은 발명 진흥

사업과 과학 대중화 운동으로 나뉘었다. 이때 과학이 갖는 의미는 해석적 유연성(interpretative flexibility)에 온전히 열렸다. 과학운동에서 과학이 차지하는 의미와 맥락은 각자의 이념적 지향과 신념에 따라 분화되었다.

1934년 과학데이[107]가 성대하게 치러지고 과학지식보급회가 전국 조직으로 성장하기까지만 해도 큰 문제는 없어 보였다. 하지만 1936년 이후로는 구성원 간 갈등이 드러나기 시작했다. 이를테면, 이화학연구기관 설립에 관해 서로 이견이 표출되었다. 김용관이 상상한 이화학연구기관은 민족 공업화에 도움이 될 전문가 중심의 연구기관, 즉 발명가 연구조합이었지만 이 계획은 아직 시기상조라든가, 선진적 연구기관 모델이 아니라는 이유로 수용되지 않았다.

사실 이와 같은 논쟁은 과학기술 시스템을 구축하는 초기 과정에서 자연스럽고 필요한 과정이다. 하지만 식민지배라는 환경에서는 이러한 논쟁조차 제대로 진행될 수 없었다. 전시체제가 본격화되어 일본의 간섭이 강화되자, 각종 행사와 대중적 활동이 위축되었다. 일본인 중심의 제국발명협회 조선지부와 상공단체가 창립되는 등 조선인 조직을 무력화하려는 조치들이 취해졌고 발명학회 등 관련 조직의 재정 문제도 악화되었다. 결국 발명학회가 설 자리는 없어졌다. 1940년 무렵 김용관이 학회에서 손을 떼자 발명학회는 해체되어 친일파가 장악한 과학지식보급회의 일부로 흡수되고 말았다.

전시체제 이후 발명과 과학을 둘러싼 노선 차이가 나타난 것을 주의 깊게 들여다볼 필요가 있다. 김용관 등 민족주의 계열의 인사들이 강조한 발명은 과학을 지렛대로 기술과 자원, 자본을 연결하여 소공업 중심의 민족 공업화를 이루려는 전략의 일환이었다. 대부분 소학교 출신인 평범한 이들의 기술을 공업으로 발전시키려면 이론과 학문으로서의 과학이 아니라 사용자 중심, 기존의 기술과 자원을 효과적으로 조직할 수 있는 '적정(appropriate)' 수준의 기술과 과학, 그것을 다룰 전문가 집단이 필요하다고 본 것이다.

다른 한편에서는 과학이 어느 사회에나 적용될 수 있는 보편적이고 중립적인 것이라는 전제 하에 교육적 노력과 과학 대중화 운동이 강조되었다. 서구의 선진 국가와 제국들이 보유한 물리적, 정신적 힘의 원천이 과학에 기인한 것이므로, 그것을 향한 노력을 게을리해서는 안 된다는 것이다. 과학에는 본래 국경이 없고 민족 차별이 없다는 인식은 '과학의 지대'를 보호하는 효과가 있었다. 이와 동시에 과학과 기술 활동을 수행하는 개인과 조직의 사회적, 정치적 책임에도 면죄부를 제공하는 정당성의 논거가 되었다. 중립지대 속에서 숨죽이며 이념 대립의 현장을 벗어나 생존을 도모하는 전략을 택할 수 있었다는 것이다.[108] 다시 말해, 과학의 경계 안에 있는 과학과 기술, 과학자와 기술자는 보호받을 수 있었다. 제국과 식민의 첨예한 대립은 숨겨졌다. 하지만 중립지대가 제공한 혜택은 어느 시점이 되면, 그 대가를 요구하게 될 것이었다.

발명학회가 모습을 드러낸 1924년부터 1945년 해방 때까지, 식민지 조선의 기술자들에겐 두 개의 이념형적 모델이 있었다. 하나는 윤주복(尹柱福) 모델[109]이다. 그는 근대 고등교육을 받은 엔지니어로서 현실적 견해를 보유하고 있었다. 민족의 자립을 위해 기술과 공업의 독자적 발전을 꾀하기보다 일본의 기존 자원과 제도를 활용하여 문명화의 길을 열어갈 수 있다고 확신했다. 다른 한편으로는 이덕균(李德均) 모델이 있다. 이덕균은 청주 여과기를 개발한 발명가였다. 그는 과학에 관해 들어본 적도 없고 처음에는 특허가 무엇인지도 잘 몰랐지만, 상업적 활용을 위해 무엇이 필요한지 이해했고 결국 그것을 기술적으로 해결했다.[110] 윤주복이 일본인이 상상한 조선인 기술자의 바람직한 모습이었다면 이덕균은 김용관이 상상한 조선인 기술자의 모델이었다. 어쩌면 이들은 엔지니어의 자격과 역할, 조직, 정책과 관련해 20세기 내내 전개될 한국 엔지니어를 둘러싼 사회적 상상의 일제강점기 버전이었는지도 모른다.

3. 과학기술계 미래 권력의 태동: 일본, 만주, 미국 그리고 경성

과학 지식과 기술로 무장한 새로운 주체들을 제외한 채로 근대 한국의 발전을 논할 수는 없다. 이런 점에서 우리는 식민지기에 기술 엘리트가 형성된 양상과 그 결과에 관심을 기울여야 한다. 조선인 기술 엘리트의 양성은 일제의 식민지 개발 로드맵에 들어 있지 않았다.[111] 하지만 조선인 기술자를 철저히 하급 인력 수준으로 제한하려는 조선총독부의 노력에도 불구하고 고등교육을 통해 과학, 기술, 산업 분야에서 활동하고자 분투한 조선인 청년들의 열망과 도전을 막을 도리는 없었다.

　일제강점기에 국내에서 이공계 대학 교육을 받는다는 것은 경성제대에 이공학부가 설치된 1941년까지 전혀 불가능했다. 대학을 설립하려는 조선인과 선교사들의 움직임은 번번이 좌절되었다. 해외 유학만이 이공계열 대학 교육을 받을 수 있는 유일한 통로였다. 가장 일찍부터 다수의 고등교육 인력을 배출한 일본 유학생을 먼저 살펴보자.[112]

　일본 유학생 중 이공계 전공자의 비중은 낮았지만 이들의 중요성을 잘 보여주는 장면이 있다. 식민지에서 해방된 바로 다음 날인 1945년 8월 16일, 조선인 지식인들이 국가 발전을 위해 봉사한다는 목적으로 조선학술원을 설립하였다. 그 주축은 히토츠바시대학(一橋大學) 출신의 백남운을 비롯하여 유학생들이 중심이 되었다. 조선학술원을 이끌 총 42명의 상임위원이 선정되었는데, 이 가운데 22명이 과학기술 분야의 유학파로 구성되었다. 이 중 이원철(미시간대 천문학)과 김성원(미주리대 농학) 두 명을 제

외하고는 모두 일본 유학생이었다.[113]

일제강점기 내내 일본 유학생이 많았던 것은 아니다. 조선총독부 정책에 따라 1920년대 중반까지 일본의 이공계 대학을 졸업한 조선인은 한 명도 없었다. 1930년대가 되어야 일본의 이공계 대학에서 조선인들이 배출되고 직업을 갖기 시작했다.[114] 1920년대 후반부터 조선 공업화 정책이 추진됨에 따라 고등교육을 받은 기술자가 필요했고 자연히 일본 유학생들을 활용하지 않을 수 없었던 것이다. 1939년 조선기술가명부에 기록된 기술가 총 6,748명 중 조선인은 1,020명으로 전체의 15퍼센트에 불과했는데, 이 중 유학을 다녀온 사람이 415명으로 40.6퍼센트에 달했다. 대다수는 일본 유학생이었다. 공부를 마치고 귀국한 일본 유학생들의 다수는 총독부, 경성부 등 관공서에 채용되었고(176명, 42.4퍼센트) 민간기업(60명, 14.5퍼센트), 교육기관(50명, 12.0퍼센트), 언론 분야로도 진출했다.[115]

그런데 이들은 왜 이공학을 선택했을까? 1930년대에 일본에서 유학한 대부분의 사람들은 일제강점기에 태어나 일본어로 공부하고 생활한 세대였다. 유학을 가려면, 공부만 잘한다고 되는 것이 아니라 비용이 많이 들었다. 유학 생활은 어린 학생의 고학으로 감당할 수 있는 것이 아니었다. 이들을 후원한 가족들 입장에서도 그만큼 가치가 있다고 판단했을 것이다. 즉, 도일 유학은 제국 아카데미즘의 중추에 있었고 지식-권력의 정점에 있는 제도였다. 식민지인에게 제국대학에 입학하는 것은 입신출세의 티켓을 쥐는 것과 마찬가지였고 지식(권력)의 획득을 위한 핵심 코스였다. 대학 진학을 원하는 당사자들과 부모들에게는 고등문관시험을 볼 수 있는 법경(法經) 분야의 인기가 높았다.

하지만 이공계열 유학생들의 상황은 이와 달랐다. 일본에서 이공계열 대학으로 진학할 경우, 입학 자격을 얻는 것도, 학자금 충당도 인문사회계열보다 어려움이 많았다. 이런 점을 고려해보면, 오히려 유학생들의 개인적 동기가 중요하게 작용했을 것으로 추측할 수 있다. 식민지 조선에서 얻을 수 있는 직업은 대부분 제국의 중견 관리자, 혹은 하급 기술자에 불과했다. 관공서로 진출한 경우에도 총독부가 실시하는 물자 배급 및 통제 시스템을 관리하는 낮은 직급의 일을 담당해야 했다. 총독부나 지방 공무원에서 기수(技手)로 일하는 경우가 다수였다. 이승기(李升基)와 안재홍(安在鴻)처럼 일본에서 연구를 지속한 이들도 있지만 대부분 일본 유학파들의 활동은 해방 이후에야 본격화될 수 있었다.[116] 이들이 맺은 제국대학의 엘리트 네트워크는 해방 후에 가시화되고 그 진가를 발휘하기 시작한다.[117]

반면 미국 유학생 수는 일본 유학생보다 규모가 작았다. 3·1운동 이후 고등교육에 대한 열망이 높아지면서 유학생 수가 급등했지만 대세는 일본 유학이었다. 1930년 무렵 일본의 대학과 전문대학에 다닌 유학생 수가 2,000여 명을 넘은 데 비해, 미국 유학생은 300명 선에 머물렀다. 다만, 전공 분포 면에서 보면 미국 유학생 중 이공계 비율이 25퍼센트 정도로 일본에 비해 두 배 더 높았다.

전통적인 관료 지향성이 높은 학생들은 일본 유학을 택하는 경향이 있었다. 이에 비해 당시 미국 유학을 선택한다는 것은 일본의 지배를 받는 조국에서 관료로 일할 가능성이 사실상 사라지는 것을 의미했다. 때문에 자발적이든 그렇지 않든, 미국 유학생들은 보다 실용적이고 전문성을 갖출 수 있는 분야에 관심을 두었다.[118] 미국 유학생들은 자신들이 경험한 문명과 선진 과학 지식, 건전한 사상을 조국에 전파하려는 노력을 계속했다. 일례로 유학생 조직인 '우라키'라는 이름의 북미대한인유학생총회(The Korean Student Federation of North America)는 자신들의 기관지를 국내에서 인쇄해 발행함으로써 국내와의 연결을 긴밀하게 유지하려고 했다. 이들이 형성한 네트워크는 해방 후 정국에서 또 다른 엘리트 집단으로 자리잡게 된다.

일제강점기 유학생 중 가장 흥미로운 집단은 만주국 유학생이다. 만주국은 러일전쟁 후 만주에 주둔하던 일본의 위수군인 관동군이 1931년 중국의 군벌 장쉐량(張學良) 체제에 대해 전쟁을 도발하고 이듬해 세운 괴뢰국(1932-1945)이다.[119] 일본제국의 지도자들은 만주를 통해 서양에 대항하는 자립적 경제블록을 건설하고자 했다. 따라서 만주국은 일본인들에게도, 조선인들에게도 기회의 땅으로 인식되었다.

특히, 1930년대 후반 영남권에 자연재해가 지속되자 황폐한 농업을 뒤로하고 만주 이민의 바람이 불기 시작했다. 농민들뿐 아니라 일본 본토와 조선에서 민족 차별에 넌덜머리가 난 젊은 지식인들이 몰려들었다. 조선에서는 고등교육을 받았더라도 취업난에 시달려야 했다. 반면 광활한 미지의 땅과 오족협화(五族協和), 즉 '차별 없는 등용'의 구호를 내세운 만주국의 이념은 확실히 조선의 지식인과 젊은이들을 매료할 요인이 되었다.[120] 실상은 기대와 달랐지만 새로운 기회를 갖기 위해 몰려드는 이들로 인해 해방 무렵에는 재만 조선인이 약 200만 명에 달했다고 한다.

만주국을 택한 조선인 청년들은 차별 대우를 받지 않기 위해 군인이나 재판소 직원을 선호했다. 재만 조선인 전체로 보면 극히 낮은 비율이지만 일부는 만주에서 기술고등관시험을 보거나 대동학원을 거쳐 고위 관료가 되기도 했다.[121] 하지만 전반적으로 재만 조선인의 삶은 크게 개선되지 않았고 극소수의 상공업자와 봉급생활자가 존재할 뿐이었다. 그럼에도 불구하고 입신출세를 지향하며 비록 적은 가능성일지라도 기회가 있는 곳으로 이동하려 했던 젊은이들은 만주로의 이주를 선택했다.

23세의 박정희도 그런 젊은이에 속했다. 그는 3년 동안 근무하던 보통학교 교사직을 그만두고 1939년 만주국 군관학교 시험에 응시하였다. 합격하여 1940년 입교하여 졸업한 다음에는 다시 일본 육사에 진학하였다.

1944년 우수한 성적으로 육사를 졸업한 후에는 만주국군 소위로 부임하게 된다. 당시 박정희를 포함하여 48명의 조선인들이 만주의 군관학교를 졸업했다. 이들 유학생들은 조선의 상층 집안 출신이 아니었다. 자신들의 재능과 능력을 키우고 발전시키기에 조선 고등교육의 문은 너무 좁았고 일본 유학은 엄두조차 나지 않았다. 더욱이 일본인들의 부당한 민족 차별을 견딜 수 없었다. 이들은 만주에서 새로운 기회를 기대했다. 만주는 그들에게 일종의 우회로였던 것이다.

이들은 만주에서 무엇을 배웠을까? 일본 본토에서 보기에 만주는 항명의 소굴이었다. 만주를 지배한 일본의 야심찬 장교들은 만주에서 급속한 산업화를 추진하기 위해 매우 엄격한 계획과 통제경제 방식을 취했다. 관동군이 상상한 국가는 군부가 지배하는 전체주의 국가였으며 대아시아주의를 지향하는 전위당, 계획경제 등 파시즘을 향한 것이었다.[122] 이들이 지닌 자유경제에 대한 혐오감 때문에 일본의 기업인들조차 만주국에 대한 투자를 꺼릴 정도였다.

만주에서 관동군은 그들이 구상한 국가를 실제로 건설하는 역사상 드문 경험을 하고 있었다. 이때 박정희를 비롯하여 함께 군관학교에서 훈련을 받은 청년들은 만주국 체제의 특징을 눈앞에서 관찰할 기회를 갖게되었다. 불도저처럼 밀어붙인 경제 개발, 중공업, 도시, 철도 건설, 위생 개선 등 발전에 대한 강박적 신념, 반자본주의적 정서, 소련 사회주의 건설에서 나타난 영웅적인 산업전사와 근로봉사의 서사, 증산의 정신, 수많은 추모식과 묵념, 건국체조, 만세삼창과 같은 국민의례와 동원 체제가 그곳에 있었다.[123] 한 연구에 따르면, 박정희 정권을 대표하는 지배 엘리트 99명 가운데 만주국 학교와 일본 유학생이 차지하는 비율이 58명(58.6퍼센트)에 달했다고 하니 이들이 한국 사회에 미친 영향력을 결코 간과할 수 없을 것이다.[124]

조선 내에서도 이공학 분야의 대학 교육 시스템을 구축하려는 노력은 계속되었다. 조선인들의 압박 외에도 일본 내부의 수요가 강력히 제기됨에 따라 결국 1938년 경성제대에 이공학부 예과를 설치하기에 이른다. 도쿄제대를 모델로 경성제대 이공학부의 틀을 설계했다.[125] 이렇듯 어렵게 경성제대 이공학부가 설치되었지만 졸업생 배출은 소규모에 불과했다. 1943년부터 1945년까지 3회에 걸쳐 총 123명이 배출되었는데, 그중 조선인은 37명에 불과했다. 조선인은 여전히 입학과 진학에서 불이익을 받았다. 졸업 후에는 그들의 의사와 무관하게 총독부가 지정한 군수산업이나 관련 기관으로 진출해야 했다. 경성제대 이공학부 출신의 경우, 1940년대 후반에 배출된 데다 막 졸업한 학생들이었기에 일제강점기 당시에 어떤 의미 있는 역할을 했다고 평가할 수는 없다. 하지만 이들 역시 해방 후 정국에서는 막강한 엘리트 네트워크를 형성하며 한국 과학기술정책 수립과 전개에 큰 영향을 미치게 된다.

앞서 살펴보았듯이, 조선인 기술 엘리트를 양성하는 것은 일제의 기본 방침도, 현실의 당면 이슈도 아니었다. 일제강점기 내내 배출된 인원도 많지 않다. 그럼에도 불구하고 조선인 기술자들은 나름대로 자신의 길을 개척해왔다. 이들 대부분은 전통적인 명문 가문 출신도, 상층 출신도 아니었다. 도쿄제대 이공계 조선인들이나 초기 북한의 이공계 대학 교원 112명에 관한 김근배의 연구에 따르면, 같은 대학 다른 전공자들에 비해 결코 뛰어난 집안 출신이 아니었다. 의학 전공자들은 상대적으로 높은 지위의 집안 출신이 많았다.[126] 고등 관료로 진출한 소수를 제외하면, 대부분은 자신들의 전문성에 기대 교원, 회사원, 하급 관리 등으로 삶을 영위하고 있었다.

이들에게 조선인 기술자의 정체성은 무엇이었을까? 하급 관리든, 교원이든, 회사원이든 조선인 기술자의 정체성을 지키는 것은 항상 모순투성이였다. 일제가 만들어둔 이등 신민, 아무리 실력이 뛰어나도 동등한 대접을 받을 수 없는 '조선인'이었다. 하지만 해방과 더불어 새로운 선택과 기회의 시간이 다가왔다. 비록 또 다른 시련의 시간이 기다리고 있었지만 말이다.

4. 소결: 식민지 기술자에서 조선인 기술자로

근대적 교육 시스템이 구축되었다고 해도 일제강점기에 교육 혜택을 받은 사람은 많지 않았다. 식민통치가 거의 막바지에 이르던 1944년의 자료에 따르면, 당시 한국인 남성 약 1,250만 명 중 67퍼센트가 전혀 교육을 받지 못했다. 교육을 받아봤다는 남성들 중에도 20퍼센트 이상은 간이학교나 서당을 다닌 경험이었다. 여성의 경우에는 상황이 더 좋지 않다. 여성 인구 약 1,260만 명 중 전혀 교육을 받지 못한 사람이 전체의 89퍼센트에 달했다. 교육 경험이 있는 여성 중 중등교육 이상을 경험한 사람은 3퍼센트에 불과했다. 식민지기 한국인들 사이에 널리 퍼진 교육에의 욕구를 생각해보면, 실제로 제공된 교육 기회는 절대적으로 부족했다.[127]

그렇다 보니 어떤 내용과 방식으로든 근대 교육을 받은 사람의 사회적 위신이 낮을 수 없었다. 다시 말해, 기술 분야의 근대 교육을 받았다는 것의 사회적 의미가 결코 작지 않았다. 조선인 기술자를 하급 기술 인력으로 '낮게' 인식했다는 것은 식민지기 전체 조선인들의 인구학적 특징이나 평균적 수준을 기준으로 한 것이 아니다. 엄밀하게 말해, 그것은 어디까지나 일본인 기술자와의 비교, 혹은 법경(法經) 분야 조선인 엘리트와의 상대적 비교에서 이루어진 것임을 상기할 필요가 있다.

식민지기 과학기술 인력 양성은 한편으로는 내지-식민지 담론을 통해, 다른 한편으로는 총력전체제하에서 이루어졌다. 발전된 산업국가로서의 조선을 고려하지 않은 일본의 식민지 정책에 따라, 조선인 기술자는 좀처럼 식민지 기술자로서의 이류, 삼류 이미지를 벗어날 수 없었다. 내지-식민지 시스템의 정당성을 주장하기 위해 일본은 오랫동안 우생학적 관점을 설파하고 조선인의 낮은 성취를 민족성 문제로 환원하여 설명해왔다. 그들이 조선의 실업교육을 확장하면서도 공업교육은 철저히 통제한 것, 이공계 고등교육으로의 경로를 억제한 것, 조선의 산업 발전을 일본과의 불균형한 분업 구조 안에서 편성한 것, 과학기술 분야의 직업 수준을 단순 기능 차원에 머물게 한 사실은 숨겨졌다.

총력전체제의 영향은 매우 깊었다. 그렇지만 군사적 필요에 따른 산업 구조 재편과 인력 양성 구조는 식민지배가 종료되자 새로운 정책적 조치들에 의해 비교적 빠르게 개선될 수 있었다. 하지만 총력전체제가 남긴 근대적 규율과 관념, 문화는 학교와 기업, 군대 등 모든 조직과 개인들의 일상 속에 내면화되었다.

일제강점기를 통해서는 온전한 조선인 기술자가 형성될 수 없었다. 일본인의 관점에서도, 조선인의 관점에서도 '식민지 기술자'였던 것이다. 하지만 이것을 극복할 유일한 방법이 있었다. 그것은 국가가 아닌 민족의 개념으로 주권을 상상하는 것, 혹은 주권을 되찾기 위한 전략과 행동을 통해 '조선인 기술자'의 정체성을 재구성하는 것이었다. 조선의 기술자들은 교육을 통해, 운동을 통해, 사업을 통해, 학문을 통해 실제로 그 일을 시도했다. 그 방법도 효과도 달랐지만 그와 같은 노력을 그치지 않았다는 것이 중요하다. 해방이 되자, 이들은 곧 자신들이 해야 할 일을 찾아 나섰고, 그동안 준비한 역량을 발휘할 꿈에 한껏 부풀었다. 한편, 조선에서의 어려운 여건을 타개하고 새로운 기회를 잡기 위해 만주로 이주했던 이들, 일본과 미국의 유학파들 역시 해외에서의 교육과 경험을 바탕으로 해방 후 한국의 재건을 두고 경합을 벌일 엘리트 집단으로 성장하고 있었다.

5장

해방 이후
테크노크라트
프로젝트의
추진과 좌절

한국 테크노크라트 프로젝트의 등장과 전개

근대국가의 형성에는 근대적 주체의 성장이 수반된다. 오래되고 익숙한 사회의 균열된 틈을 뚫고 자라난 새로운 사상과 상상이, 낯선 지식과 기술, 문화와 윤리를 체화한 새로운 주체들을 낳는 것이다. 이들로부터 가시화된 관점과 특별한 지식은 우연한 혹은 조직화된 계기를 통해 새로운 권력으로 전환될 수 있다. 이제 우리는 한국 사회에서 태동한 근대적 주체로서 테크노크라트에 관해 살펴보려고 한다.

한국의 근대화 과정에 대한 연구는 많지만, 테크노크라트에 관심을 가진 경우는 매우 드물다. 사실 그럴 수밖에 없다. 테크노크라트라는 존재가 박정희 정권 시기를 빼고는 별로 눈에 띄지 않기 때문이다. 한국에서 '주체'로서 테크노크라트가 잘 보이지 않는 이유는 무엇일까, 실제로 그런 역할을 수행하려는 시도가 없었던 것인가? 결론부터 이야기하자면, 그렇지 않다. 해방 후 과학과 기술 분야 엘리트들이 추진한 테크노크라트 프로젝트가 있었다. 매우 열정적이고 뜨거웠지만 실패했을 뿐이다.

긴 식민지배에 종지부를 찍으며 맞은 해방된 국가에서 테크노크라트,

혹은 엔지니어 리더십이 실패한 것은 다소 의외라고 볼 수 있다. 20세기 중반을 맞이한 유럽의 여러 국가와 미국에서 엔지니어 집단은 이미 사회 지도층과 전문 직업인으로서 지위를 확고히 굳히고 있었다. 인접 국가인 소련, 중국, 그리고 패전국인 일본에서도 테크노크라트는 각 사회의 중심부로 진입하는 데 성공했다.

우리는 이번 장에서 그 '실패'의 경과와 의미를 다루려고 한다. 해방 후부터 1950년대까지 근대 엔지니어의 역할과 지위가 초기의 정부 조직과 교육, 산업 내에서 어떻게 형성되었는지를 따라가면서 그 특징을 분석할 것이다. 주로 과학기술계 엘리트 집단에 초점을 맞춘다.

1. 테크노크라트의 등장

최규남(崔圭南, 1898-1992)[1]은 1948년 6월 문교부에 처음 설치된 과학교육국의 초대 한국인 국장으로 임명되었다. 그는 일제강점기에 미국에서 물리학을 공부해 박사학위를 취득했다. 지천명의 나이, 오십을 맞은 이 원숙한 물리학자는 독립된 조국에서 제대로 된 과학기술교육 정책을 펼칠 수 있는 절호의 기회를 맞이했다. 취임 후 몇 달이 지난 1949년 2월, 그가 신문 칼럼[2]에서 설파한 기술자 양성과 실업교육에 관한 글에는 오랫동안 준비했을 그의 생각과 판단이 녹아 있다. 다섯 차례에 걸쳐 연재된 글에서 그는 해방 후 한국 사회의 기술자 부족, 우수한 기술자 양성과 대우 개선 등의 문제를 제기하며 기술자를 바라보는 한국 사회의 부정적 시선과 기술자 자신의 자질 부족을 신랄하게 비판하였다. 이와 같은 문제가 발생한 원인에 대해 식민지 기술자 교육이 노예 교육으로 진행되었기 때문이라고 진단하기도 했다. 그는 당시의 국가 상황에서 무엇보다 공업

사회에 필요한 문화적, 윤리적 자질을 갖춘 현장 기술자를 교육하고 양성하는 것이 중요하다고 주장했다. 그가 기술자의 자질로 지적한 11개 항목은 다음과 같다.

(1) 기술 혹은 지식(技術乃至知識)의 폭광(幅廣)

(2) 작업의 수행속도

(3) 기술 혹은 지식의 심천(深淺)

(4) 상상력

(5) 종합능력

(6) 단행력(斷行力)

(7) 기구력(技久力)

(8) 작업에 대한 애호심

(9) 기술급(及)인격의 진보발전의 진도

(10) 협조성급(及)포용력

(11) 인간으로서의 풍격(風格), 취미, 사상, 신념

수량으로 표시하기는 곤란하나 기술자의 자질에서 제외할 수 없는 중요 항목: (9)

연구자의 자질: (1), (2), (6)

발명가의 자질: (1), (4), (5), (7)

사업가의 자질: (6)

기술자 전반에 필요한 자질: (8), (10), (11)

최규남은 단순히 교육 수준이나 기술 역량에 따라 기술자의 자질을 논하기보다 그 사람이 실제로 무엇을 할 수 있고, 어떤 가치를 추구하며, 어

떤 태도를 가지고 있는지를 중요하게 다루고 있다. 기술자의 자질이 연구자, 발명가, 사업가라는 구체적인 직업 영역에 모두 해당된다고 제시한 것도 눈여겨볼 만하다. 그가 제시한 기술자의 자질은 흥미롭게도 1990년 후반 한국 공학교육계에 도입된 미국의 공학교육인증기준과 유사하다. 최규남이 미국 교육의 영향을 받았기 때문일까? 그에 관해서는 정확히 알 수 없지만 그가 공학이 아닌 물리학 전공자라는 점, 당시 미국 대학에서조차 공학교육인증제도가 제대로 정착되기 전이라는 점을 고려하면, 그럴 가능성은 높지 않다. 어떤 맥락이든 그가 기술자의 자질로 기술 역량 외에 사회적, 윤리적 책임성과 태도를 강조한 것은 기술자의 정체성과 사회적 역할에 대해 나름대로의 신념이 있었음을 보여준다. 여기에서 짚어 봐야 할 질문이 있다. 최규남은 1950년대 전후 활동한 과학기술계 엘리트의 전형적 인물이었을까, 아니면 예외적 사례에 속할까?

해방 직후 한국 사회에서 최규남처럼 이공계 분야의 높은 학력과 경력을 가진 이들은 흔치 않았다. 예컨대, 식민지 기간에 이공계열 박사학위를 취득한 한국인은 10명에 불과했다.[3] 과학기술계 엘리트들 다수는 일제의 식민지 교육정책 때문에 국내가 아닌 일본과 미국 등 해외에서 이공계 교육을 받았다. 이 때문에 역설적으로 선진 국가의 교육 시스템과 산업 발전을 체험하는 가운데 외부적 관점에서 조국의 현실을 바라볼 기회를 가질 수 있었다. 다시 말해, 식민지 바깥에서 근대사회의 발전과 식민지 현실을 사유할 수 있었다. 이들은 비록 소수였지만 독립국가가 된 조국의 미래를 구상하고 구현할 능력을 갖추고 있었고, 정책에도 상당한 영향력을 미칠 수 있었다. 최규남은 바로 그런 인물이었다. 그는 해방 직후 과학기술계 엘리트를 대표하는 전형적 인물에 속했다. 이들은 테크노크라트의 역할을 수행할 잠재력을 지니고 있었다.

테크노크라시(technocracy), 즉 테크노크라트가 관리하는 사회라는 아이디어는 프랑스의 철학자이자 사회주의자인 생시몽(Saint Simon, 1760-1825)이 내놓은 것이다. 새로운 과학적 명제와 산업 혁신, 진보에 매료된 생시몽은 에콜폴리테크닉 출신의 젊은 과학자 및 엔지니어들과 교류했는데, 특히 엔지니어들이 과학 이론과 산업가적 역량을 겸비한 새로운 계층이라는 점에 크게 주목하였다. 토지와 상속의 특권을 기반으로 존재하는 기존의 기득권 세력을 전복하고, 인간의 이성과 진보에 대한 믿음을 토대로 계몽주의의 이상을 구현할 새로운 엘리트 집단으로서 엔지니어를 바라본 것이다.[4] 생시몽이 처음 꿈꾼 테크노크라시는 엔지니어 테크노크라트가 이성과 과학이 작동하는 바람직한 사회를 설계하고 구현하는 그런 사회였다.

유럽과 미국, 일본 등에서 등장한 테크노크라트들의 구체적 활동과 사회적 위상은 나라마다 다르다. 하지만 테크노크라트가 갖는 몇 가지 공통된 특징이 있다. 첫째, 이들 대부분은 과학과 공학 분야에서 공식화된 고등교육을 받은 지식인들이다. 둘째, 자신들의 분야에서 전문성을 발휘할 정도의 경력과 실력을 쌓았으며, 셋째, 정부기관에서 상당한 지위를 보유하고 있었다. 그리고 가장 중요한 것으로, 이들에게는 엘리트 엔지니어이자 정책을 이끄는 리더로서 자신의 역할과 책임에 대한 분명한 자기 인식을 지니고 그것을 관철시키려는 의지가 있었다. 이와 같은 기준을 염두에 두고 해방 직후 활동한 과학기술계 인사들의 면면을 살펴보도록 하자.

해방된 바로 다음 날, 종로에 위치한 중앙기독청년회관에는 들뜬 사람들의 모습이 눈에 띄었다. 한여름 오후 2시의 무더위 속에서 17인의 조선학술원 준비위원들이 선출된 것이다. 민립 학술기관인 조선학술원을 설립하기 위한 움직임이 발 빠르게 진행되었다. 오후 5시에는 동숭동 경성공업전문학교로 자리를 옮겨 잠정규장을 통과시키는 등 하루 만에 창립총회까지 치렀다.[5] 얼마나 긴박하게, 많은 이들의 뜨거운 열정과 동참 속에 일이 진행되었는지를 짐작할 수 있다.

조선학술원 구성원 중 다수는 과학기술계 인사였다.[6] 위원장은 히도쓰바시대학 경제학과 출신인 백남운(白南雲, 1894-1979)이 맡았지만 주로 이공계 유학생들이 중심이 되었다. 선출된 42명의 상임위원 중 22명이 과학기술계 인물이었는데, 이들 대부분은 일본 유학파 출신으로 일본 대학의 교수나 연구원, 총독부 기사, 민간기업의 기수나 기사, 공장장을 역임하였다. 해방 이후 이들은 정부기관과 대학에서 새로운 역할과 지위를 담당하게 된다.[7] 학술원 초기 구성원들의 이후 경력에서 자주 등장하는 국립 서울대 교수의 지위는 예나 지금이나 관료의 지위와 치환 가능했다.

조선학술원 창립총회에서 통과되고 다시 확정된 규장[8]을 보면, 과학기술계 인사들이 국가 조직을 완성하기 위해 스스로 '학술 동원의 중축'이 되기를 요청하고 있음을 확인할 수 있다.

— 본원은 과학의 여러 부문에 걸쳐서 진리를 탐구하며 기술을 연마하야 자유조선의 신문화건설을 위한 연총(淵叢: 많이 모이는 곳)이 되어 나아가서 국가의 요청에 대한 학술동원의 중축(中軸)이 되기를 목적으로 함
— 본원은 국가조직이 완성되고 국책(國策)이 확립될 때까지 조선학술계의 총력을 집결하여 해방건설의 위업에 협력할 것을 당면의 임무로 함
— 본원은 전항의 목적을 달성하기 위하야 학술의 각 부문에 임시대책위원회를 설치하고 토의안을 작성하야 정부에 건의함

규장에 나타난 내용은 단지 말로 그치지 않았다. 경성제대 이공학부 교수였던 김봉집은 자신의 글에서 과학기술이 상아탑에 은둔하여서는

안 되고 개인적 특허권과 이윤을 주장하여서도 안 된다고 강조하였다. 과학기술을 익히지 않으면 식민지로 다시 전락할 수 있으므로 일상의 생활에서 전쟁에 이르기까지 대비가 필요하다는 주장이었다.[9] 그 스스로도 그러한 역할을 자임하였다. 당시 조선학술원에 속한 과학기술계 인사들의 생각이 다 같지는 않았겠지만 해방된 국가의 비전과 목표를 수립하는 데 깊은 관심을 갖고 적극 개입하려고 한 것은 분명하다.

하지만 시간이 흐르면서 새로운 국가 건설에 참여하고자 했던 이들에게는 실망스러운 상황이 전개되었다. 단지 해방 후 불거진 이념 갈등 때문만은 아니었다. 주권국가를 상상하고 구현하는 전략과 방법론을 둘러싸고 주도권 경쟁이 시작된 것이다.

1950년 5월 최규남은 과학교육국장에서 문교부 차관으로 승진하였다. 자리를 옮기고 불과 한 달 후 그가 쓴 칼럼을 보면, 그가 처음 관료가 되었을 때와 분위기가 많이 바뀐 것을 알 수 있다. 그는 2차 세계대전을 사상전으로 보는 세간의 평을 비판하며, 이 전쟁의 본질은 단지 민주주의를 둘러싼 정치투쟁이 아니라 과학전이었음을 강조했다. 그런데 그가 정작 하고 싶었던 이야기는 전쟁에 관한 평론이 아니었던 것 같다. 그의 글에는 과학기술 분야를 가볍게 여기는 세태에 대한 불만과 분노가 가득차 있다.

> 순수한 문과계통의 학문만을 학습하여 가지고 교문을 나온 그네들은 자연과학에 아무런 교양이 없는 것은 물론이고 과학에 대한 이해조차 없는 반신불수의 대학 졸업생들이다. 불행히도 그네들의 수효는 전 졸업생 수의 약 칠 할이나 된다는 것을 잊어서는 안 된다. 이와 같은 인문계통 졸업생이 사회에 나와서는 정치경제 법률기타 모든 중요 방면에 지도자격으로 군림하여 이공학부 출신의 기술자를 부리는 지위를

점하게 된다.… 이와 같은 불완전한 학제 밑에서 대학을 졸업한 자가 어떠한 기회에 과학의 위력을 느끼게 되면 이에 대한 기본 질적 문제를 고찰할만한 과학적 교양이 없음에 따라 전연(全然)히 맹목적, 맹신적으로 그 위력에 추종하여 자연과학의 공식적 성과에 대하여는 그야말로 무조건 굴복 동시에 덮어놓고 경의와 신앙을 가지게 된다. 때로는 자존심에 사로잡혀 자기 지위에 종속된 권력이나 위력행사를 감행하다가 대사를 잡치는 지도자도 종종 있다. 이런 종류의 사람을 설복시키려면 단순히 자연과학의 공식적 위용을 과시하면 충분하다.[10]

무엇 때문에 최규남은 '문과계통'의 사람들에게 이토록 분노했을까? 그 사이에 무슨 일이 있었던 것인지 들여다보자.

2. 경합하는 해방공간: 근대국가와 과학기술에 대한 상상과 갈등

해방되자마자 조선학술원을 설립할 정도로 독립국가 건설을 향한 지식인들의 움직임은 숨 가쁘게 이어졌다. 국내뿐 아니라 일본, 만주, 미국 등 해외에서 돌아온 지식인과 엘리트 집단이 자신들의 역할을 찾아 나섰다. 뜻을 같이하는 사람들을 중심으로 다양한 모임이 조직되고 이를 기반으로 적극적 활동이 이어졌다.

새 판을 구상하고 실행하는 일은 우리가 살아갈 사회와 국가의 모습에 대한 청사진 없이는 불가능한 것이었다. 하지만 예기치 못한 난관에 봉착하게 된다. 광복이 찾아왔지만 예상도, 기대도 하지 않았던 분단과 미군정 체제를 맞게 된 것이다. 이것은 곧 미군정의 이해와 허가 없이 국가 건설의 과제를 추진하기 어렵게 되었다는 것을 의미했다. 우려는 곧 현실이 되었다. 미군정을 설득하여 제도적, 정책적 진전을 이루기가 쉽지 않았다. 그럼에도 불구하고 조국에 돌아온 과학기술계 엘리트들은 자신들이 구상해온 아이디어를 관철시키기 위해 노력했다. 이들이 기획한 정책은 교육 시스템 구축, 연구기관 설립, 과학기술 거버넌스 정립 등 크게 세 부분으로 구성되었다.

이 가운데 과학기술계 인사들이 가장 중대한 사안으로 여긴 것은 교육 문제였다. 무엇보다 인재 양성이 시급하다고 판단했기 때문이다. 때문에 그들은 1945년 11월에 처음 구성된 조선교육심의회에 과학기술계 인물이 포함되지 않은 것을 알고 크게 우려했다. 과학기술 교육체계에 관한 본격적인 논의가 시작된 것은 교토제대 이학박사이자 조선학술원 상임위원이었던 이태규가 1946년에 고등교육 분과위원으로 임명된 후부터였다.[11] 여기에서 제시된 교육 개혁 방안은 첫째, 생산 인구를 늘리기 위해 실업교육을 강화하고, 둘째, 고등교육 부문에서 법문학계와 과학기술계의 비율을 조정하며, 셋째, 과학기술 분야의 고등교육 비중을 지속적으로 확대하자는 것이었다.

하지만 이들 개혁 방안의 실행은 쉽지 않았다. 실업교육의 확대는 어느 정도 진척되었지만 고등교육에서는 진전이 느렸다. 가장 어려운 것은 독립적인 연구기관의 설립과 과학기술 전담부처의 설치였다. 이러한 상황은 과학기술계 엘리트들의 기대와 완전히 어긋났다. 하지만 쉽게 포기하거나 좌절하지는 않았다. 그들은 자신들이 희망했던 '기술 재건'의 비전을 구현하기 위해 조직적 대응을 시도했다. 가령 과학기술계 인사들은 해외 지역과 출신학교 중심의 유학생회를 기반으로 보다 넓은 인적 네트워크를 조직하고 국내 활동을 통해 이를 확장해나갔다. 이렇게 조직한 각종 모임을 통해 서로에 대해 더 잘 알게 되고, 필요한 사안에 대해 서로 도울 필요가 있다는 것을 깨달았다. 발언권을 인정받은 지식인 집단인 만큼 서로 힘을 모아 정책 방향을 제시하고 추진해야 할 필요가 있었다.

그러나 이와 같은 노력들은 해방 정국의 일상적인 삶과 직업에까지 침윤해 들어온 이념 갈등이라는 장애물과 맞닥트려야 했다. 과학기술계 인사들은 자신들이 조직한 모임에 참여하면서 상대의 이념 성향을 예민하게 눈치챌 수 있었다. 이념과 정치적 성향은 해방 이후 과학기술계의 조직화에 영향을 미칠 수밖에 없었다.

해방 직후 창립된 조선학술원의 등장과 해체는 심화된 이념 갈등이 갓 태동한 엘리트 네트워크의 운명을 어떻게 좌우했는지를 잘 보여준다. 학술원 설립의 본래 취지는 정치적 불편부당(不偏不黨)을 바탕으로 대동단결하여 신국가 건설의 기반을 마련하자는 것이었다. 이에 조선학술원 창립 초기에 참여한 지식인과 엘리트들은 다양한 정치적 성향을 띠고 있었다.[12]

따라서 이념 갈등이 격화되고 정치 세력이 분화되는 상황에서 정치적 색채가 다양한 학술원 내부에 균열이 발생할 것은 예정된 수순이었다. 결국 조선학술원은 설립 1년 만에 해체의 길로 접어들었다.[13] 뒤이어 국립서울대학교 설치안, 소위 국대안을 둘러싼 이슈가 등장하자 지식인들 사이의 이념 갈등은 최고점에 다다른다.[14] 이념을 아우르는 기술국가 재건의 이상은 실현될 수 없었다.

전쟁과 냉전체제를 거치며 이념 갈등이 심화되자, 확장을 모색하던 과학기술계 엘리트 네트워크는 큰 타격을 입었다. 과학자와 기술자들의 월북으로 규모가 절반으로 줄어들기도 했지만, 더 큰 문제는 남아 있는 조직의 성격이었다. 평화로운 시기였다면 상상할 수 없는 일들이 일어났다. 얼마 전까지도 함께 대학의 교육과 연구에 관해 이야기를 나누던 동료가 다른 이념과 환경을 찾아 북한으로 떠나갔다. 그뿐인가! 남아 있는 이들도 서로를 의심하며 자기 검열을 해야 했다.

이념과 생각이 다르다는 이유로 학생과 교수 사이의 신뢰는 무너졌다. 미군정과 이승만 정부에 대한 비판이 곧 반공주의에 대한 반대로 해석되고 비난받는 시기였기에 이 같은 상황은 더 악화될 수밖에 없었다.[15] 안전하려면 말과 행동을 늘 조심해야 했다. 이런 과정에서 과학기술계 인사들이 택할 수 있는 것은 이념으로부터 거리가 먼 중립지대, 즉 탈정치의 영역을 모색하거나 아니면 확실하게 정치권력 편에 서는 것이었다. 식민지기의 경험이 다시 소환되었다.

다른 한편으로 국가 재건 과정에 관여한 과학기술계 인사들 사이에 또 다른 종류의 갈등 요인이 불거졌다. 일본 유학파와 미국 유학파 사이에 긴장 관계가 형성된 것이다. 미군정청은 기존의 경성대와 전문대학들을 통폐합하여 국립서울대를 설립하면서 초대 총장으로 경성대 총장이던 안스테드(Harry B. Ansted: 1893-1955), 초대 교무처장에 언더우드(Horace G. Underwood II: 1917-2004), 초대 학생처장에 미국 시민권을 가진 김성덕(金聖德)을 발탁했다. 군정청으로서는 자신들과 친밀하고 언어가 통하는 인물을 선택하는 것이 자연스러웠을 것이다. 하지만 서울대 공대 초대 학장으로 임명된 김동일(金東一)이 지적한 대로, "당시에는 미국 식민지 교육의 출발점이 아닌가라는 우려"[16]가 높았다. 이 같은 균열은 이념 갈등으로 인해 그렇지 않아도 분열되어 있던 과학기술계 네트워크를 더욱 약화시키는 요인으로 작용했다.

이공계열과 법문계열 지식인 사이의 갈등도 나타났다. 이념 갈등과 학연에 따른 분화가 과학기술계 네트워크를 약화시키는 요인이었다면, 이공계열과 법문계열의 갈등은 오히려 테크노크라트로의 역할과 정체성을 드러내고 강화하는 요인으로 작동했다. 이 점을 눈여겨볼 필요가 있다. 왜냐하면 지난 20세기 내내 한국 사회의 이슈였던 '이과 경시', 혹은 '문과 선호' 현상의 본질과 상통하기 때문이다.

앞서 최규남의 칼럼에 나타난 "문과계통 반신불수 졸업생"에 대한 분노는 단지 문과생을 향한 것이 아니었다. 문제로 삼은 것은 "모든 중요 방면에 지도자격으로 군림하여 이공학부 출신의 기술자를 부리는 지위"에 있는 자들이었다. 그들은 누구였을까? 그들은 문과를 졸업하고 고등문관시험(이하 고문)[17]을 통과한 관료들을 의미했다. 잘 알려져 있듯이, 미군정은 행정의 효율화를 내세워 총독부와 그 주변 기관에서 일하던 한국인 관리들을 거의 그대로 재기용했다. 따라서 고문(高文) 출신 엘리트들은 해방 후에도 계속해서 요직을 차지할 수 있었다.

이승만 정권 초기에는 일제 고문 출신자를 가급적 배제하려 하였으나 자신의 세력 기반을 공고히 하려는 이유로 1952년 이후에는 기존 관료 세력을 정치 엘리트 충원의 주요 공급원으로 삼았다.[18] 다시 말해, 과학기술계 엘리트들이 문제로 여겼던 것은 단순히 관료 선호의 전통이 아니었다. 오히려 시험제도를 통해 정치행정 엘리트로 진입한 다음 탄탄한 엘리트 네트워크를 구축한 '법문계열 우위의 거버넌스'에 대한 문제 제기였다고 보는 것이 타당하다. 따라서 고등 관료 직업에 대한 선호를 현대적 시선에서 단순히 문과 선호 현상이라고 평가하는 것은 문제의 본질을 흐리는 것이다.

마찬가지 맥락에서 1950년대에 나타난 실업계 기피 현상의 이면을 들여다볼 필요가 있다. 당시 학생과 부모들이 실업계 진학을 기피한 것은 단순히 사농공상의 오랜 직업적 서열 탓이 아니었다. 일제강점기만 해도 실업계 중등학교의 인기가 높았고 식민지 후반에는 공업계열의 인지도가 꽤 높았다. 실업계 기피의 원인은 다른 데 있었다. 즉, 1950년대 중반 이후 실업계 학교의 취업률이 형편없이 낮아 실업계 진학의 실익이 거의 없고 졸업 후 전망이 매우 불투명했던 것이다.

요약해보면, 지금까지 큰 이견 없이 받아들여졌던 한국인의 문과 선호라는 문화적 관념은 고등 관료로의 길이 열려 있는 대학 법문계열 선호현상이, 낮은 직업적 전망으로 인해 발생한 중등학교에서의 실업계 기피현상과 맞물리며 강력한 사회적, 문화적 실체로 굳어진 것이다. 앞에서 살펴본 최규남의 한탄은 이런 맥락에서 이해될 수 있다. 결과적으로 한국의 테크노크라트들은 관료적 지위와 권력을 둘러싼 투쟁에서 법문계열 엘리트들에게 밀렸다. 이러한 현실에 대한 절망감과 분노가 과학기술계 지식인들에게 침잠해 들어갔다.

과학기술을 통한
국가 재건의 추진과 경과

과학기술을 통해 국가 재건의 비전을 실현하고자 했던 과학기술계 지식인과 테크노크라트들은 교육 및 제도 개혁을 서둘렀다. 하지만 그와 같은 개혁안을 주변에 설득하고 실현하는 데는 많은 어려움이 뒤따랐다.

1. 실업교육의 딜레마와 대학 교육의 분화

1958년 8월 전국의 실업고등학교 교장단은 정부의 '실업기술교육 5개년 계획'에 대한 전폭적 지지를 결의했다. 결의문에는 "우리는 실업교육의 진흥이야말로 한국 경제 부흥의 원동력이며 조국을 구하는 길임을 재확인하고 역사적인 우리의 사명임을 자각"하고 "우리 능력을 최대한 발휘하여 국가와 사회가 요청하는 산업 건설 역군을 유능한 기술인, 실천인으로 육성한다는 제일 사명을 다하기 위하여 교육 전면에 혁신을 도모하겠다."[19]는 내용이 담겼다. 해방 후 교육정책에서 실업교육 진흥은 중요한 목표였다. 하지만 결의문이 발표된 지 불과 석 달 후, 신문에 실린 한 사설은 1945년 해방 이후 13년 간 진행된 실업교육의 실상을 신랄하게 비판했다.

> 해방 후 우리의 교육사조의 하나는 주권국가의 육성을 위하여 정치, 사상 등의 인문학계통 교육을 재건해야 된다는 요청이 있었다. 이것은 일제하의 식민지교육에서 독립국가의 정상적 교육으로 약진해야 한다는 논리에서 당연한 일이었다. 그런데 그 후 십삼 년 동안에 우리나라 교육이 걸어온 발자취를 보면 누가 보아도 기형적인 성장을 하였다. 고등학교와 대학의 남성, 연년(해마다) 처리하기 어려울 만한 다수의 인문계 졸업생의 홍수, 징병기피도 한몫 끼운 대학 진학자의 격증, 학교 출신자들의 귀농거부, 따라서 이른바 고등유민적(高等遊民的) 무직자의 증가 등으로 표현되는 반갑지 않은 향학열은 이제 도리어 이 사회의 병통으로 간주되게 되지 않았는가. 입바른 말대로 오늘날의 실업학교는 실업학교(失業學校)가 되거나 그렇지 아니하면 실업고등학교는 거의 그 본래의 사명을 잃어버리고 대학 예과적 존재로 굴러 떨어지고 말았다.[20]

해방 후 실업교육 정책은 제대로 된 성과를 내지 못하고 있었다. 1950년대 중반 교육열(education fever)[21]이 사회 문제로 등장하는 와중에 실업교육은 인문교육에 완전히 밀리는 양상을 보였다. 실업교육은 대학으로 가는 예비적 단계로, 혹은 실업자(失業者) 양산 교육으로 전락했다. 실업교육은 가족의 미래지향적 생존을 보장할 전략적 수단으로서의 가치를 인정받지 못하고 있었다. 부모들은 자녀, 그중에서도 아들을 대학에 보내기 위해 할 수 있는 모든 일을 다 하려 했고, 그 덕분에 대학은 상아탑으로 불리기도 전에 먼저 우골탑(牛骨塔)이라는 오명을 썼다. 기대하지도, 계획하지도 않은 일이 통제 불능의 상태로 전개되었다.

　1946년 초 미군정청이 조직한 조선교육심의회에 합류한 이태규는 자신의 과학기술계 네트워크를 활용하여 과학교육 정책을 구상하는 데 적극적으로 임했다. 이태규와 함께 논의에 참여한 이들은 대부분 1920년대에 일본에서 유학하고 식민지기에 관료나 교원으로 일한 경력이 있었다. 그렇기 때문에 실업계 교육기관 확충, 과학기술 연구와 행정을 총괄할 정부 기구 설치의 중요성을 인식하고 있었다. 해방 초기 과학기술계 지식인들은 교육정책뿐 아니라 과학기술 재건의 문제를 신(新)국가 건설의 차원에서 논의하고자 했다.[22]

　미군정체제가 종료된 이후 정부는 교육의 기회 균등이라는 이념적 원리를 넘어 학교 증설의 효율성이나 실업교육 강화와 같은 국가의 필요성에 입각하여 실제적 원리를 추구하기 시작했다.[23] 실업교육 중심의 이 기조는 이승만 정권 내내 유지되었다. 예를 들어, 1948년 국회에서 통과된 교육기본법은 "근검노작(勤儉勞作)하고 무실역행(務實力行)하는 유능한 생산자요, 현명한 소비자가 되어 건실한 경제생활을 하게 한다."는 교육방침을 제시하고 과학·실업교육의 중시와 1인1기(一人一技)의 습득을 명시하였다.[24]

　과학기술계 지식인들의 의견도 이와 다르지 않았다. 1948년 과학기술교육국장으로 취임한 이후 지속적으로 실업교육 확대 정책을 추진한 최규남은 서울대 총장으로 재직할 때에도 실용주의 교육이념에 입각한 미국식 직업교육 모델을 모범으로 삼아 중등 완성적 실업교육을 강화해야 한다고 주장하였다. 조선학술원 시절부터 실업교육을 강조한 안동혁(安東爀, 1906-2004)[25] 역시 직장에서의 과학기술 훈련 강화, 직장의 학교화를 주장했다. 그에게 과학기술교육이란 곧 실업교육이나 직업교육을 의미했고 그 대상도 하급부터 상급의 과학기술 인력까지 포괄되었다.[26] 다만, 미래 산업국가의 비전을 구현하려면 과학기술교육과 연구기관의 정상 운영을 뒷받침할 수 있는 이공계 고등교육 인력이 필요하다고 보았다.[27]

초대 정부의 정책적 노력에도 불구하고 실업교육이 제대로 자리잡지 못한 이유는 무엇일까? 그 첫 번째 이유는 해방 이후 새 국가를 건설하기 위해 추진한 교육정책과 산업정책이 미군정체제, 그리고 이승만 정부의 원조 물자 및 소비재 중심 경제정책으로 인해 중심을 잡지 못하고 흔들렸기 때문이다.[28] 교육정책을 일관되게 이끌 리더십도 부족했다. 이를테면 미군정 교육당국과 미국에서 파견된 조사단의 의견도, 한국과 미국 측 인사들의 의견도 번번이 일치하지 않아 오랜 시간 논의되고 조정되어야 했다.[29] 이러한 의견 차이를 가져온 근본 원인은 한국의 현재를 진단하고 미래를 전망하는 데서 서로 생각이 달랐기 때문이다. 미국의 담당자들은 한국을 산업국가로서의 비전을 가진 국가로 바라보기보다 냉전체제의 균형이 깨져 자칫 위태로운 파국으로 전개되지 않도록 관리하고 통제해야 할 대상으로 인식했다. 하지만 한국인 과학기술계 인사들의 생각은 달랐다.

한국인들은 실용적 교육이라는 큰 틀 안에서 새로운 중등교육과 고등교육 시스템을 구상하고 설계했다. 무엇보다 근대국가 건설과 산업 발전에 실용적으로 기여할 수 있는 교육체제가 필요했다. 이 때문에 미군정기에 만들어진 문과 대 실과의 학생 비율인 중등학교 4 대 6, 고등중등학교 및 대학 3 대 7 비율을 정부수립 이후에도 계속 유지했다. 하지만 시설과 교사가 충분히 제공되지 않는 여건에서 추진된 실업교육의 양적 확대는 많은 문제를 야기했다. 예를 들어, 1958년 봄 실업고등학교의 입학 지원자 상황을 보면, 실업고 270개교 중 모집 정원을 채운 곳은 60개교에 불과했다. 교육과정은 충실히 지켜지지 않았고, 오히려 상급학교 진학을 위한 교과목들로 채워져 있었다.[30] 열악한 교육 환경과 경제 현실 속에서 실업교육은 도무지 직업교육의 일환으로 여겨지지 않았다. 그럼에도 불구하고 국가의 미래를 위해 "현재로 보아서는 실업계 학교의 필요성이 없는 듯하나, 만년대계를 위하여 계획생산에 부수하여 생산기술면 인원의 교육문제를 망각하여서는 안 된다."[31]는 입장은 유지되었다.

실용적 교육의 틀 안에서 중등교육과 고등교육을 아우르려 했던 그간의 노력이 성과를 거두지 못한 두 번째 이유는 부진한 산업화 때문이었다. 일제가 물러간 이후 한국의 제조업은 기술 인력 부족과 원자재 부족으로 생산에 큰 차질을 빚고 있었다. 1946년 초만 해도 공장 시설 절반이 휴면 상태였고 가동하는 공장의 운전율은 25퍼센트를 넘지 못했다. 1955년 국내 전 산업에서 산출되는 생산액에서 공업이 차지하는 비중은 10.2퍼센트에 불과했다.[32]

그러니 실업계 학교를 졸업하고 제대로 된 직장을 구하기는 매우 어려웠다. 실업교육 시설 및 실습에 대한 정부 보조가 극히 적었고 최소한의 실험실습 과정조차 생략되는 경우가 많아 교육의 질이 높을 수 없었다. 산업 기반이 매우 영세하고 취약해 중소기업들은 공업계 고등학교 출신보다 오히려 도제훈련을 통해 기능공을 충원하려고 했다. 이러한 분위기에서 공업계 실업학교 수업 시간에 영어와 수학을 배워 입시를 준비하게 된 것은 이상한 일이 아니었다.

다음 〈표 5-1〉의 취업 통계(1956-1961)에 나타나 있듯이, 21만 명의 실업계 졸업생 중 단 10퍼센트만이 사회에 진출하고 35퍼센트가 진학을 선택했다. 공업계의 상황을 보면, 6만 명 졸업생 중 15퍼센트만이 사회에 진출했고 40퍼센트는 자영 및 기타로, 또 다른 40퍼센트는 진학을 선택했다. 상공계 역시 졸업생의 거의 50퍼센트가 자영 및 기타 분야로, 35퍼센트가 진학을 선택했다. 공업계와 상공계 졸업생에게 '자영 및 기타'로의 진출이란 사실상 실업 상태로 진입하는 것을 의미했다. 실업(實業)학교가 아니라 실업(失業)학교라는 말이 과장이 아니었다.

<표 5-1> 1956–1961(6년간)의 실업고등학교 졸업생 진로에 대한 통계표[33]

부문별	졸업생 수	진학		사회 진출		입대		자영 및 기타	
		수	비 (%)	수	비 (%)	수	비 (%)	수	비 (%)
농업계	79,047	25,840	32.7	4,022	5.1	5,294	6.7	43,891	55.5
공업계	61,056	24,387	39.9	9,454	15.5	2,912	4.8	24,303	39.8
상공계	63,813	22,376	35.1	6,693	10.5	3,329	5.2	31,415	49.2
해양수산업	6,818	1,706	25.0	778	11.4	810	11.9	3,524	51.7
기타	345	78	22.6	17	4.9	12	3.5	239	69.3
계	211,079	74,387	35.2	20,964	9.9	12,357	5.9	103,372	49.0

이런 상황에서 정부가 실업교육 시설에 대해 아무런 구체적 방안과 계획 없이 그저 의욕만 가지고 실업학교 설립을 장려했다는 질책이 쏟아진 건 당연한 일이었다.[34]

실업교육, 공업교육, 공학교육의 분화

해방 후 1950년대까지 실업교육은 지지부진했다. 하지만 다른 한편에서는 중요한 변화가 일어나고 있었다. 즉, 실업교육과 공업교육, 공학교육 사이의 분화가 진행되기 시작했다. 공업교육과 기술교육은 실업계 중등 및 전문대학 단계에서, 대학은 공학교육으로 전환되는 분기점을 맞았다. 공업교육과 기술교육이 실용성 패러다임 안에 위치한 반면 대학 교육은 실용성과는 거리가 있는 학문의 영역으로 차별화되었다. 당시 경제 상황에서 대학 졸업생이 진출할 만한 산업과 직업이 변변치 않았기 때문에 공과대학의 '학문적' 정체성 강화는 커다란 문제로 인식되지 않았다.

한편 실업교육과 공업교육의 분화는 오히려 더디게 진행되었다. 정부가 해방 후에도 공업교육을 농업, 상업과 함께 실업교육의 틀에 묶어둠에 따라 공업교육은 국가와 산업 발전의 최전선을 담당하는 전문 교육으로 차별화되지 못했다. 실업교육 전반의 직업적 전망이 불투명한 상황에서 공업교육을 받은 기술자의 사회적 위신 역시 좀처럼 개선되지 않았다. 국가적 투자와 지원이 부재한 상황에서 실업교육 진흥이란 공허한 메아리에 불과했다.

대학은 학문적 정체성을 강화함으로써 실업교육의 테두리를 벗어나기 시작했다. 여기에서 '학문적'이라는 것은 즉각적인 사회적, 산업적 수요에 대한 부응보다 교수 중심, 강의실 중심, 실용적 목적보다 이론적 접근이 강조된 것을 의미한다. 마침 사회적 이슈가 된 취업난과 계층 상승 욕구는 대학 진학에 대한 열망에 불을 붙였다. 1952년부터 1960년까지 대학생의 연간 평균 증가율은 14.5퍼센트로 1960년과 1970년 사이의 증가율 6.7퍼센트보다 두 배나 높았다.[35]

1950년대 미국의 원조기관과 문교부가 협의한 실업교육 중시 방침에 따라 다섯 개의 국공립대학교가 신설될 때 과학기술계 단과대학이 설립되었다.[36] 1953년 국제연합 한국재건기구(United Nations Korean Reconstruction Agency, UNKRA)가 지원한 자금의 상당 부분이 실업계 교육기관 설비와 교육 지원비로 사용되었다. 이 가운데 가장 크게 혜택을 본 교육기관이 서울대학교였다. 1954년 서울대 재건 사업으로 시작한 미네소타 프로젝트는 주로 공과대학, 농과대학, 의과대학의 교수와 연구생을 중심으로 진행되었다.[37]

비록 서울대가 아니더라도 대학 졸업생들에게는 학력 프리미엄 속에 지성인, 지식인이라는 사회적 위신과 인정이 주어졌다. 그중 일부는 관료, 교원, 전문직으로 진로를 모색했다. 다만, 산업 발전이 더디게 이루어지는 상황에서 공학계열 졸업생 다수는 인문계열 졸업생들과 유사한 종류의 취업 시장에서 치열하게 경쟁해야 했다. 이공계열 졸업생에게 특화된 취업의 문은 매우 좁았다.

현실에서도 열악한 실험실습 환경으로 인해 산업 현장에 필요한 실제적 역량을 지닌 인재를 배출하기가 어려웠다. 그러는 사이, 고등교육으로서 이공계열 대학 교육은 실용적 교육의 패러다임을 벗어나 고고한 학문 패러다임 속으로 자리를 옮겼다.[38] 이것은 곧 이공계 대학 교육이 산업 현장으로부터, 그리고 사회적 필요와 실제 수요로부터 분리된 것을 의미한다. 이공계열 대학과 산업 현장의 분리는 1950년대에 본격화된 이념으로부터의 탈피, 탈정치화 담론의 전개와 함께 더욱 강화되는 양상을 보였다. 대학의 공학교육은 실업교육의 틀을 벗어나 중립지대인 상아탑으로 이동하는 대신 산업적, 사회적 수요와의 밀착성을 포기하는 대가를 치러야 했다.

어쩌면 한국 대학 교육에 대한 불만과 비판, 즉 이공계 대학 교육의 사회적 역할과 책임에 대한 이슈는 이 시기에 기원을 두고 있는지 모른다. 대학 교육의 비전이 무엇이든, 생산인과 산업가, 기업가를 양성하는 교육은 이공계 대학 교육의 실제적 목적이 될 수 없었다. 이공계 교육을 바탕으로 성장한 이들이 한국 사회와 국가를 주도하는 미래를 현실적으로 구체화할 전망과 역량을 정부도, 대학도 가지고 있지 못했기 때문이다.

2. 과학기술 거버넌스 구축 시도

과학기술 분야의 인적, 물적, 제도적 자원을 통합하고 관리할 정부 부처의 필요성은 해방 직후부터 강조되었다. 과학기술계 인사들이 고안한 아이디어와 국가 재건의 비전은 정책적 지지와 기반 없이 결코 실현될 수 없었기 때문이다. 다행히 아무것도 없었던 것은 아니다. 이미 일본 식민 정부가 구축해둔 기구와 인프라가 존재했고 그것을 활용하고 확장하는 일은 그다지 어렵지 않은 것으로 인식되었다. 게다가 과학기술계 인사들 중 일부는 이전부터 관료로 일하고 있어 정부 시스템을 잘 이해하고 있었다. 중요한 것은 새롭게 설립될 정부 혹은 통치기구로부터 과학기술 재건에 참여하고 주도할 권한을 위임받는 일이었다.

이 과정에서 누구에게 그럴 만한 자격이 있는지를 둘러싼 경쟁이 시작됐다. 안타깝게도 자격을 둘러싼 경쟁과 갈등은 미군정이 통치하고 남한 단독정부가 수립되는 정치적 과정 속에서 항상 편을 가르는 일과 병행되었다. 과학기술계 인사들이 과학기술을 통한 국가 재건의 목표를 성취하려면, 이념적 갈등을 뛰어넘거나 혹은 압도할 만한 합당한 논리, 즉 정당성을 갖출 필요가 있었다.

과학기술계 엘리트들이 내세운 정당성의 논리는 "과학기술이 곧 경제와 국가 건설의 기초"라는 단순하고도 명쾌한 주장이었다. 1945년 눈앞에서 목도한 원자폭탄의 위력과 군사력, 선진국들의 산업 발전이 갖는 위엄 앞에서 누구도 과학기술의 위상과 중요성을 무시할 수 없었다. 하지만 현실에서 그것을 어떻게 구현할 것인가에 관해서는 의견이 갈렸다. 미군정이 통치하는 상황에서 정책 결정의 주도권을 가질 수 없었고 모든 자원이 부족한 상황에서 먼저 해결해야 할 우선순위를 정하는 것도 간단치 않았다. 해방 직후 과학기술계 인사들이 만난 어려움은 이런 종류의 문제였다. 섣부르거나 비현실적이라고 여겨지는 과학기술 재건의 비전과 목표를 우선 정책 결정자들에게 현실적 가능태(可能態)로 인식시킬 필요가 있었다. 그러기 위해서는 누가, 무엇을, 어떻게 할 것인지에 대한 구체화된 계획을 제시해야 했다. 과학기술 거버넌스는 바로 그 계획의 중심부에 위치했다.

과학기술계 인사들은 과학기술 전담부처 설치를 주장했다. 거버넌스 구축에 열정적이었던 이태규는 조선교육심의회를 통해 과학성(科學省) 설치 필요성을 주장했다. 과학기술 행정의 일원화를 도모하고 연구를 통해 국력 회복과 국리민복(國利民福)에 이바지하겠다는 취지였다. 과학기술 거버넌스를 구상하는 방식에 다소 인식의 차이는 존재했지만 대부분의 언론계와 과학기술계 인사들은 독립된 과학기술 부처가 필요하고 주요 연구기관들의 사무행정을 통합하여 관리할 필요가 있다는 점에 동의하였다.[39]

이태규가 설계한 과학성 조직은 기술행정국·연락회의, 특허국, 과학진흥국, 그리고 두 개의 연구국·연구회의로 구성되었다.[40] 과학기술정책을 결정할 최고 기구로는 과학심의회를 제안했다. 각 소속 기관의 역할을 전문화하면서도 행정을 통합하고 관리할 독립 조직을 구상한 것이다. 이태규는 각 부처에 분산된 연구기관들을 과학성에서 통합 운영할 필요가 있다고 보았다. 연구와 기술 개발을 위한 인적, 물적 자원이 부족한 상황에서 연구개발의 능률성을 높이고 일관된 정책 추진을 위해 중앙 통제 방식이 요구된다고 판단한 것이다.

비록 식민지배는 끝났지만 여전히 해결될 기미가 보이지 않는 과학기술 발전과 경제성장의 활로를 찾으려면 소위 총동원체제처럼 계획적이고 집중화된 운영 방식이 필요하다고 보았다. 이것은 비단 이태규만의 구상이 아니었다. 최규남 역시 명칭은 다르지만 동일한 역할의 과학기술원(科學技術院)을 설립하여 과학기술 행정의 일원화를 꾀할 필요가 있다고 주장했다.[41] 하지만 과학기술 전담부처는 설치되지 않았다.

요컨대, 해방 직후 추진된 두 개의 기획안 중 과학 및 실업교육 진흥은 우여곡절 끝에 추진되었지만 과학기술 거버넌스 구축은 끝내 성과를 거두지 못했다. 정부 조직 중 과학이라는 용어가 사용된 것조차 1948년 문교부에 조직된 과학교육국이 유일했다. 과학교육국이 설치된 것은 문교부의 요청으로 직업교육 고문으로 활동한 핍스(Raymond W. Phipps)의 자문에 따른 것이었는데, 사실 그가 제안한 부처의 본래 영문 명칭은 "Bureau of Vocational and Technological Education"이었다. 하지만 부처 명칭은 과학교육국으로 바뀌었다.[42] 그 이유는 알려져 있지 않지만, 제1공화국 정부가 첫 문을 연 시기에 직업과 기술이 제일 먼저 '과학'이라는 용어에 담긴 것이 흥미롭다. 마치 1930년대에 '과학조선', '과학지식보급회', '과학의 날'에서 그랬던 것처럼, 과학이 기술, 공업, 발명, 실업의 의미를 모두 담고 있었던 것과 유사해 보인다. 과학은 특정한 분과 학문으로서가 아니라 새로운 목적과 가치를 담는 커다란 그릇 같은 역할을 했다. 1950년에는 과학교육국이 기술교육국으로 이름이 변경되었다.

지금까지 살펴본 것처럼, 해방 후 1950년대까지 과학기술계 인사들이 구상했던 원대한 계획, 즉 테크노크라트로서 국가 재건의 한 축을 담당하려는 기획은 좌초되고 오히려 조금씩 위축되고 축소되는 과정을 거쳤다.

새로운 기회: 원자력 중심의 연구 조직화

그런데 뜻밖에도 과학기술계 인사들이 과학기술 연구 정책에서 주도권을 쥘 수 있는 새로운 기회가 외부로부터 주어졌다. 1950년대에 들어와 미국과 소련이 자국과 우호 관계에 있는 나라들과 경쟁적으로 원자력 협력협정을 체결하기 시작하면서 한국에서도 원자력의 군사적 활용뿐 아니라 평화적, 경제적 이용에 관심이 커졌다. 마침 1954년 11월에는 미국의 원자력연구소에 한국 과학자를 파견해달라는 미국 정부의 요청이, 그리고 1955년 8월에는 국제원자력평화회의에 참석해달라는 유엔의 초청장이 도착했다.

이후 국제원자력기구에서 국가의 입지를 다지고 협정 체결을 위해 노력하는 과정에서 많은 진전이 있었다. 이런 상황이 아니었다면 불가능했을 일들이었다. 예를 들어, 연구 예산과 원자력 연구기관 공간 확보, 원자력 연구생 해외 파견, 원자로 구입을 위한 예산 지원이 국회 동의를 얻는 데 성공했다.[43] 이때 제공된 연구 예산의 일부는 대학 교수의 연구 보조금으로도 지원되어 원자력 분야뿐 아니라 다른 분야의 연구를 활성화하는 데 도움이 되었다.

하지만 가장 큰 성과는 독립된 연구기관을 가질 수 있게 되었다는 점이다. 원자력 사업의 특성을 반영한 법안이 1958년 국회를 통과함에 따라, 비록 정부 조직은 아니었지만 원자력원이 대통령 직속 독립기관으로 설치되고 원자력원장은 대통령이 임명하는 국무위원급의 지위를 갖게 되었다. 원자력 정책을 담당한 실무자 중에는 이공계열 전공자가 많았는데, 그 이유는 당연직인 원자력원장과 원자력연구소장을 포함하여 5인의 원자력위원 중 적어도 3인은 과학자여야 한다는 규정이 추가되었기 때문이다. 이 과정에서 서울대 물리학과 교수로 재직하다가 정부 행정기관으로 자리를 옮긴 박철재(朴哲在, 1905-1970)와 윤세원(尹世元, 1922-2013)이 결정적인 역할을 했다.[44] 원자력원은 이런 과정을 거쳐 1959년에 설립되었다.[45] 소련이 스푸트니크 발사에 성공해 미국 사회를 온통 충격에 빠뜨린 지 2년이 지난 무렵이었다. 스푸트니크 충격(Sputnik shock)은 미국뿐 아니라 전 세계와 인류를 과학전쟁의 또 다른 국면으로 몰아넣었는데, 그 와중에 한국에는 원자력의 외피를 쓴 과학기술 연구기관이 탄생한 것이다.

전쟁이 끝난 1950년대 중반까지도 과학기술에 대해 종합 대책을 세우고 조정할 행정 체계는 존재하지 않았다. 문교부 기술교육국에 있던 과학기술과도 주로 교육 시설과 실업교육을 다루는 부서였고 연구개발 인력 양성 업무와는 거리가 멀었다. 대학에 이공계 학과가 신설되기 시작했지만 여전히 자격을 갖춘 교수 부족과 실험실습 인프라 미비로 제대로 된 교육과 연구를 진행할 수 없었다. 국방부 과학연구소, 중앙공업연구소, 연초시험소 등 국가 연구기관이 있었지만 과학기술 연구를 수행한다고 말하기에 민망한 수준이었다.[46] 이런 상황에서 원자력원이 설립된 것은 한국 과학기술 연구체계의 성립에서 매우 중요한 의미를 갖는다.

외부적 요인에 의해 추동되기는 했지만 1950년대 한국의 여건을 고려해볼 때, 원자력원 설립을 둘러싸고 전개된 과정은 다소 이례적이었다. 상당히 들뜬 상태에서 전례 없이 신속하고 집중적으로 진행되었다는 점에서 그렇다. 당시로서는 국가 역량에 비해 많은 자원이 투입된다는 점에서 반대의 목소리가 높았다. 원자력 산업의 발전만으로 국가경제를 개선할 수 있겠느냐는 걱정이 적지 않았다. 다른 분야의 과학자와 기술자들 역시 국내 기술 수준이 미약한 상황에서 원자로를 도입한다고 기술 수준을 높일 수 있겠느냐고 의문을 나타냈다. 국제원자력기구 역시 한국 시찰을 마친 후 한국이 성급하게 원자력 정책을 펴고 있는 것 아니냐는 우려를 표명할 정도였다.[47]

원자력은 이런 나라 안팎의 우려 속에 1950년대 중후반 국가 정책에서 뜨거운 쟁점으로 부각되었다. 이렇게 된 데는 해방 후 정부 거버넌스에서 주변부로 밀려나 있던 과학기술계 인사들의 활약이 있었다. 이들은 원자력을 중심으로 국제 정세가 바뀌는 것을 인식하고 이를 과학기술계 위상 정립을 위한 새로운 기회로 활용하는 데 성공했다.[48] 원자력은 비용이 많이 들고 위험 부담이 있지만 거대과학(Big Science)으로서 정치적, 도덕적 정당성을 이미 확보하고 있었다. 과학기술계 인사들은 원자력 사업을 추진하는 과정에서 자신들의 입지를 넓히고 일정한 연구행정 영역을 확보하는 데 성과를 냈다. 다만, 이것은 동전의 양면과도 같았다. 일단의 국내 과학자와 연구자들이 원자력을 중심으로 조직되는 동안, 과학기술계 인사들의 법적 위상은 기대와 다른 방향으로 움직이고 있었기 때문이다.

기술 재건에서 문화 재건으로

미소 양대 축을 중심으로 세계의 원자력 협력 지도가 만들어지는 사이, 한국에서는 국립학술원 설립이 마무리 단계에 접어들고 있었다. 민립이었던 조선학술원을 국립학술원으로 발전시키려는 움직임은 분단과 정부 수립의 혼란 속에 좀처럼 진척되지 않았다. 하지만 전쟁 중인 1951년 5월에 창립위원회가 개최되며 그 움직임이 가시화되었다. 명칭은 전시과학연구소로 지어졌다. 준비 모임은 연구소의 목표를 "학계의 제명사(諸名士)를 망라하여 전시과학연구소를 창립하고 이미 과거에 축적한 바 역량을 발휘하여 전시하의 학자(學者)로서, 과학인(科學人)으로서, 기술가(技術家)로서, 전쟁 수행에 도움이 될 이론과 실천면의 연구와 그 실천을 통하여 전시국가(戰時國家)가 요망하는 바 사명을 다하고자 하는 바"[49]라고 천명하였다. 국가의 위기를 맞아 국가 운영과 전쟁 수행을 위해 학문적, 과학적 중핵이 되겠다고 자청한 것이다.[50]

학술원 설립의 토대가 될 법안은 연구소 설립 다음 해인 1952년에 국회를 통과했다. 그런데 뜬금없이 해당 법안이 '문화보호법'을 기초로 발의되었다. 전시 피난지에서 문화인의 처지가 비참하므로 학술원과 예술원을 창립해 이들 학술인과 예술인의 세계를 관장하며 사회적으로 그들의 위상을 높여주겠다는 취지였다. 문화보호법은 학술원을 설치해 과학자들을 우대하고 예우하면 과학자들이 열심히 연구에 매진할 것이고, 그것을 통해 학문이 발전하고 민족문화가 융성해질 것이라는 논리 구조에 기초해 있었다. 하지만 문화보호법은 학술원과 예술원이라는 서로 다른 두 집단의 특성을 전혀 반영하지 않고 국가를 대표하는 학술기관에 적합한 지원이나 시스템을 규정하지 않아 처음부터 문제가 많았다.

당시 국회전문위원의 자격으로 문화보호법의 입안 과정에 참여한 이항녕(李恒寧)은 2004년 대한민국학술원 50주년 기념 회고담에서 이 법안이 전시하의 어려운 처지에 있는 '문화인'인 과학자와 예술가를 보호하기 위해 다른 나라 제도를 참고하여 만든 것이라고 설명하였다.[51] 하지만 그로부터 십 년 뒤 출판된 학술원 자료에는 비록 특정인의 이름으로 비판한 것은 아니지만 이항녕이 "일제 말년에 경성제대를 졸업했으며 재학 중 일본 고등문관시험 행정과에 합격한 법 입안자"이고 "일제하에 중앙 아카데미 운동을 한 사람들이나 해방 후 조선학술원을 세운 사람들과 학문적, 정치적 계보를 달리하는 인물"[52]이라며 넌지시 비판하였다. 문화보호법이 과학을 잘 이해하지 못하는 문과 출신 행정가에 의해 만들어졌음을 밝히고 싶었던 것이다.

이런저런 논란과 논의를 거쳐 1954년 7월에 선포된 대한민국학술원 선언문은 "우리 민족은 원래 문화를 존중하고 학문을 애호하는 지성의 소유자"였다며 과학자들은 "우리에게 부하(負荷)된 사명에 대하여 새로운 인식과 각오를 거듭하지 않으면 안 될 것"이고 "우리 민족이 이 땅 위에 새롭고 참다운 문화를 재건하고, 그것을 발전시키는 면에서 새로운 민족 생리를 발견하게 될 것"이라고 주장하였다. 그러기 위해서는 "학문의 자유를 확보하고 독창성을 발휘하여야 하며, 적시(適時) 적의(適宜) 문화정책에 관한 의견을 정부에 건의할 권리와 의무가 부과된 것"을 잊지 말자고 다짐하였다. 과학기술 엘리트의 역할이 그들의 처음 의도와 달리 기술 재건에서 문화 재건으로, 그리고 주도적인 정책 개발이나 추진이 아니라 건의의 역할로 축소되었음을 상징적으로 보여준다. 학술원이 제시한 당면 과제는 다음과 같았다.

1. 우리는 과거문화와 전통에 대하여 재비판 재검토를 가하는 동시에 새롭고 건전한 민족문화 재건의 지표와 그 실천의 구체안을 확립한다.
2. 학문의 자유를 확보하고 독창성을 발휘하여 우리의 민족문화뿐만 아니라 널리 인류문화에 있어서의 기여 공헌이 있기를 자기(自期)한다.
3. 선진제국의 학술원과 긴밀한 연락을 취하여 우리 학계의 후진성을 극복한다.[53]

송상용은 해방 직후 과학기술자들이 과학 존중과 기술 건국을 외쳤으나 아무도 귀를 기울이지 않았다고 회고한 바 있다.[54] 전쟁이 끝났을 때, 한국의 과학기술계 엘리트들은 정부의 보호와 후원을 받아야 할 존재로 변화되었다. 그들은 전문적 식견을 바탕으로 정부가 요구하는 일을 수행하고 건의하되 그 대가로 학문의 자유와 자율성을 보장하라고 요구했다.

지금까지의 과정을 살펴보면, 해방 직후 나름대로 자신들의 활동 영역을 구축해 사회적, 정치적, 문화적으로, 그리고 전문 직업인으로서의 위상을 확보하고자 했던 과학기술계 지식인 및 엘리트의 움직임이 크게 세 번에 걸쳐 타격을 입은 것으로 보인다. 첫 번째는 정책 거버넌스에서 과학기술 전담부처를 설치하는 데 실패한 것이다. 두 번째는 국대안이 관철된 이후 대학 교수에 대한 인사권 등 대부분의 중요한 권한이 대학 본부에 일임되며 대학이 국가적 관리 통제의 대상이 된 것이다. 세 번째는 조선학술원의 후신인 대학민국학술원이 전쟁 중 문화보호법을 기초로 만들어짐으로써 과학기술 연구자가 보호의 대상으로 정의된 것이다. 전쟁 수행과 국가 운영에서 학문적, 과학적 중핵이 되겠다는 학술원 과학기술계 인사들의 의지와 제안은 이승만 정부에서 진지하게 고려되지 않았다.[55]

한국 테크노크라트 프로젝트의 좌절

1. 1950년대 재벌의 형성과 엔지니어–산업가 성장의 한계

세계적으로 엔지니어들이 가장 널리 존재하는 영역은 산업과 사기업 부문이다. 생산과 제조를 담당하던 오래된 역할이 산업화를 거쳐 새로운 방식으로 조직화되었든, 혹은 기존의 방식과 전혀 다른 교육과 훈련을 통해 성장했든, 엔지니어의 역할과 직업적 지위의 형성은 산업 발전과 궤를 같이해왔다. 1950년대 산업과 기업의 성장 과정에서 한국 엔지니어들이 어떻게 자리매김해왔는지를 살펴보자.

1950년대 한국의 산업구조는 비대한 서비스 산업과 소비재 중심 공업구조, 재벌의 형성, 고실업, 농업과 농촌의 피폐화로 몸살을 앓고 있었다.[56] 외국 원조에 의존한 경제구조 때문에 서비스 산업의 비중이 비정상적으로 높아졌고 잉여농산물 도입으로 농가 경영이 악화되었다. 전쟁 이후 1959년까지 매년 5퍼센트 이상의 GNP 성장률을 유지했지만 1959년에도 1인당 국민소득이 100달러에 미치지 못할 정도로 국민 대다수는

절대 빈곤 상태에 머무르고 있었다.[57]

그렇지만 한편으로는 한국 사회에 결정적인 영향을 미칠 중요한 변화가 일어나고 있었다. 첫째, 전쟁과 농지개혁으로 인해 전통적 지주 계급이 해체되었다. 둘째, 이념을 둘러싸고 벌어진 전쟁이었기에 국가 헤게모니에 대한 저항 세력을 반공의 이름으로 제거하거나 쉽게 무력화할 수 있는 분위기가 형성되었다. 셋째, 미국의 극동 지역 안보정책의 일환으로 한국이 반공 전초기지로 구축되면서 미국의 집중적 관심과 지원을 받을 수 있었다. 넷째, 전쟁에 패한 일본인들의 재산을 적산으로 몰수하고 국가의 물적 기반으로 활용할 기회를 갖게 되었다.[58]

1950년대는 그야말로 격동의 시대였다. 한국 사회 최대의 인구 변동이라 부를 수 있는 도시로의 인구 집중과 교육 수준의 급격한 상승이 있었다. 예를 들어, 도시 인구 비율이 1949년 17.2퍼센트에서 1955년 24.5퍼센트로, 그리고 1960년에는 28퍼센트로 높아졌다. 초등학교 취학률은 1940년 31.7퍼센트였으나 1945년에 64.0퍼센트, 전전에는 81.8퍼센트로 급증하다가 1960년에는 95.3퍼센트에 이르렀다.[59] 도시는 배움의 열기로 가득 찼다. 그 어떤 것도 더 나은 삶을 향한 사람들의 열망과 활기를 꺾을 수 없었다.

하지만 이렇게 형성된 양질의 노동력을 수용할 산업의 발전은 충분히 이루어지지 않았다. 일례로 1961년 서울의 취업자 수가 대략 60만 명이었는데 그 비율은 전체 서울시 인구의 23퍼센트에 불과했다. 서울의 산업인구 중 농림어업과 광업, 제조업을 제외한 사회간접자본 및 기타서비스업 비중이 70퍼센트를 상회했는데, 그 대부분은 소위 구멍가게를 운영하는 영세 상인들이었다.[60]

하지만 전혀 다른 변화가 산업 부문에서 시작되고 있었다. 한국 경제 발전의 아이콘이자 동시에 명암이라 불리는 재벌(財閥)[61]의 탄생이 이루어진 것이다. 산업 기반이 미비하고 소비재가 중심이 된 피폐한 산업구조에서 대규모 기업 집단이 형성된 것은 역사적으로 이례적인 것이라고 평가할 수 있다.

한국의 산업자본가, 즉 재벌의 형성에 대한 연구들은 대체로 귀속기업체 불하, 원조와 그것을 이용한 재정투융자, 인플레이션과 환율로 인해 자본 형성이 용이하게 이루어진 점에 주목하였다. 우리는 여기에서 자본형성 과정 그 자체보다는 이 과정에서 엔지니어가 어떤 역할을 했는지, 실제로 산업 부문에서 엔지니어링의 성장이 이루어졌는지에 관심이 있다. 이를 살펴보기 위해 첫째, 한국 산업자본가의 기원으로서 이들의 계급적 출신과 직업적 배경, 경험을 살펴볼 것이다. 두 번째는 산업자본가들이 설립한 기업의 업종과 성장 요인을 검토하는 데 초점을 맞춘다.

다른 국가들의 사례를 보면, 산업화 과정에서 엔지니어-산업자본가, 엔지니어-기업가(engineer-entrepreneur)가 등장하고 성장하는 것을 확인할 수 있다. 자본가나 기업가로의 성장은 엔지니어 정체성의 확립뿐 아니라 한 사회에서 엔지니어의 위상과 역할에 대한 사회적 인식에도 영향을 미치게 된다. 아래 〈표 5-2〉는 공제욱(2000)의 연구를 기반으로 1950년대 주요 재벌의 특징을 분류한 것이다.[62]

1950년대에 형성된 재벌의 첫 번째 특징은 이들이 신흥 자본가 계층이며 일제시기의 지주나 대자본가 출신이 아니라는 점이다. 조사에 따르면, 해방 직후 회사 대표와 귀속사업체 관리인이었던 2,445명 중 92퍼센트인 2,356명이 지주 출신과 무관한 비경력자들이었다.[63] 일제강점기 대지주 계층 중 일부는 1930년대 후반부터 계급적 전환을 모색했지만 상공업 부문으로 진출하는 데 거의 성공하지 못했다. 재벌들 중 김연수(삼양사)와 박흥식(화신백화점)을 제외하고는 대자본가였던 이들이 없다.

둘째, 신흥 자본가로의 성장을 결정지은 요인은 부모로부터의 부의 대

〈표 5-2〉 1950년대 한국 재벌의 업종 변화 및 주된 성장 요인

No	재벌 (자본가)	현재 (2000년)	최종 학력	시기별 주된 직업, 업종 및 사업체				주된 성장 요인
				일제강점기	미군정기	한국전쟁기	50년대 중반 이후	
1	삼성 (이병철)	삼성 효성	와세다 중퇴 (정치경제학)	상업, 양조업	양조업	무역업	제당, 모직, 금융업	원조자금, 은행융자
2	삼호 (정재호)	60~70년 대 몰락	일본공업 학교(섬유)	양말공장	양말공장 기계제작	방직업 무역업	방직업 금융업	불하 귀속기업 인수 은행융자, 원조자금
3	개풍 (이정림)	대한유화 동양화학	보통	도매상	고무공장	무역업	시멘트 제조	원조자금, 은행융자 국유기업체 불하
4	대한 (설경동)	대한전선 대한방직	일본고등 상업학교	대곡물상	무역업	무역업	방직, 제당 전선제조	귀속기업 불하 은행융자
5	락희 (구인회)	엘지	고보	포목상	상업 무역업	화장품제조	합성수지 제조 라디 오조립	원조자금, 은행융자
6	동양 (이양구)	동양	보통	식료품도매	상업	식료품도매	시멘트제 조 제과업	불하 귀속기업 인수 은행융자, 원조자금
7	극동 (남궁련)	80년대 말 몰락	일본 니혼대 (경제학)	미상	해운업	해운업	해운업 무역업	원조자금
8	한국유리 (최태섭)	한국유리	고보	무역업	무역업	식료품 군납	판유리공업	국유기업체 불하 은행융자
9	동립 (함창희)	60년대 말 몰락	–	미상	미상	귀속기업체 관리	식품제조업	귀속기업 불하 은행융자
10	태창 (백낙승)	부정축재 자 몰락	일본대학	직물업 무역업	직물업 무역업	직물업 무역업	방직업	귀속기업 불하 은행융자
11	동아 (이한원)	대한제분	실업학교	정미소	무역업	무역업	제분, 제당 방직업	귀속기업 불하 은행융자
12	금성 (김성곤)	쌍용	고보	비누공장	비누공장	방직업	방직업	귀속기업 불하 은행융자
13	대동공업 (조성철)	80년대 초 몰락	–	토건업	토목공사 하청	건설업	건설업	전쟁복구 건설업 은행융자
14	중앙산업 (조성철)	70년대 초 몰락	일본중학교	상업	건설업	건설업	건설업	전쟁복구 건설업 은행융자
15	한국생사 (김지태)	80년대 초 몰락	상업학교	농장경영 기계공장	귀속기업체 관리인	견직업 제사업	견직, 제사, 고무공업	귀속기업 불하 은행융자
16	화신 (박흥식)	80년대 초 몰락	보통	백화점업	백화점업 무역	무역업	무역 방직 백화점업	귀속기업 불하 원조자금
17	삼양 (김연수)	삼양사 경성방직	교토제대 (상학)	방직업 농장경영	방직업 농장경영	방직업 염전	제당 염전 방직업	일제시기 대자본가* 원조자금
18	전남방직 (김용주)	전방	상업학교	무역업 운수업	귀속업체 관리인	무역업 방직업	방직업 제분업	귀속기업 불하 원조자금
19	현대건설 (정주영)	현대	소학교	자동차 수리	자동차수리 건설업	건설업	건설업	전쟁복구 건설업 미 8군 공사 독점
20	동양맥주 (박두병)	두산	고등상업	상점 전무	귀속기업체 관리인	귀속기업체 관리인	맥주업	귀속기업 불하
21	동양방직 (서정익)	동일방직	고등공업	방적회사 기술자	귀속업체 공장장	귀속업체 관리인	방직업	귀속기업 불하 원조자금
22	천우사 (전택보)	60년대 말 몰락	일본상업 고등학교	정미업 상업	미군정청 관리, 무역	무역업	목재공업 피혁공업	귀속기업 불하
23	한국화약 (김종희)	한화	상업고등	회사 사무원	귀속업체 관리인	귀속업체 관리인	화약공업	귀속기업 불하

물림이 아니라 귀속사업체의 불하 여부에 달려 있었다. 부모의 재력에서 도움을 받은 경우는 삼양사의 김연수, 동양맥주의 박두병, 효성의 조홍제, 삼성의 이병철 정도에 불과하다. 귀속재산은 식민지 기간 일본인이 소유했던 재산이 해방 이후 미군정에 귀속된 재산인데, 1948년 정부수립 이후 한국 정부에 귀속되었다. 따라서 실제 불하는 이승만 정권에서 이루어졌다. 정부는 대규모 귀속기업체의 불하 결정, 불하가격 산정, 연고자에 대한 우선권 부여, 불하가격의 장기 분할 납부, 지가증권의 귀속재산 매수 인정 등 불하가 이루어지는 전 과정에 적극 개입하였고 이것은 신흥 자본가 계층을 형성하고 지원하는 데 매우 유리하게 작용했다. 이렇게 불하된 귀속재산과 귀속기업체는 전쟁의 발발로 많은 피해를 입었지만 이 경우에도 다시 미국의 원조를 받아 복구될 수 있었다.

반면 일제시기에 성장한 민족자본이나 자영업자들은 신흥 자본가로 성장하지 못했다. 일부 한국계 기업들이 1930년대에 성장하기 시작했지만 전시 경제체제로의 전환과 그로 인한 일련의 조치들, 예컨대 임시자본통제령(1937년), 국가총동원령(1938년), 기업정비령(1942년) 등으로 인해 대부분 해체되고 산업 시설은 전쟁용으로 징발되었기 때문이다.[64] 많은 재벌의 기업사에서 창업자들이 무에서 유를 창조한 자수성가형 인물로 묘사되는 것은 이처럼 기존의 부나 계급적 기반과의 연결성이 약했기 때문이다. 그렇지만 창업주들의 도덕성이 강조되지도 않았다.

재벌 형성의 세 번째 특징은 이들이 기존 권력 및 이권 구조와 밀접히 관련되어 성장했다는 것이다. 앞에서 살펴보았듯이, 창업주 대다수가 기존의 지주나 대자본가 출신이 아닌 데다 귀속기업 불하와 원조자금의 지원을 통해 성장했기 때문에 이들에게는 무엇보다 당시 정치권력과의 친밀성이 중요했다. 정부는 불하는 물론이고 원조물자 및 자금의 배정, 융자 등 각종 특혜 조치를 펼칠 권한을 가지고 있었다. 때문에 기업가들은 가능한 연줄과 자원을 동원해 그에 접근하고자 했다. 많은 재벌이 1960년 4·19 혁명 이후 부정축재자 조사에서 처벌 대상이 된 것도 이런 이유에서 비롯된 것이다.

넷째, 초창기 자본가와 기업가들 대부분이 당시 수준과 비교할 때 학력이 높았다. 이들은 주로 무역업을 통해 성장했는데, 그 이유는 전국적인 물자 부족으로 인해 무역업에서 얻을 수 있는 이득이 컸기 때문이다. 고등교육을 받은 경우에도 대부분 경상계열이었고 이공계열 출신은 섬유와 방직 분야의 정재호(삼호)와 서정익(동양방직) 정도에 불과했다. 다시 말해, 한국 산업자본가의 성장에서 기술과 과학 기반의 사업과 비전을 추구한 사례를 찾아보기 어렵다. 전쟁에서 승리하기 위해 선진적 과학기술과 국민정신의 결합을 강조한 일본이 미쓰이, 미쓰비시, 닛산 등 신생 재벌을 중심으로 과학과 기술 기반의 기술 혁신과 산업 발전을 추구한 것과는 차이가 있다.[65]

1950년대는 비록 충분하지는 않았지만 1960년대 이후 압축적 경제성장을 뒷받침할 산업적 기반이 준비된 시기였다. 하지만 이때 형성된 한국의 산업자본가들 중 엔지니어와의 연관성을 찾아보기는 어렵다. 일제강점기에 억압되거나 단절된 민족자본과 상업자본, 엔지니어 교육 미비, 중앙 집중화된 임의적 자원 배분 구조와 원조경제가 문제였다. 이로 인해 한국 산업 발전의 초창기라고 할 수 있는 1950년대에 엔지니어-산업자본가, 엔지니어-기업가의 길은 아직 열리지 않았다.

2. '과학기술' 개념과 테크노크라트 정체성의 정치

새로운 사회로의 전환은 주체임을 자각한 새로운 인물과 집단들에 의해 시작되고 전개된다. 이때 그들의 생각과 비전을 전달하고 상징하는 개념도 함께 등장한다. 따라서 어떤 개념이 한 사회에 자리를 잡았다는 것은 그와 연결된 주체의 성공적 정착을 의미하는 것이기도 하다. 그 개념과 주체 이야기를 하면서 이 장을 마무리하고자 한다.

지금은 아무렇지도 않게 사용하는 '과학기술'이라는 개념이 과거 언젠가, 누군가의 치열한 노력에 의해 쟁취된 것이라는 사실을 알고 있는 이들은 많지 않다. 하지만 사실이다. 우리나라가 아닌 일본에서 처음 그런 일이 일어났다. 과학기술 개념은 19세기 말부터 20세기 중반에 이르기까지 꽤 긴 시간 동안 일본의 테크노크라트들이 구상하고 공들여 추진한 근대적 기획의 산물이었다. 과학기술 개념이 현대 한국 사회에서 다소 병렬적인 의미로 사용되고 있는 것과 달리, 일본에서는 기술 중심의 개념이다.[66] 이 용어가 일본에서 처음 만들어지고 다시 한국에서 널리 사용되기까지 과학기술 개념의 변천 과정은 순탄하지 않았다.

일본의 '과학기술' 개념과 테크노크라트 프로젝트

1870년 니시 아마네(西周)는 'science'와 'technology'를 '학(學)'과 '기술(技術)'로 번역했다. 그런데 이 번역어는 용법과 관점의 측면에서 서양의 그것과는 적잖이 차이가 있었다. 이런 일은 번역 과정에서 흔히 발생한다.[67] 그는 학(學)과 술(術)이 서로 대비되는 것으로 이해했다. 하지만 서양인들이 연구하는 다양한 과(科)들의 학문인 과학(科學, science)에 관해서는 학과 술이 섞여 있다고 보았다. 서양에서 테크놀로지 개념 이전에 널리 사용되고 있던 "mechanical art"를 "기계의 술(術)"이라고 불렀는데, 그는 이 기계의 술(術)이 과학과 뗄 수 없이 연결된 요소임을 인식하고 있었다. 하지만 이 모든 것들 위에는 문학(文學)이 위치한다고 믿었다.[69] 여기에서 그가 언급한 문학이란 지금처럼 하나의 분과 학문으로서의 문학이 아니라 사상과 역사, 문화, 윤리를 아우르는 동아시아 학문 전통의 뿌리를 의미한다.

문(文) 우위의 인식은 한국과 중국의 전통사회에선 낯설지 않다. 문무(文武)는 오랫동안 수직적 관계로 이해되었다. 관료의 등용문인 과거제에서 문관과 무관의 지원 자격에도 차이가 있었다. 반면 과거제가 없었던 일본 봉건사회에서 문무(文武) 간의 경계는 한국과 중국에서처럼 명확하지 않았다. 오히려 사무라이 계급의 경우에는 공존하는 가치였다고 볼 수 있다. 근대화 초기에 일본이 대학을 통해 엘리트 엔지니어를 양성하려 한 것도 이런 맥락과 무관하지 않다. 하지만 서양의 전문화된 학문체계를 도입하는 과정에서 엘리트 교육에 관한 문(文) 우위의 관점이 등장했다. 여기에서 문(文)은 통합적, 종합적 성격의 전통 학문이 아니라 새롭게 분화된 학문 중에서도 법과 행정 분야를 의미했다.

이토 히로부미(伊藤博文, 1841-1909)는 그의 저서 『교학대지(教學大旨)』에서 학문 영역을 크게 둘로 나누어 설명했다. 한편에는 과학 혹은 공예기술백과의 학(學)이 있고, 다른 한편에는 정담(政談, 정치 개혁에 관한 의견) 또는 법과정학(法科政學)이 있다는 것이다. 국가를 경영하기 위해서는 고등학문을 받은 많은 인재가 필요한데, 다수는 실용적인 과학과 기술 분야로 인도하고 법과정학 분야의 소수 엘리트는 국가 관료로 등용해야 한다는 것이 그의 주장이었다. 그 영향으로 고등문관 중심의 문관 우대 정책이 확립되었다. 1887년 『문관시험 시보(試補) 및 견습규칙』이 공포되면서 제국대학 법대 졸업생은 고등관료, 고등문관으로 임용되는 특권적 공급원이 되었다. 반면 제국대학 공대나 농대 졸업생은 고등문관이 될 수는 있었지만 특별한 전문성을 요구하는 행정관의 지위로 한정되었고 법문계(法文系) 출신 고등문관처럼 자유롭게 광범위한 지식을 쌓는 엘리트 관료로의 길을 모색하기는 어려웠다.[70] 이로 인해 정치, 행정 엘리트와 과학기술 엘리트 사이의 경쟁과 갈등이 나타났다.

1900년대에 들어와 외국에서 유학했거나 제국대학을 졸업한 일본의 테크노크라트들은 엔지니어의 사회적 역할을 강조하기 시작했다. 이 같은 분위기가 일본에만 국한된 것은 아니다. 근대화와 산업화가 급격히 진행되던 19세기 말과 20세기 초반의 세계는 확실히 과학과 기술의 시대였다. 기술 발전이 열어갈 '멋진 신세계'에 대한 상상과 열망이 지식인과 사회 지도자들의 마음을 휩쓸던 시대였다. 북미 최고의 교량 전문가였던 조지 모리슨(George S. Morrison)은 1895년에 열린 미국토목공학회(ASCE) 회장 연설에서 엔지니어들에게 정치적, 경제적 권력이 주어져야 한다는 주장을 단호하게 표명하였다.

> 우리는 물질적 발전의 사제들입니다. 사람들이 자연에 존재하는 위대한 힘의 원천을, 그리고 물질에 대한 마음의 힘의 결실을 누릴 수 있도록 일하는 사제입니다. 우리는 미신이 사라진 새로운 시대의 사제들입니다.[71]

이 얼마나 대단한 자부심인가! 일본의 테크노크라트들 역시 이와 같은 세계적 담론에 취해 있었다. 이들은 자신들의 영향력을 키우기 위해 노력했다. 다이쇼(大正) 시기인 1914년에는 '공학(工學)'이라는 이름의 잡지를 창간하여 엔지니어의 사회적 역할에 대한 다양한 논의를 전개했다.[72] 잡지에 실린 글에는 엔지니어가 경영자나 행정가로서 훈련받을 필요가 있고 이를 적극적으로 지향해야 한다는 주장이 자주 등장했다. 실제로 1930년대에 들어오면서 분위기가 바뀌었다. 일본이 본격적으로 제국주의적 영토 확장과 기술 우위의 국방국가를 추진함에 따라 테크노크라트들의 입지가 강화된 것이다.

일본의 테크노크라트들은 자신들이 가진 차별화된 역량을 강조함으로써 정치적 주도권을 장악하고 힘을 결집하려고 했다. 이 과정에서 등장한 것이 과학기술 개념이다. 1940년 2월 기획국에서 일하고 있던 테크노크라트 후지사와 타케오는 "우리가 마음에 새겨야 할 언어가 있다"며, "그것이 과학기술"이라고 주장했다. 지금 중요한 것은 광범위한 과학 개념이 아니라 "기술적 과학"이라는 것이다. 후지사와에 따르면, 과학은 기술과 관련될 때에만 의미가 있다. 전쟁에서 필요한 것은 기계화된 군대지 노벨상이 아니라는 것, 즉 과학기술은 국가가 필요로 하는 생산과 국방에 전적으로 기여해야 한다는 주장이었다. 과학기술에 대한 이 같은 인식은 서양의 국가들과 대비되는 일본 민족의 고유한 지적 승리를 의미한다고 강조했다.[73]

물론 후지사와의 주장에도 불구하고 세간의 대체적 인식은 과학과 기술을 서로 다른 것으로 보고 있었다.[74] 하지만 상황은 오래지 않아 변했다. 1941년 『과학기술 신체제 확립요강』이 국회를 통과했는데, 그 내용의 골자는 대동아 공동체의 자원을 기초로 과학기술의 일본적 성격을 확립하겠다는 것이었다.[75] 그들이 내세운 구체적 전략은 첫째, 과학기술 연구의 증진, 둘째, 그러한 연구의 산업화, 셋째, 과학 정신의 함양이었다.[76] 이러한 맥락에서 1942년 1월 기술원(技術院)[77]이 공식 설치되었고 학계에서는 『科學技術』이라는 저널이 등장했다. 기술원의 관제를 심의할 때, 기술원의 목적인 과학기술 개념에 대해 기술원 측은 '과학기술은 하나의 숙어'로서, 과학과 기술을 병렬한 것이 아니라고 분명하게 응답하였다. 또한 『과학기술』 저널의 창간 목적은 독일의 과학기술을 도입하고 높은 수준의 국방 역량을 갖출 수 있도록 국력의 근본 원천인 과학기술을 격려하기 위함이라고 천명했다. 1940년대는 전전 테크노크라시의 정점을 보여주던 시기였다.

기술원의 설치는 일본의 테크노크라트들에게 큰 의미를 지녔다. 그것은 메이지 12년인 1878년 공부대학교 졸업생 모임인 공학회(工學會)에서 출발하여 공업가들의 모임인 1918년 공정회(工政會), 1920년 도쿄제대 토목공학과 출신 기술 관료를 중심으로 설립된 공인구락부(工人俱樂部), 1937년 체신성 내 기술자 모임인 체신기우회(遞信技友會)[78]와 여러 정부 부처의 기술자 모임인 일본기술협회 설립을 통해 이룬 성과라고 말할 수 있다. '과학기술 신체제 확립요강'과 '기술원 설치'에 대해 일본 엔지니어들이 얼마나 감격스러워 했는지를 다음의 글을 통해 확인해보자.

> 나는 대학생활을 마친 후 과거 40년간의 기술 생활을 되돌아볼 때, 이토록 기술에 대한 사회적 존중을 느껴본 적이 없다. 아니, 오히려 기술가인 것에 대해 언제나 불평불만과 번민을 반복하며 포기하는 수밖에 없다고 생각했으나 지금은 과학 존중, 기술 존중이라는 일대 변화를 맞이하고 더욱이 국가적으로 전면적인 이해와 인정을 받게 되었다.[79]

이 글을 쓴 이는 토목기사(土木技師) 출신으로 만주대륙과학원의 원장까지 오른 나오키 린타로(直本倫太郎)이다. 그렇지만 과학기술 용어에 대한 저항과 비판도 계속해서 이어졌다. 예를 들어, 다이쇼 이후 엔지니어들이 과학 용어를 둘러싸고 자신들의 견해를 관철시키려 하자 일부 과학자들은 그것을 경계하여 기존의 과학 개념 대신 이학(理學)이라는 용어를 사용하기도 했다.

용어 사용에 관한 기존 내각의 반대도 있었다. 엔지니어들이 기술과 관련된 독립 부처를 만들려 하자, 과학 분야를 담당해온 문부성은 새 부처의 이름에 기술을 넣기를 원했고 이와 반대로 기술 부문을 주관하려는 상무성은 자신들과 중복되지 않도록 과학 용어를 사용하라고 요구했다. 이들의 상충하는 요구를 반영하고 절충하는 과정에서 양쪽 부처의 행정 영역에 저촉되지 않도록 '과학기술' 개념을 사용하고자 했으나 결국 명칭은 '기술원'으로 확정되었다.[80] 기술원 관제의 기록에 따르면, "기술원은 내각총리대신의 소관에 속하고, '과학기술'에 관한 국가 총력을 발휘하여 '과학기술'을 쇄신 향상하며, 특히 항공에 관한 '과학기술'의 약진을 도모할 것을 목적으로 한다."고 서술되었다. '과학기술'이 일종의 숙어이며, 과학과 기술을 나열한 것이 아니라는 답변도 기술원 역할을 설명하는 과정에서 나왔다. 기술원 설립은 이와 같은 치열한 논쟁의 와중에 맺어진 결실이었다.

전쟁이 끝난 이후에도 과학기술 용어 사용은 계속되었다. 1945년 패전 직후 스즈키 간타로(鈴木貫太郎) 수상은 라디오 담화를 통해 "지금부터 우리는 과학기술을 발전시킬 필요가 있다. 왜냐하면 이것이 이번 전쟁 동안 우리의 약점이었기 때문"이라고 역설하였다.[81] 전쟁을 위해 촉진된 과학기술과 그 정신은 새로운 일본의 재건을 위해 다시 소환되고 강화되기 시작했다.

한국의 '과학기술' 개념과 테크노크라트 프로젝트

과학기술 개념은 본래 일본 테크노크라트의 발명품이다. 하지만 과학기술 개념을 가장 널리 사용하고 발전시킨 나라는 한국이다.[82] 과학기술 개념과 직접 관련된 주요 집단의 위상 변화, 그리고 과학기술 개념 자체의 사회적 확장성에서 차이가 있기 때문이다. 1940년대 일본에서 과학기술 개념이 공식화된 것은 총력전체제에서 자신들의 위상을 높이고자 했던 테크노크라트들이 '생산과 국방을 위한 기술'을 내세워 자신들의 역할을 일본 사회에 설득하는 데 성공한 것을 의미한다. 하지만 전후 과학기술 개념의 시대적 유용성과 테크노크라트의 역할이 약해지자 일본에서 그 의미는 서서히 퇴색되었다.

하지만 한국에선 상황이 이와 다른 방식으로 전개되었다. 안동혁이 '과학기술원'이라는 명칭의 정부 부처를 제안한 것에서 알 수 있듯이, 과학기술 개념은 일본 유학파 인사들에게 익숙했을 가능성이 크다. 하지만 일본에서 사용된 의미, 즉 과학적 기술 혹은 수단으로서의 과학을 강력히 추진하지는 않았다. 오히려 과학기술은 병렬적 나열(과학·기술)의 의미가 컸던 것으로 보인다. 1960년대에 설립된 과학기술연구소, 과학기술처의 명칭에서 볼 수 있듯이, 과학기술 용어는 자연스럽게 채택되어 사용되었다. 한국과학기술단체총연합이 1968년 창간한 대표 잡지의 이름 역시 『월간 과학과 기술』이었다. 과학기술 용어의 의미와 적합성을 둘러싼 갈등은 거의 나타나지 않았다.

하지만 과학기술 개념은 해방 후 한국 테크노크라트들에게도 여전히 유효한 전략적 용어였다. 해방 이후의 정국에서 과학과 기술의 의미를 서로 다른 것으로 사유하기보다 국가 재건의 과정에서 과학과 기술 부문의 역량을 결집하고 그 위상을 정립하는 것이 중요했기 때문이다. 이공계 교육과 연구개발을 뒷받침할 고등교육 인력이 턱없이 부족한 상황에서 과학과 기술의 위상과 차이를 겨룰 명분이 없었다. 국가 재건과 산업화를 위해 모든 이공계열 인사들의 연합과 협력을 확대할 필요가 있었다.

일제강점기에 '과학기술'보다 '과학'이라는 용어가 더 많이 사용된 이유에 대해서도 생각해볼 필요가 있다. 한국에서는 과학을 일본보다 훨씬 포괄적인 의미로 받아들였다. 1933년 발명학회가 창간한 대중잡지의 이름이 과학조선이었고 미군정기 문교부에서 처음 만들어진 부처의 이름도 과학교육국이었다. 다만, 이름은 과학이지만 여기에는 기술, 직업, 실업,

발명의 의미가 모두 담겼다. 과학은 미래 전망과 새로운 태도를 의미하는 문화이기도 했다.

만약 과학자의 정체성과 엔지니어의 정체성을 분리하고 싶었다면, 과학기술의 용어 사용에 대해 더 예민하게 반응했을 수도 있다. 하지만 그런 일은 일어나지 않았다. 실제로 한국 테크노크라트들 중 물리학, 화학 등 자연과학계열 출신들이 많았지만, 과학기술 용어 사용을 문제삼지는 않았다. 이들은 과학자로서의 정체성보다 오히려 과학기술 영역 정책전문가의 역할을 중시했다. 과학기술을 국가 재건의 핵심 요소로 삼기 위해 그것은 대단히 중요한 의미를 지니고 있었다. 분과 학문의 경계는 강조되지 않았다.

이 같은 노력에도 불구하고 1950년대에 한국의 테크노크라트들은 기술을 국가 재건의 키스톤(key stone)으로 정립하는 데 끝내 성공하지 못했다. 위로는 법문계열 엘리트 중심의 고등 관료와의 경쟁에서 밀리고 치열한 이념 갈등에서 벗어나기 위해 탈출구로 삼았던 탈정치화와 자율성의 방패는 의도와 달리 그들 자신을 가두는 가림막이 되었다.

다른 한편, 원조경제 하에서 기업 활동과 산업적 성공을 도모하고 주도하는 데 큰 성과를 거두지 못했다. 또한 국민의 마음을 얻을 대중적 아이콘이 될 만한 민족 과학자 모델을 제시하지도 못했다. 해방 이후 대중들을 매혹시킨 이야기 속 인물에는 베토벤, 퀴리, 입센, 아인슈타인, 에디슨, 뉴턴 등이 있었다. 이들 중에는 천재 과학자와 발명가가 있었지만, 이 위인들은 과학자와 발명가이기 이전에 애국심이 투철하고 불행과 고난을 불굴의 의지로 이겨낸 인물로 더 각인되었다.[83] 현실세계와 분리된 해외 천재 과학자의 이미지는 오히려 개발도상국 국민의 '과학하기'의 실현 가능성을 더 암울하게 만들었다.

해방 후 한국의 과학기술계 인사들은 식민지배의 어려운 여건 속에서 교육적 성취를 거둔 드문 이력의 인물임에 틀림없었다. 하지만 이들은 국가를 재건한 대표 집단으로서 강력한 대중적 지지와 정당성을 확보하는 데 성공하지 못했다.

3. 소결: 흔들리는 "탈식민주의 갈망"

1950년대를 전후하여 활동한 과학기술계 엘리트들은 식민의 경험을 딛고 일어나 자주 국가를 건설하려면 과학기술을 진흥해야 한다고 믿었고, 이런 희망을 현실적인 요구로 내걸었다. 문만용은 이를 일컬어 "탈식민주의 갈망"이라고 표현했다.[84] 하지만 이것이 진정 탈식민주의 갈망이었는지는 명확하지 않다. 국가 재건의 이상은 이념에 따라, 그들이 위치한 장소에 따라 상이했다. 분명한 것은 냉전체제가 굳어지고 분단이 고착화되면서 각자가 꿈꾸었을지 모를 탈식민주의의 갈망이 점점 약화되고 발전주의와 반공주의에 길을 내주어야 했다는 것이다.

해방 이후 정국에서 국가 건설과 재건의 주체로 자리매김하려던 이들의 노력은 별다른 성과를 거두지 못했다. 일제강점기보다 더 나빠진 경제 사정과 미군정체제, 극심한 이념 갈등과 뒤이은 전쟁과 분단, 정치 불안과 원조경제 등을 배경 요인으로 들 수 있을 것이다. 하지만 그게 전부는 아니었다.

해방 후 1950년대에 이르는 동안 과학기술계 엘리트들은 정부의 핵심 거버넌스가 아닌 원자력원 중심의 연구체제와 대학 중심으로 조직되었다. 다시 말해, 국가 정책을 주도할 핵심으로부터 멀어져 있었다. 이 일은 두고두고 '과학기술자 경시 풍조'로 불릴 일의 출발점이었다. 이후 이들이 선택한 것은 주로 지성인의 전당인 대학에서 자율성의 방어벽을 쌓는 일이었다. 하지만 그 자율성은 정부의 자원 동원과 배분 역량이 축적되고 강화될 경우, 언제든 흔들릴 운명이었다.

과학기술계 엘리트, 특히 테크노크라트의 활동을 '기술-국가 재건'의 관점에서 평가하면서 이 장을 마무리하려고 한다. 당시에도 국가 재건에 과학기술이 필수적이라는 명제의 당위성을 부정할 이는 거의 없었다. 하지만 과학기술계 지식인과 테크노크라트들은 사회 구성원들의 뇌리에, 과학기술을 통한 국가 재건의 비전과 방법, 예상되는 성과를 정책적, 사회적, 문화적으로 실제로 생생히 그려내지 못했다. 이를 두고, 사회경제적 환경이 혼란스럽다 보니 국가와 사회가 과학기술에 관심을 갖고 무언가를 요구할 계제가 아니었다고 분석하는 시각도 있다. 일면 타당한 해석이다. 하지만 이는 뒤집어보면, 당대의 과학기술계 엘리트가 강조했던 과학기술이 국가 재건에 시급하고 중대한 요소로 인식되지 못했다는 뜻이기도 하다. 즉, 거대 담론으로서는 의미가 있었지만 사람들의 삶과 꿈을 읽어내고 변화시킬 구체적 대안을 내놓는 데는 역부족이었다.

한국전쟁의 여파와 이념 갈등의 심화를 피해 탈정치화와 자율성의 가치로 지은 교육과 연구의 상아탑은 역설적으로 과학기술과 사회적 요구의 괴리를 초래했다. 얼마 전만 해도 실업, 기술, 발명, 기업 활동을 포괄하고 있던 과학 개념이 분과 학문의 영역으로 축소되었다. 이후 진행된 산업화 과정에서 기술, 발명, 기업은 각기 다른 방식으로 재등장한다. 한국에서 과학과 기술을 국가 재건의 필수 요소로 만드는 과정은 다음 시대의 과제로 넘겨질 수밖에 없었다.

6장

기술-국가 대한민국의 재건과 산업역군들

한국인들에게 박정희라는 이름은 긍정적이든 부정적이든, 여전히 격렬한 감정과 논쟁을 불러일으킨다.[1] 그렇지만 국가 발전과 산업화를 이끈 그의 역할에 관해서는 이견이 크지 않다. 특히 과학기술자들[2]에게 박정희 집권기(1961-1979)는 국가 산업과 과학기술 발전의 기틀을 마련한 시기로 평가되곤 한다. 다른 한편에서 '과학대통령 박정희'라는 담론이 과도할 뿐 아니라 신화화되었다는 비판이 있지만,[3] 그는 여전히 과학기술 리더십을 표상하는 대표적 존재로 남아 있다.[4]

박정희 집권기가 한국의 과학기술 시대를 연 것으로 인식되는 이유는 무엇일까? 이 시기야말로 기술을 국가 재건의 주춧돌로 삼고 엔지니어를 그 핵심 행위자로 설계한 결정적 시대였다는 인식이 존재하기 때문이다. 기술자와 기능 인력뿐 아니라 테크노크라트가 조국 근대화의 기수이자 산업역군으로 일체화되어 '기술-국가 대한민국'을 건설하는 데 성공했다는 이야기가 언론과 문헌들에 넘쳐난다. 박정희 시대의 과학기술을 연구한 많은 이들이 그런 이유로 시스템 구축자 혹은 제도 구축자(institution builder)로서 박정희와 그의 관료들에게 주목했다.[5]

과학기술계 엘리트들은 1950년대에 좌절된 테크노크라트의 꿈이 박정희 정권에서 실현되었다고 평가한다. 1961년부터 1979년까지 테크노크라트들이 전례 없는 수준으로 정책 수립과 실현에 참여할 수 있었다는 것이다. 그 원인으로는 경제 발전 전략이 수입대체에서 수출주도형으로, 산업의 중심이 경공업에서 중화학공업으로 전환된 영향이 크다. 테크노크라트들은 자신들이 기술 노동과 기술 혁신의 새로운 장을 여는 데 기여했다고 믿는다. 이들은, 19세기 말 대한제국 시기부터 추진해왔던 근대국가 건설의 비전이 반세기 만에 실현되는 과정을 목도했고 자신들이 그 주역이라는 집단적 자부심을 느꼈다. 또한 공장과 기업, 연구소 현장에서 자신과 가족의 미래를 위해 일하던 엔지니어들은 그들이 속한 다양한 영역 안에서 자신의 역할이 갖는 국가적, 문화적, 윤리적 의미를 공유하는 공동체의 구성원으로 자리매김하게 되었다.

어떻게 이런 일이 가능했을까? 흔히 박정희 개인의 탁월한 리더십이나 테크노크라트의 역량, 정부 주도 정책의 효과 등이 그 주된 요인으로 거론된다. 하지만 이러한 시각은 박정희 집권기를 둘러싼 역사적, 사회적, 국제적 맥락의 역동성을 과소평가하고 그것을 단지 배경 요인으로 기술하는 오류를 범하곤 한다.[6]

우리는 박정희 자체를 하나의 사회적 현상이자 사건으로 역사화하여 설명할 필요가 있다. 그러려면 박정희와 그의 인적 네트워크를 만들어낸 사회적 맥락을 조명하고, 단순히 우연성으로 환원해버릴 수 없는 역사적 과정들에 주목해야 한다. 박정희와 그의 테크노크라트들이 공유한 사회적 상상이 어떻게 기술-국가 대한민국의 건설로 이어질 수 있었는지를 살펴볼 필요가 있다. 그것은 그들이 장악한 정치권력과 제도 장치를 통해 만들어낸 '한국형 총력전체제'가 작동했기에 가능했다.

1960년대부터 우리는 조국 근대화의 기수로 불린 다양한 산업역군의 유형들, 즉 테크노크라트, 기업가, 기술자, 기능 인력 들을 만나게 된다. 서로 다른 개인적, 교육적 배경을 가진 엔지니어들이 기술-국가를 건설하는 데 어떤 역할을 부여받았을까? 이들은 자신에게 주어진 임무를 무엇으로 해석하고 어떻게 수행했을까? 이때 엔지니어들이 그저 일방통행식으로 주어진 임무를 따랐을 것이라고 생각할 수는 없다. 정부가 아무리 강하게 정책 비전과 전략을 밀어붙인다고 해도, 개인과 공동체가 그들의 삶과 일상에서 그것을 받아들이지 않는다면 공염불에 불과할 것이기 때문이다. 우리는 아래로부터 이들을 움직였을 욕망과 열망의 실체가 무엇이고 그것이 어떻게 충족되었는지를 함께 살펴보아야 한다.

박정희 집권기에 기술-국가 프레임이 작동하기 시작하고 상당한 성과를 거둔 것은 분명한 사실이다. 하지만 그로 인해 엔지니어들에게 긍정적이고 낙관적인 미래가 열린 것은 아니다. 역설적으로 기술이 국가 재건의 핵심 요소로 인식된 바로 그 순간부터 엔지니어의 사회적 역할과 정체성은 기능인 혹은 기능적 전문인이라는 사회적 상상으로부터 좀처럼 벗어나지 못했기 때문이다.

일본의 과학기술이 이른바 엘리트 군인과 전문가 집단으로 구성된 혁신 관료의 주도하에 식민지 확보를 통한 제국주의 국가 건설, 패전 후 국가 재건을 이룰 수단으로 설계된 것처럼, 한국의 기술과 엔지니어 양성은 반공주의와 민족주의 기반의 발전국가를 성취하기 위한 전략과 목표 안에서 기획되고 실행되었다. 역설적으로 그 때문에 한국의 엔지니어는 신뢰할 수 있는 사회 지도자나 전문직의 유형으로 부각되기 않았다. 오히려 국가의 산업적, 경제적 필요와 수요를 실현하고 충족시키는 기능적이고 순응적인 역할 수행자로 고정되었다. 그 명암에 대한 평가는 아직 충분히 이루어지지 않았다.

기술-국가 대한민국의 건설

1. 개발독재 정치경제로의 전환과 기술-국가 구축 전략

가난한 시골 농가의 막내로 태어난 박정희(1917-1979)는 입시 경쟁이 치열했던 대구사범학교를 졸업하고 잠시 교사로 근무하다가 곧 만주로 건너가 만주군관학교를 졸업했다. 그러고는 다시 일본 육군사관학교에 입학했다. 1944년 일본 육사를 졸업한 후에는 중국에 주둔한 일본군에 배속되었다가 광복과 함께 한국에 돌아와 현 육군사관학교의 전신인 조선경비사관학교 2기로 입학했다.[7]

그때나 지금이나 국적이 다른 세 곳의 사관학교에서 훈련받은 엘리트 군인을 발견하기란 쉽지 않을 것이다. 그렇지만 야망을 가진 식민지 출신의 영민한 젊은이가 끊임없이 자기 정체성을 고민하며 감내해야 했던 생존 경쟁과 고군분투의 여정은 20세기 전반기 한국의 풍경에서 그렇게 특별한 일은 아니었다. 1946년 귀국할 당시만 해도 29세의 박정희는 여러 사관학교를 전전했을 뿐 경험이 부족한 식민지 군인에 불과했다. 하지만 전쟁과 군대 내의 권력 투쟁을 겪으면서 1960년 무렵에는 대담하고 노련한 군 장성이 되어 있었다.

1950년대 말 한국은 전쟁이 끝났음에도 여전히 혼란에서 벗어나지 못하고 있었다. 무엇보다 경제 상황이 심각했다. 인플레이션이 극심해서 1960년 12월부터 4개월 동안 쌀 가격은 60퍼센트, 석탄과 석유 가격은 23퍼센트나 뛰어올랐다. 1959년과 1960년의 실업률은 23퍼센트를 넘었고, 4월 혁명 당시 실업자 수는 무려 250만 명에 육박했다.[8] 농촌 경제는 위험한 수준이어서 식량 부족으로 고통 받는 이들이 많았다. 이승만 정부의 부정부패와 경제적 무능함에 대한 실망과 피로감은 이루 말할 수 없었다. 이승만 정부가 물러난 후 등장한 과도 정부와 장면 정부 역시 아래로부터의 요구를 담아낼 개혁적 지도력과 정책 능력을 발휘하지 못하고 있었다.

박정희는 이런 상황 속에서 등장했다. 명백한 쿠데타(1961년 5월 16일)였으나 무혈로 서울에 입성했다. 학생과 시민들은 새로운 변화를 갈구하고 있었고 박정희와 쿠데타 세력은 이 점을 최대한 이용하려고 했다. 쿠데타 직후 발표한 성명에서 자신들의 정당성과 향후 계획을 제시했다. 첫째, 반공을 국시(國是)의 제일의(第一義)로 삼고, 둘째, 유엔헌장을 준수하고 미국을 위시한 자유우방과 유대를 공고히 하며, 셋째, 모든 부패와 구악을 일소하고, 넷째, 민생고를 시급히 해결하며, 다섯째, 국토통일을 위해 공산주의와 대결할 수 있는 실력 배양에 전력을 집중하고, 여섯째, 이와 같은 과업이 성취되면 언제든지 정권을 이양하고 본연의 임무로 복귀한다는 내용이었다. 이 중 첫 번째와 두 번째 항목은 미국을 의식한 메시지였고 나머지는 시민들의 요구에 화답하는 형식이었다.

박정희는 시민들의 열망인 부정부패 척결, 구정치인들의 정치 참여 제한, 경제 번영을 약속하며 권력을 장악하기 시작했다. 시민들의 기대에 더해 미국의 암묵적인 쿠데타 인정과 냉전체제가 만들어낸 국제적 역학 관계는 박정희와 쿠데타 세력에게 기대 이상의 선물을 안겨주었다. 기존 정치권력에 의존하지 않고 그들의 구상을 실현할 절호의 기회를 맞게 된 것이다.

기술-국가의 비전과 전략: 반공 민족적 발전주의

정권을 이양할 생각이 전혀 없었던 박정희는 대통령직에 오르기 위해 국가 발전의 비전을 제시하고 국민들을 설득하려고 했다. 그의 생각은 선거를 한 달 앞둔 1963년 9월에 출간된 저서, 『국가와 혁명과 나』에 분명하게 드러나 있다. '민족적 민주주의', '한국적 민주주의'와 같은 개념을 통해 국내외적 상황에서 한국이 부닥친 현실적 문제를 진단하면서 선(先)한국 선(先)경제라는 우선순위를 강조하였다.[9]

> 그러나 5·16 군사혁명의 핵심은 민족의 산업혁명화에 있었다는 것을 재강조하고 싶다는 것이다. 물론 이 5·16 혁명의 본령이 민족국가의 중흥 창업에 있는 이상, 여기에는 정치혁명, 사회혁명, 문화혁명 등 각 분야에 대한 개혁이 포함되어 있지 않았던 것은 아니나, 그 중에도 본인은 경제혁명에 중점을 두었다는 것이다. 먹여놓고, 살려놓고서야 정치가 있고, 사회가 보일 것이며, 문화에 대한 여유가 있을 것이기 때문이다.… 중언 부사(復辭)가 되겠으나 이 경제재건 없이 공산당에 이길 수도 없고, 자주독립도 기약할 수 없는 일이다."[10]

메시지는 단순하고 강렬했다. 국민 전체가 잘살 수 있는 발전된 민족국가인 대한민국을 건설하려면 외세의 지배와 간섭에 맞서 확고히 주권을

〈그림 6-1〉 울산공업지구 기공식(1962년 2월 3일)[14]

지킬 수 있어야 하고, 그러려면 경제 발전을 최우선 과제로 삼아야 한다
는 논리였다. 반공은 반드시 지켜져야 할 가치로 강조되었다. 전쟁 후 대
공 군사기지라는 전략적 위치를 점하게 된 한국에서 반공 담론은 국내외
적으로 정권의 정당성을 확보하는 데서 마르지 않는 샘이 되었다.[11] 이로
써 발전주의와 반공주의, 민족주의의 결합에 기초한 박정희 개발독재[12]의
고유한 기반이 구축되었다.

　산업사회로의 이행에서 국가와 민족 공동체의 이익을 최우선으로 고려
해야 한다는 윤리적 토대와 정당성이 마련된 것은 큰 성과였다. 이를 통
해 박정희 정권은 조국 근대화를 민족의 당면과제로, 민족주의를 민족의
지도이념으로, 국가를 조국중흥의 주체로, 반공에 입각한 통일을 민족의
지상과제로 내세웠다. 민족주의를 근대화의 동력으로 포착한 정부는 '자
립경제 달성', '한국적 민주주의의 토착화', '자주국방과 총력안보', '국적
있는 교육', '국민총화', '민족정기', '민족주체성의 확립'과 같은 화려한 구

호를 통해 대중을 동원했다.[13] 1962년 2월의 한 장면은 박정희 정부의 정책 기조를 한눈에 보여주기에 충분하다. 한겨울의 추운 날씨였지만 어린 여학생들이 울산공업지구 기공식에 동원되었다. 학생들이 들고 있던 피켓에는 '반공 울산공업 축'의 문구가 쓰여 있었다.

반공과 민족, 발전을 기치로 온 국민이 힘을 합해 노력한다면 잘사는 국가, 국민의 자율성과 민주주의가 보장되는 바람직한 미래를 실현할 수 있다는 박정희 정부의 사회적 상상은 1960년대 중반 이후 가시화된 경제 성장의 지표들에 힘입어 널리 확산되었다. 집권 초기부터 강조한 과학기술은 중화학공업의 본격 추진을 계기로 그 중요성이 더욱 부각되었고, 기술입국(技術立國), 과학보국(科學保國) 담론에 나타나듯이 조국 근대화와 산업화의 핵심 요소로 자리잡았다.

그렇다면 박정희 정권이 추진한 기술-국가 건설의 핵심 전략과 수단은 어디에서, 어떻게 등장한 것일까? 첫째, 박정희 세력이 동원하거나 발전시키고자 했던 자원과 인프라는 이미 1950년대부터 경제, 산업, 사회 전반에 걸쳐 꾸준히 조성되고 있었다. 경제 우선주의에 대한 강조 또한 박정희 정권에서 처음 나온 것이 아니다. 이승만 정권이 몰락한 후 장면 정권은 발전을 갈구하는 대중적 열망에 부응하기 위해 경제 제일주의를 천명하고 경제 개발 계획에 적극적으로 나섰다. 하지만 분출되는 사회운동의 개혁 요구와 내부 파벌 투쟁에 적절히 대응하는 데 실패했다.[15] 둘째, 산업화를 주도할 대기업과 자본 역시 박정희 정권 이전에 이미 등장했다. 해방 후 진행된 귀속기업체와 국유기업체 불하, 전후 복구 건설업, 막대한 원조자금 지원과 융자를 통해 재벌이 형성되었고 산업자본의 성장이 두드러졌다. 하지만 비합리적이거나 부정한 방법을 통해 이룬 자본 축적이었기에 시민들의 반감과 분노가 컸다. 재벌을 국가 발전의 비전을 실현할 공동체의 일원으로 인식하기가 어려웠다.

그렇다면 무엇 때문에 유독 박정희 집권기에 그처럼 신속하고 급격해 보이는 변화와 발전이 가능했을까? 박정희 정권이 기술-국가 대한민국 재건에 대한 사회적 상상을 전국적으로 확산하고 실현하기 위해 동원한 전략과 수단은 무엇이었을까?

제2경제운동과 한국형 총력전체제의 전개: 마음과 태도, 문화의 개량

박정희가 바라본 세상은 크게 둘로 나뉘었던 것 같다. 마치 한편에는 물질과 자원이, 다른 한편에는 정신과 문화가 존재해서 그것을 연결하거나 통합하는 특별한 조치를 취하지 않는다면, 자신이 설계한 비전을 실현할 수 없다고 생각한 것처럼 보인다. 그런데 사실 이런 인식은 전례 없는 분화와 분업의 사회 변화를 경험했던 근대 사상계에서 오랫동안 다루어오던 의제였다. 예를 들어, 프랑스의 사회사상가인 에밀 뒤르켐(David Emile Durkheim: 1858-1917)은 사회 분업의 진전으로 사회적 연대의 도덕적 기초가 흔들릴 때 발생하는 아노미(Anomie) 현상을 예측하였고, 근대로의 사회 변동을 연구한 독일의 사상가 막스 베버(Max Weber: 1864-1920)는 합리화를 통한 인지적 통찰력의 증대와 기술 발전이 역설적으로 인간을 옥죄는 쇠우리(iron cage)가 될 수 있음을 설파하였다. 어떤 경우든 그에 따른 사회적 대응이 필요하다고 본 것이다. 이 같은 서양 문명과 사상의 영향 속에 동아시아권에서도 도(道)와 기(器), 혼(魂)과 재(才), 체(體)와 용(用)의 관계 설정을 놓고 진지한 고민과 사색이 진행되었다.[16]

하지만 박정희의 접근방식은 이들과 근본적인 차이가 있다. 근대 사상가들이 과학적 개념과 방법론을 바탕으로 사회 분화와 분업의 문제를 진단하고 해결하려고 했다면, 박정희는 오히려 정신과 문화 우위의 통합과 결합을 강조했다. 그에게 과학은 곧 정신이자 문화였다. 민족주의와 한국적 민주주의에 대한 강조 역시 같은 맥락에서 이해할 수 있다. 이러한 태도는 제국 일본의 그것과 유사하다. 1930년대 이후 일본 과학계와 교육계는 정신과 과학의 통일을 강조하여 '과학의 사회화', '국민성의 과학화'를 추진하고 이를 통해 최종적으로 제국 일본을 완성하는 데 이바지하고자 했다.

이렇듯 서구 근대화의 양상과 매우 달랐기 때문에 일본의 근대화는 "근대화의 역코스"라고 비판을 받기도 한다.[17] 박정희 정권은 집권 초기부터 그들이 상정한 바람직한 국가와 사회를 구현하기 위해 물질과 정신, 위로부터의 정책 실행과 아래로부터의 국민 행동 개혁을 결합하는 데 많은 관심과 노력을 기울였다. 즉, 기술-국가 건설을 위해 물질적 자원과 활동, 정신적 수사(rhetoric)를 결합한 다음, 이를 제도와 문화를 통해 오랜 기간에 걸쳐 실행했다. 그 기간이 무려 18년에 달했다.

1963년 저서에서 박정희는 "가정에서부터 사회 각 부문에 이르기까지 경제재건 의식을 높여 검소하고 내핍하며 절약 저축하는 생활을 확립"하자며 "방관, 안일, 나태, 불로(不勞), 사치를 철저히 배격하고 노동을 신성시"하며 "금력, 권력 위주의 경제관을 노동, 성실, 신용 위주의 경제관"으로 바꾸어야 한다고 강조하였다.[18] 이런 그의 생각은 자신의 저서에서 직접 작성했거나 혹은 인용한 시(詩)에 분명하게 드러나 있다.

이등객차에
불란서 시집을 읽는
소녀야
나는, 고운
네
손이 밉더라.[19]

이 시에서 소녀의 고운 손은 특권 지배층의 그것이며 "우리의 마음을 할퀴고 살을 앗아간 적"으로 간주되었다. 노동하지 않는 자는 게으르고 나태한 인간으로서 비난받아 마땅한 사회악이 되었다. 이에 경제지상, 건설우선, 노동지고(勞動至高)를 국민의 행동강령으로 삼아 국민운동 차원에서 추진하려는 시도가 집권 초부터 본격화되었다.

하지만 5·16 직후 시작된 재건국민운동은 성공하지 못했다. 국민재건운동본부는 자신들이 2년 만에 500만 명이 넘는 사람을 훈련시키는 등 경제 개발을 위한 국민의 결속력과 통합의 기반을 확보했다고 주장했다. 하지만 실제로는 각 지역에서 군사정부 네트워크를 만드는 수단으로 활용되었을 뿐 국가적 동원을 합리화할 정도로 널리 확산되지는 않았다. 경제 개발을 목표로 한 국민 통합 운동이 다시 논의되기 시작한 것은 박정희가 1968년 1월 공식 기자회견에서 '제2경제'라는 낯선 용어를 사용하면서부터다.

> 이 용어의 의미는 우리가 경제를 건설하는 데 있어서 물질적인 노력을 경주할 뿐 아니라 올바른 정신적 태도를 가질 때에만 경제건설이나 근대화 운동을 효과적으로 달성할 수 있다는 것입니다. 여기서 의미하는 바는 우리가 생산 증대나 수출, 건설을 포함한 이른바 통념적인 경제의 개념을 제1경제라 이름을 붙일 수 있다면, 보이지 않는 정신적인 측면이나 철학적인 바탕, 또는 근대화의 기반에 대해서는 제2경제라 칭할 수 있다는 것이지요.[20]

박정희는 왜 1968년에 제2경제를 강조했을까? 그 이유는 당시 제2차 경제개발계획이 비교적 성공적으로 진행되고 있었고 수출에 자신감을 갖게 되었기 때문이다. 제2경제 개념을 언급하기 1년 전인 1967년, 박정희는 공화당 관계자에게 "웬만큼 이룩되고 있는 물질 면의 성장에 비해 정신적인 분야의 성장이 따르지 못해 그 사이에 커다란 격차가 있으며, 그 격차가 물량 면의 고도성장을 저해하고 근대화 작업이 결과적으로 절름발이가 될 우려가 있으니 이 문제를 검토해보라"는 지시를 내렸다고 한다.[21] 여기에서 중요한 것은 제2경제가 단지 제1경제를 뒷받침하는 보조적 개념이 아니라는 것이다. 박정희가 주장하는 제2경제론은 산업화 중심의 근대화론이 아니라 새로운 이데올로기적 가치를 통한 새로운 사회체제의 형성을 의미하는 것이었다.[22]

당시 전국의 일간지들은 제2경제를 해석하느라 분주했다. 박정희 자신도 "용어의 정확성에 대해서는 다시 한 번 생각해봐야 한다."는 단서를 붙인 것으로 보아, 논란의 여지가 다분하다는 점을 인지했던 것 같다. 결과적으로 제2경제 용어는 언론의 냉소와 혼란만을 초래한 채 대중의 반응을 이끌어내지 못하고 사라져버렸다. 하지만 그와 같은 생각의 틀은 그 무렵 추진된 많은 정책 속에 확고하게 자리잡았고 사람들의 일상에 영향을 미쳤다.

대표적으로 국민교육헌장을 들 수 있다. 박정희가 제2경제운동을 제기한 지 몇 달 후 국회의 만장일치 동의를 거쳐 국민교육헌장이 발표되었다.[23] 그 여파는 컸다. 당시 학교에 다니던 모든 초중등 학생들이 매일 오전마다 헌장을 암송해야 했기 때문에, 지금도 헌장의 문구를 기억하거나 외울 수 있는 중장년들이 많을 정도이다. 한편 직장인들의 일상에는 '기회를 놓치지 말고 밀어붙이자', '마음만 먹으면 해낼 수 있다', '밤낮을 가리지 않는 24시간 근무체제', '조국 근대화의 기수', '목숨 걸고 일하자'처럼 언제나 근면성과 사명감, 성취욕을 자극하는 구호들이 함께했다.

중화학공업 발전이 본격 추진된 1972년 10월 유신 이후에는 새마을운동을 전면에 내걸고 과학을 국민의 근대적 소양으로 강조하기 시작했다.

전국민의 과학화 운동이 남녀노소를 망라한 전체 국민에게 확대됨에 따라 농촌 발전, 중화학공업화, 수출 신장으로 제시된 국가적 과업을 위해 과학기술계 인사뿐 아니라 전 국민이 과학기술을 익혀 참여하라는 총동원령이 내려졌다.[24] 과학기술계의 대응도 신속하게 이어졌다.[25] 과학기술계를 대표하여 과총은 전 농민의 기술자화와 전 국토의 산업권화 구현을 위해 새마을 기술봉사단을 적극 활용할 계획을 밝혔다. 이 과정에서 과학기술은 과거의 불합리하고 미신적 생활에서 벗어나 가난으로부터 탈출할 수 있는 하나의 사회적 원리로 제시되었다. 정신과 마음, 문화의 개조를 통해 산업 발전과 국가 재건을 완수하는 과업에서 과학기술은 수단이자 방법론으로서의 지위를 갖게 되었다.

이처럼 전쟁기의 위기의식과 통제, 치열한 생존의 이슈를 제도와 정책을 넘어 일상과 문화의 영역으로까지 스며들게 하여 작동시킨 시스템을 우리는 '한국형 총력전체제'라고 부를 수 있다. 1963년 박정희의 대통령 선거 승리로 군정이 종료되었다고 하지만 역설적으로 비공식적 군정은 이때부터 시작되었다. 비록 총칼로 무장한 전쟁은 아니었지만 반공과 민족주의에 기반하여 근대적 발전을 성취하려는 일상의 전투가 사회 모든 영역에서 진행되었다. 1968년 무렵에는 전 국민적 차원의 정신운동이 새 국면을 맞이했다. 즉, 경제성장의 새로운 발판을 마련함과 동시에 안보 위기를 타개할 방안으로서, 방위산업 관련 중화학공업화, 국민교육헌장 제정, 향토방위법, 예비군 창설, 주민등록법 강화 등의 조치들이 산업, 경제, 국방, 문화 등 전 영역에서 강구되고 실행되었다.

산업화를 위한 행위자 연결망 구축

1960년대의 국제 환경은 박정희 정부의 정책 방향을 정하는 데 큰 영향을 미쳤다. 이를테면, 미국 케네디 정부의 대외 원조 정책(1961), 약소 우방국의 자주국방을 강조한 닉슨 독트린(1969) 등은 한국의 산업정책을 변화시키는 데 결정적 계기를 제공했다. 정부가 추진한 경제 발전과 산업화 전략이 성과를 거두려면, 급변하는 국제 정세와 경제적 여건에 유연하게 대응하고 국내 자체 역량을 조직하여 대처할 필요가 있었다.

초기에 부딪힌 곤경은 미국의 대아시아 정책 변화였다. 1960년대에는 냉전의 양상이 군사적 대결에서 경제적 경쟁의 형태로 변화되었다. 이에 따라 제3세계 각국의 경제 발전을 둘러싼 체제 경쟁이 냉전의 새로운 초점으로 등장했다. 미국은 한국의 군사안보적 중요성을 인정하면서도 자국의 경제 사정 악화와 국제적 지위 약화에 대응하여 대한원조를 삭감하려고 했다.[26] 이 같은 미국의 대외정책 변화는 한국으로서는 위기가 아닐 수 없었고, 신속하게 경제 자립도를 높여야 할 압박에 직면하였다. 다만, 정부는 원조자금보다 개발차관이 더 의미 있는 것으로 판단하고 있었다. 막대한 원조자금에도 불구하고 "Buy American" 정책으로 인해 원조금액이 미국에 재흡수되어 실제 한국의 기술과 산업 발전에 큰 도움이 되지 못한다는 판단이 관료들 사이에서 팽배했기 때문이다.[27] 이 문제에 대한 대응으로 정부는 1960년대 초반에는 선진국에서 수익성이 저하된 경공업 부문에 특화된 산업정책을 전개했고, 안보 위기가 제기된 1960년대 후반에는 방위산업과 중화학공업 육성을 중점 추진했다.

다만, 이 무렵 한국 정부의 국제적 영향력은 제한적이었으므로 우선 국내 산업화를 효율적이고 체계적으로 추진할 필요가 있었다. 쿠데타로 집권한 정부였기에 경제 발전과 정치 개혁은 미룰 수 없는 현안이자 정권 정체성의 핵심 의제였다. 산업화를 통한 경제 발전을 성취하기 위해 박정희 정부가 추진한 전략은 크게 둘로 나누어진다.

첫째는 산업화의 핵심 행위자를 세우는 일이었다. 여기에는 배제, 창조, 재구성의 방식이 동원되었다. 우선 배제에 관해 살펴보자. 박정희 정부도 초기에는 이승만 정부와 마찬가지로 수입대체 산업화를 표방했자. 하지만 경제적 성과가 미미한 데다 미국의 반대에 부딪히게 되자, 대외지향적 성장 전략을 추진하는 쪽으로 방향을 틀었다. 이때 가장 문제가 된 것이 수입대체를 선호하는 자본가와 그 지배 연합이었다. 이들은 이승만 정권 이래로 수입대체 전략을 지속시킴으로써 국가 재정으로부터 자신들이 취할 수 있는 경제적 이익을 보호하고 유지하는 데 관심이 컸다.[28] 이에 맞서 박정희 정부는 강력한 정치권력을 바탕으로 이들의 정치경제 헤게모니를 해체하고 새로운 수출지향, 발전지향의 행위자 연결망(Actor-Network)을 구축함과 동시에 이들을 배제하였다.

그런데 박정희 정부가 추진한 경제구조가 작동하려면 기존의 산업 관련 행위자들을 변화시키거나 재구성할 필요가 있었다. 예를 들어, 산업정책에 부합하는 기술 인력 확보가 필요했다. 산업 부문별, 수준별로 특화된 기술 인력을 공급할 수 있는 제도 개혁에 착수한 것도 이러한 정책적 필요 때문이었다. 이에 따라 공고 중심의 기능공 양성 정책과 더불어 한국과학원 및 국립공과대학 중심의 고급 기술 인력 양성이 추진되었다. 기능공 및 기술 인력에게는 산업역군이자 조국 근대화의 기수로서 투철한 사명감과 애국심이 요구되었다.

기업 또한 변화되어야 했다. 정부 정책에 동조하여 적극 참여한 대기업에게는 혜택을 제공했다. 예를 들어, 선진국으로부터 기술 학습을 도모할 수 있도록 턴키 형식의 공장, 기계, 장비 도입을 추진하도록 도왔다.[29] 기술 능력이 부족한 국내 기업들로서는 대규모 투자에 따른 위험 부담과 정상 가동에 필요한 시간을 최소한으로 줄일 수 있는 이점이 있었다.

금성사는 1959년 국산 라디오를 출시했다. 하지만 국내 부품의 질이 좋지 못한 데다 품질 좋은 일제, 미제 라디오가 풍부해 좀처럼 고전을 면치 못하고 있었다. 이때 금성사의 사정을 알게 된 박정희 군부가 '밀수품 근절에 관한 최고회의 포고령'을 발표하고 공보부 주관으로 '전국의 농어 촌에 라디오 보내기 운동'을 전개하자 이를 계기로 국내 라디오 품질이 개선되는 성과를 거두게 된다.[30] 이런 종류의 일이 다른 분야에도 일어 났다. 덕분에 대기업들은 빠르게 기술을 소화하여 단시일에 기술 능력을 향상시킬 수 있었다. 정부의 선택적 지원 때문에 가능한 일이었다.

이 외에 새롭게 구성된 행위자도 있었다. 1960년대까지 대학이나 기업 은 자체 연구개발에 주력할 수 있는 물적, 인적 인프라를 갖추고 있지 못 했다. 따라서 국가 재정으로 지원하는 연구기관의 역할이 중요했으나 연 구개발비의 대부분을 사용하고 있는 국공립연구소의 경우, 인사와 회계 감사 등의 간섭과 통제, 우수 연구자 유치와 활용 지원이 제대로 이루어 지지 않아 효과적 운영에 문제가 있었다. 산업 발전에 필수적인 연구개발 역량을 확보하기 위해 특단의 조치가 필요했다. 이에 정부는 국가연구소 가 아닌 비영리 재단법인의 형태를 갖춘 정부출연연구소를 설립함으로써 연구소의 자율적 운영뿐 아니라 계약연구체제를 통한 산업계 수요와의 연결을 촉진하고자 했다. 다시 말해, 정부출연연구소란 경직된 조직 운영 과 공무원 처우를 받는 국공립기관의 문제를 극복하는 동시에 우수한 연구개발 인력을 유치하기 위한 영리한 전략이었다.[31]

산업화 행위자 연결망을 구성하는 데서 박정희 정부가 추진한 또 다른 전략은 정부가 산업화 관련 행위자들 사이의 관계를 설정하고 조율하는 적극적 관리와 통제의 역할을 수행하도록 한 것이다. 산업화 성과에 사 활을 건 정부는 산업정책 중심의 네트워크 관리를 추진했다. 산업정책은 국가 발전 전략의 가장 중요한 요소로 간주되었고, 금융, 과학기술, 인력 양성 등 모든 관련 정책을 움직이는 중심축이 되었다. 예컨대, 1960년대 의 금융정책은 가용한 금융자원을 최대한 동원하여 전략 부문과 수출산업에 집중적으로 투자하는 데 활용되었다. 초헌법적 행위로 논란을 일으킨 1971년의 8·3 긴급경제조치 역시 그 대표적 사례에 속한다.[32]

둘째, 국가는 계획하고 기업은 생산하며 정부출연연구원은 돕는 방식의 역할 분담을 상정하고 이를 체계화하였다. 정부가 경제계획과 은행 지배를 기초로 자원 동원과 투자재원 배분을 주로 담당하고 생산과 마케팅은 민간기업에 맡기는 역할 분담 체제가 형성된 것이다.[33] 기업은 정부의 개발 계획을 이행하는 대신 막대한 재정적, 제도적 지원을 받을 수 있었다. 예를 들면, 1974년에서 1979년까지 총 1조5,652억 원이 조성된 국민투자기금 중 1조4,385억 원이 대출되었는데, 그중 61퍼센트에 해당하는 8,782억 원이 중화학공업 부문에 지원되었다.[34] 이뿐 아니다. 정부가 추진한 중화학공업 부문에서 국내시장의 경쟁을 배제하고 특정 대기업, 소위 재벌에게 독과점적 지위를 부여했으며 중화학공업 독과점 품목을 수입 자유화 대상에서 제외하여 국제 경쟁 자체를 제한했다. 후에 관치경제로 비판받을 조치였다.

셋째, 박정희 정부는 성과 중심의 구조를 구축하여, 한편으로는 산업 관련 행위자들 사이에 경쟁 구도를 조성하였다. 다른 한편으로는 탈정치화된 전문가 집단에 대해 일정한 자율성을 제공하는 대신 더 많은 성과를 산출하도록 유도했다. 과학기술 행정 관료로는 유학파들이 다수 발탁되었다. 정부는 테크노크라트로 구성된 참모 조직을 만들고 이들을 통해 전문적이고 효율적인 정책 실행을 도모했다. 경험과 능력을 바탕으로 선발된 테크노크라트들은 유능했다. 이들은 수출 성과라는 비교적 투명하고 객관적인 기준에 따라 정부 정책을 실행하여 부패를 차단하고 목표 달성의 효과성을 확보할 수 있었다. 이 때문에 관료적 통제가 비교적 원활하게 작동되었다.[35] 이승만 정부에서 행정은 원조자금을 관리하는 전후 복구 행정에 머물렀으나 박정희 정부 이후에는 확실히 행정 기능의 전문화가 이루어졌다.

하지만 박정희 정권의 산업화 행위자 연결망은 관리자로서 정부의 강력한 권한이 유지되고 기업의 지대추구행위를 억제할 정도의 이익이 보장될 때만 지속 가능한 것이었다. 1970년대 중반을 넘어서자 이와 같은 전제조건이 서서히, 그리고 분명히 붕괴되는 조짐이 나타났다.

2. 제도화를 통한 기술-국가 핵심 인프라 구축

기술과 산업 발전을 통한 국가경제 부흥의 비전은 인적, 물적, 제도적 자원의 결집과 조직화 없이 실현될 수 없었다. 1960년대 초반 산업화를 추진하기 위한 제반 여건들은 좋지 않았다. 기술의 해외 의존, 경쟁력 있는 제품의 부재, 기술 행정체제의 미비, 우수한 과학기술자 양성 정책의 부족 등 상황은 심각했다. 쿠데타로 정권을 장악한 박정희 군부는 이 같은 문제를 개선할 정책 추진에 박차를 가하고자 했다. 1962년 1월, 경제기획원 업무보고가 이루어지고 중장기 발전계획들이 수립되면서 기술 진흥 및 산업 발전을 도모하기 위한 수많은 정책적 조치들이 전개되기 시작했다. 이 절은 박정희 집권기에 이루어진 핵심적인 제도의 변화들, 특히 기술 인력 범주가 등장하고 발전된 과정을 살펴보도록 한다.

과학기술 거버넌스와 기술-국가 제도의 형성

산업화와 경제 발전을 나타내는 가시적 성과를 보여주는 데 관심이 많은 데다 강력한 정책 추진력까지 확보한 박정희 정부는 필요한 자원을 효율적으로 동원하고 조직화하기 위해 여러 조치를 취했다. 산업화를 뒷받침

의 집권을 계기로 서로 만나게 됐고, 굳건한 기술-국가를 구축하는 결과를 가져왔다.

이런 관점에서 "정부출연연구소의 실용주의가 대학의 상아탑주의를 대체하며 중심 흐름으로 자리잡았다."[43]는 김근배의 평가를 이 연구의 취지에 맞추어 다시 기술하자면, 정부출연연구소의 실용주의는 대학의 상아탑주의와 쌍둥이 관계였다고 말할 수 있다. 둘 다 과학기술의 자율성과 탈정치성을 패스포트로 삼아 한쪽은 정부기관에서, 다른 쪽은 대학에서 일했을 따름이다.

이처럼 역동적인 과정을 통해 1960년대 중반에는 국가 과학기술 발전을 위한 기본 틀이 만들어지고 관련 제도화가 급속히 진행되었다. 어떤 과정을 통해 만들어졌든, 일단 형성된 과학기술 제도는 어느 시점이 되면 스스로 관성을 획득하고 점차 진화하기 시작한다. 그 제도 변화의 양상을 간략히 살펴보도록 하자.

KIST 설립 사례는 이후 정부출연연구기관의 구조를 설계하는 데 큰 영향을 미쳤다. 1973년에 제정된 '특정연구기관육성법'을 따라 전문연구기관 설립이 본격화될 때, 재단법인체인 이들 연구소의 재정은 정부출연금으로 지원하되 운영의 자율성은 보장하는 방식을 채택했다. 이에 따라 산업별로 전문화된 정부출연연구원들이 설립되었고 기업연구소와 대학부설연구소를 지원할 수 있는 법적 근거가 마련되었다.

무엇보다 산업 발전을 이끌 인재 양성을 위한 제도적 기반 마련이 중요했다. 1960년대와 1970년대는 주력 산업 분야에 적합한 인력을 양성하는 일이 가장 중요한 과제로 여겨져 실업교육이 강조되었다. 이를 뒷받침하기 위해 산업교육진흥법(1963), 한국과학원법(1970), 국가기술자격법(1973), 직업훈련법(1976), 기능대학법(1977) 등이 제정되었다. 다만, 1960년대에는 기능 인력을 양성하기 위한 실업교육이 강조되었고 1970년대에는 산업 분야별, 수준별로 특화된 기술 인력을 양성하기 위한 노력이 집중되었다. 대학에 관해서는 1961년 이후 대학 정비안을 통해 인문계 감축 및 이공계 증강을 기본 원칙으로 삼았다. 또한 학생 정원에 대한 통제, 학위등록제를 도입하여 정부가 대학 운영에 개입할 수 있는 제도적 수단을 강화하였다. 실업교육 비중을 높여 기능 인력, 기술 인력을 양성하려는 정책적 노력은 교육열로 지칭되는 학부모들의 저항에 의해 크게 성공을 거두지는 못했지만 박정희 집권기 내내 추진되었다.[44]

국내에서 우수한 기술 인력을 자체적으로 양성하기 위한 노력도 병행되었다. 가령 독립된 이공계 대학원이 필요하다는 요구에 부응하여 1971년에 한국과학원이 설립되었다. 학생에 대한 장학금 및 처우가 최고 수준이었던 과학원 설립과 운영은 우수한 이공계 엘리트 기술 인력을 국내에서 양성할 수 있는 토대가 되었다.

또한 기업의 산업기술 개발과 관련하여 중요한 법안들이 제정되었다. 국내 기업의 기술 역량을 높이는 데 큰 역할을 한 법안으로 기술개발촉진법(1972)과 기술용역육성법(1973)을 들 수 있다. 기술개발촉진법의 핵심 내용은 국내 개발 기술에 대한 보호 조치를 명시화한 것이다. 국산 신기술 제품의 제조자에 대해 연구개발에서 사업화 단계에 이르기까지 투자된 자본의 회수와 적정 이윤이 보장될 수 있도록 일정 기간 동안 유사 제품의 수입을 규제하고 동일 품목의 중복 제조를 규제하여 일종의 보호 조치를 취한 법적 장치였다.[45] 이와 관련하여 삼성과 선경(지금의 SK)이 한때 대립했던 일화가 알려져 있는데, 이 이야기는 그 과정에서 실제로 발생한 일과는 별개로 '국내 기술의 보호'라는 민족주의 서사로 해석되었다.[46]

다른 한편, 기술용역육성법은 국내 기술용역 업체를 육성하려는 취지에서 제정된 것이었다. 이 법에 따르면, 어떤 기술용역도 주계약자는 한국인이어야 하고 반드시 필요한 경우에만 외국인을 참여시켜야 했다. 즉,

국내 업체가 자체 기술력을 축적할 기회와 해외 업체의 노하우를 학습할 기회를 제공한 것이다. 이처럼 교육, 산업, 연구개발, 금융 등 핵심 분야에서 추진된 제도화, 특히 과학기술 행정 거버넌스의 구축은 기술입국을 기치로, 조국 근대화 과업의 신속한 완수를 이끈 기반이자 동력이 되었다. 수출지향 산업화를 향해 일단 주요 부문별 제도화가 완료되고 상호연결구조가 만들어진 이후에는 산업화 정책 추진이 거칠 것 없이 속도를 내게 된다.

기술-국가 기술 인력 범주의 등장과 전개

본격적으로 산업화를 추진하기 위해서는 기술 인력이 필요했다. 당장 요구되는 기술 인력 수요를 파악하고 중장기 발전계획을 수립하려면 현재 존재하는 기술 인력의 수준과 규모를 정확히 파악해야 했다. 이 과정에서 한국 사회 최초로 기술 인력에 대한 공식 정의가 등장하게 된다. 이후 전개된 기술 인력 분류 체계와 자격제도의 변화는 기술 인력으로서 엔지니어에 대한 기술-국가의 비전과 목표, 엔지니어의 직업적, 사회적 역할과 책임에 대한 기대와 평가를 표현하고 있다는 점에서 매우 중요하다. 그와 연관된 중요한 순간들을 살펴보자.

1957년 이승만 정부의 문교부가 작성한 실업기술5개년계획은 기술 인력 확충의 필요성을 정부가 진지하게 인식하고 있었음을 보여준다. 그렇지만 계획의 핵심이 기술 인력의 확보보다 실업기술계 학교의 시설 확충에 있었고 농고에 대한 투자 비중이 높았다는 점에서 국가 산업 발전과 연계된 계획으로서는 상당히 미숙했다.[47] 다만, 1959년 부흥부에서 작성한 경제개발3개년계획(1960-1962)이 기술계 인력의 수급 추계를 시도하고 숙련공 훈련을 중시했다는 점은 평가할 만한데, 이 역시 인력 자원에 대한 조사와 예산에 대한 언급이 부재하여 실제로 실행할 의지를 가지고 있었는지는 의문이다.

기술 인력에 대한 본격적인 조사가 이루어지고 기술 인력의 정의가 공식적으로 등장한 것은 1962년 작성된 제1차 기술진흥5개년계획(1962-1966), 그리고 그에 앞서 1961년 12월에 제출된『한국기술계인적자원조사보고서』에서다.[48] 이 보고서는 본래 제2공화국 정부가 추진한 기술자 인벤토리 사업을 계승하여 기술자와 기능공, 기술 분야 교육자 수를 파악하고자 마련된 것이었는데, 1962년부터 경제기획원이 기술진흥5개년계획 작성을 주도하게 되자 한국 기술 인력 분류 작업에 활용되었다. 1967년 이후에는 신설된 과학기술처가 기술 인력 정책의 주무부서로 활동하게 된다.

〈표 6-1〉 기술 인력 분류 체계의 변천 (1962–1982)[49]

	경제기획원		과학기술처					
	1962	1963	1967	1969	1973	국가기술자격법	1980	1982
수준 1	기술자	기술자	기술자	과학기술자	과학기술자	기술사 기능장 기사	과학자 기술자	과학자 기술자
수준 2	기술공	기능공	기술공 연구조수	기술공	현장기술자	산업기사	기술공	기능자
수준 3	기능공	숙련공 반숙련공 견습공	기능공	기능공	기능자	기능사	기능공	

〈표 6-1〉에서 볼 수 있듯이, 한국에서 기술 인력 분류가 시작된 1962년부터 1980년까지 기술 인력 범주는 세 개의 수준에 따라 범주화되었다. 기술 인력 분류가 갖는 가장 중요한 특징이 이때 형성되었다. 학력, 곧 교육 수준을 기준으로 기술 인력을 분류한 것이다. 기술자의 숙련과 전

문성을 구별하는 기준과 자격이 그 사람이 가진 경력이나 경험, 동료와 상사에 의한 평가나 인정이 아니라 일차적으로 교육 수준에 의해 정의되었다. 제1차 기술진흥5개년계획에서 공식화된 기술 인력 범주는 다음과 같다.[50]

구 분	[제1차 기술진흥5개년계획] 기술 인력 정의 (1963)
기술자 Engineer	이공 실업계 대학 졸업자(전문학교, 공업, 농업, 수산 고교 졸업자 포함)와 정부에서 공인하는 동등 이상의 자격을 가진 자로서 현재 해당 기술 전문 분야(전공한 기술) 또는 과목과 관련된 분야에 종사하는 자 (단 학력과 자격에 구애됨이 없이 3년 미만의 경험이 있는 전기 각항에 해당한 기술자를 지휘 감독할 수 있는 기능을 가진 자도 이에 포함한다)
기술공 Technician	이공 실업계 초등대학 또는 이공 실업계 대학 2년 이상 수료자 및 고등학교 졸업자로서 3년 이상 해당 기술 전문 분야에 종사하는 자와 정부기관에서 공인하는 동등 이상의 자격을 가지고 현재 해당 기술 분야에 종사하는 자
기능공 Craftsman	1) 숙련공 — 6개월 이상의 습득을 요하는 기술직종에서 3년 이상의 경험이 있고 숙련공에 도달하지 못한 자를 지휘 감독할 수 있으며 그 직무에 종사하는 자 2) 반숙련공 — 6개월 이상의 습득을 요하는 기술직종에서 1년 이상 3년 미만의 경험이 있고 숙련공의 지휘 감독을 받아 그 직분에 종사하는 자 3) 견습공 — 6개월 이상의 습득을 요하는 기술직종에서 1년 미만의 경험이 있고 숙련공의 지휘 감독을 받아 그 직무에 종사하는 자

그런데 이보다 앞서 기술 인력의 정의가 최종 확정되기 전까지 경제기획원, 문교부 등 관련 부처에서 논의된 내용을 보면, 당시 기술 인력에 대한 행정 엘리트들의 생각을 더 잘 이해할 수 있다. 1962년에 논의된 기술 인력 정의를 보면, 기술자와 기술공 정의는 비교적 명확했던 데 반해 기능공의 정의는 모호하기 그지없다. 예컨대, 기능공은 그 규모가 가장 컸음에도 불구하고 기술자와 기술공을 제외한 자라는 '잔여 범주'로서 정의되었다. 제1차 기술진흥계획의 설계자들은 기능공의 가용 자원이 풍부하다는 이유로, 그리고 기능공은 생산 공장이나 작업장에서 자연스럽게 언제든지 손쉽게 양성될 수 있다고 판단했다.[51]

구 분	[제1차 기술진흥5개년계획] 기술 인력 정의 (1962)
기술자 Engineer	이공계 대학 이상의 졸업자로서 해당 기술 직무에 종사하는 사람
기술공 Technician	실업계 고교를 졸업하고 현업에 다년간 종사하여 실기 면에 능숙하고 기술적 이론을 이해하는 자 (한국기술계 인적자원보고서에서는 기술자와 기능공만을 구별하고 있는데, 이때 기술공은 기능공 중 감독의 역할로 이해됨. 감독이란 "제일선 감독으로서 작업에 직접 종사하지 않는 사람"으로 정의됨)
기능공 Craftsman	기술면에서 종사하는 자 중 기술자, 기술공을 제외한 자 (단, 단순 육체노동자는 제외)

이 같은 기준으로 기술 인력을 조사한 결과(표 6-2), 전국에 분포한 30만여 명의 기술 인력 중 기술자는 2.9퍼센트, 기술공은 3.7퍼센트에 불과했고 93.4퍼센트가 기능공이었다. 다시 말해, 기술 인력 대다수가 사실은 기능공에 해당했다. 기능공 중 약 77퍼센트(국졸 66.8퍼센트, 무학 9.9퍼센트)가 국민학교 졸업 이하였고 대부분 방직, 의류, 피혁, 고무, 기타 공업 등 숙련 정도가 낮은 분야에서 일하고 있었다.

〈표 6-2〉 1962년 산업 분야별 기술 인력 분포[52]

분야	기술자		기술공		기능공		계	
	인원(명)	%	인원(명)	%	인원(명)	%	인원(명)	%
관공서	1,273	14.8	742	6.7	14,335	5.1	16,350	5.5
이공계 학교	1,022	11.9	10	0.1	179	0.1	1,211	0.4
광업	464	5.4	1,456	13.1	26,422	9.4	28,342	9.5
섬유공업	529	6.1	2,174	19.5	81,802	29.2	84,505	28.2
금속 및 기계공업	515	6.0	1,404	12.6	34,430	12.3	36,349	12.1
화학공업	743	8.6	1,424	12.8	41,005	14.7	43,172	14.4
기타산업	441	5.1	1,781	16.0	51,101	18.3	53,323	17.8
건설 및 서비스업	3,629	42.1	2,137	19.2	30,396	10.9	36,162	12.1
계	8,616 (2.9)	100.0	11,128 (3.7)	100.0	279,670 (93.4)	100.0	299,414 (100.0)	100.0

당시 정책입안자들이 보기에 기술 인력의 대다수를 차지하는 기능공은 숙련도가 낮아 특별히 높은 교육을 필요로 하지 않는 인력이었다.[53] 이러한 인식은 기술 인력에 대한 사회적 이미지와 평가에 큰 영향을 미쳤다. 학력 중심의 기술 인력 분류 체계가 등장함에 따라, 10퍼센트의 고학력자가 아니라 90퍼센트 이상에 이르는 기술 인력의 낮은 학력이 가시화되었다. 이것은 전체적으로 기술 인력의 직업적 이미지와 위상을 고착화하는 한 계기가 되었다. 즉, 기술자는 공부를 덜 했거나 못한 사람들이라는 통념이 만들어졌다.[54] 1970년을 전후하여 기술공과 기능공에 대한 산업 수요가 높아짐에 따라 명시적으로 기능우대정책이 추진되었지만 기술 직업과 자격에서 학력의 가치는 결코 약화되지 않았다.

이를테면, 1970년대에 노동청이 추진한 기능우대사업에서조차 기술 인력 내부의 학력 차별 금지 정책을 편 것이 아니라 오히려 학력 보완의 기회를 제공했다. 기능경기대회에 출전해 입상한 기능공에게 부여된 혜택은 진학 기회와 상금, 대기업 취업이었다. 대기업 취업을 선택한 기능공들 역시 낮은 교육 수준에 따른 회사 내 대우, 승진에서의 불이익을 실감하고 대부분 야간대학에 진학하는 등 학력을 높이기 위해 노력했고, 이런 현실은 널리 알려졌다.

기술자들의 기능과 숙련을 제도적으로 인정하기 위해 1973년 마련한 국가기술자격법에서도 비슷한 일이 벌어졌다. 국가기술자격법을 통해 정부가 겨냥한 것은 기능계에서 최고 수준인 기능장에게 기술계의 박사 격인 기술사(技術士)와 동등한 정도의 사회적 지위를 부여하려는 것이었다. 〈표 6-1〉의 1973년 분류에서 볼 수 있듯이, 기술계와 기능계의 자격제도를 연결하였다.

하지만 기술 자격제도 응시를 위해서도 결국 학력이 필요했다. 뿐만 아니라 학력과 훈련 기관에 따라 획득할 수 있는 자격에 차이가 있었다. 예를 들어, 대학을 졸업하면 바로 기사 1급 응시 자격이 주어지지만, 공고를 졸업하면 기능사 2급 응시 자격만 주어졌다. 공고를 졸업하고 기사 1급 응시 자격을 얻으려면 기능사 2급, 기능사 1급, 기사 2급까지 모두 합격해야 했다. 경력만으로 기사 1급에 응시하려면 최소 5년 이상이 필수 요건이었다.[55] 이런 환경에서 학력이 낮은 기술 인력이 자신의 숙련이나 전문성을 바탕으로 '고학력'에 준하는 사회적 인정을 받는다는 것은 요원한 일이었다.[56]

흥미롭게도 국가기술자격의 학력 기준이 마련된 같은 해에 막상 행정고시에서는 학력과 경력 제한이 철폐되었다. 이것은 무엇을 의미할까? 기능계와 기술계 자격의 연계, 그리고 고등 관료를 양성하는 행정고시에서 학력 제한을 폐지한 것은 기술 인력에 대한 국가의 정책적 관심과 방향성을 제시하면서도 신분 상승과 계층 이동에 대한 개인들의 열망을 표출할 수 있는 통로를 여는 이중의 효과를 가져왔다. 하지만 현실 세계는 그렇게 작동되지 않았다. 행정고시의 경우, 학력 기준을 없앴다고 하지만 시험이 요구하는 학력 수준이 매우 높았기 때문에 실제로 고졸이나 전문대 합격자는 거의 없었다.[57] 어떤 경우든 학력 우위의 자격제도와 시험제도는 손상되지 않았다.

비록 많은 문제가 있었지만 기술 인력 분류와 자격제도는 1973년을 기점으로 크게 변화했다. 드디어 전통적 공(工)의 시대가 막을 내리고 근대적 기술 직업인(者)의 시대가 열렸다고 평가할 수 있다. 과학기술처가 설립된 후 작성된 과학기술 인력 수급 예측은 기술 인력 교육과 훈련 정책에 큰 영향을 미쳤다. 중화학공업 중심의 산업 발전을 추진한 제3차 경제개발 5개년계획(1972-1976)이 마련됨에 따라 기술 인력 양성에 대한 보다 세밀하고 구체적인 계획이 요구되었다. 산업 현장에서는 기술공과 기능공 인력 부족 문제가 지속적으로 제기되고 있었다. 이에 기술 인력에 대한 처우 개선과 우대를 위한 다양한 조치가 강구되었고 국가기술자격제도의 일원화가 추진되었다.

하지만 자격제도의 도입이 기술공 및 기능공 인력의 직업적 위상과 지위를 높인 것은 아니다. 예를 들어, 실속 없는 기능사제도에 대한 비판이 이어졌다.[58] 그럼에도 불구하고 이와 같은 일련의 논의와 제도화 노력들 가운데 근대적 직업으로서 기술 인력에 대한 인식이 자리잡게 된 것은 중요한 성과였다. 과학기술처가 주도한 장기인력수급계획에서 기술 인력 분류를 과학기술자, 현장기술자, 기능자로 새롭게 명명함으로써 직업으로서 '공(工)'의 용어는 공식 문서에서 사라져갔다.[59]

〈표 6–3〉 1970년대 장기인력수급계획 및 정책 방향

구 분	[장기인력수급계획 및 정책 방향(1971–1981)] 기술 인력 정의 (1970년)
과학기술자	창조적인 활동을 하는 학자, 전문가들이며 4년제 이공계 대학 교육을 받은 후 연구개발 또는 기본계획 및 관리 업무를 담당한다. 여기에는 대학원을 졸업한 석·박사 인력도 포함된다.
현장기술자	생산 기술 활동을 하는 기술자로서 2년제 전문직 기술교육을 받은 후 생산 현장에서 가공 및 생산 설계, 기술과 공정의 지도관리 업무를 담당한다. 현장기술자는 국가 자격고시를 거쳐 기술사까지 오를 수 있다.
기능자	기능 활동을 하는 기능공으로서 실업교육과 훈련을 받은 후 제작, 제조, 기기 운전 업무를 담당한다. 역시 국가 자격고시를 통해 기능사까지 될 수 있다.

문서상에서 명칭이 변경되었다고 해서 곧바로 어떤 변화가 일어난 것은 아니다. 이후로도 언론과 산업 현장에서는 기능공, 기술공의 용어가 한동안 사용되었다. 하지만 이미 상황은 변화되었다. '호명의 정치'를 활용했던 박정희 정부의 전략이 그러한 변화에 영향을 미친 점도 있다. 예를 들어, 박정희 정부는 기업을 상대로 기능공이나 공원이라 부르던 관습을 지양하고 사무직 직원과 마찬가지로 '기능직 사원'으로 부르는 캠페

인을 추진하였다.[60] 공식 문서에서도 점차 기술공, 기능공의 호칭이 사라지고 산업별 기술 직업 분류 체계가 활용되었다.

기술 인력의 정체성이 근대적 직업인으로 변화된 것과 그것이 한국 사회에서 갖는 특징을 보여주는 또 다른 사례가 있다. 기술 인력의 자격을 한자로 표현하는 방식에 관한 것인데, 예를 들어 기술사(技術士), 기사(技士), 기능사(技能士)와 같은 기술 자격을 표현할 때, 우리는 '사(士)'를 사용한다. 여기에 어떤 법칙이나 규칙이 있는 것은 아니지만 같은 한자권인 중국과 일본이 기술 자격에 대해 '師'를 사용하는 것과 비교하면, 한국에서 굳이 '士'를 사용하는 것은 다소 의외라고 할 수 있다. 통상 선비-사(士)는 시험이나 절차를 통해 자격을 취득하는 직업에 대해, 스승-사(師)는 교사나 의사처럼 절차 외에 오랜 도제적 훈련과 경험을 강조하는 직업군에 사용되어왔다. 일본과 중국에서 '師'를 기술 직업군에 사용해온 이유도 그 때문이다. 이와 같은 구별은 한때 중요한 의미를 지녔었다.

그 단면을 볼 수 있는 사례가 있다. 1965년 기술 및 직업 훈련의 주무 부처를 정하는 결정을 둘러싸고 경제기획원과 문교부, 노동청 사이에 논란이 있었다. 결국 노동청이 직업 훈련을 맡게 되었지만 교육과 훈련은 엄연히 다르다는 문교부의 강력한 주장 때문에 노동청이 실행하는 훈련 프로그램은 '교육'과 다른 것으로 간주되었다. 이것을 근거로 문교부는 노동청에서 훈련을 담당하는 교사에 대해 교사(敎師) 자격을 부여할 수 없다고 주장했다. 논란 끝에 직업훈련교사는 교사(敎師)가 아닌 교사(敎士)라는 합의가 이루어졌다.[61] 이 외에 한의사 명칭에 '師'를 사용하는 것을 둘러싸고도 유사한 분쟁이 벌어졌었다.[62] 이처럼 한국의 기술 인력 개념은 그 자체로서 산업적, 문화적 변천의 한복판에 서 있었던 것이다.

발전국가의 기수들:
조국 근대화와 산업화의 이름으로

1. 박정희 지배 엘리트 네트워크와 테크노크라트

박정희 집권기에 관료로 일한 이들 중에는 대통령뿐 아니라 자신들이 거둔 성과와 경험을 자랑스럽게 전하는 경우가 많다. 특히, 박정희 집권기 테크노크라트들이 누린 정책 결정의 자율성은 이후 과학과 공학을 전공한 이들에게 부러움의 대상으로 언급되기도 한다.[63] 박정희 집권기 테크노크라트의 특징과 정체성은 무엇인지, 이들이 누린 자율성은 어떻게 가능했는지를 살펴보도록 하자. 그리고 박정희 집권기 테크노크라트 정체성이 지금의 사회에 갖는 함의를 성찰해본다.

2030 클럽

박정희 집권기에 활동한 정치·행정 엘리트의 성격을 특징짓는 몇 가지 요인들이 있는데, 그중 하나는 이들 다수가 1920년대와 1930년대 무렵에 태어났다는 사실이다. 우리는 이들을 2030 클럽이라고 부를 것이다. 2030 클럽에 속한 박정희 집권기 관료들은 자신들을 둘러싼 역사적, 사회적 환경으로 인해 이전 세대와 구별되는 독특한 성격을 갖게 되었다. 박정희 군부가 주도한 5·16 쿠데타는 대한민국의 지배 엘리트를 전면적으로 교체했다.

1960년 제1공화국과 제2공화국 지도자들의 연령은 이승만 85세, 이기붕 65세, 윤보선 63세, 장면 61세로 1900년 이전에 태어난 사람들이다. 1900년 전후에 태어나 해방 직후와 1950년대에 활동한 테크노크라트들은 일본의 식민지배가 가시화되고 정착하는 저항의 시기에 어린 시절을 보내고 미군정체제와 이승만 정부 시기 내내 국가 건설의 방향을 둘러싼 혼란과 이념 갈등, 사상 논쟁에 휘말려 에너지를 소진했다. 전쟁을 치르는 과정에서 그나마 함께 활동하던 소수의 과학자와 엔지니어들이 남북으로 갈라졌다.[64] 그리고 무능과 부정부패로 비난받은 이승만 정부가 쇠락함에 따라 이들도 함께 물러나야 했다.

쿠데타가 일어난 1961년에 박정희는 43세, 송요찬은 42세, 김종필은 36세, 박종규는 32세였다. 이들을 포함하여 쿠데타 주도 세력 대부분이 1920년을 전후로 태어났다.[65] 박정희 집권기에 국무위원을 지낸 총 113명 중 2030 클럽에 속하는 사람은 69명으로 전체의 61.1퍼센트(1920년대 출생 61명, 1930년대 출생 8명)를 차지했다. 1900년대 이전과 1900년대 출생은 각각 0.9퍼센트(1명)와 8.8퍼센트(10명)에 불과했고 1910년대 출생은 29.2퍼센트(33명)였다.[66]

박정희 정부 2030 클럽의 테크노크라트들 다수는 해방 무렵 일본이나 미국 대학, 혹은 서울대를 졸업했으며 한국전쟁에 참전한 경험을 가지고 있었다. 즉, 이들은 사상과 이념 검증에서 자유로웠다. 일제강점기에는 대부분 학생이었기에 친일 행적으로 문제될 소지가 적었으며, 이승만 정부 시기에도 핵심 엘리트로 활동하지 않았다.

이들은 과학기술 및 행정 분야의 전문성을 인정받아 정부 관료로 임용되었다. 무엇보다 이승만 정부의 관료들과 정치적으로 단절되어 있었던 것은 기술-국가 재건이라는 새로운 사회적 상상과 국가의 미래를 위해 자신들의 신념과 비전을 실현할 수 있는 유리한 환경이 되었다. 실적을 중시했던 박정희 정권에서 이들은 비교적 오랜 기간을 관료로 일하면서 다양한 경험을 쌓을 수 있었다.[67] 박정희 집권기에 경제기획원과 과학기술처 등에서 활동한 테크노크라트와 정치·행정 엘리트 일부의 출생연도와 주요 직책은 다음과 같다.

〈표 6-4〉 박정희 집권기의 대표적 정치·행정 엘리트와 테크노크라트 (경제기획원과 과학기술처 중심)

이름	출생연도	출신학교	박정희 집권기 주요 직책
태완선	1915	경성법학전문대	상공부, 건설부, 부총리 겸 경제기획원 장관
장기영	1916	선린상업학교	경제기획원 장관
최형섭	1920	일본 와세다대, 미국 미네소타대	KIST 초대소장, 과학기술처 장관
신현확	1920	경성제대 법문학부	경제기획원 장관
김학렬	1923	일본 주오대, 미국 미주리대	대통령수석정무비서관, 경제기획원 장관
심문택	1923	서울대, 미국 인디애나대	KIST 부소장, 국방과학연구소장
남덕우	1924	국민대, 오클라호마주립대	경제기획원 장관
김기형	1925	서울대, 미국 펜실베니아주립대	과학기술처 초대장관
전상근	1928	미국 퍼듀대	경제기획원 기술관리국장
오원철	1928	서울대	대통령 경제 제2수석비서관

이 중 경제기획원의 기술관리국장을 지낸 전상근, KIST 초대 소장 및 과학기술처 장관을 역임한 최형섭, 대통령 경제 제2수석비서관을 지낸 오원철은 기술 인력 양성뿐 아니라 연구개발, 산업화 정책에서 중요한 역할을 수행했다. 전상근은 1949년에 경기고등학교를 졸업하고 퍼듀대학

화학공학과를 졸업했다. 1954년 귀국한 이후, 공무원으로 일했다. 오원철은 1945년 경성공업전문학교에 입학했다가 1951년 전쟁이 발발하자 공군 소위로 임관했다. 그리고 1951년에 서울대 화학공학과를 졸업한 후, 시발(始發)자동차회사 공장장으로 일하다가 최형섭의 추천으로 상공부에서 일하게 된다. 이후 박정희 정권 말기까지 중화학공업기획단, 방위산업 등을 지휘했다. 최형섭은 일본 와세다대학을 졸업한 이후 미국 미네소타대학에서 화학야금으로 박사학위를 받았으며 1959년 귀국 후 한국의 과학기술정책을 주도하고 제도적 기반을 조성하는 데 크게 기여했다. 최형섭은 1966년 KIST 초대 소장으로 임명되어 정부출연연구소의 설립과 운영에 관한 시스템을 구축한 이후 1971년 6월 과학기술처 장관으로 취임하여 7년 6개월이라는 최장수 장관의 기록을 세웠다. 그는 일관된 원칙과 방향성을 지니고 과학기술 개발의 기반을 다진 것으로 평가받고 있다.[68]

박정희 정부 2030 클럽의 정체성 형성에 영향을 미친 또 다른 요인은 이들의 교육적 배경과 학연 네트워크다. 박정희 정부에서 일한 엘리트들 나수가 대졸 이상의 고학력자들이거나 대학원 이상 학력 소지자였다.

한국전쟁 이후 많은 젊은이들이 유학길에 올랐다. 해외 유학생 통계를 보면, 1953년부터 1967년 3월 말까지 전체 유학생 7,958명 가운데 미국 유학생이 6,845명으로 전체의 86퍼센트를 차지했다. 학문 분야별로는 사회과학 24.9퍼센트, 자연과학 18.8퍼센트, 공학 17.4퍼센트 순으로 나타났다.[69] 학업을 마치고 귀국한 유학생들의 상당수가 산업화 시기 한국 사회의 엘리트 집단을 구성하게 된다.

1970년대까지는 일본 유학파가 득세했다. 하지만 점차 미국 유학 경력자들의 비중이 높아졌다. 미국 유학파의 정부 부처별 분포를 보면, 대부분 경제부처, 과학기술처, 문교부, 외무부 등에 집중되었고 내무부와 법무 부처럼 질서와 정권 유지 기능을 담당하는 부처에는 전무했다.

일본과 미국에서 과학기술을 전공한 유학파들이 1960년대와 1970년대 한국 테크노크라트 집단의 많은 비중을 차지했던 사실에 주목할 필요가 있다. 한국전쟁에 참여한 상당수의 장교들이 단기든 장기든 미국 유학의 경험을 가졌다. 한국군의 유학 규모는 1960년까지 만여 명에 이르렀다. 이것은 1950년대에 한국군이 다른 어떤 집단에 비해서도 선진 문물을 많이 접한 근대화된 집단이었던 것을 의미한다.[70] 최소한 1960년대 엘리트 군인의 역량은 이와 같은 배경에서 성장했다. 해외 유학파들은 선진국 시스템에 대한 이해가 높았다. 이들이 박정희 정부에 다수 포진함에 따라 한국 상황과 맥락에 적합한 해외의 제도를 도입하거나 고안할 수 있는 바탕이 마련되었다. 다른 한편으로 이것은 후에 미국 유학파의 우월적 지위를 형성할 토대가 될 일이기도 했다.[71]

2030 클럽의 정체성을 이해하려면 이들이 일제강점기에 배우며 성장했다는 점을 간과해선 안 된다. 이들은 인간 의식의 성장에서 가장 중요한 시기인 유소년기와 청년기를 식민지 시대에 보냈다. 그 결과, 군대식 사열과 단체 행동, 황국신민화 교육과 멸사봉공(滅私奉公)하는 인간, 군국주의, 자기검열, 권위주의가 몸에 배었다. 게다가 엄청난 경쟁률을 뚫고 일제하 중고등교육을 받은 이들이었다. 자신들이 이룬 성과를 자랑스럽게 여겼고 입신출세에 대한 열망이 높아, 일제 체제에 잘 순응한 이들이었다. 일제하 교육 경험은 그들 사이에 동질감을 형성하는 한 요인이 되었을 것이다.

만주국 인맥에 대한 내용도 빼놓을 수 없다. 박정희와 최규하(1919-2006) 모두 만주국군 장교와 만주국 행정 관료의 경력을 가지고 있었다. 군인, 기업가, 엔지니어 등 다양한 계층의 만주 경험자들이 만주 인맥을 구성하고 있었고, 그들은 이 인맥을 중심으로 해방 후 한국과 일본에서 권력 네트워크를 형성하였다. 일본의 인프라 개발 컨설팅 기업인 일본공영(日本工營)이 한국에서 배상 비즈니스의 일환으로 많은 건설 프로젝트를 수주했던 것도 박정희와 일본의 내각총리대신을 역임한 기시 노부스케(岸信介)와의 만주국 인연 덕분이었다.[72]

보스(boss)와 성과 중심주의, 그리고 탈정치화된 자율성

지금도 많은 과학기술계 엘리트들이 박정희 집권기를 "테크노크라트를 우대하던 시대"라고 회고하고 있다.[73] 과학기술 거버넌스가 구축되고 과학기술과 관련된 각종 제도와 조직이 구축된 시기라는 것만으로는 이들의 '환호'를 설명하기 어렵다. 이들의 환호 그 중심에는 항상 박정희라는 인물이 자리하고 있다.

서로 유사한 사회적, 교육적 배경을 지닌 2030 클럽이라고 하더라도, 이들이 보여준 지도자 중심의 결속력과 성과 중심주의는 독특한 측면이 있다. 그 관계의 특징을 파악하기 위해 당시 테크노크라트로 활동한 인물들의 이야기를 살펴보자.

첫째, 테크노크라트들은 대통령과의 직접 대면을 통해 신뢰를 쌓았다. 박정희 정부에서 초대 KIST 소장과 과학기술처 장관을 지낸 최형섭은 정치 지도자 중심의 정부 역할을 여러 차례 강조하였다.[74]

> 나는 KIST가 자리를 잡는 데 가장 큰 역할을 한 사람은 박 대통령이라고 생각한다. 설립 후 3년 동안 적어도 한 달에 한두 번씩은 꼭 연구소를 방문해 연구원들과 대화를 나눠 연구소의 사회적 위상을 높여주었고,… 그리고는 장관들의 반대에 부닥칠 때마다 방패막이가 되어주었다.… 그것이 미치는 영향은 상상할 수 없을 정도로 컸다.[75]

둘째, 테크노크라트에게는 일정한 권한과 자율성이 허용되었다고 한다. 일단 대통령의 재가가 떨어지면, 그들이 직접 국가의 주요한 사업을 기획하고 실행할 수 있었다. 달성해야 할 목표 자체는 위에서 주어졌지만, 무엇이 문제인지 파악하고 구체적인 해결 방안을 마련하는 것은 테크노크라트들의 전문성과 판단에 맡겨졌다. 대통령을 설득하는 것도 어느 정도는 그들 자신의 역량에 달려 있었다. 최소한 그들은 그렇게 느꼈다. 그렇기 때문에 박정희 정부의 관료들은 지도자로서 박정희의 업적을 높이 평가하면서도 그 못지않게 '자신들이 해낸 성취'를 자랑스럽게 드러내곤 한다. 자신들이 단순히 정해진 규칙과 절차를 따라 해결책을 찾고 실행한 것이 아니라 창의적인 방식으로 문제를 해결해왔다는 것이다.

다른 기관의 협조를 구하기 어렵거나 재원 부족과 같은 중대한 문제가 발생할 때는 대통령이 직접 해결사 역할에 나서기도 했다. 오원철이 "목돈작전"이라고 소개한 사례는 그 단면을 보여준다.

각 부처에서 정책을 수립하고 대통령 재가를 받기 위해 브리핑할 때에는 마지막 쪽에 꼭 건의사항이 나온다. 보통 소요자금 요구사항이 제시된다. 1969년 6월 상공부에서 전자공업 육성에 대한 브리핑을 했다.… 대통령은 옆자리에 배석하고 있던 김 부총리에게 "부총리, 해낼 수 있소?"라고 물었다. 김 부총리는 "예, 상공부 안대로 조치하겠습니다"라고 답을 했다. 박 대통령은 "그럼 상공부 안대로 추진하시오"라고 결정을 내렸다.… 대통령 재가만 얻으면 사업이 완성될 때까지의 예산이 확보되는 것이다.[76]

이와 같은 상징적 사건들로 인해 테크노크라트들은 위계적 관계에 있는 대통령과 강한 정서적 유대감을 형성할 수 있었다. 그들에게 대통령이란 리더보다 보스에 가까운 존재였다. 그들은 보스가 추구하는 가치와 성과를 구현하는 데 집착했다. 예를 들어, '수출을 통한 성장'은 집권기 내내 성과 측정의 가장 중요한 기준이 되었다.[77] 국제적 분업 구조에서 수출에 적합한 전략산업이 무엇인지, 이에 필요한 기술은 무엇인지, 어떤 인력을 어느 정도 규모로 양성해야 하는지를 기획하는 것에 그치지 않고 그에 따른 성과를 제시해야 했다.

대통령이라는 존재가 마치 그들에겐 영감(inspiration)이자 목표 그 자체였던 것처럼 보인다. 대통령 경제 제2수석비서관을 지낸 오원철은 자신이 중화학공업을 본격적으로 구상한 계기를 대통령의 질문에서 찾았다. "임자, 100억 달러를 수출하자면 무슨 공업을 육성해야 하지?" 1972년 5월 무역진흥확대회의를 마친 후 오원철이 정리한 한국형 경제건설 방식은 민족주의적 발전국가를 건설한다는 목표 아래, 테크노크라트가 대통령과 맺은 정서적 유대감과 일체감, 충성심과 순응의 양식을 잘 보여준다.

실제로 그랬다. 박정희는 관료제를 활용하고 육성했다.[79] 정책 집행의 전 과정을 관료가 주도하는 관료적 거버넌스가 만들어졌고 여기서 더 나아가 사회 전체에 동원과 경쟁의 메커니즘이 구축되었다. 관료들에게는

한국형 경제건설 방식 (오원철 정리)[78]

(1) 종합적으로 박 대통령은 이 날의 보고, 즉 한국형 경제건설 방식에 의한 중화학공업 건설에 대해 만족한 것이 확실하다고 느꼈다.

(2) 박 대통령은 '기능자는 조국 근대화의 기수'라고 했다. 이렇게 되면 '기능자→중화학공업 건설→조국 근대화→민족중흥'이라는 행정식이 성립된다. 그렇다면 이런 인식을 갖고 기능자 양성에 임하라는 지시라고 보아야 한다. 또한 공단계획을 수립할 때 주거지역에 대한 도시계획까지 포함시키라고 했다. 박 대통령의 뜻은 '공간+주거도시'의 복합개념을 갖고 계획을 수립하라는 뜻이고 공단만 생각하지 말고 국토 전체를 놓고 보라는, 다시 말해 ―국토개발을 한다는 관점에서― 공업지구 문제를 생각하라는 뜻이다. 그렇다면 ―기술 인력 양성문제나 국토개발문제 등― 중화학공업 건설에 필요한 모든 사항을 이번 계획에 포함시키라는 지시가 된다. 이렇게 되면, 중화학공업 건설계획의 범주를 넘게 되고, 우리나라의 공업구조를 완전히 개편하는 계획이 되어야 한다. 군대식으로 표현하면, '작전계획'이 아니라 '전략계획'을 수립하라는 뜻이다.

(3) 박 대통령은 중화학공업 건설계획을 재촉했다. 그렇다면 박 대통령은 중화학공업 건설 추진에 대해서는 이미 결심을 했다는 뜻일 것이다. '남북 간의 경제전'은 이미 개시된 것이다. 나는 임전태세를 취해야 했다.

분명한 목표가 주어졌고, 목표 달성에 따른 상벌체계가 구축되었기에 서로 치열하게 경쟁하지 않을 수 없었다. 예를 들어, 1960년대 초반에 전개된 저축 운동에서는 경제개발5개년계획에 맞추어 달성해야 할 연도별 저축액과 주체별 저축 한도액까지 규정되었다.[80] 오원철은 "남북 간 경제전이 개시"되었으니 "임전태세를 취해야" 한다고 다짐했다. 매사가 이런 식이었다. 대통령은 문제 해결을 위한 위계 체계의 최고 정점에 있었다.

다른 한편으로, 강한 발전국가의 성격을 가진 한국 사회에서 당시 관료가 누릴 수 있었던 구조적 자율성에 주목해야 한다. 반공과 민족주의를 기반으로 산업 발전을 강력히 추진하는 과정에서 정부는 사회 여러 집단의 압력으로부터 일정한 자율성을 누릴 수 있었다. 게다가 유능한 관료를 채용하고 키우기 위한 박정희 정부의 노력은 세밀하고 구체적으로 추진되고 있었다.[81] 덕분에 정부 조직은 그 어떤 조직보다 실력 있는 인물들로 채워졌고, 그것은 관료들이 느끼는 자부심의 한 원천이 되었다.

두 번째 요인은 테크노크라트들이 그들의 역량을 발휘할 적절한 환경을 만났다는 데 있다. 정부는 경제정책 전반을 조정하고 통제할 책임이 있는 부서에 유능한 테크노크라트들을 배치했다. 2030 클럽의 관료들은 대부분 선진국에서 고등교육을 받은 인물들로 정치권이나 각종 이해집단의 압력에 비교적 잘 견딜 수 있었다. 셋째, 테크노크라트와 군 출신 엘리트의 연합이 형성된 점도 중요하다. 군대식 상명하복과 계급문화에 익숙한 군 출신 인사들이 고위 공직에 채용되면서 테크노크라트들과 군 출신 인력이 일종의 엘리트 연합을 구성할 수 있었고, 이들은 곧 박정희 정부의 산업정책을 움직이는 핵심축이 되었다.

박정희 집권기 테크노크라트를 기술하는 또 다른 특징은 이들이 탈정치, 혹은 비정치의 가치를 추구했다는 것이다. 그 영향이 지금까지 남아있다. 즉, 과학기술 전문직은 마땅히 탈정치적 성격을 지향해야 한다는 생각이 강하다. 이런 생각이 주류적 인식으로 등장한 것은 정치에 대한 박정희 정부의 태도와 관련되어 있다. 박정희는 관료제를 견제할 수 있는 정치권력이 낭비이고 비효율적이며 심지어 방해가 된다고 믿었다. 정치 세력은 정부의 정책 집행을 어렵게 만드는 존재로 인식되었다. 이에 정부는 반정치적 성향을 보였고 정책 과정에 대한 정치의 역할을 행정의 역할로 대체하려고 했다.[82] 이러한 기술의 탈정치화 관점은 다른 국가들의 사례와 비교할 때 독특하다.[83]

박정희 정부의 정책 추진을 엔지니어링 어프로치(engineering approach)라고 평가한 오원철은 공업에 대한 기초 지식 없이는 경제 문제를 다룰 수 없다고 확신했다. 경제정책에서도 서로 복잡하게 얽혀 있는 문제를 해결하려면 공학에서 사용하는 시스템 엔지니어링[84] 접근이 필요하고 이를 가장 잘 수행할 수 있는 이가 테크노크라트라고 믿었다. 따라서 엔지니어링 어프로치를 통해 도출된 과학적 결과와 수치에 역행하거나 그에 반하는 성격을 지닌 정치는 배제해야 할 요인으로 인식되었다. 오원철은 정부의 수석비서관들 가운데 정치계 출신이 없고 정치 지망생조차 없다는 점을 자랑스럽게 강조했다.[85]

박정희 시대를 풍미한 테크노크라트들은 어떤 면에서는 매우 생산적이고 효율적으로 업무를 수행했다. 하지만 전문성과 자율성을 기반으로 능력을 발휘하기 위해 그들은 반드시 '탈정치적'이어야만 했다. 기술과 정치의 관계에서 자신들의 역할과 정체성을 사회적 맥락으로부터 자유로운 기능적 전문가로 한정해야 했다. 테크노크라트들은 자신들이 가진 전문성 덕분이 아니라, 최고 권력자의 관심과 맞아떨어지는 범위 안에서만 자율적일 수 있었던 것이다.[86] 이런 면에서 박정희 정부의 테크노크라트가 누린 자율성은 탈정치와 위로부터의 통제라는 이중적 성격을 지니고 있었다.

2. 기술 기반 산업의 성장과 한국의 기업가들

1960년대와 1970년대에 이루어진 기술-국가 재건 과정에서 기업의 역할은 과소평가되는 경향이 있다. 고도의 자율성을 지닌 국가의 선별적 산업정책과 제도 지원, 규율 체계, 금융 통제와 같은 정책 수단이 한국의 기업과 산업자본을 성장시켰다는 인식이 강하게 자리잡고 있기 때문이다.[87] 하지만 국가 중심의 관점만으로는 한국 기업의 역할과 정부-기업 관계의 역동성을 제대로 파악할 수 없다. 1950년대부터 본격적으로 성장한 대기업은 박정희 집권기에도 자신들의 관심과 이익을 지키고 관철하기 위해 때로는 순응하고, 때로는 독자적인 목소리를 내며 산업 발전을 견인했다. 기업 역시 기술-국가 대한민국 구축에 참여한 중요한 행위자였다.

얼마 전까지도 사람들은 근대 한국을 대표하는 위인으로 흔히 재벌 창업자를 떠올리곤 했다. 자서전이나 잡지, 언론 등을 통해 이들의 성공 스토리가 대중적으로 널리 알려지기도 했지만 국가 발전에서 대기업군의 기여가 적지 않다는 사회적 공감대가 있다. 실제로 대기업들은 기술 개발과 수출을 통한 국가 발전 모델의 구현에 참여하면서 자신들에게 유리한 제도적, 교육적, 문화적 공간을 만들어냈다.

한국 경제 창업역군과 한국건설주식회사

군부는 권력을 거머쥔 초기부터 경제 발전을 위한 기술-국가 재건에 기업의 도움이 필수적임을 깨달았다.[88] 쿠데타 세력은 부정축재 혐의로 투옥된 기업인들이 경제정책에 협조하겠다고 약속하면 풀어주었다. 기업인들은 곧바로 경제재건촉진회(지금의 전국경제인연합회)를 조직했다. 쿠데타 발생 두 달 만의 일이었다. 내포적 공업화, 수출주도형 공업화, 중화학공업화를 추진하는 과정에서 기업들은 때로는 거부하고, 때로는 계획의 입안자나 협력자로 참여하며 국가 정책을 주도했다.[89]

이 과정에서 국가와 대기업은 점점 더 서로에게 의지하고 서로를 필요로 하는 공생관계로 진화했다. 재벌 기업은 시장을 창출하고 정부는 기업을 통해 경제성장을 추진했다. 경제 위기가 닥쳤을 때는 기업은 국가를 통해, 국가는 기업을 통해 위기를 관리하려고 했다. 가령 경공업과 중화학공업 기반의 산업화를 추진하는 과정에서 정부는 제도와 공권력을 동원하여 노동계급을 압박하였다. 군사정권은 기업인들을 풀어준 지 한 달쯤 지나 노조를 새로 조직했다는 이유로 기존의 한국노동조합연맹을 해체해버리고 수백 명의 노동조합 간부와 노동운동가들을 구속했다. 이와 같은 강압적 노동정책은 박정희 정권 내내 유지되었다.

다른 한편으로는 수출공업단지 건설, 수출우대조치, 재정지출이나 차관에 대한 지불보증을 통해 기업을 지원하고 기업의 위기 상황에도 적극 관여하였다. 중화학공업으로의 전환이 시작된 1969년 5월, 83개 대기업 중 45퍼센트가 부실 기업체로 분류되고 사채 의존으로 인해 금융 부담이 가중되는 위기 상황이 발생하자 정부는 세계적으로 유례가 없는 8·3 긴급경제조치를 발동하기도 했다.[90]

이런 식으로, 기술-국가 대한민국을 재건하는 핵심 주체인 정부와 기업의 상호의존적 관계는 '기술-국가 구성체(Techno-National Formation)'의 한 축이 되었다. 이 과정에서 재벌 대기업은 스스로 '한국경제의 창업역군'[91]으로 자리매김하였다. '발전'에 기여한 기업 역시 기술-국가 재건의 주체이자 조국 근대화의 기수로 인식되었다. 세계시장에서 기업이 경험한 흥미진진한 무용담들이 곳곳에서 등장했고 사람들의 민족주의적 감성에 호소력을 더했다.

조그마한 창고 같은 공장에서 일본 모델을 리버스 엔지니어링(reverse engineering)하여 국내 최초의 진공관 AM라디오를 생산한 LG,[92] 선진국의 표준화된 성숙기 기술을 해외 연수와 현장 훈련을 통해 습득하여 제철소 건설과 운영에 성공한 포스코, 경부고속도로 건설 경험을 바탕으로 중동 건설공사에서 큰 성과를 거둔 현대, 공기 단축의 신화를 쌓은 삼환의 국제 입찰 계약 등에 관한 소식이 줄을 이었다. 1975년 중동 건설시장에서 경기 침체의 탈출구를 찾으려 했던 정부로서는 이 기회를 놓칠 수 없었다. 정부와 업계가 "한국건설주식회사"[93]의 구성원으로서 혼연일체가 되어야 함을 강조한 당시 건설부 장관 김재규는 신속하게 해외건설촉진법을 제정하도록 했다. '한국건설주식회사', 이것은 기술-국가 대한민국에서 기업에게 주어진 임무를 정확하게 표현한 것이다.

국적 있는 기업과 산업의 딜레마

민족주의는 박정희 정권이 추구한 핵심 가치의 하나였다. 그것은 단지 정치적 수사와 전략에 그치지 않고 경제, 사회, 교육, 문화 전 분야로 확산되고 스며들었다. "국적 있는 교육"[94]이라는 구호에서 교육은 국가 발전의 성패를 좌우하는 불가사의한 능력을 가진 것으로 상정되었다. 마찬가지로 '국적 있는 경제', '국적 있는 기업'에서는, 기업 활동과 그에 따른 산업적 성과가 국가 발전의 향방을 가르는 잣대로 여겨졌다. 기업인들은 조국 근대화와 민족중흥이라는 기본정신에 따라 산업 발전에 기여해야 했다. 즉, 민족 발전과 공동체, 국가에 대한 충성 윤리는 자본주의 경제와 시장 원리, 자유주의 이념보다 우선적인 지위를 차지해야 했다.

하지만 자본주의 경제에서 그것은 본질적으로 불가능한 기획이었다. 다국적 기업이란 자본, 기술, 경영기법 등의 자원을 국경을 넘어 이전시키고 이윤 극대화를 추구하는 기업이다. 기업은 결국 다국적 기업으로 나아갈 수밖에 없다. 여건만 허락한다면 어떻게든 탈경계의 시장 확장을 추구할 것이기 때문이다. 이런 점에서 현실의 기업가들에게 민족주의란 이윤 추구라는 경제적 가치 앞에서 대부분 타협할 수 있는 가치였다. 예를 들어, 식민지기에 기업을 운영하던 조선인 기업가 중에는 해방을 기쁨의 순간이 아니라 자신들이 쌓아왔던 기업이 한순간에 와해될 수 있는 '공포'이자 '무질서'의 시간으로 기억하기도 했다.[95]

이렇게 보면, 기업인들에게 국적이란 지켜야 하면서도 동시에 벗어나야 할 모순적 정체성이 된다. 그 점을 잘 알고 있던 박정희와 그의 관료들은 민족주의 기반의 산업 발전을 모색하기 위해 기업을 통제할 수 있는 다각도의 정책을 수립하고 전개했다. 중화학공업 분야의 기업을 지원하기 위해 유리한 조건의 장기 융자를 더 많이 공급하고 조세 유인을 강화한 이유가 그 때문이다. 또한 산업 분야의 필요 인력을 양성하기 위해 교육 및 훈련 시스템을 정비하고 정부출연(연)을 설립하여 기업의 연구개발 활동을 지원했다. 자동차공업보호법(1962), 전자공업육성법(1969), 철강공업육성법(1970)의 제정과 장기 자동차공업육성계획(1973) 수립 역시 선택과 집중을 통한 기업 활동 지원에 목적을 둔 것이었다. 박정희 정권은 민족주의를 명분으로 한국을 대표하는 기업들의 기술 도입과 기술 이전을 지원했다. 즉, 민족주의는 한국 대기업의 성장을 도운 일종의 인큐베이터였다.

하지만 산업과 기업에 대한 국가 통제는 처음부터 불완전했다. 그 이유는 역설적으로 정부-기업 간 상호의존성 심화에서 비롯되었다. 정부가 정치적, 군사적 목적을 위해 강력하게 추진한 중화학공업화는 점차 정부에 대한 대기업의 협상 능력을 높였다.[96] 정부는 세계시장을 겨냥해 대규모 공장을 건설하도록 기업의 투자를 유도했다. 이에 기업들은 투자에 따른 위험 부담을 정부가 대신해줄 것이라고 믿고 경쟁적으로 중화학공업에 매달렸다. 이것은 결국 과잉 중복 투자를 초래했다. 1978년 2차 오일쇼크로 인해 해외 수요가 급감하자 기업들은 심각한 위기 상황에 빠지게 된다. 그리고 이들 대기업군의 위기는 곧 정권의 정당성 위기로 전환되었다.

박정희 집권기 정부-기업 관계가 산업화와 근대화의 중요한 축을 형성했지만, 기업은 본질적으로 유동적이고 전략적인 행위 주체였다. '국적 있는 산업 발전'이 기업의 경제적 성취에 이득이 되는 한 정부-기업 관계는 기존의 방식대로 작동될 수 있었다. 하지만 기업의 이윤 창출 구조에 문제가 발생하자 그 관계가 어긋나기 시작했다. 그리고 곧 기술-국가 재건을 둘러싼 구조에도 균열이 발생했다. 1980년대 이후에 전개된 새로운 정부-기업 관계의 형성은 기술-국가 구성체의 분화와 변화를 예고하는 것이었다.

재벌 기업가들의 자기계발 서사와 그 영향

우리는 한국의 산업 발전사에서 드라마틱한 성공 스토리들을 쉽게 찾아볼 수 있다. 그 배경에는 "우리도 잘살 수 있다."는 쉽고 명쾌한 표현으로 대중을 설득한 박정희 정부의 통치 담론이 자리하고 있다. 물론 '잘산다'는 것은 자율적 주체인 개인의 차원이 아니라, 민족국가의 구성원으로서 자기 발전을 추구하는 공동체적 개인이 국민경제의 성장에 기여하는 것을 의미했다.

기업가들 역시 기업의 영리성 추구와 사회적 책무를 민족주의와 애국의 서사를 기반으로 설명하곤 했다. 이병철은 그가 창업에 성공한 과정을, 사적 이윤 추구의 동기보다 실업 구제 및 경제성장을 통한 민생 안정과 국가 안정이라는 외적 동기에 따른 것이며 "기업과 공익은 양립할 수

(1) 한국 철강 산업의 발전은 1968년 4월 1일 국영기업인 포스코의 설립과 함께 본격화되었다. 포항제철소 건설 사업은 1970년에 시작되어 1983년에 완료되었다. 이를 배경으로 한국의 철강 생산량은 1970년 50만 톤에서 1980년 856만 톤으로 급격히 증가했으며 2010년에는 6,590만 톤에 이르게 되었다. 포스코는 1983년에 세계 11위의 철강업체로 부상한 이후 성장을 거듭하여 2010년에는 세계 1위 철강기업으로 등극하였다.

(2) 한국에서 조선 산업이 시작된 것은 1970년인데, 이때 정부는 현대그룹을 지정하여 조선소를 건설하도록 했다. 처음에는 일본 정부에 차관을 요청했으나 거절당하자 정부의 전폭적인 지원을 바탕으로 대규모 조선공장 건설을 추진하였다. 그 결과, 1973년 12월에 현대중공업이 창립되었고 뒤이어 정부의 지원 하에 현대, 삼성, 대우 등의 기업에서 조선공장을 건설하게 된다. 1974년 두 척의 초대형 유조선 진수로 시작된 한국 조선업은 발전에 발전을 거듭하여 2012년 현재 세계 10대 조선소 순위에서 1위부터 6위까지를 모두 휩쓸었고 세계 조선 수주시장에서도 1위를 기록했다.

(3) 1955년에는 한국 엔지니어들이 조립한 최초의 자동차인 시발 자동차가 등장했다. 이것은 미국의 지프 엔진을 모방한 국산 엔진에 철판을 두드려 차체를 조립하여 만든 지프형 승용차였다. 1962년에 자동차공업 5개년 계획이 발표되고, 그해 5월에 『자동차공업보호법』이 제정되면서 외국산 자동차와 부품의 수입을 제한하고 국산화를 장려하는 조치가 취해졌다. 이를 배경으로 몇몇 기업이 자동차 생산에 뛰어들었다. 1967년 뒤늦게 설립된 현대자동차는 1974년 6월에 고유 모델인 포니를 발표하였고, 1976년부터는 국내 기업 최초로 남미, 중동, 아프리카 등 외국으로 수출을 시작했다. 이후 자동차 산업의 성장이 이어지면서 한국은 2011년에 연간 자동차 생산량 466만대로 세계 5위의 자동차 생산국이 되었다.

있고 또 반드시 그래야 한다."고 기술했다.[97] "기업가들이 스스로를 민족국가의 경계 안에서 공공선을 추구하는 이타적 존재로서 표상하는 것과 동시에 자본을 통해 그 경계를 뛰어넘는 경제적 인간으로 정립하고자 한 것"[98]은 기술-국가 재건의 구조와 정당성이 기업가들의 내면에도 이미 투영되어 있었음을 보여준다. 이들의 성공 신화는 확실히 대중들에게 호소력이 있었다.

이처럼 대기업들의 성공 스토리는 매우 인상적이었고 민족적 자긍심과 공동체 의식을 높이는 메시지를 담고 있어, 국민 전체에 적지 않은 영향을 미쳤다. 단순히 교과서에 나오는 성공 신화가 아니라 일상생활에서 행할 수 있는 실천과 윤리로서, 그리고 뒤따라야 할 모범으로서의 의미를 지녔고, 기업에서 일하는 직장 엔지니어들의 직업윤리 형성에도 영향을 미쳤다.

일례로 성과 지향적이고 목표 달성을 중시하는 군대식 리더십과 일처리 방식이 두드러졌다. 포스코 창립자인 박태준(1927-2011)이 그 대표적 사례에 속한다. 그는 일본의 와세다대학교 예과를 중퇴하고 육군사관학교를 졸업했다. 1968년에는 박정희 대통령과의 인연으로 포스코의 초대 사장으로 취임했다. 그는 불과 십 년 만에 포스코를 연 550만 톤의 철강을 생산하는 세계 굴지의 기업으로 키웠다는 평가를 받았다. 그와 관련된 일화의 대부분은 '군대 리더십'을 떠올리게 한다.

1971년 열연공장 건설공사가 무려 3개월이나 지연되는 상황에서 박태준은 하루 1,000m^3 규모의 콘크리트 타설을 지시했다. 주위의 반대에도 불구하고 그는 레미콘 트럭의 작업을 감독했고 비가 세차게 내리치는 날이면 판초 우의를 입고 건설 현장을 누볐다고 한다. 수많은 인부들이 현장에서 잠을 잤고 기진맥진한 트럭 운전사들은 주변 도로에 차를 세우고 운전석에서 잠을 자기도 했다. 그러나 이들은 현장에서 동고동락하는 박태준의 지시를 기꺼이 따랐다고 한다.[100] 당시 상황을, 한 작업자는 다음과 같이 기술하였다.

1971년 9월 12일은 착공 이후 최초로 타설량 1,000m^3을 돌파한 날이었다.… 그러나 다음 날 뜻하지 않은 일이 벌어졌다. 1,000m^3 돌파 기록을 세워보자고 죽을힘을 다한 시공업체와 감독원들은 기진맥진한 나머지 다음 날은 450m^3 밖에 타설하지 못하고 말았다. 그러나 문제는 감독원이나 총감독들이 전날의 기록적인 실적이 있으니까 괜찮겠지 하고는 450m^3 실적 보고를 숨김없이 올린 것이 화근이었다. "700m^3 미달 사유를 즉시 보고하고 오늘 중으로 하루의 타설량을 이유 없이 추가 타설하라. 그렇게 하지 않으면 관계자에 대한 문책이 따를 것이다." 사장님의 추상같은 텔렉스 지시가 떨어졌다. "우리가 순진했지, 사장님이 독종 박 씨인 줄을 모르고."[101]

현대그룹의 정주영 일화도 크게 다르지 않다. 정주영은 1970년 무렵 외국 회사와의 합작을 통한 선박공장 건설이 실패로 돌아가자 유럽으로부터 차관을 도입하려고 시도했다. 우여곡절 끝에 결국은 1971년 9월, 스코틀랜드 조선기술회사인 애플도어(A&P Appledore)와 조선소 설계 계약을, 선박회사인 스콧 리스고(Scott Lithgow)와 조업지도 계약을 체결하는 데 성공하였다. 하지만 계약을 체결하기 전, 애플도어의 롱바톰(Longbattom) 회장은 현대와의 계약을 주저했다. 영국의 금융회사가 과연 잘 알지도 못하는 동아시아의 한 기업에게 자금을 빌려줄지 확신할 수 없었기 때문이다. 이때 정주영은 롱바톰 회장에게 한국의 오백 원 권 지폐를 보여주며 "우리 한국은 이미 1500년대에 철갑선을 만들었고 이것은 영국보다 300년이나 앞선 것"이라고 이야기하며 설득했다고 한다.[102]

다른 한편, 경부고속도로 건설 이야기는 모든 분야의 엔지니어들에게 '하면 된다'는 투철한 목표의식과 '안 되면 되게 하라'는 군대식 명령 수행의 효과를 증명한 사례로 알려져 있다. 경부고속도로는 1968년 2월 기공되어 불과 2년 5개월 만인 1970년 7월 7일 완공되었다. 이를 계기로 '빠르고 값싼' 한국 건설의 신화가 만들어졌다. 당시 박정희는 노선 선정과 설계, 토지 매입, 공사일정 관리, 자금 조달, 인력 동원 등 건설 과정 전체에 직접 관여했다. 그렇지만 미리 정해진 일정을 맞추기 위해 마치 전투하는 군대처럼 밀어붙인 공사는 숱한 문제를 낳았다. 군에서 차출된 현장 공사감독들은 잦은 초과 작업과 철야 근무로 노동자들을 압박했고 무리한 공사 진행으로 인해 사고가 잇달았다.[103] 당시 공사 과정에 대한 회고록에는 이런 대목이 기록되어 있다.

"우리의 적은 저 달이내 고개다!" 작전 명령을 내린 노부웅 대위는 부하들에게 필승의 사기를 강조했다.… 노 대위는 중책을 떠맡기는 하였으나 고속도로가 무엇인지, 어떻게 만들어지는지에 관해서는 거의 아는 바가 없었다. 국도와 고속도로는 알고 보니 그 구조가 도대체 비슷하지도 않을 만큼 다른 것이었던 까닭이다.… 더구나 이 구간은 한 자 내지 두 자의 두께로 꽁꽁 얼어붙어 있어 불도저의 강력한 힘으로도 논둑을 허물어뜨리기가 쉽지 않았다. TNT를 등장시킨 것은 기발한 아이디어라고 할 수 있었다. TNT로 지면과 논둑을 폭파하는 방법을 채택한 것이다.[104]

재벌 기업가들의 자기계발 서사는 각 개인들이 스스로를 기업가적 존재로서, 즉 기업하는 인간, 생산하는 인간으로 인식하는 계기를 제공했다. 당시에는 수출주도형 공업화 전략의 채택으로 기업의 경쟁력 확보가 대단히 중요한 이슈였다. 기업가들은 기회가 될 때마다 능력, 부지런함, 열정, 책임감을 강조하였다. 그들은 스스로를 발전주의적 주체의 모범이라 여겼고, 사업 성공 과정에서의 일화를 통해 유능한 자는 출세하고 무능한 자는 도태된다는 명제를 강조했다. 예컨대, 종근당 이종근 사장은 하루에 16시간 정도는 일을 해야 일을 좀 하는 것이라며, 가정에서 불평이 나올 정도로 일에 몰두할 수 있는 자세가 필요하다고 강조했다.[105]

물론 기업인들의 성공 스토리를 있는 그대로 받아들일 수는 없다. 많은 경우, 기업 경영 과정에서의 오류와 실수, 악행, 모순 등을 의도적으로 감추고 과시하기 위해 자신의 업적을 과장하기 때문이다. 자서전이나 신문, 칼럼 등에 나타난 그들의 이야기와 담론은 현실에 대한 서술이기보다 오히려 현실을 재구성하려는 담론일 가능성이 크다. 그렇지만 1970년대 이후 기업가정신과 경제적 효율성을 중시하는 태도가 사회 전반으로 확장되었다는 사실이 중요하다. 대기업의 근무평가에서 점차 능률 본위의 업무 성과가 강조되기 시작했고 그에 맞춰 '유능한 직장인'이 되려는 노력이 일상화되었다.

> 우리는 거의 하루 24시간을 회사만 생각했거나 회사 일만 생각했다.
> 사장만 그런 것이 아니고 전 사원이 다 그랬다. 우리는 하루라도 빨리
> 업계에서 일등 가는 기업을 만들고 싶었다. 그것이 개인적으로 1등 인
> 간이 되는 것이라고 굳게 믿었다.[106]

하지만 현장에서 치열한 경쟁을 뚫고 성공하려면 개인의 노력만으로
해결할 수 없는 여러 난관이 존재했다. 특히 학연, 혈연, 지연 중심으로
형성된 연고주의와 연줄은 능력 본위의 시스템을 정착시키는 데 방해 요
인이 되었다. 산업화가 진전되고 기업 조직의 전문화가 가속화되는 시기
가 오면 결국은 문제가 될 것이었지만, 아직은 '우리', 곧 내가 속한 나라
와 기업의 성공이 곧 나의 성공이라는 믿음 위에 개인의 노력과 헌신, 그
리고 생산성의 가치가 유지되었다.

3. 싸우며 일하는 국민의 탄생: 산업전사와 산업역군

박정희 집권기의 국민 혹은 대중은 근대적 주체로 인식되기보다 동원과
통제의 대상으로 상정되었다. 하지만 국민들도 나름대로 자신들만의 동기
와 목표를 바탕으로 정부와 기업 못지않게 기술-국가 재건의 중심축으로
활동했다. 발전국가를 지향하는 정부, 기업, 국민들 사이의 관계가 겉으
로는 갈라진 틈 없이 매끈해 보였지만 실제로는 그렇지 않았다.

압축적 근대화가 사적, 공적 영역에서 진행되는 과정에서 오래된 질서
와 관념들이 새로운 가치, 규범들과 충돌했다. 그 결과, 비균질의 역사적

단층이 만들어졌다. 이를테면, 조선 시대에 기원을 두지만 근대 산업사회의 키워드로 다시 만들어진 '산업역군'이라는 용어가 그 특성을 잘 드러낸다. '산업역군'의 기원과 사용 맥락, 전개 과정의 특징을 살핌으로써, 박정희 집권기에 이루어진 위로부터의 동원과 아래로부터의 동의가 서로 조우했을 때 어떤 일이 일어났는지를 알 수 있을 것이다.

'역군'이라는 용어의 기원과 전개

역군(役軍)이란 본래 조선시대부터 사용되던 용어로 조세제도와 관련되어 있다. 전근대의 조세는 전세 및 공납 같은 현물 조세와 노동력 자체를 징발하는 부역노동(負役勞動)으로 나뉜다. 부역노동 중에서도 요역(徭役)은 필요할 때마다 노동력을 무상 징발하는 것인데, 주로 대규모 토목공사나 각종 생산 활동, 운송 작업 등에 활용되었다. 초기에는 농민들을 징발했으나 저항이 거세져 완전한 무상 징발(사실상의 강제노동)이 어려워지자, 17세기 이후로는 크고 작은 관영 토목공사에 모군(募軍)이라는 잡역부가 고용되기 시작했다. 이때 모군이란 모집한 인부, 즉 모집한 역군(役軍)을 의미했다. 예를 들어, 흥부전에 나오는 흥부 역시 다양한 고용노동으로 생계를 꾸리던 역군이었다. 이들 역군이 하던 일은 점차 삯을 받는 고용노동으로 변화해갔다.[107]

역사적 기원으로 볼 때, 역군은 위로부터 호명된 고용노동자라는 이중적 성격을 띤다. 즉, 국가의 필요와 요구에 부응하여 국민의 의무를 다해야 할 노동력임과 동시에 무임이 아닌 일정한 대가를 제공받는 고용노동의 성격을 지니고 있었다. 역군의 역사적, 사회적 정체성 속에는 강제와 동의, 의무와 권리라는 이중적 관계가 스며들어 있었던 것이다.

역군 개념은 조선 시대부터 20세기 한국에 이르기까지 지속적으로 사

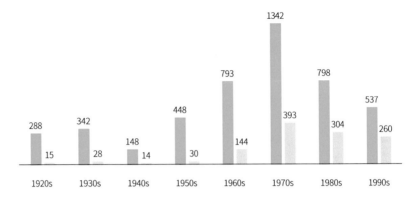

〈그림 6-2〉 역군과 산업역군 용어의 언론 노출 빈도 (1920–1999)[109]

용되었다. 다음의 〈그림 6-2〉는 1920년부터 1999년에 이르는 80년 동안 역군 개념이 언론사에서 어느 정도 빈도로 언급되었는지를 조사한 결과다.[108] 역군이라는 단어의 빈도가 산업역군보다 훨씬 높은 것에서 알 수 있듯이, '역군'은 '산업'뿐 아니라 다른 단어와도 쉽게 결합되어 사용됐다. 역군의 노출 빈도는 박정희 집권기인 1960년대부터 크게 증가하여 1970년대에 정점을 찍은 다음 점차 낮아진다. 산업역군 또한 역군보다는 낮지만, 1960년대에 많이 쓰이기 시작해서 1970년대에 가장 활발히 사용되는 패턴을 보인다.

그렇다면 역군 개념은 어떤 맥락에서 사용되었을까? 1920년대의 용법을 보면, 말 그대로 '일하는 사람'의 의미가 강했다. 하지만 1924년에 '사회의 역군으로 자처하는'이란 표현이 나타난 것을 보면 '고용노동자'의 의미를 넘어, 사회 전체에 유의미한 혹은 숭고한 역할을 수행하는 사람을 지칭하게 된 것으로 보인다. 1935년 《동아일보》에 실린 "법조계의 역군 법전조선인 사십 사명"이라는 기사의 제목에서도 마찬가지 의미를 엿볼 수 있다.

1937년 중일전쟁 이후 용어 사용에는 새로운 조짐이 나타났다. 강하고 도전적인 역군을 양성하여 산업전사로, 대동아건설을 담당하도록 하자는 기사들이 다수 등장한 데서 알 수 있듯이, 역군은 내적 동기에 따라 '솔선수범하는 주체'가 아니라 '동원의 대상'으로 간주되고 있다. 전쟁 동원을 위한 일본 제국주의의 관점이 반영된 것이다.

1945년 해방 이후에는 더 다양하고 구체적인 임무를 띤 역군 개념이 나타났다. 예를 들어, 조국건설의 역군(1946), 국가건설 역군(1947), 신국가 경제재건을 위해 분투하는 산업역군(1948), 국가부강의 역군(1949)으로 등장하다가 6·25 이후에는 부흥역군(1954), 위국진충(爲國盡忠)의 역군(1956), 영예의 산업역군(1959), 국가재건 역군(1961), 조국 근대화의 진정한 역군(1966), 창업역군(1973) 등으로 불렸다.[110]

한편, 산업역군이라는 용어는 1960년대 이후 본격적으로 회자되었다. 1954년부터 1960년까지만 해도 산업역군에 대한 기사는 많지 않다. 반면 같은 시기에 역군이라는 용어는 훨씬 자주(236건) 등장했다. '장래의 역군', '희망의 역군', '새나라 역군' 등 사용된 맥락도 다양하다. 1960년대에 나타난 역군의 사용 맥락에는 국가와 산업 발전을 위한 봉사와 헌신의 의미가 강화되었다. 다음 기사는 소위 불량배들과 군 미필자를 강제 징집하여 조직한 국토건설단 '건설역군'에 관한 기사이다.

> 병역기피자라는 불명예스러운 너울을 벗기 위하여 국토건설에 참가했던 군번 없는 이등병 일만사천사백육십삼명의 건설단원은 그리던 망향의 꿈이 실현되어 30일 드디어 귀향열차에 올랐다. 기피자라는 사회적인 불구자를 구제하며 그들을 국토건설 사업에 종사케 함으로써 건설의 역군으로서 사회에 참여시키기 위하여 국토건설단이 창설된 것

은 지난 2월 10일이었다.… 그동안 국토건설단원들은 따뜻한 남역의 진주에서부터 고원지대의 춘천에 이르기까지 골짜기에서 산업도로를 비롯하여 철도건설과 댐 진입로건설에 땀을 흘렸던 것이다.[111]

1970년대에 들어서면, 정부의 산업정책에 따른 산업역군의 역할을 강조하거나 격려하는 글이 다수 등장한다. 또한 개인적 수준이나 기업 차원에서 산업역군으로서의 역할과 헌신을 다짐하고 도덕적 당위성을 언급하는 내용이 많다. 1980년대까지도 기능한국과 기술자 역량을 강조하는 분위기가 이어졌다. 하지만 사회 민주화운동이 활발히 전개된 1980년대 후반이 되면, 양상이 완전히 바뀌어 산업역군의 형편과 대우에 대한 비판, 사회복지 필요성에 대한 담론이 등장했다. 1990년대 후반에는 산업역군 방식의 노동을 벗어나 새로운 패러다임을 모색하자는 논의가 활발히 이루어졌다.[112]

역군 용어와는 별도로 전사(戰士) 용어도 빈번하게 사용되었다. 대부분은 스포츠 경기에 나선 선수나 군인을 일컫는 사례가 많지만 역군과 유사한 용법도 쉽게 발견할 수 있다. 예를 들어, 1921년의 한 기사는 나라의 산업 발달 필요성을 논하며 "우리는 먼저 학구(學究)의 태도를 취하여 조선의 경제가 피폐한 원인을 탐구하여야 하며 현재의 상태가 여하한 방향에 처한 것을 알아야 하며 연후(然後)의 '전사의 용기'로서 전진의 도(途)에 취하여야 할 것"[113]이라는 기사가 등장했고, 새로운 부인운동을 모색하는 1926년의 한 기사에는 "여성의 시대적 사명에 대하여 새로운 용기를 일으키어서 '진정하고 확실한 전사'로 큰 운동에 공헌이 있기를"[114] 바란다는 주장이 실리기도 했다.

그렇지만 산업전사라는 표현이 본격적으로 사용된 것은 중일전쟁이 발발한 1930년대 후반인 것으로 보인다. 1939년 일제가 국민징용령을 발동하며 산업전사 대책 마련을 촉구하는 기사가 실렸다. 1939년 7월 12일자 《동아일보》 기사에는 근육통 치료제인 멘소래담 광고가 실렸는데, "일억 만인이 의뢰하는 산업전사"라는 표현이 사용되기도 했다. 이렇듯, 1940년까지는 주로 징용령과 관련된 분야에서 언급되었지만 1948년 해방을 맞은 이후에도 산업전사 용어는 종종 등장했다.

산업전사의 의미 자체는 산업역군과 큰 차이가 없다. 하지만 전사라는 표현에서 그 비장함이 더했다. 《경향신문》 1948년 9월 24일자 기사는 섬진강 댐 공사를 소개하고 있는데, 그중 한 구절을 보면 다음과 같다. "젊은 박 소장의 머릿속에는 여러 가지 실험과 계획이 쌓여 있으나 당장 퇴폐하여 쓰러져 가는 사무실 창고 등 제반 건물이 눈에 뜨일 때 일선에서 분투하는 산업전사의 노고에 한층 머리를 숙이지 않을 수 없다." 1950년 12월 15일 "임전태세 갖추라"는 제목의 《동아일보》 기사는 "후방에서 물자의 생산과 보급을 담당하고 있는 상공인은 남녀노유를 막론하고 산업전사로서 공장과 기계를 이십사 시간 움직이며 마차와 우차, 그리고 우리의 육신을 최대한 움직여야" 한다고 격려하기도 했다. 전후에도 산업전사라는 용어는 지속적으로 사용되었다. 예를 들어 산업 발전에 기여한 이들을 표창하면서 산업전사라는 표현을 썼다.[115] 이념을 둘러싼 것이든, 산업화를 위한 것이든 싸우기는 매한가지였던 것이다.

요약해보면, 역군과 전사의 기원은 서로 다르지만 두 용어 모두 국민의 신성한 의무로서 강조되었고 한국형 총력전체제가 작동하던 박정희 집권기에 집중적으로 사용되었다는 공통점이 있다. 산업역군 문화란 결국 전투하듯 일하는 것을 의미했다. 다만, 전사는 전방에서, 역군은 후방에서 싸웠을 뿐이다.

기술-국가 재건의 주체로서 산업역군의 구성과 균열

박정희 집권기에 발전은 지상의 목표였다. 국민은 동원의 대상이 되었고 그것을 추동하는 정책의 전개는 운동의 형태로 제시되기 일쑤였다. 모든 국민은 하나가 되어 국가를 위해 일해야 한다고 여겨졌다. 나를 버리고 국가를 위해 희생하는 것은 숭고하고 고결한 일이었다. 심지어 '국민총화', '총력안보', '국력배양'을 극대화하기 위해 국민의 기본권 보장을 유보하고 대통령의 권한을 무제한으로 확대할 수 있다는 논리가 한국적 민주주의의 이름으로 선포되기도 했다.[116]

건설 현장에는 한국인의 불굴의 용기를 기념하고 역사적인 발전의 순간을 기억하기 위한 산업 기념물들이 세워졌다. 다음의 〈그림 6-3〉에서 볼 수 있듯이, 강인하고 역동적인 신체로 표현된 인물상들은 산업화시대에 걸맞은 높은 생산성을 지닌 산업역군의 모습이자 근대화에 동참한 국민의 표상이었다.[117] 1969년 새해에 발표된 대통령 연두담화문에는 "싸우면서 일하자"는 구호가 국가정책목표로 제시되기도 했다.

산업역군의 레토릭은 국민의 의무이자 직업윤리가 되어 일터와 삶의 곳곳에 스며들었다. 공장과 사무실, 연구실의 엔지니어 산업역군들은 기술-국가 정체성과 비전을 기술 노동, 설계와 연구개발, 헌신적인 노력을 통해 현실로 구현해냈다. 현장 곳곳에 스며들었고 이미 익숙해진 총력전 문화를 기반으로 가시적 성과를 이루려는 그들의 태도는 당연하고도 올바른 것으로 여겨졌다.

그런데 산업역군으로서의 역할과 일체감이 정말로 그들 자신에게 충족감을 부여하는 원천이 되었을까? 기술자와 노동자들은 공장과 현장에서 기술을 익히며 성취감을 느끼고 계층 상승을 기대했다. 하지만 역설적이게도 기능공들이 개인적으로 가장 열망한 것은 기능공에서 벗어나는 것이었다. 가령 기능에 대한 흥미와 최고의 기술자가 되고 싶다는 개인적

〈그림 6-3〉 1967년 제1회 울산공업축제 포스터(왼쪽)와 2011년 복원된 울산공업기념탑(오른쪽)

동기로 기능올림픽에 출전했던 이들 대부분은 대회 수상을 통해 자신의 성취를 사회적으로 인정받고 더 나은 삶을 이룰 것으로 믿었다.[118] 하지만 현실은 달랐다. 각고의 노력으로 수상을 했어도 '공돌이'라는 멸시는 여전했고 대기업에 입사해도 고학력자들의 지위에 이르기는 어려웠다.

따라서 이들이 얻을 수 있는 가장 큰 혜택은 대학 진학의 기회였다. 우수한 기능공들은 점차 대학 진학을 선택했다. 기능공 출신으로 사회적으로 성공한 이들은 자신의 성취가 기능이 아닌 학력 덕분에 가능했다고 평가하기도 했다.[119] 박정희 정부는 집권 내내 기술교육과 기술 훈련을 강조하고 대학 진학을 위한 입시 경쟁과 교육열을 차단하고자 분투했다. 하지만 기능공 훈련 사례에서 볼 수 있듯이, 그와 같은 정책은 성공하지 못했다. 박정희 정권이 추구한 교육정책이 실패한 이유는 무엇일까? 그 원인을 탐색하여, 산업화 시기를 수놓았던 산업역군이라는 레토릭과 관련 정책의 한계를 이해할 수 있다.

첫째, 산업역군의 다수를 차지하는 현장 기술자 및 노동계급의 사회적,

직업적 지위가 낮았기 때문이다. 박정희 정부는 공장에서 일하는 산업역군을 조국 근대화의 기수로 호명하며 열렬히 지지했지만, 그들의 노동계급 정체성에 대해서는 정치적으로, 정책적으로 공세를 가하는 이중적 태도를 취했다. 저임금체제를 유지하여 산업 부문과 기업의 어려움을 타개하려는 목적이었지만, 기술노동 계급에게 가혹했던 이 전략이 오래 지속되기란 애초에 불가능했다. 둘째, 더 나은 삶을 꿈꾸는 개인들의 기대와 열망에 부합하는 실제적인 조치를 취하지 않으면서 산업역군들의 관심과 동의를 계속해서 이끌어낼 수는 없었다. 예를 들어, 당시 과학기술처가 제시한 기능공 처우 대책에는 행정 사무직에 비해 불리한 임금과 퇴직금제도 개선 같은 근본적인 처방이 들어 있었지만, 실제로 실행된 것은 소수에게 대학 진학 장학금을 지급하는 정도의 개별적이고 임시적인 지원책에 불과했다.

산업화 시기에는 농촌에서 도시로의 이동과 계층 이동이 활발히 진행되었다. 유례를 찾아볼 수 없는 이 같은 사회 이동성의 급격한 증대는 한국 사회 전반의 구조적 변동을 가져왔다. 공업과 서비스업 중심의 직업구조 변동이 발생했는데, 특히 세대 간 직업 분포에서 그 차이가 확연히 드러났다.[120] 이러한 역동성은 젊은 세대들의 삶에 새로운 기대와 욕망을 형성했다. 하지만 정부가 그토록 강조한 일인일기(一人一技)[121]는 개인들의 삶에 큰 희망을 제공하지 못했다. 개인의 기대를 충족시키지 못한 정부의 교육정책이 실패할 것은 이미 정해진 수순이었다.

끝으로 산업역군이라는 집단 정체성이 본질적으로 분열적이었다는 점을 강조하고 싶다. 산업역군이 포괄하는 직업 집단은 관료, 기업가, 기술자, 노동자, 군인, 직장인 등 매우 다양했다. 기술-국가 대한민국 재건의 주체로서 이들 각자는 자신에게 부여된 역할을 수행하고 근대화와 산업화의 사회기술적 상상(sociotechnical imaginaries)[122]을 구현해왔지만 산업역군이라는 집합적 정체성을 계속 받아들일 수는 없었다.

무엇보다 박정희 정부가 상상하고 구현하려고 한 국민, 국가에 대한 개념 규정이 저항을 불러일으켰다. 1968년 국민교육헌장에 나타난 순응적 인간형, 즉 "나라의 융성이 나의 발전의 근본임을 깨달아 자유와 권리에 따르는 책임과 의무를 다하며, 스스로 국가 건설에 참여하고 봉사하는 국민정신을 드높인다."는 구호와 요구는 개인들의 영역에서 서로 다르게 해석될 수 있었고, 그에 대한 동의 여부와 동의 정도도 달랐다. 박정희 정부의 사회기술적 상상은 그들과 친밀한 정책 파트너들과 공유될 수 있었을지라도 심지어 기업가들과도 온전히 공유될 수는 없었다. 국민과 개인을 민족과 발전의 이름 아래 일체화하려는 정부 정책은 점점 더 효력을 잃기 시작했다.

1970년대 중반부터 경제 문제가 심화되고 세계 경제의 불황까지 이어지자 산업역군 정체성을 지탱하던 규범적 결합력이 약화되고 원심력이 작동하기 시작했다. 근대적인 기술-국가 프레임이 정착되자마자 그것의 정당성과 지속 가능성을 둘러싸고 근본적인 문제 제기가 이루어진 것이다. 산업역군이라는 용어는 발전국가 담론의 변화와 함께 엔지니어의 일상과 직업에서 서서히 사라져갔다. 하지만 그것이 내포하고 있던 규범과 문화는 1980년대 이후 새로운 국면을 맞이하여 다른 형식으로 변화된다.

4. 소결: '한국 엔지니어들'의 역사에서 박정희 시대의 의미

일제강점기에 일본에서 전기 기술을 배운 후 갖은 역경을 딛고 1958년 금성사에 입사해 '국산라디오1호' 개발을 주도한 김해수(1923-2005), 그는 박정희 집권기를 대표하는 엔지니어의 삶을 살았다. 그 시대를 살아온 여느 사람들처럼 김해수는 자신의 의지와 무관하게 좌우 이념에 흔들리고 고난을 겪었다. 박정희 군부의 결단 덕에 국산 제품이 비교적 순조롭게 발전될 수 있었다고 믿었던 그였지만, 노년에 이른 이 엔지니어가 군부 정권과 기술 개발을 연결하여 평가한 회고적 통찰은 매우 날카롭다.

> 지금 생각해보면 그 당시에 농어촌에 라디오를 보급함으로써 군사혁명에 대한 홍보와 지지세력 확대를 도모했던 박정희 장군의 의도와 우리나라 전자공업의 발전을 추구하던 시대의 요구가 절묘하게 맞아떨어졌던 게 아닌가 싶다.[123]

김해수의 통찰은 이 장을 관통하는 주제와 일맥상통한다. 기술과 국가의 관계를 함께 연결해야 산업화 시대와 그 주체인 엔지니어를 이해할 수 있다. 끝으로 박정희 집권기의 기술-국가 재건이 갖는 의미를 탐색하면서 이 장을 마무리하려고 한다. 우리나라는 전쟁 후 1950년대의 냉전체제와 국내외의 정치적 혼란 속에서 국가 재건의 방향과 목적을 제대로 정립하지 못하고 있었다. 기술-국가 대한민국의 건설은 1961년 쿠데타로 집권한 박정희 정권이 강력한 민족주의 발전국가 체제를 구축하고서야 본격화되었다.

기술-국가 구성체란 기술이 근대국가 발전의 핵심 요소로 인식될 뿐 아니라 그것을 지지하고 구현하는 제도적, 정치적, 문화적, 윤리적 토대가 함께 갖추어진 상태를 의미한다. 박정희 집권기에는 산업 부문과 기업의 성장, 기술 인력 양성을 위한 교육 시스템과 자격제도, 행정 엘리트로서 테크노크라트의 약진, 산업화를 위한 각종 법률 제정과 재정 지원, 민족과 공동체를 위한 헌신적인 산업역군 정체성의 확산이 이루어졌다.

이 가운데 박정희 집권기의 특수성을 가장 잘 보여주는 대목은 기술과 국가가 연결되는 방식일 것이다. 이미 밝혔듯이, 박정희 개발독재의 기반은 발전주의와 민족주의, 반공주의를 결합한 데 있었다. 조국 근대화는 민족의 당면과제로, 반공에 입각한 통일은 민족의 지상과제로 제시되었고, 국가는 모든 거버넌스와 네트워크의 행위 주체로 자리잡았다. 이처럼 국가와 기술을 연결시키는 작업에서, '민족'과 '발전'과 '반공'을 정당화할 윤리적, 문화적 토대가 반드시 확보되어야 했다. 예컨대, '국적 있는 기업', '국적 있는 교육'이라는 구호를 단지 주장하는 게 아니라 제대로 설득할 명분이 필요했다.

이런 설득의 명분으로 동원된 것이 바로 정신과 문화의 '과학적인 개조'였다. 총력전을 치른 일본이 정신과 과학의 통일을 강조한 것과 유사하게 박정희 정권은 정신과 문화의 정당성을 '과학'에서 찾고 그것을 바탕으로 경제, 정치, 문화, 윤리를 통합하면서 기술-국가 대한민국 건설을 추진했다. 정신과 마음, 문화의 개조는 과학적 태도이자 방법으로 받아들여졌다. 박정희가 언급한 제2경제란 '산업화를 통한 발전'을 의미하는 제1경제의 보조적 개념이 아니라 오히려 제1경제보다 근본적이고 필수불가결한 개념이었다. 이러한 통치 전략과 정책은 유사한 교육적, 문화적 배경을 지닌 2030 클럽의 엘리트들과도 공유되었다.

그러나 기술-국가 대한민국을 바라보는 각 주체들의 관점은 결코 동일할 수 없었다. 정부와 기업의 호혜적이고 상호의존적인 관계에 문제가 생기거나, 혹은 더 나은 사회적, 직업적 지위를 얻으려는 개인들의 열망과 기대가 충족되지 않을 때 언제든지 흔들릴 수 있었고 실제로 그랬다.

당장 기술 인력의 양성과 직결된 교육에서부터 정부와 개인들의 생각은 어긋났다. 산업 발전이 본격화되자 다양한 기술 인력 수요가 생겨났고 정부는 산업화 수준에 맞는 기능 인력과 기능적 전문인 양성을 추진했다. 자격제도에 따라 기술자, 기술공, 기능공이 다수 배출되었고 이공계 대학과 대학원을 통한 연구개발 인력 양성도 활발히 이루어졌다. 정부가 기대한 것은 경공업과 중화학공업에 필요한 수준의 인력 공급이었다. 하지만 중등교육과 고등교육을 통해 더 나은 미래를 모색하려는 개인의 열망이 넘쳐나는 사회에서 그런 기대는 결코 실현될 수 없었다.

1980년대를 거치는 동안 박정희 집권기에 형성된 기술-국가 구성체는 대기업의 성장과 발전국가 구상을 실현하는 데 도움이 되었다. 하지만 1990년대에 들어와 추격형 경제성장과 기술 혁신의 한계가 두드러지고 개인에게 강요된 공동체적 일체감이 비판의 대상이 되자, 기술-국가는 다시 정비되어야 했다. "다시 뛰는 한국인"으로 대표되는 문민정부의 신한국론에는 그런 의미가 담겨 있었다.

우리는 박정희 정부가 과학기술에 우호적이고 과학기술자를 대우해주었다는 세간의 평에 담긴 다층적인 의미를 놓치지 말아야 한다. 장기간의 독재 체제에서 성장의 결실을 거둔 엘리트 엔지니어들의 경험은 한국 경제가 위기를 만날 때마다 확대 재생산되어 심지어 신화처럼 회자되어 왔다. 기술 분야의 교육과 직업이 새롭게 만들어지고 확장되어 사회 이동과 계층 이동이 활발했던 '그 시절'이 개인과 가족에게 긍정적으로 기억된 것도 이해할 만하다. 정신으로 읽힌 과학을 통해 개인과 사회, 국가를 통합하려 한 박정희의 한국형 총력전 문화 역시 오래도록 살아남았다. 이런 것들이 박정희에 대한 기억 속에 뒤얽혀 있다. 하지만 획일적 문화와 규범, 강압적 통제 시스템이 작동하던 시대로 돌아가고 싶은 사람은 거의 없다. 그것이 미래 과학기술 발전에 도움이 되리라고 믿는 사람도 없을 것이다. 1980년대 이후 상황이 어떻게 변화했을까? 분명한 것은 더 이상 산업역군, 조국 근대화의 기수라는 레토릭으로 엔지니어들을 통합시키기는 어려워졌다는 것이다.

7장

산업화 이후
엔지니어의
변화와 도전

짧은 기간 내에 명실상부한 근대적 발전국가를 건설했다는 자신감은 1980년대 이후 민간 부문에서 기술 혁신과 기술 제품 기반의 산업 발전을 이끌고 국가의 국제적 위상 정립을 추구하는 데 큰 자산이 되었다. 그렇지만 모든 가치를 발전과 성장의 원칙에서 평가하는 산업화 시대의 관성과 도덕적 규범화는 세계경제와 정치질서의 재편, 민주화와 계층 간 불평등 해소에 대한 국민적 요구에 직면하여 더 이상 유지될 수 없었다. 사회 전반에 걸쳐, 일상의 삶과 문화에 이르기까지 새로운 변화의 흐름이 형성되었다. 굳건해만 보이던 개발독재 방식의 기술-국가 대한민국의 운영과 미래 비전에 대해 비판의 목소리가 터져 나왔다.

산업역군이자 조국 근대화의 기수로서 사회 곳곳에서 자신의 역할에 충실해왔던 엔지니어들은 격렬한 변동의 한복판에서 새로운 변화와 도전에 직면했다. 이 장에서 우리는 한국 엔지니어 발전에 또 다른 계기가 된 1980년대 이후 사회적 격변과 그 특징에 관해 다룬다. 우리 사회의 구조적, 제도적, 문화적 전환 속에서 엔지니어 정체성이 마주한 변화와 도전 과제들도 함께 살펴본다.

박정희 정부의 퇴장과 함께 한국 사회는 급격한 정치적, 사회적 격동의 회오리 속으로 휘말려 들어갔다. 민주화의 봄을 맞았다는 기쁨도 잠시, 또다시 전두환 군부 세력이 정권을 장악했다. 그럼에도 불구하고 권위주의적 국가 운영은 종말을 향해 다가가고 있었다. 사회 민주화를 거칠게 압박하는 발전 우위의 정당화 논리에 대한 저항, 재벌로 상징되는 승자 독식에 대한 비판, 도덕적 잣대조차 전유한 반민주적 정부에 대한 반발, 대안적 사회 모델에 대한 탐색이 1980년대와 1990년대 내내 화두가 되었다.

1980년대 중반 이후 격렬하게 진행된 사회 민주화운동과 노동운동을 거치며 한국 사회와 그 구성원들은 크게 변화하였다. 1990년대 초반에는 전반적인 경제 여건의 악화에도 불구하고 사회문화적인 측면에서는 오히려 풍부한 다양성의 토양 위에서 새로운 사회 패러다임을 지향하는 흥미로운 도전과 실험들이 도처에 가득했다. 사회 각 영역에서 창의적인 상상과 아이디어가 제시되고 환영받았다. 기업 부문뿐 아니라 시민 영역의 성장과 활동이 두드러졌다. 이 모든 것들이 한국 엔지니어 발전에 풍부한 자양분이 되었다.

큰 변화 중 하나는 이공계 대학을 졸업한 청년들이 엔지니어의 주류를 형성하기 시작했다는 것이다. 이들은 기존의 기술-국가 재건 담론을 벗어나 집합적으로 새로운 엔지니어의 역할과 책임을 고민한 첫 세대였다. 특히, 문민정부 시기(1993-1998)에는 직업 집단으로서 엔지니어의 책임을 인식하고 논의할 수 있는 환경이 조성되었다. 국내외에서 급부상한 안전 이슈는 성장 중심 담론에 상당한 타격을 입혔다. 또한 예고 없이 찾아온 1997년 IMF 금융위기로 인해 한국 사회와 엔지니어 집단은 큰 위기에 봉착하였다. 이 장은 이 과정에서 엔지니어들이 경험한 구조적, 문화적, 직업적 변화를 추적해본다.

근대국가 건설과 재건을 둘러싼 오랜 분투의 시간을 거쳐 한국은 산업화와 국가 발전의 토대를 구축하는 데 성공했다. 하지만 이것은 또 다른 시작을 의미할 따름이었다. 여전히 개발도상국의 지위를 면하지 못한 한국은 세계적인 경제 패러다임 전환의 한복판에서 새로운 혁신을 도모해야 했다. 다만, 국가로부터의 강제와 집단적 규범을 통한 동원 방식은 이미 한계에 다다른 상태였다.

바야흐로 '포스트 담론'의 시대가 왔다. 1980년대 이후 새로운 한국 사회의 비전을 모색하고 그것을 구현할 구체적인 전략과 방법론을 둘러싸고 전개된 논쟁과 토론을 여기에서는 '포스트 재건' 담론이라고 부른다. 박정희 집권기를 거쳐 구축된 기술-국가 구성체에 어떤 변화가 발생했고, 왜 그러한 변화가 일어났는지의 원인을 파악하는 것이 첫 번째 다룰 주제이다. 1절은 산업화 이후 이루어진 민간 부문의 성장, 직업 구조의 변동, 정부-기업 관계의 변화가 엔지니어들에게 미친 영향을 살펴본다.

2절은 시선을 엔지니어에게로 돌려, 그들이 조국 근대화의 기수와 산업역군이 아닌 계층, 세대, 전문직 등의 정체성을 통해 스스로를 경제적, 정치적 주체로 인식하게 된 과정과 결과에 초점을 맞춘다. 근대국가 건설의 임무를 당연하게 여긴 구세대와 달리, 젊은 세대의 엔지니어들이 상상하고 구현하려고 한 사회는 무엇이었을까? 그들이 실제로 마주친 현실은 무엇이었고 그에 어떻게 대응했는지를 살펴보자.

산업화 이후,
기술-국가의 변화와 전개

1. 정부-기업 관계의 변화와 인적 자본으로서 엔지니어의 등장

1980년대에 들어오자 민간 부문 주도의 산업 발전, 직업 구조와 교육에 변화가 일어났다. 이를테면, 인적 자본과 같은 낯선 용어가 등장했다. 산업화 이후 한국의 엔지니어들은 이 용어의 등장을 가져온 경제적, 사회적 변동에 따라 이전과 전혀 다른 상황을 맞이한다.

개념과 실제로서 인적 자본의 등장

1980년대를 전후하여 엔지니어를 포함해 직장인을 지칭하는 새로운 용어가 등장했다. 인적 자원, 혹은 인적 자본(人的資本)이 바로 그것이다. 인적 자본이라는 말이 이 시기에 처음 등장한 것은 아니지만 사회 전반에 걸쳐 널리 회자된 것은 확실히 새로운 현상이었다. 이 용어에 대한 첫 반응은 대체로 당혹스럽다는 것이었다. 1981년 경제지의 한 사설은 사람의 노동력에 대해 자본적 가치를 논한다는 것이 비인간적인 듯해 쑥스럽다며 민망해했다.[1] 이런 종류의 반응은 인적 자본 용어를 처음 사용할 당시, 해외에서도 마찬가지였다. 인적 자본 논의를 주도한 미국의 경제학자 슐츠(Theodore W. Schultz)는 그동안 교육과 경제에 관한 이론적 계보가 서로 완전히 다른 영역에 속해왔음을 지적하고 비판했다. 이와 같은 전통적 인식 때문에 교육을 인적 투자로 보는 관점에 대해 많은 사람들이 인간의 존엄성과 숭고함을 모욕하는 것으로 받아들였다는 것이다.[2]

하지만 시간이 지나면서, 특히 개발도상국에서 인적 자원 투자의 효율성이 더 높다는 일련의 경험 연구들이 축적되어갔다. 국내에서도 자원빈국인 우리나라가 경제성장을 이어가려면 불가피하게 인적 자원의 효율적 개발이 필요하다는 주장이 설득력을 얻기 시작했다. 우리가 가진 것은 결국 사람밖에 없다는 공감대가 형성된 것이다.

> 한 나라의 인력 또는 인적자원은 일단 인구, 그중에서도 경제활동인구로 설명된다. 그러나 노동력이 풍부하다해서 소위 인적자본이 풍부하다고 말할 수는 없다. 적어도 교육·훈련·과학기술에 의해 무장된 노동력일 때 그것은 자본적 가치를 지닌다. 우리나라는 풍부한 노동력을 강점으로 자랑한다. 실은 자랑할 거리라고는 그것뿐이 없기 때문이다. 하긴 자랑하기가 좀 쑥스럽다. 인력이니 인적자원 또는 인적자본이니 하는 말은 다분히 비인간적인 느낌을 안겨주기 때문이다. 그러나 우리나라와 같은 자원빈국에서 경제의 성장발전에 결정적 영향을 미치는 변수는 인력·인적자원의 효율적인 개발활용이라고 할 수 있다.[3]

인적 자본론의 핵심 요지는 생산력 향상을 위해 필요한 역량을 지닌 사람을 확보하는 일이 중요하다는 것이다. 즉, 사람 그 자체보다 교육의 효용성을 강조한다. 인적 자원인 노동력에 대해 교육 투자를 많이 하면 할수록 노동력의 질적 향상을 통해 생산력 증대를 가져올 것이고, 이로써 개인 소득과 기업 이윤 증대, 궁극적으로 국가경제 발전을 도모할 수 있다는 논리이다.[4]

그렇다면 1960년대 미국과 유럽을 통해 등장한 인적 자본 개발이라는 주제가 1980년대를 전후하여 한국에서 활발히 논의된 이유는 무엇일까? 그것은 첫째, 그 무렵 한국에서 산업 패러다임의 전환이 추진되고 있었기 때문이다. 저숙련·저임금 노동에 기초한 수출지향 산업으로부터 고숙련·기술 기반 산업으로의 궤도 변화가 모색되고 있었다. 그에 따라 전문기술 인력 양성에 대한 민간기업의 수요와 관심이 크게 증가하기 시작했다. 예를 들어, 1984년 효성그룹의 조석래 회장은 지식기술 집약산업의 선결문제가 기술 인력 확보에 달려 있다고 말했는데,[5] 당시 기업가들 대부분이 기회가 될 때마다 이 점을 강조했다.

두 번째 이유는 인적 자본이라는 낯선 용어가 결과적으로 직업 진로를 준비하는 이들과 직장인들에게 설득력을 갖고 받아들여졌기 때문이다. 1980년대의 청년 구직자들은 자기 자신을 계발과 경영, 관리의 대상으로 보는 데 곧 익숙해졌고 새로운 지식과 역량을 쌓기 위해 적극적으로 나섰다. 이와 같은 자기계발의 문화와 양식은 1990년대 후반에 또 다른 모습으로 강화되어 나타날 것인데, 그에 관해서는 다시 살펴보도록 하자. 어쨌든 남들보다 경쟁력 있는 인적 자원으로서 가치를 높이기 위한 개인들의 노력이 날로 치열해졌다.

직장인들의 자기계발을 위한 노력이 어느 때보다 가열되고 있다. 영어, 일어학원의 새벽과 저녁강의가 직장인들로 메워지는 것은 오래 전부터의 이야기이지만 올해 들어서는 중국어학원에도 직장인들의 발길이 몰리고 있다.… 세속적인 출세를 의미하는 성취인(成就人)이 되기 위해, 실직예방 또는 노후보장을 위해, 스트레스에 저항하고 마음의 메마름을 극복하기 위해 목적과 방법은 달라도 월급쟁이들의 월급외적 활동이 「샐러리맨 컬처」로서 뿌리내리고 있다.[6]

인적 자본이라는 표현을 부끄럽다거나 불편하게 여기는 분위기는 곧 사라졌다. 스스로를 평가 가능한 가치와 자본을 가진 존재로 받아들이고 인적 자원, 인적 자본으로서 가치를 높이려는 개인들의 노력이 하나의 문화처럼 굳어져 '샐러리맨 컬처'라고 불릴 정도가 되었다. 이로 인해 기업에서 요구하는 전문적 역량과 기술 능력에 관한 관심이 커져만 갔다.

경제정책의 변화와 민간 연구개발 활동의 성장

박정희 정권 몰락 이후 등장한 신군부는 무엇보다 강력한 경제 안정화와 새로운 산업정책이 필요하다는 것을 직감했다. 1980년대 초반에는 사상 최대의 외채 증가와 고물가 속에서 1960년대 이후 처음으로 마이너스 경제성장을 기록할 정도로 상황이 좋지 않았다. 중화학공업에 대한 국가의 지나친 개입과 중복 투자, 세계적 경제공황으로 인해 경제는 심각한 위기에 직면해 있었다. 단기적 대응으로 해결될 일이 아니었고 중장기적 정책 구상이 시급했다. 신군부는 다른 방향의 경제정책을 추진하기 시작했다. 정치적 정당성이 결여되었던 만큼 신군부는 박정희 정권과 마찬가지로 경제성장을 통해 자신의 정치적 지지를 확보하려 했다.

이에 발전국가 시스템을 유지하려는 구상에서 기술은 중요한 위치를 점하지 않을 수 없었다. 하지만 테크노크라트의 위상은 그렇지 않았다.

지난 정부의 문제를 '경제에 무지한 테크노크라트 주도 정책' 탓으로 돌린 신군부는 미국에서 유학한 경제 전문가들을 활용하여 경제 안정화와 자유화 정책을 추진했다. 긴축재정, 임금 통제, 통화 공급량 축소 등을 활용한 경제안정화 정책과 시장 개방, 금융 부문 자율화, 외환 및 자본시장 자유화, 공기업 민영화와 같은 경제 자유화 정책은 결과적으로 상당한 효과를 가져왔다. 1980년 −6.9퍼센트라는 마이너스 성장을 기록한 경제성장률은 1982년 5.4퍼센트에서 1984년 8.4퍼센트, 그리고 1986년에는 12.5퍼센트로 상승하였다.[7]

그렇다고 해서 신군부가 박정희 정권처럼 정부 중심의 강력한 개입 정책을 편 것은 아니었다. 1980년대 이후 전개된 산업정책의 특징을 간략히 요약하면, '정부가 주도한 민간 중심 시스템 구축'이라고 할 수 있다. 예를 들어, 수출주도 정책에서 기술드라이브 정책으로의 전환이 이루어졌는데, 이것은 기업 중심의 기술 개발이 산업 발전의 핵심 동력으로 등장한 것을 의미했다. 1982년 1월에 열린 첫 번째 기술진흥확대회의에서 "기술주도의 새 세대 전개"라는 제목의 대통령 보고가 있었다. 과학기술 정책의 새 방향과 기술 우위 정책의 기조를 설명한 이 보고에서 고급 인력 확보, 생산적인 연구개발 활동의 창달, 핵심 전략기술의 토착화가 기술드라이브 추진 전략으로 제시되었다. 또한 1983년 5월 정부 방침으로 확정된 '80년대 산업정책의 기본과제와 정책방향'에는 주요 산업에 대한 선별적 지원제도를 기술 및 인력 개발, 에너지 절약 등 기능별 지원제도로 개편하고 개방과 경쟁의 폭을 확대하겠다는 내용이 담겼다.[8] 정부 개입이 필요할 때는 명확한 지원 기준과 시한을 설정하여 예외적으로만 가능하도록 명시했다. 1982년부터 1990년대 초까지 총 네 차례의 5개년 계획이 수립되었는데, 그때마다 자체 기술 개발, 기술 토착화, 첨단기술 개발이 일관되게 강조되었다.[9]

이처럼 산업정책의 큰 변화가 정부 주도로 이루어졌으면서도 민간 중심 구조로 설계된 일련의 경과를 공업발전법의 제정 과정을 통해 살펴볼 수 있다. 1986년에 공포된 '공업발전법'[10]의 취지는 산업 지원에 대한 단일법 체제를 마련하여 각 부처가 정책 대상들로부터 자율적일 수 있도록, 그리고 시장경제 원리를 광범위하게 도입하려는 것이었다. 하지만 법을 제정하는 과정에서 산업과 기업에 대한 기존의 영향력을 유지하려는 각 부처 사이에서 갈등이 불거졌다. 이들의 이해관계를 조율한 것은 정부 관료였지만 민간 기업의 의견을 수렴하는 과정은 생략되었다. 이렇게 제정된 공업발전법은 민간 자율화와 산업 합리화를 두 축으로 산업정책의 전환을 상징하는 대표적인 법 제도가 되었다.

경제성장의 지렛대가 민간으로 옮겨가는 징후가 도처에서 나타났다. 기업들은 선진국 기술의 모방과 이전을 넘어 기술과 제품의 자체 개발을 강조했다. 1970년대 후반 현대조선의 해외 자본 유치, 현대자동차의 포니 모델이 성공하자, 곧이어 한국 기업의 세계시장 진출 전략이 저가 경쟁에서 제품 차별화 경쟁으로 전환되었다. 주문자상표생산 또한 자기상표생산(Own Brand Manufacture)으로 변경되었다. 엘지는 1976년부터 텔레비전에 자가 상표를 붙이기 시작했고 삼성은 1978년부터 전자레인지에 자가 상표를 붙였다. 기업의 기술 전략은 방어형에서 공격형으로 뚜렷하게 변화되었다. 예를 들어, 삼성은 1989년 4메가 D램 반도체를 개발하여 미국과 일본의 경쟁 기업과 동일한 시기에 시장에 출하했다. 각 대기업들은 독자적인 연구개발 역량을 강화해나갔다.

그 결과, 민간 연구개발 부문은 1980년대 이후 괄목할 만한 성장을 기록했다. 민간의 독자적 판단에 따른 연구개발과 대규모 투자가 주된 흐름을 형성했다. 다음 〈그림 7-1〉에서 볼 수 있듯이, 1980년대 초반에는 연구개발 주체별 연구개발비 구성에서 정부와 민간 부문 비중 사이에 대역

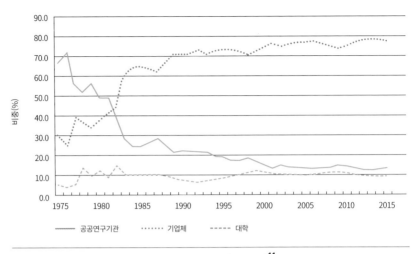

〈그림 7-1〉 총 연구개발비 가운데 연구개발 주체별 사용 비중 (1975-2015)[11]

전이 발생했다. 국내 총 연구개발비 사용에서 정부 공공기관이 차지하는 비중이 크게 낮아지고 대신 민간기업의 비중이 증가했다. 대학의 연구개발 활동은 1990년대 중반부터 조금 증가하는 모습을 보인다.

연구개발비 규모의 변화도 눈여겨볼 만하다. 1985년의 국가 총 연구개발비는 1975년에 비해 27배 증가했는데, 그 증가분의 64퍼센트는 기업에 의한 것이었다. 해마다 기업 부문의 연구개발비 투자는 크게 증가했다. 1975년부터 2015년까지 사십 년간 한국의 총 연구개발비 규모는 무려 1,500배가 넘게 증가했다.

1980년대 이후 민간 부문의 연구개발 활동이 활발해지면서 전문직 엔지니어에 대한 수요가 증가하고 직업 구조에도 변화가 발생했다. 〈표 7-2〉에서와 같이, 1980년대와 1990년대 동안 직업 구조의 변동 폭이 꽤 크게 나타난다.

도시로의 인구 집중이 이루어지면서 농림수산업 종사자는 극적으로 줄어든 반면, 전문·기술직과 사무직, 서비스직 종사자가 크게 성장했다.

〈표 7-1〉 연구개발 주체별 연구개발비 추이 (1975-2015)[12]

(단위: 억 원)

	1975	1980	1985	1990	1995	2000	2005	2010	2015
총 계	427	2,117	11,552	33,499	94,406	138,485	241,554	438,548	659,594
공공연구기관	281	1,045	2,803	7,310	17,667	20,320	31,929	63,061	88,243
대학	22	259	1,188	2,443	7,709	15,619	23,983	47,455	59,989
기업체	123	814	7,510	23,745	69,030	102,547	185,642	328,032	511,364

〈표 7-2〉 직업별 취업자 구성비 (1963-2010)[13]

(단위: %)

연도	전문·기술직	행정관리직	사무 관련	판매직	서비스직	농림수산업	운수·장비, 단순노무
1963	3.3	-	3.5	10.1	5.2	62.9	15.0
1970	4.8	-	6.0	12.4	6.4	50.2	20.2
1980	4.0	1.3	9.3	14.5	7.9	34.0	29.0
1990	7.2	1.5	13.0	14.5	11.2	17.8	34.8
2000	16.4	2.2	11.9	13.4	12.6	10.0	33.5
2010	19.1	2.4	15.7	12.3	10.2	6.1	34.2

산업화의 심화와 함께 기능, 기계 조작, 조립을 포함한 단순노무 종사자의 비중 역시 증가하는 추이를 보인다. 이와 같은 결과는 기업의 성장과 밀접히 관련되어 있다.

직업 구조 변화에 따른 대학 진학 경쟁의 심화

기술 기반의 기업 활동 강화와 새로운 전문기술직 및 사무직 직종의 확대는 당시 이공계를 전공한 젊은이들에게 영향을 미쳐 경제적 보상과 직업 안정성을 지닌 직업에 대한 관심이 커졌다. 특히, 1980년에 단행된 7·30 교육개혁 조치로 대학 정원이 증가하자 고등교육에 대한 열망에 불이 붙기 시작했다. 박정희 정권의 경우, 양질의 기술 인력을 양성하기 위해 중등교육 기회를 크게 확대했지만 고등교육에 관해서는 정원을 제한하는 이중적 정책을 폈었다.[14] 그 결과, 1970년대 중반부터 중화학공업이 본격 추진되자 우수한 고급 인력에 대한 기업 수요가 크게 증가한 데 비해, 대졸자 공급량이 수요량에 이르지 못해 대졸자의 공급 부족 현상이 심각한 상황에 이르게 된다.

1970년대 후반에 두드러진 한국인들의 교육열은 이 현상과 관련이 있다. 1970년대에 들어와 중학교와 고등학교 졸업자의 임금 상승률은 점차 줄고 있었지만 상대적으로 소수였던 대학 졸업자들은 훨씬 높은 임금을 받을 수 있었다. 1979년 노동청의 『직종별 임금실태조사보고서』에 따르면, 당시 국졸 이하 근로자의 임금을 100으로 가정했을 때, 1971년부터 1979년까지 중졸자의 임금은 122에서 113으로, 고졸자의 임금은 187에서 163으로 학력 간 임금 격차가 다소 줄어드는 모습을 보였다. 하지만 대졸자의 임금은 오히려 331에서 376으로 증가했다. 고졸자와 대졸자의 임금 격차는 두 배 이상 차이를 보였다.[15]

따라서 대학 정원 확대와 함께 대학 진학 경쟁이 치열해진 것은 자연스러운 현상이었다. 우수한 대학 졸업생을 유치하려는 기업 간 경쟁도 함께 치열해졌다. 하지만 더 많은 대졸자가 배출되기 시작한 무렵부터 예상치 못한 상황이 전개되었다. 1980년대 초반에 나타난 경제 위기로 인해 고용 사정이 크게 악화된 것이다. 기업 수요에 비해 더 많은 대졸자 공급이 이루어졌고, 이로 인해 학력 간 임금 격차가 그 이전에 비해 축소되는 양상을 보였다. 이때 임금 격차 축소가 나타난 이유는 경기 침체로 인한 영향 외에도 대졸자의 급증, 생산직 인력의 임금 상승 등 복합적인 요인에 따른 것이었다. 실제로 4년제 대학 졸업자의 취업률은 1976년 75.9퍼센트에서 1982년 72.3퍼센트, 1984년 66.9퍼센트, 1989년 52.8퍼센트로 지속적으로 하락했다.[16]

이 같은 현상을 한편에서는 대학 인구 과잉화로 진단하고, 대졸자의 배타적 특권이 약화되어 직종 하강 이동을 경험하는 이른바 그레이칼라화 현상이라고 평가하기도 했다.[17] 하지만 특정 기간에 이루어진 인력 수급 양상을 근거로 과잉교육화라고 진단하는 것은 섣부른 판단일 수 있다. 우리는 단순히 대학 인구의 과잉공급이라는 측면보다 국가 산업의 변화와 그것을 둘러싼 관계들의 재편에 주목할 필요가 있다. 인적 자본 개념의 확산에서 볼 수 있듯이, 엔지니어의 위상과 정체성을 구성하는 담론에서 경제 논리와 기업의 영향력이 그 어느 때보다 커지기 시작했다. 박정희 집권기에 구축된 기술-국가 구성체에 모종의 변화가 일어나고 있었다.

정부-기업 관계의 변화

1980년대 이후 나타난 자본집약적, 기술집약적 산업의 발전과 대기업의 성장은 산업과 기업에 대한 정부의 영향력을 약화시켰다. 대기업 집단이 금융업에 대거 진출해 자금 조달에서 상대적 자율성을 확보하게 된 것도 정부-기업 관계를 변화시킨 주요 요인 중 하나였다.[18] 하지만 이 같은 변화가 기존의 정부-기업 관계를 근본적으로 변화시켰다고 볼 수는 없다. 오히려 1980년대 이후 변화된 정부와 기업 관계에서 이들의 상호의존성은 더욱 강화되었다. 국가 발전 전략과 경제성장 목표를 추진하고 달성하는 데서 정부와 기업이 이전보다 서로를 더 필요로 하는 관계로 발전되었다는 의미에서 그렇다.

1981년부터 2002년까지 경제성장에 대한 각 생산요소의 기여도를 보면, 자본의 기여도가 50.7퍼센트, 노동의 기여도 19.2퍼센트, 연구개발의 기여도가 28.1퍼센트로 나타났다. 1980년대 이후 한국 경제는 1970년대와 달리 유휴노동력이 많지 않고 산업구조가 기술집약적으로 바뀌면서

노동 투입량의 경제성장 기여도가 상대적으로 낮은 반면 연구개발 기여도가 중요한 위치를 차지했다.[19]

제도적으로도 상호의존적인 정부-기업 관계의 특징이 잘 드러난다. 정부는 1981년 공정거래법을 제정하여 기업의 사회적 책임과 역할을 강조하여 정부의 힘을 과시했다. 하지만 실제로 기업 활동을 위협하거나 규제하지는 않았다. 당시 30대 기업 집단이 차지하고 있던 시장 지배적 품목이 1984년 63퍼센트에서 1989년 75퍼센트로 오히려 증가했는데, 시정 조치를 받은 사례는 1981년부터 1995년까지 불과 62건에 지나지 않았다.[20]

또한 정부는 민간 주도의 연구개발 시스템을 확립하기 위해 정부출연 연구기관의 통폐합을 추진했다. 1982년 시작된 특정연구개발사업은 이후 공업기반기술개발사업(1987), 에너지자원기술개발사업(1988), 정보통신국책 연구개발사업(1990) 등의 효시가 되었는데, 사업의 주요 골자는 정부가 기획하고 발주한 연구개발 사업에 산학연이 참여하는 것이었다. 정부 주도의 민관 협력 사업을 설계한 것은 국내 공공 부문의 구조조정 필요성, 각국의 기술보호주의 심화에 따른 대응이라는 현실적 필요성 외에 국가 차원에서 종합적이고 장기적인 목표를 가진 기술 개발 전략이 필요하다고 인식했기 때문이다.[21] 이 계획의 성공을 위해 대기업의 참여는 필수적이었다. 그에 따라 한국의 기술-국가 구성체에서 정부-기업 관계의 상호의존성은 더욱 심화되었다.

[기술-국가] ➜ [기술-(정부-기업)]

기술-국가 구성체에서 정부-기업 관계가 심화되었다는 것은 첫째, 국가의 비전과 정책 수단을 둘러싸고 기업의 영향력이 커진 것을 의미했다. 이제 '국가'는 단순히 성취하고 지키고 발전시켜야 할 단일한 실체가 아니라, 때로는 갈등할지라도 서로를 필요로 하는 두 주체, 즉 정부와 기업 간 관계에 의해 재해석될 수 있게 되었다. 정부와 기업은 너무 멀어도, 너무 가까워도 안 될 상대이자 상호 이익을 공유하고 발전시키기 위해 협상하고 연결되어야 할 관계로 재편되기 시작했다. 1980년대와 1990년대에 정부-기업 관계는 대기업과 형성되었고 중소기업은 제외되었다.

둘째, 정부와 민간 부문에서 추진하는 기술 개발의 방향과 발전 전략이 정부-기업 관계에 의해 영향을 받을 뿐 아니라 그 역도 성립될 수 있게 되었다. 예컨대, 대기업이 선택하여 집중하는 기술과 산업 분야는 그에 부합하는 국가의 제도, 교육, 정책 변화까지 요구할 수 있게 되었다는 것을 의미한다.

따라서 앞에서 다룬 인적 자원, 인적 자본 개념이 결코 우연히 등장하거나 해외에서 단순히 도입된 것이 아니다. 정부와 기업이 추진한 기술 기반 산업 발전 전략 가운데 요구된 기술 역량을 확보하기 위해 그러한 역량을 갖춘 인적 자원의 양적, 질적 양성과 관리가 긴급히 필요했던 것이다. 이런 점에서 정부와 기업의 이해관계가 일치했고 그것은 대학에 대한 교육 개혁의 요구, 개인에 대한 역량 개발의 요구로 이어졌다. 하지만 이 같은 정책 요구가 등장했다고 해서 그대로 관철될 수 있는 것은 아니다. 교육과 일상의 문화를 통해서도 인적 자원 역량과 경쟁력 중심의 지배적 담론이 설득력을 가질 때 가능한 것이다. 이와 관련된 본격적 움직임은 1990년대에 들어와 가시화되었다.

2. 기업 수요 맞춤형 '엔지니어 개조'에서 '경쟁력 있는 글로벌 인재'까지

1993년 2월 김영삼 문민정부가 출범하자 기술 경쟁력과 국제 경쟁력 제고를 목표로 대대적인 제도 개혁과 새로운 산업 발전 전략이 추진되었다. 1986년부터 3년간 이어진 3저 현상이 사라지자 경제가 크게 출렁였다. 1987년 노동자 대투쟁 이후로는 더 이상 저임금 노동에 기대어 성장을 도모하는 것이 불가능해졌다. 국외 요인으로는 동남아, 중국의 추격 성장과 선진국의 기술보호주의 강화로 발전의 돌파구를 마련하기가 쉽지 않았다. 이렇게 해서 '경쟁력'이란 단순히 달성해야 할 목표가 아닌 생존의 가치가 되었다. 국가도, 기업도, 개인도 경쟁력을 갖추기 위한 경쟁에 돌입해야 했다.

경쟁력 패러다임의 확산

문민정부는 1980년대 이후 형성된 정부-기업 관계에서 한 발 더 나아가 자본과 연합하면서 국가가 경제의 재구조화를 주도하는 정책을 폈다. 일례로 정부가 추진한 금융과 외환 자유화 정책은 대기업에 대한 통제 수단을 상실하는 계기가 되었지만 기업이 기술집약적 산업으로 전환하는 데는 도움이 되었다. 재벌의 비관련 사업 다각화를 억제하는 업종전문화 제도와 소유분산정책 역시 그 대표적 사례이다. 이와 더불어 금융실명제, 노동시장 재편 등 시장구조 건전화와 노동시장 유연화를 지향하는 경쟁 국가 전략을 주도했다.[22]

정책 추진의 배경이 된 것은 금융개방과 민주화가 진전되고 1995년에 WTO 체제가 출범하는 등 점점 가속화되는 세계화의 환경 속에서 더 이상 과거의 발전국가 산업정책을 고수할 수 없다는 판단이 있었다.[23] 문민정부는 과학기술정책의 방향을 바꾸어 대형연구개발사업과 대학의 기초연구를 지원하는 데 집중했다. 변화된 정부 방침에 관한 당시 재벌 기업의 관점은 삼성 이건희 회장의 발언에 잘 함축되어 있다.

새 정부가 대대적인 개혁을 하고 있는 것은 우리에게 좋은 기회이다. 사회 전체적인 개혁 분위기에 우리도 편승하자는 것이다. 자기부터 변하라.[24]

불과 2년 전만 해도 노태우 정부가 추진한 신산업정책과 경제민주화 정책 추진에 재벌의 반발이 이어지고, 현대그룹 정주영 회장이 정당을 만들어 대통령 선거에 출마했던 때와 비교해보면 격세지감이 아닐 수 없었다. 결과적으로 보면, 정부의 의도대로 경쟁력 강화를 위한 기업의 대형화와 규모의 경제 추구에 진척이 있었다.

하지만 정부가 강조했던 업종 전문화는 거의 이루어지지 않았다.[25] 자유화 조치 이후 대기업들은 금융 대출을 동원하여 오히려 사업 팽창에 몰두하였다. 이 때문에 문민정부는 비난을 받았다. 즉, 문민정부가 형평성보다 효율성을 중시하는 메시지를 전달함으로써 재벌 정책에서 오히려 노태우 정부보다 후퇴했다는 것이다. 이 과정에서 소수의 대기업들은 자동차, 반도체, 정보통신 분야의 세계시장에서 경쟁력을 획득하고 국내에서 막대한 부를 축적할 수 있었다.

한국 산업의 고용구조에도 변화가 나타났다. 〈표 7-2〉에서 볼 수 있듯이, 자원집약산업과 노동집약산업의 비중이 점차 낮아지고 전문기술산업과 과학집약산업의 비중이 높아지고 있었다. 그에 따라 기술 능력을 갖춘 새로운 인적 자원 양성이 필요하다는 기업의 목소리가 커졌다.

<표 7-3> 한국 산업의 고용구조 추이 (1981-1994)[26]

(단위: 천 명, %)

산업 구분	1981		1985		1990		1994		연평균 증가율 (%)
	고용자 수	%	고용자수	%	고용자수	%	고용자 수	%	
자원집약산업	362	17.7	403	16.5	453	15.0	463	15.8	1.91
노동집약산업	763	37.3	841	34.5	891	29.5	909	31.0	1.36
전문기술산업	294	14.4	401	16.4	650	21.5	683	23.3	6.70
규모집약산업	415	20.3	537	22.0	728	24.1	641	21.9	3.40
과학집약산업	131	6.4	161	6.6	205	6.8	233	8.0	4.53
전체 산업	2,044	100.0	2,438	100.0	3,020	100.0	2,930	100.0	2.81

이때 정부의 기업 정책은 양분되어 있었다. 중소기업을 대기업의 하청 체제로 묶어 계열화하는 데만 초점을 맞추고 있어 중소기업의 하청 의존 도가 1986년 38.2퍼센트에서 1992년 73.4퍼센트로 거의 두 배가량 증가 했다.[27] 이런 가운데 임금과 복지 등 대기업의 직업 환경은 점차 개선되었 지만 중소기업의 상황은 오히려 열악해지고 있었다. 청년들 사이에서 대 기업 취업에 대한 선호가 크게 증가한 것은 자연스러운 일이었다.

대기업의 사원 개조 프로그램과 수요 중심 교육의 등장

1990년대에 들어와 대기업 위주의 산업 주도와 기술 혁신 활동이 본격 적으로 추진되자, 고학력 기술 인력에 대한 기업의 요구가 적극적으로 개 진되기 시작했다. 명문 대학을 졸업한 인재라도 기업이 요구하는 기대 수 준에 못 미친다는 이유로 대기업들은 앞다투어 '내 사람'을 만들기 위한 '사원 개조' 재교육 프로그램 운영에 뛰어들었다.

삼성, 현대, 대우, 럭키금성 등 국내 굴지의 재벌그룹들이 자사가 원하 는 인간형을 만드는 작업에 총력을 기울이고 있다. 각 기업들은 신입

사원을 모집할 당시 우수한 인력을 뽑는 것도 중요하지만 훌륭한 인재를 뽑아 이를 적재적소, 혹은 기업이 원하는 인간형으로 개조하지 못할 경우 자원의 낭비라는 판단아래 개인의 능력을 최대한 발휘케 하고, 또 기업이 원하는 사람으로 만들기 위한 「인간형 만들기」에 최선을 다하고 있는 것이다. 특히, 경제구조가 다원화되면서 전문 인력의 필요성이 점증함에 따라 입사 후 재교육을 위한 다양한 프로그램을 개발, 장기적인 안목에서의 인력투자계획도 새로 마련되고 있다.[28]

이런 분위기에 정점을 찍은 것이 5·31 교육개혁안이었다. 이것은 한국 교육제도 개혁에서 패러다임 전환을 의미했다. 개혁안은 기본적으로 수요자 중심 교육, 경쟁 원리의 도입, 각종 교육 규제의 완화, 평가와 정보 공개 등 시장경제 원리를 강조했다.[29] 학생들이 자신의 적성과 능력에 맞추어 학과를 선택할 수 있는 학부제를 도입하고, 형평성에 입각하여 균등 배분하던 대학재정지원사업을 평가와 연계하여 대학의 경쟁력 제고를 촉진하며, 대학 특성화 및 대학 간 기능 분화(연구, 교육, 산학협력)를 유도하고자 했다. 이와 같은 문민정부의 교육개혁안에 대해 사회 각계로부터 비난과 찬사가 교차하는 가운데, 교육계에서는 실제로 수요자 중심 제도와 선택과 집중 방식의 경쟁 원리가 전면적으로 실행되기 시작했다.

기업은 자신들이 요구하는 인재상과 필요 역량에 관해 밝히며 그에 대응하는 대학 교육 개혁을 요구했다. 대부분의 대학생들은 졸업 후 대기업과 정부투자기관에 취업하고 싶어 했다. 그중에서도 입사 희망 1위는 삼성이 차지했다.[30] 학생들은 기업이 제시하는 인재상과 비전을 파악하고 그에 맞춰 자신들의 역량을 개발하는 데 관심을 갖기 시작했다. 그러다 보니 대학 역시 기업의 요구와 움직임에 민감하게 반응하지 않을 수 없었다. 다음은 건국대학교 교수연수회에 참석한 교수들을 대상으로 진행된

구자경 럭키금성 회장의 강연 중 일부 내용이다. 그는 대학이 배출하는 학생을 기업이 생산하는 제품에 비유하면서, 대학 교수의 각성을 촉구하였다.

> 기업에서 불량제품이 나가면 애프터서비스도 하고 반품도 받아가며 회사가 끝까지 책임을 지는데 기본 자질이 안 돼 있는 학생을 배출하는 데 대한 책임은 누가 져야 하느냐.… 우리 대학도 이제는 대학의 고객이라 할 수 있는 기업이 진정으로 필요로 하는 인재를 길러 공급할 수 있는 체제로 혁신돼야 한다.[31]

5·31 교육 개혁의 영향으로 선택과 집중을 기반으로 한 대학 경쟁력이 강조되었다. 정부는 대학재정지원사업을 지렛대로 대학의 산업체 수요 기반 교육과 산학연 협력 시스템 구축을 압박하였다. 그 일환으로 대학의 경쟁력을 '객관적으로' 평가하기 위해 각종 정량적 기준이 도입되었다. 대학 측은 내부 구성원들의 비판을 무릅쓰고라도 우선적으로 평가 기준에 맞는 성과를 산출하기 위해 무한경쟁에 뛰어들었다.[32]

정부나 기업이 요구하는 인재상과 역량에 대해 대학과 개인이 영향을 받고 민감하게 반응하게 된 원인이 단순히 민간 부문의 성장이나 정부-기업 관계의 강화에 의한 것만은 아니다. 거세게 밀려드는 세계화의 흐름 가운데, 국제 경쟁력을 놓고 경쟁하는 것이 경제적 관점에서뿐만 아니라 정치적, 문화적, 도덕적으로도 설득력을 얻고 있었기 때문이다. 문민정부는 1994년 1월 연두기자회견에서 국가 경쟁력 강화를 국정지표로 제시하고 본격적인 경쟁국가 구축에 나섰다. 세계시장을 둘러싼 각국의 경쟁과 기술 혁신의 양상은 정보통신기술을 필두로 근본적으로 달라지고 있었다. 한국은 1995년에 국민 일인당 평균 소득(GNI)이 1만 달러를 넘어서고 수출총액이 1천 억 달러에 도달한 것을 기반으로 세계무역기구 (WTO)와 OECD에 가입하였다.

이와 같은 경제적 변화 외에 1990년대 초반부터 한국인들이 체험한 정치, 교육, 문화 영역의 다양한 경험 역시 변화의 당위성을 강조했다. 한국인들은 1988년 올림픽 개최 이후 활발해진 세계 각국과의 교류, 정치적 민주화 이후 경험한 다양한 삶과 가치에 대한 자유로운 탐색을 일상의 영역으로 받아들이고 있었다.

세계화의 한복판에 선 국제 경쟁력과 글로벌 인재

세계를 향한 정부와 기업 부문의 활동이 증가하는 와중에 세계화는 청년들이 꿈꾸는 미래에도 중요한 위치를 차지하게 되었다. 세계는 배워야 할 대상이자 활동해야 할 무대로 상상되었다. 지식과 역량의 국제적 기준을 쉽게 공유할 수 있는 과학, 공학 분야에서는 첨단 지식을 접하고 연구할 수 있는 환경에 대한 적극적 탐색이 이루어졌다. 이 때문에 교육과 취업에서 더 나은 기회를 얻기 위한 엔지니어들의 국제적 이동이 활발해졌다.

다만 세계화를 자각하고 경험하는 순간, 개인들은 국내외를 막론하고 경쟁력 담론에 휘말려 타인뿐 아니라 자기 자신에 대해서도 경쟁력의 잣대를 들이대고 순위를 매기는 새로운 문화적 실천에 직면해야 했다. 문민정부의 세계화는 경쟁력과 분리된 채 이해될 수 없다. 이 무렵 정부는 물론이고 대학, 기업, 공공기관 등이 앞다투어 세계 순위에 집착하는 모습을 보였다. 단순히 경쟁력만으로는 부족했다. '세계적' 경쟁력이 필요했다. 그러자 교육에 대한 관심은 기업 수요 맞춤형 '인재 개조'에서 창의적 역량을 갖춘 글로벌 인재 양성으로 변화되었다. 초기에 기업들은 글로벌 리크루팅을 통해 해외 국가들로부터 인재를 채용하는 데 크게 관심을 가졌다. 하지만 시간이 지남에 따라 국내의 글로벌 인재를 양성하고 발굴하는 쪽으로 방향을 틀었다.

> 기업들의 글로벌 리크루팅 작업은 해외의 채용박람회를 통한 유학생 및 외국인 채용, 해외지사 조직을 활용한 해외인력 채용, 해외인력의 본사 순환 근무 등 다양한 형태로 이루어지고 있다.[33]

당시 김영삼 대통령은 수행기자 간담회에서 미래형 과학기술 인력 양성이 시급하다며 세계적 수준의 기초과학분야 육성을 통해 노벨상 수상자를 배출할 수 있도록 국내 연구기관을 강화하고 산학연 협동연구를 지원하겠다고 약속했다. 기업인들 역시 세계화를 위해 경쟁력을 갖춘 인재 양성이 필수적이라고 역설하였다.[34] 재벌 기업에서 능력과 실적에 따라 40대 사장들이 쏟아져 나오고 연공서열식 인사가 철저히 타파되고 있다는 기사가 이어졌다.[35] 이렇듯, 1990년대에 들어오면 유난히 능력, 기술 경쟁력이라는 단어가 자주 등장했다.

기술 경쟁력 담론의 등장과 확산

1920년부터 1999년까지 언론 기사 자료를 보유한 네이버 뉴스라이브러리와 1990년 이후 많은 언론사의 기사를 보유한 빅카인즈[36] 자료를 바탕으로 기술 경쟁력 용어를 검색해보았다. 두 조사기관이 인용하고 있는 언론사와 조사 시기가 모두 다르기 때문에 그 점을 감안하여 데이터를 한 그림에 표시하였다. 네이버 뉴스라이브러리의 경우, 키워드 검색 구조상 '기술'과 '경쟁력'이 한 기사에서 따로 언급된 자료까지 모두 포함되어 실제

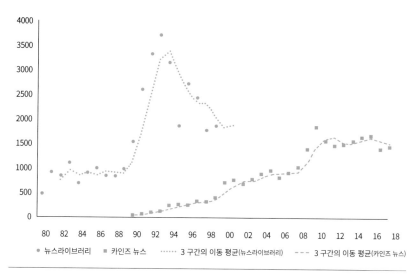

〈그림 7-2〉 언론 기사에 나타난 기술 경쟁력 노출 빈도 추이 (1980–2018)

데이터보다 부풀려졌다. 빅카인즈의 경우, '기술 경쟁력' 키워드가 들어간 경우만 포함되었다. 따라서 두 그래프를 직접 비교하기보다 그 경향성만 파악할 수 있도록 세 개 연도의 이동 평균값을 함께 표시하였다.[37]

〈그림 7-2〉를 통해 우리가 확인할 수 있는 것은 첫째, 1990년 이후, 그리고 문민정부가 출범한 1993년을 전후하여 기술 경쟁력 용어 사용이 급증했다는 것이다(네이버 뉴스라이브러리). 둘째, 기술 경쟁력 개념이 1990년 이후 지속적으로 증가해왔다(빅카인즈). 문민정부 출범 무렵 기술 경쟁력 중심의 사고가 지배적 담론으로 우리 사회에 자리잡은 것이다. 경쟁이라고 하면 상대가 있다. 누구와의 경쟁이었을까? 그것은 우리 과거와의 경쟁이자 세계 각국들과의 경쟁, 그리고 나 자신과의 경쟁이었다.

우리처럼 단순 조립 가공 수준의 기술빈국이 기술입국을 이룩하자면 거기에는 말 그대로 거듭나는 자기 혁신적 노력이 필요하다. 오늘날의 범세계적인 경제전쟁의 요체는 결국 기술경쟁이다. 때문에 기술부국들의 노골적인 「테크노 헤게모니」(기술패권) 행사에 과연 어떻게 대응해 나가느냐가 국가의 진운을 가름하게 된다.… 지금 우리의 처지는 기술부국들에게 포위당한 것이나 다름없다. 세계 거대기업들은 저마다 합종연횡, 기술블록화와 기술장벽을 쌓고 한국을 비롯한 후발국들의 추격을 원천봉쇄하려 하고 있다.… 기술전쟁의 「전사(戰士)」인 기업의 각오는 가장 각별해야 한다. 새롭고 값싸며 품질 좋은 고부가가치 제품을 생산할 사명이 기업에 있다. 기술이전 기피에 로열티가 뛰는 현실을 국내 업체 간의 기술공유는 물론 해외유수업체들과의 연합으로 풀어가야 한다. 연구 개발과 생산현장기술의 개량, 그리고 다숙련 기능공 육성 역시 요청된다. 기술후진으로는 생산성·국제경쟁력 제고를 결코 바라볼 수 없다. 기술이 경제를 좌우하고 경제가 국력을 결정짓는 시대다.[38]

국가 발전과 경제성장을 위해 새로운 동력을 얻으려면, 세계적 경쟁에서 승리하려는 의지와 그것을 위한 정부-기업 간 협력 관계 강화, 세계적 경쟁력을 갖춘 기술 능력의 확보가 필요하다는 주장이 공감을 얻고 있었다. 다음 그림에서 볼 수 있듯이, 1990년대의 기술-국가 구성체는 이전과 달리 세계라는 주체와 맺게 될 새로운 관계를 지지할 수 있는 교육적, 문화적, 규범적 요소를 필요로 했다.

정부, 대기업, 세계적 경쟁력 사이의 연관성이 강화됨에 따라, 기술 혁신과 연구개발을 담당할 엔지니어들은 기업이 요구하는 인재로서 '개조'의 대상이 된 것에서 더 나아가 '글로벌 경쟁력을 갖춘 인재'로 변화되어야 했다. 그만큼 기술역량과 경쟁력을 갖추기 위한 개인 간 경쟁도 더욱 치열해졌다. 그러던 와중에 1990년대 후반 불거진 경제 위기는 이와 같은

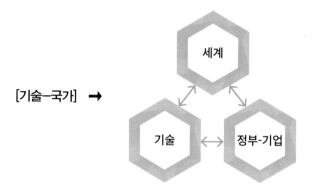

[기술-국가] ➡

세계

기술 ↔ 정부-기업

경쟁력 담론을 국가적 차원에서 개인의 깊은 내면으로 인도하는 결정적 계기가 되었다.

IMF 경제 위기와 그 영향

1997년 경제 위기가 발생했다. 그해 11월 정부가 국제통화기금(IMF)에 구제금융을 요청한 이후 2001년 8월 차입금을 상환할 때까지 한국 사회는 숨 가쁜 시간을 보내야 했다. IMF와 경제 운용 및 금융 구조조정의 기본 방향을 협의해야 했고, 새로 출범한 김대중 정부(1998-2003)는 이와 관련된 각종 법률과 규정을 제정하고 산업과 기업 부문의 구조조정을 추진하지 않을 수 없었다. 개혁의 핵심은 금융 부문의 구조조정과 재벌의 지배구조 개선, 대기업들 간의 산업구조 조정, 그리고 노동의 유연성 확보에 맞추어졌다. 이와 같은 개혁의 목표는 경제 각 부문의 취약성을 극복하고 질적으로 개선함으로써 세계적 경쟁력을 확보하자는 것이었다.[39]

그 과정에서 많은 고통이 수반되었다. 1998년 경제성장률은 -6.7퍼센트로 추락했다. 한 해 동안 2만3천여 개 업체가 부도로 사라졌고 주가지수는 급락했으며 외환보유고도 바닥을 드러냈다. 1998년 2월 노동법이 개정되어 정리해고가 허용되자, 종신고용, 연공서열제의 관행도 대부분

사라졌다. 기업이 점점 더 비정규직 노동자와 저임금 노동력을 활용함에 따라 소득 양극화가 심화되었다.

1997년에 21,214천 명이었던 취업자 수는 1998년 19,938천 명으로 감소하여 무려 127만6천 개(6.0퍼센트)의 일자리가 사라졌다. 실업자 수는 1997년 56만8천 명에서 1998년 149만 명으로 162.3퍼센트 증가했고 이에 따라 실업률은 2.6퍼센트에서 7.0퍼센트로 급상승하였다. 특히, 청년 실업률은 12.2퍼센트로 치솟았다. 노동시장의 유연화도 빠르게 진행되어 비정규직 비중이 1996년 43.2퍼센트에서 1998년 52.1퍼센트로 8.9퍼센트 증가했다.[40] 국민들의 고통은 자살률 추이에 그대로 반영되었다. IMF 직후 인구 십만 명 당 자살률이 18.6명으로 치솟았다. 전년도에 비해 40퍼센트 증가한 수치였다.

〈표 7-4〉 금융위기 전후 주요 경제지표 및 자살률 변화

	1995	1996	1997	1998.1	1998.10	1999	2000
가용외환보유액 (천만, 불)	3,271	3,324	2,440	2,352	4,883	7,405	9,620
환율(원)	775	844	1,163	1,572	1,313	1,145	1,259
주가지수	934	833	654	475	359	807	734
실업률(%)	2.0	2.0	2.6	4.5	7.1	6.3	4.1
GDP 성장률(%)	8.9	6.8	5.0	−6.7	10.9	9.3	9.1
1인당 국민소득 (불)	10,823	11,385	10,315	6,744	8,595	9,770	11,292
인구 십만 명 당 자살률	10.8	12.9	13.2	18.6	15.1	13.7	14.6

1990년대 후반에 불어닥친 경제 위기는 사회 전 분야에 걸쳐 큰 충격을 안겨주었다. 그동안은 비교적 안정적인 직업으로 인식되던 과학기술 부문의 고학력자들도, 연구개발 인력이 다수 포진한 대기업과 정부출연 연구기관도 예외가 아니었다.

경제 위기를 계기로 김대중 정부는 재벌 중심의 경제구조를 변화시킬

필요성을 절감했다. 재벌 경제는 경제 위기를 일으킨 근본 원인으로 지적되었다. 이에 정부는 재벌 경제의 대안으로 정보통신기술 기반의 중소 벤처기업을 육성하여 기술 개발과 생산성 향상을 추구하는 경제체제로의 전환을 모색했다. 이른바 벤처경제로의 이행을 도모한 것이다. 당시에는 세계적으로 혁신적 소기업은 세계 기술 혁신 패러다임의 중심부를 차지하고 있었다. 국내에서도 초고속 인터넷 보급이 급속히 이루어지고 있어, IT 분야 벤처기업 육성 환경이 상당히 우호적이었다. 무엇보다 실업 문제에서 최대 난제였던 고학력 실업자들을 벤처기업 육성을 통해 흡수할 수 있으리라는 기대가 컸다.[41]

정부는 벤처기업 육성에 관한 특별조치법을 제정하여 이들 기업에 대한 융자, 자금조달, 기술이전, 인력공급 등을 지원했다. 그 결과, 1998년 2,042개였던 벤처기업[42] 수는 1999년 4,934개, 2000년 8,798개를 거쳐 2001년에는 만 개를 넘어섰다. 대학에도 벤처 붐이 일어 1999년에는 30여 개의 '대학 실험실 벤처기업'이 만들어졌다. 하지만 그로부터 채 3년이 지나지 않아 '거품경제' 논란이 일면서 수많은 벤처기업이 도산하는 사태가 발생했다. 벤처기업 창업에 뛰어든 수많은 젊은 엔지니어들이 또다시 좌절하게 된다. 잠시 재벌에서 벤처기업으로 정부-기업 관계의 파트너가 변경되는 듯 보였지만 결국 큰 성과를 거두지 못한 채 2000년대를 맞이해야 했다.

1980년대 이후
엔지니어 정체성의 재구성

앞에서 우리는 박정희 집권기 이후 이십여 년 간 전개된 사회경제적 변화와 산업과 교육 부문의 경쟁력 담론이 엔지니어 양성을 둘러싼 환경에 어떤 변화를 가져왔는지를 분석하였다. 이 절은 새로운 현실에 직면한 엔지니어들이 어떻게 자신들의 집합적 정체성을 구성해 나갔는지를 추적해 본다.

1. 시장 인간에서 정치적 주체로의 전환

1980년대에 들어와 기업 부문이 급속히 성장하면서 엔지니어의 역할과 정체성에도 변화가 찾아왔다. 1960년대 중반부터 활동하며 연구 현장의 변화를 체험해온 한 엔지니어의 이야기를 들어보자. 그는 한양대와 서울대 대학원을 졸업한 후 1966년부터 국립공업시험원에 입사하여 공업 제품을 감별하는 업무에 종사해왔다.

십년 전까지만 해도 국립공업시험원에 들어온다는 것은 기술자로서 영예스러운 일이었다. 평생을 전공과 함께 씨름할 수 있고 비교적 넉넉한 대우와 안정적인 직장으로 평가된 곳이었기 때문이다. 인재가 많았다.… 우수한 이공계 졸업생들이 기술공무원의 길을 마다하고 민간기업 또는 외국유학의 길을 선택하는 것이 최근의 추세다. 기술고시 합격자 중에서도 현장에서 기계와 씨름해야 하는 공업연구관의 길을 선택하는 엘리트는 최근 들어 부쩍 줄었다.… 국가기관의 시설이 민간 기업에 비해 점차 뒤떨어져 경쟁열위의 상태라는 점이다. 예산의 뒷받침이 미약해 대기업들의 연구, 시험장비가 점점 앞서가고 있으며 그 격차는 시간이 갈수록 더 벌어지고 있다.[43]

분명 변화가 있었다. 민간기업이 산업 발전을 주도하게 되자, 청년들은 대기업 입사를 선호했고 인재를 구하는 기업의 요구에도 힘이 실렸다. 취업을 준비하는 이들은 인적 자본으로서 자신의 역량을 평가하고 그에 적합한 능력을 갖추기 위해 서로 경쟁했다. 국가에 대한 헌신이 곧 긍지이자 자부심을 의미하던 분위기는 점차 옅어지고, 기업에서 성과를 내는 엔지니어들의 이야기가 주목받기 시작했다. 예를 들어, 에너지 절약에 기여한 공로로 동탑훈장을 받은 한국제지의 지동범 사장은 서울대 화학공학과를 졸업한 엔지니어 출신 전문경영인으로 주목받았다.[44] 이처럼 언론은 말단 사원에서 시작해 사장까지 오른 엔지니어들의 성공 스토리, 아이디어 하나로 기업을 세워 새바람을 일으킨 석·박사 출신 엔지니어들의 이야기를 앞다퉈 소개했다.[45]

1980년대 이후에는 기능공보다 사회적으로 성공한 대졸 엔지니어들에 관한 기사들이 주를 이루었다. 바야흐로 한국의 엔지니어는 경제적, 직업적 욕망을 지닌 인적 자원으로 급격히 탈바꿈되고 있었다. 1984년 한 기관의 조사에 따르면, 학생들은 직장의 안정성과 자신의 발전 가능성, 사회적 인정, 임금 및 복지 등을 고려하여 취업하려는 경향이 명확했다.[46] 1980년대 중반 이후 "졸업 후 취업은 행운"[47]이라고 불릴 정도의 심각한 취업난 때문에 더 나은 '기업 맞춤형 인재'가 되려는 경쟁이 치열해졌다.

자기계발하는 주체의 등장

민간자본 중심의 취업시장 재편은 1970년대 후반부터 가시화되고 있었다. 박정희와 전두환 정부가 시장에 개입하고 간섭하는 정책을 폈지만 그 결과는 자유시장의 확장과 수출 증대를 통한 자본의 역능 확대로 나타났다. 시장과 자본의 역능이 사회를 잠식해감에 따라, 1980년대의 '인간'은 사회경제적 이익을 위해 자기 스스로에게 투자하는 존재로 주체화되는 효과가 나타났다.[48] 엔지니어들은 '기업가적 존재'로 주체화되며 끊임없이 자신의 능력을 계발하고 관리하는 주체가 되어야 했다. 이 시기에 자주 등장하는, 성공한 엔지니어들의 이야기에는 이런 맥락이 반영되어 있다.

> 국내 대기업들의 최고 전문경영자인 사장자리에 공학을 전공한 엔지니어 출신의 진출이 눈에 띄게 늘어났다. 이에 따라 새로운 기술과 제품제법(製法)을 연구 개발하는 분야인 공학이 경제학, 경영학, 법학 등의 전공분야를 제치고 제1의 사장학(社長學)으로 부상하고 있다.… 이처럼 5大재벌그룹의 엔지니어출신 사장 비율이 20대그룹의 평균치보다 높다는 사실은 국제적으로 선진국 기업들과 다각적인 경쟁을 벌이는 그룹들일수록 엔지니어출신의 최고 전문경영인을 선호하는 것으로 풀이된다.[49]

엔지니어들은 이제 욕망하는 주체가 되었다. 국가와 공동체의 이익이 아니라 개인적 자산인 학력과 자격, 기술력, 경력을 바탕으로 더 나은 경제적 지위와 사회적 위신을 추구하는 것을 부끄럽게 여길 필요가 없었다. 상호의존적 정부-기업 관계에서 경쟁하는 인적 자본 모델은 환영받았다. 엔지니어들은 급속히 '시장인간'으로 변모되고 있었다. 시장인간 혹은 인적 자본 담론의 지배는 1980년대 중반 한국 사회의 계층 변화, 즉 중산층 논의와 연결되었다.

전두환 정부(1980-1988)와 노태우 정부(1988-1993)는 사회적 불균형과 불평등에 대한 불만을 해소하기 위해 '정의사회', '보통사람'과 같은 정치적 레토릭과 정책을 활용했다. 예컨대, 최저임금제 도입을 포함하는 임금 체계의 합리적 개선과 기업 내 노사협의회 설치 확대와 같은 근로자 중산층 육성 및 보호 방안을 제시했다. 실제로 1980년대 내내 스스로를 중산층이라고 인식하는 이들이 크게 증가했다.

한상진은 1980년 전체 인구 가운데 42퍼센트에 해당했던 중산층 규모가 1985년에는 48퍼센트로 6퍼센트가량 증가했다고 보았다. 김영모는 구중간 계급이 35퍼센트, 신 중간 계급이 20퍼센트 정도로 자본가와 노동자를 제외한 중간층이 55퍼센트에 달한다고 분석하였다.[50] 여기서 흥미로운 것은 사람들의 주관적 계층 인식이 실제 지표와는 차이를 보인다는 점이다. 경제 및 임금 지표에 따르면, 실제 계층 간, 대기업과 중소기업 간 불평등은 결코 줄어들지 않았고 오히려 심화되는 모습을 보였다.

그런데 왜 중산층 인식이 높아졌을까? 그 이유는 첫째, 한국의 거의 모든 계층이 산업화를 거치면서 소득 수준이 상승하고 교육 수준과 생활 수준이 높아지는 집합적인 사회적 지위의 상향 이동을 경험했기 때문이다. 둘째, 그동안 중산층의 생활양식이라고 여겨왔던 가전제품 소유, 여가생활 등을 많은 사람들이 일상적으로 누릴 수 있게 되면서 주관적인 계층 간 격차가 감소된 것이다.[51] 중산층 인식은 중산층의 삶을 지향하는 가치판단과 행동을 이끌었다. 엔지니어들도 마찬가지였다. 자격과 실력을 갖추어 대기업 샐러리맨이 되거나 기업가가 될 수 있다는 희망이 생겨났다.

엔지니어의 정치적 각성과 노동자 정체성과의 결별

이와 같은 사회경제적 변화 속에서 한국의 엔지니어들은 계층을 둘러싼 정체성을 놓고 선택의 갈림길에 서게 된다. 산업 발전에 따라 엔지니어 집단의 분화가 이루어진 것 외에 생산직 노동운동이 활발해지면서 다양한 이름으로 분화된 엔지니어의 계급·계층적 지위에 관한 질문에 직면한 것이다. 사회학자들은 소위 지식인층인 전문기술자들의 개혁성과 진보성에 관해 의심하거나 부정적 견해를 표명하는 경우가 많았다.[52]

기업가, 도시노동자, 소시민 등의 사회집단이 1970년대 이후에야 등장했기 때문에 당시 계급 대립과 갈등은 정부와 대학생, 지식인들 사이에서 대리전 양상을 띠고 있었다.[53] 직접 민주화운동에 투신하지 않더라도 대학생들은 지식인으로서 발언권을 가지고 있었고 사회의 소외받은 계층을 대변했다. 하지만 노동운동 등 각 부문 운동이 독자적으로 성장함에 따라 학생운동의 역할은 점점 축소되어갔다. 1987년 노동쟁의 건수는 사상 최고인 3,749건을 기록했고 전국적으로 발생했다. 노동자의 실질임금 인상률은 1987년 10.1퍼센트, 1988년 21.2퍼센트, 1989년 21.2퍼센트에 달했고, 노동자들은 스스로 '자랑스러운 노동자'로서 자신들의 정체성을 확립해가고 있었다. 반면 대학생들은 사회민주화 외에도 졸업 후 취업을 걱정해야 할 상황이었다. 대학 진학자들은 점점 증가했다. 1975년만 해도 21만 명 정도였던 대학생 수가 1981년 55만 명, 1985년에는 100만 명을 넘어섰다. 노동계층을 대변하는 집단으로서 대학생과 대졸 지식인층의 역할 공간은 더욱 협소해졌다.

이와 같은 상황에서 엔지니어들은 결국 생산직 기술자들과 차별화하는 방향을 선택한다. 대립적 노사관계가 지속되는 가운데 엔지니어들은 노동자와 분리되었다. 생산직의 경우, 노조 조직화를 통해 자신들의 관심과 이해를 드러내려고 했지만 엔지니어들은 개인적으로 기술 경쟁력을 갖춤으로써, 대기업에 들어가거나 개인적으로 성공함으로써 자신을 드러내고자 했다. 하지만 이것이 곧바로 시장인간으로의 회귀나 수렴을 의미하는 것은 아니었다.

비록 직업 정체성에서 생산직과 차별화하는 방향으로 나아갔지만 정치 민주화운동에 참여한 경험은 한국 지식인층 전반에 엄청난 영향을 미쳤다. 그것은 곧 정치적 주체로서의 자각이었다. 권위주의 정권에 의한 강압적 통치와 억압에 대한 저항뿐 아니라 부정부패, 편법, 탈세 등 부당이익을 취하는 계층에 대한 분노가 정치적 관심으로 이어지고, 평등주의적 요구가 강해졌다. 1980년대에 졸부에 대한 사회적 비난이 넘쳐난 것은 우연한 일이 아니다. 소위 넥타이 부대로 불린 사무직 샐러리맨들은 스스로를 생산직보다 우월하다고 느끼면서 깨끗하고 공정한 자본주의를 주창하였다.[54]

민주화 주체로서의 인식은 호모 폴리티쿠스(Homo Politicus)의 요소로서, 그들의 시장인간적 욕망을 억제하고 다양한 사회적 이슈에 관심을 갖도록 했다. 특히, 1980년대는 기술이 가져올 유토피아와 디스토피아가 함께 그려진 시대였다. 한편에서는 자동화 기술, 컴퓨터, 생명공학이 인류에게 가져올 긍정적 변화에 대해 기대가 충만했다. 하지만 다른 한편으로는 원자폭탄, 환경파괴, 기계에 의한 통제와 지배에 대한 우려가 커졌다. 호모 폴리티쿠스들은 경제 이슈를 넘어 기술 개발 및 활용의 정치적, 문화적 함의를 탐색하고 시민운동에 참여하기 시작했다.[55] 이것은 전문직의 역할과 책임성에 대한 자각으로 이어질 수 있는 한 통로가 되었다.

2. 문화적 주체이자 전문직으로서의 새로운 상상

1980년대를 거치며 한국 사회에 널리 확산된 정치적 주체로서의 자각은 기존 권력구조에 대한 비판적 관점을 형성했을 뿐만 아니라 그동안 당연하게 여겨왔던 사회구조와 규범, 문화에 대한 비판적 성찰을 가능케 했다. 1992년 선거를 통해 군인이 아닌 철학과 출신 대통령의 정부가 들어서자 낡은 시대에 속한 과거의 이념과 구습을 떨쳐내고 새로운 민주시민 사회를 구상하고 실현해야 한다는 기대와 희망이 가득 찼다. 마침 한국은 1988년에 치른 서울올림픽과 소련과 동유럽 등 사회주의권 붕괴에 따른 탈냉전의 분위기 속에서 이념적 경직성을 탈피하고 문화적 개방성을 높이자는 분위기가 한껏 고양되어 있었다.

'새로움'을 둘러싼 세대 간 경합

문민정부는 신경제, 신한국, 신농정에서와 같이 '새로움(新)'을 화두로 기존의 사회와 차별화된 비전을 표명하였다. 1993년 1월 대통령 취임을 앞두고 있던 김영삼은 신년회견에서 개혁을 통해 신한국 건설을 실현하겠다는 포부를 밝혔다. "지역 간, 계층 간, 세대 간 갈등을 해소하고 국민대화합을 통해 결집된 힘으로 신한국을 창조하는 것이 가장 중요한 과제"라며, "이를 위해 우선 변화와 개혁을 통해 우리 사회에 만연된 한국병을 치유해야 하며 침체된 경제에 새로운 활력을 불어넣어 제2의 도약을 꾀

해야 한다."고 강조했다.[56]

이처럼 새로움을 둘러싼 해석에 먼저 불을 댕긴 것은 정부였다. 사회적으로도 과거와 구별되는 '개혁'과 '새로움'에 대한 탐색은 큰 관심사가 되었다. 마침 서구로부터 도입된 포스트모더니즘 이슈가 대학에서 활발히 토론됨으로써 지식인뿐 아니라 사회 각 영역에 걸쳐 논의의 확장이 이루어졌다. 새로움을 어떻게 해석하고 구현할 것인지를 두고 정부, 기업, 시민, 그리고 세대 간에 의견 차이가 크게 나타났고, 그에 따라 치열한 담론 경쟁이 전개되었다. 새로운 한국을 건설하겠다고 다짐한 정부는 먼저 '한국병'을 치료해야 한다고 역설하였다.

> 우리는 지금 병을 앓고 있습니다. 한국병을 앓고 있습니다. 한때 세계인의 부러움을 샀던 우리의 근면성과 창의성은 사라지고 있습니다. 전도된 가치관으로 우리 사회는 흔들리고 있습니다. 언제부터인가 우리 국민은 자신감을 잃고 있습니다.… 우리에게 위기가 있다면 그것은 외부의 도전에서 오는 것이 아니라 우리 안에 번지고 있는 이 정신적 패배주의입니다.[57]

대통령 취임사에서 언급한 한국병은 사회 곳곳에 만연한 부정부패와 상호불신, 빈부격차, 지역갈등 등 여러 증상을 아우른 것이었지만 근본적으로는 한국인 특유의 장점을 상실한 상태를 의미했다.[58] 사실상 산업화 시기에 형성된 근면성과 창의성의 상실이야말로 가장 심각한 문제라는 것이다. 결국 신 한국에 대한 문민정부의 비전은 여전히 '오래된 한국', 다시 말해 발전국가 한국의 연장선에 위치해 있었다.

대통령이 질병 상태로 지적한 내용은 신세대, 즉 대략 1970년 이후에 태어나 경제적 어려움을 모르고 자란 당시 20대 젊은이들의 특성이나 가치관과 겹쳐졌다. '신세대'의 소비 지향적, 개인 지향적, 탈권위 지향적 성향이 구세대들의 생산 지향적, 공동체 지향적, 권위 지향적인 그것과 대비되어 나타났다.[59] 마찬가지로 신세대들에게 기성세대는 함께 고민을 나누거나 솔루션을 얻을 수 있는 파트너로 인식되지 않았다.

정부가 처음부터 신세대 탓을 하려는 것은 아니었다. 그렇지만 문민정부에 대한 세간의 기대에 부응하기 위해 경제, 정치, 사회 모든 면에서 새로운 시스템을 구축하려는 야심이 앞섰고, 결국 당면한 경기 침체를 조속히 해결하기 위한 전략으로서 '발전주의'의 유혹을 넘어서지 못했다. 정부는 세계화의 흐름 속에서 기술 경쟁력을 갖춘 산업구조를 갖추기 위해 개혁 대상이던 재벌과 연합하는 정책을 선택했다. 그러자면 여전히 근면하고 똑똑하며 순종적인 젊은 인적 자원이 필요했다. 그렇지만 이미 신세대들은 그들 자신이 낡은 가치관과 오래된 관행, 관성과 결별해야 할 거대한 전환점에 서 있는 존재라는 것을 직감하고 있었다. 1990년대 초반 청바지 회사의 광고 카피였던 "난 나야!"라는 외침은 당시 젊은이들의 시대정신이었다. 그것을 깨닫지 못한 것은 정부와 기성세대였다. 정부는 자신들이 추구하는 정책적 지향과 실제 정책 수단 사이의 모순을 제대로 인식하지 못하고 있었다. '낡은 가죽부대에 새 포도주'를 채우려는 노력이 이어졌다.

신세대 엔지니어의 등장과 기업의 대응

1990년대에 등장한 신세대 이슈와 '새로움' 담론의 등장이 한국 엔지니어에게 갖는 의미는 무엇이었을까? 그것은 첫째, 엔지니어들이 활동하는 산업구조와 환경에 변화가 발생했음을 의미했다. 첨단산업 분야에서 기술의 진부성은 제거되어야 할 요소이다. 기술력을 자산으로 자신의 인적 자본 가치를 높여야 할 엔지니어들에게 정보통신, 반도체, 컴퓨터 등 신기술 분야의 발전은 도전이 아닐 수 없었다. 기성 엔지니어들은 기술 발전 속도를 따라잡기가 쉽지 않았다. 이에 기업 현장에서는 "글로벌리제이션, 인터넷의 대중화, 제품수명 단축 등 사회의 변화가 급속히 이뤄지면서 흐름을 따라오지 못하는 고령 직장인들이 회사에서 밀려나고 있다."는 보고와 진단이 잇달았다.[60] 삼성의 한 관계자는 "최근 생겨나는 신규 사업들은 대부분 영어실력과 해외경험, 전문성이 필요하다."며 "이런 사업의 파트장들은 모두 젊은 사람"이라고 말했다.[61] 신기술 분야의 전문성과 글로벌 활동 능력이 유망한 직장인이 갖춰야 할 필수 역량으로 자리잡기 시작했다.

둘째, 1990년대의 젊은 엔지니어들은 좌우 대립의 이념적 경직성에 크게 관심을 갖지 않았다. 국가적 차원의 의제나 공동체의 목적에 몰입하기보다 개인의 흥미와 관심을 중시하고 자신의 역량을 높이려는 다양한 활동에 집중하는 모습을 보였다. 영국과 미국을 중심으로 신자유주의 사상과 정책이 세계를 주도하던 와중에 1980년대에 이룬 정치적 각성이 1990년대에 들어와 새로운 가치를 지향하고 실천하는 문화적 전환(cultural turn)으로 연결되고 있었다. 신세대 엔지니어들은 무작정 밀어붙이는 군대식 조직 문화에 강한 반감을 표현했다. 이 때문에 종종 '낯선 인종'으로 보였다. 삼성그룹 회장 비서실에서 작성한 '신세대의 가치관 변화와 인사정책방향'이라는 간부 교육 자료에는 기업의 입장에서 바라본 '신세대 사원'의 특징과 그에 대한 당혹감이 담겨 있다.[62]

— 국가나 타인을 위한 자기희생을 기피하며 정치, 사회 등 간접적 관계사항에 대한 무관심과 함께 자신과 가족만을 중심으로 한 생활방식을 가지고 있음

— 승진의 출세 지향 욕구가 약화되어 현실 안주 경향이 강함

— 회사보다는 '일' 자체에 대한 애정이 강함

— 기성세대에 비해 근로의욕이 전반적으로 약화되고 있으나 적성에 맞고 보람을 느낄 수 있는 일에는 물불을 가리지 않고 몰두하는 경향이 있음

— 인간적인 리더십을 선호함

— 금전적, 물질적 보상보다 인간적, 정신적 보상을 중시함

셋째, 1990년대 이후 엔지니어들은 기술력뿐 아니라 조직 관리 및 경영 능력을 중시하기 시작했다. 한국 대기업의 인적 관리가 갖는 특징은 엔지니어를 기술전문가 경력으로 계속 지원하기보다 어느 정도 경력을 쌓은 후 중견 관리자로 전환시키는 것이었다. 이런 상황에서는 상당한 기술력을 갖춘 엔지니어라고 할지라도 관리자로 탈바꿈할 것인지, 아니면 기술 분야에서 계속 경력을 쌓을 것인지의 기로에 서게 된다. 기업 엔지니어가 기술 분야에 남겠다고 결정하더라도 승진에 한계가 있고 정년도 길지 않아, 어느 시점이 되면 사실상 이직을 준비해야 했다. 신세대 엔지니어들은 이러한 현실을 주변의 경험을 통해 잘 알고 있었다. 소수만이 경쟁에서 승리할 수 있는 기업 조직에서 이들이 자기계발과 미래 준비에 관심을 두고 과거 세대들이 경험하지 못한 새로운 직업 진로를 모색한 것은 자연스러운 과정이었다. 기업 또한 이와 같은 세대의 변화를 인식하고 그에 적응하려고 노력해야 했다.

그 대표적인 것이 이를테면 기업 문화의 등장이다. 1980년대에 진행된 민주화운동과 생산직, 사무직 직장인의 정치적 각성은 기업의 조직 및 인사 관리에서 새로운 변화를 요구했다. 권위적이고 억압적인 문화가 사라져야 할 폐습으로 여겨짐에 따라, 기업들은 불안정한 노사관계에 대응

하기 위해서라도 소속감과 화합을 강조하는 기업 문화에 주목하기 시작했다. 다시 말해, 1990년대 한국 사회의 변화와 성장이 기업 문화를 새로운 기업 전략의 한 유형으로 등장시킨 것이다. 기업 문화 전략은 기업 구성원들에게 하나의 공동체라는 정체감과 자부심을 고취하고 기업의 이미지를 제고할 수 있다는 점에서 효과적이었다. 전국경제인연합회가 『기업문화백서』[63]를 발간하고 대다수 대기업에서 기업 문화 운동을 시작한 것도 이런 맥락에서였다. 쌍용그룹은 자체 평가서에서 기업 문화 운동의 목적을 다음과 같이 서술하였다.

> 수년 전부터 기업들이 권위적 통제에 따르지 않는 신세대의 자발성, 창의성을 자극할 수 있도록 역할을 과감히 하부로 이전한다든가 '청년중역회의' 등을 통해 하부의 목소리를 고위 임원에게 직소할 수 있는 통로를 만든다든가 가까운 공원이나 교외로 나가 캔 맥주를 돌려 마셔가며 상하가 격의 없이 업무상 애로를 토로하고 대화하는 '캔미팅' 제도를 만든다든가 또는 과거 '사업보국', '제철보국', '희생' 등의 용어가 주류를 이루었던 기업이념이 최근 '인간존중'을 공통되게 강조하는 방향으로 변화한 것 등이 다 구시대적 권위주의와 관료주의를 청산해보려는 위로부터의 개혁, 즉 기업문화운동의 일환이다.[64]

기업 문화 운동은 한편으로 직장인의 사기를 북돋우고 기업 복지를 강화하는 데 기여했다. 하지만 다른 한편으로는 그것이 결국 피고용인을 효과적으로 관리하고 통제하기 위한 하나의 전략이었을 뿐이라는 비판을 받았다.[65] 1990년대 후반부터는 기업 문화론이 힘을 잃기 시작했다. 그 이유는 금융위기 이후 취업과 고용 환경이 악화된 데 따른 것이다. 기업 공동체 혹은 기업 문화 담론보다 개인의 역량과 자기계발에 기초한 치열한 경쟁 메커니즘이 우위를 차지하기 시작했다.

그렇지만 엔지니어를 비롯한 새로운 세대들은 이미 스스로를 문화적 주체로 인식하게 되었다. 이것은 곧 자신을 '의미를 생산해내는 실천적 주체'로서 자각했음을 의미한다. 신세대 엔지니어들은 문화에 대한 새로운 접근을 통해 변화를 도모했다. 이 때문에 기존의 획일화되고 권위적인, 그리고 성차별적인 공학 및 기술 문화에 대해서도 성찰할 수 있는 분위기가 형성되었다. 특히, 대학과 기술 기반 기업들에 팽배한 군대문화에 대한 비판적 성찰과 개선 필요성이 제기되었다.[66]

경제 위기 이후 이공계 위기의 진단

안타깝게도 세계화 담론과 기술 경쟁력, 문화적 다양성 논의가 활발하게 이루어지던 1990년대의 분위기는 1997년 불거진 경제 위기와 함께 급격히 위축되고 생존과 위기 담론으로 대체되었다. 그동안 비교적 안정적인 직업으로 인정받던 연구개발 분야의 엔지니어들이 특히 힘든 시간을 견뎌야 했다. 대기업 연구소와 정부출연연구기관의 감원과 실업률이 매우 높았기 때문이다.

> 기업들이 구조조정과정에서 연구 개발 분야 투자를 최우선적으로 감축, 고급 연구 인력의 대량 실직 사태가 발생하고 있다.… 서울대 공대 출신으로 대덕 연구단지 내 대기업연구소에서 근무하던 김모씨는 최근 기구 축소로 직장을 떠나게 되자 재취업을 포기하고 아예 식당을 개업했다.… 미국 굴지의 대학에서 박사학위까지 받아 국내 기업에 스카우트됐던 박모씨는 아예 연구소 자체가 통째로 폐쇄되면서 동료들과 함께 하루아침에 직장을 잃은 경우. 박씨는 현재 국내에서 재취업

하는 대신 요즘 경기가 좋은 미국에 다시 돌아가는 방안을 알아보고 있다. 실제로 최근 국제통화기금(IMF) 구제금융 신청 이후 연구소를 폐쇄하거나 연구 인력을 대폭 축소하는 대기업들이 늘고 있다.[67]

이 때문에 학생들 사이에는 "믿을 것은 오직 자격증뿐"[68]이라는 자조 섞인 이야기가 떠돌고 우수한 학생들이 이공계 진학을 꺼리는 현상이 나타났다. 대학에서는 이공계 학문의 위기를 걱정하는 교수들의 목소리가 물밀 듯 터져 나오기 시작했다.

최근 대학수학능력시험 계열별 응시자 추이를 보면, 1997년에서 2001년 사이 인문계열은 39만 3000명에서 46만 8000명으로 약 20% 증가하였고 예체능계는 7만 4000명에서 13만 1000명으로 약 77% 증가한 반면 자연계열은 35만 5000명에서 25만 1000명으로 도리어 30%나 감소하였다.… 이러한 사실은 단지 특정 학문 분야의 위기이기 이전에 국가 경쟁력의 위기일 뿐 아니라 우리나라가 21세기 지식기반사회의 선진국으로 발전하는 데 결정적인 장애가 될 수 있는 사회 구조적 조로현상이라는 점에서 그 심각성을 더하고 있다.[69]

칼럼을 작성한 서울대 공대의 김태유 교수는 수험생들의 '이공계 기피 현상'이 인문사회계 위주의 구태의연한 고시제도 등 뿌리 깊은 사농공상의 잘못된 사회통념에 기인한다고 진단했다. 텔레비전이나 매스컴에 자주 등장하는 인물은 대부분 정치인, 고급 관료나 연예인, 운동선수들이고 과학기술자는 찾아보기 어렵다는 것이다. 이러한 진단의 사실 여부를 떠나 많은 이들이 그 주장에 동조하였다. 대학의 이공계가 무너지고 있다는 우려와 그로 인해 핵심 산업기술 인력 양성이 제대로 이루어지지 않을 것에 대한 걱정이 줄을 이었다.[70] 이공계가 살아야 나라가 산다는 주장에 공감대가 형성되자 곧 이공계인들을 지원하기 위한 법적, 제도적 조치들이 구체화되기 시작했다. 그중 대표적인 것이 '이공계인의 공직 진출 확대'와 '이공계 지원 특별법 제정'이었다.[71]

하지만 정작 대다수 엔지니어들의 관심사는 공직 진출 활성화나 이공계 지원법에 있지 않았다. 이와 같은 정책은 이공계 대학 위주, 그리고 소수의 엘리트 집단에 해당되는 것이었기 때문이다. 오히려 많은 엔지니어들은 그들 직업의 경제적 지위와 사회적 위신이 다른 대졸 전문직들에 비해 현저히 낮다는 점을 문제시했다. 2004년 과학기술부와 한국과학문화재단이 실시한 '과학기술 분야 국민이해도 조사'에 따르면, 흥미롭게도 이공계 기피 현상을 가져온 원인에 대해 전문직에 대한 사회적 선호도가 높아졌기 때문이라는 응답률이 가장 높았다.[72] 설문조사에 나타난 인식은 이공계열 직업이 전문직이 아니라는 가정에 바탕을 둔 것이다. 즉, 이공계열 직업은 의사, 변호사, 회계사와 같은 전문직도, 안정적인 공무원도, 부를 쌓을 수 있는 기업가로도 인식되지 않았다. 이렇게 보면, 똑똑하고 재능 있는 사람들이 과학기술 분야 진출을 꺼리는 것이 전혀 이상하지 않다.

전문직으로서 엔지니어를 바라보다

여기에서 우리는 이 같은 진단이 맞는지의 여부를 따지기보다 엔지니어들도, 그리고 엔지니어를 바라보는 이들도 결국 전문직을 기준으로 기술직을 바라보게 되었다는 점에 주목할 필요가 있다. 한국과학기술총연합회가 발간하는 기관지인 『과학과 기술』에 나타난 기술 혁신 관련 데이터 마이닝 분석을 수행한 연구를 보면, 키워드로서 기술자라는 용어는 1980

년 이후 거의 사라지고 1998년 이후 세계화, 전문, 전문화와 관련된 용어가 증가한 것을 알 수 있다.[73] 이공계열 직업을 전문직의 견지에서 평가하고 비교하는 새로운 시기가 도래한 것이다.

전문직으로서 엔지니어 직업을 이해하려는 관점을 크게 둘로 나누어볼 수 있다. 하나는 전문직으로서 경제적 보상 구조와 사회적 지위 혹은 위신을 정립하려는 관점이고, 다른 하나는 기술 전문가로서 사회적 역할과 책임성을 높이려는 접근이다. 물론 이 두 관점은 서로 연결되어 있지만, 그럼에도 불구하고 각 관점에서 제시하는 문제 진단과 해결 방안이 다르고 각각의 담론을 주도한 주체도 다르기 때문에 이들을 분리하여 살펴볼 필요가 있다.

이 중 경제적 보상과 사회적 지위에 관한 논의에서 가장 조직화된 모습을 보인 집단은 공과대학의 교수들이었다. 이공계 위기 담론이 등장하자 교수들은 문제의 원인을 분석하여 제시하고 정책적 해결 방안을 모색했다. 이뿐 아니라 자신들의 생각을 조직화된 방식으로 표출하는 데도 적극적이었다. 1990년대 초부터 한국공과대학장협의회(1991), 한국공학한림원(1993), 한국공학교육학회(1993), 한국공학교육인증원(1999) 등 공학 부문을 대표하는 조직 및 기관을 설립하고 산업체 관점을 도입한 공학교육 개혁과 평가 시스템 구축, 이공계 특별지원법 제정 및 공직 진출 촉진 등의 활동에서 이들의 역할이 결정적이었다.

학계에서 강조하는 엔지니어 전문직의 역할은 주로 세계적인 수준의 연구개발 활동을 통해 성과를 산출하고 기업이 요구하는 질적으로 우수한 인재를 양성하는 데 있었다. 공학 부문의 전문성을 강화하려면, 전공의 경계 안에서 전공 심화 교육을 강화하고 정치적 중립성을 표방함으로써 엔지니어로서의 역할과 책임을 다할 수 있다고 믿는 경향이 강했다. 그렇지만 전문직화 혹은 공직 진출을 통해 정부-기업 관계에 대응하고 엔지니어의 이해를 관철하려는 시도는 엔지니어 조직화의 어려움, 자격증 제도의 한계, 전문성의 편차 등에 막혀 성공하기 어려웠다.

따라서 전문직에 도달하기 위해 개별 엔지니어들이 할 수 있는 가장 확실한 실천은 조직적 대응이 아니라 자기계발에의 몰두였다. 게다가 1990년대 이후 공학 분야에 지속적으로 적용된 '선택과 집중' 방식의 정책과 경쟁 원리의 작동은 이들의 심성과 태도에 영향을 미쳤다. 특히, IMF 경제 위기의 도래와 함께 엔지니어 개인의 경제적 기반과 고용 안정성이 흔들리자, '엔지니어 전문직의 미래'에 대한 믿음이 흔들렸다. 협력과 신뢰를 바탕으로 하는 공동체 담론은 무한경쟁과 개인 역량에 기반을 둔 경쟁력 담론에 자리를 내주었다.

그럼에도 불구하고 1980년대 이후 정치적, 문화적 주체로서의 경험과 지향이 엔지니어의 사회적 역할과 책임에 대해 새로운 지평을 열어온 점을 결코 간과할 수 없다. 이들 중 일부는 1980년대 이후 성장해온 시민운동에 뿌리를 두고 과학기술의 대중화, 혹은 시민과학운동을 주도했다.[74] 하지만 2000년대에 들어서면서 시민운동의 형식이 아니더라도 연구자로서, 기술 개발자로서, 혹은 기업가로서 활동하며 책임 있는 엔지니어로서의 삶을 만들어가려는 움직임이 가시화되고 있다.

그 출발은 1990년대에 불거진 여러 기술 논쟁과 위험 이슈의 대두에서 비롯되었지만 점차 삶의 터전인 지역과 일터, 가족과 주변 이웃에 대한 변화를 도모하는 방향으로 발전되고 있다. 이런 움직임이 갖는 특징은 거대한 사회 문제에 천착하기보다 오히려 일상과 삶에서 지속적으로 발생하는, 비록 작지만 많은 사람과 환경에 영향을 미치는 이슈들에 주목한다는 것이다. 이들이 고려하는 사회적 책임은 따라서 특정한 기술 이슈에 국한되지 않고 삶의 영역 속에 널리 퍼져 있는 정치적, 경제적, 문화적 이슈들과 직접 대면하는 경우가 많다.

본래 서로 다른 두 개의 전문성이 존재한다고 말할 수는 없다. 하지만 한국 엔지니어의 전문성은 두 개의 관점과 궤적을 따라 발전된 것처럼 보인다. 하나는 국가와 산업 발전에 기여하는 국민이자 산업역군으로서의 관점이고, 다른 하나는 커뮤니티의 책임 있는 구성원으로 활동하려는 시민적 정체성 관점이다. 이 두 관점은 동일한 이슈에 대해 서로 다르게 이해하고 접근한다. 예컨대, 세계화에 대응한다고 할 때, 전자의 전문성은 치열한 국제 경쟁이라는 맥락과 민족주의적 심성, 목표 달성을 위한 도구적 관점을 바탕으로 접근하는 반면, 후자는 인류 보편이 추구하는 가치와 공존에 대해 더 많은 관심을 보인다. 이 두 궤적이 만들어지고 종종 대립하는 것처럼 보이는 것은 우리 사회의 근대화와 산업화, 민주화를 둘러싸고 전개된 정치, 경제, 사회적 갈등과 맞닿아 있기 때문이다.

21세기를 살고 있는 한국의 엔지니어들이 이 두 관점의 간극을 뛰어넘어 새로운 방식의 접근법을 재구성해낼 수 있을지는 매우 중요한 이슈가 아닐 수 없다. 어떤 방식으로든 엔지니어들이 기술과 사회, 미래에 대해 새로운 상상과 비전을 고민하기 시작했다는 점은 큰 의미가 있다.

8장

엔지니어 집단의 분화와 전문직의 재구성

한국 엔지니어의 분화와 '전문직' 프로젝트

한국 엔지니어들이 전문성 혹은 전문직주의(professionalism)[1]가 부족하다고 비판받은 적이 있었던가? 전문직주의 형성의 관점에서 한국 엔지니어 집단의 변화와 발전을 조망한 연구는 거의 찾아보기 어렵다. 엔지니어 내부에서도, 외부에서도 전문직 종사자로서 이들의 사회적 책임과 역할을 다룬지가 오래 되지 않았기 때문이다.

전문직의 관점에서 엔지니어 직업에 대한 탐색과 토론이 활발히 이루어지지 않았다는 것은 우리 사회를 위해서도, 엔지니어들을 위해서도 바람직하지 않다. 엔지니어라는 직업은 근대화와 산업화의 중심부에서 출현하고 발전해왔다. 이들은 국가 재건과 경제 발전뿐 아니라 지속 가능한 미래를 만들어 가는데도 핵심 행위자로서 역할을 수행하고 있다. 기술이 세계와 일상의 변화를 주도하고 있는 이때, 놀랍게도 우리는 엔지니어에 대해 잘 알지 못한다.

1990년대 후반에 등장한 이공계 위기 담론의 핵심 주제는 전문직주의였다. 전문직주의에 대한 엔지니어들의 관심은 1980년대 후반에도 잠시 나타났지만 당시 이슈는 지식 계급으로서 화이트칼라에 관한 논의 그 이상으로 나아가지 못했다. 그 점은 서구 사회와 확연히 비교된다.

서구에서는 20세기를 전후하여 출현한 각종 화이트칼라 직종, 예를 들어 의사, 변호사, 회계사, 엔지니어 등을 근대적 전문직으로 이해하고 이들의 활동과 역할을 제도화하여 정착시키는 데 많은 관심을 가졌다. 전문직이 국가와 사회 발전을 위해 필수적이고 중요한 수단이라는 인식이 깔려 있었던 것이다.[2] 한편, 전문직의 사회적 지위가 높은 만큼 전문직 종사자들이 그에 걸맞은 사회적, 도덕적 책무를 실천하여 공공선 실현과 민주주의 확산에 기여할 것이라는 강렬한 기대가 있었다.[3]

그렇지만 엔지니어 직업이 한 사회에서 전문직으로 인정받고 정착되는 과정은 국가에 따라 상이하다. 그 과정은 종종 갈등을 수반했다. 엔지니어 전문직이 전통적인 전문직과 다른 특성을 갖고 있었기 때문이다.[4]

일반적으로 전문직주의가 가능한 이유는 특정 집단이 전문지식의 독점에 기초하여 조직적 차원에서 국가와 암묵적 계약을 맺을 수 있기 때문이다. 국가는 전문 직종에 대해 권위적 억압과 통제를 완화하는 대신 전체 국가시스템 운영과 유지에 드는 비용을 절감할 수 있는 이득이 있고, 전문가들은 자체적인 규범과 문화를 기반으로 경제적 보상, 직업의 위신과 자율성을 보장받을 수 있는 정당성을 확보하게 된다.

이런 측면에서 볼 때, 엔지니어 전문직 구축에서 가장 결정적인 문제는 국가와의 거리두기가 사실상 어렵다는 데서 발생한다. 엔지니어들 대부분이 기업 내지 국가에 고용되는 현실에서 과연 전문직 엔지니어가 지식의 독점을 근거로 국가와 협상할 독자적인 역량을 가질 수 있을까? 게다가 엔지니어 직업은 내부적 편차가 큰 편이다. 기술사(技術士, professional engineer)와 같은 특정 분야의 자격제도[5]와 관련된 조직을 제외하면, 다른 종류의 조직화를 통해 국가와의 관계에서 협상력을 확보하기가 쉽지 않다. 따라서 엔지니어 전문직의 보상구조와 자율성 확보, 제도화는 다른 전문직과 차이가 있을 수밖에 없다.

식민지배, 분단과 극심한 이념 갈등을 거치며 형성된 기술-국가 프레임은 한국 엔지니어 전문직의 위상과 역할에 큰 영향을 미쳤다. 이 점은 다른 국가들과 구별되는 독특한 한국 사회의 특징이다. 이 장은 1980년 이후 엔지니어들이 자신의 직업적 정체성을 인식하고 형성하는 데 영향을 미친 결정적인 역사적 계기들을 살펴본다.

첫째, 1980년대 노동자 대투쟁의 성공이 대졸 엔지니어를 생산직 기술자로부터 구별 짓거나 차별화하는 계기가 되었음을 강조할 것이다. 둘째, 연구개발 인력으로 분류되는 대학과 연구기관의 엔지니어들이 정부의 '선택과 집중' 정책에 부응하고 정량적 성과 중심의 시스템을 수용하여 강화시켜온 과정과 그 결과를 논할 것이다. 셋째, 1997년 경제 위기를 계기로 불거진 이공계 위기 담론에 대한 대응으로서, 대학이 공학교육인증제도의 도입을 통해 전문직으로서 엔지니어 직업의 위상과 역할 정립을 시도했던 과정에 대해 살핀다. 넷째, 1990년대 이후 제기된 각종 대형재난사고와 기술 위험에 대한 불안 속에서 이에 관한 논쟁과 안전성 요구가 등장하고 엔지니어 전문직의 책임에 대해 시민사회 차원의 참여와 평가 필요성이 제기되었음을 논의하고자 한다.

1980년대 이후의 사회정치적 변동과 세계화 과정은 한국 엔지니어의 성장과 분화를 가속화한 주요 요인이었다. 이후 엔지니어의 역할과 정체성은 크게 진동하며 변화했다. 과연 전문직으로서의 위상을 추구했던 엔지니어들의 목적은 달성되었을까?

이 질문을 다루기 위해 우리는 전문가(professional)와 엑스퍼트(expert)를 구별할 것을 제안한다.[6] 전문직(profession)이란 전문지식(expertise) 그 자체가 아니라 전문지식을 바탕으로 조직을 결성하여 '일'에서 자신의 전문직주의를 수행하며, 직업적 정체성과 공익의 가치를 실현하고, 이를 통해 시민의 협력과 신뢰관계 형성을 지향하는 제도로서의 속성을 통칭한다.[7] 전문가란 전문직의 구성원으로서 정체성을 갖는다. 전문가는 전문지식 및 노하우라는 능력을 넘어 직업적, 도덕적 역량과 책임성을 중시한다. 따라서 전문가는 엑스퍼트이지만 엑스퍼트라고 해서 모두 전문가는 아니다.

엄밀하게 따지면, 처음부터 엔지니어 직업이 전문직이어야 할 당위성은 존재하지 않는다. 따라서 한국 엔지니어의 성장과 발전을 탐색할 때에도 그렇게 전제할 이유는 없다. 그런데 만약 우리가 어떤 직업에 대해 전문직이라 여기고, 그에 따른 역할과 책무를 요구하고 있다고 가정해보자. 그것은 누군가의 노력에 의해, 오랫동안 의도적으로 그렇게 만들어져, 많은 사람을 설득하는 데 성공했다는 것을 의미한다. 그런 의미에서 전문직은 사회적 구성물이다.

왜 한국의 엔지니어들은 근대화 이후 전문가로서의 책임성이나 전문직주의가 부족하다고 제대로 비판받은 적이 없을까? 어쩌면 그것은 그들의 전문직 프로젝트가 그다지 성공적이지 않았음을 의미하는 것일지도 모른다. 이제 한국 엔지니어들의 전문직 프로젝트가 전개된 과정을 살펴보도록 하자.

1. 엔지니어 직업의 계층적 분화

직업군별 인구집단의 변화 추이를 보면, 한국의 직업 구조가 크게 어떤 방향으로 움직여왔는지를 알 수 있다. 경제활동인구조사에 따르면, 전문직 및 기술공, 준전문가의 비중이 1983년 4.8퍼센트에서 2010년 18.9퍼센트로 크게 증가했다. 이처럼 전문기술직 비중이 전체 인구에서 차지하는 비중이 점점 커지고 있는 것은 확실한데, 그 내부 구성이 어떻게 변화했는지에 대한 분석 연구는 많지 않다. 다행히 1985년부터 2009년에 이르는 24년간 데이터를 5년 주기로 나누어 직업대분류에 따른 인구집단의 동질성과 차이성을 분석한 연구가 있다.[8] 이로부터 중요한 시사점을 얻을 수 있다.

연구의 요지는 1985년 이후 생산직과 사무직 간 동질성은 약화된 반면 전문직과 사무직 간 이질성은 감소하는 경향을 보인다는 것이다. 직업군에 따른 인구집단의 속성을 결정하는 데는 교육의 영향이 컸다. 교육 수준의 향상은 화이트칼라 직업들 간의 동질성을 향상시킨 반면 블루칼라 직업들과의 이질성을 키웠으며, 블루칼라 직업군의 고령화는 화이트칼라와의 이질성을 증가시킨 것으로 나타났다.

그렇다면 조사 결과에 드러난 직업 간 동질성과 이질성은 어떤 과정을 통해 형성된 것일까? 1980년대 한국의 생산직과 사무직 부문은 중대한 변화를 겪었다. 이 변화는 크게 두 과정을 통해 전개되었다. 하나는 인정 투쟁의 성격을 가진 노동자 대투쟁이고, 다른 하나는 생산직 기술자 계층과 구별되어 지식인 계층으로 자리매김하려는 엔지니어들의 '구별짓기' 전략이었다.[9] 1980년대 중반부터 "고급 두뇌", "두뇌 강국", "두뇌 집단", "연구 두뇌" 등 유난히 두뇌를 강조하는 이미지가 많아지더니 1990년대에는 이공계 대학원에 큰 영향을 미친 지원 사업의 명칭이 BK21(Brain Korea 21)로 명명되기도 했다. "고급 인력" 양성 담론이 대거 나타나기 시작한 것도 1980년 무렵이었다.[10] 이 같은 현상은 한편으로 기술 기반 산업으로의 질적 전환이라는 구조적 변화를 반영한 것이지만, 다른 한편으로는 전문지식인으로서 자리매김하려는 과학기술 부문 연구자들의 노력을 반영한 것이기도 했다.

1987년 여름, 한국 사회는 뜨거웠다. 그해 7월부터 9월까지 3개월 동안 3,000건이 넘는 노동쟁의가 발생했다. 이 수치는 당시까지 발생한 노동쟁의 전체 건수를 넘어서는 놀라운 수준이었다. 특정 분야에서만 발생한 것이 아니라 전 산업 분야의 노동자들이 운동에 참가했다. 범위와 강도 면에서 전례가 없었던 1987년 노동자 대투쟁의 성과와 한계에 대해 여전히 의견이 분분하지만,[11] 그 규모와 우리 사회에 미친 영향에 관한 한 의견이 다르지 않다.

노동자 대투쟁의 목적이 단순히 임금 인상, 노동 환경 개선을 위한 것은 아니었다. 사회 발전에 기여한 정당한 구성원으로서 노동자 정체성을 선언하여 자기실현의 사회적 조건을 확보하려는 싸움, 즉 인정 투쟁으로 진행되었다는 점이 중요하다.[12] 사회학자 구해근은 1987년 노동자 대투쟁이 단순히 노동 착취와 국가의 탄압을 향한 노동자의 저항이 아니라고 말한다. 오히려 그동안 누적되어온 노동자에 대한 비인간적 대우, 즉 언어적 모욕, 육체적 학대, 성희롱 등에서 비롯되었다는 것이다.[13] 장시간 노동과 유해한 작업 환경, 저임금을 감내해왔지만 생산직 노동자들에게 돌아온 것은 공돌이, 공순이라는 비아냥거림과 천대뿐이었다. 1976년 한 언론 기사는 대학에서 '공돌이'라는 표현이 '공과대학을 다니는 대학생'을 의미하는 은어로 사용되고 있다는 조사를 소개하며, 놀라움을 금치 못했다.[14] 대학생과 공돌이는 그만큼 겹쳐지지 않는 이미지였다.

구해근은 공순이, 공돌이라는 말이 무식하고, 부도덕하며, 문화적으로 천박하고, 실력 없는 사람을 의미하며, 이는 교육받지 못한 사람, 즉 못 배운 사람에 대한 다른 표현이었다고 평가한다. 하지만 노동자 투쟁을 통해 이들은 변화하기 시작했다.

난 노동자입니다. 전 공순이라는 말이 부끄럽지 않습니다. 만일 우리

라인에서 내가 빠져 버린다면 우리 라인은 큰 지장을 가져옵니다. 나 한 사람이 빠져도 그런데, 만일 모든 라인 사람들이 빠진다면 회사는 운영을 하지 못하게 됩니다. 아무리 사무직 직원들이 볼펜 굴리고 목에 힘을 주고 우리 앞을 왔다 갔다 할지라도 우리가 없으면 그 사람들은 굶어야 합니다. 그러므로 난 자부심을 갖고 있습니다.[15]

그랬다. 노동자들의 자기의식 변화는 독자적 주체로서 그들의 독립과 정체성 확립을 가능케 하는 원동력이었다. 이러한 변화는 지금까지 노동운동을 지원하고 어떤 측면에서는 주도해왔던 대학생과 지식인 집단으로부터의 독립을 의미했다.

임금 상승과 노동 조건의 향상을 넘어 동등한 사회 구성원으로의 지위에 대한 요구와 확인으로까지 나아간 노동자들의 운동은, 이공계열 대학생과 직장인들에게도 영향을 미쳤다. 실제로 독자적인 노동자 중심 운동이 강화되자 노동자와 학생운동의 연계는 점차 축소되었다.[16] 반면 농민운동, 빈민운동과 같은 소외집단들의 운동이 활성화되고 여성운동, 환경운동 등이 시민운동의 일환으로 성장하기 시작했다. 이와 같은 흐름은 1980년대 말과 1990년대 초반에 발생한 사회주의권의 몰락, 1992년 말 김영삼의 대통령 당선으로 더욱 가속화되었다.

사회운동의 축이 대학과 학생운동에서 노동 현장과 시민운동의 영역으로 이동하고 분화되자, 산업역군이라는 호명은 생산 현장에서도 대학에서도 더 이상 받아들여지지 않았다. 생산직 기술자들이 자신들의 권리와 정체성을 찾아 독립하고 있는 상황에서 이공계 대학을 다니거나 졸업한 이들도 변화된 세상에서 무엇을 지향하고 추구할지를 고민하지 않을 수 없었다. 하지만 이들 앞에는 세계적인 경제 패러다임의 변화와 산업혁신에 맞추어 인적 자본으로서 스스로의 가치와 역량을 높여야 한다는

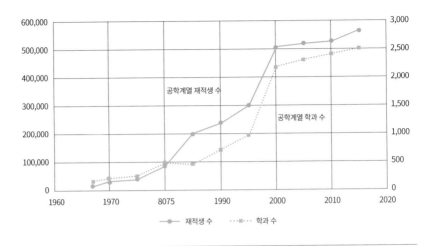

〈그림 8-1〉 공과대학 졸업생 추이

전혀 새로운 도전이 기다리고 있었다.

이제 사람들은 사회적 위신과 직업적 보상이 높은 직업을 원했고, 기업들은 인적 자원으로서의 가치와 구체적인 산업 분야별 능력을 가진 이들을 필요로 했다. 이러한 요구들이 서로 맞물려 강력하게 제기되자, 정부와 대학은 우선 정원 확대 정책과 학과의 분화로 대응하였다. 〈그림 8-1〉에서 볼 수 있듯이, 1980년 이후 공학계열 학과와 학생 수가 크게 증가하기 시작했다.

1980년대 이후 공학계열 졸업생들은 재벌 대기업이나 정부출연연구기관을 선망했다. 고용이 안정되고 경제적 보상과 복지 체계가 좋다는 이유도 있었지만 전공을 살려 일할 수 있으리라는 기대도 한몫을 했다. 연구개발자로서의 삶을 기획하는 공대생들도 많아졌다.

정부도 과학기술입국(科學技術入國)을 강조하였고 기업은 기초과학 능력을 갖춘 인재를 요구했다. 이는 곧 대학 연구의 성장으로 연결되었다. 연구개발 인력을 양성하려면 학부뿐 아니라 대학원을 통한 인력 양성과

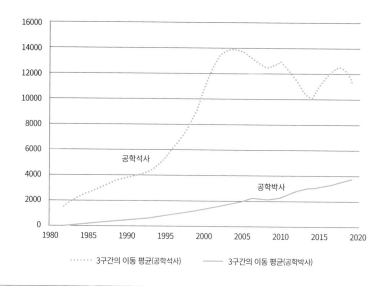

<그림 8-2> 공학계열 석사 및 박사 졸업생의 증가 추이

대학의 연구 역량 강화가 필요했기 때문이다. 공학계열 석사와 박사 졸업생이 1990년대 중반 이후 급증한 것은 이러한 맥락과 관련되어 있다. 1981년에 53개에 불과했던 기업부설연구소 규모는 1990년 966개, 1995년 2,270개로 크게 증가하였다. 특히, 1981년까지만 해도 모두 대기업 산하 연구소였지만 1990년 이후에는 중소기업이 차지하는 비율이 압도적으로 높아졌다.[17]

대학원 진학에 대한 관심이 높아지고 연구개발 인력으로 취업하는 데 관심이 커진 덕분에 엔지니어 직업은 점점 전문직 영역으로 인식되기 시작했다. 대학원 석사와 박사 졸업생의 증가는 때마침 생산직 노동운동이 성공을 거둔 시기와 거의 일치했다. 이로 인해 연구개발 인력으로서 엔지니어 직업은 점점 더 생산직 기술자들과 구별되고 계층적으로도 분화되었다.

한편, 생산직과 연구개발직 부문 간 분화와 차별화가 인정 투쟁과 구별 짓기 전략 못지않게 산업구조의 고도화에 수반되는 자연스런 기술 인력

조정의 결과가 아닌가라는 질문을 제기할 수도 있다. 하지만 1980년대 내내 한국은 심각한 기능 인력 부족으로 몸살을 앓고 있었다. 극심한 인력난을 호소하는 제조업체들 때문에 정부는 외국인 노동자 유입 정책을 펼 수밖에 없었다. 이때부터 한국의 3D 업종과 중소 제조업체의 핵심 인력이 외국인 노동자로 채워졌다. 또한 정부는 산업대학과 기능대학을 설립하여 전문 기능 인력의 양성을 도모했다.

요약하자면, 생산직과 사무직 사이의 비동질성 확대와 사무직과 전문직 사이의 동질성 확대를 단순히 산업 발전 및 재구조화에 따른 것이라고 볼 수 없다. 오히려 산업적 전환의 와중에 자신의 직업적 위상과 정체성을 정립하려는 엔지니어 집단의 노력과 투쟁의 결과로서 보아야 할 것이다.

2. 엔지니어 정체성의 정치와 전문직주의의 확장

산업화와 민주화의 열기가 가득했던 1970년대와 1980년대를 지나온 한국인들에게 1990년대는 새로운 시대의 도래를 의미했다. 엔지니어들에게도 마찬가지였다. 1980년대를 거쳐 진행된 생산직으로부터의 계층적, 문화적 분화는 엔지니어들에게 종착역이 아니라 또 다른 출발점을 의미했다. 국가와 산업 발전에 '유용하고 생산적인' 인적 자원임을 증명하는 데 한동안 효력을 지녔던 학력이나 기술 자격증만으로는 엔지니어로서의 역량과 사회적 인정을 주장하기 어려워졌다.

계속되는 기술 혁신과 신산업의 출현, 세계화의 진전으로 기존의 지식은 빠르게 진부해졌고 기업과 사회의 요구에 부응할 수 있는 새로운 역량에 대한 요구가 커졌다. 패러다임의 전환기로도 불렸던 1990년대의 시간 속에서 엔지니어들은 처음부터 조직화된 목적을 가지고 움직인 것은 아니지만 점차 이들의 지향점은 전문직을 향했다.

전문직주의로 나아가는 과정에서 정부의 과학기술정책과 대학정책, 교육체계, 전문직의 책임성 이슈가 서로 연결되었다. 이 절은 첫째, 엔지니어들이 연구자 혹은 고급 기술 인력으로 자리매김하는 과정과 관련하여 대학 연구의 활성화와 경쟁 원리의 도입을 가져온 정부 정책의 전개 과정과 그 결과를 논의한다. 둘째, 2000년대 초반 이공계 위기 담론이 등장한 이후 전문직 육성의 차원에서 대학의 공학교육이 가진 한계를 인식하고 한국공학교육인증원을 필두로 교육 개혁을 추진한 과정을 다룬다. 끝으로 1990년대 이후 우리 사회에서 불거진 첨예한 기술 논쟁들에서 엔지니어들이 취한 태도와 그에 대한 사회적 인식의 변화를 검토한다.

1990년대 이후 엔지니어의 정체성 형성이 결국 전문직을 지향했다는 것은 여러 경로를 통해 확인할 수 있다. 이들은 자신들의 지식 및 가치 체계의 독자성 확보를 위해 노력했다. 가능한 경우에는 관할영역(jurisdiction)을 확보하여 전문성의 경계를 지키고 그 정당성을 확보하고자 했다. 또한 전문직 활동에 대한 국가의 제도적 지원을 이끌어내기 위해 조직화된 집단적 의견을 표출하기도 했다. 하지만 이런 노력에도 불구하고 전문직의 주요 특징인 탈집중화된 형태의 직업적 통제와 자율적 규제가 가능할지, 전문직주의와 자율성에 기초한 책임성이 일상의 직업적 실천으로 구현될 수 있을지는 여전히 문제적이다.

이제 엔지니어들이 전문직 정체성을 구축하기 위해 어떤 노력을 기울여왔는지를 살펴보도록 하자. 우리는 이것을 한국 엔지니어의 전문직 프로젝트(professional project)라고 부를 것이다.[18]

대학 연구의 활성화와 연구개발자 엔지니어의 성장

과학기술 발전에 힘입어 세계화와 정보화, 네트워크화가 급속히 진행되자, 엔지니어들은 지식기반사회의 주역으로 나아갈 절호의 기회를 맞았다. 1990년대 이후 대기업연구소와 정부출연연구소를 중심으로 뛰어난 기술 혁신의 성과들이 속속 등장했다. 세계적 수준의 기술 경쟁력 확보가 강조되는 환경에서 자연스럽게 대학의 연구와 교육 경쟁력에 관심이 모아지기 시작했다.

> 대기업 중소기업을 막론하고 우수기술 인력의 확보가 곤란하고 특히 첨단산업 중심의 산업구조 개편과 정보화 사회가 촉진되는 상황에서 필수적인 우수기술 인력의 공급부족이 계속될 때 우리 경제사회의 중장기발전이 어둡다는 것은 심히 우려되는 일이다.… 따라서 고급과학기술 인력 양성을 위해서라면 어떠한 희생과 부작용을 무릅쓰고라도 의식을 전환하여 정책 선택을 주저하지 않으면 안 되며 특히 이러한 선택은 빠르면 빠를수록, 과감하면 과감할수록 좋다고 본다.[19]

특히, 민간 영역에서 우수한 연구개발 인력에 대한 수요가 크게 증대하고 있어, 바야흐로 기업 중심의 기술 혁신 체제가 도래했음을 알려주었다.

> 민간연구소들이 기술개발의 요람이라고 할 수 있는 연구계를 주도하고 있다.… 최근에는 민간연구소 설립이 크게 늘어나면서 양적 질적 성장을 거듭해 이들 기업연구소가 정부출연연구소 국공립연구소를 제치고 명실상부한 기술 혁신의 주역으로 부각되고 있다.… 81년 불과 53개로 출발한 기업연구소가 91년 4월 1천개를 넘어선 이후 증가추세가 최근

까지 이어지면서 1천 7백 개에 육박하게 된 것이다.… 고급인력이 정부 출연연구소나 대학만을 찾던 시대도 옛날 얘기가 됐다.[20]

곧 대학 교육과 연구의 문제점이 드러났다. 고급 인력이 정부출연연구소나 대학을 찾던 시대가 옛날이야기가 되었다든지, 우수한 인재를 양성하고 첨단지식을 주도해야 할 대학 교육과 연구 현장에 문제가 많다는 비판이 이어졌다. 사람은 많지만 꼭 필요한 사람은 없고 연구 성과 또한 실용성이 떨어진다는 것이다. 대학의 교육체계와 연구시스템에 대한 평가는 차갑기 그지없었고, 대학은 곧 개혁의 대상으로 인식되었다.

언론을 필두로 대학교육에 대한 대규모 무장해제 작업이 진행 중에 있으며, 교육개혁의 큰 틀 안에서 대학에 대한 전면적인 개혁이 사회적 관심의 초점이 되고 있다. 대기업에서는 변화하는 산업사회에 적절한 인재를 대학이 배출하지 못한다고 비난하고 있으며, 사회에서는 대학 교수의 연구수준의 미흡함과 학생들의 안이한 학습태도 및 낙후한 교육환경에 대하여 혹독한 비난의 시선을 거두지 않고 있다.[21]

1990년대에 들어 노동운동과 사회 민주화운동이 어느 정도 성과를 거두었다는 인식 아래 이제는 대학의 사회적 역할과 임무를 평가하려는 흐름이 형성되었다. 전례 없이, 세계적 비교 평가의 관점에서 대학의 경쟁력 순위에 대한 관심이 높아졌다.

교육과 연구에서 대학의 경쟁력을 어떻게 하면 세계적인 수준으로 높일 것인지가 초미의 관심사로 대두되자, 위로부터의 대학 개혁이 추진되었다. 1995년에 발표된 5·31 교육개혁이 대표적인 사례이다. 경쟁력이 개인과 기업뿐 아니라 대학과 학문을 평가하는 기준으로도 등장했다. 정부

는 경쟁 원리에 따른 '선택과 집중'의 지원 정책을 제시했고 대학재정지
원사업이 그 지렛대가 되었다. 예를 들어, 1970년대까지 정부가 지원하는
대학 예산은 주로 학생 수나 교직원 수를 기초로 배정되었으나 1980년대
이후에는 시장형 지원으로 변경되었다. 여기에서 시장형 지원이란 공개경
쟁을 통한 연구비 수주와 대학의 대응투자 의무화, 모니터링 강화, 연구
지원비 확대 등을 의미한다.[22]

정부가 대학 지원금과 등록금 이외의 재원을 철저히 통제하는 가운데
선택과 집중의 원리가 적용되자 대학 간 경쟁이 격렬해지기 시작했다. 이
과정에서 정부와 대학의 관점 사이에 괴리가 있었다는 점에 유의해야 한
다. 대학 경쟁력 확보를 통해 지식기반사회로의 질적 도약을 꾀하겠다는
정부 정책은 대중적 호소력을 가지고 있었다. 하지만 과거의 경험에 기초
할 때, 정부 정책의 일관성과 지속성에 대한 대학 측의 신뢰는 높지 않았
다. 정권이 바뀌면 언제든지 정책이 바뀔 수 있다는 불확실성이 컸기 때
문이다. 이 점은 정부도 마찬가지였다. 정부는 재원 활용의 자율성을 강
조하는 대학을 신뢰하지 않았다. 이와 같은 상호 불신과 긴장은 대학 지
원에 대해 정량적인 성과를 요구하는 형태로 나타났다.

경쟁이 치열한 상황에서 평가 기준의 적합성과 공정성은 대학에서 매
우 예민한 이슈가 되었다. 예산 배분과 성과를 책임져야 할 정부 입장에
서는 누구도 불만을 제기하기 어려운 '객관적인', 엄밀하게 말하면 '객관
적이라고 여겨지는' 잣대가 필요했다. 그 결과 해외의 대학평가기관이 활
용하는 기준을 벤치마킹하여 SCI 논문 수, 교수 대 학생 비율, 학부와 대
학원 비율, 기술이전, 산학협력 계약, 특허와 같은 계량적 지표가 사용되
었다. 이로 인해 정량지표가 부각되었다. 정성지표도 함께 활용되었지만
사실상 정량지표를 보완하는 수준에 그쳤다.[23] 해당 지표에 따른 가시적
성과는 실제로 크게 향상되었다.[24]

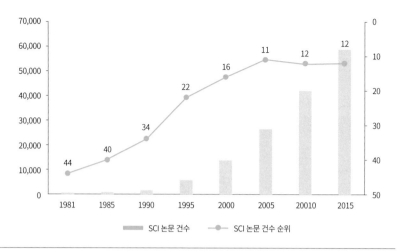

〈그림 8-3〉 우리나라 SCI 논문 수 증가 추이

〈그림 8-3〉에서 볼 수 있듯이, 1990년대 이후 대학에서 나오는 SCI 논문 수가 급격히 증가했다. 과학논문 기준의 세계 순위가 2005년 이후 다소 정체되는 모습을 보이지만 실제 연구 역량의 정체라고 볼 수는 없다. 연구의 양적 성과가 어느 정도 자리를 잡았다고 판단하자 정부는 연구의 질적 성과와 산학협력 지표를 대학 평가 기준으로 강화했다. 이로 인해 대학 역시 새로운 기준을 교수 채용 및 인사평가의 주요 잣대로 삼았다. 이 역시 곧 전국 이공계 대학으로 확산되었다.

부작용 역시 만만치 않았다. 정량적 기준의 평가 시스템 도입이 가속화되자 대학과 학과의 특성은 은연중에 무시되었고, 정량적 성과에 따라 우수 대학과 우수 학과가 구별되었다. 그에 따라 반발이 일어나고 대학 내 위화감이 조성되었다. 과학논문 성과만으로 따지면 이미 세계적 수준인데 대학 명성은 그에 미치지 못한다든지, 논문 위주로 교수를 채용하다 보니 신진 연구 인력 양성이 지체되고 오히려 경력 있는 교수들의 대학 간 이동이 빈번해지는 등의 문제가 발생했다.

이 때문에 한편에서는 연구 업적에 대한 과도한 집중이 오히려 대학 교육의 질을 낮추고 있다는 비판이 제기되었다. 대학의 정부재정지원사업 의존도가 커지자 애초에 의도했던 대학 특성화가 아닌 그 반대 현상, 즉 획일성이 강화되는 동형화 현상이 나타나기도 했다.[25] 연구자 개인에게도 마찬가지였다. 우수한 연구개발 인력임을 증명할 가장 확실한 방법은 우수 논문 실적을 쌓는 것이고, 우수성의 판단은 측정 가능하고 순위가 매겨질 수 있는 성과여야 했다. 관련 지표가 무엇이든 여기에서 주목해야 할 것은 우수한 연구개발 인력의 기준이 몇몇 지표들로 환원되고 있다는 점이다. 연구개발 전문직의 요건은 이렇게 축소되고 계량화되었다. 지표가 정밀하고 정교해질수록 엔지니어 연구자의 역량은 역설적으로 전문직이기보다 전문기능직에 가까워졌다.

이공계 위기 이후 공학교육 개혁의 주체와 의제

1990년대 후반 일부 대학이 부도 위기를 맞는 등 구조조정의 대상이 되자, 대학들은 정부와 기업이 요구하는 교육 개혁과 경쟁력 평가를 받아들이지 않을 수 없게 됐다. 학생과 산업체에 인기가 없는 학과들, 예를 들어 철학, 역사, 일부 자연과학, 외국어학과 등은 대학에서 축소되거나 해당 교수 인원이 퇴출되는 사태가 벌어졌다. 정부의 대학정책에 대한 비판은 당장 살아남는 게 급선무라는 상황 논리에 묻혀 대학 내부에서조차 힘을 발휘하지 못했다.

> IMF 한파가 전국의 대학 캠퍼스를 꽁꽁 얼어붙게 만들고 있다. 벌써 몇 달째 교수 월급을 주지 못하는 대학이 있는가 하면, 무리하게 외채를 끌어다가 사업을 벌였다가 환차손이라는 된서리를 맞고 비틀대는

대학도 속출하고 있다. 대학들은 저마다 긴축 예산이다, 구조 조정이다 하여 온갖 묘안을 짜내며 살아남기에 안간힘을 다하지만, 자력으로 위기를 타고 넘기에는 모두가 힘에 부치는 모습이다. 대학 관계자들 사이에서는 이미 '이대로 가다가는 올 한 해를 버티지 못하고 쓰러지는 대학이 나올지 모른다'는 전망까지 번지고 있다. 누구도 입에 담기를 꺼리는 '대학 파산 시대'가 IMF 회오리와 함께 성큼 다가오고 있다는 것이다.[26]

한국에 공학교육인증원이 설립되고 인증체계가 도입된 것이 바로 이 시기다. 1999년 설립된 공학교육인증원의 김우식 초대 원장은 공학교육인증이 교육의 수준을 진단함으로써 교육을 질을 높일 수 있을 것이라고 강조했다. 여기에서 실제 중점을 둔 것은 산업계 요구에 부합하는 공학교육체계의 구축이었다.

그 동안 공과대학 교육이 산업현장과 너무 동떨어져 있다는 지적이 많았습니다. 실제로 대학을 졸업해도 산업체에서 2-3년 간 더 가르쳐야 현장에 투입할 수 있을 정도입니다. 이런 문제점을 해결하기 위해 발족한 것입니다.[27]

공학교육인증원의 발족과 함께 미국과 유럽, 일본 등 해외 공과대학들이 사용하고 있는 공학교육인증시스템이 일부 대학에 도입되기 시작했다.[28] 공학교육인증체제의 도입은 세계적 기준의 평가체계를 적용한다는 것 그 이상의 의미를 가졌다.

첫째, 한국공학교육인증원 설립은 1980년대 이후 진행된 엔지니어 직업의 분화, 그리고 정부, 산업, 사회로부터의 새로운 교육적 요구에 대한 공과대학 교수 차원의 조직화된 대응이었다. 1990년대에 이어진 공과대학장협의회, 공학교육학회, 공학한림원 설립과 같은 맥락에서 파악되어야 한다. 교수들은 공학 분야의 공식적, 비공식적 모임과 개인 네트워크를 통해 직간접적으로 제기되는 기업으로부터의 개혁 요구, 대학의 경쟁력 제고 필요성에 대한 정부의 압박에 맞서 공학 내부에서 조직화된 목소리를 내고 실제 정책에 관여해야 할 필요성을 인식하였다.

이 같은 조직화는 효과적이었다. 이들 조직은 정부의 과학기술정책과 교육정책에서 의제가 발생했을 때, 해당 조직의 구성원들이 논의에 참여할 수 있는 일종의 플랫폼 역할을 담당했다. 학장협의회나 학회, 공학한림원을 통해서도 필요에 따라 조율된 의견을 표출할 수는 있었지만[29] 대학 전반에 미치는 영향력은 제한적일 수밖에 없었다. 이와 달리 공학교육인증원은 공과대학 내부의 교육과정에 영향을 미칠 수 있는 미시적 통제 수단, 즉 평가시스템을 갖고 있었다.[30] 공학교육인증원은 평가를 통한 '교육품질 제고'를 근거로 IMF 경제 위기 직후 대학이 처한 재정적 어려움을 타개할 수 있도록 정부와 산업계의 지원을 이끌어내려고 했다. 그러한 시도가 가져온 실제 성과를 평가하는 것과는 별도로, 이들이 전국 차원의 공학교육 개혁을 주도하려고 했다는 점에서 그 의미를 평가할 필요가 있다.

둘째, 공학교육인증원은 정부와 기업, 공과대학을 연결하는 일종의 네트워크 구축자가 되려고 했다. 인증원의 초대 원장을 맡은 김우식 교수는 공학교육인증이 "산, 학, 연 등 공학교육 공동체들이 자발적으로 구성한 단체로서 공과대학의 교육 수준과 내용 등을 종합적으로 평가해 이를 인증해준다."며 "대학과 산업체가 얼마나 이 사업에 관심을 갖느냐가 성공의 관건"이라고 강조했다.[31] 공학교육인증원 이사회에 삼성전자 전 부회장 윤종용 이사장을 비롯하여 대기업 회장과 임원 등 산업체 이사, 공학전문학회 회장들, 관련 기관과 단체의 책임자와 교육부, 과학기술정보통신부 차관이 참여했다.

이와 같은 구성은 대학과 산업체의 협력 관계를 중시하되 정부기관과 거리를 두고 있는 미국과 큰 차이가 있다. 미국의 공학교육인증체계는 대학에서 작동되는 연구 문화와 마찬가지로 동료 평가에 기반을 둔 자율 규제(self-regulation)에서 시작되었다. 이에 반해 한국공학교육인증원은 공학교육이 정부-기업 관계와 분리된 채 발전될 수 없다고 보아, 오히려 정부의 적극적인 지원 하에 인증체계를 발전시키려고 했다. 이러한 차이는 양국의 공학교육인증체계 추진에 영향을 미쳤다.[32]

셋째, 공학교육인증원은 엔지니어 직업을 전문직으로 정립하기 위한 교육과정의 개혁과 자격제도의 변화를 도모했다. 공학교육인증시스템의 정착과 운영에 직접 참여한 교수들을 중심으로 미국과 유럽, 일본 등의 인증체계를 검토하는 과정에서 공학 전문직에 대한 지향이 보다 명확해졌다. 예를 들어, 4년제 공과대학의 교육인증시스템인 워싱턴 어코드(Washington Accord)의 출발점은 '전문직(profession)' 종사자로서 실력과 자격을 갖춘 엔지니어를 체계적으로 양성하여 이들의 국제적 이동과 교류를 촉진하는 데 있었다.[33] 이를 위해 인증원은 인증 받은 공과대학 졸업생들에게 국제기술사 신청 자격, 기술사 시험제도에서 혜택을 제공하려고 노력했다.[34]

다만 지금까지의 경과에 비추어볼 때, 한국공학교육인증원이 처음 목표했던 결실을 거두었다고 평가하기는 어렵다. 〈그림 8-4〉에서 볼 수 있듯이, 학과별 공학인증 프로그램은 설립 초기부터 계속 증가해서 2010년 무렵에 정점을 찍었다. 2007년 워싱턴 어코드에 정회원으로 가입하고 2010년에는 전문대학 인증 프로그램인 시드니어코드, 더블린어코드의 준회원이 되면서 전문대학 대상의 공학기술 인증 프로그램도 증가했다. 하지만 2010년 이후 공학 인증 프로그램, 즉 인증 프로그램에 참여하는 공

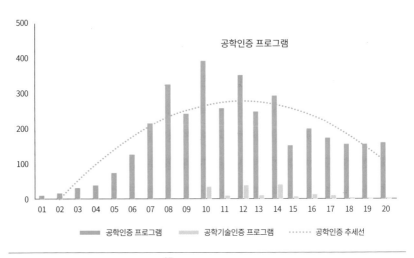

공학인증 프로그램

■ 공학인증 프로그램　　■ 공학기술인증 프로그램　　······ 공학인증 추세선

〈그림 8-4〉 공학 인증 프로그램의 증가 추이[35]

과대학 전공 규모가 계속 감소하는 추세를 보이고 있다. 2년마다 증감이 반복되는 것처럼 보이는 이유는 중간평가가 이루어지는 해에 더 많은 프로그램 인증이 이루어지기 때문이다.

공학 인증 프로그램이 감소한 가장 주요한 원인은 공과대학과 학과들의 참여 동기가 명확하지 않다는 데 있다. 전국의 공과대학들이 한창 인증에 참여하던 2010년 무렵은 정부의 대학재정지원사업 중 일부에서 공학교육인증체제 도입 여부에 가산점을 도입한 시기이기도 하다. 이런 외적인 유인책과 동기가 약화되자 대학과 학과에서 점차 인증 프로그램을 포기하는 경향을 보였다.

인증에 대한 기업의 인지도와 평가가 크게 개선되지 않은 것도 문제였다.[36] 교수들의 입장에서 보면, 각종 서류와 평가 작업이 수반되는 번거로움도 문제였지만 더 중요한 것은 인증 프로그램을 운영할 교수진 내부로부터 공감대를 이끌어내지 못했다는 것이다. 초기에 인증 평가시스템을 운영하는 과정에서 시행착오를 거치면서, 시스템 도입이 대학과 학과에 일방적으로 요구되거나 일률적이고 기계적으로 적용되는 것처럼 보여 반감이 강하게 형성되었다.

그럼에도 불구하고 한국공학교육인증원 설립은 전문직업인으로서 엔지니어에 대한 교육적, 제도적 지원을 이끌어내고 공과대학의 사회적 발언권을 확보하기 위한 교수 주도의 야심찬 시도였다. 비록 공과대학 전반에 걸쳐 동의를 얻는 데는 성공하지 못했지만 한국 공학교육에 대한 성찰과 고민을 거쳐 인증 프로그램을 유연하게 운영하려 노력한 것은 높이 평가할 만하다. 그렇지만 인증을 중심으로 진행된 2000년대의 공학교육 개혁 프로그램은 전문직으로서 엔지니어의 책무와 사회적 인정에 관한 공식적 의제를 수면 위로 끌어올리지는 못했다. 특히, 주요 국립대와 사립대의 참여가 부진한 것도 인증원의 역할과 위상을 제약하는 요인이 되었다.

요약해보면, 공학교육인증원은 공학교육 개혁 및 우수 인재 양성이라는 사회적, 교육적 이슈에서 대학 외부의 의견에 대해 조직적으로 대응하고 관련 기관들과 협력 네트워크를 구축하는 등 일정한 성과를 거두었다. 하지만 공학 내부에서 공학교육 개혁을 조직화하고 주도하는 데는 일정한 한계를 노출했다.

기술 논쟁 속 한국 엔지니어

대체 가능성이 낮고 차별화된 전문지식을 보유했다는 것만으로 전문직주의를 평가할 수는 없다. 전문직의 요건에 관해서는 그간 많은 논의가 진행되었다. 장기간의 집중적인 학문적 준비를 요하는 교육과 훈련, 사회 발전에 대한 기여와 책임의식, 전문적 서비스 공급의 독점, 지역사회의 인정, 높은 수준의 자율성 등이 지적되었다.[37] 그중에서도 전문가 집단의 역할과 책임에 대한 사회적 인정이 매우 중요하다. 전문직주의의 정당성과

도덕성이 의심받을 경우, 전문직에 대한 공식적, 비공식적 보상과 지원 제도 역시 흔들리게 될 것이기 때문이다.

전문가로서 엔지니어의 역할과 책무에 대한 사회적 인식과 평가는 기술 혁신과 산업 발전에서 좋은 성과가 나왔을 때보다 오히려 나쁜 일이 일어났을 때 더 잘 드러나는 경향이 있다. 좋은 성과가 나올 때 누군가는 스포트라이트를 받게 되는데 대개의 경우는 불특정한 다수의 엔지니어나 연구자보다 해당 기관이나 조직을 대표하는 인물이 그 영광을 차지하게 된다. 이 때문에 대중들은 어떤 혁신적 기술이나 신제품을 떠올릴 때 개발자의 이름보다 기업이나 연구소의 대표자를 떠올리게 된다.

반면 예기치 않은 나쁜 소식이 전해지거나 복잡한 이슈가 발생하면, 조직의 책임자나 역할 책임자보다 법적으로 관련된 개인이나 실무 조직이 책임을 지게 되는 경우가 많다. 개업 후 실무자이자 대표자가 되는 의사와 변호사들이 성공과 실패의 평판과 결과를 모두 담당해야 하는 것과는 차이가 있다. 의료 및 법률 분야에서 전문직 단체가 개인 회원을 보호하는 데 상당한 영향력을 발휘하는 것과도 다르다.[38] 엔지니어의 역할과 책임은 이들 전문직과 달리, 조직적 차원과 개별적 차원 사이에 갈등이 일어날 가능성이 크다. 산업화 초기에는 자영업으로서 개인 사업을 운영하는 엔지니어들이 많았다. 하지만 20세기의 엔지니어들은 대부분 기업이나 연구소에서 여러 분야의 다양한 사람들과 함께 고용되어 일하고 달성해야 할 특정한 목표를 지닌다.

크고 작은 기술이 우리 사회와 삶에 미치는 영향을 고려할 때, 엔지니어의 책임성이 위치한 독특한 환경과 조건을 잘 이해할 필요가 있다. 지금 우리 사회의 기술 시스템은 매우 복잡하고 서로 연결되어 있어, 특정한 한 분야나 개별적 요인의 영향을 특정하기 어렵다. 개인 엔지니어 외에 조직의 특성과 문화도 기술 시스템의 작동에 영향을 미친다. 이런 특징 때문에 엔지니어의 전문성과 책임성은 많은 경우 개별적으로 분리될 수 없고 조직 내에서, 그리고 조직 바깥의 요인들과 연결되고 조율되는 일이 항상 중요하다.

다음은 사회적 관심사가 된 기술적 이슈나 논란에서 엔지니어들이 어떤 모습과 특징을 지닌 존재로 부각되었는지, 엔지니어들의 전문성이 논쟁을 일단락 짓는 데 어떤 역할을 했는지를 살펴보려고 한다. 이에 대한 인식과 평가는 결국 전문직으로서 엔지니어에 대한 사회적 인정과 연결된다.

1990년대 이후로 한국 사회에는 유난히 많은 대형 재난사고가 발생했다. 그 원인을 둘러싸고 기술적, 사회적 논쟁이 벌어졌다. 성수대교 붕괴 (1994), 삼풍백화점 붕괴(1995), 당산철교 철거(1996), 대구지하철 가스폭발 (1995), 새만금 간척사업, 부안 방사능폐기장 사태(2003), 광우병(2008), 4대 강 사업, 세월호 침몰(2014), 삼성 백혈병, 가습기 살균제, 포항지진 원인 규명 등 재난 분야와 종류도 다양하게 등장했다.

기술적 이슈와 관련된 논쟁이 발생할 경우, 과학기술 전문가들은 그들이 이해할 수 있는 내밀한 전문지식을 바탕으로 문제를 정의하여 해결하려는 경향을 보인다. 이와 달리 시민과 이해당사자들은 전문지식 그 이상의 것을 원한다. 즉, 객관적이라고 제시된 지식과 분석 결과 이상으로 그것에 바탕을 둔 전문가로서의 판단을 요구하는 것이다. 그런데 만약 전문가적 접근과 시민 혹은 이해당사자의 기대 사이에 간극이 벌어진다면 어떤 일이 벌어질까? 그런 상황에 이른다면 전문가에 대한 신뢰가 흔들릴 가능성이 크다. 게다가 그런 일이 반복된다면, 처음의 의심은 곧 전문가 집단 전체에 대한 불신으로 이어질 수도 있다. 이런 맥락에서 1990년대 중반 서울시 당산철교 철거를 둘러싼 논쟁을 들여다보도록 하자.

유난히 대형사고가 자주 발생하던 1990년대 중반, 지하철 합정역과 당산역을 잇는 당산철교에 균열 현상이 발견되어 언론의 주목을 받기 시작했다. 당산철교는 콘크리트 교각 위에 강구조물을 세운 트러스 플레이트 교량으로 총 길이 1,360미터인 서울 지하철 2호선의 전용 다리였다. 삼우기술단이 설계를 맡았고 1980년 2월 남광토건이 착공하여 1983년에 완공되었다. 그런데 개통된 지 십 년도 되지 않은 교량에서 1993년 무렵 균열이 발견되기 시작했고, 시민단체에서 철교의 균열과 그 위험성을 지적하기에 이른다.

핵심 이슈는 철교의 균열과 위험성을 어떻게 평가할 것인가에 있었다. 한국강구조학회를 주축으로 하는 국내 전문가 집단은 당산철교에 비록 결함이 있지만 보수보강만으로 충분히 해결될 수 있는 문제라고 강변하였다. 반면 서울시는 미국 설계회사의 진단을 근거로 당산철교 균열의 본질이 구조적 결함에 있으며, 그렇기 때문에 반드시 재시공되어야 한다는 견해를 피력했다.

양측의 이견은 좀처럼 좁혀지지 않았다. 그리고 이러한 전문가 집단 사이의 의견 대립과 갈등은 언론을 통해 일반 시민들에게도 알려졌다. 갈등 이슈는 비단 기술적 진단에 그치지 않고 교량 철거와 재시공에 따른 비용 계산, 책임 주체 여부, 전문가 신뢰성에 대한 논쟁으로 이어졌다. 이로 인해 지하철의 안전과 관련하여 시민들의 혼란이 가중되었다. 기술적 판단뿐 아니라 누가 전문가인가를 둘러싸고 벌어진 치열한 논쟁과 다툼은 1996년 12월 서울시의 일방적인 당산철교 철거로 종결되고 말았다. 그로부터 몇 개월 후 교량의 철거 필요성이 인정되지 않는다는 서울남부지원의 판결이 나왔지만 교량이 철거된 마당에 그러한 판결은 큰 의미가 없었다.

당산철교 철거를 둘러싼 논쟁 사례는 한편으로 국내 건설 분야의 전문가 집단이 대학과 학회를 중심으로 탄탄하게 조직되어 있음을 보여주었다. 그들은 전문가로서의 정체성과 자부심, 조직을 갖추고 있었고, 이를 기반으로 서울시의 기술직 공무원 및 외국의 전문가 집단과 대립했다.

국내 강구조 전문가들은 당산철교 철거 논쟁의 핵심 이슈를 기술적 전문성에 기초한 전문가의 자존심 문제로 해석하였다. 그리고 외부적으로는 당산철교 철거 및 재시공의 본질을 시민들이 부담해야 할 경제적 비용의 문제로 환원하여 설득했는데, 결과적으로 이 같은 전략은 서울시가 제기한 '안전' 이슈에 효과적으로 대응하지 못했다. 즉, 대학과 학회의 전문가들은 서울 시민들의 호응을 이끌어내는 데 여지없이 실패했다. 도시 인프라와 시설에서 연이어 대형 재난사고가 발생하는 상황에서 경제성 논리는 시민들의 안전 요구 앞에 설득력을 잃었다. 결국 강구조 전문가들은 조직 보호와 비용 계산에 기대 안전성 문제를 소홀히 여기는 전문가 집단이라는 공격에 노출되었다.

다음에 살펴볼 새만금 간척사업 논쟁은 기술적 판단에서 '가치'의 문제로 이동한 당산철교 이슈와 달리, 논쟁의 성격이 생태적, 문화적 가치에서 '전문지식' 중심으로 이동함으로써, 환경운동의 관점에서 오히려 실패한 전략으로 평가되는 사례이다.

[사례2: 새만금 사업]⁴⁰

1991년에 시작된 새만금 간척사업은 전북 군산시와 부안군 사이의 바다와 갯벌을 세계에서 가장 긴 33km 길이의 방조제로 가로막아 28,300ha의 농지와 11,800ha의 담수호를 2012년까지 건설한다는 내용이었다.

새만금 논쟁을 가르는 핵심 질문은 "간척사업을 계속하는 게 나은가, 중단하는 게 나은가"였다. 이 질문에 답하려면, 간척으로 잃을 수산물과 갯벌의 생태적, 미학적 가치는 얼마나 큰가, 간척의 결과로 얻을 수 있는 지역 개발과 식량 안보 등의 가치는 얼마나 되나, 방조제 안에 조성될 담수호가 시화호에서와 같은 오염 사태를 초래할 가능성은 있는가 등을 점검해야 했다.

하지만 이런 질문은 과학적 불확실성과 복잡성뿐 아니라 정치적, 윤리적 측면을 고려해야 하므로 분명하게 대답하기 어렵다. 시간이 지나면서 논쟁점들은 결국 전문가들만이 답할 수 있는 세 가지 질문으로 축소되었다. 첫째, 조성될 담수호의 수질은 농업용수 수질에 적합한가. 둘째, 방조제가 바깥 바다에 적조 등 환경 영향을 일으킬 수 있는가. 셋째, 사업은 경제적으로 타당한가. 이와 같은 논쟁의 성격 변화는 수질 관련 데이터와 정책을 생산하는 정부에게 유리한 조건을 제공했다.

1991년에 시작된 새만금 간척사업은 2010년에 이르러서야 방조제가 완성되었다. 정부 계획에 따르면, 2023년에 용지 개발과 건설 사업이 완료된다.⁴¹ 여기에서 우리는 새만금 사업 전반에 대한 평가가 아니라 새만금 사업에 대해 환경운동 측이 제기한 관점에 주목하려고 한다. 과학기술학 연구자들은 새만금 간척사업에서 전문가들이 문제를 제기하고 해결한 과정을 '좁은 과학논쟁'이라고 지칭했다. 민관공동조사단 방식의 환경 갈등 해결책이 처음 의도와 달리, 새만금 사업이 지닌 정치적, 사회적, 문화적 성격으로부터 수질 문제를 비롯한 과학적 쟁점으로 축소되고 단순화되었기 때문이다. 공식 문서에서 질문으로 제기되지 않은 이슈들은 그 중요성에도 불구하고 정책적 관심에서 사라졌다는 평가이다.

당산철교와 새만금 논쟁에서 볼 수 있듯이, 과학적, 기술적 해결을 둘러싼 문제가 발생했을 때, 전문가들은 자신들이 관할하는 전문 영역의 경계 안으로 문제를 가져와 해결하려는 경향을 보인다. 그런데 이와 같은 접근법은 복합적 성격을 가진 안전 혹은 환경 이슈에 대해 시민이나 이해당사자들이 궁금해하고, 듣고 싶어 하는 진단이나 솔루션에 미치지 못하기 쉽다. 이를테면 강구조학회 전문가들은 그들이 제시한 솔루션에 안전에 대한 시민들의 걱정과 두려움을 세심하게 담아내지 못했다. 새만금 간척사업에 대한 전문가 견해는 전공 분야와 관련된 국부적이거나 세부적인 이슈, 혹은 숫자에만 의존하여 관련된 주민과 환경단체의 우려와 관심사를 반영하여 대안적인 정책적 결론을 이끌어내는 데 성공하지 못했다.

다음은 기술적 이슈와 정치적 이슈가 강하게 결합된 사례를 보자. 삼성백혈병, 포항지진, 광우병, 원전 폐기 등이 대표적인데,[42] 이들 논쟁에서는 기술적 판단이 언제나 정치적 입장과 관련되어 해석되었다. 논쟁 참여 여부뿐 아니라 사업 진행에서 나타난 여러 이슈에 대한 평가가 늘 화자의 정치적 견해로 재해석되었고, 논쟁의 결과 역시 정치적 승패와 연결된 것으로 이해되었다. 4대강 사업도 그랬다.

4대강 사업을 둘러싼 논쟁은 이슈가 세기된 초기부터 진행되는 내내, 정치가와 전문가가 함께 참여했다는 특징이 있다. 사업 자체가 대형 국책사업이었던 데다 처음부터 대통령 선거를 둘러싼 정치적 갈등과 함께 전개되었기 때문이다. 이명박 정부의 정책 개입이 강하게 이루어진 것도 논쟁의 몸집을 키우는 데 기여했다. 4대강 사업 논쟁이 진영 대결의 양상을 띤 것에 관해서는 이론의 여지가 없다. 시간이 지날수록 논쟁은 사업에 반대하는 대항전문가와 시민사회, 그리고 찬성하는 전문가와 정부 측으로 갈려 치열하게 진행되었다.[44] 4대강 사업에 어떤 입장을 취하는지가 마치 그 사람의 정치 성향을 드러내는 것과 동의어가 될 정도였다.

이런 종류의 논쟁은 4대강 사업에만 나타난 것이 아니라 광우병, 세월호, 원전 이슈를 통해서도 비슷하게 반복되었다. 전문성의 정치라는 주이명박 정부가 한국형 녹색 뉴딜 정책으로 추진한 4대강 사업은 2008년 12월 낙동강지구 착공식을 시작으로 2012년 4월까지 22조 원의 예산을 투입한 대하천 정비 사업이다.

4대강 사업을 둘러싼 논란은 사업의 본질에 대한 인식, 물 문제에 대한 진단, 문제 해결 방식에 이르기까지 기술적, 정치적 관점 모두에서 등장했다. 4대강 사업을 추진하거나 찬성하는 측에서는 우리나라 물 문제의 본질을 물 부족과 수질 악화에서 찾고 이를 강의 기능 회복이라는 관점에서 해결하고자 했다. 이를테면 강은 흘러야 하고 그러려면 강을 준설하고 보를 설치해야 한다는 것이다. 이들은 기본적으로 자연의 인간화, 즉 자연을 관리하고 통제할 수 있는 대상으로 변화시켜 문제를 해결하려고 했다.

반면 반대하는 측은 물 문제가 4대강 본류가 아닌 지천의 오염원 관리 부재와 생태계 파괴에 있기 때문에 강이 본래의 역할을 다할 수 있도록 생태계를 복원하려는 접근이 필요하다고 보았다. 인간의 자연화, 즉 강의 본래 모습을 되살리고 자연생태에 인간이 적응하고 그에 부합하는 방식으로 문제를 해결해야 한다는 것이었다.

4대강 개발을 둘러싸고 찬성 측과 반대 측의 전문가들은 진영을 나누어 다양한 분야에 걸쳐 논쟁을 벌였는데, 이는 기술적, 생태계적, 법적, 경제적, 문화적, 행정적 측면들을 포함했다.

제는 이런 상황을 설명하는 데 유용하다.⁴⁵ 전문성의 정치란 과학화, 기술화, 전문화를 특징으로 하는 현대사회에서 과연 어떤 집단의 전문성과 지식을 사회적으로 가치 있고 믿을 만한 것으로 여길 것인지를 놓고 벌이는 갈등적 경합 과정이다.⁴⁶

전문성의 정치가 기술 논쟁과 이슈를 지배하게 된다면 어떤 일이 일어날까? 기술과 정치의 결합에 대한 강력한 이미지가 형성되면, 다양한 기술적 상상과 대안이 논의될 수 있는 의견 교환과 조율의 생태계가 파괴된다. 전문가들은 어떤 의견을 제시할 때, 그것이 어떻게 해석될 것인가를 놓고 고민하지 않을 수 없다.⁴⁷ 앞에서 살펴본 당산철교, 새만금, 4대강 사업의 논쟁 초반에 제기되었던 다양한 논의와 대안들은 제대로 검토조차 되지 못한 채 차츰 사라져갔다. 기술 논쟁이 정치 진영 간 다툼으로 해석되는 순간, 개별적 견해들에 대해 정치적 입장을 밝히라는 일종의 압박이 가해진다. 이런 환경에서 창의적이고 생산적인 토론을 기대하기는 어렵다.

이런 경우 '전문직주의(professionalism)'가 아니라 '엑스퍼티즘(expertism)'이 나타나기 쉽다. 엑스퍼티즘이란 자신의 역할을 세분화된 전문 분야의

'지식과 노하우'에 제한하고 그것이 위치한 전체 이슈의 해석이나 해결에는 크게 관심을 갖지 않는 태도를 의미한다. 전문직주의는 해당 전문직이 공유하는 규범과 문화에 영향을 받고 그것을 따르려고 하지만 엑스퍼티즘은 그렇지 않다. 극심한 정치적 갈등 상황에서 전문가들은 엑스퍼티즘을 채택함으로써 중립성과 객관주의의 지대로 피신하려 할 가능성이 크다. 이와 반대로 관료-전문가로서 본격적인 기술정치에 뛰어들 수도 있다.

현실적으로 엑스퍼티즘과 전문직주의를 명확히 가르기는 어렵다. 하지만 엑스퍼티즘은 논쟁적 이슈에서 의견이 다른 사람들과 소통하는 것, 자신의 전문 분야와 다른 전문 영역을 연결하고 협력하는 일을 중요하게 여기지 않는다. 다시 말해, 엑스퍼티즘을 택한 전문가는 내밀한 전문지식과 전문용어, 동일 분야의 동료 집단, 학문 분과의 경계를 강조하는 지배적 실천 속에 안주하기 쉽다.

이럴 경우, 시민이나 사용자의 입장에서 보면 전문 영역에서 발생하는 복잡하고 예측 불가능한 결과가 일상의 삶에 예기치 않은 영향을 미칠 때까지 전혀 알 수 없는 상황을 만날 수 있다. 다양한 관점과 분야들 사이의 소통을 통해 더 나은 결론을 이끌 가능성도 그만큼 줄어들게 된다. 기술 이슈와 정치 이슈가 결합될 경우, 어떤 것은 과대평가되고 다른 어떤 것은 과소평가되는 문제가 언제든지 일어날 수 있다.

엑스퍼티즘과 기술정치는 고위험을 생산하는 전문지식 구조를 끊임없이 재생산할 가능성이 높기 때문에 지속 가능한 삶을 추구하는 사회적 움직임에 위협이 될 것이다. 근대사회 내내 분업화된 경계 안에서 자라난 전문성의 구조가 계속 설득력을 갖기 어려운 시대다.

한국 엔지니어 재구성의 전망

전문가사회와 시민사회, 전문가지식과 시민지식, 혹은 지배전문가와 대항 전문가라는 이분법적 틀 안에서 전문직 엔지니어를 설명하는 데는 한계 가 있다. 이슈의 성격에 따라 이러한 구별이 의미를 지닐 때도 있겠지만 현실 엔지니어의 정체성과 변동하는 전문가적 지향을 담기에 이 분류는 지나치게 단순하다. 오히려 시민-전문가, 혹은 전문가-시민의 정체성으 로 현대 엔지니어의 변화를 이해하고 조망하는 편이 더 현실적이고 합리 적이다.[48] 시민-전문가, 전문가-시민과 같은 용어는 현대사회를 살아가는 한 행위 주체 안에서 서로 다른 지식과 경험, 규범, 가치 지향들이 어떻 게 갈등하고 협상하며 그 모습을 드러내는지를 이해하고 설명하는 데 유 용하다.

여기에서 시민-전문가는 전문직 종사자로서 시민으로서의 정체성과 이익을 중요하게 여기고 활동하는 전문가를 의미한다. 전문가-시민이란 기술 이슈에 관심을 가진 시민으로서 자신의 전공과 직업 영역에서 확보 한 지식과 경험을 바탕으로 사안을 이해하고 그에 대해 의견을 개진하거나 실제로 활동할 의지를 가진 사람을 의미한다. 어떤 경우든 전문가로서, 그리고 시민으로서의 정체성과 사회적 책임성은 밀접히 연결된다.

시민-전문가와 전문가-시민의 정체성은 고정된 것이 아니라 다루는 이슈에 따라, 개인의 선택에 따라 변화될 수 있다. 이처럼 다중 정체성을 통해 전문직 엔지니어를 바라보자고 제안하는 이유는 전문지식 중심의 엑스퍼티즘 논의가 현실의 사회 문제와 공동체 이슈를 해결하는 데 별로 효과적이지 않다고 생각하기 때문이다. 전문지식은 우리 사회가 가진 많은 문제를 해결하는 데, 특히 공학적 솔루션을 모색하는 핵심 요소이지만 그것만으로 문제를 해결할 수 있는 경우는 많지 않다.

하지만 여전히 전공과 분야에 담을 쌓고 그 안에서 연구하고 활동하는 전문가들이 많고, 분야 간 협력은 예외적인 경우로 국한되곤 한다. 예컨대, 융합에 관한 담론은 무성하지만 융합의 실천은 미미한 수준이다. 이 지점에서 진지하게 묻고 싶다. 다른 영역의 전문성과 소통하지 않고 생각이 다른 이해당사자들의 의견에 귀를 기울이지 않는 '닫힌 전문성', 혹은 '굳은 전문성'을 언제까지 전문성 혹은 전문직주의라고 부를 것인가. 인간과 기계의 공존까지도 고민하는 지금, 인간과 인간의 공존에 관해 좀 더 생각해보아야 하지 않을까. 이 절은 전문지식 중심의 엑스퍼티즘을 탈피하여 어떻게 새로운 엔지니어 전문직주의를 구성할 것인지를 논의하고자 한다.

빠르고 압축적인 산업화 과정에서 만들어진 기술-국가 프레임[49]은 한국 엔지니어의 정체성을 형성했다. 국가 발전과 기술 경쟁력이 떼려야 뗄 수 없는 관계로 인식되면서, 기술은 국가의 비전과 목표를 반영하고 국가는 기술 발전을 최우선으로 삼고 지지하는 것을 당연하게 받아들였다. 그 속에서 엔지니어는 신속하게 기술력을 확보하여 그들이 속한 기업과 사회의 이익에 부합하는 방식으로 일하고 활동했다. 그들은 문자 그대로 '일사불란하게', '성실하게', '목표를 향해', '열심히', '밤을 낮처럼 여기며', '기한을 엄수하여', '안 되는 게 없다'는 자세로 일했다. 즉, 주어진 목표를 달성하고 당면한 문제를 해결하기 위해 오로지 일에만 집중하는 그가 (대부분 남자) 바로 한국의 엔지니어였다.[50]

그런데 기술-국가 프레임에 사로잡힌 엔지니어의 역할과 책임은 제한적일 수밖에 없다. 우월한 지위에 있는 정부와 기업이 기술과 산업 발전의 방향과 속도를 정하고 추진하는 상황에서, 엔지니어가 전문직의 위상을 인정받을 수 있는 가장 쉬운 방법은 국가와 기업이 요구하는 차별화된 역량을 바탕으로 그들과 협상하는 것이었다. 예를 들어, 엘리트 엔지니어들은 국가 기술 경쟁력과 성장 동력 확보를 화두로 던지면서 엔지니어의 위기가 곧 국가와 기업의 위기일 수 있다고 강조했다. 의도가 어떻든지, 이 논리는 엑스퍼티즘을 강화하는 데 기여했다.

전문지식 중심의 엑스퍼티즘은 1990년대까지 굳건히 유지되었다. 국민으로서의 의무와 기업 맞춤형 역량을 강조하는 한, 엑스퍼티즘은 크게 문제되지 않았다. 엑스퍼티즘만으로 충분하지 않은 상황이 전개되었다. 정보통신기술의 놀라운 발전이 세계시장만 확장시킨 것이 아니라, 세계 공동의 이슈를 논의할 수 있는 글로벌 플랫폼을 극적으로 발전시킨 것이다. 각종 문제들이 글로벌 수준에서 어떻게 연결되어 있는지가 가시화되었고, 그에 접근하고 효과적으로 다룰 수 있는 전문가 집단에 대한 관심이 높아졌다. 특히, 경제, 교육, 환경 등의 이슈에서 전문직주의(professionalism)가 강조되었는데, 그 이유는 전문가의 기술적 전문성과 확고한 책임성뿐 아니라 문제 진단과 해결을 지원할 수 있는 제도적 기반이 필요했기 때문이다.

엔지니어를 고용하는 자본의 거침없는 질주와 환경 파괴, 첨단기술 증대에 따른 전 지구적 위험과 불확실성의 증대, 과학기술 부문의 분업화와 전문화가 초래한 부작용에 대한 경각심이 커졌다. 더 나은 사회에 대한 문화적 상상력이 풍부해진 만큼 에너지, 물 부족, 기후변화, 빈곤처럼 우리의 일상과 세계를 위협에 빠뜨릴 공동의 이슈들에 관심이 커졌다. 이들 관심사를 연결하고 촉진할 기술적 기반도 더욱 확장되었다. 발전의 이면에 숨겨진 위험의 증대에 대해 전문가가 담당해야 할 역할과 책임에 대한 인식이 환기되었다.

발전과 진보를 키워드로 작동해왔던 기존의 기술-국가 프레임은, 수평적이고 이질적인 네트워크, 다양성을 포용하는 문화적 전환에 대한 모색, 여성을 비롯한 소수집단의 진출 확대 요구, 창의적 혁신을 만들어내는 크고 작은 도전들의 압박에 노출되기 시작했다. 이제 사람들은 엔지니어들이 자기 영역의 협소한 엑스퍼티즘에서 탈피하여, 다수의 시민들이 궁금해하고 해결되기를 바라는 기술 이슈들을 발굴하여 실제적인 해결 방안을 제시해주기를 바란다.

이처럼 1990년대 후반의 경제 위기 못지않게 글로벌 이슈를 해결할 수 있는 협력적 전문가들이 필요하게 된 상황 역시 엔지니어의 새로운 변화를 촉구한 시대적 흐름이었다. 이 문제에 다가가려면 무엇보다 기존의 기술-국가 프레임이 담아내지 못했고, 그래서 보이지 않았던 다음의 이슈들을 끄집어낼 필요가 있다. 우리는 크게 세 가지 이슈를 살펴볼 것이다.

하나는 여성 엔지니어의 생존과 성장 환경이고, 다른 하나는 기업과 국가라는 기존의 공간을 넘어선 새로운 엔지니어 모델의 성장 가능성이다. 젠더 이슈는 공학 전문직이 과연 비판적 성찰과 다양성의 원칙과 방법론을 포용할 환경을 구축했는지를, 새로운 엔지니어 모델로서 벤처 창업 이슈는 혁신적 아이디어를 전문성과 시장의 영역에서 확장할 수 있는지를, 사회 혹은 지역 문제 해결 이슈는 도덕적 가치와 협력, 연대의 방법론을 전문직주의에 결합할 수 있을지를 판단하는 중요한 잣대가 될 것이다. 이들 영역은 엔지니어 전문직주의의 변화를 감지하는 일종의 리트머스 시험지이기도 하다.

1. 엔지니어 전문직주의의 변화와 도전

전문지식만으로 전문직을 구축하는 데는 한계가 있다. 만약 끝없이 축적된 지식의 바다가 존재한다고 해도 새로운 사회를 이끌 도덕적, 사회적 전망과 상상력이 빈약하다면, 그 바다는 공허할 뿐 아니라 그로부터 헤어나오지 못할 수도 있다. 이는 전문직으로서 한국 엔지니어가 직면한 가장 근본적인 문제일 뿐 아니라 한국 사회를 위해서도 중요하다. 한국의 엔지니어 전문직은 과연 기존의 기술-국가 프레임에서 벗어나 새로운 가능성을 만들어갈 수 있을까?

여성 엔지니어의 생존과 성장 환경

공학 분야의 교육과 직업에서 나타나는 여성의 과소대표(under-representation) 현상은 오랫동안 심각한 문제로 지적되어왔다.[51] 근대화 과정에서 여성의 고등교육 접근성은 빠르게 개선되었지만, 공학 분야는 1980년대 이전까지 큰 변화가 없었다.[52] 하지만 1980년대 중반 이후에는 여학생의 공학 분야 진출이 증가하였다.

졸업생을 기준으로 볼 때, 공과대학의 여학생 비율은 1980년 1.3퍼센트, 1990년에도 여전히 6.7퍼센트에 머물렀다. 하지만 1995년 이후 그 비율이 대폭 증가하여 2000년에는 17.8퍼센트가 되었고 이후로도 지속적인 증가 추이를 보였다. 하지만 자연과학 분야와 비교해보면, 그 비율이

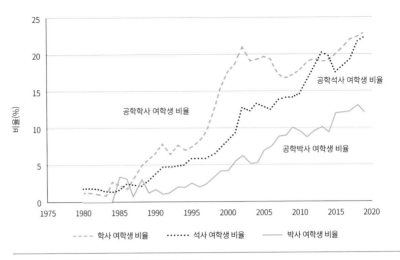

<그림 8-5> 공학계열 학위별 여학생 비율 (1980-2019)

여전히 낮다. 2001년 기준으로 이학석사와 이학박사 학위자 중 여성의
비율이 각각 36.0퍼센트, 24.4퍼센트 수준이었는데, 공학석사와 공학박
사 학위자 중 여성의 비율은 9.4퍼센트, 5.6퍼센트에 불과했다.[53] 놀랍게도
1980년부터 1985년까지 여성 공학박사는 국내에서 단 한 명도 배출되지
않았다.

공학 분야로 진출하는 여성의 비율도 비슷한 추이를 보인다. 우리나라
의 과학기술 연구개발 인력 중 여성이 차지하는 비율은 1997년 9.1퍼센트
에서 2006년 13.1퍼센트, 2011년 17.3퍼센트로 증가했다.[54] 이렇듯 1990년
대 이후 여성 엔지니어의 비율이 증대한 것은 대학 연구개발 활동에 대
한 정부의 지원과 기업의 엔지니어 수요가 증가한 것과 관련이 있다.

1990년대 후반, 세계적으로 우수한 과학기술 인력이 부족하다는 소
식이 전해지기 시작했다. 여성의 과소대표가 그 원인 중 하나로 지목되
자 여성은 곧 정책적 관심의 대상이 되었다.[55] 한국도 예외가 아니었다.
1998년 2월 김대중 정부의 출범과 함께 교육부에 여성교육정책담당관실

이 설치되고 2000년 7월부터 시행된 '교육기본법'에 '남녀평등교육의 증진' 조항이 신설되었다. 당시 교육기본법은 최초로 교육의 젠더 분업 문제를 지적하면서 이 문제의 해결을 정책 과제로 제시했다.[56] 이후 대학을 중심으로 과학기술계 여성 인력을 양성한다는 정책적 취지에 따라 와이즈(WISE) 사업과 위(WIE) 사업이 운영되기 시작했고[57] 공공연구기관에 여성 채용목표제가 도입되었다. 또한 조직 내 성차별 문제가 정책 어젠다로 등장하여 승진에서의 차별인 유리천장(glass ceiling) 문제, 조직의 핵심 업무에서 여성이 배제되는 유리벽(glass wall) 문제가 활발히 논의되었다.

여성의 과소대표가 정책 어젠다로 등장한 데는 몇 가지 이유가 있었다. 첫째, 국가의 과학기술 경쟁력을 높이기 위해 풍부한 우수 인재군이 필요하다는 이유에서였다. 국내뿐 아니라 세계적으로도 글로벌 경쟁력을 확보하기 위해 더 많은 여학생을 공학 분야로 유인하고 확보하려는 노력이 이루어지고 있었다. 둘째, 공학이 전문 서비스를 제공하고 인구의 대표성을 확보하려면 젠더 관점을 도입해야 한다는 논리가 제시되었다. 기업이 제품 개발의 유연성을 확보하려면 고객과 의뢰인의 수요를 더 잘 이해하고 전체 고객을 대표할 수 있는 아이디어가 필요하다는 것이다. 하지만 이 같은 논리는 전통적인 여성의 이미지와 특성을 강조하고, 여성의 능력과 관점을 단순히 활용의 대상으로 전제한다는 점에서 기존의 고정관념과 크게 다르지 않았다. 다른 한편으로는 사회 정의와 공평성을 위해 젠더 균형을 추구해야 한다는 윤리적 관점이 제시되었다.

하지만 여성 엔지니어 이슈를 단순히 과소대표의 문제로 접근하여 이해하는 것에는 치명적인 한계가 있다. 양적 문제로 접근하다 보면, 젠더 불평등의 본질을 제대로 인식하지 못하고 숫자의 문제로 단순화하기 때문이다.[58] 예를 들어, 일정 비율의 여성 엔지니어만 확보되면, 공학 내 젠더 불평등 이슈가 저절로 해결될까? 여성 엔지니어의 존재는 단지 숫자를 채우거나 다양성의 이득을 제공하기 위한 것이 아니다. 무엇보다 여성 엔지니어를 국가와 기업 경쟁력 확보를 위한 또 하나의 수단으로 파악하는 것 역시 문제적이다. 이런 방식의 접근은 기존 엔지니어 직업의 문화와 규범에 거의 변화를 가져올 수 없기에 과소대표 이슈를 넘어서는 보다 심도 있는 논의가 필요하다.

공학 부문 젠더 불균형의 원인 분석과 해결 방안에 관해서는 다양한 논의가 이어져왔다.[59] '여성 엔지니어의 생존과 성장'이라는 이슈가 전문직으로서 엔지니어 직업 정체성을 재구성하고 전망하는 데 어떤 함의를 갖는지를 생각해보자. 첫째, 여성 엔지니어의 생존과 성장이란 그 자체로서 남성 중심의 위계적이고 수직적 문화에 변화가 일어나고 있음을 의미한다. 공학교육뿐 아니라 직업에서 여전히 여성의 진입과 활동이 부진한 것은 강의실과 연구실, 기업 현장에 만연한 수직적이고 권위주의적인 문화와 그에 따른 보상 구조에 적응하기 어려워서다.[60] 쉬빈저가 제기한 물리학계의 문화는 국내 공학계 문화와도 거의 유사하다.

> 여성들이 물리학을 회피하는 것은 물리학이란 학문 자체가 '남성적'이기 때문이 아니다. 여성의 수가 감소하는 이유는 과학 전문직 종사자가 조성하는 불편한 풍토, 즉 경쟁의 강조, 언어와 사고의 엘리트주의, 자기 자신을 증명하려는 끊임없는 도전, 자기 연구의 정확성뿐 아니라 그것의 적합성, 중요도, 그 위업까지 옹호하는 문화 때문이다. 미국 현대과학의 엘리트적이고, 경쟁적이며, 위계적인 환경은 미국 사회에서 자란 많은 여성들에게 호소력을 갖지 못한다. 여전히 주먹으로 가슴을 두드리는 마초 스타일에 프리미엄을 주고 ("나는 어제 새벽 3시까지 실험실에 있었어요. 당신은 어땠지요?" "나는 새벽 4시에 집에 갔다가 7시에 다시 왔답니다!") 여전히 협력이나 상호 학습은 평가 절하하는 경향이 있다.[61]

대학과 연구실, 산업 현장에서 작동하는 남성 중심의 위계적 문화는 대부분 물질적, 정신적 보상 구조에 의해 유지되고 재생산된다. 주어진 목표 달성을 위해 군인처럼 움직이는 문화가 대학과 기업에서 작동하는 한, 여성뿐 아니라 그런 문화에 거부감을 느끼는 남성들의 공학 진입과 성장을 기대하기 어렵다. 이런 면에서 1995년 이후 여학생 비율의 급증이 의미하는 바가 적지 않다. 여학생 비율의 증가는 최소한 공과대학과 직장에서 여학생과 여성 엔지니어들이 스스로 변화의 주체로 성장할 수 있는 환경이 조성되었음을 뜻한다. 전기전자공학과 대학원에 다니는 한 여학생은 자신이 처음 대학원에 들어왔을 당시를 다음과 같이 회고했다.

> 처음에 들어왔을 때, 오빠들이 술 먹고 속내를 이야기하는 것이 힘들었어요. 저는 맑은 정신에 얘기를 했으면 좋겠는데… 근데 저는 지금도 서운한 게 있으면, 직접 얼굴 보고 제정신에 하는 게 좋고, 술 먹고 그럴 때는 그냥 즐겁게 노는 것이 좋은 거 같고요. 저학기 때는 그런 문화가 힘들었고 또 당시 방장이 유독 단체 생활을 중시해서… 그 오빠에게 상처 입은 사람들이 많아요.[62]

통합과정 7학기인 이 여학생은 지금은 본인이 연구실 방장을 맡고 있다며, 자신은 "그때 오빠들처럼 하지 않는다."고 자랑스럽게 이야기했다. 어려운 환경에서도 버티고 성장한 여학생들은 스스로가 느끼든 그렇지 않든, 이처럼 조금씩 변화를 선도하며 주변 환경을 바꾼다.

한편, 수적 불균형의 해소는 여성들의 조직 생활에 영향을 미친다. 예를 들어, 여성 비율이 극도로 낮은 상황에서 여성 엔지니어들은 여왕벌처럼 행동하기도 하고 혹은 그와 정반대로 스포트라이트를 받지 않으려고 조용히 잠행하는 편을 택하기도 한다.[63] 이와 같은 행동들은 어느 편이든 조직 내 젠더 이슈 해결에 거의 도움이 되지 않는다.

여성의 생존과 성장이 갖는 두 번째 함의는 젠더 이슈를 필두로 다양성과 이질적인 문화, 비판적 논의를 포용할 수 있는 생태계의 토양이 어느 정도 마련되었다는 것을 의미한다. 여성들이 학교와 직업 현장에서 불편함을 느끼는 것은 단순히 능력 부족 때문이 아니다. 대개는 수적인 열세 혹은 역할 모델이 될 만한 여성 선배와 멘토의 부재 때문에 존재 자체를 부정당하거나 배제되는 경험이 문제다. 다수의 특성을 갖지 못한 것을 '결핍'으로 여기도록 만드는 지배적 문화와 규범이 여전히 우리 사회에 작동하고 있다. 생각이 다른 개인이나 조직의 의견 표출을 불편하거나 비효율적인 것으로 여기는 문화도 여전하다. 이러한 지배적 관념과 획일성을 극복하는 것은 단순히 여성 엔지니어에게만이 아니라 다양한 특징을 가진 소수들의 가치 지향과 요구를 배려하고 반영하며 포용하는 데 도움이 될 것이다.

여전히 개인주의와 성과 중심주의가 엔지니어들을 압박하고 있고, 연구실이나 동종 직군들에 팽배한 유유상종 원리에 기댄 지배적 문화가 존재하고 있기에 여성 엔지니어들의 선전을 낙관할 수는 없다. 하지만 최근의 추세를 보면, 앞으로 여성 엔지니어의 활약을 지금보다는 더 많이 보게 될 것으로 기대한다. 이질성, 소수자, 비판적 성찰, 균형, 협력 등의 가치와 규범, 문화가 공학의 한 영역으로 진입하는 것은 기술-국가 프레임의 엔지니어 전문직주의를 구성하는 요소를 변화시킬 수 있다는 점에서 중요한 의미를 갖는다. 여성 엔지니어의 존재와 성장은 앞으로 조직의 개방성과 다양성, 역량을 측정하는 기준으로 작동하게 될 것이다.

엔지니어 역량의 재구성: 문제를 다르게 정의하고 설계하고 해결하기

학생들이 변했다. 학생만큼은 아니어도 교수들도 변하고 있다. 크게 변하지 않는 듯해도 교육 현장은 움직인다. 학생들은 여전히 안정적이고 보수가 나은 직장을 구하기 위해 애쓰고 있지만 그곳이 오랫동안 머물 곳이라고 생각하는 경우는 드물다. 긍정적이든, 부정적이든, 부모 세대와 달리 여러 직업을 갖게 될 가능성이 크다는 것도 잘 알고 있다. 학생들 대다수는 기업, 연구소, 창업, 공무원 등 다양한 진로를 계획하고 준비한다. 경력을 쌓는 동안 직장은 물론이고 직업 자체도 바꿀 수 있다고 생각하는 경우가 적지 않다. 따라서 곧 엔지니어가 될 이들이 무엇을 지향하며 삶을 계획하고 있는지를 이해하는 것은 전문직으로서 엔지니어 직업의 미래를 전망하는 데 유용할 것이다.

좋은 직장, 좋은 직업에 대한 생각은 시대에 따라 늘 변해왔다.[64] 산업화 시기에는 선생님, 과학자, 대통령이 되겠다는 학생들의 포부를 흔히 접할 수 있었다. 하지만 지금은 새롭게 등장한 다양한 직업들을 선호한다. 그렇지만 여전히 변하지 않은 것이 있다. 어떤 직업이 경제적 보상, 사회적 위세, 주관적 만족도가 높은 좋은 일자리인가를 보여주는 한 가지 방법은 그 직업군에서 엘리트 지위에 접근할 가능성이 어느 정도인지 여부에 달려 있다.[65]

이런 관점에서 엔지니어 직업은 어떨까? 사회의 엘리트 집단이자 지도자로서 자리매김하고자 했던 한국 엔지니어들의 테크노크라트 전략이 잠시 성공한 적은 있지만, 전반적으로 평가할 때 한국 엘리트의 주류를 형성했다고 볼 수는 없다. 한 예로 아래 〈표 8-1〉에서 볼 수 있듯이, 1992년 고급 공무원과 정치 관료, 공기업 임원 전체에서 공학계열 출신은 5.1퍼센트에 불과했다. 2000년대 지표 역시 이와 크게 다르지 않다.[66]

〈표 8–1〉 관료 엘리트의 전공별 분포 (1992)[67]

	고급 공무원	정치 관료	공기업 임원	계
전문대 이하	1 (0.2)	1 (1.1)	2 (1.9)	4 (0.5)
인문계열	76 (12.9)	10 (10.5)	6 (5.8)	92 (11.6)
법정계열	358 (60.4)	61 (64.2)	55 (53.4)	474 (60.0)
상경계열	75 (12.6)	13 (13.7)	17 (16.5)	105 (13.2)
자연과학	27 (4.6)	1 (1.1)	–	28 (3.5)
공학계열	31 (5.2)	2 (2.1)	7 (6.8)	40 (5.1)
기타	25 (4.2)	7 (7.4)	16 (15.5)	48 (6.1)
계	593 (100.0)	95 (100.0)	103 (100.0)	791 (100.0)

이런 종류의 데이터는 과학기술계 엘리트들 사이에서 공학 출신의 과소대표 현상으로 해석되거나 혹은 이공계열을 홀대하는 지표로 사용되었다. 대학 정원에서 이공계열이 차지하는 높은 비중을 고려할 때,[68] 이러한 비판을 근거 없다고 볼 수 없다. 다만, 이 지표는 일제 식민지기 이래 지속된 법정계열 출신의 엘리트 진출을 일관되게 보여준다. 과학기술계 엘리트들이 이공계 경시라고 여기는 서운한 감정은 '법경(法經)', 혹은 '법정(法政)' 엘리트 우위, 그리고 의료 전문직에 대한 상대적 박탈감에 가깝다. 상대적 비교가 아닌 전문직에 대한 성찰과 자각을 통한 진지한 토론이 필요하다.

이제 공직, 기업 임원 등의 엘리트 계층이 아니라 산업계와 사회 곳곳에서 활동해온 엔지니어들의 활동에 대해 알아보도록 하자. 세계를 무대로 산업의 각 영역에서 활동하고 있는 엔지니어들에 주목하며, 이들이 만들어내는 새로운 엔지니어 정체성과 가치 지향이 갖는 의미와 가능성에 관해 살펴본다.

[장면 1] 1세대 벤처기업과 그 유산에서 시작하다

산업화와 민주화를 거친 후, 비교적 안정된 기반 위에서 엔지니어의 삶을 꾸려가던 이들 중 상당수가 1997년 경제 위기의 직격탄을 맞았다. 이때 찾아온 새로운 기회가 창업이었다. 벤처기업이라는 용어는 1997년 초 김영삼 정부가 '벤처기업육성에 관한 특별조치법'을 제정하면서 알려졌는데, 그것을 정책적 차원에서 실제로 구현한 것은 김대중 정부였다. 과거와 다른 새로운 경제 패러다임을 구축하려고 했던 김대중 정부는 취임과 동시에 벤처기업 2만 개 창업지원, 벤처기업 자금지원, 벤처단지 조성, 병역특례 전문요원제도, 코스닥 활성화 등의 벤처 육성정책을 쏟아냈다.

벤처기업은 국가의 새로운 성장 동력이면서 실업 상태의 고학력자들을 효과적으로 흡수할 수 있는 대안으로 고려되었다.[69] 정부의 적극적 지원에 힘입어 1998년 2,042개였던 벤처기업 수는 2001년에 11,392개로 급증하였다. 코스닥(KOSDAQ) 시장의 규모도 확대되어 1998년 약 78조 원이던 시가총액이 불과 일 년 만인 1999년에 열두 배가 넘는 987조 원에 이르게 되었다. 2000년을 전후하여 정점에 이른 한국의 벤처기업 열풍은 대단했다. 구조적으로는 대기업 중심의 재벌 경제를 대체하는 새로운 경제 패러다임으로, 개인들에게는 대박의 꿈을 실현할 수 있는 절호의 기회로 인식되었다.

통신장비 분야 벤처기업인 로커스의 직원들은 자신이 가장 일을 잘할 수 있다고 생각되는 시간에 일한다. 그래서 새벽에 출근했다가 낮에 퇴근하거나 한밤중에 출근하는 사원도 있다. 장소도 구애받지 않는다. 한 달 내내 집에서 일해도 괜찮고 며칠 동안 집에 들어가지 않아도 상관없다.… 지난해부터 엄청나게 생겨나고 있는 벤처기업들은 기존 기업 개념을 송두리째 바꾸고 있다. 일하는 방식과 문화에서, 그리고 경영방식에서 획기적인 발상의 전환을 통해 기업혁명을 이끌어내고 있다.[70]

벤처열풍에 대학이 흔들리고 있다. 학업을 중단하고 대박의 꿈을 좇는 휴학생이 전례 없이 급증하고 있다.… 지난해 말 휴학계를 낸 서울대 공대 1년 김모씨는 부모와 친구들로부터 끌어 모은 돈 5,000만원으로 친구 3, 4명과 함께 청소년 대상 포털사이트를 창업했다. 공부보다는 창업을 하는 것이 성공의 지름길이라고 판단했기 때문이다.[71]

2000년을 즈음해서는 학업을 중도에 포기하거나 좋은 기업을 그만두고 벤처기업으로 이직하는 이들이 많아졌다. 특히, 핵심 기술을 보유한 엔지니어의 몸값은 천정부지로 치솟았다. 대기업 엔지니어들 중에도 독립하여 창업하는 사례가 많아져 벤처기업이 선호하는 강남 테헤란로에는 빈 사무실을 찾기가 어려울 정도였다.

경제 위기로 인해 주눅들어 있던 엔지니어들에게 벤처기업 열풍은 분명히 새로운 기회로 여겨졌다. 자신들의 기술력과 아이디어에 가격이 매겨지고 사회적으로 인정받는 멋진 경험이었다. 하지만 그 시간은 길지 않았다. 2001년부터 벤처 거품이 사라지기 시작하자 혹독한 구조조정의 시간이 다가왔다. 2002년에 들어와 벤처기업 수는 8,778개로 급감했고 코스닥 시가총액도 반토막이 났다. 무엇보다 가혹했던 것은 벤처기업에서 일하던 수많은 사람들이 다시 거리로 내몰린 것이다.

정보기술 전문 인력의 몸값 거품이 서서히 빠지고 있다. 몇 개월 전만해도 IT 관련 벤처기업은 엔지니어들이 요구하는 연봉이나 제반 근무

조건이 너무 높아 인력 수급에 차질을 빚어 왔었다. 헤드헌팅 업체들은 최근 IT 분야 전문 인력들이 '높은 연봉' 보다는 돈은 조금 덜 받더라고 '안정된 직장'을 선호하는 경향이 뚜렷해졌다고 밝혔다.[72]

그런데 이보다 엔지니어들을 더 힘겹게 한 것은 기업가로서 그들의 역량이 비웃음거리로 전락했다는 것이다. 벤처기업가들은 시장 상황에 능동적으로 대처하지 못하고, 스타 의식에 젖어 있으며, 과거의 둥지에 안주한 형편없는 존재로 평가되기 일쑤였다. 자신의 역량에 '합당한' 역할을 찾으라는 조언도 더해졌다.

우리나라 벤처기업의 역사와 맥을 같이 한 메디슨, 한글과컴퓨터, 새롬기술, 나모인터랙티브 등 소위 벤처 1세대 기업들이 하나둘씩 좌초되면서 벤처업계는 또 한 번 격량의 세월을 맞고 있다. 소위 스타기업 반열을 장식했던 이 기업들이 하루아침에 몰락의 길에 접어들게 된 가장 근본적인 원인은 수익 악화이다. 경영권 분쟁, 주주간의 갈등, 조직 내의 갈등 등 표면적인 원인들이 무수히 존재하고 있지만 결국 수익 악화가 야기한 결과라고 볼 수밖에 없다. 그렇다면 한때 해당분야에서 최고의 시장점유율을 자랑했던 업체들이 이처럼 맥없이 내려앉은 이유는 무엇일까. 이는 기업이 성장과정에서 시장변화에 능동적으로 대처하지 못한데서 그 원인을 찾을 수 있다. 이 과정에서 경영자의 잘못된 판단이 가장 크게 작용했다. 새롬기술도 그랬고, 최근 경영권 분쟁에 휘말리고 있는 한글과컴퓨터와 나모인터랙티브도 마찬가지다.… 그럼에도 불구하고 우리 벤처 1세대 주자들은 스타의식에 젖어, 변화하는 시장에 적절히 대처하지 못하고 말았다. 모럴해저드와 머니게임에 대한 우려가 끊임없이 제기되고 있는데도 귀 기울이지 않았고, 시장은

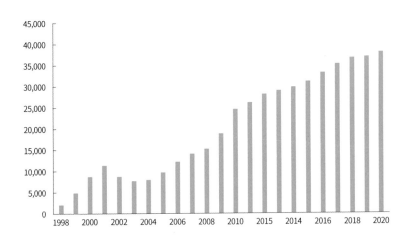

〈그림 8–6〉 벤처기업 증가 추이 (1998–2020)

급변하고 있는데도 이에 대한 대비책은커녕 '과거'라는 둥지 속에 안주했다. 벤처CEO는 자신의 역량에 합당한 역할을 찾아내야만 '타이타닉'과 같은 최악의 사태를 막을 수 있을 것이다.[73]

결국 모든 피해는 벤처에 뛰어든 개인들이 고스란히 감당해야 했다. 정부 정책에 부응하여 미래 가치를 담보로 실적이 없는 벤처기업들에 보증을 섰던 기술보증기금은 대부분의 기금이 고갈되어 직원 월급을 걱정할 정도가 되었다. 기술력이 있는 일부 엔지니어들은 다시 직장을 찾을 수 있었지만 더 많은 수의 엔지니어들은 영세한 자영업으로 생계를 유지하기 위해 팔을 걷어붙여야 했다.

그렇다고 해서 이러한 경험들이 아무것도 아니었던 것은 아니다. 비록 1세대 벤처의 꿈은 좌절했지만 창의적 아이디어와 기술력에 기반한 혁신적 기업의 가능성은 깊은 인상과 유산을 남겼다. 이때 등장했던 창의적이고 도전적인 기업가들과 새로운 조직 문화, 아이디어와 기술의 힘이 바로 그것이었다.[74] IT 경제가 다시 회복 기미를 보이자 1세대 벤처가 남긴 도전의 경험과 노하우는 새로운 벤처기업 설립의 밑거름이 되었다. 〈그림 8-6〉에서 볼 수 있듯이, 벤처기업 설립은 2004년 이후 계속 증가 추이를 보이고 있다.

2004년 이후에 등장한 벤처기업은 1세대들과 다른 모습을 보였다. 롤러코스터를 타듯 변동이 심했던 1세대의 성공과 좌절을 보았기에 막연하게 대박의 꿈을 좇지도 않고 기술력만 믿고 시장에 뛰어들지도 않았다. 1세대 벤처기업의 경험과 노하우는 실제로 이후 세대의 창업과 벤처 운영에 큰 도움을 주었다.

벤처 붐이 한창이던 1998년 씨컴인터내셔널이 세워졌다. 전화로 음악을 들으며 노래 부르는 통신 가라오케와 전화 상대방과 음악을 같이 듣는 뮤직콜 등을 개발했다. SK텔레콤과 필리핀 최대 통신사인 PLDT 등에 서비스를 공급했다. 2007년까지 세계 30여 개 국가에서 특허를 받았다. 하지만 사업은 잘 되지 않았다. 이용자들의 주목을 끌지 못한 탓이다. 벤처1세대 멘토링 센터에서 멘토로 일하며 후배 창업가를 돕고 있는 이진호 샤피니언 대표의 첫 창업이었다. 그는 "기술을 너무 자신한 나머지 고객 마케팅을 소홀히 했다"고 패착을 설명했다.[75]

요즈음 공과대학 학생과 졸업생들 가운데는 차분히 시기를 저울질하며 창업을 준비하는 경우가 많다. 대기업에서 일정 기간 경력을 쌓거나 선배나 동료 벤처기업에서 경험을 축적하며 창업에 필요한 역량을 준비하기도 한다. 이들은 대기업 중심의 경제체제에서 벤처가 생존할 수 있는 공간을 찾거나 만들어내기 위해 노력한다.

다른 사람들이 생각하지 못한 영역을 발굴하거나 새로운 방법론을 고안하는 것, 매몰비용(sunk cost)이 크지 않아 실패를 하더라도 다시 시작할 수 있도록 하는 것, IT 기반의 플랫폼을 활용해 최대한 공유 자산을 활용하거나 제공할 것, 새로운 가치와 결합하고 그것을 기반으로 시장을 확장할 것 등이 중요한 과제가 되고 있다. 단순히 어떤 특정한 문제를 해결하는 능력보다 스스로 문제를 찾아내고 정의하는 능력을 중요하게 여긴다. 자신이 직접 해결하지 않더라도 문제를 해결할 사람과 조직을 발견하고 연결하는 일이 중요하다는 것을 이해하고 있다. 따라서 네트워크를 구축하고 활용하여 다양한 자원을 동원하고 협력하는 일에 관심이 많다.

여전히 많은 어려움이 산적해 있지만 지금의 한국 사회는 엔지니어들이 창의적인 문제의식과 목표를 실현하기에 우호적인 환경이 조성되어 있다. 첫 번째 이유는 발전하고 있는 기술 덕분이다. 예를 들어, 지금의 자동차는 우리가 알던 자동차가 아니다. 자동차는 기계제품에서 전자제품으로 변화하는 중이다. 테슬라는 2003년에 창업하여 2010년에야 나스닥에 상장된 전기차 업체지만 2017년부터 테슬라의 주가총액은 전통적인 자동차 회사인 GM, 포드, 토요타를 훌쩍 뛰어넘었다. 다른 분야에서도 유사한 현상이 나타났다. 이제 제조업 분야에서 분과 학문의 경계를 넘어 협력하고 머리를 맞대지 않으면 안 되는 상황이 조성되었다. 둘째, 기술 개발 및 활용의 불확실성과 위험이 커져 상호신뢰에 바탕을 둔 인프라 공유가 그 어느 때보다 중요해졌다. 플랫폼 기업이 성장하는 것도 이런 이유 때문이다. 셋째, 시장 수요에 신속하고 유연하게 대응하려면 서로 생각이 다르고 경험이 다른 이들의 협력이 필요하다는 점이 분명해졌다. 그 과정에서 얻는 이득이 훨씬 크기 때문이다.

이처럼 변화된 환경에서 벤처기업들은 문제 해결 그 자체보다 문제를 발굴하고 정의하는 과정에서 협력의 필요성을 호소하고 있다. 자동차 공유 서비스를 시도했다가 좌절한 쏘카 논쟁이 대표적 사례이다.[76] 이슈가 된 것은 기술적 문제 해결이 아니라 결국 무엇을 문제로 볼 것인가와 이해당사자들 간 관계를 어떻게 조율할 것인가에 있었다.

기술 개발과 활용을 둘러싼 변화와 논쟁들 속에서 국적, 세대, 젠더, 문화의 차이를 대하고 접근하는 방식은 과거와 같지 않을 것이다. 이슈의 특징에 따라 이들의 차이는 다른 방식으로 소환되고 조직될 것이다. 인공지능이 중립적이고 비편파적인 기술일 것이라는 전제는 이미 심각하게 도전받고 있고 그에 대한 대책 마련이 중요하게 여겨지고 있다.[77] 새로운 상황에서 기술이 제기하는 사회적 이슈의 복합성과 예측 불가능성을 해결하는 것은 이제 혁신적 아이디어를 구현하는 벤처들에게 회피할 수 없는 문제가 되었다. 따라서 벤처에 참여하는 엔지니어의 전문성은 과거처럼 내밀한 고급의 기술 지식과 노하우만을 의미하는 것이 아니라 상호연결과 협력, 관계 맺기, 연대와 협상의 역량을 의미하게 되었다.

하지만 정부의 재정적, 제도적 지원에 의존하는 벤처기업이 여전히 기술-국가 프레임에 종속될 가능성에 대해서도 충분히 고려해야 한다. 다만, 혁신적 소기업을 창업하는 많은 엔지니어들이 기존의 중견기업이나 대기업과 달리, 정부와 일대일 관계를 맺기 어렵고 시장 특성상 불확실성에 대응하기 위해 국내외 네트워크를 활용하고 다양한 관계를 모색한다는 점은 큰 차이다.

최근의 벤처는 새로운 가치를 제시하고 그것을 중심으로 사람들을 끌어들이는 데 관심을 갖는다. 덕분에 사회적 가치투자라는 말이 이제는 낯설지 않을 정도가 되었다.[78] 또 하나 의미 있는 변화로 여겨지는 것은 2세대 창업 생태계의 경우, 여러 번 실패해도 다시 일어날 수 있는 구조가 마련되고 있다는 것이다. 웹 기반과 모바일 비즈니스가 성장한 것이 중요한 배경이다. 대체로 일생에 한두 개의 직업을 갖는 데 그쳤던 이전 세대와 달리 여러 직업과 경력을 쌓게 되리라는 기대와 전망이 엔지니어들이

추구하는 가치뿐 아니라 갖추어야 할 역량 리스트에 새로운 항목들을 추가시키고 있다.[79]

국내외 공학교육이 강조하는 핵심 학습 성과(learning outcome)에 리더십, 커뮤니케이션, 팀워크, 책임성, 정의로움 등이 강조되고 있다. 이것은 단지 교육적 레토릭이 아니라 변화하는 사회적 요구에 대응하지 않으면 공학교육에 심각한 문제가 초래될 수 있다는 현실 인식에 기인한 것이다.[80] 이로 인해 엔지니어 전문직주의를 구성하는 요소에 지각변동이 일어나고 있다.

[장면 2] 연대하고 협력하는 엔지니어들

엔지니어들은 국가 산업 발전의 견인차로서, 또한 국가 성장 동력의 한 축으로 역할을 수행해왔다. 세계적으로 기술 경쟁이 심화되는 최근의 상황은 엔지니어들에게 보다 적극적인 역할을 요구한다. 이와 동시에 다른 한편에서는 우리 사회가 겪고 있는 현실의 사회적 이슈와 지역의 구체적 현안을 해결하는 데 과학과 공학이 충분히 기여하고 있는지에 대해 질문과 비판이 제기되고 있다.[81]

이것은 엑스퍼티즘, 혹은 엘리트주의를 견지해온 엔지니어 관점에 대한 비판으로 이어졌다. 공공의 이익에 부합하는 역할과 책임을 강조하는 엔지니어의 전문직주의를 사회가 인정하려면, 그에 따른 실천과 결과가 병행되어야 한다는 것이다. 이런 맥락에서 2000년대 무렵부터 국내에서 사회문제해결, 혹은 지역문제해결이라는 개념과 어젠다가 공학교육과 연구에서 등장한 것은 의미 있는 변화다.

사회와 지역의 이슈를 진단하고 해결하는 데서 기존의 기술적 접근 외에 다양한 관점과의 접목이 필요하다는 문제의식이 과학기술정책, 공공기관 개혁, 대학 교육 개혁, 사회적 경제, 시민운동 등 다양한 영역으로 확산되기 시작했다.

사회문제해결이 본격적인 과학기술정책 어젠다로 제기되는 과정에서 한국과학기술정책연구원 연구진들의 역할이 컸다.[82] 이들은 저출산·고령화, 저성장·양극화, 기후변화·에너지·환경 문제와 같은 사회적 도전과제에 대응하기 위해 새로운 관점의 접근과 정책이 필요하다는 점을 역설하고 구체적인 방법을 제시했다. 지속 가능한 대안을 만들려면, 무엇보다 현장에서 시민과 이해당사자, 기업, 전문기관, 지자체가 참여하여 공동으로 문제 해결을 모색할 필요가 있음을 강조했다. 정부, 기업, 대학 및 출연(연)의 새로운 역할이 필수적인데, 기본적으로는 각자가 새로운 전환의 주체로 나서야 한다는 주장이었다.

다른 한편, 사회적 난제 해결과 관련하여 시민, 사용자, 소비자들에게는 시민연구자로서의 역할이 필요하다고 보았다. 시민이 스스로 문제 해결의 주체로 적극 나설 필요가 있다는 것이다. 최근에는 정부 부처들도 이와 관련된 정책을 발굴하여 추진하고 있는데, "과학기술활용 주민공감 현장문제 해결사업"이 그와 같은 사례에 속한다.[83]

대학에서도 사회문제해결 혹은 지역문제해결 교육과정 구축이 한 축을 차지하기 시작했다. 이를테면, 공과대학 교육과정에서 핵심적 위치를 차지하고 있는 종합설계 교육과정은 지금까지 주로 대학 연구실의 연구 이슈나 기업의 문제 해결 위주로 진행되어왔다. 그런데 최근에는 사회와 지역의 실제 문제를 탐색하고 솔루션을 제시하기 위해 지역의 공공기관, 사용자, 주민, 다양한 전문가들이 서로 접촉하고 협력하는 방안을 다양한 방식으로 추진하고 있다.[84] 2010년에 설립된 사단법인 '국경 없는 과학기술자회'는 이공계열 교수들이 주축이 되어 적정기술 연구개발을 진행하고, 이를 통해 개발도상국 지원과 국제 네트워크 활동, 관련 봉사활동을 조직화하고 있다.[85] 개발도상국 지원이라는 목표 아래 다양한 전공의 교수와 학생, 연구진들이 가시적 성과를 내고 있는 것은 매우 고무적인 현상이다.

지금까지 살펴본 활동들을 특징짓는 공통된 키워드가 있다면, 그것은 연대와 협력에 대한 강조이다. 사실 공학 전공자들은 연구와 기술 개발의 실제 업무를 추진하면서 기업, 공공기관, 민간 부문과 접촉할 일이 많기 때문에 협력이라는 용어가 낯설지 않다. 하지만 사회문제해결이나 지역문제해결 패러다임의 등장은 오랫동안 익숙해진 공급자 중심의 협력을 넘어, 사안과 관련된 이해당사자와 사용자 중심의 관점을 받아들이고 구체적으로 공동체의 이익을 위한 연대를 강조한다는 점에서 기존의 방식과 근본적인 차이가 있다.

연대와 협력의 확장 가능성

공학교육, 연구개발 시스템, 기업의 연구개발 활동에 변화가 시작된 것은 분명하다. 협력과 연대의 가치가 전공 경계와 전문지식 중심의 실천과 문화에 문제를 제기하며, 전문직주의의 발전에서 새로운 방향을 제시하고 있다. 그럼에도 이 같은 흐름이 공학교육과 연구개발 시스템 전반을 개혁하는 데까지 확장될 수 있을지는 아직 판단하기 어렵다. 그 이유는 기존의 기술-국가 프레임이 강고하기 때문이다. 발전주의는 여전히 한국 사회를 관통하는 규범이자 가치이다. 그렇지만 산업 발전과 국가 경쟁력 확보를 위해 일사불란하게 움직이는 기술 개발 시스템과 조직적, 문화적 실천에 대한 몰입이 이전보다 약화된 것은 사실이다. 일과 삶의 균형을 모색하는 움직임은 세대를 막론하고 모든 한국인에게 중요한 이슈가 되었다.[86]

하지만 과학기술 분야의 교육과 연구가 정부재정과 제도에 의존하는 정도가 높고, 권한을 가진 중간 조직의 역할과 역량이 취약한 것은 문제이다. 고령화에 따른 사회적 대응이나 안전 확보와 같은 일상의 영역, 기후변화, 에너지, 환경과 같은 글로벌 이슈에서 현실에 부합하는 가시적 성과가 필요하다는 시민들의 요구가 매우 높다. 그렇지만 정부 주도의 대형 사업이 주축이 되다 보니 여기에서 제시하는 기준과 평가항목이 사업의 형식과 내용에 영향을 미쳐 본래 목적과 다른 방향으로 운영되기 쉽다. 그렇다고 정부 지원 없이 대학과 기업, 혹은 다른 민간 조직들이 자율적이고 유연하게 협력하여 의미 있는 성과를 만들어내기도 어려운 상황이다.

정부 의존도가 높은 것은 양날의 칼과 같은 효과가 있다. 장점이 있는 만큼 단점도 명확하다. 성과 평가의 근거와 내용에 대한 비효율적이고 형식적인 요구들이 그만큼 늘어난다. 예를 들어, 과학기술 연구를 통해 사회와 지역의 문제를 해결하려는 사례를 생각해보자. 이런 경우에는 정부 기관이나 지자체가 함께 참여해야 문제 해결이 수월하고 효과적이다. 그렇지만 문제를 찾고 실제 해결을 도모하는 과정에서 각 주체 간 신뢰와 협력을 쌓는 데 많은 시간과 노력이 요구된다. 안타깝게도 이런 종류의 활동은 '업무'로도 '성과'로도 인정받기 힘들다. 그 때문에 사업에 참여하는 전문가와 관계자들은 좀 더 쉽게 문제를 해결하는 방법을 익히게 된다. 현장의 주민, 이해당사자, 혹은 사용자와의 소통과 토론을 통해 실질적인 문제 해결을 추구하기보다 형식적인 구색 맞추기, 가시적인 정량적 지표 달성에 매달리는 것이다.

민간 영역과의 접촉을 통해 다양한 이슈에 접근하고 해결하는 대학의 역량이 부족하고, 이런 활동 참여에 대한 대학의 동기가 부족한 것도 문제이다. 정부는 대학에 대한 관리와 통제의 관점과 수단을 포기하지 않으려는 경향이 있다. 이 문제에서 한 발자국 더 나아가려면, 대학과 기업, 정부가 어떤 일을 덜 하고, 어떤 일을 더 할 것인가에 대해 진지하게 논의할 필요가 있다. 또한 연대와 협력이 작동할 수 있는 유무형의 공간을 구축하고, 여기에 엔지니어의 활동을 더해야 한다.

과학기술이 풀어야 할 문제를 정의하고 해결하는 방식에 대한 비판적 성찰과 대안 모색이 도덕적 우위에 기초한 시민운동 차원에서 크게 나아가지 못한 것도 연대와 협력이 대학과 연구 현장에서 영향력을 넓히지 못한 요인이다. 연대와 협력이라는 새로운 원리의 성패 여부는 결국 목표로 하는 영역의 지배적 실천을 변화시킬 수 있는가에 달려 있다. 다시 말해, 시민운동 방식의 접근방식은 기존의 공학적 실천에 문제를 제기하는 데는 효과적일 수 있지만 실제 현장의 전반적 공감과 변화를 이끌어내는 데는 한계가 있다.

따라서 공학교육과 공학 전문직 내부의 변화를 이끌 수 있는 실천적 과제의 발굴과 전략적 접근이 필요하다. 과학, 공학, 기술 발전의 과정과 결과를 상상하고 설계하고 구현하는 전 과정에 영향을 미칠 수 있는 미시적이고 유연한 전략이 필요하다. 전문직주의를 지향하는 엔지니어는 자신의 도덕적, 사회적 상상을 협력과 연대의 다양한 형식 안에서 현장의 각 주체들과 공유하고 발전시키려는 태도가 필요하다.

새로운 변화를 추구하는 관점에서 볼 때, 엔지니어 정체성의 재구성이 갖는 의미가 그 어느 때보다 크다. 선한 의지만으로는 충분하지 않다. 다양한 분야의 전문가와 사용자들이 만나 서로의 생각을 나누고 협력하고 조율하는 과정을 제도적, 문화적 실천으로 전환시킬 필요가 있다. 그런데 엑스퍼티즘과 엘리트주의는 엔지니어의 역할을 자신의 관할권이 미치는 세부 영역에 한정 지으려고 한다. 이러한 환경에서는 주어진 경계 안에 머물렀다고 비판받을 일은 없지만 영역 바깥으로 나가는 것은 비난받기 쉽다. 결국 우리가 다루어야 할 이슈는 곧 엔지니어란 누구인가, 무엇을 어떻게 하는 존재인가를 둘러싼 논쟁이며, 이것은 정체성 이슈가 된다.

새로운 전문직주의를 추구하는 엔지니어들은 기술 시티즌십에 대해 생각해볼 필요가 있다. 기술 시티즌십(technological citizenship)이란 전문적인 과학기술 지식이 없는 일반인이라도 사회에 영향을 미치는 기술 발전 경로에 주체적으로 참여할 권리와 의무를 갖는다는 것을 강조하는 개념이다.[87] 기술 시티즌십은 논쟁적인 기술 이슈에서 전문가와 일반인에게 동등한 멤버십을 보장할 것을 요구한다.[88] 이에 관해서는 찬반 의견이 격렬하다. 전문가들에게는 불편하고 도전적인 이슈일 것이다.[89]

기술 시티즌십에 대해 어떤 의견을 갖든, 이 이슈는 전문가와 시민의 경계가 예전처럼 명확하지 않고 사안에 따라서는 관계가 역전될 수 있다는 것을 보여준다. 엔지니어들은 왜 이러한 주장이 등장하는지에 관해 진지하게 생각해볼 필요가 있다. 전문가라면, 자신이 기여할 수 있는 영역과 그렇지 않은 영역을 구별할 수 있어야 할 것이다. 하지만 쉬운 일이 아니다. 만약 확실히 기여할 수 있는 영역이라면, 분명한 책임의식을 갖고 자신의 일에 임하면 된다. 대신 그렇지 않은 영역에 대해서는 다양한 전문가와 사용자, 이해당사자들과 협력하여 전문성을 연결하고 강화할 수 있는 구조와 문화를 만들어야 한다. 그럴 때, 공공성과 자율성이 결합될 수 있다.

한국의 엔지니어는 우리 사회 발전에 크게 기여해왔다. 하지만 기술이 만든 세상과 일상의 삶에서 '책임 있는 역할을 수행할 수 있는 전문가'라는 확고한 신뢰를 확보하지는 못했다. 산업과 연구 현장에서 불거지는 아슬아슬한 이윤 추구의 논리, 위계적이고 남성 중심적인 조직 운영, 안전 이슈에 대한 선제적 대응과 관리 등에서 사회적 신뢰를 얻기 위해 더 노력할 필요가 있다. 이때 만약 사회와 주변으로부터 많은 책임을 요구받거나 압박받는다고 느끼게 된다면, 그것은 전문직주의를 추구하는 엔지니어들에게 좋은 소식일 것이다. 책임의 주체로 부각될수록 사회적 인정과 신뢰가 높아진 것을 의미할 것이기 때문이다.

2. 평가: 엔지니어 전문직 프로젝트의 성과와 전망

한국 사회 엔지니어의 분화는 전문직 프로젝트와 함께 진행되어왔다. 하지만 그 전문직 프로젝트는 엑스퍼티즘과 엘리트주의의 성격을 지니게 되었다. 공공선의 가치 추구와 도덕적, 사회적 책임성 구현을 강조하는 '전문직(profession)'으로서의 인정 투쟁과는 다소 다른 맥락이다.

이렇게 된 이유는 첫째, 전문직주의 추구가 발전주의의 맥락에서 정의되고 평가되었기 때문이다. 국가와 산업 발전에 기여할 수 있는 한도 내에서 전문직주의가 모색되었다. 둘째, 치열한 이념 투쟁의 과정과 긴 개발독재 기간을 거치면서 기능적 전문인으로 살아가는 것이 더 안전하다는 오랜 경험이 축적되었기 때문이다. 셋째, 직업적 지위와 위신을 둘러싼 경쟁과 자격주의가 팽배해지자 소위 '공정성'에 시비를 걸기 어려운 객관적이고 정량적인 기준에 대한 집착이 강해졌다. 이것은 측정 가능한 정량적 성과의 우위를 가져왔다.

그러는 동안 한국 엔지니어의 전문직 프로젝트는 축소되고 변형되었다. 전문성이란 숫자나 계산으로 쉽게 환원될 수 없는 복잡하고 모호한 질문에 대답하는 능력이다. 이때 '좋은' 답, 혹은 '맞는' 답을 찾으면 바람직하겠지만 그런 경우는 실제 현실에서 자주 일어나지 않는다. 그런 답이 애초에 존재하지 않는 경우도 많다. 따라서 전문가가 해야 할 가장 중요한 역할은 주어진 여건과 환경에서 특정 솔루션이 왜 지금 우리에게 가장 적합하고 견딜 만한 것인지를 설득하는 일이다. 그 과정은 지루할 수 있지만 전문가들은 인내심과 책임을 바탕으로 시민의 관점에서 대응해야 한다. 전문가 역시 자신이 잘 알지 못하는 영역에 관해 질문하고 답변을 들을 권리를 요구해야 한다.

한국 엔지니어들이 구축해온 전문직 프로젝트의 내용과 추진 방식은 변화해왔다. 주권국가 건설을 위한 과학기술 엘리트의 역할 공간 확보, 국가경제 발전과 산업화를 주도할 헌신적 산업역군, 무에서 유를 창조하는 유능하고 도전적인 인적 자원, 세계화와 국제 경쟁력을 선도할 전문가 집단으로 자리매김하기 위한 노력이 이어져왔다. 전문직 프로젝트를 추진하는 과정에서 다양한 요구들에 직면했다. 이를테면, 산업화 시기에는 군인처럼 헌신하고 경제적 가치를 우선하며, 때로는 합리적으로 설명하기 어려울 정도로 성과를 내는 능력이 강조되었다. 1990년대 이후에는 정치 민주화에 발맞추어 전문가로서 민주주의적 책무를 다하고, 여성의 참여를 촉진하며, 탈권위적, 수평적 문화를 구축할 것, 세계적 경쟁력 확보를 위해 더 유능해지고, 점점 복잡하고 어려워지는 기술적 난제에 대응하고 해결할 것에 대한 요구가 커졌다.

현대 한국 엔지니어가 이러한 사회적 요구에 잘 대응할 수 있을지의 질문에 답하기는 아직 이르다. 1990년대는 한국 엔지니어들에게 전례 없이 도전적인 시기였다. 각종 대형 재난사고의 등장, 대학 교육이 기업 수요에 제대로 대응하지 못하고 있다는 비난, 공학 분야와 대학원 연구실의 위계적이고 남성 중심적인 문화, 이공계 위기 담론의 등장, 대학 연구개발비 증가에도 불구하고 체감할 수 있는 성과가 부족하다는 비판, 에너지 전환과 기후변화 등 글로벌 이슈에 대한 해결 역량과 인공지능, 사물인터넷 (IoT) 등 신기술과 관련된 사회적 이슈 등에 준비가 되어 있는지, 어느 것 하나 쉬운 것이 없다. 하지만 젠더, 창업, 사회문제해결과 관련한 이슈에서 보았듯이, 과학기술계와 산업계의 외곽에서 진행된 새로운 시도와 변화들을 결코 가볍게 여길 수 없다. 과학기술이 만들어지고 작용하는 다양한 사회 영역에 대한 실질적인 관심과 참여 의지는 엔지니어 전문직 프로젝트에서 새 국면을 가져오게 될 것이다.

엔지니어가 아닌 사람들이 '엔지니어는 전문직인가'라고 물을 때와 엔지니어가 스스로 '엔지니어는 전문직이고 그래야 한다'고 답할 때, 그 둘 사이에는 간극이 있다.[90] 의료 전문직이나 법 전문직의 경우와 비교해보면, 그 차이를 쉽게 이해할 수 있다. 그 간극이 향후 어떻게 움직일 것인지가 엔지니어 전문직주의의 미래를 좌우하게 될 것이다. 분명한 것은 한국의 엔지니어들이 좁은 엘리트주의를 벗어나 책임과 신뢰, 협력과 연대를 바탕으로 나아갈 때, 발전주의 기술-국가가 아닌 다른 사회적 상상을 논의하고 구현할 새로운 가능성이 열릴 것이라는 점이다.

엔지니어(*engineer*). 이 연구는 엔지니어에 관한 사회적 탐구이자 담론이다. 그러니 엔지니어가 누구인지, 무엇을 하는 직업인지 알아야 했다. 해외 선진국의 엔지니어들은 비교적 균질한 직업 정체성을 가지고 있다. 최소한 과학자와는 구별된다. 하지만 한국에서 엔지니어의 실체는 그렇게 명확하지 않다. 공학자, 공학인, 공학기술자, 과학기술자, 기술자, 기술인 등 부르는 용어도 다양하다. 그렇지만 엔지니어링을 번역하거나 의미할 때는 대부분 공학이라고 부른다. 엔지니어링을 공(工)과 학(學)을 결합한 공학이라고 지칭한 이유는 무엇일까? 이 연구를 이끈 한 축은 그에 관해 해답을 찾는 과정이었다. 이 책에 등장하는 '엔지니어'는 기술 지식 생산과 실천을 주로 담당하는 근대적 주체를 가리키는 메타적 용법의 개념이다. 다만, 엔지니어 양성과 활동에서 세계적 동형화가 확대되는 1990년대 이후에는 일정한 요건이나 자격을 갖춘 직업 집단을 의미한다.[1]

공(工). 동아시아 국가들은 오랫동안 공(工) 개념을 사용해왔다. 공(工)은 일상의 쓸모를 채우는 다양한 형식의 활동이었다. 또한 공동체와 자연의 질서에 순응하거나 변형하면서 삶을 지속 가능하게 만드는 솜씨이자 행위였다. 그것은 공(工)의 지위를 가진 이들이 만들어낸 구체적인 물(物)이기도 했다.[2] 공(工)은 동아시아 전통사회를 구성하는 온전한 요소였다.[3] 전통사회를 벗어나 근대사회로 이행하는 과정에서 공(工)은 엔지니어, 엔지니어링으로 전환되었다. 이

과정을 역사적 흐름 가운데 조망하고 과학기술사회학 관점에서 분석하고자 했다. 여기에서 '공'은 공(工)과 연관된 행위자 연결망을 의미한다.[4] 따라서 공(工)의 근대적 전환이란 전통사회를 구성하던 행위자들이 변화되고 그들 사이의 연결고리가 사라지거나 변형되는 가운데 새로운 근대적 행위자 연결망으로 전환된 것을 의미한다.

발전주의적 주체의 탈발전주의 상상. 오래된 사회가 해체되고 새로운 사회로 진입하는 혼돈의 와중에 엔지니어들이 등장했다. 우리는 이들이 역사의 각 시기에 어떤 이름과 모습으로 나타나고 활동했는지에 주목했다. 산업화를 거치며 구축된 기술-국가 구성체는 근대 한국 엔지니어의 성격과 특징을 가로지르는 틀로 굳어졌다.[5] 박정희 집권기를 대표하는 개발국가 담론과 정책에서 엔지니어는 과학기술과 산업 발전을 이끈 주체로 부각되었다. 즉, 엔지니어는 발전주의적 주체가 되었다. 다른 한편에서는 발전주의가 우리 사회와 세계, 삶에 미친 영향에 대해 비판적 논의가 본격화되었다. 경쟁력 담론에 노출된 채 인적 자본으로서의 가치를 강조하고 전문직의 위상을 추구해온 한국의 엔지니어들에게는 큰 도전이 아닐 수 없다. 이들이 기술-국가의 강고한 틀인 발전주의를 벗어날 수 있을지, 책임과 신뢰를 기반으로 연구하고 개발하는 전문직주의를 어떻게 만들어갈 것인지, 사회의 여러 집단과 협력하고 연대하는 실제의 방법과 가치를 실현할 수 있을지 등의 질문을 바탕으로 연구를 진행하였다.

PART I. 한국 사회 공(工)의 여정을 추적하다

이 책은 19세 말 이후 현재에 이르기까지 한국 사회에서 공(工)과 관련된 핵심 주체의 형성과 변화에 대한 사회적, 역사적 탐색을 시도했다. 엄밀한 역사학적 방법론을 채택하는 대신, 다양한 학문 영역의 성과와 문제의식을 공유하고 이들 사이를 가로지르며 한국 엔지니어가 발전된 과정을 추적하려고 했다.

그동안 전통적 공(工) 개념과 그에 관한 역사적 인식은 현대적 관점에서 해석되고 평가되어왔다. 그 결과, 우리는 엔지니어링과 엔지니어 개념이 서양이나 동아시아 국가에서 크게 다르지 않을 것이라고 쉽게 전제해왔다. 따라서 과학자, 과학기술자, 기술자 등 다양한 용어들 사이의 차이에 주목할 필요를 인식하지 못했다. 연구자들도 그 차이에 숨어 있는 의미를 분석하는 데 예민하지 않았다.

공(工)과 기술에 대한 막연한 통념은 근대 기술직의 기원을 중인(中人)에게서 찾으려는 학계의 구상에도 나타났다. 역사 연구에서 등장하는 기술직 중인이란 엄밀히 따지면, 엔지니어의 전신이 아니라 전문직의 기원이다. 우리에게 익숙한 공(工)에 대한 지배적 이미지와 실천은 생산직과 전문직 사이 그 어딘가를 부유해왔다.[6] 그럼에도 불구하고 우리나라 근대 엔지니어의 원형이 전통적 장인 계급보다 전문직 중인과 더 가깝다는 점은 중요하다. 엔지니어의 이미지가 비록 일제강점기를 거치는 동안 하급 기능 인력의 모습으로 부각되었지만 그것은 식민지배에 따른 영향이다.

한국에서 공(工)이 전통사회의 틀을 벗어나 근대적 의미로 변화된 것은 언제부터일까? 일본과 청이 조선보다 빨랐다. 조선에서도 19세기 후반 근대적 개념과 제도적 실체로서 공(工)을 둘러싼 새로운 연결망이 만들어질 계기를 맞이한 것은 분명하다. 하지만 제국주의 일본의 조선 강점이 시작되면서, 한국에서 공(工)의 여정은 일본, 중국과 다른 경로로 인도되었다.

공 개념은 전통사회의 오랜 가치와 규범과 밀착되어 있었고 일상적 노동의 풍경이자 삶의 물리적 기반이었다. 하지만 세계적인 근대화의 진전과 제국주의의 확장, 주변 동아시아 국가들의 변화로 인해 대전환이 발생했다. 질서정연하고 좀처럼 변할 것 같지 않던 익숙한 시스템에 균열이 발생하기 시작했다.

모든 것이 혼란하고 불안정해졌다. 예컨대, 서구 문명의 기술적 우월성은 도덕적 우위까지 주장했다. 근대 과학과 기술의 등장은 전통적 공(工)의 영역을 분화시키고 새로운 질서를 부여하고자 했다. 이제 전통사회의 공은 근대화된 제도와 문명, 문화의 등장에 맞서 자신이 있어야 할 위치와 역할을 찾아나가야 했다. 그것은 지금까지 한 번도 경험하지 못한 일이었다. 그와 같은 혼동과 불확실성의 위기에 처한 전통적 행위자 연결망인 공(工)과 함께, 공(工)의 관점에서 시간여행을 떠나보자.

새로운 지식과 기계, 사상을 동반한 서구 문명은 놀라웠다. 일본을 통해 과학(科學), 기술(技術)과 같은 낯선 개념들이 이들 문명과 함께 도입되었다. 공업(工業)을 하는 회사가 생겨나고 공업을 위한 교육기관도 등장했다. 그동안 교육의 대상으로 여겨진 적이 없던 농공상(農工商)이 근대 교육의 대상으로 변화되었다. 일본과 청에 유학생을 파견하여 서양 기술을 익히려는 움직임도 활발해졌다. 19세기 말 조선이 직면한 여러 한계에도 불구하고 근대 엔지니어의 싹이 움트고 있었다.[7] 하지만 1904년 이후 일본의 식민지 구상과 정책에 의해 한인 자본가와 기업가가 몰락하고 관료 자본이 해체되면서 기술과 공업 분야의 고등교육 계획이 무산되었다. 이 과정에서 공(工)과 기술의 위상은 서열이 낮은 영역으로 내몰렸다.

강압적 식민통치가 본격화되자, 공(工)은 산업 현장과 교육 현장에서 새롭게 구성되었다. 조선에 대한 일제의 산업정책과 교육정책의 영향으로 공(工)이 낮은 수준의 기술 및 기능과 결합하여 하급 기술 인력, 생산직 기능 인력의 노동에 체현되었다. 분업화된 자본주의 생산체제에서 공(工)은 접미사가 되어 목공, 도배공, 전기공 등 기술 직업 구조 중 육체노동과 관련된, 상대적으로 낮은 지위를 의미하게 되었다.

조선인으로서 세속적인 성공을 거둘 수 있는 유력한 방법은 교육을 통해 신분, 계층, 지위 상승을 도모하는 것이었다. 그렇지만 일제강점기 과학기술교육은 심각하게 위축되었다. 중등 실업교육이 확대되는 와중에도 공업교육은 정체되었다. 고등교육에 접근할 수 있는 통로는 극히 소규모의 국내 고등교육과 일본 유학을 통해서만 가능했다. 어렵사리 학문적 경로를 거쳐 성장한 엔지니어라고 해도 조선인으로서 진출할 수 있는 분야와 지위는 제한적이었다. 조선인 엔지니어가 식민지 모국에서 사회의 발전을 이끌 산업가로 성공하거나 국가 지도자로 성장할 가능성은 요원했다.

역설적인 것은 '교육'을 향한 열망이 산업과 교육 영역에서 형성된 공의 두 경로 사이의 사회적, 문화적 간극을 크게 벌려놓았다는 것이다.[8] 공장과 현장에서 일하는 기술직 노동자와 기술 기반의 소규모 자영업자, 그리고 고등교육을 받은 엔지니어 사이에는 학력뿐 아니라 사회적 위신과 계층, 문화적 격차가 컸다. 근대화의 첫 단계에서 만들어진 이 간극은 해방과 산업화 이후 공(工)이 제도, 교육, 직업과 결합되는 방식과 결과에 영향을 미쳤다.

해방을 맞이하여 독립국가의 차원에서 산업정책과 과학기술정책이 수립되자 근대 산업과 교육 영역에서 공(工)의 지위와 역할이 새롭게 재편될 기회를 맞이했다. 국가 재건과 산업 발전을 이끌 과학기술 엘리트의 역할이 필요했다. 해외에서 유학한 엘리트 엔지니어들은 테크노크라트로서 새로운 근대국가 건설의 비전 수립과 정책 실행에서 주도권을 확보하려고 시도했다. 하지만 그 결과는 실패였다. 총력전체제에서 '생산과 국방을 위한 기술'이라는 이념을 통해 자신들의 정치적 위상을 높였던 일본 테크노크라트와는 전혀 다른 결과였다. 그 근본 원인은 해방 직후 건설된 신생 독립국가, 분단국가에 내재된 구조적 취약성에 있었다.

극심한 정치적 이념 갈등과 뒤이어 발발한 3년간의 전쟁, 해외원조에 바탕을 둔 소비재 중심의 산업 시스템으로 인해 기술 기반의 국가를 건설하려는 산업 발전 전략이 제대로 작동될 수 없었다. 결국 테크노크라트가 위치할 자리가 마땅치 않았다. 엔지니어는 해방 후 새로운 사회를 이끌 주도 세력이자

국가 재건의 주체로서 위상을 갖지 못했다.

1950년대에는 재벌이 성장했다. 물질적으로는 일제강점기 불하자원과 자본을 바탕으로, 사회적으로는 기존 정치권력과 맺은 사적 네트워크를 동원하면서 성장했다. 하지만 초창기 대기업 중 엔지니어 출신 산업가는 매우 소수였다. 기술 기반의 사업 비전을 가진 이들이 적었기에 공(工)은 산업 발전의 핵심요소로 등장할 수 없었다.

다른 한편으로 1950년대는 교육열이 지배한 시대였다. 교육을 지렛대로 개인과 가문의 사회적, 경제적 지위와 조건을 변화시키려는 경쟁이 온 사회를 뒤흔들었다. 무엇보다 해방 직후 새로운 가능성과 기회를 포착하려는 개인과 집단들의 욕망이 들끓어 각자도생의 전략과 문화가 지배적이었다. 표출하는 욕망을 통제하거나 제도화할 방안은 만들어지지 않았다. 이승만 정부는 국민들에게 기술 기반 산업 발전의 전망을 제시하지 못했다. 주권국가에서 공(工)은 기술과 더불어 모처럼 산업적, 교육적 기회와 결합될 여건을 만났지만 그것이 가져올 미래를 확신하는 정치적, 경제적 리더십은 매우 취약했다.

쿠데타로 집권한 박정희는 조국 근대화, 경제 재건의 기치를 들고 그에 필요한 자원들을 총동원하고 재배치하기 시작했다. 그는 1920년대와 1930년대생 관료 엘리트와 테크노크라트들을 주축으로 산업정책 중심의 발전전략을 채택했다. 이들 2030 엘리트 관료들은 일제 식민지 때 교육을 받아 문화적 일체감이 강한 반면 친일파라는 낙인에서도 자유로웠다. 이들은 기술을 국가 산업 발전의 핵심 요소로 인식했다. 수출 지향적 경제 발전을 이끌고 뒷받침할 기술 인력이 필요했기에 산업 특성에 맞는 인력을 양성할 수 있는 교육체계를 정비하고 실행했다.

산업 현장에서 일하는 노동자와 기술자들에게는 국가를 위해 헌신하는 역군, 즉 산업역군(産業役軍)이라는 이름이 붙여졌다. 하지만 국가 정책의 변화가 기술 인력의 직업적 위신까지 변화시키지는 못했다. 엔지니어의 직업적, 산업적 지위를 가르는 기준은 공식적으로든, 비공식적으로든 학력이었다. 공(工)이라는 접미사는 직업적 위신이 낮은 기능공(技能工, craft), 기술공(技術工, technician)의 차지였다. 대졸 엔지니어에게는 기술자(技術者, engineer)라는 호칭이 부여되었다.

엔지니어 집단 내부의 편차나 이질성을 강조하는 것은 박정희 정부의 의도와 전혀 달랐다. 박정희와 엔지니어 테크노크라트들은 그들의 교육 경험에 비추어, 집중되고 전문적인 교육의 중요성을 인지하고 있었다. 따라서 교육 및 훈련제도에는 전문화된 교육을 담고자 했다. 다만, 당시 여건으로는 요구되는 수준 이상의 고학력 엔지니어를 양성할 필요가 없다고 보아, 이들의 공급을 억제하는 정책을 폈다. 대신 필요하다고 판단하는 분야에는 어떻게든 기술 인력을 양성하고자 했다. 이를테면, 극한의 상황에서 일하는 저임금 노동자 집단을 달래기 위해 공장과 현장에서 일하는 생산직 기술자들을 공돌이, 공순이라고 부르는 데 반대했다. 기술 인력을 위한 교육 훈련 프로그램을 강화하고 심지어 기업 내 명칭을 바꾸도록 유도했다. 국가기술자격제도에서도 접미사로서의 공(工)은 모두 삭제되었다. 예를 들어, 기술공은 현장기술자로, 기능공은 기능자로 변경되었다. 이로써 공(工)은 공학인, 공학도에서처럼 근대적 분류 체계의 한 범주가 되었다.

이 모든 변화의 근저에는 발전주의가 있었다. 박정희 정부는 발전주의 전략과 목표에 부합하지 않는 것을 결코 용인하지 않았다. 그가 구상한 기술-국가를 완성하기 위해 정신과 마음, 문화의 개조를 사실상 강요했고, 전투하듯 노동하는 일상을 미화했다. 정부에 대한 반대와 정당한 노동운동을 민족과 반공주의, 조국 발전에 대한 거부로 간주하고 폭력적 방식으로 억압하고 진압했다.

고등교육으로서 공학교육에 대한 지원은 정책적으로 특정한 목적을 지향할 때에만 그 정당성을 인정받았다. '공학'이 아닌 '공업 발전'이 중요했고, 공업을 통한 국가경제 발전의 대의를 지향하고 성취한다는 조건에 한하여 공(工)은 환영받았다. 하지만 일상의 직업에서 공(工)은 그러한 지위를 누리지 못했다. 생산직 기술자들에게 공돌이, 공순이라는 비아냥거림은 견디기 어렵고 어떻게든 극복해야 할 정체성이었다. 국가가 후원하고 격려하는 각종 기능경진대회에서 우수한 성적을 거둔 생산직 기능공들이 가장 받고 싶어 한 선물은 역설적으로 대학 진학의 기회였고 사무직으로의 전환이었다. 이렇게 공(工)은 생산 현장을 구성하는 요소로부터 사무실과 연구소와 대학의 활동을 구성하는 요소로, 즉 공학(工學)으로 이동하기 시작했다.

공돌이, 공순이를 벗어나고자 했던 생산직 기술자와 노동자들의 오랜 염원은 1980년대 중후반 실현되었다. 소위 노동자 대투쟁을 통해 이들은 더 이상 노동자의 이름을 부끄럽게 여기지 않겠다며 스스로를 '자랑스러운 노동자'라고 선언하였다. 생산직 노동자운동의 성공은 다른 한편으로 대학을 졸업한 엔지니어 집단의 직업 정체성에도 영향을 미쳤다. 이 무렵 대학 진학률이 급격히 높아져 더 이상 대졸 학력의 프리미엄이 작동하지 않게 되었다. 규모집약적 산업 부문과 대기업의 성장은 대졸 엔지니어 집단의 분화를 가속화하는 요인이 되었다. 공(工)은 배워야 할 과학 지식이자 현장의 유용한 실천으로서 함께 연결되어야 한다는 기업과 정부의 요구가 대학을 압박하기 시작했다.

1980년대 후반의 정치 민주화와 1990년대 문화 자율성의 확대라는 사회적 분위기 속에서 공(工)은 세계의 엔지니어링과 마찬가지로 새로운 학문 간 융합, 경제 발전의 성장 동력, 안전과 지속 가능성의 확보 이슈 등 다른 여러 분야들로 확장되기 시작했다. 무엇보다 발전뿐 아니라 안전, 환경 등 지속 가능성 이슈들과 연결되었다. 1990년대 문민정부 이후 급속한 산업화의 부작용이 대형 재난사고의 형태로 연이어 터져 나온 것이 그 계기가 되었다. 다른 한편으로 세계는 체르노빌 사고를 비롯해 핵전쟁과 환경 파괴에 따른 디스토피아적 상상으로 가득 차 있었다. 과학과 공학의 파괴력에 대한 경각심이 그 어느 때보다 커진 것이다. 발전과 경쟁을 지상의 목표로 설정한 사회에서 공(工)과 엔지니어링은 안전과 평화에 대한 실질적인 위협 요인으로도 가시화되었다.

공(工)의 행위자 연결망에 글로벌 사회가 연결되었다. 시장의 의미를 넘어 가치와 문화를 생성하고 공유하고 발전시키는 공동체의 의미와도 함께 연결되었다. 과학과 기술의 발전으로 공간과 시간의 제약을 넘어 사람과 사람이, 사물과 사물이 연결되는 전례 없는 상황을 맞이했다. 공(工)에 대한 사회적 상상이 '국적'을 넘어서면서 기술-국가 프레임에 균열이 생기게 된다.

또한 공(工)이 사회, 경제, 문화의 영역들과 각 연결되자, 그와 더불어 많은 질문들이 제기되었다. 예를 들어, 공(工)의 행위자 연결망에서 왜 여성은 항상 주변부에 위치하는가, 기술 발전이 우리 삶의 구체적 현안들을 해결하는 데 정말 효과적인가, 끊임없는 기술 경쟁이 지속 가능한 사회를 만드는 데 방해가 되는 것은 아닌가라는 비판적 문제 제기가 이루어졌다. 과거처럼 군대 방식의 위계적이고 획일적인 문화가 기술 발전이나 산업 발전에 효과적이지 않다는 인식이 자리잡았다.

경제와 산업 분야의 변화 역시 공(工)을 둘러싼 정부-기업 관계와 대학의 역할 인식에 영향을 미쳤다. 1980년대 이후 민간 부문이 성장하며, 정부-기업 관계에서 기업의 영향력이 확대되고 정부-기업 간 상호의존성이 크게 증가했다. 어느덧 대기업에서 일하는 직장인 엔지니어가 한국을 대표하는 표준적인 엔지니어 모델이 되었다.

이에 따라 새로운 변화들이 등장했다. 첫째, 공(工)은 기업 기술 경쟁력의 핵심요소가 되었다. 진부하거나 수익성이 떨어지는 기술과 지식은 공학의 범주에서 퇴출된다. 기술의 중요성이 커지고 기업의 연구개발 능력이 강화되면서 국가 산업 인력이었던 엔지니어는 기업의 인적 자원 혹은 인적 자본으로 전환되고 경쟁력을 갖기 위해 계속해서 자기계발에 몰두해야 할 존재가 되었다. 둘째, 공(工)은 대학의 교육과 연구에 굳건히 자리를 잡았다. 대학은 산업체 수요가 요구하는 역량을 가르치는 장소이자 그 자체가 연구개발 경쟁력을 갖추어야 할 대학기업처럼 바뀌어야 했다. 기술 기반 대기업의 성장이 이공계 대학의 성장 및 확장 시기와 거의 일치하는 것은 우연한 일이 아니다.

끝으로 공(工)은 사회와 인류의 지속 가능한 미래에 대한 새로운 상상의 한 구성 요소가 되었다. 처음에는 시민운동이자 기존 전문성에 대한 대항운동 안에 주로 위치했지만 2000년 이후로는 차츰 제도권 안으로 진입하여 단순히 운동 차원이 아니라 정책과 교육, 문화의 변화를 이끌려는 노력들 안에 필수 요소가 되었다.

우리는 지금까지 공(工)이 19세기 후반부터 근대화와 산업화를 거치는 동안 교육, 산업, 정책, 미래 비전으로 확장되어간 긴 여정을 돌아보았다. 현대사회에서 공(工)은 홀로 존재하지 않는다. 단순히 솜씨나 능력, 계층이나 직업을 지칭하는 것도 아니다. 항상 누군가와, 무엇인가와 연결되어 있으며, 특정한 장소에서, 어떤 목표 하에 조직되고 추진된다. 어쩌면 그와 같은 연결성만이 공(工)의 정체성을 밝히는 기반이 되었는지 모른다.

한국 사회에서 엔지니어링을 공학으로 인식하게 되었다는 깃은 전통적 공(工)과 교육의 결합을 통해 더 나은 사회적, 정치적, 문화적 영향력을 확대하겠다는 엔지니어들의 기대와 실천이 한국 사회를 설득하는 데 어느 정도 성공했다는 것을 의미한다. 그런데 최근에는 엔지니어와 엔지니어링이라는 표현이 널리 사용되고 있다. 이것은 공(工)이 한국 사회의 경계를 넘어 보다 다양한 연결과 이해의 기반을 갖게 된 것을 의미할 수도 있어 앞으로 지켜볼 필요가 있다.

PART II. 정체성의 정치의 관점으로 엔지니어 역사를 바라보다

엔지니어는 누구인가, 무엇을 하는 사람들이고 무엇을 지향하는가라는 질문은 엔지니어 자신에게도 중요하고, 그들과 함께 삶을 공유하는 모두에게 중요하다.

엔지니어들이 느끼는 정체성, 즉 엔지니어로서 나는 누구인가, 무엇을 하는 존재인가에 대한 인식은 시대마다, 장소에 따라 변화해왔다. 이 책은 이와 같은 정체성 구성의 관점에서 엔지니어 직업의 구성과 그들의 활동을 들여다보고자 했다. 서구와 일본에 의해 반강제로 문호를 개방하게 된 조선 후기부터 이공계 위기를 둘러싼 최근의 논란에 이르기까지 큰 흐름을 포착하고 싶었다.

그 결과, 두 가지 측면에 주목하게 되었다. 첫째, 엔지니어들의 정체성 이슈가 일관되게 관료 엘리트를 지향해왔다는 것이다. 이것은 역으로 한국 엔지니어의 정체성 논의가 과학기술계 엘리트에 의해 주도되어왔음을 의미하는 것이다. 국가의 주요 엘리트로서 역할을 맡으려는 시도는 박정희 집권기에 들어와 잠시 실현되는 듯했다. 하지만 근대화 이후 전체 시기에 걸쳐 큰 성과를 거두지는 못했다.

이공계 위기에 대한 정부 차원의 문제 해결이 추진되었던 노무현 집권기에 과기부총리제도가 신설되었다. 하지만 이 역시 두 명의 총리를 배출하고는 곧 폐지되었다. 엔지니어들이 추구한 관료 지향성의 본질은 무엇일까? 한국의 이공계 출신 인플루언서들은 오랫동안 이과(理科)를 경시하는 문화를 지적해왔다. 하지만 실제로 존재했던 것은 이과 경시가 아니다. 한국의 과학기술계가 언급해온 '이과 경시' 문화는 사실 법경(法經), 법정(法政) 계열의 우위에 대한 반발을 의미한다. 법경, 법정계열 엘리트들이 한국 정치행정 엘리트의 주류를 차지해왔다. 과학기술계 엘리트들은 이를 직접 언급하기보다 사회 전반의 문화를 탓하고 국가적 차원의 책임과 대책을 요구해왔던 것이다.

여기에서 또 하나 지적할 문제가 있다. 정치행정 엘리트로서 길을 모색하는

엔지니어들에게는 다른 전공자들에게 요구되지 않는 다른 기준이 있었다. 그
것은 이념적 중립성과 탈정치화의 요구였다. 국가의 주요 기간산업 종사자에
게 탈이념, 탈정치화를 요구해온 해방 무렵과 산업화시기의 규율이 영향을 미
친 것이다. 이 같은 중립성 요구는 관료 엘리트를 지향하는 엔지니어들이 실
제로는 협소한 기술 전문성을 강조하도록 만드는 요인이 되었다.

둘째, 한국 엔지니어들은 차별화된 직업적 정체성과 지위를 확보하기 위해
노력해왔다. 산업화 시대의 엔지니어들은 어디에서 어떤 지위로 일하든 산업
역군으로서 국가 산업 발전과 경제 재건을 위해 헌신한다는 정체성 측면에서
는 큰 차이가 없었다. 하지만 1980년대 후반 이후에는 엔지니어 정체성이 분
화되었다. 산업역군, 조국 근대화의 기수를 넘어 국가와 기업 경쟁력의 핵심인
인적 자원, 과학기술 인력, 연구개발 인력, 혹은 글로벌 인재로 발전되었다. 다
른 한편으로는 발전주의적 주체인 호모 에코노미쿠스에서 정치적 주체로, 그
리고 새로운 문화적 주체로 변모하는 극적인 변화를 거듭해왔다.

1980년대 중반 노동자 대투쟁 이후에는 생산직 기술자와의 차별화 노력이
이루어졌고, 1990년대에 들어와 전문직 이슈가 등장했다. 2000년대에 들어오
면, 기존 전문직과의 비교 속에서 엔지니어 직업의 위상을 평가하고 성찰하게
되었다. 하지만 엔지니어 집단 내부의 편차, 정부 지원 및 제도에 대한 의존성,
오랫동안 구축된 엑스퍼티즘과 엘리트주의로 인해 엔지니어 집단 내부에서
일치된 의견을 도출하기는 어려웠다.

한국 엔지니어의 정체성의 정치는 크게 두 전략 사이를 이동하며 진행되어
왔다. 하나는 '구별짓기' 전략으로서, 엔지니어 직업을 사회적 지위가 높은 엘
리트나 연구개발직, 전문직으로 구축하려는 방식이다. 다른 하나는 사회 각
부문과 새로운 관계를 발전시키려는 '관계맺기' 전략이다.

관계맺기 전략의 출발점은 기본적으로 기존의 전문성 인식, 즉 엑스퍼티즘
이 갖는 한계를 인식하는 것으로부터 시작된다. 예를 들어, 자율차를 설계할

경우, 여러 전공의 전문가들이 필요하다는 형식적인 인식에서 더 나아가 실제로 협력하고 이견을 조율할 실천이 필요하다. 자율차를 개발한다고 해서 엔지니어의 일이 끝나는 것이 아니다. 자율차는 기술 외에 법적, 경제적, 윤리적 요소와 밀접히 관련된다. 따라서 엔지니어가 제시하는 솔루션이 다양한 이해 당사자들 안에서 조율되고 일정한 합의를 목표로 해야 한다는 명확한 인식이 필요하다. 특정 전문 영역을 만들어 관할 영역을 정하기보다 관계맺기에 유능한 엔지니어가 되기 위한 노력과 경쟁을 제도화해야 한다. 관계맺기 전략은 기존의 직업적 서열이나 지위를 둘러싼 경쟁이나 갈등과는 차원이 다르다. 고질적인 연줄망 만들기와도 차별화된다.

인류 역사에서 지금처럼 변화가 많은 시대가 없었다. 기술의 변화는 말할 것도 없고 조직과 문화, 규범 또한 빠르게 변한다. 기업이나 특정 조직에 속하지 않으면서 일할 수 있는 기회가 열리고 있고, 인터넷을 통해 세계와 교류하고 시장에 나가 기회를 만들 수 있는 계기들도 마련되고 있다. 엔지니어 전문가들 중에는 자신의 삶에서 경제적 활동 외에 어떤 삶을 살아갈 것인가를 진지하게 고민하는 이들이 적지 않다. 과거에 비해 다양한 사람들이 만나 교류할 기회가 많아지고 있다. 이런 기회들로 인해 이미 많은 엔지니어들이 다양한 사회 집단들과 관계를 맺고 연대하는 데 관심을 갖기 시작했다.

구별짓기와 관계맺기는 엔지니어링을 둘러싼 모든 영역에서 진행되고 있다. 구별짓기는 학문과 직업과 일상 속에서 이미 오랫동안 진행되어왔다. 우리는 그것이 무엇인지 어느 정도 안다. 반면 관계맺기는 새로운 전략이다. 그것을 예견할 수 있는 양상을 우리는 젠더, 2세대 벤처의 도전, 시민 엔지니어 모델을 통해 조금이라도 가늠해보고자 했다. 글로벌 사회와의 연결이 보편화되고 있는 지금, 그러한 도전과 상상력이 인적, 물적 네트워크와 가상의 네트워크를 통해 널리 확산되어 새로운 의미에서 '유능한' 엔지니어 정체성을 만들어내길 기대한다.

1장 연구 방법론의 구성

1. 이공계 위기 담론이 한창이던 2000년대 초반, 이를 사회학 관점에서 분석한 연구 경험을 계기로 엔지니어의 정체성 형성에 관심을 갖기 시작했다. 이후 미국 버지니아텍 게리 다우니(Gary Downey) 교수와 함께 연구를 진행하여 2014년에는 한국 엔지니어의 역사와 특징을 다룬 저서를 출판하였다. 한경희, "이공계 위기의 재해석과 엔지니어의 자기성찰", 『한국사회학』 38-4 (2004), 73-99쪽; Han, Kyonghee and Downey, G. L., *Engineers for Korea* (San Rafael: Morgan & Claypool, 2014).

2. 여기에서 공학은 엔지니어링의 번역어이다. 엔지니어링을 공학으로 번역하는 한국 사회의 맥락을 분석하는 것은 이 연구에서 매우 중요한 부분이다. 1장에서 언급하는 '공학' 단어의 대부분을 엔지니어링으로 대체할 수 있다. 하지만 엔지니어링을 공학으로 해석해온 우리의 익숙한 습관을 따른다고 해서 글의 전체 요지를 흔드는 것이 아니라고 판단하여 공학이라는 단어를 그대로 사용하였다. 하지만 국가 간 차이를 초월하는 의미를 강조할 경우에는 엔지니어링이라는 표현을 사용하였다.

3. 미국 공학기술인증위원회(ABET, Accreditation Board of Engineering and Technology)가 운영하는 홈페이지(www.abet.org)에 공학교육인증제도가 만들어진 이유와 과정이 상세하게 소개되어 있다.

4. 일본의 도쿄대학과 중국의 베이징대학은 각각 1877년과 1898년에 세워졌다. 이들 대학은 설립 당시부터 이학과 공학에 높은 비중을 두었다. 하지만 한국에서는 불과 1926년에 경성제국대학이 세워졌고 그나마 이공학부는 전시체제로 접어든 1941년에야 설치되었다. 김근배, "식민지시기 과학기술자의 성장과 제약—인도·중국·일본과 비교해서", 『한국근현대사연구』 8 (1998), 160-194쪽을 참조하면 된다.

5. 한국 엔지니어의 역사로 직행하려면, 이 장을 건너뛰고 2장이나 3장에서 시작하시길 추천 드린다.

6. 이 이슈를 다룬 많은 사회과학 연구들이 있다. 기술 인력에만 초점을 맞추지는 않았지만 그중 구해근의 연구를 참조하면 좋다. Koo, Hagen, *Korean Workers: the Culture and Politics of Class Formation* (London: Cornell University Press, 2001)은 계급 형성의 문화와 정치를 치밀하게 분석하고 있다.

7. 주목할 연구로는 이근의 저서 및 기술경제학 관련 연구들을 참조하면 된다.

8. 한국과학기술정책연구원, 한국과학기술평가기획원은 연구소 발간물을 통해 연구개발 인력 양성과 관련된 내용을 지속적으로 다루었다.

9. 한국직업능력개발원, 한국과학기술정책연구원, 한국교육개발원 등에서 지속적인 정책 연구가 이루어졌다.

10. Han, Kyonghee, "A Crisis of Identity: the Kwa-hak-ki-sul-ja (scientist-engineer) in Contemporary Korea", *Engineering Studies* 2-2 (2010), pp. 125-147.

11. 조용경 엮음, 『각하! 이제 마쳤습니다』 (도서출판 한송), 1995; 조성재·박준식·전명숙·전인·김기웅, 『한국의 산업발전과 숙련노동─명장의 생애사를 중심으로』 (한국노동연구원, 2013).

12. 사회학자인 박희제의 연구가 대표적이다. 박희제, "과학의 상업화와 과학자사회 규범구조의 변화", 『한국사회학』 40-4 (2006), 19-47쪽; 박희제·성지은, "사회에 책임지는 연구혁신(RRI) 연구의 배경과 동향", 『과학기술학연구』 18-3 (2018), 101-151쪽.

13. 과학기술학과 사회학 분야의 이영희, 강윤재, 김종영, 박진희 등의 연구가 이에 속한다.

14. 김연희, "개항 이후 해방 이전 시기에 대한 한국기술사 연구동향", 『한국과학사학회지』 31-1 (2009), 207-231쪽.

15. 박성래, "서구과학과 한국의 근대화", 『한국과학사학회지』 5-1 (1983), 92-96쪽; 송상용, "한국 현대과학의 기원", 『한국과학사학회지』 5-1 (1983), 97-100쪽.

16. 김연희, "고종시대 서양 기술 도입", 『한국과학사학회지』 25-1 (2003), 3-24쪽; 송성수, "한국 종합제철사업계획의 변천과정, 1958-1969", 『한국과학사학회지』 24-1 (2002), 3-34쪽; 송성수, "포항제철 초창기의 기술습득", 『한국과학사학회지』 28-2 (2006), 329-348쪽; 송성수, "추격에서 선도로: 삼성 반도체의 기술발전과정", 『한국과학사학회지』 30-2 (2008), 517-544쪽; 선유정, "과학이 정치를 만나다: 허문회의 'IR667'에서 박정희의 '통일벼'로", 『한국과학사학회지』 30-2 (2008), 417-439쪽; 오선실, "1920-30년대, 식민지 조선의 전력시스템 전환: 기업용 대형 수력발전소의 등장과 전력망 체계의 구축", 『한국과학사학회지』 30-1 (2008), 1-40쪽.

17. 김근배, "한국과학기술연구소(KIST) 설립과정에 관한 연구─미국의 원조와 그 영향

을 중심으로",『한국과학사학회지』 12-1 (1990), 44-69쪽; 고대승, "한국의 원자력기구 설립과정과 그 배경",『한국과학사학회지』 14-1 (1992), 62-87쪽; 정인경, "일제하 경성고등공업학교의 설립과 운영",『한국과학사학회지』 16-1 (1994), 31-65쪽.

18. 임종태, "김용관의 발명학회와 1930년대 과학운동",『한국과학사학회지』 17-2 (1995), 89-133쪽; 김근배, "식민지시기 과학기술자의 성장과 제약—인도·중국·일본과 비교해서",『한국근현대사연구』 8 (1998), 160-194쪽; 김근배, "초기 북한에서 사회주의적 과학기술자의 창출",『한국과학사학회지』 25-1 (2003), 25-42쪽; 문만용, "'조선적 생물학자' 석주명의 나비분류학",『한국과학사학회지』 21-2 (1999), 157-193쪽; 문만용, "박정희 시대 담화문을 통해 본 과학기술정책의 전개",『한국과학사학회지』 34-1 (2012), 75-108쪽; 문만용, "박정희 시대 과학기술 '제도 구축자': 최형섭과 오원철",『한국과학사학회지』 35-1 (2013), 225-244쪽; 김태호, "리승기의 북한에서의 '비날론' 연구와 공업화—식민지 유산의 전유 과정을 중심으로",『한국과학사학회지』 23-2 (2001), 111-132쪽; 강미화, "최형섭의 과학기술정책론: 개발도상국의 과학기술개발전략",『한국과학사학회지』 28-2 (2006), 297-328쪽.

19. 홍성욱, "영국 과학진흥협회의 '전기표준위원회'(1861-1912)—19세기 후반의 과학과 기술, 정부와의 관련을 중심으로",『한국과학사학회지』 13-1 (1991), 5-33쪽; 홍성욱, "'누가 과학을 두려워하는가'—최근 '과학전쟁'(Science Wars)의 배경과 그 논쟁점에 대한 비판적 고찰",『한국과학사학회지』 19-2 (1997), 151-179쪽; 홍성욱, "20세기 과학연구의 지형도: 미국의 대학과 기업을 중심으로",『한국과학사학회지』 24-2 (2002), 200-237쪽; 홍성욱, "과학사와 과학기술학(STS), 그 접점들에 대한 분석",『한국과학사학회지』 27-2 (2005), 131-153쪽; 송위진, "기술과 사회의 상호작용—기존 논의들의 비판적 검토",『한국과학사학회지』 14-2 (1992), 247-251쪽; 김동원, "사회구성주의의 도전",『한국과학사학회지』 14-2 (1992), 259-265쪽.

20. 전북대 한국과학문명학연구소는 〈한국의 과학과 문명 총서〉 시리즈를 통해 한국의 과학기술문명과 관련해 중요한 연구 성과들을 발간하였다.

21. 양일모, "한국 개념사 연구의 모색과 논점",『개념과 소통』 8 (2011), 5-38쪽.

22. 번역과 일본의 근대를 연구한 최경옥, 개념사를 통해 동아시아 근대를 분석한 몇몇 연구들(박명규, 이경구, 박노자, 임경화 등)이 있다. 또한 일본어 역본을 중역(重譯)하는 과정에서 왜곡된 근대가 초래되었다는 임명진의 연구도 참조할 만하다. 임명진, "번역, 권력, 그리고 탈식민성",『현대문학이론연구』 50 (2012), 171-198쪽.

23. 한국방송통신대 송찬섭 연구팀은 2012년부터 3년간 한국학 분야 토대 연구로 [한

국 근대 신어의 성립과 변천에 대한 정보의 체계적 구축] 연구를 진행하여 근대시기 (1876-1945)의 신어(번역어, 외래어, 유행어)의 형성 과정과 의미 변천에 관한 기초 자료를 온라인 데이터베이스로 제공하고 있다.

24. Vincenti, W. G., *What Engineers Know and How They Know It: Analytical Studies from Aeronautical History* (Baltimore: Johns Hopkins University Press, 1991).

25. Layton, E. T., "Mirror Image Twins: The Communities of Science and Technology in 19th-century America", *Technology and Culture* 12(1971), pp. 562-580.

26. Seely, B. E., "The Scientific Mystique in Engineering: Highway Research at the Bureau of Public Road, 1918-1940", *Technology and Culture* 25(1984), pp. 798-831; Reynolds, T. S., *The Engineer in America* (Chicago and London: The University of Chicago Press, 1991).

27. 한경희, "공학학의 등장과 그 의미, 발전방향에 대한 탐색", 『담론 201』 11-1 (2008), 99-131쪽.

28. Whalley, Peter, "Negotiating the Boundaries of Engineering: Professionals, Managers, and Manual Work", *Research in the Sociology of Organizations* 8 (1991), pp 191-215.

29. Noble, D. F., *Forces of Production: A Social Theory of Industrial Automation* (New York: Knopf, 1984); Meiksins, P. and Smith, C., *Engineering Labour: Technical Workers in Comparative Perspectives* (London and New York: Verso, 1996); 한경희, "공학학의 등장과 그 의미, 발전방향에 대한 탐색", 『담론 201』 11-1 (2008), 99-131쪽.

30. 여기에서 지배적 이미지와 실천이란 공학과 엔지니어에 대한 특정한 이미지가 많은 사회 구성원들에게 당연한 것으로 받아들여져 마치 진리인 것처럼 여겨지게 된 상태를 의미한다. 예를 들어, 과학은 발견하고 공학은 응용하는 것, 공학은 인간의 불편을 해소하고 편리를 도모하기 위한 것 등의 이미지가 널리 확산된 상태를 의미한다. Gary Downey, "What is Engineering Studies for? Dominant Practices and Scalable Scholarship", *Engineering Studies* 1-1 (2009), pp. 55-76.

31. Kranakis, Eda, *Constructing a Bridge: An Exploration of Engineering Culture, Design, and Research in Nineteenth Century France and America* (Cambridge: MIT Press, 1997).

32. Brown, J. K., "Design Plans, Working Drawings, National Styles: Engineering Practice in Great Britain and the United States, 1775-1945", *Technology and Culture* 41-2 (2000), pp. 195-238.

33. Downey, G. L. and Lucena, J. C., "Knowledge and Professional Identity in Engineering:

Code-switching and the Metrics of Progress", *History and Technology* 20-4 (2004), pp. 393-420.

34. Parsons, Talcott, "The Professions and Social Structure", *Social Forces* 17 (1939), pp. 457-467.

35. 1698년 피터 대제가 모스크바에 설립한 Academy of Military Engineering at Moscow, 1707년 요제프 1세가 프라하에 설립한 Estates School of Engineering, 1747년 프랑스 파리에 설립된 Ecole des Ponts et Chaussees와 1794년 프랑스혁명의회가 설립한 Ecole Polytechnique, 1802년 미국의 웨스트포인트 사관학교(US Military Academy) 설립 등을 예로 들 수 있다. Mitcham, Carl, "A Historico-ethical Perspective on Engineering Education: from Use and Convenience to Policy Engagement", *Engineering Studies* 1-1 (2008), pp. 35-53.

36. 한경희·최문희, "기술과 정치 사이에서 엔지니어의 사회적 역할과 책임성의 변화: 경부고속도로, 당산철교, 4대강 사업의 비교", 『한국사회학』 48-5 (2014), 173-210쪽.

37. Kevin McCormick, *Engineers in Japan and Britain: Education, Training and Employment* (London and New York: Routledge, 2000).

38. 엔지니어링 프로페션을 무엇으로 번역할 것인지에 관한 고민이 있었다. 만약 엔지니어링 전문직이라는 표현을 사용한다면, 엔지니어링을 공학으로 이해하는 한국적 맥락에서 좀 더 자유롭게 논의할 수 있는 장점이 있지만 근대 교육과 무관한 전문직을 이야기하는 것이 우리나라에서는 사실상 의미가 없기 때문에 이를 공학 전문직으로 번역하기로 했다.

39. Johnson, Mark, *Moral Imagination: Implications of Cognitive Science for Ethics* (Chicago and London: University of Chicago Press, 1993); Coeckelbergh, M., "Regulation or Responsibility? Autonomy, Moral Imagination, and Engineering", *Science, Technology, & Human Values* 31-3 (2006), pp. 237-260.

40. Jasanoff, S. and Kim, S. H., "Sociotechnical Imaginaries and National Energy Policies", *Science as Culture* 22-2 (2013), pp. 189-196.

41. 한경희, "공학교육과 과학기술학(STS)의 학제적 협력 방안 탐색", 『공학교육연구』 17-2 (2014), 50-58쪽.

42. Hecht, Gabrielle, "Technology, Politics, and National Identity in France", Michael T. Allen and Gabrielle Hecht eds., *Technologies of Power* (Cambridge: MIT Press, 2001), pp. 253-293.

43. 위의 책, p. 256.

44. 신광영, "서구 사회사 연구의 동향", 『사회와역사』 24 (1990), 44-70쪽; 김영범, "망탈리 테사: 심층사의 한 지평", 『사회와 역사』 31 (1991), 258-335쪽; 김백영, "20세기 프랑 스 사회사의 문제 의식 전환의 궤적을 따라서", 『사회와 역사』 51 (1997), 293-310쪽.

45. Picon, Antoine, "Engineers and Engineering History: Problems and Perspectives", *History and Technology* 20-4 (2004), pp. 421-436; Picon, Antoine, "The Engineer as Judge: Engineering Analysis and Political Economy in Eighteenth Century France", *Engineering Studies* 1-1 (2009), pp. 19-34.

46. 김경일, "E. P. 톰슨의 사회사와 계급 이론", 『사회와 역사』 10 (1988), 78-147쪽; 김대 륜, "『영국 노동계급의 형성』 다시 읽기", 『역사비평』 106 (2014), 206-228쪽.

47. 이시재, "필립 아리에스의 심성사 연구", 『사회와 역사』 10 (1988), 54-77쪽; 전성우, "독일 사회사의 흐름: 신역사주의를 중심으로", 『사회와 역사』 52 (1997), 155-194쪽; 채오병, "실증주의에서 실재론으로", 『한국사회학』 41-5 (2007), 249-283쪽.

48. Picon, Antoine, "The Engineer as Judge: Engineering Analysis and Political Economy in Eighteenth Century France", *Engineering Studies* 1-1 (2009), pp. 19-34.

49. 고원, "프랑스의 역사 연구와 개념사", 『개념과 소통』 1 (2008), 175-198쪽.

50. 이진일, "개념사의 학문적 구성과 사전적 기획 사이에서―코젤렉의 개념사 사전을 중심으로", 『개념과 소통』 7 (2011), 135-164쪽.

51. 양일모, "한국 개념사 연구의 모색과 논점", 『개념과 소통』 8 (2011), 5-38쪽; 조재룡, "중역(重譯)과 근대의 모험: 횡단과 언어적 전환이라는 문제의식에 관하여", 『탈경계 인문학』 2-9 (2011), 5-36쪽.

52. 식민지기인 1910년부터 1925년까지 '사회'에 대한 이론과 상상, 실천이 어떻게 전개 되었는지를 분석한 김현주의 연구도 이에 속한다. 김현주, 『사회의 발견: 식민지기 '사 회'에 대한 이론과 상상, 그리고 실천(1910~1925)』 (소명출판, 2014).

53. 이진일, "개념사의 학문적 구성과 사전적 기획 사이에서―코젤렉의 개념사 사전을 중심으로", 『개념과 소통』 7 (2011), 135-164쪽.

54. 김환석은 ANT의 연결망 개념을 설명하면서, 연결망에 대한 깔롱(M. Callon)의 정 의를 소개하였다. 행위자가 흔히 인간에만 해당되는 개념이므로 이를 피하고 인간과 비인간을 함께 가리키기 위해 '행위소'라는 개념을 사용한다. 김환석, "행위자-연결 망 이론과 사회학", 『한국사회학회 사회학대회 논문집』 (2009), 873-886쪽.

55. 김환석, "행위자-연결망 이론에서 보는 과학기술과 민주주의", 『동향과 전망』 83

(2011), 11-46쪽; 브뤼노 라투르 지음, 황희숙 옮김,『젊은 과학의 전선: 테크노사이언스와 행위자-연결망의 구축』(아카넷, 2016).

56. Callon, Michel, "Some Elements of a Sociology of Translation: Domestication of the Scallops and the Fishermen of Saint Brieuc Bay", J. Law ed., *Power, Action and Belief: A New Sociology of Knowledge? Sociological Review Monograph* (London: Routledge and Kegan Paul, 1986), pp. 196-233; 브뤼노 라투르 지음, 황희숙 옮김,『젊은 과학의 전선: 테크노사이언스와 행위자-연결망의 구축』(아카넷, 2016).

57. 토마스 휴즈, "거대 기술 시스템의 진화: 전등 및 전력 시스템을 중심으로", 송성수 편저,『과학기술은 사회적으로 어떻게 구성되는가』(새물결, 1999), 123-124쪽.

58. Thomas P. Hughes, *Human-Built World: How to Think about Technology and Culture* (Chicago: The University of Chicago Press, 2004), p. 4.

59. 찰스 테일러 지음, 이상길 옮김,『근대의 사회적 상상: 경제·공론장·인민주권』(이음, 2010).

60. 조지 레이코프 지음, 나익주 옮김,『프레임 전쟁』(창비, 2007).

61. Eric Hobsbawm, *Nations and Nationalism since 1780* (Cambridge: The Press of the University of Cambridge, 1990); Anderson, Benedict R., *Imagined Communities: Reflections on the Origin and Spread of Nationalism* (London: Verso, 1991).

62. 김만흠, "근대 국가의 이념적 기반과 한국의 정치 공동체", 한국정신문화연구원 편,『한국 정치의 개혁과 반개혁』(1998), 201-255쪽.

63. 이종은, "민족과 국가, 민족주의와 국가주의",『문학과 사회』16-2 (2003), 738-763쪽.

64. Low, M., "Displaying the Future: Techno-Nationalism and the Rise of the Consumer in Postwar Japan", *History and Technology* 19-3 (2003), pp. 197-209.

2장 동아시아 국가의 근대적 공(工) 개념과 엔지니어의 등장

1. 동아시아 발전 모델의 특성을 논한 연구로는 Alice H. Amsden, *Asia's Next Giant: South Korea and Late Industrialization* (Oxford: Oxford University Press, 1989); Robert Wade, *Governing the Market: Economic Theory and the Role of Government in East Asian Industrialization* (Princeton: Princeton University Press, 1990); Mauro F. Guillen, *The Limits of Convergence: Globalization and Organizational Change in Argentina, South Korea,*

and Spain (Princeton and Oxford: Princeton University Press, 2001) 등을 참조하면 유용하다.

2. 서구의 발전된 국가 모델이 이미 실존하는 상태에서 그것을 모델로 새로운 근대국가를 상상하고 구현해야 할 상황을 맞이했다는 점에서 그렇다. 예를 들어, 근대국가와 사회의 개념적 틀을 구성한 사회계약론의 이념과 체계는 동아시아 국가들에겐 그것에 찬성하든 반대하든, 회피할 수 없는 일종의 '원본'이 되었다.

3. 동아시아 각국이 자신들의 과거를 어떻게 회상하는지 주목할 필요가 있다. 한국과 중국에서 서구와 일본으로부터의 침탈은 매우 아픈 역사이다. 반면 일본은 동양에서 유일한 제국주의 국가였다는 자부심이 있는 반면 핵폭탄 투하로 상징되는 패전에 대한 기억이 그들의 집단적 상처로 남아 있다.

4. 여기에서 전통적 공(工)이란 1장에서 설명한 것처럼, 사농공상의 직업적 위계, 장인, 고공, 신분제도, 도제 시스템, 수공업 제도, 문 숭상의 문화와 같은 다양하고 이질적 행위자들 사이의 관계들이 연결되어 있는 행위자-연결망의 의미를 갖는다.

5. 토마스 휴즈는 역사학 외부에서 도출된 시스템, 혹은 네트워크 등의 관점이 기술사 연구에 유용하게 활용될 수 있다는 점을 강조하였다. 20세기에는 엔지니어와 발명자, 경영자와 지식인들이 이음새 없는 그물망을 만들어내고 있으며, 현대사회의 기술 시스템 그 자체가 이질적 구성 요소들의 상호 연결된 집합체라는 것이다. 이 개념에 대한 초기 아이디어는 Thomas P. Hughes, "The Seamless Web: Technology, Science, Etcetera, Etcetera", *Social Studies of Science* 16 (1986), pp. 281-292를 참조한다.

6. 개념사 연구에서 많은 성과가 있었다. 하지만 과학과 기술 분야의 근대 신어(新語) 연구는 여전히 부족하다.

7. 수행성(performativity)이란 행위자가 어떤 이론이나 개념의 타당성을 믿고 행위할 때, 실제 현실에서 그러한 효과가 나타날 수 있다는 것, 즉 이론이나 믿음 체계가 현실에 미치는 영향을 의미한다. 고프만(Goffman)은 사람들이 무대 위에서 자신의 역할을 '수행'한다고 말했고, 버틀러는 젠더야말로 사회적으로 '수행'되는 대표적인 사례라고 주장하였다. 홍아성·강정한, "신고전학과 경제 이론의 수행성", 『사회와이론』 24 (2014), 95-151쪽.

8. 물(物)에 대한 고전 시기의 기본 인식과 개념은 매우 광범위했던 것으로 알려져 있다. 유가들이 일컫는 格物에서 物은 心, 意, 國, 天下와 같은 대상을 모두 일컬었다. 물의 범주에는 눈에 보이는 시각적 대상뿐 아니라 철학적 사유와 윤리적 실천 대상, 나아가서는 이 세상에 존재하지 않는 초현실적인 상상의 산물까지도 포함되었다고

한다. 최수경, "세계를 수집하다: '物'에 대한 인식의 역사와 明代 출판물 속의 博物學", 『중국어문논총』 73 (2016), 216쪽.

9. Yuk Hui, *The Question Concerning Technology in China: an Essay in Cosmotechnics* (Falmouth: Urbanomic Media Ltd, 2016).

10. 양동숙, 『갑골문해독』 (월간 서예문인화, 2005).

11. 陳悅·孫烈, "工程과 工程師", 『工程硏究』 5-1 (2011), 53-57쪽.

12. 西遊見聞(1895), "圖塾은 各地의 天生物을 輸入ᄒᆞ야 製作改正혼 工을 加ᄒᆞ야 輸出ᄒᆞ는 主意를 執ᄒᆞ고."(한국근대신어데이터베이스, waks.aks.ac.kr).

13. 중국 유교의 5경에 속하는 것으로 중국의 가장 오래된 역사서이며 공자가 편찬했다고 알려져 있다.

14. 陳悅·孫烈, "工程과 工程師", 『工程硏究』 5-1 (2011), 53-57쪽.

15. 김윤정, "15세기 조선과 명의 御用磁器 제작체제의 유사점과 차이점", 『고문화』 85-85 (2015), 101-124쪽.

16. 김태영, "다산의 국가 산업행정체계 개혁론", 『한국실학연구』 5-5 (2003), 332쪽에서 재인용.

17. 신현승, "일본의 武士와 조선 文士의 정신세계: 무사도와 선비정신의 비교", 『일본학연구』 32 (2011), 135-155쪽.

18. 페리 함대의 내항 이후 일본의 막부와 세번은 근대적 해군 선설의 필요성을 설삼하여 네덜란드 해군교관단을 초빙하여 해군 전습을 실시하게 된다. 1855년부터 1859년까지 2차에 걸쳐 50여 명의 네덜란드 해군 교관단이 나가사키에 내항하여 해군 교육을 실시하였고 막부와 10여 개의 번에서 200여 명을 파견하여 해군 교육에 임하였다. 박영준, "서구군사체제의 수용과 근대일본: 네덜란드의 나가사키 해군전습과 그 영향을 중심으로(1855년-1859년)", 『일본연구논총』 16 (2002), 117-148쪽.

19. 테사 모리스 스즈키 지음, 박영무 옮김, 『일본 기술의 변천』 (한승, 1998), 94쪽.

20. 이건상, "반쇼 시라베쇼(蕃書調所)의 번역과 교육", 『일본학보』 71 (2007), 323-334쪽.

21. 테사 모리스 스즈키 지음, 박영무 옮김, 『일본 기술의 변천』 (한승, 1998).

22. 관련된 많은 연구들이 있지만 엔지니어링과 관련하여 일본과 영국을 비교하여 분석한 연구물로 Kevin McCormick, *Engineers in Japan and Britain: Education, Training and Employment* (London and New York: Routledge, 2000)가 있다.

23. 군현제는 중앙정부가 전국에 군과 현이라는 지방 행정 단위를 설치하고 지방관을

임명하여 직접 통치하는 것이다. 반면 봉건제(封建制)는 중앙정부가 존재하기는 하나 지방은 각각 독자적인 정치체제로 운영되며 지방 권력은 세습되는 분권적인 형태이다. 12세기 말 실권을 장악한 일본의 사무라이 세력은 봉건제를 채택했다. 1603년부터 통치한 도쿠가와 막부는 비록 군현제를 실시하지는 않았지만 이전의 막부 정권에 비교하면 중앙집권적 성격을 갖고 있었다. 박훈, 『메이지 유신은 어떻게 가능했는가』(민음사, 2014), 18-19쪽.

24. 테사 모리스 스즈키 지음, 박영무 옮김, 『일본 기술의 변천』(한승, 1998).

25. 일본의 사(士)는 선비로 이루어진 한국 전통사회와 달리, 다양한 성격을 지닌 무사 계급으로 이루어졌다는 특징이 있다. 특히, 에도시대에는 상층의 쇼군(将軍), 다이묘(大名)뿐 아니라 아래로 막부에 소속된 무사와 지방 번에 소속된 무사가 있었다. 이들은 다시 상급 무사와 하급 무사로 나뉘었다. 이들 중 하급 무사 계급은 근대화 과정에서 서구 문명을 적극 수용하고 제도 개혁을 이끄는 새로운 역할을 수행하게 된다. 신종대, "일본 전근대 시대별 무사 연구", 『일어일문학』73 (2017), 183-198쪽.

26. 신종대, "일본 전근대 시대별 무사 연구", 『일어일문학』73 (2017), 183-198쪽.

27. 石川英輔, 『大江戸生活事情』(東京: 株式会社 講談社, 1997).

28. 박훈, 『메이지 유신은 어떻게 가능했는가』(민음사, 2014).

29. 西周, 『百學連環』(1870).

30. 테크놀로지를 技術로 번역한 가장 빠른 사례로 알려져 있는데, 실제로 그러한 번역어가 일상적으로 사용된 것은 다이쇼 시기(1912-1926)이다. 니시 아마네는 기계를 사용하는 학문으로 格物學(지금의 물리학), 천문학, 화학, 광물학, 지질학을 소개하고 있다. 하지만 그는 서양의 휴매니티즈(Humanities)를 소개하며, 이것이 동양의 문도(文道)와 일맥상통하는 것이라고 주장하며 文의 중요성을 강조하였다. 위의 책.

31. 정하미, 『일본의 서양문화 수용사』(살림, 2013).

32. 1871년 설립된 공부학교는 1877년 공부대학교로 개칭되었으며, 1886년 도쿄대학과 통합되어 도쿄제국대학의 공과대학이 되었다.

33. 이즈미다 히데오(泉田英夫), "工學療工學校再考", 『日本建築学会計画系論文集』81-720 (2016), 477-487쪽.

34. 테사 모리스 스즈키 지음, 박영무 옮김, 『일본 기술의 변천』(한승, 1998), 96쪽.

35. 飯田賢一, 『科學と技術』(東京: 岩波書店, 1989).

36. 石附実, 『近代日本の海外留學史』(東京: 中央公論新社, 1972).

37. 1872년부터 1873년에 걸쳐 문부성의 예산 중 약 10.6%가 해외 유학 관련 비용으로

상정되어 있었는데, 이것은 세출 중 두 번째로 큰 항목이었다. 1868년부터 1874년까지 총 550명의 유학생이 파견되었는데, 그중 미국이 가장 많고(209명) 그다음이 영국(168명)이었다. 김보림, "메이지(明治) 유신기 일본의 유학생 파견 연구", 『전북사학』 49-49 (2016), 275-300쪽.

38. 後藤靖 지음, 이계황 옮김, 『일본자본주의발달사』 (청아출판사, 1985).

39. 이삼성, "'제국' 개념과 19세기 근대 일본: 근대 일본에서 '제국' 개념의 정립과정과 그 기능", 『국제정치논총』 51-1 (2011), 63-97쪽. 제국의 공식적 사용은 전통적으로 중국을 중심에 두었던 동아시아 질서를 거꾸로 뒤집어서 일본을 중심에 둔 수직적 위계의 공간으로 사유하고 표상하는 개념적 도구로 발전해갔다.

40. 이삼성, "'제국' 개념과 19세기 근대 일본: 근대 일본에서 '제국' 개념의 정립과정과 그 기능", 『국제정치논총』 51-1 (2011), 83-84쪽.

41. 위의 글, 87쪽.

42. 테사 모리스 스즈키 지음, 박영무 옮김, 『일본 기술의 변천』 (한승, 1998), 180쪽에서 재인용.

43. 그가 제국의 시대라고 부르는 이유는 첫째, 이 시기가 경제적 지배를 목적으로 한 영토적 팽창을 치열하게 추구하는 새로운 제국주의가 본격화된 시기였고 둘째, 스스로를 황제라고 부르는 혹은 그에 준하는 지배자들이 통치하는 나라의 숫자가 최대치를 기록한 시기라는 점 때문이다. Eric Hobsbawm, *Nations and Nationalism since 1780* (Cambridge: The Press of the University of Cambridge, 1990); 에릭 홉스봄 지음, 김동택 옮김, 『제국의 시대』 (한길사, 1998), 56쪽.

44. 장남호·윤소영·박미경·홍선영·김희정, 『화혼양재와 한국근대』 (어문학사, 2006).

45. 테사 모리스 스즈키 지음, 박영무 옮김, 『일본 기술의 변천』 (한승, 1998).

46. 飯田賢一, 『科學と技術』 (東京: 岩波書店, 1989).

47. 하상진, "식민지 '개발'과 전후 '경제협력'에서 일본 기술 컨설턴트의 역할: 일본공영을 중심으로" (연세대학교 석사학위논문, 2017).

48. 제니스 미무라, 『제국의 기획』 (소명출판, 2015).

49. 덩샤오핑 시대 이후 중국의 최고 지도자들은 모두 이공계 출신이었다. 장쩌민 전 주석은 상하이 자오통대 전기과 출신이며, 리펑 전 총리도 전력학을 전공했다. 칭화대 수리공정과를 졸업한 후진타오 전 수석(2002-2012년 집권)도 수력발전 엔지니어 등 십 년간의 현장 경험을 거쳐 정치에 입문했다. 특히 후진타오 집권 2기에는 절정기를 이루어 후 수석을 포함한 상무위원 9명 중 1명을 제외한 전원이 이공계였다. 이

때문에 중국 지도자가 되려면 이공계를 가야 한다는 말이 나올 정도였다. 2012년에 집권한 시진핑은 경제성장이라는 기반 위에 공산당의 영향력 확대와 사상 통제를 목표로 문과 일색의 지도부를 구성했으나 그 자신은 칭화대 화공과 출신이다. "중국 지도부 '문과 전성시대'…기술관료가 사라졌다",《국민일보》, 2017. 10. 28.

50. 차석기, "청말 근대화를 위한 교육사조", 『교육연구』 29 (1995), 97-110쪽.

51. 팡쩡(房正), "洋武運動과 中國近代 工程學的尖端", 『中國近現代史硏究』 (2011), 165-168쪽.

52. 임춘성·마소조, "양무파(洋務派)와 유신파(維新派)의 중체서용(中體西用)", 『중국학보』 46 (2002), 175-190쪽.

53. 중국의 보수적 개혁론자이며 중체서용 사상을 대표하는 웨이위안(魏源: 1794-1857)은 역사와 전통, 문물과 제도는 물론 인구와 영토, 육군력 등에서 중국은 다른 어떤 나라보다도 우수하며, 다만 해군력에서 서구 열강보다 뒤져 있는 것이 현실의 패배를 가져온 원인이라고 진단하였다. 따라서 웨이위안은 서양의 선박 제조법이나 무기 기술 등을 수용해 해군력만 보완한다면 중국이 충분히 서구를 물리칠 수 있다고 보았고 이것이 『해국도지(海國圖志)』를 저술한 배경 중 하나였다. 김정호, "19세기 중국 중체서용적(中體西用的) 개혁론의 의의와 한계", 『국제정치논총』 44-3 (2004), 64쪽.

54. 陳悅·孫烈, "工程과 工程師", 『工程硏究』 5-1 (2011), 53-57쪽.

55. 조성환, "역사와 의지: 중국 근·현대 지식인의 정치적 행동주의", 『한국동양정치사상사연구』 4-2 (2005), 7-26쪽.

56. 이용주, "근대기 중국에서의 과학 담론: 진독수와 양계초를 중심으로", 『유학연구』 26 (2012), 277-310쪽.

57. 조성환, "역사와 의지: 중국 근·현대 지식인의 정치적 행동주의", 『한국동양정치사상사연구』 4-2 (2005), 7-26쪽.

58. 신해혁명이 실패했다는 좌절감, 전통 유교 제도가 부활하고 군벌의 전제주의적 통치가 이어지는 상황, 산동 지방의 일부를 일본에게 할양하는 등의 굴욕적 대외 외교에 따른 분노로 인해 기존 정치 집단과 지식인층에 대한 불신이 팽배해진 데 그 원인이 있다. 이제 대중의 힘에 기대지 않고는 새로운 변혁이 불가능하다는 인식이 확산되었고 이웃인 러시아의 1917년 10월 혁명의 성공 소식도 새로운 변화의 가능성을 예시하는 것이었다.

59. 박재술, "중국 근대화 과정에서의 公·私의 이중 변주: '동서문화논쟁'을 중심으로",

『시대와 철학』 15-1 (2004), 110-131쪽.

60. 박제균, "工學 雜誌와 五四時期 無政府主義思潮", 『중국근현대사연구』 1 (1995), 12쪽.

61. 위의 글, 26쪽.

62. 리쩌허우는 『중국 현대사상사의 굴절』 (1992)에서 중국 근대화의 과정을 계몽과 구망(求亡)의 이중 변주라는 이론 틀로 설명하고자 하였다.

63. 황성만, "서체중용과 중국적 마르크스주의", 『시대와 철학』 3 (1992), 75-94쪽; 김형렬, "리다자오와 무정부주의 사상", 『중국사연구』 119 (2019), 147-183쪽.

64. 중국은 1949년 건국 초기와 문화대혁명 시기에 계급투쟁을 중시하다가 1976년 마오쩌둥 사후에는 생산투쟁을 더욱 중시하였다. 초기에 권력 고위층은 대부분 공농혁명에 종사한 군인으로 구성되었으나 이후에는 전문성을 지닌 기술 관료가 영향력을 발휘하였다. 남정휴, "중국 근대국가 형성과정을 통해서 본 중국의 민족주의", 『한국동북아논총』 10-4 (2005), 79-101쪽.

65. 위의 글.

66. 우쥔지(伍俊飛), "工程師治國 中國政治風景線", 《中國報道週刊》, 2003. 1. 14.

67. 황우지(黃宇智), 『當代中國高等敎育論要』 (廣東: 汕頭大學出版社, 1994).

68. 시진핑 집권 이후에는 공정사 주도의 문제점을 인식하고 인문사회 분야의 인재를 키우고 활용하려는 정책이 시작되었다.

69. 한국에서 공정(工程)은 중국보다 협소한 의미로서 프로세스라는 의미로 널리 사용되고 있다.

70. 陳悅·孫烈, "工程과 工程師", 『工程研究』 5-1 (2011), 53-57쪽의 연구를 주로 사용하였다.

71. 발간사, 『工程研究』 (2004).

72. 심지어 중국의 학자들은 사이언스의 번역어인 과학(科學)조차 일본이 아닌 자신들의 번역이라고 주장한다. 이 점에 관한 비판은 주정(周程), "科學一词并非从日本引进", 『中国文化研究』 夏之卷 (2009), 182-187쪽을 참조.

73. 근대화 이후 중국의 기술자 체계에도 많은 변화가 있었다. 지금은 공정사 외에도 기사(技師), 기술인원(技術人員), 기공(技工), 과학기술공작자(科學技術工作者) 등 다양한 호칭이 사용되고 있는데, 이 또한 현대 중국 사회가 가지고 있는 과학과 기술에 대한 인식을 반영하고 있다.

74. 房正, "洋武運動과 中國近代 工程學的尖端", 『中國近現代史研究』 (2011), 165-168쪽.

75. 1913년 중화공정사학회(China Society of Engineers)를 설립하고 초대 회장을 역임하였다.

76. 문중양, "The Late Emergence of the Traditional Knowledge of Water Utilization in Choson Dynasty and Its Background", Hashimoto and Jami eds., *East Asian Science: Tradition and Beyond* (Osaka: Kansai University Press, 1995).

77. 최한기 지음, 이종란 옮김, 『운화측험』(한길사, 2014).

78. 조재곤, "대한제국의 식산흥업정책과 상공업기구", 『한국학논총』 34 (2010), 941-968쪽.

79. "詔勅 學校敎育振興, 商工學校 開設에 관한 件", 광무 3년 4월 27일, 국회도서관 편, 『韓末近代法令資料集』(1971).

80. 대한제국 정부는 1898년 5월 농상공부 산하에 농상공부 대신을 회두(會頭)로 하는 직조권업장을 설립하고 일본인 기술자를 초빙하였다. 낙후된 시설을 개발할 뿐 아니라 기술 개발을 위한 노력의 일환이었다. 조재곤, "대한제국의 식산흥업정책과 상공업기구", 『한국학논총』 34 (2010), 941-968쪽.

81. 중국의 리홍장은 1870년부터 군수공업과 동시에 부의 추구를 목적으로 한 민수기업을 설립하였다. 그중에는 석탄, 제련, 방적 및 항운, 철로, 전신 등 교통운수업이 포함되어 있었다. 양무파는 1870년대부터 1890년대까지 20여 개의 민수기업을 세웠다. 즉, 민간의 자본을 유치하고 정부 자금을 투자하여 기업을 운영하는 형식을 의미한다.

82. 정재정, 『일제침략과 한국철도(1892-1945)』(서울대학교 출판부, 1999).

83. 중인 이상의 신분 20명을 학도(學徒)라 했고 천인 신분 18명을 공장(工匠)이라고 하였다. 이 밖에 관원·통사(通事)·수종(隨從) 등 모두 69명이 정식 인원이었으며 유학생의 수종도 14명이었다. 유학생의 학습 내용에는 화약·탄약의 제조법을 비롯해 이와 관련 있는 전기·화학·제도(製圖)·제련·기초 기계학 등은 물론 외국어의 학습도 포함되어 있었다. 권석봉, "영선사행(領選使行)에 대한 일고찰", 『서양사론』 3 (1962), 96-98쪽.

84. 예를 들어, 《한성순보(漢城旬報)》는 기본적인 세계, 지리 등의 정보를 게재하여 조선인의 세계관의 범위를 지역에서, 특히 중화 질서에서 탈피하여 전 세계로 확대시키려는 노력을 기울였다. 김수자, "근대 초 한성순보에 나타난 공학으로서의 과학과 '근대 지식'", 『이화사학연구』 45 (2012), 141-168쪽.

85. 이원호, 『실업교육』(하우출판사, 1996), 206쪽.

86. 1890년대 이후의 각종 문서들에서 일본인 기사(技師)가 방문했다는 기록이 나타난

다.

87. 이원호, 『실업교육』 (하우출판사, 1996).

88. 일본이 실업학교를 설치한 이유는 실업 분야에 종사하는 기능공을 양성하기 위한 것이었다. 이론보다 실습과 실험을 중시해 전체 시수의 절반을 차지했다. 임종태, "김용관의 발명학회와 1930년대 과학운동", 『한국과학사학회지』 17-2 (1995), 89-133쪽; 김근배, 『한국 근대 과학기술인력의 출현』 (문학과지성사, 2005).

89. 이봉범, "해방공간의 문화사", 『상허학보』 26 (2009), 13-54쪽.

90. 경제기획원; 과학기술처, 각 년도.

91. 일본에서는 그보다 일찍 산업전사라는 용어를 사용했다. 박정희 정부 때 사용된 많은 기술 및 공학 관련 용어와 제도들이 일본의 것과 유사하다.

92. 하상진, "식민지 '개발'과 전후 '경제협력'에서 일본 기술 컨설턴트의 역할: 일본공영을 중심으로" (연세대학교 석사학위논문, 2017).

93. 1장에서 해당 내용 참조. Gary Downey, "What is Engineering Studies for? Dominant Practices and Scalable Scholarship", *Engineering Studies* 1-1 (2009), pp. 55-76.

94. 같은 동아시아권이지만 engineering ethics 분야를 번역할 때, 한국에서는 '공학윤리'로 사용하는 반면 일본에서는 '기술자 윤리'로 사용하는 경우가 대다수이다.

95. 한경희, "이공계 위기의 재해석과 엔지니어의 자기성찰", 『한국사회학』 38-4 (2004), 73-99쪽 참조.

96. 데이터를 검색한 '네이버 뉴스 라이브러리(newslibrary.naver.com)'는 1920년 4월 1일자부터 1999년 12월 31일까지 발간된 경향신문, 동아일보, 매일경제, 한겨레, 조선일보 등 다섯 개 언론사의 기사를 데이터베이스로 제공하고 있다. 키워드를 검색하는 과정에서 확인한 문제점은 다음과 같다. 첫째, 엄밀한 데이터 추출에 한계가 있다. 예를 들어, 기술자(인)의 경우, 토목기술자(인), 전기기술자(인) 등도 함께 검색되었다. 이 부분은 이 연구의 목적상 크게 문제가 되지는 않았다. 그렇지만 두 번째 이유는 문제가 된다. 즉, 과학기술자(인)를 검색할 때, 예를 들어 한 기사에 '과학'과 '기술자(인)'가 함께 언급된 경우, 과학기술자로 중복되어 검색되었다. 이 문제를 하나하나 확인할 수 없었기에 과학기술자(인) 빈도수에서 기술자(인) 빈도수를 제외시키는 정도로만 보정하였다. 셋째, 다섯 개 언론사의 기사만이 포함되었고 더 많은 언론사의 기사는 포함되지 않았다. 넷째, 2000년 이후 용어 사용에 많은 변화가 있었을 것인데, 이를 확인할 수 없었다.

97. 책의 초고를 완성한 후, 이 그림을 그렸다. 연구를 시작하기 이전에 한국 엔지니어를

표현할 특정 용어에 대한 선입견을 가지고 있지는 않았음을 밝혀둔다. 그리고 1941
년부터 1945년까지는 데이터가 없다.

3장 근대국가로의 전환과 기술(자) 인식

1. 과학사와 과학기술학 분야에서 많은 연구들이 축적되고 있다. 1장에서 제시한 연
   구들을 참조하면 된다. 김근배,『한국 근대 과학기술인력의 출현』(문학과지성사,
   2005); 김연희, "대한제국기, 새로운 기술관원집단의 형성과 해체: 전신기술자를 중
   심으로",『한국사연구』140 (2008), 183-220쪽.

2. 박명규, "한말 '사회' 개념의 수용과 그 의미 체계",『사회와 역사』59 (2001), 51-82쪽;
   김성근, "일본의 메이지 사상계와 '科學'이라는 용어의 성립과정",『한국과학사학회
   지』25-2 (2003), 131-146쪽; 양일모, "근대 중국의 서양학문 수용과 번역",『시대와
   철학』15-2 (2004), 119-152쪽; 최경옥,『번역과 일본의 근대』(살림출판사, 2005); 김
   민정, "근대 '문명' 구축 프로젝트: 번역을 통한 근대 중국 지식인들의 모색",『인물과
   사상』5 (2009), 130-145쪽.

3. 오경석은 부유한 해주 오씨 역관 집안에서 성장하여 16살에 한어 역관이 되었다. 이
   성혜, "19세기 새로운 지식인의 출현: 오경석론",『동양한문학연구』38 (2014), 149-
   172쪽.

4. 김양수, "조선후기 사회변동과 전문직 중인의 활동", 연세대학교 국학연구원 편,『한
   국근대이행기 중인연구』(신서원, 1999), 171-284쪽.

5. 역사학뿐 아니라 사회학의 관점에서 중인 연구에 관한 논의의 장을 연 연세대 송복
   교수는 중인이 귀속적 신분에 엄격히 구속되어 있으면서도 성취적 훈련을 쌓아야
   만 했던 역설적 층이라고 평가하였다. 또한 성격으로 보면, 위층에 도전하는 카운터
   엘리트의 성격을 가져야 하나 실제로는 대항하지 않고 백성에 관해서는 지배층의
   속성을 강하게 지니고 있었다고 평가한다. 이훈상은 중인이라는 용어가 조선시대의
   다양한 신분 집단을 묶는 역사 용어로 설정되기 어렵다며, 기술관(技術官)에 국한
   하여 사용할 것을 주장하였다. 사회학자인 조성윤은 중인의 개념 규정이 워낙 다양
   하기 때문에 일률적으로 정하기보다 토론의 대상이 되어야 한다고 주장했다. 중인
   연구자들 중 김양수는 "전문직 중인", 이훈상은 "한양의 중인들", 김현목은 "기술직
   중인", 이남희는 "잡과중인"에 집중하여 논의를 전개하였다. 연세대학교 국학연구원

편, 『한국근대이행기 중인연구』 (신서원, 1999).

6. 중간적 위치라는 구조적 특징에도 불구하고 조선 후기 중인들이 동질적 성격을 지녔던 것은 아니다. 역관, 의관처럼 잡과에 합격하여 관직에 오른 이들이 있었고 중앙관서에 근무하는 경아전과 지방관서의 향리를 중심으로 하는 하급 행정직 담당자가 있었다. 기술직 중인은 중인 계층 내에서도 상위 계층에 속했다. 한영우, "조선시대 중인의 신분·계급적 성격", 『한국문화』 9 (1988), 179-209쪽.

7. 이성무, "19세기 조선 초기의 기술관과 그 지위", 『혜암유홍렬박사 회갑기념논집』 (1971).

8. 정옥자, "조선후기의 문풍과 위항문학", 『한국사론』 4 (1978), 262쪽.

9. 한영우, "조선시대 중인의 신분·계급적 성격", 『한국문화』 9 (1988), 179-209쪽; 조성윤, "중인의 사회적 성격과 친일개화론 조선후기 서울지역 중인세력의 성장과 한계", 『역사비평』 (1993), 235-249쪽; 강명관, 『조선후기 여항문학 연구』 (창작과비평사, 1997); 김두헌, 『조선시대 기술직 중인 신분 연구』 (경인문화사, 2013); 박권수, "조선 후기의 역서(曆書) 간행에 참여한 관상감 중인 연구", 『한국과학사학회지』 37-1 (2015), 119-145쪽. 조선 초기 이래 지속된 천문학 및 잡학에 대한 이중적 인식에 관해서는 경석현, "조선후기 天文學兼敎授의 활동과 그 의미", 『동방학지』 176 (2016), 121-152쪽을 참조. 박권수(2015)는 관상감 소속의 중인을 중인 과학자라고 지칭하고 있다.

10. 정옥자는 왕조 초기에는 관직에서 별로 구별이 없던 醫·譯·算·律·觀象·惠民·圖書 등의 기술직이 격하되면서 이에 종사하는 자들은 잡직인(雜職人)으로 부르게 되고, 이들이 서울의 중앙에 집중적으로 거주하게 되어 중인의 명칭을 얻게 되었다고 본다. 김두헌은 조선 초기 중인 가계에 대한 분석을 통해 15세기 말에서 16세기 잡과와 주학 입격자는 거의 양반 서얼이었을 것으로 유추하고 있다. 즉, 잡과에 대한 인식과 양반 서얼의 출신은 상호 연관된 이미지를 형성했을 가능성이 크다. 조선 전기엔 양반 적자(嫡子)가 잡과와 주학에 입격하거나 기술직에 진출했을 가능성이 거의 희박하다고 밝히고 있다. 정옥자, "조선후기의 문풍과 위항문학", 『한국사론』 4 (1978), 261-329쪽; 정옥자, "조선 후기의 기술직중인", 『진단학보』 61 (1986), 45-63쪽; 김두헌, 『조선시대 기술직 중인 신분 연구』 (경인문화사, 2013).

11. 예를 들어, 태조는 훌륭한 가문의 자제들이 공부하도록 6학(兵學·律學·字學·譯學·醫學·算學)을 권했다. 그리고 태종이 권한 10학(儒學, 武學, 史學, 譯學, 陰陽風水學, 醫學, 字學, 律學, 算學, 樂學) 중 유학, 무학, 사학을 제외한 나머지도 모두 기술

학에 해당한다는 것이다. 한영우, "조선시대 중인의 신분·계급적 성격",『한국문화』9 (1988), 179-209쪽.

12. 한영우, "조선시대 중인의 신분·계급적 성격",『한국문화』9 (1988), 179-209쪽; 연세 대학교 국학연구원 편,『한국근대이행기 중인연구』(신서원, 1999).

13. 조성윤, "중인의 사회적 성격과 친일개화론 조선후기 서울지역 중인세력의 성장과 한계",『역사비평』(1993), 244쪽.

14. 김두헌은 그의 저서에서 이 점을 지적하고 있다. 기술직 중인이라는 용어는 조선시 대에 없었고 이들이 진출한 의관, 율관, 운관, 산원(算員), 사자관(寫字官), 화원(畫 員) 등은 오늘날의 기술직과 다르다. 또한 산원, 사자관, 화원은 취재로만 선출했고 잡과중인이라는 표현도 적절하지 않다고 본다. 다만 당대인들이 이들 학문을 기(技) 로 취급했다는 것을 근거로 하여, 일단 기술직 중인 개념을 사용하겠다고 밝히고 있 다. 김두헌,『조선시대 기술직 중인 신분 연구』(경인문화사, 2013).

15. 김양수는 집담회에서 전문직 중인 용어를 사용한 데 대해 질문을 받고 이렇게 답했 다. 569쪽을 참조하면 된다. "집담회", 연세대학교 국학연구원 편,『한국근대이행기 중인연구』(신서원, 1999), 569쪽.

16. 케이스 M. 맥도널드 지음, 권오훈 옮김,『전문직의 사회학』(일신사, 1999); Han, Kyonghee, "A Crisis of Identity: the Kwa-hak-ki-sul-ja (scientist-engineer) in Contemporary Korea", *Engineering Studies* 2-2 (2010), pp, 125-147.

17. 1402년부터 임진왜란이 발발한 1592년까지 실시된 213회의 무과 중 7회만이 100 명을 넘었을 뿐 나머지는 1회당 평균 39명에 불과했다. 그렇지만 광해군 때부터 만 과가 급증하였다. 심승구, "조선후기 무과의 운영실태와 기능",『조선시대사학보』23 (2002), 147-204쪽.

18. 조선 시대의 만과(萬科)는 문과나 잡과에는 없는 무과만의 선발 형태였다. 조선 초 기에는 일정한 재능과 경제력을 가진 무사를 한꺼번에 많이 확보하기 위해, 임진왜 란 이후에는 긴급한 대외방비를 위한 군관 확보, 17세기 중반 이후에는 재정 보충용, 그리고 왕의 친위병력 확보를 위한 것이었다. 위의 글; 정은란, "성호 이익의 무(武) 인식과 무인양성론",『조선시대사학보』65 (2013), 203-238쪽.

19. 한영우, "조선시대 중인의 신분·계급적 성격",『한국문화』9 (1988), 181-182쪽.

20. 호산학교는 서양식 사관 교육을 실시하던 곳으로 하사관 양성기관이었다. 일본 육 사에 진학한 한인 청년들은 1895년 8기생 8명, 1898년 11기생 21명, 1902년 15기생 8명, 1909년 23기생 1명, 1912년 26기생 14명이었다. 박단비, "대한제국 시기 한인의

일본육사 입교와 졸업 후 동향", 『사학지』 50 (2015), 85-121쪽.

21. 신용하, 『한국근대지성사 연구』 (서울대학교 출판부, 2005), 122쪽.

22. 군사학교에서 배우는 리더십 교육은 시민사회에서 추구하는 리더십 교육과 다른 측면이 있다. 특히, 일본 육사에서 강조한 멸사봉공(滅私奉公)의 규범과 태도는 이후 한국 군대 문화에 적지 않은 영향을 미친 것으로 보인다.

23. 잡과 입격자의 분야별 배출 규모는 역과(1600-1891)가 2,812명으로 가장 많고 산과 (1601-1888) 1,488명, 의과(1600-1894) 1,422명 그리고 율과(1600-1861) 581명의 순서로 나타났다. 이성무 · 최진옥 · 김희복, 『朝鮮時代 雜科合格者 總攬』 (한국정신문화연구원, 1990); 이동기, "朝鮮後期 雜科入格者의 身分移動과 社會變動", 『교육학연구』 38-1 (1999), 79쪽.

24. 김양수, "중간신분층의 향상과 분화", 『한국사』 34 (1995), 64-104쪽.

25. 이동기, "朝鮮後期 雜科入格者의 身分移動과 社會變動", 『교육학연구』 38-1 (1999), 82쪽.

26. 위의 글, 77-94쪽.

27. 김용옥, 『독기학설—최한기의 삶과 생각』 (통나무, 1990); 조성윤, "중인의 사회적 성격과 친일개화론 조선후기 서울지역 중인세력의 성장과 한계", 『역사비평』 (1993), 235-249쪽.

28. 이동기, "朝鮮後期 雜科入格者의 身分移動과 社會變動", 『교육학연구』 38-1 (1999), 88쪽; 김양수, "조선후기 사회변동과 전문직 중인의 활동", 연세대학교 국학연구원 편, 『한국근대이행기 중인연구』 (신서원, 1999), 171-284쪽.

29. 김영모, "朝鮮支配層研究", 『아시아경제』 20-8 (1977), 114-116쪽.

30. 김현목, "한말 역학생도의 신분과 기술직 중인의 동향", 연세대학교 국학연구원 편, 『한국근대이행기 중인연구』 (신서원, 1999), 339-404쪽.

31. 김두헌, 『조선시대 기술직 중인 신분 연구』 (경인문화사, 2013), 28쪽.

32. 과거 중인의 신분 상승을 요구하는 통청운동(通淸運動)이 일어났을 때조차 이들의 참여가 많지 않았는데, 그 이유는 기존의 기득권을 지키려 했기 때문이다. 김양수, "중간신분층의 향상과 분화", 『한국사』 34 (1995), 64-104쪽.

33. 서울 지역의 중인 집단은 독점적 상업 활동과 고리대금업으로 부를 축적한 특권 상인이 많았다. 이들은 지배세력과 결탁하여 일본으로부터 서양 물품을 수입하고 미곡을 유출하는 유통 경로를 담당하면서 이를 통해 부를 축적하고 있었다. 조성윤, "중인의 사회적 성격과 친일개화론 조선후기 서울지역 중인세력의 성장과 한계", 『역

사비평』(1993), 235-249쪽.

34. 경석현, "조선후기 天文學兼敎授의 활동과 그 의미", 『동방학지』 176 (2016), 126쪽.

35. 1831년 미국의 감옥 제도를 시찰하러 학술 여행을 했던 프랑스의 사회학자 알렉시스 토크빌은 당시 소상품 제조업자들이 도시 도처에서 새로운 질서를 만들고 있음을 목격했는데, 향후 이들이 역사 변동의 주도권을 행사할 것이라는 판단에서 당시로는 낯선 개념인 산업가(industrialist)로 명명했다. 산업인은 농업자본가, 도시민, 유통업자, 임노동자, 전문인과 함께 자유로 엮인 시장 질서의 총아였다. 알렉시스 드 토크빌 지음, 임효선·박지동 옮김, 『미국의 민주주의』 (한길사, 1997).

36. 이원순, 『朝鮮西學史硏究』 (중국사회과학출판사, 1986); 정형민·김영식, 『조선 후기의 기술도: 서양 과학의 도입과 미술의 변화』 (서울대학교 출판부, 2007), 49쪽.

37. 문중양, "崔漢綺의 기론적 서양과학 읽기와 기륜설", 『대동문화연구』 43 (2003), 273-312쪽; 노대환, 『동도서기론 형성 과정 연구』 (일지사, 2005).

38. 최한기의 시대로부터 30년 남짓한 시간이 흐른 1910년에 이광수는 「문학의 가치」라는 글에서 문학(文學) 개념을 처음으로 사용했다. 김윤식, "한국신문학초창기의 문학론과 비평의 양상", 『현대문학』 19-2 (1973), 330-340쪽.

39. 송호근, 『시민의 탄생: 조선의 근대와 공론장의 지각 변동』 (민음사, 2013), 215쪽.

40. 동도서기론 개념은 19세기 조선인들이 사용한 개념이 아니라 한우근의 연구에서 작명된 것이다. 한우근은 그의 개화사상 연구에서 19세기 후반기 동양의 도는 고수하는 가운데 서양의 기를 수용하려는 당시 지식인과 관료들의 지배적 경향을 동도서기라고 규정하고 이를 개화사상의 분파로 유형화했다. 한우근, "개항 당시의 위기의식과 개화 사상", 『한국사연구』 2-2 (1968), 105-139쪽.

41. 예를 들어, 동도서기론이 위정척사론이나 개화론과 구별되는 독자적 논리구조가 있었다는 견해(정재걸)와, 이와 달리 동도서기론이 위정척사론의 연장선에 있다는 의견(송호근)이 있다. 다른 한편으로는 동도서기론자들이 전근대적 사대교린 외교의 틀 안에 갇혀 있었다는 비판적 의견(서영진)과 자수자강의 근대화 논리로서 충분한 근거와 의미를 지니고 있었다(이태진)는 평가도 있다. 노대환, 『동도서기론 형성 과정 연구』 (일지사, 2005).

42. 김기주, "개화기 조선 정부의 대일유학정책", 『한국근현대사연구』 29-29 (2004), 113-137쪽.

43. 지석영은 가난한 양반가에서 태어났으나 중인 출신 박영선에게 한문과 의학을 배웠고 1876년 수신사 자격으로 일본을 다녀오는 과정에서 우두법을 배워 시행했다.

1883년 문과에 급제한 후 『우두신설』을 저술했고 우두법 보급에 공헌했으며 1899년에는 경성의학교 교장으로 재직했다. 최경석은 무관 출신이다. 1883년 보빙사의 일원으로 두 달간 미국을 방문했고 그 경험을 바탕으로 한말 농업 및 목축업의 근대화를 위해 노력한 인물이었다(한국민족문화대백과사전, 송상용 집필 https://encykorea.aks.ac.kr).

44. 최덕수, 『조약으로 본 한국 근대사』 (열린책들, 2010); 송호근, 『시민의 탄생: 조선의 근대와 공론장의 지각 변동』 (민음사, 2013), 219쪽.

45. 개화파의 중심인물인 김옥균은 강릉부사를 지낸 양부에 의해 길러졌지만 원래 집안의 배경은 오랫동안 벼슬을 지낸 조상을 갖지 못했다. 개화의 선구자라 할 수 있는 오경석, 유대치는 역관 출신이며 김가진, 안경수는 서자 출신, 이동인, 탁정식은 불교의 승려 출신이었다. 김동노·김경일, "한말 개화파 지식인의 근대성과 근대적 변혁", 『아시아문화』 14 (1998), 27-60쪽.

46. 유영익은 개화파 세력의 사회적 배경과 정치적 성향을 몇 가지로 요약했다. 첫째, 1894년까지 핵심 관직에서 밀려난 능력 있는 관료 지식인들로서 척족 세력에 불만이 많았고, 둘째, 일본과 미국 경험을 바탕으로 개혁 의욕이 충만했고 개화 구상이 비교적 분명했으며, 셋째, 대부분의 실무자들은 서얼, 중인 출신의 아류 양반들로서 주변인적 성향을 지녔으며, 넷째, 학식과 견식을 십분 활용한 출세 지향적 의욕이 높았던 일종의 테크노크라트였다는 것이다. 이와 같은 성향을 가진 개화파가 권력에 접근하게 된 것은 근대 이행의 특징과 방향을 설정하는 데에도 중요한 영향을 미치게 마련이었다. 유영익, 『갑오경장연구』 (일조각, 1990).

47. 신용하, 『한국근대지성사 연구』 (서울대학교 출판부, 2005).

48. 박명규, "개화파와 도막파의 사회경제적 배경과 근대 지향성에 관한 비교 연구", 『사회와역사』 42 (1994), 11-44쪽.

49. 일례로 김옥균은 도(道) 역시 변혁의 대상이 되어야 한다며 변도(變道)를 필수적인 것으로 인식했다. 후에 김윤식은 김옥균을 포함하여 갑신정변 세력을 비난했다. 노대환, 『동도서기론 형성 과정 연구』 (일지사, 2005).

50. 송호근, 『시민의 탄생: 조선의 근대와 공론장의 지각 변동』 (민음사, 2013).

51. 김희정·홍선영·박미경·윤소영·장남호, 『화혼양재와 한국근대』 (어문학사, 2006).

52. 주진오, "사회사상사적 독립협회 연구의 확립과 문제점: 신용하, 『독립협회 연구』를 중심으로", 『한국사연구』 149-149 (2010), 321-352쪽.

53. 정동구락부(貞洞俱樂部)는 1894년 서울에서 조직된 서양인들의 사교 친목단체로

민영환, 윤치호, 이상재, 서재필, 이완용 등이 참여하여 설립했다. 주로 친구미파 인사들과 주한구미외교관들의 연대를 위한 연락 기관이었던 것으로 보인다. 관련 내용은 한국학중앙연구원에서 운영하는 온라인 백과사전인 한국민족문화대백과사전 (https://encykorea.ac.kr)을 참조하였다.

54. 신용하,『한국근대지성사 연구』(서울대학교 출판부, 2005);《독립신문》, 1898. 1. 18, 잡보 참조; 우대성·박언곤, "한국의 근대건축의 기수 심의석에 관한 연구",『대한건축학회 학술발표대회 논문집』16-2 (1996), 159-161쪽.

55. 우대성·박언곤, "한국의 근대건축의 기수 심의석에 관한 연구",『대한건축학회 학술발표대회 논문집』16-2 (1996), 159-161쪽.

56. 박성래,『인물과학사1: 한국의 과학자들』(책과함께, 2011). 그리고 목천 상씨 종친회 기록에 따르면, 부친이 1849년생이라고 되어 있어 상운은 1860년대 이후 태어났을 것으로 추정된다.

57. 상호는 도쿄제대 재학 중 대한유학생회 첫 회장을 맡았고 졸업 후 귀국하여 대한제국 농상공부 참서관 및 서기관을 거쳐 1907년 28세의 나이로 농상공부 공무국장, 도량형 사무국장을 맡았으며, 일제 식민지 시기에도 조선총독부 중추원 참의를 지냈다. 김근배,『한국 근대 과학기술인력의 출현』(문학과지성사, 2005); "한국 최초 근대 조선 공학도 (동경제국대 상호)·기술자(시찰단 파견 김양한) 찾았다",《부산일보》, 2011. 3. 6.

58. 김근배,『한국 근대 과학기술인력의 출현』(문학과지성사, 2005), 75-76쪽.

59. 육영공원은 1886년에 설립된 한국 최초의 근대적 명문귀족 공립학교이다. 외국어 교육기관으로는 1883년 김윤식이 청의 동문관(同文館)을 본떠 동문학이라는 기관을 설치한 것이 최초이지만 교육의 질에 대한 불만이 많았고 이후 육영공원으로 대체되었다. 설립 초기에는 명문대학 출신의 미국인 교사 3명을 초청했다. 그 영향으로 배재학당, 이화학당, 경신학교가 설립되었다. 하지만 초기의 열기와 달리, 젊은 현직 관리로 이루어진 학생들의 무관심과 재정 악화로 1894년 폐교되었다. 외국어 교육 기관이 현실적으로 과학과 기술교육의 장으로 발전된 청이나 일본 사례와는 차이가 있는데, 그 이유 중 하나는 선발 과정과도 무관하지 않을 것 같다. 학업 능력 기반의 치열한 경쟁이 아닌 사색당파의 안배를 바탕으로 한 선발이었고 그 결과 전문가 양성이 아닌 사실상 귀족 교육의 성격을 지니게 되었다. 김경미, "육영공원(育英公院)의 운영 방식과 학원(學員)의 학습 실태",『한국교육사학』21 (1999), 571-593쪽.

60. 조선은 1876년 일본과 국교를 수립한 이후 미국(1882), 영국(1883), 독일(1883), 러시

아(1884), 프랑스(1886), 오스트리아·헝가리(1892), 벨기에(1901), 덴마크(1902) 등과 조약을 체결했다.

61. 유학생의 자질, 교육 환경, 유학비용 부족으로 중도 탈락자가 속출하여 처음 기대했던 성과를 거두지는 못했지만 근대 과학기술을 접하고 그에 관한 신지식과 정보에 대한 식견을 쌓은 것, 근대 병기공장을 설치하게 된 것은 의미 있는 성과였다. 이상일, "김윤식의 개화자강론과 영선사 사행(使行)", 『한국문화연구』 11 (2006), 93-115쪽.

62. 김연희, "대한제국기, 새로운 기술관원집단의 형성과 해체: 전신기술자를 중심으로", 『한국사연구』 140 (2008), 183-220쪽.

63. 유봉학, "개성 출신의 혜강 최한기", 『조선 후기 학계와 지식인』 (신구문화사, 1998).

64. 김갑천 옮김, "박영효의 건백서: 내정 개혁에 대한 1888년 상소문", 『한국정치연구』 2 (1990), 281쪽.

65. 유길준은 《한성주보》에서 궁리학, 이학으로 명명하던 격물치지의 인식론을 처음으로 근대적 의미의 철학으로 소개하였다. 김재현, 「한성순보」, 「한성주보」, 「서유견문」에 나타난 '철학' 개념에 대한 연구", 『개념과 소통』 9 (2012), 149-179쪽.

66. 송호근, 『시민의 탄생: 조선의 근대와 공론장의 지각 변동』 (민음사, 2013), 57쪽.

67. 조형래, "학회지의 사이언스: 사이언스를 중심으로 한 개화기 근대 학문체계의 정초에 관하여", 『한국문학연구』 42-42 (2012), 45-93쪽.

68. 허재영, "근대 계몽기 지식 유통의 특징과 역술 문헌에 대하여", 『어문론집』 63 (2015), 7-36쪽.

69. 김근배, 『한국 근대 과학기술인력의 출현』 (문학과지성사, 2005), 72-73쪽.

70. 홍성찬, "서울 상인과 한국 부르주아지의 기원—김씨가의 사례를 중심으로—", 『한국경제학보』 21-2 (2014), 275-302쪽.

71. 김근배에 따르면, 1904년 첫해 입학생은 공업과와 상업과에만 총 80명이 선발되었는데, 그중 공업과 학생이 50명 정도였지만(처음엔 공업과 모집광고만 냈다가 뒤늦게 상업과를 추가해서 모집했기 때문) 다음 해부터 그 수가 크게 줄어들었다고 한다. 한 일본인 교관이 학생들을 경부철도 부설 공사에 동원하는 일이 발생하는 등 일본인 관리와 한국인 학생들 사이에 갈등이 빈번해졌기 때문이다. 김근배, 『한국 근대 과학기술인력의 출현』 (문학과지성사, 2005), 44-46쪽.

72. 청일전쟁 직후만 해도 전신기술자로 활동 중에 있거나 활동 경험이 있던 인원은 전국에 걸쳐 40명에도 채 미치지 못했다. 하지만 일본이 통신원을 인수할 당시인 1905

년에는 전국에 13명의 1등 전보사 사장, 2명의 기사를 포함해 124명의 전신기술관 원이 있었다. 당시 일본에 의해 해고되고 전신 업무에 남은 사람들은 체전부와 공두 등 500여 명의 하급 고원들뿐이었다고 한다. 김연희, "대한제국기, 새로운 기술관원 집단의 형성과 해체: 전신기술자를 중심으로", 『한국사연구』 140 (2008), 183-220쪽.

73. 당시 공업기술학교가 6개, 수리학교 4개, 광업학교 1개가 설립, 운영되고 있었다. 김 근배, 『한국 근대 과학기술인력의 출현』 (문학과지성사, 2005).

74. 허재영, "근대 계몽기 지식 유통의 특징과 역술 문헌에 대하여", 『어문론집』 63 (2015), 7-36쪽.

75. 송호근은 그의 저서에서 여러 근거들을 추적하며 개인, 사회, 국가의 근대적 개념이 이 시기에 정착되었다고 주장한다. 송호근, 『시민의 탄생, 조선의 근대와 공론장의 지 각변동』 (민음사, 2013).

76. 조성윤, "조선후기 서울 주민의 신분 구조와 그 변화: 근대 시민 형성의 역사적 기 원" (연세대학교 박사학위논문, 1992); 송호근, 『시민의 탄생: 조선의 근대와 공론장 의 지각 변동』 (민음사, 2013), 77쪽.

77. 전우용, 『한국 회사의 탄생』 (서울대학교 출판문화원, 2011), 34-35쪽.

78. 위의 글, 41쪽.

79. 위의 글, 42쪽에서 인용.

80. 위의 글, 117쪽. 일본에서 공무아문 설립에 반대한 진정한 이유는 공무아문에 의한 철도, 전신, 광산 사업의 추구가 일본의 이권 확보와 배치되었기 때문이다.

81. 송호근, 『시민의 탄생: 조선의 근대와 공론장의 지각 변동』 (민음사, 2013), 264쪽.

82. 정재정, 『일제침략과 한국철도(1892-1945)』 (서울대학교 출판부, 1999).

83. 전우용, 『한국 회사의 탄생』 (서울대학교 출판문화원, 2011), 133쪽.

84. 위의 글, 54, 130, 236쪽.

85. 위의 글, 130쪽에서 인용.

86. 조선을 농업국으로 설정하고 자신들의 과잉 인구를 이주할 계획을 추진했던 일본의 이주식민정책에 관해서는 정연태, "대한제국 후기 일본의 농업식민론과 이주식민정 책", 『한국문화』 14 (1993), 449-491쪽을 참조하면 된다.

87. 전우용, 『한국 회사의 탄생』 (서울대학교 출판문화원, 2011), 221-224쪽.

88. 위의 글, 300-301쪽.

89. 안용식, 『대한제국 관료사 연구』 (연세대학교 사회과학연구소, 1994; 1995).

90. 전우용은 고위 관료들이 식민지화 이후에도 자본가의 지위를 유지했던 것과 달리

전문 경영인으로 성장해가던 중하위 관료들은 식민화를 전후하여 거의 몰락했다고 본다. 식민지화 이후 주요 회사의 지배인직은 일본인이나 일본에서 교육받은 신진 경제 엘리트들이 독점했는데, 이것은 일제가 대한제국 전기 이래 근대적 기업 경영 역량을 파괴한 결과였다는 것이다. 전우용, 『한국 회사의 탄생』(서울대학교 출판문화원, 2011), 199쪽.

4장 주권 상실의 시대, 조선인 기술자의 형성

1. 김근배, 『한국 근대 과학기술인력의 출현』(문학과지성사, 2005).
2. 다카하시 도루 지음, 구인모 옮김, 『식민지 조선인을 논하다』(동국대학교 출판부, 2010); 이규수, "근대 일본의 식민정책학에 나타난 조선인식", 『아시아문화연구』 26 (2012), 65-89쪽; 문명기, "왜 〈帝國主義の朝鮮〉은 없었는가?—야나이하라 타다오(矢內原忠雄)의 식민(정책)론과 대만·조선", 『史叢』 85 (2015), 3-40쪽.
3. 메이지유신 이후 일본 지식인들은 스펜서(H. Spencer)류의 사회진화론과 사회유기체설, 헤켈의 일원론을 수용하고 여러 출판을 통해 빈번히 소개했다. 후쿠자와 유키치(福澤諭吉), 가토 히로유키(加藤弘之), 운노 유키노리(海野幸德), 우지하라 사조(氏原佐蔵) 등이 그 대표적 지식인이었다. 김호연, "우생학, 국가, 그리고 생명정치의 여러 형태들, 1865-1948", 『동국사학』 66 (2019), 282-310쪽.
4. 다카하시 도루 지음, 구인모 옮김, "朝鮮人", 『식민지 조선인을 논하다』(동국대학교 출판부, 2010).
5. 정준영, "조선총독부의 '식산'행정과 산업관료", 『사회와역사』 102 (2014), 85-133쪽.
6. 이 책은 본래 다카하시 도루가 1917년 『일본사회학원보』에 발표한 논문이었다. 이 논문을 보완한 것을 1921년 조선총독부가 단행본으로 간행했다. 조선총독부가 1927년에 펴낸 『조선인의 사상과 성격(朝鮮人の思想と性格)』에도 그대로 실릴 정도로 도루의 책은 매우 중요하게 여겨졌다. 「朝鮮人」은 당시 일본인들의 조선에 대한 초보적 연구는 물론이고 1910년 일본이 조선을 식민지로 삼은 이후 본격적으로 착수한 조선의 옛 관습, 제도 조사 사업의 결과를 고스란히 담고 있다. 다카하시 도루 지음, 구인모 옮김, 『식민지 조선인을 논하다』(동국대학교 출판부, 2010).
7. 위의 책, 179-180쪽.
8. 교화의견서는 조선총독부 초대 학무과장인 구마모토 시게키치(隈本繁吉)가 1910년

저술한 것으로 추정되고 있다. 나카바야시 히로카즈, "1910년대 조선총독부의 통치논리와 교육정책: '동화'의 의미와 '제국신민'화의 전략",『한국사연구』161 (2013), 212쪽.

9. 초등교육마저도 충분히 이루어지지 않았다. 1919년 5월 말의 통계에 의하면, 당시 조선에 거주하는 일본인 자녀의 취학률이 91%인 데 비하여 조선인 학생들은 겨우 37%에 불과하였으며, 고등보통학교와 여자고등보통학교의 입학률은 일본인 거주민이 1만 명당 113명인 데 비하여 조선인은 1만 명당 1명에 불과했다는 것이다. 김근배,『한국 근대 과학기술인력의 출현』(문학과지성사, 2005).

10. 경성공업전문학교는 일본 공업교육과 같은 수준의 교육이라는 의미에서 경성고등공업학교로 개칭되었다가 1944년 다시 공업전문학교로 바뀌었다. 이 글에서는 경성공전으로 통일하여 지칭하도록 한다.

11. 정인경은 1901년 동경고등공업학교와 1916년 경성고공의 교육과정을 비교하여 제시했다. 정인경, "일제하 경성고등공업학교의 설립과 운영",『한국과학사학회지』16-1 (1994), 55-56쪽.

12. 안창모, "일제하 경성고등공업학교와 건축교육",『대한건축학회논문집(계획계)』116-6 (1998), 35-46쪽; 서문석, "일제하 고급섬유기술자들의 양성과 사회진출에 관한 연구─경성고등공업학교 방직학과 졸업생을 중심으로",『경제사학』34 (2003), 83-116쪽; 김근배,『한국 근대 과학기술인력의 출현』(문학과지성사, 2005). 김근배는 경성공전 졸업생들에게 공학사 학위가 부여되기는 했지만 이들의 학위는 일본의 학위에 준하는 것으로 인정받지 못했다고 평가하고 있다.

13. 김근배,『한국 근대 과학기술인력의 출현』(문학과지성사, 2005).

14. 안동혁(安東赫, 1906-2004)은 정미업을 한 부모님 밑에서 자랐다. 휘문보통학교, 경성고등공업을 거쳐 1929년 일본 규슈제국대학 응용화학과를 졸업했다. 그 후 경성고등공업 교원을 거쳐 1933년부터는 중앙시험소에서 근무하다 해방이 되자 중앙공업연구소로 옮겼으며, 상공부 장관(1953-54)을 맡기도 했다. 1958년부터 1976년까지 한양대 공과대학 교수를 지냈다. 박성래, "'한국화학계'의 대표적 지도자 안동혁",『과학과 기술』37-2 (2004), 100쪽.

15. 이 회고는 서강대 윤능민 교수가 안동혁 교수와 대담한 내용을 정리해 1992년『과학사상』에 정리하여 출판한 내용을 인용한 것이다. 윤능민, "한국 화학계의 원로 안동혁",『과학사상』3 (1992), 242-243쪽.

16. 위의 글, 242쪽.

17. 본래 경성공업학교는 1922년 경성공업전문학교에서 분리 독립했다가 1924년 중등 관립공업학교로 승격된 것이었다. 3년제였던 관립경성공업학교는 1938년 공립으로 전환되면서 5년제 갑종학교로 변경되었다.

18. 지역에서 서울에 있는 학교로 진학하는 것을 '성공'이자 '출세'로 평가하는 분위기는 우리 근대사에서 꽤 오랫동안 이어졌다. 그럼에도 불구하고 리영희의 회고는 당대의 평범한 사람들이 공업학교와 기술자에 대한 인식이 많이 변했음을 보여준다. 리영희, 『역정—나의 청년시대』(한길사, 2006), 50-51쪽.

19. 당시 경성공전 졸업생들의 관청 취업률은 40퍼센트를 상회했지만 회사 취업률은 30퍼센트에 못 미쳤다. 정인경, "일제하 경성고등공업학교의 설립과 운영", 『한국과학사학회지』16-1 (1994), 31-65쪽.

20. 공우구락부, 『공우』(1920), 14쪽.

21. 윤능민, "한국 화학계의 원로 안동혁", 『과학사상』3 (1992), 240-251쪽.

22. 김행숙, 『원로와의 대화』(대한신경정신의학회, 1991).

23. 국내 역사 자료를 전산화하여 제공하고 있는 한국역사정보통합시스템(www.koreanhistory.or.kr)을 이용해 연속간행물 기준으로 실업, 기술, 과학, 공업 분야의 교육을 검색한 결과, 실업교육과 공업교육은 1900년 무렵 처음 등장한 반면 과학교육이나 기술교육은 1920년대와 1930년대에 등장하는 것을 확인할 수 있다.

24. 홍덕창, "개화기의 실업교육", 『한국교육사학』15 (1993), 47-69쪽.

25. 강명숙, "일제시대 제1차 조선교육령 제정과 학제 개편", 『한국교육사학』31-1 (2009), 7-34쪽.

26. 내지연장주의에 입각하여 일본과 한국의 학교제도를 동일하게 한다는 명분으로 시작된 제2차 조선교육령의 주요 특징은 다음과 같다. 첫째, 대학 교육과 사범 교육의 포함, 둘째, 일본인과 조선인 공학(共學)을 원칙으로 함, 셋째, 보통학교 수업연한 6년, 고등보통학교 수업연한 5년으로 하여 교육연한을 11년으로 확장하고 입학 연령을 6세로 하향 조정, 넷째, 고등학교를 설치하지 않고 대학예과를 설치한다는 것이었다. 이 대책은 1차 조선교육령의 문제를 일부 개선하는 내용을 담고 있었지만 사립학교 및 각종 학교의 설립 인가 및 학제 변경을 심각하게 구속한다는 것, 각각 학제가 다른 기관들 사이의 연결에 대한 실제적인 조치가 미흡하고, 고등사범 제도를 인정하지 않은 채 (사실상 국내 교사 양성이 원활히 이루어질 수 없었음) 고보 교사의 자격을 제한한 것 등에 대한 비판이 이어졌다. 강명숙, "일제시대 학교제도의 체계화: 제2차 조선교육령 개정을 중심으로", 『한국교육사학』32-1 (2010), 1-23쪽; 안

홍선, "식민지시기 중등 실업교육의 성격 연구: 실업학교 학생 특성과 입학동기 분석을 중심으로", 『아시아교육연구』 16-2 (2015), 145-174쪽.

27. 일본은 교육에서 사민평등과 기회균등을 내걸었기 때문에 서구처럼 중등교육과 고등교육의 계급적 분화가 발생하지는 않았다. 하지만 신입생 선발시험에서 입학시험 성적이 높았던 일반교육이 실업교육에 비해 사회적 위신이 높게 형성되었다. 天野都夫, 『学歴の社會史』 (東京: 新潮社, 1992).

28. 오성철, 『식민지 초등교육의 형성』 (교육과학사, 2000), 390쪽.

29. 안홍선, "식민지시기 중등 실업교육의 성격 연구: 실업학교 학생 특성과 입학동기 분석을 중심으로", 『아시아교육연구』 16-2 (2015), 156쪽에서 〈그림1〉 재인용.

30. 송규진, 『통계로 보는 일제강점기 사회경제사』 (고려대학교 출판문화원, 2018).

31. 1936년의 조사 자료를 보면, 실업학교 졸업생의 69%가 취업하고 있는 데 비해서 고등보통학교 졸업생의 37%는 상급학교에 진학하고, 30%는 가업에 종사하는 반실직 상태에 있었다고 한다. 안홍선, "식민지시기 중등 실업교육의 성격 연구: 실업학교 학생 특성과 입학동기 분석을 중심으로", 『아시아교육연구』 16-2 (2015), 152쪽.

32. 송규진, 『통계로 보는 일제강점기 사회경제사』 (고려대학교 출판문화원, 2018).

33. 일반교육이나 사범교육과 달리 실업교육에서는 설립되는 학교의 유형과 종류가 매우 복잡하였다. 실업학교로는 고등보통학교와 동등한 학력이 인정되는 5년제 갑종학교가 있었고, 그렇지 않은 3년제 을종학교가 있었다. 갑종과 을종이라는 법규정상 구분은 사라졌으나, 당시 교육행정과 언론상 용어로 널리 사용되었다. 일반적으로 5년제는 갑종, 3년제는 을종으로 분류되지만, 정확한 의미에서 갑종학교는 전문학교 입학 자격이 주어지는 학교를 말한다. 안홍선, "식민지시기 중등 실업교육의 성격 연구: 실업학교 학생 특성과 입학동기 분석을 중심으로", 『아시아교육연구』 16-2 (2015), 145-174쪽.

34. 김근배, 『한국 근대 과학기술인력의 출현』 (문학과지성사, 2005), 507쪽.

35. 위의 글, 174쪽.

36. 나카바야시 히로카즈, "1910년대 조선총독부의 통치논리와 교육정책: '동화'의 의미와 '제국신민'화의 전략", 『한국사연구』 161 (2013), 207-250쪽.

37. 1910년 12월 6일 식민학회가 주최한 환영회에서 조선총독 테라우치 마사타케(寺內正毅)가 했던 인사말 중 나온 이야기이다. 위의 글, 216쪽.

38. 안홍선, "일제강점기 중등 실업학교의 민족 공학제 연구", 『교육사학연구』 25-1 (2015), 49-84쪽.

39. 서울공업고등학교동창회, 『서울공고구십년사』 (1989), 72쪽.

40. 이경숙, "1920·30년대 '시험지옥'의 사회적 담론과 실체", 『한국교육』 32-3 (2005), 52쪽에서 재인용.

41. 안홍선, "일제강점기 중등 실업학교의 민족 공학제 연구", 『교육사학연구』 25-1 (2015), 62쪽.

42. 1937년 이리농림학교에 입학한 정광수는 "조행이라구. 태도 성적인데. 우리 한국인 한테는 짜. 점수를 잘 안 줘. 그래서 난 손해를 많이 봤지."라고 회고했다. 위의 글, 71쪽.

43. 서울공업고등학교동창회, 『서울공고구십년사』 (1989), 117쪽.

44. 일제강점기 직업별 인구 구성 통계지표의 문제점을 감안하더라도 일제강점기 내내 농업 인구는 70퍼센트를 상회했기 때문에 농업국에서 산업국으로 변모했다고 볼 수 없다. 허수열, 『개발 없는 개발』 (은행나무, 2019, 개정2판), 19쪽.

45. 회사령에 따라 회사 설립을 허가받으려면, 조선총독부에 대한 충성도, 재력과 신용도, 회사 설립 후의 수익성 등 광범위한 조사가 이루어진 후 가능한 것이어서 일본인이거나 혹은 친일적 행동을 하지 않는 조선인은 엄두도 내지 못할 상황이었다고 한다. 근본적으로 회사령은 조선 내 민간자본에 대한 총독부의 전면적 통제를 가능케 하는 동시에 한인의 전통적 상업 관행을 철저히 붕괴시키기 위해 제정된 것이었다. 전우용, "1910년대 객주통제와 '조선회사령(朝鮮會社令)'", 『역사문제연구』 2 (1997), 147쪽.

46. 허수열, 『개발 없는 개발』 (은행나무, 2019, 개정2판), 137-141쪽에서 인용. 조선총독부 통계연보에 게재된 생산액 통계를 가공 없이 비교하여 제시한 허수열의 연구에 따르면, 1910년에서 1940년까지 농업 부문의 생산액 증가율은 9.2배, 임업, 축산업, 광업이 10~18배, 수산업이 39.6배 증가한 것에 비해 공업은 무려 120배 증가했다고 한다. 특히, 공업 부문의 증가액은 주로 1930년대 이후에 발생한 것으로 1940년경이 되면, 공업 생산액이 농업 생산액과 거의 같아졌다고 한다.

47. 송규진, 『통계로 보는 일제강점기 사회경제사』 (고려대학교 출판문화원, 2018), 172-173쪽에서 외국인 지표 제외하고 인용.

48. 허수열, 『개발 없는 개발』 (은행나무, 2019, 개정2판), 155-159쪽.

49. 위의 글, 162쪽.

50. 1941년 12월 말 공업회사의 민족별 소유 상황을 다룬 1948년도 『조선경제년보』에 따르면, 총불입자본금의 90.9%가 일본인 소유이며, 한인 소유는 겨우 9.1%였다. 마찬가

지로 동양경제신보사의 1942년 추계에 의하면, 조선인 공업회사 자산은 5% 정도에 불과하고 나머지 95%는 일본인 공업회사의 것이었다고 한다. 조용범,『한국 경제의 논리』(전예원, 1980); 허수열,『개발 없는 개발』(은행나무, 2019, 개정2판), 180쪽.

51. 여기에서 군수공업이란 병기·항공기·함정 등의 주요 군수품을 생산, 가공, 수리하는 공업에 한정된다. 허수열,『개발 없는 개발』(은행나무, 2019, 개정2판), 206쪽.

52. 1931년의 만주 침략 이후 군수산업을 급속히 육성한 일본 정부는 중일전쟁을 계기로 전시통제경제로 이행했다. 그에 따라 진행된 군수생산력 증강정책은 산업생산의 재편뿐 아니라 노동력 동원과 배치 전반에 영향을 미쳤다. 이에 관해서는 곽건홍,『日帝의 勞動政策과 朝鮮勞動者, 1938-1945』(신서원, 2001)을 참조하면 된다.

53. 허수열이 인용한 자료는 메디슨 자료(http://ggdc.net/maddison/oriindex)에 기반을 둔 GDP 추계자료이다. 허수열,『개발 없는 개발』(은행나무, 2019, 개정2판), 18쪽 참조. 자료의 근거와 특징에 관한 내용은 허수열, "식민지기 조선인 1인당 소득과 소비에 관한 논의의 검토",『동북아역사논총』50 (2015), 85-119쪽을 참조하면 된다.

54. 일본인이 1920년대에 세운 사립학교는 경성전기학교, 소화공과학교가 있다. 중일전쟁이 일어나자 일제는 광물 채굴과 야금에 필요한 기술 인력을 양성하기 위해 1939년 경성고공 내에 설치된 광산학과를 분리하여 경성광산전문학교를 설립했다. 김근배,『한국 근대 과학기술인력의 출현』(문학과지성사, 2005).

55. 위의 글, 370쪽.

56. 위의 글, 358-361쪽.

57. 위의 글, 438쪽.

58. 허수열,『개발 없는 개발』(은행나무, 2019, 개정2판), 261쪽.

59. 위의 글, 262쪽에 있는 〈표4-10〉 인용.

60. 김근배,『한국 근대 과학기술인력의 출현』(문학과지성사), 444쪽.

61. 조선총독부가 1944년과 1945년에 작성한 자료에 따르면, 남한에 약 9천 명의 숙련 노무자가 존재한다고 기록하고 있는데, 이것은 1943년의 조선인 기능자 수 40만 명과 엄청난 차이가 있다. 즉, 통계상 기록된 기능자에는 숙련 노동자 범주에 포함될 수 없는 낮은 기능 수준의 노동자가 대부분이었을 것으로 추정된다. 허수열,『개발 없는 개발』(은행나무, 2019, 개정2판), 263쪽 〈표4-11〉에서 인용.

62. 양지혜, "전시체제기 일본질소비료주식회사의 식민지 노사관계",『한국사연구』175 (2016), 198쪽.

63. 양지혜, "가면을 따라 걷기: 전시체제기 어느 전화교환수의 일기(1941~1942)와 피식

민지민의 '내면'",『역사문제연구』37 (2017), 184쪽.

64. 일제의 총력전과 총동원체제를 제국 일본과 식민지 조선의 양자적 관계를 넘어 제1차 세계대전에서 제2차 세계대전에 이르는 동안 형성된 서구 제국과 일본제국의 관계 속에서 이해해야 한다. 일제의 총력전과 총동원체제는 그들의 독자적 발명품이 아니라 제1차 세계대전에서 나타난 서구 제국의 전쟁 수행 전략을 일제의 군부와 정부당국이 학습한 것을 제2차 세계대전에서 실천하면서 부분적으로 창안했다는 점에서 그렇다. 진필수, "일제 총동원체제의 기원과 특징에 대한 재검토: 전쟁인류학의 모색",『비교문화연구』22-2 (2016), 425-473쪽.

65. 류시현은 일제강점기의 언론매체 분석을 통해 당시 조선인 지식인들이 아시아-태평양전쟁을 인식하고 평가하는 데 나타나는 본질적 문제를 상세히 기술하였다. 즉, 언론에 표현된 이들의 주장과 논조는 일본의 승리를 동양(인)의 승리로 이해하려는 것이었지만 결코 조선인인 자신을 승리의 주체로 설정할 수 없었기 때문에 불안감과 괴리감이 상존했다는 것이다. 류시현, "언론매체를 통해 본 식민지 조선인의 아시아-태평양전쟁 인식",『史叢』94-94 (2018), 1-31쪽.

66. 황국신민서사의 내용은 다음과 같다. 1) 나는 대일본제국의 신민입니다. 2) 나는 마음을 다해 천황폐하께 충의를 다합니다. 3) 나는 인고단련하여 훌륭하고 강한 국민이 됩니다. 오성철, "식민지기 교육의 식민성과 탈식민성—초등학교 규율의 내용과 형식—",『한국교육사학』22-2 (2000), 25-50쪽 참조.

67. 훈련생들은 매일 오전 6시에 기상하여 사내외를 청소한 후, 7시 조회에서 반별로 점호, 신전(神殿)에 대한 인사, 궁성(宮城)을 향한 인사, 묵념, 황국신민서사 제창을 하고 구보를 마친 후 7시 40분에 식사를 하였다. 오전 9시부터 정오까지 학과, 12시 점심식사와 묵념, 오후 1시부터 5시까지 소정의 훈련수업을 받고 5시부터 6시까지 사내외 청소, 6시 저녁식사, 7시부터 9시까지 과외수업 또는 상회, 좌담회, 자습을 하였다. 오후 9시 다시 점호와 신전에 대한 인사, 궁성을 향한 인사, 황국신민서사 제창을 하고 10시에 취침하였다. 이상의, "일제하 조선인 '중견노무자'와 노동규율",『한국사학보』18 (2004), 121쪽.

68. 慶尙北道勞務指導員訓練所,『訓練要領』(1943) 참조.

69. 이상의, "일제하 조선인 '중견노무자'와 노동규율",『한국사학보』18 (2004), 126쪽.

70. "增産은 銃後의 決戰, 保國의 決意를 宣揚—陸軍 紀念日에 全鮮 産業戰士 大會",《매일신보》, 1943. 3. 6.

71. 竹內時男,『新兵器の科學戰』(東京: 偕成社, 1938).

72. "日本的性格の科學技術の確立", 《朝日新聞》, 1941. 5. 24. 권희주, "제국 일본의 모형 비행기 교육과 '국민항공'", 『일본학보』 118 (2019), 268쪽에서 재인용.

73. 한일합방 이후 발간된 『공업계』(1909), 『工友』(1925), 『문명』(1925), 『신발명』(1927), 『과학』(1929), 『백두산』(1930), 『과학조선』(1933), 『조선발명계』(1937) 중 『과학조선』을 제외한 나머지는 일 년 남짓 발간되다가 폐간되었다. 김우필·최혜실, "식민지 조선의 과학·기술 담론에 나타난 근대성―인문주의 대 과학주의 합리성 논의를 중심으로―", 『한민족문화연구』 34 (2010), 261쪽.

74. 당시 일본 유학생들은 태극학회, 공수학회, 낙동친목회, 광무학회 등 여러 단체를 설립하였는데, 흥학회는 1909년 일본 동경에서 조직된 한국 유학생 통합 단체였다.

75. 이광수, "天才야! 天才야!", 『이광수전집 11』 (누리미디어, 2011).

76. 장백산인, "개조", 《독립신문》, 1919. 8. 26.

77. 한인석, "자연과학의 방법과 과학적 정신", 『삼천리』 13-12 (1941), 107-110쪽.

78. Hiromi Mizuno, *Science for the Empire: Scientific Nationalism in Modern Japan* (Redwood City: Stanford University Press, 2009).

79. 김근배, 『한국 근대 과학기술인력의 출현』 (문학과지성사, 2005); 김우필·최혜실, "식민지 조선의 과학·기술 담론에 나타난 근대성―인문주의 대 과학주의 합리성 논의를 중심으로―", 『한민족문화연구』 34 (2010), 249-280쪽; 정하늬, "'신시대' 과학기술·과학기술자의 표상―이광수의 『사랑』과 이북명의 「빙원」을 중심으로", 『현대문학이론연구』 67 (2016), 337-360쪽.

80. 이북명, "氷原", 『春秋』 1942년 7월호, 170쪽. 여기에서 우리나라는 일본을 의미한다.

81. "門牌의 來歷談 (十二) 光武皇帝勅令으로 官立工業傳習所", 《동아일보》, 1926. 1. 19; 이병례, "일제하 전시 경성공립공업학교의 설립과 운영", 『서울학연구』 50 (2013), 32쪽.

82. 관립공업전습소 전습생들로 구성된 공업연구회가 1909년 1월 우리나라 최초의 공업 분야 월간지인 『공업계(工業界)』를 창간하였다. 창간호에 실린 공업연구회 취지서에는 공업의 중요성에 대한 강조와 앞으로의 활동에 대한 기대가 가득 차 있다. 김상용, "20세기 초 우리나라의 공업기술정신", 『학술원논문집(자연과학편)』 58-1 (2019), 149-178쪽.

83. 리영희, 『역정―나의 청년시대』 (한길사, 2006), 80쪽.

84. 오성철, "1930년대 한국 초등교육 연구" (서울대학교 박사학위논문, 1996).

85. 김근배, 『한국 근대 과학기술인력의 출현』 (문학과지성사, 2005), 86쪽.

86. 위의 글, 193쪽.

87. 우윤중, "민립대학 설립운동의 주체와 성격",『사림』58-58 (2016), 1-32쪽.

88. 연희전문 수물과의 경우, 식민지 기간 내내 조선 유일의 전문 수준의 과학교육과정이었고 수물과 졸업생 중 일본의 이공계 대학 유학자만도 20여 명에 이르러 그 수가 경성공전보다 많았다고 한다. 김근배,『한국 근대 과학기술인력의 출현』(문학과지성사, 2005), 235-238쪽.

89. 미국에서 국제정치 및 법학 분야에서 박사학위를 받고 귀국한 김여식이 기존의 협성학교를 인수하여 실업학교로 개편하였다. 1928년 공업과를 개설했지만 많은 우여곡절을 거쳐 운영에 어려움을 겪으면서도 자영기술인 양성의 목적을 포기하지 않았다. 하지만 김여식 등 교원들이 동우회사건에 연루되어 물러나게 되자, 협성실업학교는 기업가 박흥식에게 인수된 후 상업학교로 개편되었다. 위의 글, 285-291쪽.

90. 이종만은 사업가이자 사상가였다. 그는 자신이 운영한 대동광업의 경영 이념으로 "농부는 곧 지주, 광부가 곧 광주"를 제시했으며 당시의 임금 노예화를 비판하면서 노동자에 대한 주식 배당, 무산자 교육 및 복리 증진, 경영의 도덕적 책임 등을 강조하였다. 그가 인수하여 설립한 대동공업전문학교는 신사참배를 둘러싼 갈등으로 폐교된 숭실전문을 직접 인계한 것은 아니었지만 그것을 잇는다는 의미를 지니고 있었다. 대동공전은 내선공학을 표방했지만, 일본인들의 조선학교 기피로 인해 실제로는 조선인 전문학교였다. 나가사와 가즈에, "근대 광업과 식민지조선사회 이종만(李鍾萬)의 대동광업과 잡지『광업조선』을 중심으로",『한림일본학』29-8 (2016), 185-208쪽.

91. 김근배,『한국 근대 과학기술인력의 출현』(문학과지성사, 2005), 395쪽.

92. 오성철, "1930년대 한국 초등교육 연구" (서울대학교 박사학위논문, 1996), 228쪽의 〈표3〉 인용. 여기에서 '전문각종'은 전문 정도의 각종 학교를 의미한다.

93. 김경남, "전시체제기 일본 유학생의 사회 진출과 식민지 엘리트의 위상: 조선공업협회『조선기술가명부(朝鮮技術家名簿)』분석을 중심으로",『대구사학』129 (2017), 351-396쪽.

94. 김상용, "20세기 초 우리나라의 공업기술정신",『학술원논문집(자연과학편)』58-1 (2019), 5쪽에서 재인용. 한문의 일부 내용을 번역하여 제시하였다.

95. 위의 글, 6쪽에서 재인용.

96. 김덕창은 1897년에 설립한 김덕창염직공소를 주식회사 형태로 개편하여 서울에 동양염직회사를 설립했다. 당시로서는 큰 규모의 기업으로 동양염직의 중역진은 모두

서울 포목업계의 거상들이었다.

97. 발명학회 발기인으로 참여한 성홍석(成洪錫), 박장열(朴璋烈), 박길룡(朴吉龍), 현득영(玄得榮), 허환(許煥), 윤성순(尹珹淳) 등이 공업전습소나 경성고공 출신이었다. 특히, 이사장으로 선출된 성홍석은 공업전습소 금공과 1910년 졸업생이었고 박길룡과 현득영은 각각 경성고공 건축과를 1919년, 염직과를 1918년에 졸업한 인물이었다. 임종태, "김용관의 발명학회와 1930년대 과학운동", 『한국과학사학회지』 17-2 (1995), 94쪽.

98. 이정은 1920년대에 발명과 과학 개념이 어떻게 인식되기 시작했는지를 분석하고 있는데, 당시 조선의 발명이 과학 없는 발명(invention without science)이었음을 흥미롭게 서술하고 있다. Jung Lee, "Invention without Science—Korean Edisons and the Changing Understanding of Technology in Colonial Korea", *Technology and Culture* 54-4 (2013), p. 786.

99. 목돈상, "남기고 싶은 이야기들", 《중앙일보》, 1972. 1. 4.

100. 1910년에서 1925년까지 조선 지역의 특허 및 실용신안 등록건수가 총 244건인데, 그중 조선인의 등록건수는 15건에 불과했다고 한다. 1926년부터 1935년까지 십 년 간에는 조금 개선되기는 했다. 하지만 특허국에 등록된 건수 중 재조일본인의 경우 735건에 이르렀으나 조선인은 156건에 불과했다. 임종태, "김용관의 발명학회와 1930년대 과학운동", 『한국과학사학회지』 17-2 (1995), 96-97쪽; Jung Lee, "Invention without Science—Korean Edisons and the Changing Understanding of Technology in Colonial Korea", *Technology and Culture* 54-4 (2013), p. 787.

101. 원용일의 정미기는 석유나 전기로 운전되는 정미기를 일반 농가에서는 실제로 사용하기 어려운 점에 착안하여 가축을 이용한 발명품이었다. 원용일 자신도 자신의 제품을 "별로 과학적으로 연구한 것은 없다."고 이야기했다. "新式精米機發明", 《동아일보》 1926. 6. 4.

102. Jung Lee, "Invention without Science—Korean Edisons and the Changing Understanding of Technology in Colonial Korea", *Technology and Culture* 54-4 (2013), pp. 791-792.

103. 목돈상, "남기고 싶은 이야기들", 《중앙일보》, 1972. 1. 4. 연재기사에는 김용관이 발명 및 특허 지원을 위해 얼마나 고군분투했는지가 상세히 기술되어 있다.

104. 임종태, "김용관의 발명학회와 1930년대 과학운동", 『한국과학사학회지』 17-2 (1995), 89-133쪽; Jung Lee, "Invention without Science—Korean Edisons and the

Changing Understanding of Technology in Colonial Korea", *Technology and Culture* 54-4 (2013), pp. 782-814.

105. 김상용, "20세기 초 우리나라의 공업기술정신", 『학술원논문집(자연과학편)』 58-1 (2019), 27쪽에서 재인용. 1933년 『과학조선』 창간사 중 일부의 내용이다.

106. 임종태, "김용관의 발명학회와 1930년대 과학운동", 『한국과학사학회지』 17-2 (1995), 104쪽.

107. 1934년 2월 19일 발명학회와 과학조선사 합동이사회가 열렸다. 이사회는 "전 민중으로 하여금 모든 미신적 관념 내지 비과학적 생활에서 과학적 관념 내지 과학적 생활에로"라는 것을 표어로 매년 과학주간을 설치하여 각종 대중적 과학기념 행사를 벌이기로 결의하였다. 이후 이름을 과학데이로 변경하였고, 다윈의 기일인 4월 19일을 과학데이로 정하자는 김용관의 제안이 통과되었으며 예상을 뛰어넘는 많은 인원이 참가하여 행사는 성황리에 끝났다. 임종태, "김용관의 발명학회와 1930년대 과학운동", 『한국과학사학회지』 17-2 (1995), 108-109쪽.

108. 김성연, "'새로운 신' 과학에 올라탄 제국과 식민의 동상이몽: 퀴리부인 전기의 소설화를 중심으로", 『현대문학의 연구』 44 (2011), 147-178쪽.

109. 그는 1923년 경성고공 방직과를 졸업하고 일본 규슈제국대학에서 응용화학을 전공한 후 총독부 중앙시험소의 기수(技手)로 취직했다. 1930년대에는 경성방직 공장 장직을 맡아 활발한 활동을 벌이기도 했다. 임종태, "김용관의 발명학회와 1930년대 과학운동", 『한국과학사학회지』 17-2 (1995), 122쪽.

110. "여과기 신발명, 발명학회 이덕균씨", 《조선중앙일보》, 1935. 11. 4.; Jung Lee, "Invention without Science—Korean Edisons and the Changing Understanding of Technology in Colonial Korea", *Technology and Culture* 54-4 (2013), p. 792.

111. 이 글에서 기술 엘리트는 고등교육을 기반으로 대학, 기업, 정부기관에서 일하는 직업군을 통칭한다. 학력을 기반으로 그 규모를 보면, 의학 분야에서는 일제강점기에 의사 약 4천 명, 그중 박사 학위자를 340명 정도 배출한 반면 이공학 분야는 전문학교를 포함해 2,300명(대학 교육을 이수한 사람은 400명 정도), 박사 학위자 10명 정도를 배출하는 것에 그쳤다. 김근배, "일제강점기 조선인들의 과학기술자 되기: 초기 북한 이공계 대학 교원들의 이력 분석", 『역사비평』 124 (2018), 260-293쪽.

112. 일본 유학생 중 이공계열 전공자의 비중은 10~15% 수준이었다. 그리고 이공계만의 통계는 아니지만 1970년판 『현대한국인명사전』을 보면 일본 유학파의 비중을 이해할 수 있는데, 인명사전에 수록된 전체 3,336명 중 51%에 해당하는 1,708명이 해

외 유학을 한 적이 있고, 그중 52%는 일본에 유학을 했던 것으로 나타났다. 허수열, 『개발 없는 개발』(은행나무, 2019, 개정2판), 267쪽.

113. 김경남, "전시체제기 일본 유학생의 사회 진출과 식민지 엘리트의 위상: 조선공업 협회 『조선기술가명부(朝鮮技術家名簿)』 분석을 중심으로", 『대구사학』 129 (2017), 351-396쪽.

114. 해방 전 일본에서 이공계 대학을 졸업한 조선인은 모두 204명(이학 63명, 공학 141 명)이었다. 김태호, "1950년대 한국 과학기술계의 지형도", 『여성문학연구』 29 (2013), 41쪽.

115. 유학생의 학문 분야별 분포를 보면, 농림계열 180명(43.4%), 공업계열 92명(22.2%), 섬유계열 71명(17.3%), 자연계열 58명(14.0%)으로 당시 일제가 전략적으로 강조하던 분야에 분포되어 있었다. 김경남, "전시체제기 일본 유학생의 사회 진출과 식민지 엘 리트의 위상: 조선공업협회 『조선기술가명부(朝鮮技術家名簿)』 분석을 중심으로", 『대구사학』 129 (2017), 351-396쪽.

116. 조선학술원 이·공학부 간부의 출신 학교와 전공 분야, 일제강점기 직책과 해방 후 주요 직책은 김경남이 정리한 〈표10〉를 참고하면 된다. 김경남, "전시체제기 일본 유 학생의 사회 진출과 식민지 엘리트의 위상: 조선공업협회 『조선기술가명부(朝鮮技術 家名簿)』 분석을 중심으로", 『대구사학』 129 (2017), 383-384쪽.

117. 경성방직 사장 김연수(金秊洙)의 전기에서 그는 어려울 때마다 제국대학의 동문이 어떻게 도움이 되었는지를 기록하고 있다. 도쿄제대를 졸업한 총독부 사무관 출신 전 농림부장관 임문환(任文桓)의 회고에 따르면, 일본의 제대 출신 총독부 조선인 사무관들과 자주 연회를 나누었다고 한다. 정종현·水野直樹, "일본제국대학의 조선 유학생 연구(1): 경도제국대학 조선유학생의 현황, 사회경제적 출신 배경, 졸업 후 경 력을 중심으로", 『대동문화연구』 80 (2012), 445-529쪽.

118. 장규식, "일제하 미국 유학생의 근대지식 수용과 국민국가 구상", 『한국근현대사연 구』 34 (2005), 121-156쪽.

119. 한석정은 왜 남북한, 일본, 중국에서 만주가 의도적인 망각의 대상이 되었는지 를 잘 설명해주고 있다. 남한에선 박정희로 인한 금기사항, 중국에선 아예 존재하 지 말았어야 할 악몽, 북한에서는 김일성의 항일투쟁을 묘사할 전설의 땅이었다 는 것이다. 한석정, "박정희, 혹은 만주국판 하이 모더니즘의 확산", 『일본비평』 3 (2010), 120-137쪽.

120. 박성진, "만주국 조선인 고등 관료의 형성과 정체성", 『한국동양정치사상사연구』

8-1 (2009), 219쪽. 경성제대에서 조선인이 정교수로 임명된 사례가 없었던 데 반해 만주국 최고 학부인 건국대학에는 1938년 최남선이 교수로 임명되었고 만주국의 핵심 직위에도 조선인이 진출한 것이 큰 영향을 미쳤다.

121. 위의 글, 214쪽. 만주국 조선인 고등 관료의 수는 201명이었다고 한다.

122. 제니스 미무라, 『제국의 기획』(소명출판, 2015), 123쪽.

123. 윤휘탁, "만주국의 교육 이념과 조선인 교육", 『중국사연구』 104 (2016), 177-209쪽.

124. 장욱진, "박정희 정권기 지배 엘리트들의 일제하 교육경험"(연세대학교 석사학위 논문, 2017)에서는 박정희 정부 시기의 부문별 엘리트 분석을 통해 99인의 대표적 지배 엘리트를 분류하였다.

125. 경성제대 이공학부 설립에 관여한 창설위원회의 주요 인사들이 모두 도쿄제대에 속한 교수들이었으므로 도쿄제대의 모델을 모방할 수밖에 없었다. 따라서 기업가들의 요청과는 달리 과학연구기관으로서의 역할이 우선되었고 교수 요원으로 충원된 이들도 도쿄제대 출신으로 구성되었다. 김근배, 『한국 근대 과학기술인력의 출현』(문학과지성사, 2005), 459-464쪽.

126. 김근배, "일제강점기 조선인들의 과학기술자 되기: 초기 북한 이공계 대학 교원들의 이력 분석", 『역사비평』 124 (2018), 260-293쪽.

127. 오성철, "1930년대 한국 초등교육 연구"(서울대학교 박사학위논문, 1996), 231쪽; 오성철, "식민지기의 교육적 유산", 『교육사학연구』 8 (1998), 221-244쪽.

5장 해방 이후 테크노크라트 프로젝트의 추진과 좌절

1. 최규남은 1932년 미국 미시간 대학에서 물리학 박사 학위를 취득했고 귀국 후에는 연희전문학교 수물과 교수로 재직했다. 과학교육국장(1948), 문교부 차관(1950), 서울대 총장(1951), 한국물리학회 초대 회장(1952), 문교부 장관(1956), 국회의원(1958), 한국과학기술원(KIST) 설립준비위원장(1964) 등을 역임하였다.

2. 최규남, "기술자향상과 실업교육", 《경향신문》, 1949. 2. 15-19까지 연재된 칼럼.

3. 이태규(李泰圭: 화학, 교토제대), 이승기(李承基: 응용화학, 교토제대), 박철재(朴哲在: 물리학, 교토제대), 조광하(趙廣河: 화학, 오사카제대), 김양하(金良瑕: 농학, 도쿄제대), 이원철(李源喆: 천문학, 미시간대), 조응천(曹應天: 물리학, 인디애나대), 최규남(崔奎南: 물리학, 미시간대), 최황(崔晃: 화학공학, 오하이오대), 장세운(張世雲: 수학,

노스웨스턴대). 김근배,『한국 근대 과학기술인력의 출현』(문학과지성사, 2005).

4. 문지영, "19세기 프랑스 생시몽주의자-엔지니어들의 산업프로젝트: 에콜폴리테크닉 출신을 중심으로",『프랑스사 연구』25 (2011), 87-112쪽.

5. 장지영, "창생하는 국가, 창출하는 기예—해방 후 남북의 학술분기",『상허학보』36 (2012), 13-53쪽.

6. 1930년대 중반부터 백남운을 위시하여 중앙 아카데미 창설에 관한 논의가 있었는데, 당시 참여했던 중견 인사들이 학술원 창립을 발의했다고 한다. 특히, 8월 18일 건국 준비위원회 측에서 일본인 철수 후의 산업 공동화를 막기 위해 순수한 학술 분야의 조직 운동이 필요함을 안동혁 교수에게 요청한 바 있고, 일부 과학자들은 조선공업 기술연맹을 설립하는 등 과학기술 분야의 움직임이 활발했다. 인문사회과학 분야의 조직은 학술원 설립 초기까지 완결되지 못해 분야 간 불균형이 초래되었다고 한다. 김용섭,『남북 학술원과 과학원의 발달』(지식산업사, 2005), 28-29쪽.

7. 김경남, "전시체제기 일본 유학생의 사회 진출과 식민지 엘리트의 위상: 조선공업협회 『조선기술가명부(朝鮮技術家名簿)』 분석을 중심으로",『대구사학』129 (2017), 351-396쪽.

8. 조선학술원, "朝鮮學術院奎章",『學術』1 (서울신문사출판국, 1946), 227쪽.

9. 김봉집은 식민지 시기 일본 와세다대학 전기과를 졸업하고 연희전문대학 수물과 교수로 지내다가 해방 후 경성대학 이공학부 교수로 부임했다. 조선학술원 회원이었으며, 해방 후 과학기술 재건의 문제를 정책안으로 구체화하는 데 적극적인 노력을 기울였다. 김봉집, "科學技術計劃論", 조선학술원,『學術』1 (서울신문사출판국, 1946), 163쪽; 홍성주, "해방 초 한국 과학기술정책의 형성과 전개",『한국과학사학회지』32-1 (2010), 13쪽.

10. 최규남, "자연과학과 학제",《동아일보》, 1950. 6. 26.

11. 홍성주, "해방 초 한국 과학기술정책의 형성과 전개",『한국과학사학회지』32-1 (2010), 1-42쪽.

12. 학술원 회원이 되기 위해서는 자격 조건이 있었다. 전공 학문이나 전공 기술 분야에서 두드러진 공적을 쌓아야 하고 학술원 각 분과위원 두 사람 이상의 추천과 상임위원회의 승인이 있어야 했다. 학문상 업적을 공인받는 절차였던 것이다. 대한민국 학술원,『學術院五十年史: 1954~2004』(2004).

13. 김용섭,『남북 학술원과 과학원의 발달』(지식산업사, 2005).

14. 식민지 시기 교육기관들이 그대로 유지되어 작은 왕국을 형성함으로써 분야 중복

과 국고 낭비가 심하다는 것을 이유로 미군정청 문교부장 유억겸과 피턴저 주도로 국립서울대학교 설치안이 추진되었다. 경성대에 경성경전, 경성치전, 경성법전, 경성의전, 경성광전, 경성사범, 경성공전, 경성여사, 수원농전 등 9개 전문학교를 통합하는 안이었다. 홍성주, "해방 초 한국 과학기술정책의 형성과 전개", 『한국과학사학회지』 32-1 (2010), 21쪽.

15. 미군정은 국내의 정치적 대립 구도를 단순화하여 미군정에 반대하는 세력을 모두 좌익, 혹은 빨갱이로 몰아 탄압할 명분과 이데올로기적 해석권을 가졌다. 좌익의 의미는 계속 그 외연을 확장해나갔고 국대안 파동을 진압하는 과정에서 힘을 발휘했다. 교육에서도 마찬가지여서 미군정 관료들은 자기의 편의와 이익에 부합하는 쪽의 조선인 파트너들로 자문위원과 실무자를 채워나갔다. 장지영, "창생하는 국가, 창출하는 기예―해방 후 남북의 학술분기", 『상허학보』 36 (2012), 34쪽.

16. 김동일, 『나의 걸어온 길: 구순을 맞이하여』 (보진재, 1998).

17. 고등문관시험은 1894년 시행된 것으로 시험은 매년 1회 도쿄에서 시행되었다. 고등시험은 예비시험과 본시험으로 나뉘는데, 본시험은 행정과, 외교과, 사법과로 나뉘었다. 공무원 시험제도의 변경으로 고문시험이 폐지되는 1943년까지 조선인 합격자는 대략 140명 전후로 알려져 있는데, 그중 45명은 경성제대 출신이었다. 고문 합격은 문중의 자랑이었고 출신 지역 또는 고향의 자랑이었다. 장신, "일제하 조선인 고등관료의 형성과 정체성: 고등문관시험 행정과 합격자를 중심으로", 『역사와현실』 63 (2007), 39-68쪽.

18. 장세윤, "일제하 고문시험 출신자와 해방후 권력엘리트", 『역사비평』 25 (1993), 162-181쪽.

19. "제2회 실업고등학교장 협의회 결의문", 『문교월보』 42, 1958년 10월호; 이원호, 『실업교육』 (하우출판사, 1996).

20. "과학·기술·실업교육을 좀 더 진지하게 추진하라", 《경향신문》, 1958. 11. 3.

21. 한국전쟁 중 계층의 물질적 기반이 붕괴되는 경험 속에서 사람들은 계층 상승을 위해 물적 유산보다 오히려 교육에 대한 투자가 더 값진 것임을 깨닫게 되었다. 김대환, "1950년대 후반기의 경제상황과 경제정책", 한국정신문화연구원현대사연구소 편, 『1950년대 후반기의 한국사회와 이승만정부의 붕괴: 한국현대사의 재인식 4』 (오름, 1998), 193-228쪽.

22. 1945년부터 46년 사이에 과학교육 진흥정책 입안에 참여한 이들은 이태규(교토제대 이학부, 교토제대 교수, 경성대학 이공학부장)를 비롯하여 이희준(교토제대 토목

과, 조선총독부 기사, 만주국 기업 전무, 기획처 경제기획관), 정문기(도쿄제대 수산학과, 수산시험장장, 군정청 농림부 고문), 조백현(규슈제대 농예화학과, 농사시험장 기사, 수원농림전문학교장), 김노수(와세다대 기계과, 조선총독부 철도국 기사, 운수부 공작과장), 안동혁(규슈제대 응용화학과, 중앙시험소 기사, 중앙공업연구소장), 윤일선(교토제대 의학부, 세브란스의학전문대 교수, 경성대학 이학부장)이었다. 홍성주, "해방 초 한국 과학기술정책의 형성과 전개", 『한국과학사학회지』 32-1 (2010), 6쪽.

23. 1948년 문교부 초안에 이어 1950년에는 기존 6년제의 중등교육체제가 중학교 3년과 고등학교 3년제로 나뉘었는데, 그 이유는 전기 중등교육과 후기 중등교육을 각기 3년씩으로 분리함으로써 전기 중등교육을 비교적 용이하게 보급하고 동시에 후기 중등교육에서 실업교육을 강화하기 위한 목적이었다. 오성철, "한국 학제 제정 과정의 특질, 1945~1951", 『한국교육사학』 37-4 (2015), 47-69쪽.

24. 이원호, 『실업교육』 (하우출판사, 1996), 201쪽 참조.

25. 안동혁은 경성공전 응용화학과, 규슈제대 응용화학과를 졸업했으며 1933년 중앙시험소 화학공업부 기수로 일했다. 식민치하에서도 능력 있는 기술 관료로 대접받았다고 한다. 해방 후 중앙시험소와 경성공전을 일본인들로부터 접수하여 우리나라 공업 발전의 모체로 육성하는 데 기여했다. 그는 공업기술계의 혼란스러운 상황을 극복하고자 조선학술원, 조선공업기술연맹에 주도적으로 참여하고 각종 기술협회를 조직하였다. 1948년부터 1950년 6월까지 미국 프린스턴대학 연구원으로 파견되어 선진국의 과학기술과 공업 경제를 경험하였고 1953년 전쟁이 끝난 후에는 상공부장관으로 발탁되었다. 그는 외부 원조를 활용하여 국가 주도의 기간산업 건설과 기술 인력 양성 등을 추진함으로써 경제 자립의 토대를 구축하기 위한 국내 산업 육성책을 마련하였다. 특히, 국내외 전문가의 반대를 무릅쓰고 충주비료공장을 설립해 화학비료의 대량 생산과 국내 실용화에 기여하였다. 이후에도 대중과학잡지 간행, 후학 양성 등 다방면에서 활약하였다(한국과학문명학연구소 과학인물아카이브 http://sck.re.kr/scientist).

26. 홍성주, "해방 초 한국 과학기술정책의 형성과 전개", 『한국과학사학회지』 32-1 (2010), 9쪽.

27. 안동혁의 추계에 따르면, 식민지 시기 과학기술 분야 국내 졸업생 수는 약 1,900명으로 현상 유지를 위한 4만 명 수요의 약 5%에 불과했고 그중 실제 능력이 있는 인원은 더 줄어 1,106명에 그쳤다고 한다. 1945년 당시 대학과 전문대 이공계 분야 졸업생이 200명이 안 되었기 때문에 고등교육 인력 양성이 매우 심각한 이슈로 제기되

었다. 홍성주, "해방 초 한국 과학기술정책의 형성과 전개", 『한국과학사학회지』 32-1 (2010), 12쪽.

28. 미군정기 종식 후, 미국은 자국의 동아시아 전략에 따라 일본이 동아시아 지역의 중심이 되도록 경제 회복을 서두른 반면 한국은 군사적 방위를 담당할 수 있도록 사회 안정이 필요하다고 보았다. 이에 한국에 대해서는 막대한 소비재 물자 위주의 지원을 제공했지만 어디까지나 경제 안정과 동아시아 국제 분업 관계를 구축하기 위한 것이었다. 반면 한국 정부는 경제 재건과 부흥을 강조했다. 이 과정에서 양국은 원조의 양과 구성 비율, 운영 방식 등 모든 면에서 충돌했다. 이일영, "이승만 정부의 산업정책과 렌트추구 그리고 경제발전", 『세계정치』 8 (2007), 171-203쪽.

29. 조선교육심의회가 1946년 제안한 신교육정책안에 대해 미군정은 예산 문제와 한국 경제의 인플레이션 문제를 들어 사실상 반대 의견을 표명했고 문교부가 기획한 국대안 역시 과학기술교육 인구 증가의 관점과 상충했다. 미군정청 직업교육정책을 자문하기 위해 1947년 파견된 조사단의 의견을 문교부 관료들은 현실을 모르는 구상이라고 일축하기도 했다. 홍성주, "해방 초 한국 과학기술정책의 형성과 전개", 『한국과학사학회지』 32-1 (2010), 1-42쪽.

30. 김동환, 『한국의 공업교육정책연구』 (문음사, 2001).

31. 대한민국건국십년지간행회, 『大韓民國建國10年誌』 (1993, 초판 1956), 445쪽.

32. 1948년 한국의 제조업 생산이 1939년 생산 수준의 15%에 지나지 않았다는 것이다. 김영봉 외, 『한국의 교육과 경제발전』 (한국개발연구원, 1984).

33. 홍성주, "해방 초 한국 과학기술정책의 형성과 전개", 『한국과학사학회지』 32-1 (2010), 39쪽의 〈표8〉을 재인용.

34. 홍경섭, "실업교육의 회고와 전망", 『새교육』 1957년 1월호.

35. 사공일 외, 『경제개발과 정부 및 기업가의 역할』 (한국개발연구원, 1981).

36. 1951년 경북대, 전남대, 전북대, 1952년 충남대, 1953년 부산대에 농과대, 공과대 등이 설치되었고 사립 고등교육기관 역시 당국의 방침에 부응하여 1951년 고려대와 동국대에 농림대학이, 1952년 조선대에 공과대학이 설치되었다. 홍성주, "해방 초 한국 과학기술정책의 형성과 전개", 『한국과학사학회지』 32-1 (2010), 34-35쪽.

37. 김명진, "1950년대 미국 교육원조를 통한 교수 해외 연수 프로그램에 대한 사례연구", 『비교교육연구』 20-2 (2010), 169-195쪽.

38. 문만용은 1950년대 한국의 경제 상황에서 기업의 연구개발 수요가 높지 않고 과학기술자의 연구개발 프로젝트 수행 경험이 거의 없는 데다 이들이 상아탑의 성격과

이상적 태도를 지니고 있었기 때문에 산업화에 대한 국가적 요구에 효과적으로 대응할 수 없었다고 주장하였다. 문만용, "한국 과학기술자들의 '탈식민주의 갈망': 한국의 현대적 과학기술체제의 기원", 『역사와 담론』 75 (2015), 179-222쪽.

39. 홍성주는 최성세나 김봉집 같은 사회주의 성향의 인사들은 소련식 모델, 즉 계획경제 하에서 과학기술을 산업 동원에 활용하는 방식을 염두에 두고 있었다고 보았다. "과학성 설치제안 고등교육심의회도 병치", 《동아일보》, 1946. 2. 14.; 홍성주, "해방 초 한국 과학기술정책의 형성과 전개", 『한국과학사학회지』 32-1 (2010), 15쪽.

40. 이태규, "건국설계의 하나로 과학성을 설치하자", 『현대과학』 1 (1946), 10-15쪽.

41. 명칭은 달랐지만 1949년 최규남은 과학기술원을 설치하여 일체의 과학 행정을 맡도록 하고 문교부는 과학 외 교육 분야를 맡아야 한다고 주장하였다. 최규남의 구상은 1941년 일본에서 설립된 기술원 모델과 명칭, 역할 측면에서 유사하다. "과학기술원 신설안 국무회에", 《자유신문》, 1949. 4. 3.; 홍성주, "해방 초 한국 과학기술정책의 형성과 전개", 『한국과학사학회지』 32-1 (2010), 32쪽.

42. 정태수 편, 『미군정기 한국 교육사자료집, 하』 (1992); 홍성주, "해방 초 한국 과학기술정책의 형성과 전개", 『한국과학사학회지』 32-1 (2010), 1-42쪽.

43. 국회는 세 가지 조건, 즉 원자력 이용에서 문교부나 외무부 소속이 아닌 강력한 독립기관 설치, 충분한 예산, 연구기관 위치를 안전한 곳에 설치할 것을 전제로 국제원자력기구 협약에 관한 동의안을 통과시켰다. 고대승, "한국의 원자력기구 설립과정과 그 배경", 『한국과학사학회지』 14-1 (1992), 77쪽; 김성준, "1950년대 한국의 연구용 원자로 도입 과정과 과학기술자들의 역할", 『한국과학사학회지』 31-1 (2009), 139-158쪽.

44. 박철재는 경성제일고보와 연희전문 수물과를 졸업한 후 1940년 일본 교토제대 물리학과에서 박사 학위를 받았다. 1946년 서울대 물리학과 주임교수로 부임했지만 1948년 서울대를 그만두고 과학기술 행정가의 길을 걸었다. 이러한 결정에는 최규남의 영향이 컸다. 최규남 역시 연희전문 수물과 출신으로 미국 미시건 대학에서 물리학 박사 학위를 받고 귀국한 선배 물리학자였다. 박철재는 실업교육에 집중하다가 1950년대 중반 이후 원자력 사업에 집중했다. 윤세원 역시 연희전문 수물과를 졸업하고 일본 교토대에서 물리학을 공부했다. 1956년 원자력 분야 첫 국비 유학생으로 미국 유학길에 올랐고 이후 서울대 물리학과 교수로 있다가 1957년 귀국해 문교부 기술교육국 원자력과장을 맡았다. 이에 관한 상세한 내용과 참고문헌은 『한국과학문명학연구소 과학인물아카이브(http://sck.re.kr/scientist)』를 참조하면 된다.

45. 초대 원자력원장은 문교부장관, 국회 문교분과위원장, 자유당 원내총무를 역임한 김법린이 맡았지만 원자력연구소장으로 박철재(물리학), 초대 원자력 위원으로는 서울대 공대 교수였던 김동일(응용화학), 박동길(광물), 이종일(전기)이 임명되었다.

46. 문만용, 『한국 과학기술연구체제의 진화』(들녘, 2017).

47. 김성준, "1950년대 한국의 연구용 원자로 도입 과정과 과학기술자들의 역할", 『한국과학사학회지』 31-1 (2009), 139-158쪽.

48. 한국 근대사에서 원자력이 갖는 의미에 관해 좀 더 연구할 필요가 있다. '원자력'은 단지 과학적, 정책적 이슈를 넘어 한국 과학기술계 엘리트의 위상과 역할을 가르는 핵심 키워드가 되었다. 21세기 초반 한국 사회에서 '원자력'은 이미 정치적 양식이 되어 이데올로기와 이념으로서 소비되고 있고 많은 과학기술 엘리트들의 정체성이 되었다. 1950년대 원자력원 설립 과정에서 그와 유사한 모습을 발견할 수 있다.

49. 전시과학연구소, "전시과학연구소 소개", 『戰時科學』 1 (1951), 89쪽.

50. 김용섭, 『남북 학술원과 과학원의 발달』(지식산업사, 2005), 64쪽.

51. 대한민국학술원, 『學術院五十年史: 1954~2004』(2004), 849쪽.

52. 위의 글, 21쪽.

53. 대한민국학술원, "대한민국학술원 선언문", 1954. 7. 17.

54. 송상용, "한국과학 25년의 반성", 『형성』 3-4 (1969), 51-64쪽.

55. 김용섭은 학술원 측과 이승만 사이에 한국의 문화 전통이나 현실을 인식하는 자세, 학술원 주요 구성원의 교육 배경 및 일제하 정치·문화 활동에 차이가 있었을 것으로 추측하고 있다. 이 대통령이 하야할 때까지 학술원이 제대로 정착하지 못한 것도 이런 사정과 무관하지 않을 것이라는 주장이다. 김용섭, 『남북 학술원과 과학원의 발달』(지식산업사, 2005), 140쪽.

56. 장상환, "한국전쟁과 경제구조의 변화", 한국정신문화연구원 편, 『한국전쟁과 사회구조의 변화―한국현대사의 재인식 7』(백산서당, 1999), 123-196쪽.

57. 조석곤·오유석, "압축성장을 위한 전제조건의 형성: 1950년대 한국자본주의 축적체제의 정비를 중심으로", 『동향과 전망』 59 (2003), 258-302쪽.

58. 공제욱, "한국전쟁과 재벌의 형성", 『경제와사회』 46 (2000), 54-87쪽.

59. 임대식, "1950년대 미국 교육원조와 친미엘리트의 형성", 역사문제연구소 편, 『1950년대 남북한의 선택과 굴절』(역사비평사, 1998).

60. 서울시정개발연구원, 『지표로 본 서울 변천: 주요 통계와 동향』(2003).

61. 재벌 용어는 군벌(軍閥)과 마찬가지로 1920년대 이후 종종 사용되었는데, 주로 일

본에서 성장해서 활동하고 있는 대기업군을 지칭했다. 1950년대 한국에도 재벌이라 불리는 기업들이 등장했다.

62. 공제욱(2000)에서 제시된 결과를 인용하여 정리한 내용이며, 자본가들의 학력을 별도로 조사하여 추가하였다. 공제욱, "한국전쟁과 재벌의 형성", 『경제와사회』 46 (2000), 54-87쪽.

63. 공제욱은 귀속사업체 관리인들 중 1930년대 말의 비지주 출신 회사 투자자는 127명 (5.2%), 1930년대 후반과 농지개혁 시의 대지주 출신 회사 투자자는 28명(1.1%), 농외 투자 경력이 없는 대지주는 34명(1.4%)에 지나지 않았다고 분석했다. 공제욱, "해방 전후 서울 자산가층의 구성과 변화", 서울시립대학교부설 서울학연구소 편, 『1950년대 서울의 자본가』 (1998), 23-74쪽.

64. 서재진, "한국 산업 자본가의 사회적 기원", 『사회와역사』 14 (1988), 12-39쪽.

65. 일본을 점령한 미군정은 무엇보다 일본의 무장 해제, 군사과학 연구 금지, 전시과학 동원 해체 등을 추진했다. 하지만 그들의 방위전략이 변화되자, 일본의 전후 경제 부흥을 지원하는 쪽으로 방향을 틀게 된다. 일본의 기업들은 특히 1950년 한국전쟁이라는 예상치 못한 전쟁 특수를 만나, 기술 혁신과 산업 발전 도약의 새로운 기회를 맞이하게 되었다. 나카야마 시게루, 『科学技術の戦後史』 (東京: 岩波書店, 1995); 제니스 미무라, 『제국의 기획』 (소명출판, 2015).

66. 일본의 물리학자이자 전자공학 엔지니어로서 1973년 노벨상을 수상한 에사키 레오나(江崎玲於奈)는 과학과 기술의 관계에서 과학에 보다 무게를 두는 미국과 달리 일본은 기술에 대단히 무게를 두고 있다고 강조하였다. 江崎玲於奈, "世界の技術革新と日米の比較", 『蔵前工業会誌』 (1982).

67. 이진일, "개념사의 학문적 구성과 사전적 기획 사이에서—코젤렉의 개념사 사전을 중심으로", 『개념과 소통』 7 (2011), 135-164쪽.

68. 서양에서도 테크놀로지 용어는 엔지니어링보다 늦게 등장한 것으로 알려져 있다. 공학 분야 전공학회의 명칭에도 테크놀로지보다는 엔지니어링 개념이 사용되는 경우가 다수이다.

69. 니시 아마네, "學術技藝", 『百學連環』 (1870). 이이다 겐이치의 책에 니시 아마네의 글을 비롯하여 19세기 후반 일본에서 쓰인 여러 원문이 실려 있다. 이이다 겐이치(飯田賢一), 『科學と技術』 (東京: 岩波書店, 1989).

70. 가네코 쓰토무(金子務), "日本における「科学技術」概念の成立", 『東アジアにおける知的交流−キイ・コンセプトの再検討』 44 (2013), 287-301쪽.

71. Mitcham, Carl., "A Historico-ethical Perspective on Engineering Education: from Use and Convenience to Policy Engagement", *Engineering Studies* 1-1 (2008), p. 40.

72. 일본의 유학파와 지식인들은 19세기 후반 새로운 학문 분야에서 활발히 활동하고 있었다. 예를 들어, 1879년에 설립된 일본 최초의 공학전문학회인 공학회는 기관지인 『공학회지(工學会誌)』를 출판해 전기, 전구, 기계에 관한 다양한 기사를 싣기 시작했다. 이후 다양한 논의들이 축적되고 확장되며 일본 엘리트 엔지니어 집단의 성장이 이루어졌다. 이이다 겐이치(飯田賢一), 『科學と技術』 (東京: 岩波書店, 1989).

73. Hiromi Mizuno, *Science for the Empire: Scientific Nationalism in Modern Japan* (Redwood City: Stanford University Press, 2009), pp. 60-68.

74. 1940년 8월 8일 신문 기사에 처음으로 과학기술 용어가 등장했는데, 이때까지만 해도 "과학·기술"처럼 가운뎃점을 이용해 나열되어 사용되고 있었다. 金子務, "日本における「科学技術」概念の成立", 『東アジアにおける知的交流−キイ・コンセプトの再檢討』 44 (2013), 287-301쪽.

75. 요강의 핵심 내용은 다음과 같다. 종래의 과학기술이 자유방임 체제에 있었고 과학기술의 진보 발달은 애초부터 산업의 생산 부문에 중대한 결함과 폐해를 미치고 있는 현 상황을 감안하여 이 결함과 폐해를 속히 시정함과 동시에 과학기술의 비약적 발전을 기하기 위함이며, 그 목표를 대동아공동체 내에 있는 자급 자원에 기초한 과학기술의 일본적 성격을 확립할 것으로 하였다.

76. 연구와 산업, 과학 정신을 연결시키는 이러한 구도는 일본뿐 아니라 이후 한국에도 영향을 미치게 되는데, 이것은 이승만 정권이 아닌 박정희 집권기에 구체화된다.

77. 기술원 관제에 따르면, 기술원은 내각총리대신의 소관에 속하고 과학기술에 관한 국가 총력을 발휘하여 과학기술을 쇄신, 향상하며 특히 항공에 관한 과학기술의 약진을 도모할 것을 목적으로 한다는 것이다. 金子務, "日本における「科学技術」概念の成立", 『東アジアにおける知的交流−キイ・コンセプトの再檢討』 44 (2013), 287-301쪽.

78. 체신기우회 설립의 취의서(趣意書)에서 기사(技師)였던 혼다 시즈오는 체신부 내 기술자의 연락을 도모하고 일본적 기술의 창설과 진전에 다소나마 조력하겠다고 말했는데, 그는 유능한 기사들이 법과가 지배하는 정부 조직 내에서 자유롭게 말하거나 행동하지 못하고 그저 묵묵히 전신전화 공사의 건설과 보수만 담당하고 있다는 사실에 분개하였다. 金子務, "日本における「科学技術」概念の成立", 『東アジアにおける知的交流−キイ・コンセプトの再檢討』 44 (2013), 287-301쪽.

79. 金子務, "日本における「科学技術」概念の成立", 『東アジアにおける知的交流−キイ・コン

セプトの再檢討』44 (2013), 287-301쪽.

80. 당시 체신기우회의 설립을 이끈 혼다 시즈오(本多静雄)의 증언. 金子務, "日本におけ
る「科学技術」概念の成立",『東アジアにおける知的交流－キイ・コンセプトの再檢討』44
(2013), 287-301쪽.

81. Hiromi Mizuno, *Science for the Empire: Scientific Nationalism in Modern Japan* (Redwood
City: Stanford University Press, 2009), pp. 60-68.

82. 네이버 뉴스 라이브러리에서 과학기술을 키워드로 기사를 검색해보면, 기사 수가
1985년 이후 급증하는 것을 확인할 수 있는데, 그것은 아마도 대학 졸업생의 증가,
대기업 및 연구기관 취업자의 증가와 관련되어 있을 것으로 추측된다.

83. 김효진, 《소학생》誌 研究",『아동문학평론』31-2 (2006), 201-217쪽; 한민주, "해방기
아동의 과학 교양과 발명의 정치학: 아동잡지『소학생』을 중심으로",『동아시아문화
연구』75 (2018), 117-142쪽.

84. 문만용은 이 용어가 싱가포르에서 열린 국제워크숍 발표에서 미즈노(Hiromi
Mizuno) 교수가 논평에서 제안한 개념이라고 소개했다. 문만용, "한국 과학기술자
들의 '탈식민주의 갈망': 한국의 현대적 과학기술체제의 기원",『역사와 담론』75
(2015), 179-222쪽.

6장 기술－국가 대한민국의 재건과 산업역군들

1. Johnson(1982), 변형윤(1986), 강만길(1987), Amsden(1989), 김대환(1993), 하용출
(1996), 손호철(1997), 이광일(1998), Evans & Rauch(1999), 유석춘 외(2005), 오원철
(2006), 이문영(2008), 박헌주(2012) 등 긍정적 평가와 부정적 평가를 대표하는 다
수의 연구들이 있다.

2. 여기에서 과학기술자란 이공계열 전공자와 과학기술 분야에서 활동하고 있는 이들
을 광범위하게 일컫는 표현으로 사용했다.

3. 김근배 외,『'과학대통령 박정희' 신화를 넘어: 과학과 권력, 그리고 국가』(역사비평
사, 2018).

4. 김기형 외,『과학대통령 박정희와 리더십』(MSD미디어, 2010).

5. 문만용·강미화, "박정희 시대 과학기술 '제도 구축자': 최형섭과 오원철",『한국과학사
학회지』35-1 (2013), 225-244쪽; 임재윤·최형섭, "최형섭과 한국형 발전 모델의 기

원", 『역사비평』 118 (2017), 169-193쪽.

6. 김형아는 박정희 시대의 급속한 한국형 공업화 모델이 상공부 테크노크라트들이 주도한 개발 엘리트에 의해 계획되고 시행된 정책의 결과물이었다고 주장한다. 김형아, 『박정희의 양날의 선택』 (일조각, 2005).

7. 김형아, 『박정희의 양날의 선택』 (일조각, 2005).

8. 위의 글.

9. 위의 글, 158쪽.

10. 박정희, 『국가와 혁명과 나』 (향문사, 1963), 259쪽.

11. 공제욱, "한국전쟁과 재벌의 형성", 『경제와사회』 46 (2000), 84쪽.

12. 개발독재의 통상적 정의는 "경제성장을 위해 정치적 안정이 불가결하다는 이유를 들어 시민의 정치참여를 크게 제한하는 독재체제"인데, 국가에 따라 그것이 작동되는 방식에는 차이가 있다. 원조 소비경제의 비효율성과 만연된 부정부패, 정치적 무능력을 극복하겠다고 약속한 박정희 세력은 대내외적으로 결핍된 정권의 정통성을 보완하기 위해, 민생고 해결과 공산주의와 대결할 수 있는 실력 배양, 즉 경제 발전과 국가안보라는 두 축을 중심으로 정책을 추진했다. 따라서 한국의 본격적인 근대화와 산업화는 반공 군사권위주의 체제 하에서 진행되었다. 이 때문에 개발독재 개념은 박정희 시기를 가장 잘 특징짓는 키워드가 되었다.

13. 박한용, "한국의 민족주의", 『정신문화연구』 22-4 (1999), 3-26쪽.

14. 국가기록원 사진자료.

15. 김상현, "박정희 정권 시기 저항 세력의 사회기술적 상상", 『역사비평』 120 (2017), 323쪽.

16. 일본과 화혼양재, 중국의 중체서용에 관해서는 2장, 한국의 동도서기에 관해서는 3장 참조.

17. 종교와 정치의 분리, 권력의 분권 구조, 신민에서 국민으로의 진화를 근대화의 전형적 경로라고 한다면, 일본은 정종일치(政宗一致), 권력의 집중, 신민화의 길을 걸었다. 송호근, "일본 제국주의의 정신구조", 『개념과 소통』 16 (2015), 273-307쪽.

18. 박정희, 『국가와 혁명과 나』 (향문사, 1963), 284쪽.

19. 위의 글, 270쪽.

20. 대통령비서실, 『박정희대통령연설문집』 (대한공론사, 1973).

21. "제2경제, 그 개념과 방향", 《조선일보》, 1968. 1. 16.

22. 박태균, "1960년대 중반 안보위기와 제2경제론", 『역사비평』 72 (2005), 250-176쪽.

23. 1968년 12월 5일 발표된 국민교육헌장의 주요 내용은 다음과 같다. "우리는 민족중 흥의 역사적 사명을 띠고 이 땅에 태어났다. 조상의 빛난 얼을 오늘에 되살려 안으로 자주독립의 자세를 확립하고 밖으로 인류 공영에 이바지할 때다. 이에 우리의 나아갈 바를 밝혀 교육의 지표로 삼는다.… 반공 민주 정신에 투철한 애국 애족이 우리의 삶의 길이며 자유세계의 이상을 실현하는 기반이다. 길이 후손에 물려줄 영광된 통일 조국의 앞날을 내다보며, 신념과 긍지를 지닌 근면한 국민으로서 민족의 슬기를 모아 줄기찬 노력으로 새 역사를 창조하자." 국가기록원, "국민교육헌장", 1968. 12. 5.

24. 문만용, "박정희 시대 담화문을 통해 본 과학기술정책의 전개", 『한국과학사학회지』 34-1 (2012), 75-108쪽.

25. 1973년에 과총에서 발간한 잡지의 전체에서 이와 같은 주장이 두드러졌다. 문만용, "박정희 시대 담화문을 통해 본 과학기술정책의 전개", 『한국과학사학회지』 34-1 (2012), 75-108쪽; 한국과학기술단체총연합회, 『과학과 기술』 (1973).

26. 정용욱·정일준, "1960년대 한국의 근대화와 지배양식의 전환", 노영기 외, 『1960년 대 한국의 근대화와 지식인』 (선인, 2004).

27. 홍성주, "공업화 전략과 과학기술의 결합—경제개발을 위한 과학기술정책의 시작", 『과학기술정책』 22-3 (2012), 156-165쪽.

28. 류상영, "박정희정권의 산업화전략 선택과 국제 정치경제적 맥락", 『한국정치학회 보』 30-1 (1996), 151-179쪽.

29. 김인수 지음, 임윤철·이호선 옮김, 『모방에서 혁신으로』 (시그마인사이트컴, 2000).

30. 이 일화는 도쿄고등공업학교를 졸업한 이후 해방을 맞아 금성사에 취업하여 국산 라디오 1호의 설계와 생산을 책임진 김해수의 회고 가운데 등장한다. 김해수 지음, 김진주 엮음, 『아버지의 라디오』 (느린걸음, 2016), 159-165쪽.

31. 1966년 설립된 정부출연연구소 KIST는 정부출연연구소의 첫 출발이었다. 국가연구 소이면서 계약연구체제를 갖춘 이 같은 유형의 연구기관이 등장한 것은 이례적이라고 평가할 수 있다. 이에 대해 KIST 초대 소장 최형섭은 산업체 연계 연구, 우수 연구자 유치를 위한 파격적 임금 및 복지체계, 운영의 자율성을 얻기 위한 조치였다고 설명한다. 문만용, 『한국 과학기술연구체제의 진화』 (들녘, 2017), 153-156쪽; 최형섭, 『불이 꺼지지 않는 연구소』 (조선일보사, 1995), 52-64쪽.

32. 기업의 부실한 재무 상태로 자칫 국민경제 전반의 파국이 올 것을 우려하여 모든 기업에 대한 사채 동결 및 조정, 특별금융조치를 내린 것인데, 이는 정부가 사채권자

의 소유재산 상당액을 채무자 기업인에게 강제로 이전시킨 초헌법적 행위였다.

33. 유종일, 『경제민주화 분배 친화적 성장은 가능한가』(모티브북, 2012).

34. 이덕재, "박정희 정부의 경제정책: 양날의 칼의 정치경제학", 『역사와 현실』 74 (2009), 79-112쪽.

35. Alice H. Amsden, *Asia's Next Giant: South Korea and Late Industrialization* (Oxford: Oxford University Press, 1989); 유종일, 『경제민주화 분배 친화적 성장은 가능한가』 (모티브북, 2012).

36. 전상근, 『한국의 과학기술개발: 한 정책입안자의 증언』(정우사, 1982); 최형섭, 『불이 꺼지지 않는 연구소』(조선일보사, 1995); 오원철, 『박정희는 어떻게 경제강국 만들었나』(동서문화사, 2006). 전상근은 경제기획원 기술관리국 초대 국장, 과학기술처 연구조정관을 거쳤다.

37. 이 같은 정책 추진만으로 정부가 기술 발전에 대한 확고한 의지를 가지고 있었다고 보기는 힘들다. 이 때문에 김근배는 기술의 진흥이 "제1차 경제개발5개년계획의 작은 일부"였다고 표현한다. 하지만 김근배도 박정희 정권이 과학기술계의 여러 요구에 귀를 기울이고 그중 일부를 국가적 차원에서 진지하게 검토한 것을 근거로 "과학기술에 대한 관심과 시도에 남다른 점이 있었다."고 평가했는데, 그것은 과학기술을 발전국가 달성의 수단으로 여겼던 박정희와 그 정권의 특성에 기인한 것으로 과소평가할 수 없다고 생각한다. 김근배, "과학기술입국의 해부도—1960년대 과학기술 지형", 『역사비평』 85 (2008), 236-261쪽.

38. 문만용, 『한국 과학기술연구체제의 진화』(들녘, 2017).

39. 위의 글, 106쪽.

40. KIST의 설립 과정에 대한 상세한 연구는 문만용, 『한국 과학기술연구체제의 진화』(들녘, 2017)을 참고할 수 있다. 비록 KIST 설립은 미국의 주도로 시작되었지만 실제 연구소 설립의 목적과 운영 방안, 인적 구성 등 핵심 내용을 구성하는 데서 초대 소장인 최형섭과 그 구성원들의 역할이 지대했다. 최형섭, 『불이 꺼지지 않는 연구소』(조선일보사, 1995).

41. 대정부 건의안은 첫째, 과학기술진흥법을 조속히 제정할 것, 둘째, 과학기술자의 처우를 개선할 것, 셋째, 과학기술회관을 건립할 것, 넷째, 국무위원을 행정 책임자로 하는 과학기술 전담 부처를 설치할 것 등 네 가지 요구를 담고 있었다. 김동일, 『나의 걸어온 길: 구순을 맞이하여』(보진재, 1998).

42. 김근배, "과학기술입국의 해부도: 1960년대 과학기술 지형", 『역사비평』 85 (2008),

257쪽.

43. 위의 글, 250쪽.

44. Seth, Michael J., *Education Fever: Society, Politics, and the Pursuit of Schooling in South Korea* (Honolulu: University of Hawai´i Press, 2002); 오욱환,『한국 사회의 교육열: 기원과 심화』(교육과학사, 2000).

45. 교육과학기술부,『과학기술 40년사』(2008).

46. 일화는 다음과 같다. 1970년대 중반 비디오테이프를 생산하기 위해서는 그 중간재인 폴리에스터 필름 제조 기술이 필요했는데, 마침 선경이 자체 연구개발을 통해 필름 생산에 성공했다. 그 소식을 들은 일본 업체가 삼성 측에 기술료 없이 기술을 제공하겠다고 제의했고, 삼성이 기술 도입 허가를 정부에 요청했으나 기술개발촉진법의 취지를 이유로 거절했다는 이야기이다. 임재윤은 이 서사를 비판적으로 검토하면서, 이 이야기가 국내 연구개발의 성과를 부각시키는 과정에서 과장되거나 사후적으로 구성된 것이라고 주장하였다. 임재윤, "기술도입, 국내 R&D, 그리고 기술 '국산화': 선경화학 폴리에스터 필름 제조기술과 그 보호를 둘러싼 논쟁 분석, 1976-1978." (서울대학교 석사학위논문, 2016).

47. 국공립학교에 배정된 시설비의 55%가 공립 실업계 고등학교에, 41.6%가 국립학교에 배정되었으며, 공립 실업계 고등학교에는 공고 27.1%, 농고 21.9%로 공고의 비중은 농고의 비중보다 불과 5% 포인트 정도밖에 높지 않았다. 정진성, "1960년대 한국 정부의 기술인력 양성정책: 기능공 양성을 중심으로",『경제사학』40-3 (2016), 321-365쪽.

48. 경제기획원,『한국기술계인적자원조사보고서』(1961).

49. 경제기획원, 과학기술처, 각 년도.

50. 1963년 제1차 기술진흥계획에 명시된 정의는 1962년에 작성된 내용이 모호하다는 비판 때문에 다시 정리된 것이다.

51. 전상근,『한국의 과학기술개발: 한 정책입안자의 증언』(정우사, 1982).

52. 대한민국 정부,『제1차 기술진흥5개년계획』(1962).

53. 정진성, "1960년대 한국 정부의 기술인력 양성정책: 기능공 양성을 중심으로",『경제사학』40-3 (2016), 321-365쪽.

54. 이미 일제강점기에도 기사, 기수 등 위계가 존재했지만, 하급 기술 인력의 다수를 차지한 조선인들에게 그러한 분류는 큰 영향을 미치지 못했다. 그러나 기술 인력에 대한 공식적 정의가 등장하고 각 지위에 대한 접근이 자유로워진 상태에서는 그 영

향력이 클 수밖에 없었다. 한때 "공부 못하면 기술이라도 배우라"는 말이 회자된 것은 이런 맥락과 관련되어 있다.

55. 대졸자를 대상으로 응시하도록 구성된 기술사, 그리고 고졸 기능공이 최고 수준의 기능장이 된다고 해도 학력에 따른 응시 제한이 부여된 차별 구조에서는 동등한 사회적 지위를 누리는 것이 불가능했다. 기능경기대회에서 입상한 기능공들에게 주어진 가장 큰 혜택은 대학에 진학할 장학금을 받고 대학 진학의 특혜를 받는 것이었다. 장미현, "박정희 정부 시기 기술인력정책의 전개와 숙련노동자의 대응"(연세대학교 박사학위논문, 2016).

56. "기술자처우 개선 요인", 《매일경제》, 1974. 6. 26.

57. 한승연, "행정 관료의 변화에 관한 역사적 연구: 관료 임용시험제도를 중심으로", 『한국행정논집』 19-4 (2007), 1009-1052쪽.

58. "실속 없는 기능사제도", 《매일경제》, 1973. 8. 1. 이 기사는 기능사라는 자격이 자격 소지에 그치고 실제로 활용되지 못하고 있음을 비판하였다. 결국 산업 현장에서의 활용 문제가 발생한 것인데, 기업주들이 기능사 자격을 채용, 임금체계, 보직과 연결시키지 않고 있다는 것, 그리고 이에 관해 정부가 강력한 조치를 취하지 않고 있음을 지적하였다.

59. 우리 사회의 엔지니어를 표현한 여러 용어들이 시기에 따라 어떻게 변화해왔는지에 관해서는 2장의 3절 논의와 〈그림 2-2〉를 참조하면 된다.

60. 1975년 금성통신의 인사 발령을 보면 직위가 과장, 사원, 공원으로 구분되어 있지만 1977년 인사 발령에는 공원이라는 호칭이 없어지고 사원과 기능직으로 구분되었다. 다만, 사원이라는 호칭에도 불구하고 실질적인 승진, 보직상의 처우 개선은 거의 없었다. 장미현, "박정희 정부 시기 기술인력정책의 전개와 숙련노동자의 대응"(연세대학교 박사학위논문, 2016), 190-191쪽.

61. 위의 글.

62. 한국전쟁 중 국민의료법에 한의사와 관련된 조항이 들어갈 당시였다. 의생을 한의사로 개명하는 논의가 진행되고 있었는데, 서양의사들이 한의사에 대해서는 師가 아닌 士를 사용해야 한다고 주장했다. 이후 한의사들은 로비 활동을 통해 결국 '스승 사'를 사용할 수 있게 되었다고 한다. 박수밀, 『박수밀의 알기 쉬운 한자 인문학: 우리말 한자에 담긴 역사와 문화』(다락원, 2014).

63. 박정희가 리더십을 바탕으로 과학기술정책을 주도하고 관료들에게 자율성을 부여했음을 강조하고 찬양하는 언급들은 과학기술계 각종 포럼과 저서, 기사를 통해 쉽게

찾을 수 있다. 예를 들어, 2010년 9월 8일 과총에서 열린 '대통령의 리더십과 과학기술' 포럼에서는 역대 대통령의 과학기술정책을 비교 분석하며, "박정희 전 대통령이 강력한 리더십을 통해 자신이 주도적으로 과학기술 행정조직을 마련하는 등 정책 주도자형 과학기술 리더십을 발휘했다."거나 "1960년대 밥 먹는 것조차 걱정해야 하던 시절 박정희 대통령은 공무원들의 시시콜콜한 간섭을 배제하고 출연연에 자율성과 재원을 보장했다."는 식의 언급들이다. 안현실, "서남표와 한홍택",《한국경제신문》, 2009. 7. 29.

64. 김근배, "남북의 두 과학자 이태규와 리승기: 세계성과 지역성의 공존 모색",『역사비평』82 (2008), 16-40쪽.

65. 장욱진, "박정희 정권기 지배 엘리트들의 일제하 교육경험" (연세대학교 석사학위논문, 2017).

66. 위키피디아의 박정희 정부 국무위원 자료를 참조했으며, 중복인 경우를 제외하고 113명을 대상으로 조사하였다.

67. 공무원 재임기간을 보면, 전상근 15년, 최형섭 18년, 오원철 18년 등인데, 다른 정치·행정 엘리트들도 재임기간이 긴 경우가 많다.

68. 임은희, "최형섭 10주기… 연구자의 길, 화려함이나 안이함 찾지 말라",《헬로디디》, 2014. 6. 2; 성하운, "한국 과학기술을 일군 개척자, 최형섭",《사이언스타임즈》, 2016. 3. 24; 박성래, "한국과학기술행정의 기틀 마련한 최형섭",『과학과 기술』37-4 (2004), 96-99쪽; 문만용·강미화, "박정희 시대 과학기술 '제도 구축자': 최형섭과 오원철",『한국과학사학회지』35-1 (2013), 225-244쪽.

69. 임대식, "1950년대 미국 교육원조와 친미엘리트의 형성", 역사문제연구소 편,『1950년대 남북한의 선택과 굴절』(역사비평사, 1998); 정용욱·정일준, "1960년대 한국의 근대화와 지배양식의 전환", 노영기 외,『1960년대 한국의 근대화와 지식인』(선인, 2004).

70. 도진순·노영기, "군부엘리트의 등장과 지배양식의 변화", 노영기 외,『1960년대 한국의 근대화와 지식인』(선인, 2004), 65-66쪽.

71. 한국 엘리트의 대종을 이룬 미국 유학파의 기원을 박정희 정권기라고 확정할 수는 없으나 이들이 귀국 후 정계와 산업계 그리고 학계에 자리잡게 됨으로써 미국 유학파 엘리트 구조를 정착시키는 데 큰 영향력을 미친 것은 사실이다. 박정희 정부는 해외 두뇌유출을 시급히 해결해야 할 국가적 의제로 제기하고, 그에 관한 우대 정책을 펼쳤다. 미국 유학파가 엘리트 집단으로 정착한 과정과 결과에 관해서는 김종영

을 참조하면 된다. 김종영, 『지배받는 지배자: 미국 유학과 한국 엘리트의 탄생』 (돌베개, 2015).

72. 만주국을 통해 형성된 한일 인맥은 전후 한국의 국가전략을 형성하는 데 중요한 영향을 미쳤다. 예컨대, 만주국군 출신자들은 한국국군 창군 과정에 핵심 역할을 담당했고, 만주의 고급 교육기관 및 행정 관료 출신자들은 군인, 관료, 외교관, 대학교수 등으로 일했다. 박정희와 기시 노부스케의 관계가 미친 영향과 그 의미에 관해서는 다음의 글을 참조하면 된다. 김웅기, "일본의 대한 '배상 비즈니스'를 둘러싼 한일 '만주인맥'의 결합과 역할", 『정신문화연구』 31-3 (2008), 131-153쪽; 강상중·현무암 지음, 이목 옮김, 『기시 노부스케와 박정희: 다카키 마사오, 박정희에게 만주국이란 무엇이었는가』 (책과함께, 2012).

73. 오원철, 『박정희는 어떻게 경제강국 만들었나』 (동서문화사, 2006); 김기형 외, 『과학 대통령 박정희와 리더십』 (MSD미디어, 2010).

74. 임재윤·최형섭, "최형섭과 한국형 발전 모델의 기원", 『역사비평』 118 (2017), 169-193쪽.

75. 최형섭, 『불이 꺼지지 않는 연구소』 (조선일보사, 1995), 67쪽.

76. 오원철, 『박정희는 어떻게 경제강국 만들었나』 (동서문화사, 2006), 21쪽.

77. 오원철에 따르면, 테크노크라트들은 공장을 건설할 때나 공장 계획을 수립할 때 반드시 수출 가능성 여부를 따졌으며 수출경쟁력을 높이기 위해 공장 규모를 국제적 규모 단위, 더 나아가서 세계 일류 단위로 키우도록 전력을 다했다고 한다. 위의 글.

78. 이 자료는 오원철이 1972년 5월 30일에 열린 무역진흥 확대회의, 그리고 그 이후 논의된 중화학공업에 관한 대통령 보고 내용 및 그에 관한 회의 내용을 비서관들과 함께 정리한 것이라고 소개하고 있다. 오원철, 『박정희는 어떻게 경제강국 만들었나』 (동서문화사, 2006), 189쪽.

79. 박정희는 군사 쿠데타에 대한 정당성을 확보하기 위해 공무원제도를 개혁하려는 열망이 컸다. 도덕적 정당성의 확보와 경제적 실적에 의한 정당성 확보라는 점에서 핵심 관료는 개혁의 대상임과 동시에 개혁을 추진해야 할 동반자였다는 것이다. 정헌주·지명근, "한국의 발전국가와 관료자율성: 대내외적 자율성과 정책결정 집권화를 중심으로", 『사회과학연구』 43-2 (2017), 75-98쪽.

80. 윤견수·박진우, "개발연대 국가관료제의 정책집행에 관한 연구: 관료적 거버넌스를 중심으로", 『한국행정학보』 50-4 (2016), 211-242쪽.

81. 예를 들면, 국가공무원법 개정, 교육훈련 강화, 직위 분류제 도입 준비, 경쟁시험 강

화, 보수 인상, 신분보장 강화, 연금제도 개선, 인력 감사 등 인사제도 도입과 개혁이 이루어졌다. 윤견수·박진우, "개발연대 국가관료제의 정책집행에 관한 연구: 관료적 거버넌스를 중심으로", 『한국행정학보』 50-4 (2016), 211-242쪽.

82. 정승건, "한국의 행정개혁과 변동: 정치권력과 관료정치", 『한국행정학보』 28-1 (1994), 55-80쪽.

83. 한경희·최문희, "기술과 정치 사이에서 엔지니어의 사회적 역할과 책임성의 변화: 경부고속도로, 당산철교, 4대강 사업의 비교", 『한국사회학』 48-5 (2014), 173-210쪽.

84. 오원철이 언급한 시스템 엔지니어링이란 제품에 관한 각종 지식과 생산 공정을 파악하고 있어야만 계획을 수립할 수 있다는 논리를 의미했다. 이 계획은 1) 계획이 완성되었을 때의 청사진, 2) 구체적인 비전, 3) 연차별 시행 계획을 포함하고 있어야 한다.

85. 오원철, 『박정희는 어떻게 경제강국 만들었나』 (동서문화사, 2006), 41쪽.

86. 박정희와 청와대 비서실 중심의 정책 추진은 정책 결정의 독점으로 인한 일선 관료의 수동화와 성과제일주의로 인한 정책 오류의 은폐 및 피드백 부재 현상을 가져왔다. 정헌주·지명근, "한국의 발전국가와 관료자율성: 대내외적 자율성과 정책결정 집권화를 중심으로", 『사회과학연구』 43-2 (2017), 75-98쪽.

87. 윤상우, 『동아시아 발전의 사회학』 (나남, 2005).

88. 이병철은 장남 이맹희에게 다음과 같이 말했다고 한다. "내가 이런 말을 하니까 그 사람이 이해하더라. 작년에 우리 삼성이 낸 세금이 국가 전체 세금의 3%쯤 된다. 바꿔 말하면 삼성 같은 회사 30개만 있으면 국가가 세금 걱정은 안 해도 될 정도다. 그리고 지금 부정축재로 몰아서 경제인들을 전부 다 잡아넣는데, 그러면 누가 경제활동을 할 것인가? 내 생각에는 이 사람들을 다 풀어주고 대신 이 사람들이 낼 벌금 대신 그 돈으로 국가와 국민을 위한 사업을 하도록 하는 것이 좋겠다. 그래서 나중에 그 회사의 주식을 정부가 가지게 하면 될 것 아니냐. 그랬더니 국민감정이 있으니 당장은 어렵지만 곧 그렇게 하자고 하더라." 이맹희, 『묻어둔 이야기』 (청산, 1993).

89. 박길성·김경필, "박정희 시대의 국가-기업 관계에 대한 재검토: 기업을 분석의 중심으로", 『아세아연구』 53-1 (2010), 126-154쪽.

90. 긴급경제조치를 통해 채무자는 신고한 사채를 3년 거치, 5년 분할상환 조건으로 상환하되 이자율은 월 1.35%로 하는 한편 사채권자가 원하면 출자로 전환할 수 있게 되었다. 한국은행 조사에 따르면, 1971년의 한국 기업들이 사용하고 있던 사채의 가중평균금리가 월 3.84%였는데, 긴급조치에 의해 조정되자 기업의 사채이자 부담은

일시에 약 3분의 1로 경감되었다. 김정렴, 『최빈국에서 선진국 문턱까지: 한국 경제정책 30년사』 (랜덤하우스코리아, 2006).

91. 한국경제 창업역군이라는 표현은 1984년에 출판된 『재계회고』에서 등장한 것이다. 한국 경제의 창업 비화를 다룬 이 시리즈물은 "12년간에 걸쳐 50여 명에 달하는 한국경제 창업역군들의 생생한 증언을 담은 살아 있는 현대 한국경제사"라고 소개하였다. 한국일보사는 역대 경제부처 장관, 금융기관장 및 원로 기업인들의 회고담을 책으로 출판하였다.

92. 김인수 지음, 임윤철·이호선 옮김, 『모방에서 혁신으로』 (시그마인사이트컴, 2000).

93. 주태산, 『경제 못 살리면 감방간대이: 한국의 경제부총리, 그 인물과 정책』 (중앙 M&B, 1998).

94. 정미량, "1970년대 '국적 있는 교육' 담론의 교사상 구성 방식, 그 역사적 유사성의 탐색: 1930년대 '국체명징' 교육 담론과의 비교를 중심으로", 『교육사학연구』 24-2 (2014), 155-186쪽.

95. 김혜인, "자본의 세기, 기업가적 자아와 자서전: 1970년대 「재계 회고」와 기업가적 자아의 주체성 구성의 정치학", 『사이』 18 (2015), 151-188쪽.

96. 1970년대 전경련을 위시하여 기업인들과 경제계 주변 인사들은 정부의 지나친 개입과 간섭을 자제해줄 것을 요구하며, 국제무대에서의 경쟁력을 갖추기 위해 기업 활동의 자유와 민간 주도형 경제구조로의 전환이 필요하다는 주장을 펴나갔다. "민간 주도형", 《매일경제신문》, 1970. 3. 24.

97. 이병철, 『재계회고』 1 (한국일보사, 1984).

98. 김혜인, "자본의 세기, 기업가적 자아와 자서전: 1970년대 「재계 회고」와 기업가적 자아의 주체성 구성의 정치학", 『사이』 18 (2015), 151-188쪽.

99. 송성수, "포항제철 초창기의 기술습득", 『한국과학사학회지』 28-2 (2006), 329-348쪽; 정홍열, "한국 조선산업의 발전역사와 미래과제", 『해양비즈니스』 30 (2015), 79-115쪽; 여인만, "자동차산업의 형성과 산업정책", 『역사비평』 122 (2018), 106-134쪽.

100. 서갑경, 『철강왕, 박태준 경영이야기』 (한언, 1997).

101. 이호 편, 『신들린 사람들의 합창: 포항제철 30년 이야기』 (한송, 1998).

102. 홍하상, 『이병철 VS 정주영』 (한국경제신문사, 2001).

103. 국사편찬위원회 편, 『근현대 과학기술과 삶의 변화』 (두산동아, 2005).

104. 한국도로공사, 『땀과 눈물의 대서사시—고속도로건설 비화』 (1980).

105. "필승 사장학(26): 종근당 사장 이종근", 《매일경제》, 1979. 2. 7.

106. 김한주,『남편은 이렇게 출세시켜라』(여원출판사, 1980).

107. 윤용출,『조선후기의 요역제와 고용노동』(서울대학교 출판부, 1998).

108. 데이터로 활용한 '네이버 뉴스 라이브러리'는 1920년 4월 1일자부터 1999년 12월 31일까지 발간된 경향신문, 동아일보, 매일경제, 한겨레, 조선일보 등 다섯 개 언론사의 기사를 데이터베이스로 제공하고 있다.

109. 네이버 뉴스 라이브러리(https://newslibrary.naver.com). 키워드를 검색할 때, 산업과 역군이 별도로 언급된 경우도 '산업역군' 검색 데이터에 포함되어 있어 이 데이터가 엄밀하게 맞지는 않다. 하지만 전체적인 흐름을 파악하는 데는 큰 문제가 없다고 판단하였다.

110. 네이버 뉴스 라이브러리 신문 기사를 검색하여 키워드를 정리하였다.

111. "군번 없는 이등병, 땀의 보람은?",《동아일보》, 1962. 11. 30.

112. "산업안전과 인간의 가치",《매일경제》, 1992. 9. 15; "21세기는 신지식인이 이끈다.",《매일경제》, 1999. 2. 2.

113. "最近 朝鮮産業 發達의 大觀(一)",《동아일보》, 1921. 8. 15.

114. "婦人運動과 新女性",《동아일보》, 1926. 1. 4.

115. 1959년 4월에는 〈지하자원개발에 정신하고 있는 산업전사의 모습〉이라는 사진이 실렸고 〈영예의 근로포장 43명의 산업전사에〉라는 제목의 기사도 나타난다.

116. 강정인, "박정희 대통령의 민주주의 담론 분석: '행정적'·'민족적'·'한국적' 민주주의를 중심으로",『철학논집』27 (2011), 287-321쪽.

117. 김미정, "한국 산업화시대의 유토피아적 비전",『한국근현대미술사학』20 (2009), 206-227쪽.

118. 장미현, "박정희 정부 시기 기술인력정책의 전개와 숙련노동자의 대응"(연세대학교 박사학위논문, 2016).

119. 위의 글.

120. 계봉오·황선재, "한국의 세대간 사회이동: 출생 코호트 및 성별 비교",『한국인구학』39-3 (2016), 1-28쪽.

121. 박정희 정부는 전국민의 과학화 운동을 통해 국민 각자가 한 가지 기술과 기능을 익혀 국가 발전에 기여하고 자기 삶의 향상을 도모하도록 유도했다. 문만용, "박정희 시대 담화문을 통해 본 과학기술정책의 전개",『한국과학사학회지』34-1 (2012), 75-108쪽.

122. 김상현은 집합적으로 상상된 사회적 질서가 과학기술의 의미, 역할과 목표에 투사

되는 동시에 그에 의해 다시 규정되는 공생산(coproduction) 과정을 사회기술적 상상으로 개념화하였다. 김상현, "박정희 정권 시기 저항 세력의 사회기술적 상상",『역사비평』120 (2017), 316-346쪽.

123. 김해수 지음, 김진주 엮음,『아버지의 라디오』(느린걸음, 2016), 163쪽.

7장 산업화 이후 엔지니어의 변화와 도전

1. "경제는 사람을 위해, 사람에 의해",《매일경제》, 1981. 3. 24.

2. Schultz, T. W., *Investment in Human Capital* (New York: The Free Press, 1971).

3. "경제는 사람을 위해, 사람에 의해",《매일경제》, 1981. 3. 24.

4. 아담 스미스 등 고전경제학자들은 일찍부터 교육을 국가적 투자로 여기며 그 중요성을 강조하였다. 하지만 본격적으로 인적 자본의 가치를 역설한 이는 슐츠(T. W. Schultz)였다. 그는 교육이 실물 자본을 변화시키지는 않더라도 노동자 1인당 더 높은 산출을 기대할 수 있는 경제적 수익성을 가진 투자라는 점을 강조했다. 이어진 연구를 통해, 교육 투자의 경제적 효과가 선진국보다 개발도상국일수록 더 높게 나타난다는 사실이 드러났다. 최은수, "인간자본론적 관점에서의 한국의 실업문제와 인적자인 개발정책",『교육재정경제연구』6-2 (1997), 383-414쪽.

5. "인재에 투자할 때다",《동아일보》, 1984. 2. 13.

6. "職場人 自己啓發 열기",《매일경제》, 1985. 10. 23.

7. 장성호, "한국 권위주의 정권의 통치이데올로기 비교분석",『한국동북아논총』9-4 (2004), 281-295쪽.

8. 한국개발연구원,『산업정책의 기본과제와 지원시책의 개편방향』(1983).

9. 홍성주·송위진,『현대 한국의 과학기술정책』(들녘, 2017).

10. 공업발전법 제정의 취지는 시장 경쟁 원리를 보완하기 위하여 유망·전략산업의 육성과 불황·사양산업의 구조 개선에 관한 명시적 근거를 마련하자는 것이었다. 기술 개발과 생산성 향상을 촉진하기 위하여 지원제도를 합리적으로 보강하고 각 개별법에 근거를 두고 있는 업종별 육성기금을 공업구조 고도화 촉진을 위한 단일 기금으로 통합·운영한다는 것이다. 김용복, "1980년대 한국산업정책과정의 특징: 〈공업발전법〉을 중심으로",『국제정치연구』8-1 (2005), 237-255쪽.

11. 한국과학기술기획평가원,『과학기술연구활동조사보고서』, 각 년도.

12. 한국과학기술기획평가원, 『과학기술연구활동조사보고서』, 각 년도.

13. 통계청, 『경제활동인구연보』, 각 년도.

14. 1971년 인문계 고교 졸업생의 대학 진학률은 43.7%였다가 지속적으로 그 비율이 줄어들어 1977년부터는 30%를 조금 상회하는 수준에 머물렀다.

15. 노동청, 『직종별 임금실태조사보고서』(1979).

16. 문교부, 『문교통계연보』, 각 년도.

17. 김문조·김혜영, "1980년대 한국사회의 과잉교육화 현상", 『민족문화연구』 25 (1992), 115-141쪽.

18. 박병영, "산업부문 정부-기업 관계의 다양성과 그 결정 요인", 『한국사회학회 사회학대회 논문집』(2000), 159-164쪽.

19. 신태영, 『연구 개발투자의 경제 성장에 대한 기여도』(한국과학기술정책연구원, 2004).

20. 장상철, "한국 개발성장의 역설과 국가기업관계", 『한국사회학회 사회학대회 논문집』(1999), 25-29쪽.

21. 홍성주·송위진, 『현대 한국의 과학기술정책』(들녘, 2017).

22. 유종일, "신자유주의, 세계화, 한국경제", 『창작과비평』 35-3 (2007), 153-170쪽.

23. 다만, 이 견해는 문민정부의 경제정책이 실제로 발전국가 패러다임을 벗어났는가에 대한 판단과는 구별되어야 한다. 문민정부 역시 발전국가의 틀을 조금도 벗어나지 않았고 오히려 심화시켰다는 비판이 있다. 윤상우, "한국 성장지상주의 이데올로기의 역사적 변천과 재생산", 『한국사회』 17-1 (2016), 3-38쪽.

24. "획일적 사고·스스로의 벽 허물자", 《매일경제》, 1993. 6. 26.

25. 이 자유화 조치로 인해 기업은 국내 금융시장의 대출뿐 아니라 국제 금융시장의 저리 융자까지 동원하면서 차입 금융에 의한 외형적 사업 팽창에 몰두하였다. 김인영, "한국의 발전국가론 재고: 1997년 외환위기 이후 발전국가의 변화와 특질", 『한국동북아논총』 13-47 (2008), 183-204쪽.

26. 통계청, 『광공업통계조사보고서』, 각 년도.

27. 조성렬, "국제경쟁력, 구조개혁 그리고 국가전략", 『국제정치논총』 36-2 (1997), 153-178쪽.

28. "재교육시켜 내 사람 만든다, 재벌 사원개조 붐", 《경향신문》, 1991. 11. 3.

29. 임천순, "5.31 대학교육 개혁의 영향과 과제: 대학설립 준칙주의와 정원 자율화 정책을 중심으로", 『한국교원교육학회 학술대회자료집』(2015), 271-274쪽.

30. "대학생이 가고 싶은 직장 삼성·한국통신 공동1위",《매일경제》, 1992. 12. 1.

31. "기업 원하는 인재 배출 절실",《매일경제》, 1993. 8. 25.

32. 대학 경쟁력 평가 기준을 둘러싼 시비를 차단하려는 목적으로 교육부는 주로 정량적으로 측정할 수 있는 성과지표, 예를 들면 학생 대 교수 비율, 연구비, 과학논문수, 특허 및 기술이전 등의 지표를 강조하였다. 한경희, "이공계 대학특성화의 기회와 제약: 획일화된 다양성",『한국사회학』 40-1 (2006), 157-182쪽.

33. "인재 채용도 국제화 시대, 기업마다 글로벌 리크루팅 전략",《경향신문》, 1994. 9. 6.

34. "대학을 국제화 기지(基地)로 만들자",《조선일보》, 1994. 1. 1.; "세계화 관건은 인재양성",《매일경제》, 1995. 2. 14.; "세계화에 걸맞은 인재 양성 주력, 김(金)대통령 수행기자들과 결산간담회",《경향신문》, 1995. 3. 15.

35. "'연공서열 파괴' 40代 사장 쏟아질까",《조선일보》, 1995. 11. 5.

36. 신문, 방송 등 국내 54개 주요 언론사의 뉴스를 모아둔 공공 뉴스 아카이브이다. www.kinds.or.kr

37. 기술 경쟁력이 정확히 포함된 기사뿐 아니라 한 기사에 기술과 경쟁력이 따로 언급된 기사까지 함께 포함되었지만 전체적인 흐름을 파악하는 데는 문제가 없다고 판단하여 데이터를 그대로 활용하였다.

38. "기술개발 없이 경제 못 살린다",《경향신문》, 1993. 1. 6.

39. 신광영,『동아시아의 산업화와 민주화』(문학과지성사, 1999); 이정우, "한국의 경제위기, 민주주의와 시장만능주의",『역사비평』 87 (2009), 18-49쪽.

40. 백두주, "경제위기 이후 한국 사회정책의 변화와 효과: 김대중, 노무현 정부를 중심으로",『담론 201』 14-1 (2011), 83-120쪽.

41. 장지호, "김대중 정부의 벤처기업 지원정책에 관한 고찰: 산업정책의 부활인가 혹은 '촉매적' 정부의 새로운 역할인가",『한국행정학보』 39-3 (2005), 21-41쪽.

42. 한국은 벤처기업을 인증하는 특정 기준이 있다. 이 기준에 따라 중소기업청이 인증한 등록된 기업만이 벤처기업으로 결정되고, 이후 이들을 대상으로 다양한 형태의 지원이 이루어졌다.

43. "공업연구관, 기계의 숨결도 판별하는 기술엘리트",《경향신문》, 1983. 2. 26.

44. "에너지 절약 동탑훈장의 사령탑",《매일경제》, 1983. 9. 13.

45. "미래에의 도전―밤낮이 없다. 집념과 패기 불타는 40대 박사군",《매일경제》, 1984. 1. 1.

46. "대학생의 직업관, 경제 안정 중시",《경향신문》, 1984. 2. 10.

47. ""졸업 후의 취업은 행운"…80년대에도 취업난이 있었다?",《계명대신문》, 2020. 12. 7.

48. 이상록, "1980년대 중산층 담론과 호모 에코노미쿠스의 확산—시장은 사회와 인간을 어떻게 바꿨나?",『사학연구』 130 (2018), 275-334쪽.

49. "大企業 그룹 社長자리 工學徒가 1위",《동아일보》, 1989. 3. 18.

50. 김영모, "한국사회의 계급구조와 그 변화",『한국사회학』 19 (1986), 153-176쪽; 한상진, "한국 중산층 개념과 성격규명을 위한 한 시도",『한국사회학회 사회학대회논문집』 (1987), 3-15쪽.

51. 1987년 좌담에서 임희섭이 발언한 내용이다. 고영복·김성국·임희섭·이각범, "좌담: 한국중간층과 정치발전",『민족지성』 20 (1987), 31쪽.

52. 신병현·정명호, "조직내 신중간층의 계급적 성격—정치·이데올로기적 측면을 중심으로",『현상과 인식』 47 (1989), 29-69쪽; 홍두승·구해근,『사회계층·계급론』(다산출판사, 1993); 박준식, "신중산층 근로자들의 의식적 특성 연구—대기업의 사무관리직 종사자들을 중심으로",『경제와 사회』 17 (1993), 54-72쪽; 구해근 지음, 신광영 옮김,『한국 노동계급의 형성』(창작과비평사, 2002).

53. 여기에서 도시노동자 등이 등장했다는 것은 각 집단이 자의식을 가지고 집단으로서 자신의 이해관계를 표출하기 시작한 것을 의미한다. 조성렬, "국제경쟁력, 구조개혁 그리고 국가전략",『국제정치논총』 36-2 (1997), 153-178쪽.

54. 권오익, "샐러리맨의 사회학",『도시와 빈곤』 24 (1996), 13-33쪽.

55. 홍덕화·이영희, "한국의 에너지 운동과 에너지 시티즌십: 유형과 특징",『환경사회학연구』 18-1 (2014), 7-44쪽; 강윤재·김지연·박진희·이영희·정인경, "한국사회에서 과학기술 시티즌십의 현주소와 전망: 〈과학기술에 대한 시민의식 조사〉 결과 분석을 중심으로",『과학기술학연구』 15-1 (2015), 3-43쪽.

56. "개혁 통한 신한국 꼭 실현, 김영삼 차기대통령 본지 신년회견",《경향신문》, 1993. 1. 1.

57. 김영삼 대통령 취임사, 1993. 2. 25.

58. "신한국론의 재구성",《매일경제》, 1993. 1. 4; "주치의가 누구이든",《한겨레》, 1993. 2. 23; "'신한국'은 세워지고 있는가",《한겨레》, 1994. 2. 25.

59. 박재홍, "신세대의 일상적 의식과 하위문화에 대한 질적 연구",『한국사회학』 29-3 (1995), 651-683쪽.

60. "심화되는 '사오정 오륙도'시대",《한겨레》, 2003. 5. 1.

61. 위의 글. 젊은이들의 취업난까지 겹치자 직장에서는 진담 반 농담 반으로 사오정, 오륙도 같은 말이 유행했다. 사오정은 45세에 정년을 맞게 된다는 것을 뜻하고, 오륙도

는 56세까지 회사에서 일을 하고 있으면 다른 이들의 일자리를 빼앗고 있다는 의미에서 도둑이라는 의미로 활용되었다.

62. 조유식, "위로부터의 기업혁명, 기업문화 현장을 가다", 『월간말』 1993년 5월호, 76-81쪽.

63. 전국경제인연합회, 『企業文化 白書』 (1993).

64. 위의 글.

65. 김도근·신병현, "이데올로기와 주체형성: 조직문화론 비판을 위하여", 『문화과학』 3 (1993), 165-192쪽; 최인이, "관리의 문화와 노동자의 대응: A기업 사례를 중심으로", 『동향과 전망』 72 (2008), 244-286쪽.

66. 이동훈, "한국 군대문화 연구", 『한국사회학』 29 (1995), 171-198쪽; 한경희·박준홍·강호정, "공학과 젠더: 공학교육에 어떻게 적용할 것인가?", 『공학교육연구』 13-1 (2010), 38-51쪽.

67. "고급두뇌 대량 실직사태 기술기반이 무너진다", 《동아일보》, 1998. 5. 18.

68. "IMF 신풍속도, 대학생들 '믿을건 자격증뿐'", 《동아일보》, 1998. 7. 21.

69. 김태유, "이공계 학문의 위기", 《국민일보》, 2001. 7. 11. 이 칼럼을 쓴 서울대 산업공학과 김태유 교수는 노무현 정부 때 정보과학기술보좌관을 지냈다.

70. "이공계 위기는 10년 뒤 국가 위기", 《매일신문》, 2002. 3. 28.

71. 김농주, "공지진출 늘려야 이공계 기피현상 치유", 《한국일보》, 2002. 1. 8.

72. "이공계 기피는 전문직의 사회적 선호 때문", 《매일경제》, 2004. 5. 6.

73. 이주영·정효정, "한국 과학기술계 기술혁신 논의의 흐름과 변화: 한국과학기술단체총연합회의 『과학과 기술』을 중심으로, 1968-2017", 『기술혁신학회지』 20-4 (2017), 1015-1035쪽.

74. 홍성주·송위진, 『현대 한국의 과학기술정책』 (들녘, 2017).

8장 엔지니어 집단의 분화와 전문직의 재구성

1. 프로페셔널리즘에 대한 번역은 연구자들마다 차이가 있다. 이 글은 프로페셔널리즘이 역사적, 사회적으로 구성된 전문직을 지향하는 가치, 정신, 목적, 태도를 지칭한다는 점에서 '전문직주의'로 번역하는 것이 원래 의미에 가깝다고 본다. 다만, 전문직을 향한 지향보다 그것이 함축하는 지식, 경험 등 콘텐츠를 강조하려고 할 때는

기존의 용례를 따라 '전문성'으로도 표현하였다.

2. 에밀 뒤르켐 지음, 권기돈 옮김, 『직업윤리와 시민도덕』(새물결, 1998).

3. 1835년 토크빌(Alexis de Tocqueville)이 출간한 『미국 민주주의(*Democracy in America*)』 에는 엔지니어 전문 조직의 사회적 역할과 그것이 어떻게 미국 민주주의 발전에 기 여했는지에 대한 서술이 포함되어 있다. Alexis de Tocqueville(Translated by Harvey C. Mansfield and Delba Winthrop), *Democracy in America* (Chicago: University of Chicago Press, 2002).

4. 전문직으로서 엔지니어 직업이 정착되는 과정에서 나타난 갈등과 이슈에 관해서는 1 장을 참조하면 된다.

5. 국내 기술사법은 1963년에 제정되었다. 한국기술사회는 엄격한 기술자격제도를 바탕 으로 지금까지 제도적 영향력을 확보하고 있는 거의 유일한 조직이라고 할 수 있다.

6. 영어권에서 엑스퍼트와 전문가(프로페셔널)는 구별되지만 우리나라는 그것을 구별 하는 기준을 가지고 있지 않다. 이것은 전문가로서 엔지니어를 고민하고 논의한 역 사에 차이가 있음을 보여준다.

7. Friedson, E., *Professionalism: The Third Logic* (Chicago: University of Chicago Press, 2001).

8. 이 연구는 직업 분류별(관리자, 전문가/준전문가, 사무직, 서비스/판매직, 농림어업직, 기능조작/단순노무직) 인구집단의 동질성과 차이성이 어떤 양상을 보이는지를 알아 보기 위해 군집 분석과 다차원 척도법을 통해 각 직업군의 속성에 따른 사회적 거 리 추세를 분석하였다. 최종적으로 여성 비율, 중위 연령, 4년제 대졸자 비율, 임금근 로자 비율, 임금근로자 중위 임금, 평균 근속년수를 바탕으로 비동질계수를 측정하 였다. 비동질계수는 직업군 간의 거리가 가까울수록 작은 값을, 멀수록 큰 값을 보 여주게 된다. 유홍준·김기헌·정태인, "한국의 직업구조: 직업군별 인구집단의 변화 추이", 『한국인구학』 36-1 (2013), 101-123쪽.

9. 우리나라의 경우, 1980년대 이후 생산직 기술자 중심의 노동운동이 성공적으로 자리 를 잡게 되자, 역설적으로 대학과 대학원을 졸업한 엔지니어들이 오히려 그들의 직 업적, 사회적 위상을 돌아보는 계기를 맞이했다. 이로 인해 기술노동력과 구별하는 차원에서 '고급' 기술 인력, 공학인과 같은 용어를 많이 사용하게 되는 배경이 되었 다. 구별 짓기 전략에 관해서는 부르디외(Pierre Bourdieu)를 참조하면 된다. 산업사회 에서 문화적 지향이 어떻게 계급을 규정할 수 있는지를 연구한 프랑스의 사회학자 부르디외는 구별 짓기를 계급 정체성 형성의 전략으로 분석하였다. 삐에르 부르디외

지음, 최종철 옮김, 『구별짓기: 문화와 취향의 사회학, 上』 (새물결, 2005).

10. 두뇌, 고급 인력 담론이 급증한 것은 과총이 발간하는 잡지 『과학과 기술』에 실린 기사들, 그리고 신문 기사 검색을 통해 확인하였다.

11. 한국 노동운동의 평가에 관한 대표적 연구들은 다음과 같다. 임현진·김병국, "노동의 좌절, 배반된 민주화", 『계간 사상』 11 (1991), 109-168쪽; 박승옥, "한국 노동운동 종말인가 재생인가", 『당대비평』 27 (2004), 169-184쪽; 김종엽, "노동운동의 성숙을 위해", 『창작과비평』 32-3 (2004), 16-33쪽.

12. 문성훈, "노동운동의 이념적 자기반성을 위하여: 1987년 노동자 대 투쟁은 '인정투쟁'이다!", 『시대와 철학』 16-3 (2005), 181-212쪽.

13. 구해근 지음, 신광영 옮김, 『한국 노동계급의 형성』 (창작과비평사, 2002).

14. "부쩍 늘어나는 『大學生 隱語』, 金海星 敎授의 調査", 《동아일보》, 1976. 6. 4.

15. 김경숙 외, 『그러나 이제는 어제의 우리가 아니다』 (돌베개, 1986).

16. 1980년대 초반 이후 확대되었던 학생운동과 노동자 간의 연계는 1986년 말 이후 점차 축소되었다. 은수미, "80년대 한국 학생운동이 노동운동에 끼친 영향", 『기억과 전망』 15 (2006), 199-238쪽.

17. 문만용, 『한국 과학기술 연구체제의 진화』 (들녘, 2017), 316쪽; 한국산업기술진흥협회 기술부설연구소 설립추이 통계.

18. 사르파티 라슨(Sarfatti-Larson)은 누가 어떤 방법으로 스스로 전문직이고자 노력했는지를 살펴보는 과정에서 해당 직종의 전문직화 과정을 검토할 수 있다고 보았다. 이때 전문직 프로젝트는 규범적 관점보다 행위 이론에 입각한 행위자 관점에 근거한 설명 방식이라고 볼 수 있다. Sarffati-Larson, *The Rise of Professsionalism* (Berkeley: University of California Press, 1977).

19. "이공계 증원 異論 없다 尖端人力 養成 얼마나 급한가", 《매일경제》, 1991. 3. 12.

20. "기술 혁신 산실 企業硏 '봇물'", 《매일경제》, 1994. 1. 20.

21. 염재호, "대학 개혁의 반지성화", 『사회비평』 13 (1995), 334쪽.

22. 민철구 외, 『대학연구시스템의 활성화 방안』 (과학기술정책연구원, 2002).

23. 정성평가의 공정성에 대한 문제 제기가 계속 이어진 것도 숫자로 나타나는 정량평가를 중시하도록 만드는 데 기여했다. 대학의 학문 분야 평가에 대한 비판도 계속 이어졌다. "대학 학문분야 평가 무산위기", 《국민일보》, 2003. 8. 4.

24. 김성진·이필남·장덕호, "세계수준 연구중심대학 사업의 성과 분석: BK21 사업과의 비교", 『교육재정경제연구』 23-3 (2014), 61-88쪽.

25. 한경희, "이공계 대학특성화의 기회와 제약: 획일화된 다양성", 『한국사회학』 40-1 (2006), 157-182쪽.

26. "대학도 부도 맞는 시대왔다", 《시사저널》, 1998. 2. 19.

27. "인터뷰 김우식 한국공학교육인증원 원장 산업계와 연계 공학교육 기반 구축", 《경향신문》, 1999. 11. 16.

28. 공학교육인증제도는 인증을 통한 대학 공학교육의 품질 보장이라는 의미를 갖는데, 그 출발점은 1936년 미국에서 설립된 Accreditation Board for Engineering and Technology (ABET)이다. 송동주·강상희, "공학교육의 미래를 준비하는 현재: 공학교육인증제도", 『한국인터넷정보학회논문지』 13-3 (2012), 17-25쪽.

29. 2002년 한국과학기술단체총연합회가 주도한 과학의 날 성명서, "100만 과학기술인 서명운동", 2003년 관련 단체들이 함께 발표한 "이공계 공직진출 건의문"이 대표적 사례이다.

30. 한국공학교육인증원이 제시하는 인증 목적은 첫째, 인증된 프로그램을 이수한 졸업생이 실제 공학 현장에 효과적으로 투입될 수 있는 준비가 되었음을 보장한다. 둘째, 해당 교육기관이 인증 기준에 부합되는지 여부와 세분화된 공학교육 프로그램이 인증 기준에 부합되는지의 여부를 식별한다. 셋째, 공학교육에 새롭고 혁신적인 방법의 도입을 장려하며, 공학교육 프로그램에 대한 지침을 제공하고 이에 대한 자문에 응한다. 넷째, 공학교육의 발전을 촉진하고 산업과 사회가 필요로 하는 실력을 갖춘 공학기술 인력을 배출할 수 있도록 기여한다(www.abeek.or.kr).

31. "인터뷰 김우식 한국공학교육인증원 원장 산업계와 연계 공학교육 기반 구축", 《경향신문》, 1999. 11. 16.

32. 한지영, "미국과 한국의 공학교육인증 체제 비교에 대한 사례 연구", 『공학교육연구』 11-1 (2008), 24-33쪽; 박윤국, "한국과 미국의 공학교육인증제도와 운영의 비교", 『인제니움』 15-1 (2008), 32-37쪽.

33. 윤우영, "워싱톤어코드 정회원 승격과정 및 그 의의", 『공학교육연구』 16-3 (2009), 30-37쪽.

34. "해외서 통하는 엔지니어 키우려면 공학교육인증 도입 필수", 《경향신문》, 1999. 11. 16.

35. 전문대학 대상의 공학기술인증프로그램은 4개 대학의 소수 학과만이 참여하고 있다. 한국공학교육인증원 사이트 참조. www.abeek.or.kr/program/total.

36. 공학교육인증 학과를 졸업한 학생들에 대해 가점을 부여하는 기업 리스트가 제시

되었지만 실제로 인력 채용에서 그것이 효력을 발휘한다고 믿는 경우는 드물다.

37. 해리스 C. E. 외 지음, 김유신 옮김, 『공학윤리』 (북스힐, 2006).

38. 박경제, "법률전문직의 구조와 갈등", 『법학연구』 57-1 (2016), 153-179쪽; 조병희, "한국 의사의 전문직업성과 의료지배구조의 변화", 『보건과 사회과학』 51 (2019), 15-39쪽.

39. 당산철교 철거를 둘러싼 논쟁의 구체적인 경과와 해석에 관해서는 다음의 글을 참조하면 된다. 한경희·최문희, "기술과 정치 사이에서 엔지니어의 사회적 역할과 책임성의 변화: 경부고속도로, 당산철교, 4대강 사업의 비교", 『한국사회학』 48-5 (2014), 173-210쪽.

40. 새만금 논쟁에 관해서는《한겨레신문》환경전문기자인 조홍섭의 연구를, 관련 전문가가 보는 새만금 논쟁이 남긴 의미와 과제에 관해서는 양재삼의 연구를 참조하였다. 조홍섭, "새만금 논쟁과 과학기술의 역할", 『과학기술학연구』 4-1 (2004), 1-30쪽; 양재상, "새만금 논쟁에서 우리는 무엇을 배워야 하는가", 『과학사상』 48 (2004), 113-139쪽.

41. 간척을 통해 조성된 새만금 사업 지역은 산업, 국제협력, 관광레저, 배후도시, 환경생태, 농생명용지 등 6대 용지로 계획되었다. 새만금개발청 산업진흥과, "새만금 논쟁과 과학기술의 역할", 『도시정보』 461 (2020), 50-52쪽.

42. 강윤재, "원전사고와 위험커뮤니케이션, 전문성의 정치: 후쿠시마 원전사고를 중심으로", 『공학교육연구』 15-1 (2012), 1-10쪽; 박희제, "한국인의 광우병 위험인식과 위험회피행동", 『농촌사회』 22-1 (2012), 311-341쪽; 김종영, "'삼성백혈병'의 지식정치: 노동보건운동과 현장 중심의 과학", 『한국사회학』 47-2 (2013), 267-318쪽; 김기흥, "인류세 맥락화하기: 포항 '촉발지진'의 사회적 구성", 『과학기술학연구』 19-3 (2019), 51-117쪽.

43. 4대강 사례에 관해서는 다음 글의 내용을 요약하였다. 한경희·최문희, "기술과 정치 사이에서 엔지니어의 사회적 역할과 책임성의 변화: 경부고속도로, 당산철교, 4대강 사업의 비교", 『한국사회학』 48-5 (2014), 173-210쪽; 김지원·김종영, "4대강 개발과 전문성의 정치", 『환경사회학연구 ECO』 17-1 (2013), 163-232쪽.

44. 김지원·김종영, "4대강 개발과 전문성의 정치", 『환경사회학연구 ECO』 17-1 (2013), 163-232쪽.

45. 이영희, "전문성의 정치와 사회운동—의미와 유형", 『경제와사회』 93 (2012), 13-41쪽; 김지원·김종영, "4대강 개발과 전문성의 정치", 『환경사회학연구 ECO』 17-1

(2013), 163-232쪽; Fisher, F., *Democracy and Expertise* (Oxford: Oxford University Press, 2009).

46. 이영희, "전문성의 정치와 사회운동―의미와 유형", 『경제와사회』 93 (2012), 13-41쪽.

47. 당산철교나 4대강 이슈가 불거지자 차분히 상황을 점검하고 여러 대안을 논의하자는 이야기는 점점 묻혔다. "市, 당산철교 처방전 대립 이용시민 "불안하다"", 《경향신문》, 1995. 12. 4.; "與 "대운하, 4대강 뱃길 정비부터"...단계적 추진안 대두", 《세계일보》, 2008. 5. 20.

48. 최근 한국에서 논의되고 있는 사회문제해결형 연구개발은 과학기술 분야에서 전문가와 시민이 참여하는 다양한 모습의 상상과 실천을 담고 있다. 유럽의 국가들은 꽤 오래전부터 지역에 시민참여(civic engagement)의 공적 플랫폼을 구성하고 운영하는 데 관심을 가져왔다. 미국 대학에선 최근 어떻게 학생들에게 시민 전문직주의(civic professionalism)를 교육할 것인지의 논의가 이루어지고 있다. Koritz, Amy, Schadewald, Paul, and St. Hubert, Haddassah, *Civic Professionalism: A Pathway to Practice Wisdom for the Liberal Arts* (Teagle Foundation, 2016); Kreber, Carolin, *Educating for Civic-mindedness: Nurturing Authentic Professional Identities through Transformative Higher Education* (London and New York: Routledge, 2016).

49. 프레임 개념은 사회학자 고프만(Erving Goffman)이 인간이 사회적 관계에서 세계와의 상호작용을 구조화하는 방식을 규명하기 위해 사용한 것이다. 프레임은 문화적 실천이나 세상에 대한 믿음, 일을 처리하는 익숙한 방식, 사물을 바라보는 방식 등에 대한 구조화된 심적 체계로서, 우리가 실재를 이해하고 창조하는 통로가 된다. 레이코프는 프레임 개념을 더욱 발전시켜 프레임이 수행하는 부각과 은폐의 기능을 연구하였다. 프레임이 만들어지면, 프레임 안에 들어오는 것은 인식하지만 그 바깥에 있는 것은 인식하지 못한다는 것이다. 조지 레이코프 지음, 나익주 옮김, 『프레임 전쟁』 (창비, 2007); 나익주, "도덕성 은유와 프레임 전쟁: 적폐청산을 중심으로", 『담화와 인지』 26-2 (2019), 1-25쪽을 참조하면 된다.

50. 한국 엔지니어의 형성이 갖는 이 특징을 표현하기 위해 다른 저서에서 "Engineers for Korea"라는 제목을 사용하였다. Han, Kyonghee and Downey, G. L., *Engineers for Korea* (Morgan & Claypool, 2014).

51. Kanter, R. M., *Men and Women of the Corporation* (Ney York: Basic Books, 1977); Karen L. Tonso, *On the Outskirts of Engineering* (Rotterdam, Netherlands: Sense, 2007).

52. 여성의 고등학교 진학률은 이미 1970년에 54퍼센트, 1975년에 68퍼센트에 이르렀고 1979년에는 90퍼센트를 상회하였다. 여성의 대학 진학률 역시 1980년 22.2퍼센트에 서 1990년 31.9퍼센트, 2000년 65.0퍼센트로 꾸준히 증가해왔다. 남학생의 진학률이 여학생에 비해 여전히 조금 더 높게 나타나기는 했지만 1980년대 이후 고등학교 및 대학 진학률에서 커다란 성차는 발견되지 않았다. 장상수, "여성의 고등교육 이수기 회", 『한국사회학』 40-1 (2006), 133쪽.

53. 한국교육개발원, 『교육통계연보』, 각 년도.

54. 과학기술 연구개발인력 통계, 각 년도.

55. Beddoses, K. and Borrego, M., "Feminist Theory in Three Engineering Journals", *Journal of Engineering Education* 100-2 (2011), pp. 281-303; Pawley, A. L., Schimpf, Corey & Nelson, Lindsey., "Gender in Engineering Education Research: A Content Analysis of Research in JEE, 1998-2012", *Journal of Engineering Education* 100-2 (2016), pp. 508-528.

56. 김혜영, "젠더 이슈 범위의 확장: 한국의 과학기술분야 여성인력정책 도입과 전개", 『한국행정학회 추계학술발표논문집』 (2006), 1-15쪽.

57. WISE 사업은 지역에 거점을 두고 초·중등교육 단계부터 대학에 이르기까지 여학생 들의 과학 분야 진입과 진로 지도에 초점을 맞춘 사업이고, WIE 사업은 공과대학의 여성 교육을 지원하기 위한 사업이다. 과학기술 분야 젠더 정책의 흐름에 관해서는 정인경의 글을, 여성 공학교육에 대한 실태는 한경희 외의 글을, 국내 여성 과학기술 인 정책, 특히 와이즈 사업의 의미와 한계에 관해서는 이은경을 참조하면 된다. 이은 경, "여성 과학기술인 지원정책", 『과학과 기술』 39-7 (2006), 76-79쪽; 정인경, "과학 기술 분야 젠더 거버넌스: 미국과 한국의 여성과학기술인 정책", 『젠더와 문화』 9-1 (2016), 7-43쪽; 한경희·박준홍·강호정, "공학과 젠더: 공학교육에 어떻게 적용할 것 인가?", 『공학교육연구』 13-1 (2010), 38-51쪽.

58. 예를 들어, 한편에서는 군대나 초등학교의 사례를 들며 왜 남자들만 군대를 가야 하는지, 여성이 다수인 직업에는 왜 남학생 할당제를 적용하지 않는지 등의 문제 제 기가 이루어지기도 한다. 할당제의 이슈에 관해서는 다음의 글을 참조한다. 프리 가 하우크, 백영경 옮김, "할당제 요구와 페미니스트 정치", 『여성과 사회』 8 (1997), 178-191쪽; 김남희, "교직의 여성화와 남교사 할당제 논의의 타당성", 『젠더리뷰』 5 (2007), 127-128쪽; 김은희, "여성정치대표성과 할당제: 제도화 20년의 한국적 경험 과 또 다른 길 찾기", 『이화젠더법학』 11-3 (2019), 107-139쪽.

59. 한경희·박준홍·강호정, "공학과 젠더: 공학교육에 어떻게 적용할 것인가?", 『공학교육연구』 13-1 (2010), 38-51쪽; 김지형·김효민, "과학기술 젠더 불균형: 현황과 과제", 『과학기술학연구』 14-2 (2014), 251-280쪽.

60. Wendy Faulkner, "Doing Gender in Engineering Workplace Cultures: Gender In/Authenticity and the In/Visibility Paradox", *Engineering Studies* 1-3 (2009), pp. 169-189.

61. Schiebinger, L., *Gendered Innovations in Science and Engineering* (Stanford: Stanford University Press, 2008).

62. Y대학교 전기전자공학과 통합과정 7학기 학생 인터뷰, 2016. 8. 29.

63. McLoughlin, L. A., "Spotlighting: Emergent Gender Bias in Undergraduate Engineering Education", *Journal of Engineering Education* 94-4 (2005), pp. 373-381.

64. 직장은 구체적으로 일하는 곳 또는 조직을, 직업은 전문적으로 수행하는 일을 의미한다. 최근 좋은 일자리(good job)에 대한 연구들이 있는데, 여기에서 좋은 일자리란 그 일자리로부터 주어지는 결과로서의 보상(경제적 측면)과 직업적 위세(사회적 측면) 그리고 근로자 자신이 그 일자리에 대해 갖게 되는 직무만족도(주관적-심리적 측면)가 복합적으로 충족된 일자리를 말한다. 따라서 직장과 직업 개념보다 더 넓고 주관적 관점이 추가된 개념이다. 초·중등학교 및 대학에서 학생들의 진로 현황에 대한 자료는 한국직업능력개발원의 조사보고서를 참조하면 된다. 방하남·이상호, "'좋은 일자리'(Good job)의 개념구성 및 결정요인의 분석", 『한국사회학』 40-1 (2006), 93-126쪽.

65. 2005년도에 《중앙일보》는 "한국 사회 파워 엘리트 대해부"를 제목으로 7편의 글을 연재하였다. 이들은 권력, 금전, 지식을 거머쥔 이들을 파워 엘리트로 정의하고 주로 정치인, 법조인, 교육인, 의료인 등을 분석하였다. 한국 사회 파워 엘리트에 대한 흥미로운 분석을 담고 있어 참조할 만하다. 미래 엘리트의 특성으로는 학연, 지연, 혈연이 아닌 실력, 창의성, 소프트파워가 중요해질 것이라고 제시하였다. "한국 사회 파워 엘리트 대해부", 《중앙일보》, 2005. 9. 22.

66. 홍진이·이영안, "이공계 전공인력의 공직진출 현황 분석과 제언", 『한국정책연구』 9-2 (2009), 115-135쪽.

67. 김두식, "한국의 행정엘리트—역대정권별 행정엘리트의 선발과 충원의 사회적 기반을 중심으로", 『지역사회학』 14-1 (2012), 171-208쪽.

68. OECD가 공개한 통계에 따르면, 2015년 7월 한국의 대학에서 이공계 전공을 택하

는 학생의 비율은 32%로 조사 대상국 40개국 중 1위였다. 2위는 독일, 3위는 스웨덴이었다. 이공계 전공자 중 여성의 비율은 29%로 OECD 전체 평균(34%)보다 5% 낮았다. "세계에서 이과 비율이 가장 높은 나라는?",《조선일보》, 2017. 1. 10.

69. 장지호, "김대중 정부의 벤처기업 지원정책에 관한 고찰: 산업정책의 부활인가 혹은 '촉매적' 정부의 새로운 역할인가", 『한국행정학보』 39-3 (2005), 21-41쪽.

70. "벤처열풍, 산업지도 바꾼다: (하)급변하는 경영형태",《한겨레》, 2000. 1. 15.

71. "흔들리는 상아탑…'벤처휴학' 열풍",《한국일보》, 2000. 3. 17.

72. "'IT전문가 몸값' 거품 빠진다",《헤럴드경제》, 2000. 12. 7.

73. "벤처1세대 몰락의 교훈",《머니투데이》, 2003. 3. 18.

74. 이재웅 쏘카 대표, 김범수 카카오 이사회 의장, 김정주 넥슨 회장, 김택진 엔씨소프트 대표, 이해진 네이버 창업자들이 모두 이 시기에 성장한 벤처 1세대들이다.

75. "나의 실패에서 배워라 스타트업 키우는 '벤처 1세대'",《한국경제신문》, 2015. 1. 31.

76. "'타다 금지법'은 정말 타다를 멈춰 세웠을까",《시사저널》, 3월호 (2020), 78-80쪽.

77. 김민정·유진호, "인공지능 윤리 이슈, 그리고 전문가 인식 제고", 『전자공학회지』, 46-10 (2019), 23-32쪽; Dubber, Markus D., *The Oxford Handbook of Ethics of AI* (New York: Oxford University Press, 2020).

78. 한상엽, "사회적 가치 법제화와 사회적 가치의 정의와 측정의 문제", 『한국사회학회 사회적 가치 학술 심포지움』 (2017), 207-208쪽; 주성수, 『사회적 가치 임팩트 투자』 (한양대학교 출판부, 2020).

79. 최근 청년층의 직업 이동 비율이 점차 높아지고 있다. 이공계열 박사 인력의 경우에도 학계, 연구직, 전문기술직의 비중이 줄고 그 외 비전통적 직업군에 종사하는 비중이 늘어나고 있다. 김강호, "직업구조의 다변화와 직업교육의 과제", 『행복한 교육』 10 (2014); "직장인 이직 주기 짧아진다…평균 2.3회", 인크루트 보도자료 2020. 1. 30. http://people.incruit.com/news/newsview.asp?gcd=10&newsno=4437919; 조가원, "과학기술 분야 박사학위자의 직업다변화 및 결정요인 분석", 『기술혁신연구』 28-3 (2020), 55-76쪽.

80. National Academy of Engineering Staff, *Educating the Engineer of 2020: Adapting Engineering Education to the New Century* (National Academies Press, 2005); John Tharakan, "Disrupting Engineering Education: Beyond Peace Engineering to Educating Engineers for Justice", *Procedia Computer Science* 172 (2020) pp. 765-769.

81. 송위진·성지은, 『사회문제해결을 위한 과학기술 혁신정책』 (한울아카데미, 2013).

82. 과학기술정책연구원의 송위진 박사와 성지은 박사는 사회문제해결형 정책 패러다임의 등장과 구현에서 오랜 기간 몰두하며 그것이 공공기관 및 민간 영역으로 확장되는 데 크게 기여해왔다. 그에 관한 다수의 연구 성과를 산출했을 뿐 아니라 정책 프로그램으로 확장하는 데 역할이 컸다. 송위진·장영배·성지은, 『사회적 혁신과 기술집약적 사회적 기업』(과학기술정책연구원, 2009); 성지은·정병걸, 『리빙랩 방법론: 현황과 과제』(과학기술정책연구원, 2017); 송위진 외, 『사회·기술시스템전환: 이론과 실천』(한울아카데미, 2017).

83. 행정안전부와 과학기술정보통신부에서 추진한 이 사업은 사전에 기획된 지역 이슈에 관해 시민과 연구자가 함께 참여하여 문제를 해결하도록 지원하는 사업이다. https://happychange.kr/news/notice/8849/ 참조.

84. 한경희·최문희, "리빙랩 기반 공학설계교육의 경험과 평가: 학생들은 언제, 어떻게 배우는가?", 『공학교육연구』 21-4 (2018), 10-19쪽.

85. 독고석, "(사)국경없는 과학기술자회: 소외의 시대 따뜻한 과학기술을 기대하며", 『Ingenium』 25-2 (2018), 48-52쪽.

86. 일과 삶의 균형을 맞추려는 노력은 청년층뿐 아니라 장년층 및 노년층에서도 중요한 의미를 갖는다는 연구 결과들이 많다. 이재완·강혜진, "워라밸과 삶의 만족: 세대 간 차이를 중심으로", 『지방정부연구』 22-3 (2018), 267-291쪽.

87. 이영희, "과학기술 시티즌십의 두 유형과 전문성의 정치", 『동향과 전망』 92 (2014), 174-211쪽.

88. 김성은·김효민, "SW(소프트웨어)중심사회의 윤리적 체제와 기술 시티즌십", 『과학기술학연구』 15-2 (2015), 263-301쪽.

89. 과학기술학자인 콜린스와 에번스는 전문가와 시민이 동등한 지위를 가질 수 없는 영역과 이유를 밝히고 있다. 그리고 오히려 선택적 모더니즘 방식의 채택이 과학과 민주주의의 양립을 발전시킬 수 있다고 주장한다. 해리 콜린스·로버트 에번스 지음, 고현석 옮김, 『과학이 만드는 민주주의: 선택적 모더니즘과 메타과학』(이음, 2018).

90. 박진우, "한국 언론의 전문직주의와 전문직 프로젝트의 특수성: 언론-정치 병행관계의 한국적 맥락", 『한국언론정보학보』 74 (2015), 117-196쪽. 이것은 박진우가 한국 언론의 전문직주의를 분석하면서 제기한 질문을 엔지니어 집단에 적용한 것이다.

맺는 말

1. 우리가 제시한 엔지니어의 정의를 1장 5절에서 상세히 제시하였다. 다양한 엔지니어 용어의 등장과 변화에 관해서는 2장 3절의 〈그림 2-2〉를 참조하면 된다.

2. 동아시아 전통사회의 공 개념은 이 책의 2장 1절을 참조하면 된다. 장인 혹은 공인들이 만든 결과물을 인공물(artefact)이라고 부를 수 있다.

3. 여기에서 온전하다는 것은 마치 에밀 뒤르케임의 기계적 연대(mechanical solidarity)가 작동하는 전통사회에서서처럼, 개인과 집단의 사회적 위치이자 역할의 하나인 공(工)이 한 사회의 물질적 기초이자 도덕적 규범의 기초로 굳게 존재하는 상태를 의미한다. 뒤르케임의 사회분업론에 관해서는 에밀 뒤르케임 지음, 민문홍 옮김, 『사회분업론』(아카넷, 2012)을 참조하면 된다.

4. 이 연구에서 의미하는 공(工)은 독자적인 실체가 아니다. 행위자 연결망으로서의 특성을 갖는다. 이에 관해서는 1장 3절에서 다룬 "담론 주도 집단 중심의 행위자 연결망 관점"을 참조하면 된다.

5. 1장 3절에서 다룬 "기술-국가와 엔지니어의 사회적 구성"참조.

6. 기술직 중인과 근대 엔지니어의 원형을 다룬 3장 1절을 참조한다.

7. 이에 관해서는 3장 2절 중 '근대 기술교육의 출발' 파트를 참조한다.

8. 신문에서 공학이라는 표현은 1900년대를 전후하여 각종 공학교의 설립과 함께 나타나는데, 반면 공학자라는 표현은 1920년 이후에야 종종 사용되기 시작했다.

〈표 및 그림 일람〉

표 일람

도판 일람

〈참고문헌〉

웹 사이트

네이버 뉴스 라이브러리 (https://newslibrary.naver.com).

미국 공학기술인증위원회 (www.abet.org).

빅카인즈 (www.kinds.or.kr).

한국민족문화대백과사전 (https://encykorea.aks.ac.kr).

한국공학교육인증원 (www.abeek.or.kr).

한국과학문명학연구소 과학인물아카이브 (http://sck.re.kr/scientist).

한국근대신어DB (http://waks.aks.ac.kr).

한국역사정보통합시스템 (www.koreanhistory.or.kr).

한국학중앙연구원, 한국민족대백과사전 (http://encykorea.aks.ac.kr).

신문·잡지 기사

"'IT전문가 몸값' 거품 빠진다", 《헤럴드경제》, 2000. 12. 7.

"'신한국'은 세워지고 있는가", 《한겨레》, 1994. 2. 25.

"'연공서열 파괴' 40代 사장 쏟아질까", 《조선일보》, 1995. 11. 5

"'타다 금지법'은 정말 타다를 멈춰 세웠을까", 《시사저널》, 3월호, 2020, 78-80쪽.

"'졸업 후의 취업은 행운'…80년대에도 취업난이 있었다?", 《계명대신문》, 2020. 12. 7.

"21세기는 신지식인이 이끈다.", 《매일경제》, 1999. 2. 2.

"IMF 신풍속도, 대학생들 '믿을건 자격증뿐'", 《동아일보》, 1998. 7. 21.

"개혁 통한 신한국 꼭 실현, 김영삼 차기대통령 본지 신년회견", 《경향신문》, 1993. 1. 1.

"경제는 사람을 위해, 사람에 의해", 《매일경제》, 1981. 3. 24.

"고급두뇌 대량 실직사태 기술기반이 무너진다",《동아일보》, 1998. 5. 18.

"공업연구관, 기계의 숨결도 판별하는 기술엘리트",《경향신문》, 1983. 2. 26.

"과학·기술·실업교육을 좀 더 진지하게 추진하라",《경향신문》, 1958. 11. 3.

"과학기술원 신설안 국무회에",《자유신문》, 1949. 4. 3.

"과학성 설치제안 고등교육심의회도 병치",《동아일보》, 1946. 2. 14.

"군번 없는 이등병, 땀의 보람은?",《동아일보》, 1962. 11. 30.

"기술 혁신 산실 企業研 '봇물'",《매일경제》, 1994. 1. 20.

"기술개발 없이 경제 못 살린다",《경향신문》, 1993. 1. 6.

"기술자처우 개선 요원",《매일경제》, 1974. 6. 26.

"기술자향상과 실업교육",《경향신문》, 1949. 2. 15-19.

"기업 원하는 인재 배출 절실",《매일경제》, 1993. 8. 25.

"나의 실패에서 배워라 스타트업 키우는 '벤처 1세대'",《한국경제신문》, 2015. 1. 31.

"大企業 그룹 社長자리 工學徒가 1위",《동아일보》, 1989. 3. 18.

"대학 학문분야 평가 무산위기",《국민일보》, 2003. 8. 4.

"대학도 부도 맞는 시대왔다",《시사저널》, 1998. 2. 19.

"대학생의 직업관, 경제 안정 중시",《경향신문》, 1984. 2. 10.

"대학생이 가고 싶은 직장 삼성·한국통신 공동1위",《매일경제》, 1992. 12. 1.

"대학을 국제화 기지(基地)로 만들자",《조선일보》, 1994. 1. 1

"門牌의 來歷談(十二) 光武皇帝勅令으로 官立工業傳習所",《동아일보》, 1926. 1. 19.

"미래에의 도전-밤낮이 없다. 집념과 패기 불타는 40대 박사군",《매일경제》, 1984. 1. 1.

"民間主導型",《매일경제신문》, 1970. 3. 24.

"벤처1세대 몰락의 교훈",《머니투데이》, 2003. 3. 18.

"벤처열풍, 산업지도 바꾼다: (하)급변하는 경영형태",《한겨레》, 2000. 1. 15.

"婦人運動과 新女性",《동아일보》, 1926. 1. 4.

"부쩍 늘어나는『大學生 隱語』, 金海星 教授의 調査",《동아일보》, 1976. 6. 4.

"산업안전과 인간의 가치",《매일경제》, 1992. 9. 15.

"세계에서 이과 비율이 가장 높은 나라는?",《조선일보》, 2017. 1. 10.

"세계화 관건은 인재양성",《매일경제》, 1995. 2. 14.

"세계화에 걸맞은 인재 양성 주력, 김(金)대통령 수행기자들과 결산간담회",《경향신문》, 1995. 3.

"市, 당산철교 처방전 대립 이용시민 "불안하다"",《경향신문》, 1995. 12. 4.

"新式精米機發明",《동아일보》, 1926. 6. 4.

"신한국론의 재구성",《매일경제》, 1993. 1. 4.

"실속 없는 기능사제도",《매일경제》, 1973. 8. 1.

"심화되는 '사오정 오륙도시대'",《한겨레》, 2003. 5. 1.

"에너지 절약 동탑훈장의 사령탑",《매일경제》, 1983. 9. 13.

"與 "대운하, 4대강 뱃길 정비부터"...단계적 추진안 대두",《세계일보》, 2008. 5. 20.

"여과기 신발명, 발명학회 이덕균씨",《조선중앙일보》, 1935. 11. 4.

"이공계 기피는 전문직의 사회적 선호 때문",《매일경제》, 2004. 5. 6.

"이공계 위기는 10년 뒤 국가 위기",《매일신문》, 2002. 3. 28.

"이공계 증원 異論 없다 尖端人力 養成 얼마나 급한가",《매일경제》, 1991. 3. 12.

"인재 채용도 국제화 시대, 기업마다 글로벌 리크루팅 전략",《경향신문》, 1994. 9. 6.

"인재에 투자할 때다",《동아일보》, 1984. 2. 13.

"인터뷰 김우식 한국공학교육인증원 원장 산업계와 연계 공학교육 기반 구축",《경향신
　　문》, 1999. 11. 16.

"재교육시켜 내 사람 만든다, 재벌 사원개조 붐",《경향신문》, 1991. 11. 3.

"第2經濟, 그 槪念과 方向",《조선일보》, 1968. 1. 16.

"제2회 실업고등학교장 협의회 결의문",『문교월보』 42, 1958년 10월호.

"주치의가 누구이든",《한겨레》, 1993. 2. 23.

"중국 지도부 '문과 전성시대'...기술관료가 사라졌다",《국민일보》, 2017. 10. 28.

"增産은 銃後의 決戰, 保國의 決意를 宣揚 － 陸軍 紀念日에 全鮮 産業戰士 大會",《매
　　일신보》, 1943. 3. 6.

"직장인 이직 주기 짧아진다…평균 2.3회",《인크루트 보도자료》 2020. 1. 30.

"職場人 自己啓發 열기",《매일경제》, 1985. 10. 23.

"最近 朝鮮産業 發達의 大觀(一)",《동아일보》, 1921. 8. 15.

"필승 사장학(26): 종근당 사장 이종근",《매일경제》, 1979. 2. 7.

"한국 사회 파워 엘리트 대해부",《중앙일보》, 2005. 9. 22.

"한국 최초 근대 조선 공학도 (동경제국대 상호)·기술자(시찰단 파견 김양한) 찾았다",
　　《부산일보》, 2011. 3. 6.

"해외서 통하는 엔지니어 키우려면 공학교육인증 도입 필수",《경향신문》, 1999. 11. 16.

"획일적 사고·스스로의 벽 허물자",《매일경제》, 1993. 6. 26.

"흔들리는 상아탑…'벤처휴학' 열풍",《한국일보》, 2000. 3. 17.

江崎玲於奈, "世界の技術革新と日米の比較", 『蔵前工業会誌』, 1982.

공우구락부, 『공우』, 1920.

김강호, "직업구조의 다변화와 직업교육의 과제", 《행복한 교육》 10, 2014.

김농주, "공직진출 늘려야 이공계 기피현상 치유", 《한국일보》, 2002. 1. 8.

김태유, "이공계 학문의 위기", 《국민일보》, 2001. 7. 11.

목돈상, "남기고 싶은 이야기들", 《중앙일보》, 1972. 1. 4.

성하운, "한국 과학기술을 일군 개척자, 최형섭", 《사이언스타임즈》, 2016. 3. 24.

안현실, "서남표와 한홍택", 《한국경제신문》, 2009. 7. 29.

우쥔지(伍俊飛), "工程師治國 中國政治風景線", 《中國報道週刊》, 2003. 1. 14.

이북명, "氷原", 『春秋』 1942년 7월호.

임은희, "최형섭 10주기… 연구자의 길, 화려함이나 안이함 찾지 말라", 《헬로디디》, 2014. 6. 2.

잡보, 《독립신문》, 1898. 1. 18.

장백산인, "개조", 《독립신문》, 1919. 8. 26.

전시과학연구소, "전시과학연구소 소개", 『戰時科學』 1, 1951.

조유식, "위로부터의 기업혁명, 기업문화 현장을 가다", 『월간말』 1993년 5월호, 76-81쪽.

최규남, "자연과학과 학제", 《동아일보》, 1950. 6. 26.

홍경섭, "실업교육의 회고와 전망", 『새교육』 1957년 1월호.

논문

가네코 쓰토무(金子務), "日本における「科学技術」概念の成立", 『東アジアにおける知的交流ーキイ・コンセプトの再検討』 44 (2013), pp. 287-301.

강명숙, "일제시대 제1차 조선교육령 제정과 학제 개편", 『한국교육사학』 31-1 (2009), 7-34쪽.

강명숙, "일제시대 학교제도의 체계화: 제2차 조선교육령 개정을 중심으로", 『한국교육사학』 32-1 (2010), 1-23쪽.

강미화, "최형섭의 과학기술정책론: 개발도상국의 과학기술개발전략", 『한국과학사학회지』 28-2 (2006), 297-328쪽.

강윤재, "원전사고와 위험커뮤니케이션, 전문성의 정치: 후쿠시마 원전사고를 중심으로",

『공학교육연구』 15-1 (2012), 1-10쪽.

강윤재·김지연·박진희·이영희·정인경, "한국사회에서 과학기술 시티즌십의 현주소와 전망 : 〈과학기술에 대한 시민의식 조사〉 결과 분석을 중심으로", 『과학기술학연구』 15-1 (2015), 3-43쪽.

강정인, "박정희 대통령의 민주주의 담론 분석 : '행정적'·'민족적'·'한국적' 민주주의를 중심으로", 『철학논집』 27 (2011), 287-321쪽.

경석현, "조선후기 天文學兼敎授의 활동과 그 의미", 『동방학지』 176 (2016), 121-152쪽.

계봉오·황선재, "한국의 세대간 사회이동 : 출생 코호트 및 성별 비교", 『한국인구학』 39-3 (2016), 1-28쪽.

고대승, "한국의 원자력기구 설립과정과 그 배경", 『한국과학사학회지』 14-1 (1992), 62-87쪽.

고영복·김성국·임희섭·이각범, "좌담: 한국중간층과 정치발전", 『민족지성』 20 (1987).

고원, "프랑스의 역사 연구와 개념사", 『개념과 소통』 1 (2008), 175-198쪽.

공제욱, "한국전쟁과 재벌의 형성", 『경제와사회』 46 (2000), 54-87쪽.

공제욱, "해방 전후 서울 자산가층의 구성과 변화", 서울시립대학교부설 서울학연구소 편, 『1950년대 서울의 자본가』 (1998), 23-74쪽.

권석봉, "영선사행(領選使行)에 대한 일고찰", 『서양사론』 3 (1962), 96-98쪽.

권오익, "샐러리맨의 사회학", 『도시와 빈곤』 24 (1996), 13-33쪽.

권희주, "제국 일본의 모형비행기 교육과 '국민항공'", 『일본학보』 118 (2019), 261-274쪽.

김갑천 옮김, "박영효의 건백서: 내정 개혁에 대한 1888년 상소문", 『한국정치연구』 2 (1990), 245-292쪽.

김경남, "전시체제기 일본 유학생의 사회 진출과 식민지 엘리트의 위상―조선공업협회 『조선기술가명부(朝鮮技術家名簿)』 분석을 중심으로―", 『대구사학』 129 (2017), 351-396쪽.

김경미, "육영공원(育英公院)의 운영 방식과 학원(學員)의 학습 실태", 『한국교육사학』 21 (1999), 571-593쪽.

김경일, "E. P. 톰슨의 사회사와 계급 이론", 『사회와 역사』 10 (1988), 78-147쪽.

김근배, "과학기술입국의 해부도 : 1960년대 과학기술 지형", 『역사비평』 85 (2008), 236-261쪽.

김근배, "남북의 두 과학자 이태규와 리승기: 세계성과 지역성의 공존 모색", 『역사비평』 82 (2008), 16-40쪽.

김근배, "식민지시기 과학기술자의 성장과 제약—인도·중국·일본과 비교해서", 『한국근현대사연구』 8 (1998), 160-194쪽.

김근배, "일제강점기 조선인들의 과학기술자 되기: 초기 북한 이공계 대학 교원들의 이력 분석", 『역사비평』 124 (2018), 260-293쪽.

김근배, "초기 북한에서 사회주의적 과학기술자의 창출", 『한국과학사학회지』 25-1 (2003), 25-42쪽.

김근배, "한국과학기술연구소(KIST) 설립과정에 관한 연구—미국의 원조와 그 영향을 중심으로", 『한국과학사학회지』 12-1 (1990), 44-69쪽.

김기주, "개화기 조선 정부의 대일유학정책", 『한국근현대사연구』 29 (2004), 113-137쪽.

김기흥, "인류세 맥락화하기: 포항 '촉발지진'의 사회적 구성", 『과학기술학연구』 19-3 (2019), 51-117쪽.

김남희, "교직의 여성화와 남교사 할당제 논의의 타당성", 『젠더리뷰』 5 (2007), 127-128쪽.

김대륜, "『영국 노동계급의 형성』 다시 읽기", 『역사비평』 106 (2014), 206-228쪽.

김대환, "1950년대 후반기의 경제상황과 경제정책", 한국정신문화연구원현대사연구소 편, 『1950년대 후반기의 한국사회와 이승만정부의 붕괴—한국현대사의 재인식 4』 (오름, 1998), 193-228쪽.

김도근·신병현, "이데올로기와 주체형성—조직문화론 비판을 위하여", 『문화과학』 3 (1993), 165-192쪽.

김동노·김경일, "한말 개화파 지식인의 근대성과 근대적 변혁", 『아시아문화』 14 (1998), 27-60쪽.

김동원, "사회구성주의의 도전", 『한국과학사학회지』 14-2 (1992), 259-265쪽.

김두식, "한국의 행정엘리트—역대정권별 행정엘리트의 선발과 충원의 사회적 기반을 중심으로", 『지역사회학』 14-1 (2012), 171-208쪽.

김만흠, "근대 국가의 이념적 기반과 한국의 정치 공동체", 한국정신문화연구원 편, 『한국 정치의 개혁과 반개혁』 (1998), 201-255쪽.

김명진, "1950년대 미국 교육원조를 통한 교수 해외 연수 프로그램에 대한 사례연구", 『비교교육연구』 20-2 (2010), 169-195쪽.

김문조·김혜영, "1980년대 한국사회의 과잉교육화 현상", 『민족문화연구』 25 (1992), 115-141쪽.

김미정, "한국 산업화시대의 유토피아적 비전", 『한국근현대미술사학』 20 (2009), 206-

227쪽.

김민정, "근대 '문명' 구축 프로젝트: 번역을 통한 근대 중국 지식인들의 모색", 『인물과 사상』 5 (2009), 130-145쪽.

김민정·유진호, "인공지능 윤리 이슈, 그리고 전문가 인식 제고", 『전자공학회지』, 46-10 (2019), 23-32쪽.

김백영, "20세기 프랑스 사회사의 문제 의식 전환의 궤적을 따라서", 『사회와 역사』 51, 1997, 293-310.

김보림, "메이지(明治) 유신기 일본의 유학생 파견 연구", 『전북사학』 49 (2016), 275-300쪽.

김상용, "20세기 초 우리나라의 공업기술정신", 『학술원논문집(자연과학편)』 58-1 (2019), 149-178쪽.

김상현, "박정희 정권 시기 저항 세력의 사회기술적 상상", 『역사비평』 120 (2017), 316-346쪽.

김성근, "일본의 메이지 사상계와 '科學'이라는 용어의 성립과정", 『한국과학사학회지』 25-2 (2003), 131-146쪽.

김성연, "'새로운 신' 과학에 올라탄 제국과 식민의 동상이몽: 퀴리부인 전기의 소설화를 중심으로", 『현대문학의 연구』 44 (2011), 147-178쪽.

김성은·김효민, "SW(소프트웨어)중심사회의 윤리적 체제와 기술 시티즌십", 『과학기술학연구』 15-2 (2015), 263-301쪽.

김성준, "1950년대 한국의 연구용 원자로 도입 과정과 과학기술자들의 역할", 『한국과학사학회지』 31-1 (2009), 139-158쪽.

김성진·이필남·장덕호, "세계수준 연구중심대학 사업의 성과 분석: BK21 사업과의 비교", 『교육재정경제연구』 23-3 (2014), 61-88쪽.

김수자, "근대 초 한성순보에 나타난 공학으로서의 과학과 '근대 지식'", 『이화사학연구』 45 (2012), 141-168쪽.

김양수, "중간신분층의 향상과 분화", 『한국사』 34 (1995), 64-104쪽.

김연희, "개항 이후 해방 이전 시기에 대한 한국기술사 연구동향", 『한국과학사학회지』 31-1 (2009), 207-231쪽.

김연희, "고종시대 서양 기술 도입", 『한국과학사학회지』 25-1 (2003), 3-24쪽.

김연희, "대한제국기, 새로운 기술관원집단의 형성과 해체: 전신기술자를 중심으로", 『한국사연구』 140 (2008), 183-220쪽.

김영모, "한국사회의 계급구조와 그 변화", 『한국사회학』 19 (1986), 153-176쪽

김영범, "망탈리테사: 심층사의 한 지평", 『사회와 역사』 31 (1991), 258-335쪽.

김용복, "1980년대 한국산업정책과정의 특징 : 〈공업발전법〉을 중심으로", 『국제정치연구』 8-1 (2005), 237-255쪽.

김우필·최혜실, "식민지 조선의 과학·기술 담론에 나타난 근대성─인문주의 대 과학주의 합리성 논의를 중심으로─", 『한민족문화연구』 34 (2010), 249-280쪽.

김윤식, "한국신문학초창기의 문학론과 비평의 양상", 『현대문학』 19-2 (1973), 330-340쪽.

김윤정, "15세기 조선과 명의 御用磁器 제작체제의 유사점과 차이점", 『고문화』 85 (2015), 101-124쪽.

김은희, "여성정치대표성과 할당제: 제도화 20년의 한국적 경험과 또 다른 길 찾기", 『이화젠더법학』 11-3 (2019), 107-139쪽.

김응기, "일본의 대한 '배상 비즈니스'를 둘러싼 한일 '만주인맥'의 결합과 역할", 『정신문화연구』 31-3 (2008), 131-153쪽.

김인영, "한국의 발전국가론 재고: 1997년 외환위기 이후 발전국가의 변화와 특질", 『한국동북아논총』 13-47 (2008), 183-204쪽.

김재현, "「한성순보」, 「한성주보」, 「서유견문」에 나타난 '철학' 개념에 대한 연구", 『개념과 소통』 9 (2012), 149-179쪽.

김정호, "19세기 중국 중체서용적(中體西用的) 개혁론의 의의와 한계", 『국제정치논총』 44-3 (2004), 51-72쪽.

김종엽, "노동운동의 성숙을 위해", 『창작과비평』 32-3 (2004), 16-33쪽.

김종영, "'삼성백혈병'의 지식정치: 노동보건운동과 현장 중심의 과학", 『한국사회학』 47-2 (2013), 267-318쪽.

김지원·김종영, "4대강 개발과 전문성의 정치", 『환경사회학연구 ECO』 17-1 (2013), 163-232쪽.

김지형·김효민, "과학기술 젠더 불균형: 현황과 과제", 『과학기술학연구』 14-2 (2014), 251-280쪽.

김태영, "다산의 국가 산업행정체계 개혁론", 『한국실학연구』 5-5 (2003), 317-366쪽.

김태호, "1950년대 한국 과학기술계의 지형도", 『여성문학연구』 29 (2013), 37-69쪽.

김태호, "리승기의 북한에서의 '비날론' 연구와 공업화─식민지 유산의 전유 과정을 중심으로", 『한국과학사학회지』 23-2 (2001), 111-132쪽.

김형렬, "리다자오와 무정부주의 사상", 『중국사연구』 119 (2019), 147-183쪽.

김혜영, "젠더 이슈 범위의 확장: 한국의 과학기술분야 여성인력정책 도입과 전개", 『한국행정학회 추계학술발표논문집』 (2006), 1-15쪽.

김혜인, "자본의 세기, 기업가적 자아와 자서전—1970년대 「재계 회고」와 기업가적 자아의 주체성 구성의 정치학—", 『사이』 18 (2015), 151-188쪽.

김호연, "우생학, 국가, 그리고 생명정치의 여러 형태들, 1865-1948", 『동국사학』 66 (2019), 269-310쪽.

김환석, "행위자-연결망 이론과 사회학", 『한국사회학회 사회학대회 논문집』 (2009), 873-886쪽.

김환석, "행위자-연결망 이론에서 보는 과학기술과 민주주의", 『동향과 전망』 83 (2011), 11-46쪽.

김효진, 《소학생》誌 硏究", 『아동문학평론』 31-2 (2006), 201-217쪽.

나가사와 가즈에, "근대 광업과 식민지조선사회 이종만(李鍾萬)의 대동광업과 잡지 『광업조선』을 중심으로", 『한림일본학』 29-8 (2016), 185-208쪽.

나익주, "도덕성 은유와 프레임 전쟁: 적폐청산을 중심으로", 『담화와인지』 26-2 (2019), 1-25쪽.

나카바야시 히로카즈, "1910년대 조선총독부의 통치논리와 교육정책: '동화'의 의미와 '제국신민'화의 전략", 『한국사연구』 161 (2013), 207-250쪽.

남정휴, "중국 근대국가 형성과정을 통해서 본 중국의 민족주의", 『한국동북아논총』 10-4 (2005), 79-101쪽.

노대환, "19세기 동도서기론 형성과정 연구", 서울대학교 박사학위논문 (1999).

도진순·노영기, "군부엘리트의 등장과 지배양식의 변화", 노영기 외, 『1960년대 한국의 근대화와 지식인』 (선인, 2004).

독고석, "(사)국경없는 과학기술자회: 소외의 시대 따뜻한 과학기술을 기대하며", 『Ingenium』 25-2 (2018), 48-52쪽.

류상영, "박정희정권의 산업화전략 선택과 국제 정치경제적 맥락", 『한국정치학회보』 30-1 (1996), 151-179쪽.

류시현, "언론매체를 통해 본 식민지 조선인의 아시아-태평양전쟁 인식", 『사총』 94 (2018), 1-31쪽.

문만용, "'조선적 생물학자' 석주명의 나비분류학", 『한국과학사학회지』 21-2, 1999, 157-193쪽.

문만용, "박정희 시대 과학기술 '제도 구축자': 최형섭과 오원철", 『한국과학사학회지』 35-1 (2013), 225-244쪽.

문만용, "박정희 시대 담화문을 통해 본 과학기술정책의 전개", 『한국과학사학회지』 34-1 (2012), 75-108쪽.

문만용, "한국 과학기술자들의 '탈식민주의 갈망': 한국의 현대적 과학기술체제의 기원", 『역사와 담론』 75 (2015), 179-222쪽.

문만용·강미화, "박정희 시대 과학기술 '제도 구축자': 최형섭과 오원철", 『한국과학사학 회지』 35-1, 2013, 225-244쪽.

문명기, "왜 〈帝國主義の朝鮮〉은 없었는가?—야나이하라 타다오(矢內原忠雄)의 식민 (정책)론과 대만·조선", 『史叢』 85 (2015), 3-40쪽.

문성훈, "노동운동의 이념적 자기반성을 위하여—1987년 노동자 대 투쟁은 '인정투쟁' 이다!—", 『시대와 철학』 16-3 (2005), 181-212쪽.

문중양, "崔漢綺의 기론적 서양과학 읽기와 기륜설", 『대동문화연구』 43 (2003), 273-312쪽.

문지영, "19세기 프랑스 생시몽주의자-엔지니어들의 산업프로젝트—에콜폴리테크닉 출 신을 중심으로—", 『프랑스사 연구』 25 (2011), 87-112쪽.

박경제, "법률전문직의 구조와 갈등", 『법학연구』 57-1 (2016), 153-179쪽.

박권수, "조선 후기의 역서(曆書) 간행에 참여한 관상감 중인 연구", 『한국과학사학회 지』 37-1 (2015), 119-145쪽.

박길성·김경필, "박정희 시대의 국가-기업 관계에 대한 재검토—기업을 분석의 중심으 로", 『아세아연구』 53-1 (2010), 126-154쪽.

박단비, "대한제국 시기 한인의 일본육사 입교와 졸업 후 동향", 『사학지』 50 (2015), 85-121쪽.

박명규, "개화파와 도막파의 사회경제적 배경과 근대 지향성에 관한 비교 연구", 『사회와 역사』 42 (1994), 11-44쪽.

박명규, "한말 '사회' 개념의 수용과 그 의미 체계", 『사회와 역사』 59 (2001), 51-82쪽.

박병영, "산업부문 정부-기업 관계의 다양성과 그 결정 요인", 『한국사회학회 사회학대 회 논문집』 (2000), 159-164쪽.

박성래, "'한국화학계'의 대표적 지도자 안동혁", 『과학과 기술』 37-2 (2004), 100-103쪽.

박성래, "서구과학과 한국의 근대화", 『한국과학사학회지』 5-1 (1983), 92-96쪽.

박성래, "한국과학기술행정의 기틀 마련한 최형섭", 『과학과 기술』 37-4 (2004), 96-99

쪽.

박성진, "만주국 조선인 고등 관료의 형성과 정체성", 『한국동양정치사상사연구』 8-1, 2009, 213-238쪽.

박승옥, "한국 노동운동 종말인가 재생인가", 『당대비평』 27 (2004), 169-184쪽.

박영준, "서구군사체제의 수용과 근대일본: 네덜란드의 나가사키 해군전습과 그 영향을 중심으로(1855년-1859년)", 『일본연구논총』 16 (2002), 117-148쪽.

박윤국, "한국과 미국의 공학교육인증제도와 운영의 비교", 『인제니움』 15-1 (2008), 32-37쪽.

박재술, "중국 근대화 과정에서의 公·私의 이중 변주: '동서문화논쟁'을 중심으로", 『시대와 철학』 15-1 (2004), 110-131쪽.

박재홍, "신세대의 일상적 의식과 하위문화에 대한 질적 연구", 『한국사회학』 29-3 (1995), 651-683쪽.

박제균, "工學 雜誌와 五四時期 無政府主義思潮", 『중국근현대사연구』 1 (1995), 1-35쪽.

박준식, "신중산층 근로자들의 의식적 특성 연구—대기업의 사무관리직 종사자들을 중심으로", 『경제와 사회』 17 (1993), 54-72쪽.

박진우, "한국 언론의 전문직주의와 전문직 프로젝트의 특수성: 언론-정치 병행관계의 한국적 맥락", 『한국언론정보학보』 74 (2015), 117-196쪽.

박태균, "1960년대 중반 안보위기와 제2경제론", 『역사비평』 72 (2005), 250-276쪽.

박한용, "한국의 민족주의", 『정신문화연구』 22-4 (1999), 3-26쪽.

박희제, "과학의 상업화와 과학자사회 규범구조의 변화", 『한국사회학』 40-4 (2006), 19-47쪽.

박희제, "한국인의 광우병 위험인식과 위험회피행동", 『농촌사회』 22-1 (2012), 311-341쪽.

박희제·성지은, "사회에 책임지는 연구혁신(RRI) 연구의 배경과 동향", 『과학기술학연구』 18-3 (2018), 101-151쪽.

방하남·이상호, "'좋은 일자리'(Good job)의 개념구성 및 결정요인의 분석", 『한국사회학』 40-1 (2006), 93-126쪽.

백두주, "경제위기 이후 한국 사회정책의 변화와 효과: 김대중, 노무현 정부를 중심으로", 『담론 201』 14-1 (2011), 83-120쪽.

새만금개발청 산업진흥과, "새만금 논쟁과 과학기술의 역할", 『도시정보』 461 (2020), 50-52쪽.

서문석, "일제하 고급섬유기술자들의 양성과 사회진출에 관한 연구—경성고등공업학교 방직학과 졸업생을 중심으로", 『경제사학』 34 (2003), 83-116쪽.

서재진, "한국 산업 자본가의 사회적 기원", 『사회와역사』 14 (1988), 12-39쪽.

선유정, "과학이 정치를 만나다: 허문회의 'IR667'에서 박정희의 '통일벼'로", 『한국과학사학회지』 30-2 (2008), 417-439쪽.

송동주·강상희, "공학교육의 미래를 준비하는 현재: 공학교육인증제도", 『한국인터넷정보학회논문지』 13-3 (2012), 17-25쪽.

송상용, "한국 현대과학의 기원", 『한국과학사학회지』 5-1 (1983), 97-100쪽.

송상용, "한국과학 25년의 반성", 『형성』 3-4 (1969), 51-64쪽.

송성수, "추격에서 선도로: 삼성 반도체의 기술발전과정", 『한국과학사학회지』 30-2 (2008), 517-544쪽.

송성수, "포항제철 초창기의 기술습득", 『한국과학사학회지』 28-2 (2006), 329-348쪽.

송성수, "한국 종합제철사업계획의 변천과정, 1958-1969", 『한국과학사학회지』 24-1 (2002), 3-34쪽.

송위진, "기술과 사회의 상호작용—기존 논의들의 비판적 검토", 『한국과학사학회지』 14-2 (1992), 247-251쪽.

송호근, "일본 제국주의의 정신구조", 『개념과 소통』 16 (2015), 273-307쪽.

신광영, "서구 사회사 연구의 동향", 『사회와역사』 24 (1990), 44-70쪽.

신병현·정명호, "조직내 신중간층의 계급적 성격—정치·이데올로기적 측면을 중심으로", 『현상과 인식』 47 (1989), 29-69쪽.

신종대, "일본 전근대 시대별 무사 연구", 『일어일문학』 73 (2017), 183-198쪽.

신현승, "일본의 武士와 조선 文士의 정신세계: 무사도와 선비정신의 비교", 『일본학연구』 32 (2011), 135-155쪽.

심승구, "조선후기 무과의 운영실태와 기능", 『조선시대사학보』 23 (2002), 147-204쪽.

안창모, "일제하 경성고등공업학교와 건축교육", 『대한건축학회논문집(계획계)』 116-6 (1998), 35-46쪽.

안홍선, "식민지시기 중등 실업교육의 성격 연구: 실업학교 학생 특성과 입학동기 분석을 중심으로", 『아시아교육연구』 16-2 (2015), 145-174쪽.

안홍선, "일제강점기 중등 실업학교의 민족 공학제 연구", 『교육사학연구』 25-1 (2015), 49-84쪽.

양보석, "근대 기술자의 생성", 『한국동력기계공학회지』 2-1 (1998), 5-9쪽.

양일모, "근대 중국의 서양학문 수용과 번역", 『시대와 철학』 15-2 (2004), 119-152쪽.

양일모, "한국 개념사 연구의 모색과 논점", 『개념과 소통』 8 (2011), 5-38쪽.

양재상, "새만금 논쟁에서 우리는 무엇을 배워야 하는가", 『과학사상』 48 (2004), 113-139쪽.

양지혜, "전시체제기 어느 전화교환수의 일기(1941~1942)와 피식민지민의 '내면'", 『역사문제연구』 37 (2017), 175-227쪽.

양지혜, "전시체제기 일본질소비료주식회사의 식민지 노사관계", 『한국사연구』 175 (2016), 189-237쪽.

여인만, "자동차산업의 형성과 산업정책", 『역사비평』 122 (2018), 106-134쪽.

염재호, "대학 개혁의 반지성화", 『사회비평』 13 (1995), 334-346쪽.

오선실, "1920-30년대, 식민지 조선의 전력시스템 전환: 기업용 대형 수력발전소의 등장과 전력망 체계의 구축", 『한국과학사학회지』 30-1 (2008), 1-40쪽.

오성철, "1930년대 한국 초등교육 연구", 서울대학교 박사학위논문 (1996).

오성철, "식민지기 교육의 식민성과 탈식민성―초등학교 규율의 내용과 형식―", 『한국교육사학』 22-2 (2000), 25-50쪽.

오성철, "식민지기의 교육적 유산", 『교육사학연구』 8 (1998), 221-244쪽.

오성철, "한국 학제 제정 과정의 특질, 1945~1951", 『한국교육사학』 37-4 (2015), 47-69쪽.

우대성·박언곤, "한국의 근대건축의 기수 심의석에 관한 연구", 『대한건축학회 학술발표대회 논문집』 16-2 (1996), 159-161쪽.

우윤중, "민립대학 설립운동의 주체와 성격", 『사림』 58 (2016), 1-32쪽.

유범상, "인정투쟁: 한국노동운동과 경계에 선 사람들", 『산업노동연구』 23-1 (2017), 165-195쪽.

유봉학, "개성 출신의 혜강 최한기", 『조선 후기 학계와 지식인』 (신구문화사, 1998).

유종일, "신자유주의, 세계화, 한국경제", 『창작과비평』 35-3 (2007), 153-170쪽.

유홍준·김기헌·정태인, "한국의 직업구조: 직업군별 인구집단의 변화추이", 『한국인구학』 36-1 (2013), 101-123쪽.

윤견수·박진우, "개발연대 국가관료제의 정책집행에 관한 연구: 관료적 거버넌스를 중심으로", 『한국행정학보』 50-4 (2016), 211-242쪽.

윤능민, "한국 화학계의 원로 안동혁", 『과학사상』 3 (1992), 240-251쪽.

윤상우, "한국 성장지상주의 이데올로기의 역사적 변천과 재생산", 『한국사회』 17-1

(2016), 3-38쪽.

윤우영, "워싱턴어코드 정회원 승격과정 및 그 의의", 『공학교육연구』 16-3 (2009), 30-37쪽.

윤휘탁, "만주국의 교육 이념과 조선인 교육", 『중국사연구』 104 (2016), 177-209쪽.

은수미, "80년대 한국 학생운동이 노동운동에 끼친 영향", 『기억과 전망』 15 (2006), 199-238쪽.

이건상, "반쇼 시라베쇼(蕃書調所)의 번역과 교육", 『일본학보』 71 (2007), 323-334쪽.

이경숙, "1920·30년대 '시험지옥'의 사회적 담론과 실체", 『한국교육』 32-3 (2005), 35-59쪽.

이규수, "근대 일본의 식민정책학에 나타난 조선인식", 『아시아문화연구』 26 (2012), 65-89쪽.

이덕재, "박정희 정부의 경제정책 : 양날의 칼의 정치경제학", 『역사와 현실』 74 (2009), 79-112쪽.

이동기, "朝鮮後期 雜科入格者의 身分移動과 社會變動", 『교육학연구』 38-1 (1999), 77-94쪽.

이동훈, "한국 군대문화 연구", 『한국사회학』 29 (1995), 171-198쪽.

이병례, "일제하 전시 경성공립공업학교의 설립과 운영", 『서울학연구』 50 (2013), 29-68쪽.

이봉범, "해방공간의 문화사", 『상허학보』 26 (2009), 13-54쪽.

이삼성, "'제국' 개념과 19세기 근대 일본: 근대 일본에서 '제국' 개념의 정립과정과 그 기능", 『국제정치논총』 51-1 (2011), 63-97쪽.

이상록, "1980년대 중산층 담론과 호모 에코노미쿠스의 확산—시장은 사회와 인간을 어떻게 바꿨나?", 『사학연구』 130 (2018), 275-334쪽.

이상의, "일제하 조선인 '중견노무자'와 노동규율", 『한국사학보』 18 (2004), 105-139쪽.

이상일, "김윤식의 개화자강론과 영선사 사행(使行)", 『한국문화연구』 11 (2006), 93-115쪽.

이성무, "19세기 조선 초기의 기술관과 그 지위", 『혜암유홍렬박사 회갑기념논집』 (1971).

이성혜, "19세기 새로운 지식인의 출현: 오경석론", 『동양한문학연구』 38 (2014), 149-172쪽.

이시재, "필립 아리에스의 심성사 연구", 『사회와 역사』 10 (1988), 54-77쪽.

이영희, "과학기술 시티즌십의 두 유형과 전문성의 정치", 『동향과 전망』 92 (2014), 174-211쪽.

이영희, "전문성의 정치와 사회운동―의미와 유형", 『경제와사회』 93 (2012), 13-41쪽.

이용주, "근대기 중국에서의 과학 담론: 진독수와 양계초를 중심으로", 『유학연구』 26 (2012), 277-310쪽.

이은경, "여성 과학기술인 지원정책", 『과학과 기술』 39-7 (2006), 76-79쪽.

이일영, "이승만 정부의 산업정책과 렌트추구 그리고 경제발전", 『세계정치』 8 (2007), 171-203쪽.

이재완·강혜진, "워라밸과 삶의 만족: 세대 간 차이를 중심으로", 『지방정부연구』 22-3 (2018), 267-291쪽.

이정우, "한국의 경제위기, 민주주의와 시장만능주의", 『역사비평』 87 (2009), 18-49쪽.

이종은, "민족과 국가, 민족주의와 국가주의", 『문학과 사회』 16-2 (2003), 738-763쪽.

이주영·정효정, "한국 과학기술계 기술혁신 논의의 흐름과 변화 : 한국과학기술단체 총연합회의 『과학과 기술』을 중심으로, 1968-2017", 『기술혁신학회지』 20-4 (2017), 1015-1035쪽.

이즈미다 히데오(泉田英夫), "工學寮工學校再考", 『日本建築学会計画系論文集』 81-720 (2016), 477-487쪽.

이진일, "개념사의 학문적 구성과 사전적 기획 사이에서―코젤렉의 개념사 사전을 중심으로", 『개념과 소통』 7 (2011), 135-164쪽.

이태규, "건국설계의 하나로 과학성을 설치하자", 『현대과학』 1 (1946), 10-15쪽.

임대식, "1950년대 미국 교육원조와 친미엘리트의 형성", 역사문제연구소 편, 『1950년대 남북한의 선택과 굴절』 (역사비평사, 1998).

임명진, "번역, 권력, 그리고 탈식민성", 『현대문학이론연구』 50 (2012), 171-198쪽.

임재윤, "기술도입, 국내 R&D, 그리고 기술 '국산화': 선경화학 폴리에스터 필름 제조기술과 그 보호를 둘러싼 논쟁 분석, 1976-1978.", 서울대학교 석사학위논문 (2016).

임재윤·최형섭, "최형섭과 한국형 발전 모델의 기원", 『역사비평』 118 (2017), 169-193쪽.

임종태, "김용관의 발명학회와 1930년대 과학운동", 『한국과학사학회지』 17-2 (1995), 89-133쪽.

임천순, "5.31 대학교육 개혁의 영향과 과제: 대학설립 준칙주의와 정원 자율화 정책을 중심으로", 『한국교원교육학회 학술대회자료집』 (2015), 271-274쪽.

임춘성·마소조, "양무파(洋務派)와 유신파(維新派)의 중체서용(中體西用)", 『중국학보』

46 (2002), 175-190쪽.

임현진·김병국, "노동의 좌절, 배반된 민주화", 『계간 사상』 11 (1991), 109-168쪽.

장규식, "일제하 미국 유학생의 근대지식 수용과 국민국가 구상", 『한국근현대사연구』 34 (2005), 121-156쪽.

장미현, "박정희 정부 시기 기술인력정책의 전개와 숙련노동자의 대응", 연세대학교 박사학위논문 (2016)

장상수, "여성의 고등교육 이수기회", 『한국사회학』 40-1 (2006), 127-156쪽.

장상철, "한국 개발성장의 역설과 국가기업관계", 『한국사회학회 사회학대회 논문집』 (1999), 25-29쪽.

장상환, "한국전쟁과 경제구조의 변화", 한국정신문화연구원 편, 『한국전쟁과 사회 구조의 변화—한국현대사의 재인식 7』 (백산서당, 1999), 123-196쪽.

장성호, "한국 권위주의 정권의 통치이데올로기 비교분석", 『한국동북아논총』 9-4 (2004), 281-295쪽.

장세윤, "일제하 고문시험 출신자와 해방후 권력엘리트", 『역사비평』 25 (1993), 162-181쪽.

장신, "일제하 조선인 고등관료의 형성과 정체성—고등문관시험 행정과 합격자를 중심으로—", 『역사와현실』 63 (2007), 39-68쪽.

장욱진, "박정희 정권기 지배 엘리트들의 일제히 교육경험", 연세대학교 석사학위논문 (2017).

장지영, "창생하는 국가, 창출하는 기예—해방 후 남북의 학술분기", 『상허학보』 36 (2012), 13-53쪽.

장지호, "김대중 정부의 벤처기업 지원정책에 관한 고찰: 산업정책의 부활인가 혹은 '촉매적' 정부의 새로운 역할인가", 『한국행정학보』 39-3 (2005), 21-41쪽.

전성우, "독일 사회사의 흐름: 신역사주의를 중심으로", 『사회와 역사』 52 (1997), 155-194쪽.

전우용, "1910년대 객주통제와 '조선회사령(朝鮮會社令)'", 『역사문제연구』 2 (1997), 103-147쪽.

정미량, "1970년대 '국적 있는 교육' 담론의 교사상 구성 방식, 그 역사적 유사성의 탐색—1930년대 '국체명징' 교육 담론과의 비교를 중심으로", 『교육사학연구』 24-2 (2014), 155-186쪽.

정승건, "한국의 행정개혁과 변동: 정치권력과 관료정치", 『한국행정학보』 28-1 (1994),

55-80쪽.

정연태, "대한제국 후기 일본의 농업식민론과 이주식민정책", 『한국문화』 14 (1993), 449-491쪽.

정옥자, "조선 후기의 기술직중인", 『진단학보』 61 (1986), 45-63쪽.

정옥자, "조선후기의 문풍과 위항문학", 『한국사론』 4 (1978), 261-330쪽.

정용욱·정일준, "1960년대 한국의 근대화와 지배양식의 전환", 노영기 외, 『1960년대 한국의 근대화와 지식인』 (선인, 2004).

정은란, "성호 이익의 무(武) 인식과 무인양성론", 『조선시대사학보』 65 (2013), 203-238쪽.

정인경, "과학기술 분야 젠더 거버넌스: 미국과 한국의 여성과학기술인 정책", 『젠더와 문화』 9-1 (2016), 7-43쪽.

정인경, "일제하 경성고등공업학교의 설립과 운영", 『한국과학사학회지』 16-1 (1994), 31-65쪽.

정종현·水野直樹, "일본제국대학의 조선유학생 연구(1)—경도제국대학 조선유학생의 현황, 사회경제적 출신 배경, 졸업 후 경력을 중심으로", 『대동문화연구』 80 (2012), 445-529쪽.

정준영, "조선총독부의 '식산'행정과 산업관료", 『사회와역사』 102 (2014), 85-133쪽.

정진성, "1960년대 한국 정부의 기술인력 양성정책—기능공 양성을 중심으로—", 『경제사학』 40-3 (2016), 321-365쪽.

정하늬, "'신시대' 과학기술·과학기술자의 표상—이광수의 『사랑』과 이북명의 「빙원」을 중심으로", 『현대문학이론연구』 67 (2016), 337-360쪽.

정헌주·지명근, "한국의 발전국가와 관료자율성: 대내외적 자율성과 정책결정 집권화를 중심으로", 『사회과학연구』 43-2 (2017), 75-98쪽.

정홍열, "한국 조선산업의 발전역사와 미래과제", 『해양비즈니스』 30 (2015), 79-115쪽.

조가원, "과학기술 분야 박사학위자의 직업다변화 및 결정요인 분석", 『기술혁신연구』 28-3 (2020), 55-76쪽.

조병희, "한국 의사의 전문직업성과 의료지배구조의 변화", 『보건과 사회과학』 51 (2019), 15-39쪽.

조석곤·오유석, "압축성장을 위한 전제조건의 형성: 1950년대 한국자본주의 축적체제의 정비를 중심으로", 『동향과 전망』 59 (2003), 258-302쪽.

조성렬, "국제경쟁력, 구조개혁 그리고 국가전략", 『국제정치논총』 36-2 (1997), 153-

178쪽.

조성윤, "조선후기 서울 주민의 신분 구조와 그 변화: 근대 시민 형성의 역사적 기원", 연세대학교 박사학위논문 (1992).

조성윤, "중인의 사회적 성격과 친일개화론 조선후기 서울지역 중인세력의 성장과 한계", 『역사비평』 (1993), 235-249쪽.

조성환, "역사와 의지: 중국 근·현대 지식인의 정치적 행동주의", 『한국동양정치사상사연구』 4-2 (2005), 7-26쪽.

조재곤, "대한제국의 식산흥업정책과 상공업기구", 『한국학논총』 34 (2010), 941-968쪽.

조재룡, "중역(重譯)과 근대의 모험: 횡단과 언어적 전환이라는 문제의식에 관하여", 『탈경계인문학』 2-9 (2011), 5-36쪽.

조형래, "학회지의 사이언스: 사이언스를 중심으로 한 개화기 근대 학문체계의 정초에 관하여", 『한국문학연구』 42 (2012), 45-93쪽.

조홍섭, "새만금 논쟁과 과학기술의 역할", 『과학기술학연구』 4-1 (2004), 1-30쪽.

주진오, "사회사상사적 독립협회 연구의 확립과 문제점: 신용하, 『독립협회 연구』를 중심으로", 『한국사연구』 149 (2010), 321-352쪽.

周程, "'科學'一词并非从日本引进", 『中国文化研究』 夏之卷 (2009), pp. 182-187.

陳悦·孫烈, "工程과 工程師", 『工程研究』 5-1 (2011), 53-57쪽.

진필수, "일제 총동원체제의 기원과 특징에 대한 재검토: 전쟁인류학의 모색", 『비교문화연구』 22-2 (2016), 425-473쪽.

차석기, "청말 근대화를 위한 교육사조", 『교육연구』 29 (1995), 97-110쪽.

채오병, "실증주의에서 실재론으로", 『한국사회학』 41-5 (2007), 249-283쪽.

최수경, "세계를 수집하다: '物'에 대한 인식의 역사와 明代 출판물 속의 博物學", 『중국어문논총』 73 (2016), 215-252쪽.

최은수, "인간자본론적 관점에서의 한국의 실업문제와 인적자원 개발정책", 『교육재정경제연구』 6-2 (1997), 383-414쪽.

최인이, "관리의 문화와 노동자의 대응: A기업 사례를 중심으로", 『동향과 전망』 72 (2008), 244-286쪽.

팡쩡(房正), "洋務運動과 中國近代 工程學的尖端", 『中國近現代史研究』 (2011), 165-168쪽.

프리가 하우크, 백영경 옮김, "할당제 요구와 페미니스트 정치", 『여성과 사회』 8 (1997), 178-191쪽.

하상진, "식민지 '개발'과 전후 '경제협력'에서 일본 기술 컨설턴트의 역할: 일본공영을 중심으로", 연세대학교 석사학위논문 (2017).

한경희, "공학교육과 과학기술학(STS)의 학제적 협력 방안 탐색", 『공학교육연구』 17-2 (2014), 50-58쪽.

한경희, "공학학의 등장과 그 의미, 발전방향에 대한 탐색", 『담론 201』 11-1 (2008), 99-131쪽.

한경희, "이공계 대학특성화의 기회와 제약: 획일화된 다양성", 『한국사회학』 40-1 (2006), 157-182쪽.

한경희, "이공계 위기의 재해석과 엔지니어의 자기성찰", 『한국사회학』 38-4 (2004), 73-99쪽.

한경희·박준홍·강호정, "공학과 젠더: 공학교육에 어떻게 적용할 것인가?", 『공학교육연구』 13-1, 2010, 38-51쪽.

한경희·최문희, "기술과 정치 사이에서 엔지니어의 사회적 역할과 책임성의 변화 : 경부고속도로, 당산철교, 4대강 사업의 비교", 『한국사회학』 48-5 (2014), 173-210쪽.

한경희·최문희, "리빙랩 기반 공학설계교육의 경험과 평가: 학생들은 언제, 어떻게 배우는가?", 『공학교육연구』 21-4 (2018), 10-19쪽.

한민주, "해방기 아동의 과학 교양과 발명의 정치학―아동잡지 『소학생』을 중심으로―", 『동아시아문화연구』 75 (2018), 117-142쪽.

한상엽, "사회적 가치 법제화와 사회적 가치의 정의와 측정의 문제", 『한국사회학회 사회적 가치 학술 심포지움』 (2017), 207-208쪽.

한상진, "한국 중산층 개념과 성격규명을 위한 한 시도", 『한국사회학회 사회학대회논문집』 (1987), 3-15쪽.

한석정, "박정희, 혹은 만주국판 하이 모더니즘의 확산", 『일본비평』 3 (2010), 120-137쪽.

한승연, "행정 관료의 변화에 관한 역사적 연구―관료 임용시험제도를 중심으로", 『한국행정논집』 19-4 (2007), 1009-1052쪽.

한영우, "조선시대 중인의 신분·계급적 성격", 『한국문화』 9 (1988), 179-209쪽.

한우근, "개항 당시의 위기 의식과 개화 사상", 『한국사연구』 2-2 (1968), 105-139쪽.

한인석, "자연과학의 방법과 과학적 정신", 『삼천리』 13-12 (1941), 107-110쪽.

한지영, "미국과 한국의 공학교육인증 체제 비교에 대한 사례 연구", 『공학교육연구』 11-1 (2008), 24-33쪽.

허수열, "식민지기 조선인 1인당 소득과 소비에 관한 논의의 검토", 『동북아역사논총』 50 (2015), 85-119쪽.

허재영, "근대 계몽기 지식 유통의 특징과 역술 문헌에 대하여", 『어문론집』 63 (2015), 7-36쪽.

홍덕창, "개화기의 실업교육", 『한국교육사학』 15 (1993), 47-69쪽.

홍덕화·이영희, "한국의 에너지 운동과 에너지 시티즌십: 유형과 특징", 『환경사회학연구』 18-1 (2014), 7-44쪽.

홍성욱, "'누가 과학을 두려워하는가'─최근 '과학전쟁'(Science Wars)의 배경과 그 논쟁점에 대한 비판적 고찰", 『한국과학사학회지』 19-2 (1997), 151-179쪽.

홍성욱, "20세기 과학연구의 지형도: 미국의 대학과 기업을 중심으로", 『한국과학사학회지』 24-2 (2002), 200-237쪽.

홍성욱, "과학사와 과학기술학(STS), 그 접점들에 대한 분석", 『한국과학사학회지』 27-2 (2005), 131-153쪽.

홍성욱, "영국 과학진흥협회의 '전기표준위원회'(1861-1912)─19세기 후반의 과학과 기술, 정부와의 관련을 중심으로", 『한국과학사학회지』 13-1 (1991), 5-33쪽.

홍성주, "공업화 전략과 과학기술의 결합─경제개발을 위한 과학기술정책의 시작", 『과학기술정책』 22-3 (2012), 156-165쪽.

홍성주, "해방 초 한국 과학기술정책의 형성과 전개", 『한국과학사학회지』 32-1 (2010), 1-42쪽.

홍성찬, "서울 상인과 한국 부르주아지의 기원─김씨가의 사례를 중심으로─", 『한국경제학보』 21-2 (2014), 275-302쪽.

홍아성·강정한, "신고전학파 경제 이론의 수행성", 『사회와이론』 24 (2014), 95-151쪽.

홍진이·이영안, "이공계 전공인력의 공직진출 현황 분석과 제언", 『한국정책연구』 9-2 (2009), 115-135쪽.

황성만, "서체중용과 중국적 마르크스주의", 『시대와 철학』 3 (1992), 75-94쪽.

Beddoses, K. and Borrego, M., "Feminist Theory in Three Engineering Journals", *Journal of Engineering Education* 100-2 (2011), pp. 281-303.

Brown, J. K., "Design Plans, Working Drawings, National Styles: Engineering Practice in Great Britain and the United States, 1775-1945", *Technology and Culture* 41-2 (2000), pp. 195-238.

Callon, Michel, "Some Elements of a Sociology of Translation: Domestication of the Scallops and the Fishermen of Saint Brieuc Bay", J. Law ed., *Power, Action and Belief: A New Sociology of Knowledge? Sociological Review Monograph* (London: Routledge and Kegan Paul, 1986), pp. 196-233.

Coeckelbergh, M., "Regulation or Responsibility? Autonomy, Moral Imagination, and Engineering", *Science, Technology, & Human Values* 31-3 (2006), pp. 237-260.

Downey, G. L. and Lucena, J. C., "Knowledge and Professional Identity in Engineering: Code-switching and the Metrics of Progress", *History and Technology* 20-4 (2004), pp. 393-420.

Gary Downey, "What is Engineering Studies for? Dominant Practices and Scalable Scholarship", *Engineering Studies* 1-1 (2009), pp. 55-76.

Han, Kyonghee, "A Crisis of Identity: the Kwa-hak-ki-sul-ja (scientist-engineer) in Contemporary Korea", *Engineering Studies* 2-2 (2010), pp. 125-147.

Hecht, Gabrielle, "Technology, Politics, and National Identity in France", Michael T. Allen and Gabrielle Hecht eds., *Technologies of Power* (Cambridge: MIT Press, 2001), pp. 253-293.

Jasanoff, S. and Kim, S. H., "Sociotechnical Imaginaries and National Energy Policies", *Science as Culture* 22-2 (2013), pp. 189-196.

John Tharakan, "Disrupting Engineering Education: Beyond Peace Engineering to Educating Engineers for Justice", *Procedia Computer Science* 172 (2020) pp. 765-769.

Jung Lee, "Invention without Science - Korean Edisons and the Changing Understanding of Technology in Colonial Korea", *Technology and Culture* 54-4 (2013), pp. 782-814.

Layton, E. T., "Mirror Image Twins: The Communities of Science and Technology in 19th-century America", *Technology and Culture* 12 (1971), pp. 562-580.

Low, M., "Displaying the Future: Techno-Nationalism and the Rise of the Consumer in Postwar Japan", *History and Technology* 19-3(2003), pp. 197-209.

McLoughlin, L. A., "Spotlighting: Emergent Gender Bias in Undergraduate Engineering Education", *Journal of Engineering Education* 94-4 (2005), pp. 373-381.

Mitcham, Carl, "A Historico-ethical Perspective on Engineering Education: from Use and Convenience to Policy Engagement", *Engineering Studies* 1-1 (2008), pp. 35-53.

Mun, Jungyang, "The Late Emergence of the Traditional Knowledge of Water Utilization in Choson Dynasty and Its Background", Hashimoto and Jami eds., *East Asian Science: Tradition and Beyond* (Osaka: Kansai University Press, 1995).

Parsons, Talcott, "The Professions and Social Structure", *Social Forces* 17 (1939), pp. 457-467.

Pawley, A. L., Schimpf, Corey & Nelson, Lindsey, "Gender in Engineering Education Research: A Content Analysis of Research in JEE, 1998-2012", *Journal of Engineering Education* 100-2 (2016), pp. 508-528.

Picon, Antoine, "Engineers and Engineering History: Problems and Perspectives", *History and Technology* 20-4(2004), pp. 421-436.

Picon, Antoine, "The Engineer as Judge: Engineering Analysis and Political Economy in Eighteenth Century France", *Engineering Studies* 1-1 (2009), pp. 19-34.

Seely, B. E., "The Scientific Mystique in Engineering: Highway Research at the Bureau of Public Road, 1918-1940", *Technology and Culture* 25 (1984), pp. 798-831.

Thomas P. Hughes, "The Seamless Web: Technology, Science, Etcetera, Etcetera", *Social Studies of Science* 16 (1986), pp. 281-292.

Wendy Faulkner, "Doing Gender in Engineering Workplace Cultures: Gender In/Authenticity and the In/Visibility Paradox", *Engineering Studies* 1-3 (2009), pp. 169-189.

Whalley, Peter, "Negotiating the Boundaries of Engineering: Professionals, Managers, and Manual Work", *Research in the Sociology of Organizations* 8 (1991), pp 191-215.

저서

강명관, 『조선후기 여항문학 연구』 (창작과비평사, 1997).

강상중·현무암 지음, 이목 옮김, 『기시 노부스케와 박정희: 다카키 마사오, 박정희에게 만주국이란 무엇이었는가』 (책과함께, 2012).

慶尙北道勞務指導員訓練所, 『訓練要領』 (1943).

경제기획원, 『한국기술계인적자원조사보고서』 (1961).

곽건홍, 『日帝의 勞動政策과 朝鮮勞動者, 1938-1945』 (신서원, 2001).

교육과학기술부, 『과학기술 40년사』 (2008).

구해근 지음, 신광영 옮김, 『한국 노동계급의 형성』 (창작과비평사, 2002).

국가기록원, "국민교육헌장" (1968. 12. 5).

국사편찬위원회 편, 『근현대 과학기술과 삶의 변화』 (두산동아, 2005).

국회도서관 편, 『韓末近代法令資料集』 (1971).

김경숙 외, 『그러나 이제는 어제의 우리가 아니다』 (돌베개, 1986).

김근배 외, 『'과학대통령 박정희' 신화를 넘어: 과학과 권력, 그리고 국가』 (역사비평사, 2018).

김근배, 『한국 근대 과학기술인력의 출현』 (문학과지성사, 2005).

김기형 외, 『과학대통령 박정희와 리더십』 (MSD미디어, 2010).

김동일, 『나의 걸어온 길: 구순을 맞이하여』 (보진재, 1998).

김동환, 『한국의 공업교육정책연구』 (문음사, 2001).

김두헌, 『조선시대 기술직 중인 신분 연구』 (경인문화사, 2013).

김영봉 외, 『한국의 교육과 경제발전』 (한국개발연구원, 1984).

김용섭, 『남북 학술원과 과학원의 발달』 (지식산업사, 2005).

김용옥, 『독기학설—최한기의 삶과 생각』 (통나무, 1990).

김인수 지음, 임윤철·이호선 옮김, 『모방에서 혁신으로』 (시그마인사이트컴, 2000).

김정렴, 『최빈국에서 선진국 문턱까지—한국 경제정책 30년사』 (랜덤하우스코리아, 2006).

김종영, 『지배받는 지배자: 미국 유학과 한국 엘리트의 탄생』 (돌베개, 2015).

김한주, 『남편은 이렇게 출세시켜라』 (여원출판사, 1980).

김해수 지음, 김진주 엮음, 『아버지의 라듸오』 (느린걸음, 2016).

김행숙, 『원로와의 대화』 (대한신경정신의학회, 1991).

김현주, 『사회의 발견: 식민지기 '사회'에 대한 이론과 상상, 그리고 실천(1910~1925)』 (소명출판, 2014).

김형아, 『박정희의 양날의 선택』 (일조각, 2005).

나카야마 시게루, 『科学技術の戦後史』 (東京: 岩波書店, 1995).

노대환, 『동도서기론 형성 과정 연구』 (일지사, 2005).

노동청, 『직종별 임금실태조사보고서』 (1979).

니시 아마네(西周), 『百學連環』 (1870).

다카하시 도루 지음, 구인모 옮김, 『식민지 조선인을 논하다』 (동국대학교 출판부, 2010).

대통령비서실, 『박정희대통령연설문집』 (대한공론사, 1973).

대한민국 정부, 『제1차 기술진흥5개년계획』 (1962).

대한민국건국십년지간행회, 『大韓民國建國10年誌』 (1993).

대한민국학술원, "대한민국학술원 선언문" (1954. 7. 17).

대한민국학술원, 『學術院五十年史: 1954~2004』 (2004).

대한민국학술원, 『學術院六十年史: 1954~2014』 (2014).

리영희, 『역정—나의 청년시대』 (한길사, 2006).

리쩌허우(李澤厚) 지음, 김형종 옮김, 『중국 현대사상사의 굴절』 (지식산업사, 1992).

문교부, 『문교통계연보』 (1976).

문교부, 『문교통계연보』 (1982).

문교부, 『문교통계연보』 (1984).

문교부, 『문교통계연보』 (1989).

문만용, 『한국 과학기술연구체제의 진화』 (들녘, 2017).

민철구·이진수·유현숙·김준희·송완흡·송보학·이만희·박상완·최로미, 『대학연구시스템의 활성화 방안』 (과학기술정책연구원, 2002)

박성래, 『인물과학사1: 한국의 과학자들』 (책과함께, 2011).

박수밀, 『박수밀의 알기 쉬운 한자 인문학: 우리말 한자에 담긴 역사와 문화』 (다락원, 2014).

박정희, 『국가와 혁명과 나』 (향문사, 1963).

박훈, 『메이지 유신은 어떻게 가능했는가』 (민음사, 2014).

飯田賢一, 『科學と技術』 (東京: 岩波書店, 1989).

브뤼노 라투르 지음, 황희숙 옮김, 『젊은 과학의 전선: 테크노사이언스와 행위자—연결망의 구축』 (아카넷, 2016).

삐에르 부르디외 지음, 최종철 옮김, 『구별짓기: 문화와 취향의 사회학, 上』 (새물결, 2005).

사공일 외, 『경제개발과 정부 및 기업가의 역할』 (한국개발연구원, 1981).

서갑경, 『철강왕, 박태준 경영이야기』 (한언, 1997).

서울공업고등학교동창회, 『서울공고구십년사』 (1989).

서울시정개발연구원, 『지표로 본 서울 변천: 주요 통계와 동향』 (2003).

石附実, 『近代日本の海外留學史』 (東京: 中央公論新社, 1972).

石川英輔, 『大江戸生活事情』 (東京: 株式会社 講談社, 1997).

성지은·정병걸, 『리빙랩 방법론: 현황과 과제』 (과학기술정책연구원, 2017).

송규진, 『통계로 보는 일제강점기 사회경제사』 (고려대학교 출판문화원, 2018).

송위진 외, 『사회·기술시스템전환: 이론과 실천』 (한울아카데미, 2017).

송위진·성지은, 『사회문제해결을 위한 과학기술 혁신정책』 (한울아카데미, 2013).

송위진·장영배·성지은, 『사회적 혁신과 기술집약적 사회적 기업』 (과학기술정책연구원, 2009).

송호근, 『시민의 탄생: 조선의 근대와 공론장의 지각 변동』 (민음사, 2013).

신광영, 『동아시아의 산업화와 민주화』 (문학과지성사, 1999).

신용하, 『한국근대지성사 연구』 (서울대학교 출판부, 2005).

신태영, 『연구 개발투자의 경제 성장에 대한 기여도』 (과학기술정책연구원, 2004).

안용식, 『대한제국 관료사 연구 Ⅰ』 (연세대학교 사회과학연구소, 1994).

안용식, 『대한제국 관료사 연구 Ⅱ』 (연세대학교 사회과학연구소, 1995).

알렉시스 드 토크빌 지음, 임효선·박지동 옮김, 『미국의 민주주의』 (한길사, 1997).

양동숙, 『갑골문해독』 (월간 서예문인화, 2005).

에릭 홉스봄 지음, 김동택 옮김, 『제국의 시대』 (한길사, 1998).

에밀 뒤르켐 지음, 권기돈 옮김, 『직업윤리와 시민도덕』 (새물결, 1998).

에밀 뒤르켐 지음, 민문홍 옮김, 『사회분업론』 (아카넷, 2012).

연세대학교 국학연구원 편, 『한국근대이행기 중인연구』 (신서원, 1999).

오성철, 『식민지 초등교육의 형성』 (교육과학사, 2000).

오욱환, 『한국 사회의 교육열: 기원과 심화』 (교육과학사, 2000).

오원철, 『박정희는 어떻게 경제강국 만들었나』 (동서문화사, 2006).

유길준, 『西遊見聞』 (1895).

유영익, 『갑오경장연구』 (일조각, 1990).

유종일, 『경제민주화 분배 친화적 성장은 가능한가』 (모티브북, 2012).

윤상우, 『동아시아 발전의 사회학』 (나남, 2005).

윤용출, 『조선후기의 요역제와 고용노동』 (서울대학교 출판부, 1998).

이광수, "天才야! 天才야!", 『이광수전집 11』 (누리미디어, 2011).

이맹희, 『묻어둔 이야기』 (청산, 1993).

이병철, 『재계회고』 1 (한국일보사, 1984).

이원순, 『朝鮮西學史硏究』 (중국사회과학출판사, 1986).

이원호, 『실업교육』 (하우출판사, 1996).

이이다 겐이치(飯田賢一), 『科學と技術』 (東京: 岩波書店, 1989).

이호 편, 『신들린 사람들의 합창: 포항제철 30년 이야기』 (한송, 1998).

장기영 편, 『조선경제연보 1948』 (조선은행조사부, 1948)).

장남호·윤소영·박미경·홍선영·김희정, 『화혼양재와 한국근대』 (어문학사, 2006).

전국경제인연합회, 『企業文化 白書』 (1993).

전상근, 『한국의 과학기술개발: 한 정책입안자의 증언』 (정우사, 1982).

전우용, 『한국 회사의 탄생』 (서울대학교 출판문화원, 2011).

정재정, 『일제침략과 한국철도(1892-1945)』 (서울대학교 출판부, 1999).

정태수 편, 『미군정기 한국 교육사자료집, 하』 (1992).

정하미, 『일본의 서양문화 수용사』 (살림, 2013).

정형민·김영식, 『조선 후기의 기술도: 서양 과학의 도입과 미술의 변화』 (서울대학교 출판부, 2007).

제니스 미무라, 『제국의 기획』 (소명출판, 2015).

조선학술원, 『學術』 1 (서울신문사출판국, 1946).

조성재·박준식·전명숙·전인·김기웅, 『한국의 산업발전과 숙련노동—명장의 생애사를 중심으로』 (한국노동연구원, 2013).

조용경 엮음, 『각하! 이제 마쳤습니다』 (도서출판 한송, 1995).

조용범, 『한국 경제의 논리』 (전예원, 1981).

조지 레이코프 지음, ㅏ이주 옮김, 『프레임 전쟁』 (창비, 2007).

주성수, 『사회적 가치 임팩트 투자』 (한양대학교 출판부, 2020).

주태산, 『경제 못 살리면 감방간대이: 한국의 경제부총리, 그 인물과 정책』 (중앙M&B, 1998).

竹內時男, 『新兵器の科學戰』 (東京: 偕成社, 1938).

찰스 테일러 지음, 이상길 옮김, 『근대의 사회적 상상: 경제·공론장·인민주권』 (이음, 2010).

天野都夫, 『学歷の社會史』 (東京: 新潮社, 1992).

최경옥, 『번역과 일본의 근대』 (살림출판사, 2005).

최덕수, 『조약으로 본 한국 근대사』 (열린책들, 2010).

최한기 지음, 이종란 옮김, 『운화측험』 (한길사, 2014).

최형섭, 『불이 꺼지지 않는 연구소』 (조선일보사, 1995).

케이스 M. 맥도널드 지음, 권오훈 옮김, 『전문직의 사회학』 (일신사, 1999).

테사 모리스 스즈키 지음, 박영무 옮김, 『일본 기술의 변천』 (한승, 1998).

토마스 휴즈, "거대 기술 시스템의 진화: 전등 및 전력 시스템을 중심으로", 송성수 편저, 『과학기술은 사회적으로 어떻게 구성되는가』 (새물결, 1999).

통계청, 『경제활동인구연보』, 1963-2010.

통계청, 『광공업통계조사보고서』, 1981-1994.

한국개발연구원, 『산업정책의 기본과제와 지원시책의 개편방향』 (1983).

한국과학기술기획평가원, 『과학기술연구활동조사보고서』, 1975-2015.

한국과학기술단체총연합회, 『과학과 기술』 (1973).

한국교육개발원, 『교육통계연보』 (1980).

한국교육개발원, 『교육통계연보』 (1990).

한국교육개발원, 『교육통계연보』 (2000).

한국도로공사, 『땀과 눈물의 대서사시—고속도로건설 비화』 (1980).

해리 콜린스·로버트 에번스 지음, 고현석 옮김, 『과학이 만드는 민주주의: 선택적 모더니즘과 메타과학』 (이음, 2018).

해리스 C. E. 외 지음, 김유신 옮김, 『공학윤리』 (북스힐, 2006).

허수열, 『개발 없는 개발』(개정 2판) (은행나무, 2019).

홍두승·구해근, 『사회계층·계급론』 (다산출판사, 1993).

홍성주·송위진, 『현대 한국의 과학기술정책』 (들녘, 2017).

홍하상, 『이병철 VS 정주영』 (한국경제신문사, 2001).

黃宇智, 『當代中國高等敎育論要』 (廣東: 汕頭大學出版社, 1994).

後藤靖 지음, 이계황 옮김, 『일본자본주의발달사』 (청아출판사, 1985).

Alder, Ken., *Engineering the Revolution: Arms & Enlightenment in France, 1763-1815* (Chicago and London: The University of Chicago Press, 1997).

Alexis de Tocqueville (Translated by Harvey C. Mansfield and Delba Winthrop), *Democracy in America* (Chicago: University of Chicago Press, 2002).

Alice H. Amsden, *Asia's Next Giant: South Korea and Late Industrialization* (Oxford: Oxford University Press, 1989).

Anderson, Benedict R., *Imagined Communities: Reflections on the Origin and Spread of Nationalism* (London: Verso, 1991).

Dubber, Markus D., *The Oxford Handbook of Ethics of AI* (New York: Oxford University Press, 2020)

Eric Hobsbawm, *Nations and Nationalism since 1780* (Cambridge: The Press of the University of Cambridge, 1990).

Fisher, F., *Democracy and Expertise* (Oxford: Oxford University Press, 2009).

Friedson, E., *Professionalism: The Third Logic* (Chicago: University of Chicago Press, 2001).

Gispen, Kees, *New Profession, Old Order: Engineers and German Society, 1815-1914* (Cambridge: Cambridge University Press, 1989).

Han, Kyonghee and Downey, G. L., *Engineers for Korea* (San Rafael: Morgan & Claypool, 2014).

Hiromi Mizuno, *Science for the Empire: Scientific Nationalism in Modern Japan* (Redwood City: Stanford University Press, 2009).

Johnson, Mark, *Moral Imagination: Implications of Cognitive Science for Ethics* (Chicago and London: University of Chicago Press, 1993).

Kanter, R. M., *Men and Women of the Corporation* (Ney York: Basic Books, 1977).

Karen L. Tonso, *On the Outskirts of Engineering* (Rotterdam, Netherlands: Sense, 2007).

Kevin McCormick, *Engineers in Japan and Britain: Education, Training and Employment* (London and New York: Routledge, 2000).

Koo, Hagen, *Korean Workers: the Culture and Politics of Class Formation* (London: Cornell University Press, 2001).

Koritz, Amy, Schadewald, Paul, and St. Hubert, Haddassah, *Civic Professionalism: A Pathway to Practice Wisdom for the Liberal Arts* (Teagle Foundation, 2016).

Kranakis, Eda, *Constructing a Bridge: An Exploration of Engineering Culture, Design, and Research in Nineteenth Century France and America* (Cambridge: MIT Press, 1997).

Kreber, Carolin, *Educating for Civic-mindedness: Nurturing Authentic Professional Identities through Transformative Higher Education* (London and New York: Routledge, 2016).

Layton, E. T., *The Revolt of the Engineers: Social Responsibility and the American Engineering Profession* (Baltimore: The Johns Hopkins University Press, 1986).

Mauro F. Guillen, *The Limits of Convergence: Globalization and Organizational Change in Argentina, South Korea, and Spain* (Princeton and Oxford: Princeton University Press, 2001).

Meiksins, P. and Smith, C., *Engineering Labour: Technical Workers in Comparative Perspectives* (London and New York: Verso, 1996).

National Academy of Engineering Staff, *Educating the Engineer of 2020: Adapting Engineering Education to the New Century* (National Academies Press, 2005)

Noble, D. F., *Forces of Production: A Social Theory of Industrial Automation* (New York: Knopf, 1984).

Reynolds, T. S., *The Engineer in America* (Chicago and London: The University of Chicago Press, 1991).

University Press, 1990).

Sarffati-Larson, *The Rise of Professsionalism* (Berkeley: University of California Press, 1977).

Schiebinger, L., *Gendered Innovations in Science and Engineering* (Stanford: Stanford University Press, 2008).

Schultz, T. W., *Investment in Human Capital* (New York: The Free Press, 1971).

Seth, Michael J., *Education Fever: Society, Politics, and the Pursuit of Schooling in South Korea* (Honolulu: University of Hawai'i Press, 2002).

Thomas P. Hughes, *Human-Built World: How to Think about Technology and Culture* (Chicago: The University of Chicago Press, 2004).

Vincenti, W. G., *What Engineers Know and How They Know It: Analytical Studies from Aeronautical History* (Baltimore: Johns Hopkins University Press, 1991).

Wade, Robert, *Governing the Market: Economic Theory and the Role of Government in East Asian Industrialization* (Princeton: Princeton University Press, 1990).

Contents in English

The making of Korean Engineers: Historical Formation and Development

by Han Kyong-hee

Assistant Professor

Engineering Education Innovation Center

College of Engineering

Yonsei University

Introduction

Chapter 1. Who is an Engineer in Korea

1. Introduction

2. Theoretical Background

   1. Domestic Research review

   2. Overseas Research review

3. Research Methodology: Three Perspectives

   1. The Comparison of East Asia Countries through Conceptual History

   2. Actor Network driven by Discourse-Leading Groups

   3. 'Techno-Nation' and the Social Formation of Engineers

   4. Overview

Chapter 2. Modern Concept of *Gong* (工) and the Emergence of Engineers in East Asia Countries

1. *Gong* (工) of Traditional East Asian Societies

2. Modern Transformation of *Gong* (工)

   1. *Gong* (工) of Japan: The Component of Development and Imperial Japan

   2. *Gong* (工) of China: Engineer ruling Society and the Construction of Socialist China

   3. *Gong* (工) of Korea: Means for the Restoration of Sovereignty and National Development

Contents in English 565